U0904591

中国
少数民族古籍总目提要

国家民族事务委员会全国少数民族古籍整理研究室

塔吉克族卷

中国大百科全书出版社

图书在版编目(CIP)数据

中国少数民族古籍总目提要·塔吉克族卷/国家民族事务委员会全国少数民族古籍整理研究室组织编写.—北京:中国大百科全书出版社,2011.10

ISBN 978-7-5000-8688-8

Ⅰ.①中… Ⅱ.①国… Ⅲ.①少数民族-古籍-内容提要-中国②塔吉克族-古籍-内容提要-中国 Ⅳ.①Z838

中国版本图书馆 CIP 数据核字(2011)第 215942 号

责任编辑:王 宇
技术编辑:王丽荣
装帧设计:胡建斌
责任印制:王丽荣

中国大百科全书出版社 出版
(北京阜成门北大街 17 号 邮政编码:100037 电话:010-68315606)
网址:http://www.ecph.com.cn
北京鑫联必升文化发展有限公司排版
涿州市星河印刷有限公司印刷
开本:889 毫米×1194 毫米 1/16 印张:30.25 字数:699 千字 彩插:36 面
2011 年 10 月第 1 版 2011 年 10 月第 1 次印刷
ISBN 978-7-5000-8688-8
定价:180.00 元

《中国少数民族古籍总目提要》特邀顾问名单

司马义·艾买提	原全国人大常委会副委员长
阿沛·阿旺晋美	原全国政协副主席
帕巴拉·格列朗杰	全国政协副主席
白立忱	全国政协副主席
费孝通	原全国人大常委会副委员长
布　赫	原全国人大常委会副委员长
铁木尔·达瓦买提	原全国人大常委会副委员长
叶选平	原全国政协副主席
赵南起	原全国政协副主席
李晋有	全国政协民宗委副主任、原国家民委副主任
季羡林	古文字学家、北京大学教授
启　功	书法家、原中央文史研究馆馆长

《中国少数民族古籍总目提要》领导小组名单

名誉组长：	杨　晶	国家民委主任
组　　长：	丹珠昂奔	国家民委副主任
副 组 长：	李冬生	国家民委全国少数民族古籍整理研究室主任
	李晓东	国家民委全国少数民族古籍整理研究室副主任
成　　员：	李文亮	国家民委专职委员
	武翠英	国家民委文化宣传司司长
	张公瑾	中央民族大学教授
	王钟翰	中央民族大学教授
	陈　理	中央民族大学校长
	余振贵	中国伊斯兰教协会副会长
	金毓嶂	北京市民委副主任
	马　竞	天津市民委副主任
	马宇骏	河北省民宗厅副厅长
	阿迪雅	内蒙古自治区民委主任
	杨丰陌	辽宁省民委副主任
	常吉霖	原吉林省民委助理巡视员
	关立卓	黑龙江省民委副主任
	王在郑	江苏省民委副主任
	陈智慧	浙江省民宗委副主任
	许世文	安徽省民委副主任
	钟　安	福建省民宗厅副厅长
	张国培	江西省民宗局副局长
	马银平	山东省民委副主任

李尊杰	河南省民委副主任
胡祥华	湖北省民宗委副主任
李显福	湖南省民委副主任
马建钊	广东省民宗委党组成员、广东省民族宗教研究院院长
周　健	广西壮族自治区民委副主任
蒋妹芳	海南省民宗委副主任
刘杰锋	重庆市民宗委副主任
何晓平	四川省民委副主任
刘　晖	贵州省民委副主任
李国林	云南省民委副主任
次旺晋美	原西藏自治区社科院院长
刘青兰	甘肃省民委纪检组长
普日哇	青海省民委主任
张进海	宁夏社科院院长
木合塔尔·艾山	新疆维吾尔自治区民委（宗教局）副主任

《中国少数民族古籍总目提要》编纂委员会名单

蓝炯熹	原福建省民宗厅民族宗教研究所所长
马徽江	江西省民宗局民族处处长
吴传宝	山东省民委民族一处调研员
王平鸽	河南省民委民族一处处长
张贤和	湖北省民宗委文教处处长
梁先学	湖南省民委古籍办主任
马建钊	广东省民族宗教研究院院长兼古籍办主任
欧薇薇	广西壮族自治区民族古籍办主任
王建成	海南省民宗委文化宣传处处长
任　华	重庆市民宗委文教处处长
龙　彦	四川省民委古籍办主任
陈乐基	贵州省民族古籍办主任
普学旺	云南省民委古籍办主任
巴桑次仁	西藏自治区社科院古籍出版社副社长兼古籍办主任
马更志	甘肃省民委古籍办主任
金索南	青海省民委古籍办主任
雷晓静	宁夏社科院回族古籍文献研究所所长兼古籍办主任
伊斯拉木·伊萨合	新疆维吾尔自治区民委（宗教局）古籍办主任
孙继为	国家民委全国少数民族古籍整理研究室综合处副处长
努尔加玛丽	国家民委全国少数民族古籍整理研究室综合处副调研员
惠　峰	国家民委全国少数民族古籍整理研究室业务处主任科员
王　君	国家民委全国少数民族古籍整理研究室业务处副主任科员

《中国少数民族古籍总目提要》新疆维吾尔自治区编纂委员会名单

主　　任： 贾帕尔·艾比布拉（维吾尔族）

副 主 任： 帕尔哈提·贾拉勒（维吾尔族）

吐尔汗·皮达（维吾尔族）

成　　员：（按姓氏笔画排序）

王小燕、木合塔尔·艾山（维吾尔族）、瓦依提江·乌甫尔（维吾尔族）、艾来提·阿不都热依木（维吾尔族）、卢蜀江、伊斯拉菲尔·玉素甫（维吾尔族）、刘般若、张君超、张新泰、阿不都热合曼·艾白（维吾尔族）、阿布都拉·阿乌提（维吾尔族）、阿布都热扎克·铁木尔（维吾尔族）、阿西木阿吉·阿不都热依木（维吾尔族）、阿里木江·买买提明（维吾尔族）、哈布勒·木夏义（哈萨克族）、贺忠德（锡伯族）、斯迪克·买斯依提（维吾尔族）、傅春利

名誉主编： 刘振强　吐尔汗·皮达

主　　编： 木合塔尔·艾山

副 主 编： 伊斯拉木·伊萨合（柯尔克孜族）

阿扎提·依佐拉（哈萨克族）

艾尔肯·伊明尼牙孜（维吾尔族）

专 家 组：（按姓氏笔画排序）

马少新（回族）、马克来克·玉买尔拜（柯尔克孜族）、木拉提·苏勒唐夏里甫（哈萨克族）、扎日夫·杜拉托夫（塔塔尔族）、扎米尔·赛都拉·扎德（塔吉克族）、瓦依提江·乌甫尔（维吾尔族）、

乌尔买提江（乌孜别克族）、艾尔肯·伊明尼亚孜（维吾尔族）、伊斯拉菲尔·玉素甫（维吾尔族）、李进新（俄罗斯族）、吴元丰（锡伯族）、阿地里·居玛吐尔地（柯尔克孜族）、贺忠德（锡伯族）、贾合甫·米尔扎汗（哈萨克族）、博尔古德（蒙古族）、嘎力敦（蒙古族）

编　　务：（按姓氏笔画排序）

马力克·恰尼西夫（塔塔尔族）、艾尔肯·尼牙孜（维吾尔族）、古丽佳罕·胡西地力（塔吉克族）、地拉热木·马合木提（维吾尔族）、刘涛、米娜瓦尔·艾比布拉·努尔（乌孜别克族）、哈地拉·伊力旦（塔塔尔族）

《中国少数民族古籍总目提要·塔吉克族卷》
编辑委员会成员名单

名誉主任： 贺忠德（锡伯族）

原新疆维吾尔自治区民委（宗教局）副主任（副局长）

主　　编： 扎米尔·赛都拉·扎德（塔吉克族）

新疆大学人文学院教授，语言文学博士

副 主 编： 西仁·库尔班（塔吉克族）

新疆大学人文学院教授

古丽佳罕·胡西地力（常务，塔吉克族）

新疆维吾尔自治区民委（宗教局）古籍办编辑

编　　委：（按姓氏笔画排序）

马达力汗·巴伦（塔吉克族）

原新疆维吾尔自治区塔什库尔干塔吉克自治县政协主席

艾布力·艾山汗（塔吉克族）

原新疆维吾尔自治区塔什库尔干塔吉克自治县文化局局长

阿提克穆·扎米尔（塔吉克族）

新疆维吾尔自治区喀什地区群艺馆副研究员

郭德兴（锡伯族）

原新疆维吾尔自治区民委（宗教局）古籍办编辑

穆尼·塔布力迪（塔吉克族）

新疆维吾尔自治区塔什库尔干塔吉克自治县政协主席

专 家 组：（按姓氏笔画排序）

扎米尔·赛都拉·扎德（塔吉克族）、古丽佳罕·胡西地力（塔吉克族）、伊斯拉木·伊萨合（柯尔克孜族）、西仁·库尔班（塔吉克族）、肉斯塔姆·玛纳斯（塔吉克族）、米尔扎依·都斯买买提（塔吉克族）、贺忠德（锡伯族）、郭德兴（锡伯族）

编　　务：（按姓氏笔画排序）

艾比百·吐尔逊尼牙孜（维吾尔族）、艾尔肯·尼牙孜（维吾尔族）、地拉热木·马合木提（维吾尔族）、多里坤·米纳瓦尔（塔吉克族）（提供图片资料）、刘涛、买买提明·阿塔吾拉（维吾尔族）、玛丽亚木·艾合买提（维吾尔族）、欧芸（蒙古族）、哈地拉·伊力旦（塔塔尔族）

总　　序

《中国少数民族古籍总目提要》（以下简称《总目提要》）是我国第一部全国少数民族古籍解题书目套书。全书约60卷，110册。《总目提要》作为少数民族古籍整理工作的一项重要科研项目，1997年正式立项，1998年付诸实施。2006年8月，这一项目正式列入《国家“十一五”时期文化发展规划纲要》。这一项目完成后，将把我国各少数民族落之于笔墨、传之于口头的各种古籍文献一一清点入册。这是承前启后的一项巨大文化建设工程，是“盛世修典”的壮举。这一跨世纪工程的实施，充分体现了党和政府对保护和发展少数民族传统文化的高度重视，顺应了建设中国特色社会主义文化事业的需求，具有深远的历史意义和重大的现实意义。

一

我国55个少数民族，在长期的历史发展过程中，创造和积累了丰富多彩的历史文化，留下了涵载这些历史文化的卷帙浩繁的古籍文献。这是一笔价值难以估量的财富，是中华民族智慧与创造力的结晶，也是全国各族人民全面建设小康社会、完善新文化、创造新生活可资借鉴的宝贵历史遗产。

中国少数民族古籍（简称民族古籍），是指中国55个少数民族在历史上形成的文献典籍和口头传承及碑刻铭文等。其内容涉及政治、哲学、法律、历史、宗教、军事、文学、艺术、语言文字、地理、天文历算、经济、医学等领域。民族古籍主要分为两大类：一是有文字类；二是无文字类。有文字类的民族古籍包括：①各少数民族文字及少数民族古文字记载的历史文书和文献典籍；②用汉文记载的有关少数民族内容的古代文献典籍；③用少数民族文字和汉文记载的有关少数民族内容的碑刻铭文。无文字类的民族古籍主要是指各少数民族在历史上口头传承下来的具有历史和文化价值的各种资料。

民族古籍中以少数民族文字古籍最具特色。我国古代少数民族创制使用的文字有30种左右，以这些文字形成的典籍文献难计其数，形式千姿百态，内容博大精深，包含着丰富的历史内容和对实践经验的深刻体察。许多闪闪发光的著作，曾经照耀过一代代各民族的先民披荆斩棘、艰苦创业、生息繁衍的历程，为后人留下了关于自然、社会和人生的特殊认识与深邃思考。由于各民族先辈所处的自然、人文和社会环境不尽相同，他们对事物的认知体验也存在着差异，而正是这种差异，构成了中华民族文化的多样性和兼容性，形成了多元一体的格局。但由于少数民族文字流传空间狭窄等因素的限制，少数民族文字古籍一直很少为世人所了解。

有关少数民族内容的汉文古籍，历来是研究我国古代少数民族历史和文化的主要依据。这些汉文古籍包括二十四史和《清实录》，各个朝代史家的记述，各地的地方志书，旅行家的笔录，赴边官员向朝廷的述职报告，当地政要、文人的著作等。倘若没有这些记载，我们就无法知道古代的三皇五帝、夷蛮戎狄，也无法知道春秋战国时期北方的匈奴、南方的百越，以及后来数千年中各少数民族的演变发展。这些记载一代又一代地延传下来，勾勒出了中国多民族历史的主要脉络。这些典籍文献蕴涵着十分丰富的文化资源，对其进行系统的整理、编纂，可以丰富《总目提要》的信息储备，拓展少数民族古籍的研究空间。

各少数民族在历史上口耳相传下来的各种史料，以其独特而浓厚的民族性、群众性、文学性，充实和完善了少数民族传统文化。这部分口传古籍在形成的时间上往往十分久远，大都可以追溯到相关民族的起源、早期历史和最初的宗教信仰、原始的文学形式。原始宗教的颂词最初都是以口头形式传承的，无文字民族一代代地口耳相传，有文字民族则以文字的形式固定下来，成为宗教经典，也就形成了这些民族最早的古籍文献。在传播过程中，口传古籍具有很强的变异性，无文字民族口传的原始宗教资料有的演绎为神话故事，有的变化为创世史诗，有的成为这些民族迁徙流变的历史记述。随着时间的推移，少数民族口传古籍更趋丰富，还包括诸如战争的传说、反抗压迫奴役的故事、发明创造的掌故、生产活动经验的积累和生活习俗的叙述等方面的内容。在表达形式上，既有神话、史诗、故事，还有歌谣、谚语和谜语等诸多文体。因此，在一定程度上，少数民族的口传古籍所含有的历史文化价值并不逊于文字古籍，同样是我们不应该忽视的重要文化遗产。

二

民族古籍是中华民族文化遗产的重要组成部分。在长期的传播交流过程中，发挥了积极进取的价值取向和经世致用的社会功能。民族古籍中的一些有代表性的优秀作品，其价值已超出了自身专业范畴，往往代表了一门学科、一个阶段，甚至一个时代，再现了一个民族的社会事实和历史走向。

首先，民族古籍蕴藏着丰富的事实知识，充实了中国历史和文化的内容。我们伟大祖国和中华民族形成、发展的历史进程，如果没有少数民族古籍作为必要的补充，仅仅依靠汉文古籍，就不可能得到全面而完整的记录。民族古籍在微观层面上是对少数民族历史和社会文化进程的客观描述，在宏观层面上是真实反映中国历史的重要依据。在这方面，民族古籍有着许多突出的成就与贡献。比如，纳西族是一个文化发达并珍重传统的民族，纳西族在古代创造的独特文化，被今人称为“东巴文化”，东巴文是现今世界上最完整、沿用时间最长的图画——象形文字，现已成为东西方学术探讨的热点；青藏高原是一片神奇的土地，它不仅以其独特的地质地貌和藏民族多彩多姿的生活令人向往，更以神秘的宗教和发达的古代文化为世界所瞩目，其藏文古籍数量之多居我国少数民族之冠，其中成书于14世纪的大藏经《甘珠尔》、《丹珠尔》堪称藏族古代学术的集大成者；地处欧亚大陆交接处的新疆维吾尔自治区，曾是中西文化的荟萃之地，11世纪前后，是维吾尔族文化发展史上的辉煌时期，维吾尔族历史上大量传世巨著便是这一时期的产物，其中《突厥语大词典》、《福乐智慧》和《金光明经》三部作品，被后人誉为维吾尔族古典著作的三大瑰宝；居住在我国北部辽阔草原上的“马背上的民族”——蒙古族在探寻本民族历史方面成绩卓著，《蒙古黄金史》、《蒙古源流》、《蒙古秘史》即是蒙古族古代三大历史著作，为今天人们研究这个民族的历史源流、文化风貌和中国北方社会提供了第一手资料。我国少数民族的三大英雄史诗——蒙古族的《江格尔》、柯尔克孜族的《玛纳斯》和现今世界上最长的史诗藏族的《格萨尔王传》，可以与《荷马史诗》和印度史诗相媲美，它们以宏大的篇幅、精湛的语言、丰富的内容，表现了草原民族和高原民族雄健的气魄和炽热的情感。所以，我们说这些优秀的民族古籍所蕴涵的内容已经成为一种文化的象征，它们不仅在国内，而且在国际上都已成为研究的热点。值得一提的是，元、明、清及民国中央政府赐封西藏地方政府最高权力的金印、金册，还成为西藏自古以来就是祖国领土不可分割的一部分这一事实最具说服力的证据。从这一角度着眼，民族古籍除了代表着一种文化现象以外，还被赋予了重要的政治意义。

其次，民族古籍提供的各民族创造的文化成果，可以为学术研究提供较为真实可信的资料，有利于中华各民族传统文化的继承和发扬。把我国各民族宝贵的文化遗产妥善保存下来，不至于失传，这是历史赋予我们的重要使命。民族古籍内容广博，涉及领域众多，并且带有浓郁的地方特色和民族特色，大多是汉文文献没有涉足的，它所记载的每一项内容相对汉文文献都是新鲜和充满生命力的。由于历史上统治阶级对少数民族的歧视，汉文文献所记载的历史大多站在统治阶级的立场上，认为“非我族类，其心必异”，所作记述有欠公允。经过长期的反复承传，这些文献的记述又往往被视为事实而得以播散。因此，就出现过一些不够客观和错误的认识和看法。随着民族古籍保护、整理和研究工作的进一步开展，这方面的欠缺将会得到弥补，历史将会更完整地再现出真实的面目，中华民族的历史文化宝库也必将随之不断得到丰富和充实。

再次，各民族的古籍文献都是各民族对特定环境的适应能力及适应成果的映射，可以为我们提供新的认识世界的视角和方法。在远古时期，由于各民族所处的环境不同，其适应社会的方式、观察客观世界的视角和方式也会不同。游牧民族看到的动物种类就比农耕民族多，渔业民族看到的水生动物就比山地民族多。在思维方式上，有的民族整体性思维强一些，有的民族则偏重于对事物作具体分析。就是同一民族，在不同的社会历史时期，思维方式也存在着差异。在原始宗教古籍中，神本主义明显占据主导地位；随着生产的发展、社会的进步、人们认知能力的提高，人本主义逐渐兴起，观察问题的视角和方式发生了显著变化，使得人们对自然界、社会及人类自身的认识也更趋于客观、准确。民族古籍对此都从不同的角度和层面作了广泛而大量的记载。因此，从人类认识史的进化角度考量，借助民族古籍提供的信息，对有关少数民族先辈思维活动的视角、方式、特点加以诠释和总结，从而提高对人类认识能力的更全面把握，更真实地认识客观世界，也具有重要意义。

另外，通过挖掘整理少数民族古籍，能够提炼和反映少数民族的民族精神，增强少数民族的民族自豪感和爱国主义意识。现实是历史的延续和发展。一个民族要屹立于世界文明民族之林，必须对本民族的传统文化有充分的理解，对本民族优秀的传统文化有所继承和发扬，这是增强民族自信心和民族自尊心的一个重要条件。我国是一个统一的多民族国家，各民族的祖先几千年来就在这块辽阔富饶的土地上劳作、生息。在漫长的历史岁月中，各民族都有着自己特殊的形成和发展过程，都留下了异彩纷呈的民族历史文化，并为共同缔造中华文明作出了各自的贡献。各民族古籍文献就是这一历史进程的最好见证。我们应该通过保护、整理和研究民族古籍的有效工作，对这方面的精粹进行深入的挖掘，来反映中华民族成长和发展的光辉历程，以密切中华各民族源远流长、血肉相连的民族关系，繁荣我国的民族文化。这对提高各民族的历史地位，增强民族自强、自立、自尊、自信意识，推进各民族之间的思想文化交流，建设社会主义精神文明，培养各族人民特别是青少年一代的民族自豪感和爱国主义精神，进一步加强民族团结，维护祖国统一都有重要的现实意义。

三

伴随着现代人文社会科学和自然科学体系逐步在我国的确立，从20世纪三四十年代起，有少数专家学者开始将关注视野转移到少数民族研究领域，陆续深入到少数民族地区进行田野调查和研究工作，其间保护、抢救、挖掘了一批珍贵的民族古籍。但这相对于浩瀚的民族古籍资源而言，只是沧海一粟。由于得不到国家的重视和有效保护，丰富的民族古籍资源长期陷于被埋没的境地，甚至遭到不同程度的破坏，散失情况十分严重。中华人民共和国成立后，党和政府坚持大力发展少数民族经济文化事业的方针，高度重视少数民族古籍的保护、整理和研究工作。在国家尚处于百废待兴的20世纪50年代初期，就开展了全国范围的少数民族社会历史和语言调查，在调查过程中，发现、搜集到了大量的民族古籍文献，为进一步开展民族古籍工作奠定了良好的基础。

以党的十一届三中全会为标志，我国的民族古籍工作迎来了一个发展的黄金时期。党和政府对民族古籍工作的重视程度不断提升，政策措施不断完善，投入力度不断加大。1981年中共中央在《关于整理我国古籍的指示》中指出："整理古籍，把祖国宝贵的文化遗产继承下来，是一项十分重要的、关系到子孙后代的工作。"1984年4月，国务院办公厅在转发《国家民委关于抢救、整理少数民族古籍的请示》的通知中强调："少数民族古籍是祖国宝贵文化遗产的一部分，抢救、整理少数民族古籍，是一项十分重要的工作。"这些指示精神指明了包括民族古籍在内的古籍整理工作的重要性，明确了古籍整理工作在现实社会中的地位。同年7月，全国少数民族古籍整理出版规划领导小组成立，下设办公室（1989年改为全国少数民族古籍整理研究室，隶属于国家民族事务委员会），负责“组织、协调、联络、指导”全国民族古籍工作。有关地方也逐步建立、健全并完善了民族古籍工作的领导机构。迄今为止，全国已有28个省、自治区、直辖市建立了少数民族古籍机构，有14个民族建立了省区协作组织，全国民族古籍工作从上到下基本理顺了工作关系，扩大了信息交流范围，取得了工作上的主动权，使全面组织与宏观指导有机地结合起来。与此同时，大力加强少数民族古籍专业人才的培养，落实经费，我国的少数民族古籍工作开始走上了有组织、有计划的轨道。

近30年来，在抢救、搜集、整理、出版和研究少数民族古籍工作的具体工作中，国家民族事务委员会和各地政府及古籍领导机构密切合作，精心策划，统筹安排，民族古籍的校订、整理和出版工作取得了超过以往任何时期的进步。从1986年开始，陆续制定并实施了中国少数民族古籍工作“七五”、“八五”、“九五”、“十五”、“十一五”五个五年计划，抢救、挖掘、保护了一大批濒临消失的少数民族古籍，整理出版了一大批优秀的少数民族古籍精品。据不完全统计，这一时期抢救、整理的少数民族古籍就有百万余种（不含馆藏及寺院藏书），其中包括许多珍贵的孤本、珍本和善本，并公开出版了5000余部有影响和价值的典籍文献。与此同时，还有组织地吸引和带动一批社会和学术界的研究力量投身于民族古籍事业中来，努力加强民族古籍专业人才的培养，经常举行定期和不定期的民族古籍培训班。中央民族大学还设立了民族古籍文献本科班和研究生班，培养高层次的专业人才，为民族古籍队伍不断增添新鲜血液，提高了民族古籍工作的整体水平。这一切都表明，我国少数民族古籍整理和研究体系已经基本形成，我国的民族古籍事业方兴未艾，前景光明。

四

我国自古以来就有整理古籍、编纂目录的传统。从西汉时中国历史上第一部大型汉文图书目录《七略》开始，此后各个朝代都有目录版本存世，其中清代乾隆年间编纂的《四库全书总目提要》可以说是中国历史上汉文古籍解题书目的最重要成果。但是在多民族中国数千年发展的漫长岁月中，历朝历代的中央政府从未对各少数民族典籍文献进行过系统的整理和研究，更没有编纂过一部全面反映少数民族历史和文化精华的民族古籍目录和提要，这是中国文化史上的一大缺憾。

过去我们常说，少数民族古籍浩如烟海，但具体到各民族拥有古籍的数量，谁也说不清楚。因为要把各民族的古籍文献汇总起来，查清楚每个民族有多少古籍，有哪些古籍，每一种古籍是什么形式，有些什么内容，保存在哪里，做到心中有数，这绝非专家学者通过个人或某些团体的努力所能实现的。有幸的是，随着改革开放的不断深化，我国的综合国力迅速增强，社会主义物质文明建设和精神文明建设进一步发展，作为社会主义文化建设重要组成部分的少数民族古籍工作，越发引起政府和社会各方面的关注。

1996 年，国家民族事务委员会在北京召开了第二次全国少数民族古籍工作会议。会议根据江泽民同志关于“整理出版古籍，继承祖国优秀的文化遗产，为建设有中国特色的社会主义服务”的重要指示，提出了集中力量编纂《总目提要》的设想，认为在当今时代实施这一设想的条件已基本具备，时机已基本成熟。会后，经过充分酝酿、论证，于次年正式通过了编纂《总目提要》的立项申请。为更好更系统地做好这项工作，国家民族事务委员会以民办（文宣）字［1997］114 号文件下发了《关于印发〈中国少数民族古籍总目提要〉编写纲要的通知》，对全国少数民族古籍总目提要编纂工作进行了全面部署。文件下发后，各地反响强烈，20 余个省、自治区、直辖市先后制定了《总目提要》分卷实施方案及编写计划书，就编纂《总目提要》的重要意义、完成项目的可行性、项目实施步骤及经费来源等方面进行立项论证，并在加强普查、强化领导机制、培训人员、实施计划、筹措经费等方面积极落实。

在具体运作过程中，各省、自治区、直辖市不但立足本地，还广泛进行协作，不同省区对同一民族的古籍总目编写分工合作，互通有无。为便于从领导和组织上保证这项工作的顺利实施，经国家民族事务委员会批准，2002年成立了《总目提要》领导小组和编纂委员会，正式建立了《总目提要》工作的组织机构。

通过《总目提要》的编纂，一方面能够使我们比较全面地掌握少数民族古籍的整体情况，可以确保今后的古籍整理研究工作做到重点突出，目的明确，成果的质量也就更有保障；另一方面，有助于增强各民族之间的相互了解，做到资源共享，相互学习，相互尊重，共同充实和丰富我们的精神世界，不断巩固和发展各民族的大团结；同时，也进一步使我国的民族古籍资源为世界所了解，所享用，进而增强各国研究者对我国少数民族文化的关注和兴趣。19世纪末至20世纪中叶，一些外国传教士、探险家和少数研究者曾经到我国少数民族地区收集资料，做过有关少数民族历史、文化和古文献的研究工作，但这些工作都是在当时非正常的情况下进行的。如今开放的中国正在日益走向世界，我们把自己的财富不加保留地呈现于世人，既能够开创一个互助合作、友好研讨的新局面，又能够增进国外对中国少数民族传统文化的全面认识，还能够振奋我国各族人民的民族精神，弘扬民族文化。

五

编纂《总目提要》，是新中国也是中国历史上对少数民族古籍资源进行的首次全面普查，是一次新的尝试。由于民族古籍内容广泛，情况极为复杂，在编排体例方面很难完全套用以往约定俗成的形式一以贯之，除了参照目前通用的古籍文献学和目录学等学科的理论规范以外，还必须从实际出发，因势利导，体现出自己的风格和特色。

顾名思义，古籍必然要体现“古”的性质，据此，《总目提要》收录的古籍下限原则上与汉文古籍一样止于1911年。但考虑到各少数民族的历史特点和古籍存世情况的差异，诸如一些没有确切时间记载而又只见到后期写本的书册，一些20世纪前期用本民族文字追记历史事件和历史掌故的旧文体著述，一些从古代延续到现代的编年体著作或族谱、家谱，以及一些曾在本民族中长期流传，到了现代才有文字记录的口传资料等，只要有价值，则作适当变通，其下限延伸到1949年。

《总目提要》全书以民族为单元分卷，如《纳西族卷》。对于古籍数量特别多的民族，一个民族卷又可包括若干分册；对于古籍数量比较少的民族，也可以几个民族卷合为一册。古代民族按文种分卷，如《西夏文卷》。鉴于少数民族古籍文献载体形式不同，《总目提要》每卷一般包括四编：甲编书籍类，乙编铭刻类，丙编文书类，丁编讲唱类。各编再按具体内容分类排列，排列方法尽量与《中国图书馆分类法》相一致，只根据民族古籍的具体情况作适当调整。有的民族对本民族古籍原来就有自己传统的分类编排方法，因此也按本民族的分类编排方法排列。

现在，《总目提要》陆续与读者见面了。我们由衷感谢社会有关方面的关注和支持。正是由于这些关注和支持，编纂《总目提要》这一宏伟构想才得以变为现实。我们感谢各分卷编委会成员和编写人员的通力合作、辛勤耕耘，使昔日沉寂的少数民族古籍得以再现辉煌。

只有民族的，才是世界的。中国各少数民族祖先留给后人的民族古籍文化遗产，不仅属于创造它的民族，不仅属于中华民族，更属于全人类。古为今用，古可喻今，古可鉴今。我们相信，随着《总目提要》诸卷的相继问世，少数民族先辈经世致用的智慧，必将越来越显现出其对人类无可估量的价值。

《中国少数民族古籍总目提要》

编纂委员会

2009年4月6日改定

序　言

塔吉克族是我国55个少数民族之一，人口39642人（2000年全国第五次人口普查统计）。其中，26133人分布在新疆维吾尔自治区塔什库尔干塔吉克自治县；其余散居在新疆天山南北的叶城县、泽普县、莎车县、皮山县，克孜勒苏柯尔克孜自治州的阿克陶县和伊犁哈萨克自治州的部分地区。

一

"塔吉克"是中亚一部分操伊朗语居民的族名。自10世纪开始，"塔吉克"一词经常现于突厥文、阿拉伯文、波斯文典籍中。清代开始在汉文典籍中正式使用现今的"塔吉克"一词。

塔吉克人的祖先源自古代雅利安人、塞人、粟特人、吐火罗人、巴克特利亚人等。其中塞人是操伊朗语的古老部族，在塔吉克族的形成和发展中起了重要的作用。塔吉克族是跨境民族，除我国新疆外，塔吉克斯坦、阿富汗、乌兹别克斯坦、巴基斯坦、印度、伊朗等国也有塔吉克人。我国的塔吉克族具有悠久的历史。据史料记载，自古以来，他们就生活在帕米尔高原一带。历史上，这一带曾先后被称作"春山"、"钟山"、"葱岭"、"婆密"、"波米罗"。从战国时期开始，我国史籍中就已有关于帕米尔地区的记载，最早见于《穆天子传》中。汉宣帝神爵二年（公元前60年），中央政府在西域设立西域都护府，管理西域各地，其中包括帕米尔地区。塔吉克族的先民曾在这里建立朅盘陀国，据史料记载和研究表明，朅盘陀国的历史长达近600年。

至唐代中叶，吐蕃强盛，势力达到帕米尔一带，朅盘陀国国王归降吐蕃，唐朝便在塔什库尔干设立了属于安西都护府管辖的"葱岭守捉"，将此地作为边境上的一个要塞。大约在727年，朅盘陀国灭亡，朅盘陀人的后代塔吉克族先民仍在帕米尔高原东部生息繁衍。

9～16世纪，塔吉克族先民分布在塔什库尔干一带。和新疆南部其他地区的民族一样，在经济上、文化上仍与中原地区保持着密切的联系；在行政上，先后受吐蕃、喀喇汗王、西辽、元朝和察合台后王管辖。1218年，成吉思汗派大将哲别追击乃蛮屈出律汗于塔什库尔干时，当地地名已改称色勒库尔。

1514～1678年的一个半世纪里，塔什库尔干地区受赛义德汗建立的叶尔羌汗国统治。居住在色勒库尔等地的塔吉克人阿奇木伯克也由该汗国的统治者委任。当时，由于环境比较安宁，人口逐渐增多，在色勒库尔的中心地带已经有了许多小村落。17世纪后期到19世纪，又有许多帕米尔西部和南部的什克南、瓦罕等地的塔吉克人，因为不堪封建领主的残酷压榨，迁徙到色勒库尔。

1757～1759年，清朝先后平定了准噶尔贵族的叛乱和大小和卓之乱，实现了统一西域的大业。之后，清朝政府在新疆实行军府制度，设置伊犁将军府统辖新疆，由参赞大臣负责新疆南部的军事和行政事务，并在各城设办事大臣或领队大臣。从这时起，塔吉克族聚居区被正式划为叶尔羌的一个庄——色勒库尔回庄。色勒库尔回庄建立后，形成了一个时期安宁、祥和的局面，加强了塔吉克族聚居地区同中央以及周边各地区之间的联系，密切了兄弟民族之间的经济文化交流。

19世纪二三十年代，中亚浩罕汗国的封建君主利用逃亡到那里的大、小和卓的后裔，多次侵扰新疆西南地区。1830年，浩罕汗国挟持大和卓长孙玉素甫和卓围攻喀什噶尔、英吉沙和叶尔羌时，浩罕侵略军1000多人入侵塔吉克族聚居的色勒库尔地区。当地的塔吉克族人民积极投入到保卫边疆、维护祖国统一的斗争中，并几次击退了敌人，立下了赫赫战功。1831、1833、1834、1835、1836年，浩罕侵略者为了占领南疆更多地区，控制新疆南部的门户，又几次派重兵入侵军事战略要地色勒库尔，企图将这一地区纳入其统治版图。当地的塔吉克族人民在库尔察克、买买达明、迈提热木伯克等地方官员的领导下，浴血奋战，库尔察克等人献出了宝贵的生命，为反抗外国侵略者、保卫祖国领土谱写了可歌可泣的英雄诗篇。歌颂库尔察克爱国主义和英雄主义精神的叙事诗《金羽鹰》至今仍流传在塔吉克族民间。

1865 年，喀什噶尔的封建统治集团与浩罕汗国相勾结，导引浩罕反动军官阿古柏入侵新疆。阿古柏在英国的支持下，占领新疆南部，建立了反动的侵略政权“哲德沙尔”（七城）汗国。阿古柏的侵略和暴虐统治，遭到了新疆各族人民的强烈反抗。阿古柏政权毁灭之后，其残部又入侵色勒库尔。1879 年，在当地塔吉克族等各族人民的积极配合下，刘锦棠率领马兵大队从喀什噶尔赶来救援，彻底歼灭了入侵之敌，胜利地保卫了祖国的边疆。

1884 年新疆改为行省后，色勒库尔的行政建制有过几次调整。起初设立抚辑运粮局，负责地方治安和转运军粮等。到 1902 年，改由莎车府分设“蒲犁分防通判厅”。这一时期，由于英国和沙俄加紧争夺帕米尔高原，像穆尔哈甫等自古以来就属于中国领土的许多地方被沙俄强占，所以清政府在蒲犁一带增设了边卡，形成了戍边清军与边民共同守边的传统。与此同时，设立了守边贡献奖，从而进一步提高了清军守边的能力，形成了和平安宁的局面。蒲犁一带的农牧业得到了发展，与周边地区的联系得到加强。1911 年辛亥革命后，“蒲犁分防通判厅”改为蒲犁县，划归喀什道管辖。

辛亥革命后，新疆政局发生了重大变化。在袁大化、杨增新、金树仁、盛世才等封建军阀统治时期，塔吉克族聚居的色勒库尔地区处于动荡不安之中。1933 年，在英国的支持下，萨比提大毛拉在喀什建立了伪“东土耳其斯坦伊斯兰共和国”，使形势更为严峻。

从 1933 年起，中国共产党陆续派遣党员来新疆开展革命活动，领导各族人民进行反对帝国主义、封建军阀和地方反动势力的斗争。这时，"新疆边防督办"盛世才为了巩固自己的统治地位，伪装进步，表示愿意接受共产党人的帮助。1938～1940 年，中共派遣许亮和胡鉴到蒲犁开展革命活动。他们来到蒲犁后，改革了无偿支差制度，制定了一些促使人民安居乐业的具体措施，减轻了群众的负担。并帮助当地发展生产、改善民生、发展教育、扫除文盲、建立社会公平，粉碎了外国侵略者和民族分裂势力破坏祖国统一的阴谋活动，深受广大人民群众的拥护。

三区革命爆发后，国民党反动派害怕革命的浪潮席卷整个新疆，危及它摇摇欲坠的反动统治，便在三区以外的全省各地，变本加厉地实行高压统治。国民党反动派的恐怖统治和疯狂掠夺，激起了塔吉克族和柯尔克孜族等族人民的无比愤恨。1945 年 8 月 22 日，作为三区革命一部分的蒲犁革命终于爆发。起义成功后，成立了革命政府——蒲犁专员公署，推翻了国民党在塔什库尔干的统治。

1949 年 9 月 25 日、26 日陶峙岳、包尔汗等人分别给中央政府发电，宣布脱离国民党广州政府，举行起义。10 月 24 日，中国人民解放军进入乌鲁木齐。12 月，人民解放军推进到塔什库尔干，将五星红旗插上了帕米尔高原。从此，帕米尔高原的塔吉克族人民摆脱了几千年的阶级压迫和民族压迫的历史，迈进了人民当家做主的历史新时代。

1950 年初，中国共产党在塔什库尔干成立了各级党组织，领导各族人民废除旧政权，举行民主选举，成立新政权。1954 年 9 月 18 日，根据《中华人民共和国民族区域自治实施纲要》确定的原则，正式成立了塔什库尔干塔吉克自治县。同年，在塔吉克族聚居地区又建立了莎车县泽莱甫夏提塔吉克族乡、泽普县布依鲁克塔吉克族乡、皮山县垴阿巴提塔吉克族乡。1980 年，建立了阿克陶县塔尔塔吉克族乡。

塔什库尔干塔吉克自治县成立以来，特别是改革开放以来，党和政府充分尊重塔吉克族人民当家做主的权利，塔吉克族的经济和社会各项事业快速发展，自治县的面貌发生了翻天覆地的变化。

二

在长期的历史发展过程中，我国塔吉克族创造了自己灿烂的文化。塔吉克语属印欧语系伊朗语族东伊朗语支。我国塔吉克族按照自称，主要分为色勒库尔塔吉克和瓦罕塔吉克两部分。因此，我国的塔吉克语又可以分为色勒库尔方言和瓦罕方言。该语言的形成和发展可以追溯到古老的东伊朗语——塞语、粟特语和吐火罗语。据我国史料记载，塔吉克族先民建立的朅盘陀国的语言文字与疏勒国的语言文字相近。从8世纪上半叶开始，随着波斯语的形成和塔吉克民族的统一，中亚塔吉克族的先民使用过的塞语、粟特语、吐火罗语等土著语言逐渐消失。但是，由于我国塔吉克族居住的地方地理环境独特，与外界联系不多，所以，当地的塔吉克族人依然保留着这些语言的原貌。他们日常使用的色勒库尔语和瓦罕语是两个相近的方言，也是自古以来没有文字记述的语言。

长期以来，中国塔吉克族在使用自己方言的同时还使用世界塔吉克族共同使用的书面语（在伊朗称其为波斯语，在阿富汗称其为达里语，在塔吉克斯坦和中亚其他地区称其为塔吉克语），并在学校教育和书面往来中加以广泛推广。直到1934年盛世才政府在新疆开展文化促进运动之前，在塔吉克族聚居区的学校和人们的日常交往中都使用这种语言文字。后来，由于新式文化学校的建立及在高级学校没有条件用塔吉克语授课等原因，塔吉克族开始在学校教育和书面往来中使用维吾尔语文和汉语文。

在长期的历史发展过程中，塔吉克族及其先民曾信仰过多种宗教。塔吉克族人的宗教信仰基本上可以分为四个阶段：原始自然现象崇拜阶段、琐罗亚斯德教信仰阶段、佛教信仰阶段、伊斯兰教伊斯玛仪派信仰阶段。原始崇拜主要有鹰崇拜、慕什塔格冰峰崇拜、盐崇拜、奶崇拜等。后来，中国塔吉克族与整个波斯部族一样，开始崇拜火（即琐罗亚斯德教，又称祆教）。现在，在塔吉克族的日常生活中依然保留着许多与火有关的习俗。如酥油火把节（皮力克节）、点酥油火把超度亡灵、比吉邦格游戏等活动都与火有关。此外，在塔吉克族的神话传说中，也有许多有关塔吉克族先民拜火的内容。

大约从3世纪开始，塔吉克族的先民信奉了佛教，并在帕米尔高原创造了独特的佛教文化。目前，在塔什库尔干塔吉克自治县境内有许多塔吉克族先民留下的有关佛教文化的遗迹。在我国史料典籍中，也有许多有关塔吉克族先民在帕米尔高原创造佛教文化的详细记载。

10世纪末，我国塔吉克族先民皈依伊斯兰教什叶派的重要支派——伊斯玛仪派，并流传至今。由于他们所处的特殊地理位置和信奉的不同教派，所以，在宗教仪式、节日、婚丧嫁娶等风俗习惯上形成了自己鲜明的特点。

三

在漫长的历史长河里，塔吉克族人民留下了广为流传、内容丰富的古籍文献资料。

书籍类古籍主要有：艾布·艾力·伊本斯纳的《伊本斯纳作品集》，是作者创作的格则勒诗、柔巴依（哲理诗）、医学短诗及《源泉》等诗歌的作品集。直到现在，一部分塔吉克族人还以其中的医学知识医治病人。纳斯尔·霍斯罗的《婚姻手册》和《葬仪手册》是我国塔吉克族举行婚礼时和葬礼时的必用手册。《哈菲孜抒情诗集》是哈菲孜·设剌子的诗集，我国的许多塔吉克族人将其作为占卜书，民间还有它的各种手抄本。《列王记》是吾布勒哈斯木·菲尔都西的四行诗诗集，《贾米作品集》是艾布都热合曼·贾米的抒情诗集，我国塔吉克族不仅将它们视为艺术作品，而且将其作为给新生儿起名时不可缺少的参考书籍。此外，《列王记》中的很多神话传说故事与我国塔吉克族生活的地区有着紧密的联系。时至今日，阿卜杜拉萨迪·设剌子的《蔷薇园》和《果园》仍然是塔吉克族学习古代语言文学的范本。

在塔吉克族文学宝库中，口传古籍占有十分重要的位置。塔吉克族口传古籍具有鲜明的民族性，形式独特、多样，自古至今保持着一致性，结构较为成熟和完整。从表达形式上，可分为散文体和诗歌体。从内容上，可分为叙事诗和抒情诗。从体裁上，可分为叙事长诗、神话、传说、故事、寓言、柔巴依（哲理诗）、歌谣、戏剧、谚语、格言等类别。

1. 叙事长诗。叙事长诗属于大型诗歌体作品，大多反映年轻人的爱情故事等。如《杜赫塔里扎琳》、《勇敢的姑娘》、《尼嘎尔与麦吉侬》等。有些叙事长诗自始至终都以诗歌体形式出现，而有些则穿插以散文体。这种叙事长诗语言优美，结构简单，流传广泛。

2. 神话。神话可以分为自然天象与起源神话、社会现象神话和英雄人物神话三大类。自然天象与起源神话，即反映塔吉克族先民关于自然界和宇宙以及人类等万物的产生，日月星辰等天体的运行和白雪、狂风、高山、地震等自然规律及自然现象的猜想和观念的神话，如《水神》、《雨神》、《月亮与太阳》等。社会现象的神话，包括反映人类在共同生活、彼此交往中发生的各种问题，人类与生存环境的关系及环境对人类生存所产生的各种影响等社会现象的神话，如《贾穆西地勇士》、《发力敦》、《斯亚买克》等。英雄人物神话，主要反映勇士们一生中的奇迹，其特有的能力、坎坷的经历、所经受的各种困境的考验、与妖魔鬼怪进行的殊死搏斗等内容，如《鲁斯塔木勇士身世》、《斯亚乌西》、《伊斯番地亚尔》等。

3. 传说。传说是一种广为流传的体裁，主要反映与塔吉克族的生活和生存环境紧密相关的某些历史人物、历史事件、万物的产生及风俗习惯等内容。如《苏合拉布的传说》讲述伊朗和土郎两个王国之间的战争。伊朗和土郎在塔吉克族最早的传说中是两个王子的姓名。他们的父亲去世前把自己占领的土地分给了他们，就这样一个国家的土地上出现了两个王国。后来，他们之间发生了长期的战争。在塔吉克传说中反映有关这一战争的故事很多，后期的传说中伊朗和土郎也用作上述两个王国的名称。另外一些传说讲述塔吉克族传说中的英雄人物。如《鲁斯塔木的传说》、《吐玛丽斯的传说》等。还有一些传说反映与塔吉克族的生存环境和习俗紧密相关的内容。如《慕士塔格峰的传说》、《鹰笛的传说》、《手鼓的传说》等。塔吉克族传说无论讲述的内容如何，其共同点在于它始终体现着塔吉克族人民追求爱情、孝心、忠心、自由的思想。

4. 故事。故事从内容上可分为以下几类：(1) 幻想故事。主要叙述天使、赫孜尔圣人、神仙及他们与孤苦者为伴，主持正义的故事。这类故事中的主人公大多被拟人化并具有鲜明的幻想性。如《维纳外克》等。(2) 动物故事。通过将动物拟人化来分析社会问题。其中，狼、狐狸等某些动物代表反面角色，而羊、牛、鹰则代表正面、善良角色。(3) 生活故事。主要反映善与恶的斗争等社会问题，幻想性相对较弱。最典型的代表作是讲述善良的年轻猎人与残暴的国王做斗争的《水晶石》。有些生活故事则讲述年轻人的爱情经历、智者的事迹等内容。(4) 智慧故事。此类故事大多反映劳动人民通过聪明才智整治贪婪的国王和大臣等内容。颂扬了劳动人民的聪明才智，反映了劳动人民对美好幸福生活的向往之情。如《聪明的夫妇》、《矮人贾马力》等。

5. 寓言。在塔吉克族口传古籍中，寓言也占有相当重要的位置，具有结构短小、情节简单、说服力强等特点，大多通过动物的形象反映塔吉克族人民对生活中某些应引以为戒的事物的独到见解、生活常识和经验。代表作有《鹰和孔雀》、《狐狸和熊》等。

6. 柔巴依（哲理诗）。柔巴依是一种特殊体裁的四行古诗，在新疆其他兄弟民族文学中不多见。它多以优美、精炼的语言叙述生活经验、伦理道德、爱国主义、爱情和哲学、逻辑推理等内容。

7. 歌谣。在诗歌体民间文学作品中，歌谣以其丰富的内容、优美的艺术结构、多彩的形式被称为塔吉克族民间文学之冠。从内容上，可分为叙事歌、劳动歌、习俗歌、情歌等种类。它们具有短小精悍、结构简单、与音乐紧密相连等共同特点。其中习俗歌是在一定的场合和仪式里演唱的歌谣。如《夏曼阿玛德》、《夏穆巴拉克》、《夏热瓦热吾》都是在举行婚礼时演唱的习俗歌，《哭歌》往往在参加葬礼时演唱。

8. 戏剧。多在人们聚集的公共场所、喜庆节日、聚会时演出，不需要专门的舞台、服装、道具和化装，一般人将常服反穿，就可以随地表演。由于对白不多，通过肢体动作就可以表达某种意思。从表演形式上，可分为话剧、歌剧和木偶戏三个种类。无论何种表演形式，大都以揭露社会上的尖锐问题为主。

9. 谚语。在塔吉克语口传古籍中，谚语是一种较为普及和常用的体裁。其内容涉及生活的方方面面，生动地反映了塔吉克族人民从生活中总结出的哲理及关于自然和社会发展规律的观念、价值观等。从形式上看，具有语言简洁、结构精炼、合辙押韵、词汇丰富等特点，所以具有很强的说服力，在民间文学中有着不可替代的作用。

10. 格言。塔吉克族格言以道德教育为主要内容，以优美的语言和简洁的形式反映正与反、善与恶、美与丑的观点。其中，一部分格言来源于塔吉克族人民长期的生活经验，另一部分则来源于先贤、思想家的学术成果。

四

新中国成立后，国家投入巨大的人力和财力，开展包括中国塔吉克族的文化遗产在内的少数民族文化遗产的挖掘、整理、出版工作，还培养了一批塔吉克族的专业技术人员。许多濒临失传的有关塔吉克族历史、民俗、语言文字、文学艺术、社会生产的民间文学作品得以重见天日。1984 年，新疆维吾尔自治区少数民族古籍搜集整理出版规划领导小组办公室成立。当时，古籍办虽然没有专门从事搜集、整理、出版塔吉克族古籍的工作人员，但仍组织社会有关专家，做了许多有益的工作。

改革开放以来，塔吉克族古籍的搜集、整理、出版工作取得了很大成绩。截止 2008 年底，已整理出版的与塔吉克族古籍有关的著作主要有：《塔吉克族民间文学》（喀什维吾尔文出版社 1984 年版）、《塔吉克民间故事》（新疆人民出版社1987年版）、《塔什库尔干民间故事》（1989年版）、《塔什库尔干民间谚语》（1989年版）、《塔什库尔干民间歌谣》（1990年版）、《塔吉克族歌谣选编》（新疆人民出版社1999年版）、《塔吉克族民间文学集》（新疆大学出版社2005年版）等。此外，一些刊物也创办专栏，刊登了有关塔吉克族的文学作品。如《欢乐的帕米尔》（1984年塔什库尔干塔吉克自治县成立三十周年专刊）、《喀什噶尔文学》（1994年第4期）、《塔里木》（2000年第11期）、《喀什噶尔文学》（2004年第4期）等。

上述塔吉克族民间古籍资料的搜集、整理和出版工作，为我们编写《中国少数民族古籍总目提要·塔吉克族卷》打下了良好的基础。

五

《中国少数民族古籍总目提要·塔吉克族卷》（以下简称《塔吉克族卷》）的编纂工作始于2003年。为了做好这项工作，当年3月，新疆维吾尔自治区古籍办调入一名塔吉克族专业技术人员。并根据《关于印发〈中国少数民族古籍总目提要〉编写纲要的通知》精神，成立了《塔吉克族卷》业务小组，动员有关单位的专业技术人员开展了塔吉克族古籍的搜集、整理和编目工作。2004年5月，召开了塔吉克—塔塔尔族古籍业务小组会议，进一步安排了《塔吉克族卷》的编写任务及完成任务的时限等。

在有关领导的关心和支持下，塔吉克族古籍业务小组的同志们在很短的时间里搜集到了大量古籍，写出了2400多部作品的内容提要卡片，并经有关专家审定，有1625张卡片符合标准。录入《塔吉克族卷》中的条目分为书籍类和讲唱类两类。其中，书籍类条目有52条，讲唱类条目有1573条。

书籍类条目主要收录现存于中国塔吉克族民间的书籍类古籍条目。讲唱类条目主要收录叙事长诗、神话、传说、故事、寓言、柔巴依（哲理诗）、歌谣、谚语、格言等口传古籍条目。

《塔吉克族卷》的编纂工作历时5年。其中，不仅包含着编写人员和专家学者的艰辛，而且得到了《中国少数民族古籍总目提要》编纂委员会、新疆维吾尔自治区人民政府、新疆维吾尔自治区民委（宗教局）及古籍办的大力支持和具体指导。它是集体智慧的结晶。

《塔吉克族卷》第一次比较完整地展现了塔吉克族古籍的全貌和现状。在编纂过程中，坚持吸取精华、剔除糟粕，突出中国塔吉克族的特点，尽可能地做到完整、有代表性，并挑选了最好的作品。我们按照塔吉克族民间文学研究工作中常用的分类法对古籍条目进行了分类。所以，它不仅仅是一部展示塔吉克族古籍的简单目录，而且是了解研究塔吉克族历史、社会生产、宗教信仰、风俗习惯、文化教育，具有保存、参考和实用价值的工具书。它反映了塔吉克族丰富的古籍资源及塔吉克族对中华文化所作的贡献。本书的出版，将进一步促进各民族间的文化交流，增进民族团结，促进民族进步和文化繁荣。由于编者水平有限，书中一定有不少不足之处，恳请专家学者批评指正。

《中国少数民族古籍总目提要·塔吉克族卷》编辑委员会

2010年10月15日

目　　录

凡　　例

一、本书根据《中国少数民族古籍总目提要编写纲要》规定的收录范围，共收录新疆维吾尔自治区塔吉克族古籍条目 1625 条。其中书籍类 52 条，讲唱类 1573 条。

二、本书包括书籍类和讲唱类两大类。书籍类条目按成书时间排列，年代不明者排在最后。讲唱类条目分为十个部分：一是叙事长诗；二是神话，其中又分为自然天象与起源神话、社会现象神话、人物神话；三是传说，其中又分为人物传说、地名风物传说、乐器传说、动物传说、其他传说；四是故事，其中又分为幻想故事、动物故事、生活故事、智慧故事；五是寓言；六是柔巴依（哲理诗），其中又分为爱情柔巴依、亲情柔巴依、爱国主义柔巴依、人生观柔巴依、其他柔巴依；七是歌谣，其中又分为叙事歌、劳动歌、习俗歌、情歌；八是戏剧；九是谚语，其中又分为祖国、家乡，阶级、敌人和友谊，政策与措施，真理、规律，实践，知识、智慧和勇敢，是非，爱憎，理想、意志，道德、品质，集体、团结，个人和人际关系，劝谏，信仰和教化，其他；十是格言。讲唱类条目，按演唱时间顺序编排。

三、正文中条目名称按汉文、塔吉克文、拉丁字母转写符号先后排列。

四、讲唱类条目按照《〈中国少数民族古籍总目提要〉编写纲要》的分类要求及塔吉克族传统的分类方法进行分类。

五、撰稿人及翻译（汉译）者的姓名，均在各条目之末括号内注明。

六、为了便于查阅检索，本书附《条目汉语音序索引》。

塔吉克文、拉丁字母转写符号表

塔吉克文		拉丁字母转写	塔吉克文		拉丁字母转写
1	آ	**a**	17	ش	**š**
2	َ	**ä**	18	ع	**ä, e, o**
3	ِ	**e**	19	غ	**ɣ**
4	ُ	**o**	20	ف	**f**
5	ب	**b**	21	ق	**q**
6	پ	**p**	22	ک	**k**
7	ت ط	**t**	23	گ	**g**
8	ج	**j**	24	ل	**l**
9	چ	**č**	25	م	**m**
10	ح ه	**h**	26	ن	**n**
11	خ	**x**	27	و	**w**
12	د	**d**	28	ی	**y**
13	ر	**r**	29	ۀ	**ye**
14	ز ض ظ	**z**	30	ای	**i**
15	ژ	**ʤ**	31	او	**u**
16	س ص ث	**s**			

注：为满足读者对塔吉克语及拉丁语标准发音的需求，专附此表。此表由《中国少数民族古籍总目提要·塔吉克族卷》的专家起草，并经专家组集体讨论审定。

条目分类目录

书籍类

讲唱类

（口传传统文化资料）

一、叙事长诗

二、神　话

（一）自然天象与起源神话

（二）社会现象神话

（三）人物神话

三、传　说

（一）人物传说

（二）地名风物传说

（三）乐器传说

（四）动物传说

（五）其他传说

四、故　事

（一）幻想故事

（二）动物故事

（三）生活故事

（四）智慧故事

五、寓　言

六、柔巴依（哲理诗）

（一）爱情柔巴依

（二）亲情柔巴依

（三）爱国主义柔巴依

（四）人生观柔巴依

（五）其他柔巴依

七、歌 谣

（一）叙事歌

（二）劳动歌

（三）习俗歌

（四）情 歌

八、戏　剧

九、谚　语

（一）祖国、家乡

（二）阶级、敌人和友谊

（三）政策与措施

（四）真理、规律

（五）实　践

（六）知识、智慧和勇敢

（七）是　非

（八）爱　憎

（九）理想、意志

（十）道德、品质

（十一）集体、团结

（十二）个人和人际关系

（十三）劝　谏

（十四）信仰和教化

（十五）其　他

十、格　　言

书籍类

同音节对句诗体诗集
مثنوى معنوى
mäsnäwiye mä'näwi

不分卷，6册，317页。伊斯兰教历671年（1273）贾拉力丁·鲁米撰。诗集。用诗歌形式阐述苏菲主义教派的哲学和社会观点。作品中的哲学思想后来对欧洲产生了很大的影响，被翻译成多种语言文字出版。对于研究塔吉克族宗教和哲学思想，以及古典文学有参考价值。伊斯兰教历1154年（1741）抄本。草纸，线装。波斯文，西凯斯泰字体，墨书。页面31cm×21cm，墨框22cm×12cm，四周双栏，21行。有词语注释。保存完好。今藏新疆维吾尔自治区喀什地区塔什库尔干塔吉克自治县夏穆罕·萨义德处。

（古丽佳罕·胡西地力编，斯拉吉丁译）

玛斯纳维体诗集
مثنوى شريف
mäsnäwiye šärif

不分卷，6册，864页。又名《玛斯纳维依玛乃维》。伊斯兰教历671年（1273）贾拉力丁·鲁米撰。引用波斯文和突厥文的众多谚语、传说和童话，简单通俗地阐述了伊斯兰教苏菲主义教派的哲学观点及各种宗教问题。按短故事形式写作，虽然故事内容没有相互连结，但在逻辑上相互关联，仍可通过内容上的互补表达作品的整体思想内容。对于研究塔吉克族古典文学有参考价值。抄本。草纸，线装。波斯文，乃斯泰力克字体，墨书。页面31cm×22cm，墨框19cm×12cm，四周双栏，16行。有部分宗教和哲学术语的注释。前言用阿拉伯文书写，首页有插图，每个故事的标题朱书，末页盖有印章。保存完好。今藏新疆维吾尔自治区喀什地区塔什库尔干塔吉克自治县夏普苏里坦处。

（古丽佳罕·胡西地力编，斯拉吉丁译）

灵魂之光
نزحتلاارواح
nozähtol ärwah

不分卷，1册，522页。玉赛因·伊本·阿里木·伊本·艾布勒艾山撰。关于伊斯兰教苏菲主义教派对教民进行精神教育的书籍。共28章。内容分两部分：前半部分主要介绍圣人穆罕默德和伊斯兰教历史上的哈里发；后半部分从宗教哲学的观点阐述苏菲主义有关灵魂纯洁的学说。书中还引用了古兰经的章节、苏菲主义历史上著名谢赫们的生平事迹，以及与此相关的歌谣、柔巴依和故事。对于研究伊斯兰教苏菲主义学说有参考价值。伊斯兰教历984年（1577）抄本。草纸，线装。波斯文，西凯斯特字体，墨书。页面25cm×16cm，墨框17cm×8.5cm，15行。有词语注解。保存完好。今藏新疆维吾尔自治区喀什地区塔什库尔干塔吉克自治县帕力王巴依处。

（古丽佳罕·胡西地力编，斯拉吉丁译）

阿布都法克尔·穆罕默德·热扎卡尔亚阿米力的故事
قسه العبدالفقير محمد رضا قريه اميرى
qissäil äbdulfäqir mohämmäd riza qäryä ämiri

不分卷，1册，137页。穆罕默德·热扎·西拉孜撰。以爱情为主题的格则勒诗和双行诗歌作品。记述春天和大自然的美丽景色，爱情在人们精神上引起的微妙感觉，以及恋人的各种精神状态、恋人们相见的欢乐和分离的痛苦等。用春天、花园、郁金香、草地、百灵、情人、爱、心灵、纯洁、相见、忧愁、分离等词语，表达对大自然的爱和对人类纯真爱情的赞誉。其中部分以道德主张为内容的诗作也是以对恋人进行劝谕的方式写作，少部分的诗歌表达对真主的爱。对于研究塔吉克族文学有参考价值。伊斯兰教历1046年（1637）抄本。草纸，线装。波斯文，乃斯泰力克字体，墨书。页面18cm×11cm，墨框13cm×6cm。首页有图案。保存完好。今藏新疆维吾尔自治区喀什地区塔什库尔干塔吉克自治县夏穆罕·萨义德处。

（古丽佳罕·胡西地力编，斯拉吉丁译）

玛斯纳维诗作解释
شرح مثنوی
šärhe mäsnäwi

不分卷，1册，455页。法萨·穆罕默德·日扎撰。对贾拉力丁·鲁米的著作《玛斯纳维体诗集》进行诠释的书籍。对麦斯拉纳·加米、哈杰·玉赛因·哈热兹米、赛迪·艾布都勒法塔赫、谢赫·艾布都拉提夫等人对《玛斯纳维体诗集》一些疑难问题的错误注解进行了指正，说明了写作该注释的意图，并对该书中的宗教术语、苏菲主义教派人物及具有象征意义的故事按顺序做了详细注解，阐明了这些故事的真正内涵和它们与伊斯兰教规则和伊斯兰宗教作品的共同点、区别以及相互联系。按原作结构进行分章和注解，具有很强的象征性风格。对于研究《玛斯纳维体诗集》有参考价值。伊斯兰教历1173年（1759）抄本。草纸，线装。波斯文，乃斯泰力克字体，墨书。页面30cm×20cm，墨框22cm×11cm，19行。有词语注解。重要词句下画有红线。保存完好。今藏新疆维吾尔自治区喀什地区塔什库尔干塔吉克自治县文化中心。

（古丽佳罕·胡西地力编，斯拉吉丁译）

预言之路
مدارج النبوت
mädarijul nobuwät

不分卷，1册，50页。米斯肯·艾布都乐海克·本·赛福力丁撰。关于宗教道德的书籍。以圣训和宗教故事为依据记述圣人穆罕默德的道德品质，人体各部位的长处和缺陷，以及健康与疾病和保护健康的方法等问题。通过与圣人穆罕默德的优良品质相关的传说，阐述了人际关系中的失与得；通过对圣训和宗教传说中相互对应的内容进行比较，说明了如何正确理解这些内容。有关真主之光、对真主的爱和理性问题的论述，以及宗教道德和善恶概念都带有传说色彩。对于研究伊斯兰教道德观念有参考价值。伊斯兰教历1179年（1765）抄本。草纸，线装。波斯文，西开斯特字体，墨书。页面16.5cm×9.5cm，墨框12cm×6.5cm，21行。边栏金黄色，有些词语下有画线。保存完好。今藏新疆维吾尔自治区喀什地区塔什库尔干塔吉克自治县汗·塞地尔丁处。

（古丽佳罕·胡西地力编，斯拉吉丁译）

莱丽与麦吉侬
ليلى و مجنون
läyli wä mäjnun

不分卷，1册，285页。伊斯兰教历1188年（1774）尼扎米·甘吉维撰。叙事长诗集。收录塔吉克族著名的《莱丽与麦吉侬》、《拜合拉姆纳麦》两部叙事长诗。《莱丽与麦吉侬》共52章，叙述了凯斯（麦吉侬）与莱丽的爱情悲剧。记述封建社会恋人们曲折的爱情经历，以及当时社会各阶层的道德品质、生活环境、子女教育等方面的情况。《拜合拉姆纳麦》主要叙述了拜合拉姆·古尔的经历，同时还反映了宫廷生活。虽不分章，但拜合拉姆与从各地来的每个公主之间的故事及其他部分都有标题。通过揭示宫廷生活，表达了对致使国家兴衰因素的看法。对于研究塔吉克族文学有参考价值。抄本。草纸，线装。波斯文，乃斯泰力克字体，墨书。页面25cm×17cm，墨框21cm×13cm，四周单栏，20行。有词语注释。后部分残缺。今藏新疆维吾尔自治区喀什地区塔什库尔干塔吉克自治县夏普苏里坦处。

（古丽佳罕·胡西地力编，斯拉吉丁译）

有益的谈话
نفحات الانس
näfähat-ul-uns

不分卷，1册，680页。艾布都热合曼·贾米撰。人物传记。按顺序记述从苏菲主义教派产生到作者生活的那个年代，代表这个流派不同分支的609位著名谢赫（宗教人士）的生平事迹。包括在苏菲学说方面取得成就的凯尔黑、巴耶兹迪·比斯塔尼、斯热·撒凯提、曼苏尔·艾拉吉、艾布·赛迪·麦纳依、艾里·哈玛尼等谢赫，以及尼扎米、甘吉维、赛迪·设拉子、菲尔敦·艾塔尔、贾拉力丁·築米、艾皮兹设拉子等思想家的事迹、作出的贡献、产生的影响及其社会地位和对他们的评价等。对于研究中亚哲学思想和历史有参考价值。伊斯兰教历1210年（1794）抄本。草纸，线装。波斯文，乃斯泰力克字体，墨书。页面25cm×14cm，墨框16cm×8cm，19行。有词语注释。谢赫的名字都用红墨书写。保存完好。今藏新疆维吾尔自治区喀什地区塔什库尔干塔吉克自治县阿巴斯艾力处。

（古丽佳罕·胡西地力编，斯拉吉丁译）

贾里比之书
كتاب غريبى
kïtabeɣäribi

不分卷，1册，134页。贾里比撰。以散文形式记述宗教传说的书籍。书的开头记述有关精神疾病的常识和对春天的赞颂，然后逐步转入书的主要内容，按信徒对导师的虔诚、忍耐与投降、灵魂、撒旦与伊玛尼之争、世界末日、服丧者、师傅对徒弟的劝谕、天堂与地狱的特征等章节进行了叙述。并用《尊敬的人，请听着》的呼告，提出自己的主张。还摘录有《古兰经》和《圣训》片段及与之相关的诗篇。对于明确伊斯兰教常用的一些概念有参考价值。伊斯兰教历1227年（1812）抄本。草纸，线装。波斯文，奈斯泰力克字体，墨书。页面22cm×14cm，墨框12.5cm×8cm，11行。每章标题、作者名和“尊敬的人”等词用红墨书写。后部分残缺。今藏新疆维吾尔自治区喀什地区塔什库尔干塔吉克自治县文化中心。

（古丽佳罕·胡西地力编，斯拉吉丁译）

给亚斯作品集
ديوان غياثى
diwaneɣiyasi

不分卷，1册，160页。给亚斯·伊本·米热克·拜达合夏尼撰。诗歌集。在波斯—塔吉克文学史上被称为《托菲图勒麦合苏木》（献给自卫者）。收录作者创作的格则勒诗、五行诗、柔巴依和双行诗等作品。写作风格上一方面继承著名诗人鲁米、阿菲孜和贾米等人的创作风格，另一方面又积极探索自己独立的创作方式。内容涉及社会生活的各个方面、周围发生的事件和有关爱情的内容等。有的作品阐述带有苏菲主义色彩的宗教内容。语言通俗，结构简单，在民间流传较为广泛。对于研究塔吉克族古典文学有参考价值。伊斯兰教历1255年（1839）抄本。草纸，线装。波斯文，西凯斯特字体，墨书。页面26cm×16cm，墨框17cm×9cm，15行。小标题为红色，书的末页钤有印记。保存完好。今藏新疆维吾尔自治区喀什地区塔什库尔干塔吉克自治县茹先艾力处。

（古丽佳罕·胡西地力编，斯拉吉丁译）

果园
بوستان
bustan

不分卷，1册，340页。伊斯兰教历1256年（1840）阿卜杜拉萨迪·设剌子撰。文集。全书分10章，前两章篇幅较长。每章都通过阐述一则故事或寓言反映了当时的各种社会问题，表达了作者的哲学观点。由于写作时间为蒙古人大举西征、征服中亚的战争动乱年代，因此书中有劝告国王和地方统治者要管理好国家和政权，以人道主义的观念主持公道、坚持真理和热爱人民的内容。对于研究塔吉克族哲理思想和古典文学有参考价值。抄本。草纸，线装。波斯文，乃斯泰力克字体，墨书。页面22cm×14cm，墨框17cm×10cm，四周单栏，12行。保存完好。今藏新疆维吾尔自治区喀什地区塔什库尔干塔吉克自治县苏里坦江处。库尔班·巴拉提翻译成维吾尔文，新疆青年出版社1984年版。（古丽佳罕·胡西地力编，斯拉吉丁译）

蔷薇园
گلستان
golistan

不分卷，1册，420页。伊斯兰教历1258年（1842）阿卜杜拉萨迪·设剌子撰。文集。共分8章。每章都用散文形式描述一个小故事，用诗歌形式做结论。散文用押韵形式写作，具有诗歌风格。此外，为增强作品的说服力和感染力，引用了许多哲理、笑话、谚语和历史传说，反映了当时社会的不良现象，教育人民伸张正义。在新疆长期以来作为学波斯语和波斯文学的教材。对于研究塔吉克族古典文学有参考价值。抄本。草纸，线装。波斯文，乃斯泰力克字体。页面26cm×18cm，墨框20cm×12cm，11行。有词语注释，每页正文中间有阿拉伯文的简短注释。保存完好。今藏新疆维吾尔自治区喀什地区塔什库尔干塔吉克自治县苏里坦江处。热合木土拉·贾力翻译成维吾尔文，民族出版社1984年版。

（古丽佳罕·胡西地力编，斯拉吉丁译）

米尔扎·阿布都卡地尔·比地力全集
كليات ميرزا عبدالقادر بيدل
koliyate mirza äbdulqader bidel

不分卷，1册，970页。米尔扎·阿布都卡地尔·比地力撰。文集。收录作者创作的格则勒诗、颂诗、柔巴依、五行诗、泰尔克斑迪、双行诗等形式的诗歌作品，以及《魔法的惊奇》、《穆依提艾再姆》、《谈启蒙》、《暗示与故事》、《伊尔凡》等叙事诗和《茹凯阿提》、《努卡提》、《四位朋友》等散文作品。格则勒诗所占比重较大，主要记述哲学、道德、神秘主义、人道主义、爱情等方面的内容。颂诗以歌颂人类为主，同时反映作者的哲学观点。柔巴依有三千五百多首，表达了作者对世界和人类本质、对现实生活中各种矛盾的看法。叙述诗和散文作品也以当时社会的积极因素为主题，反映了作者对周围社会现象的看法。对于研究当时塔吉克族的社会生活及古典文学有参考价值。伊斯兰教历1279年（1862）抄本。草纸，线装。波斯文，乃斯泰力克字体。页面35cm×26cm，墨框26cm×20cm，四周双栏，19行。有页码。保存完好。今藏新疆维吾尔自治区喀什地区塔什库尔干塔吉克自治县萨义德哈山处。

（古丽佳罕·胡西地力编，斯拉吉丁译）

哈菲孜抒情诗集
ديوان حافظ شيرازى
diwane hafiz širazi

不分卷，1册，178页。哈菲孜·设剌子撰。诗集。以格则勒诗为主，收录了部分颂诗、柔巴依等作品。格则勒诗通过描述恋人们遭受的痛苦，反映了各种不平等的社会现象、平民百姓的艰难生活和他们的心愿。对贪心的官吏、顽固的神职人员及骗人的宗教学者进行了严厉的批评，告诫他们要主持公道、关爱百姓。后逐渐变为平民大众的解放歌谣，广为流传，有很大的社会影响。对于研究塔吉克族古典文学有参考价值。伊斯兰教历1305年（1887）抄本。草纸，线装。波斯文，西开斯特字体，墨书。页面24cm×15cm，墨框18cm×10cm，14行。有页码。保存完好。今藏新疆维吾尔自治区喀什地区塔什库尔干塔吉克自治县文化中心。（古丽佳罕·胡西地力编，斯拉吉丁译）

贾米的故事

قصهٔ جامی

qisäye jami

不分卷，1册，178页。艾合买德·贾米、孜亚吾丁·奈合谢比撰。以散文形式记述故事的书籍。记述一个名叫阿热兹的国王因没有子女、担心无人继承王位去城外向遁世者求助的过程，及其后来发生的一些曲折的生活经历。宣扬做好事、公正等先进思想，具有一定的教育意义。对于研究塔吉克族文学有参考价值。伊斯兰教历1309年（1891）抄本。草纸，线装。波斯文，奈斯泰力克字体。页面25cm×17cm，墨框21.5cm×13cm，四周单栏，18行。有词语注释。后部分残缺。今藏新疆维吾尔自治区喀什地区塔什库尔干塔吉克自治县文化中心。

（古丽佳罕·胡西地力编，斯拉吉丁译）

照耀之光

اشعة اللمعات

äši'ät-ul-lämä'at

1卷，756页。伊斯兰教历1311年（1894）麦维拉纳·穆罕默德·库图比丁·德黑里维译。有关道德的阿拉伯文大型作品《神圣的灯座》第4卷的译本。共75章。篇头解释“礼节”的概念和“问候”的意义，每章都引用古兰经经文和圣训阐述某一个圣人或先知具有示范作用的道德行为或各社会阶层应具备的道德规范。同时用宗教道德观点解释“功德”、“天堂”等概念，用宗教观点指引人们走正道。对于研究塔吉克族宗教道德观念有参考价值。抄本。草纸，线装。波斯文，乃斯泰力克字体，墨书。页面31cm×20cm，墨框24cm×14cm，22行。有词语注释。首页和末页有装饰图案。保存完好。今藏新疆维吾尔自治区喀什地区塔什库尔干塔吉克自治县夏力夫处。

（古丽佳罕·胡西地力编，斯拉吉丁译）

波斯文鹦鹉之书

طوطی نامهٔ فارسی

tutinamäye farsi

不分卷，1册，61页。兹亚吾丁·奈合谢比撰。是在吸收印度鹦鹉故事基础上重新编写的故事。记述名叫麦穆尼的商人花很多钱买了一只能预知未来的鹦鹉，按它的预测去经商赚了很多钱。后来他启程去罗姆国经商，把鹦鹉留在妻子胡杰斯特身边。妻子因不甘心寂寞与一位王子发生暧昧关系，鹦鹉采取讲故事的办法没让这个不安分的妻子外出，一直讲到她丈夫回家。阐述了家庭生活和夫妻关系中应遵循的准则，歌颂了夫妻关系的纯洁。对于研究塔吉克族古典文学有参考价值。伊斯兰教历1316年（1898）抄本。草纸，线装。波斯文，乃斯泰力克字体，墨书。页面24cm×16cm，墨框20cm×12cm，19行。后部分残缺。今藏新疆维吾尔自治区喀什地区塔什库尔干塔吉克自治县阿巴斯艾力处。

（古丽佳罕·胡西地力编，斯拉吉丁译）

瓦尔克与古丽夏的故事

وَرَقه و گُلشاه

wäräqä wä golišah

不分卷，1册，138页。艾合买德·贾米撰。以诗歌形式记述了瓦尔克和古丽夏的爱情故事。记述古丽夏姑娘与自己所爱的小伙子瓦尔克结婚没多久，就落入拜火教教徒本·吾麦尔·莱因手里之后的痛苦经历等。描述了社会生活中的善与恶，宣扬行善、主持公道的进步思想。对于研究塔吉克族社会道德观念有参考价值。伊斯兰教历1321年（1903）抄本。草纸，线装。波斯文，乃斯泰力克字体，墨书。页面25cm×17cm，墨框22cm×13cm，单栏，16行。有页码。后部分残缺。今藏新疆维吾尔自治区喀什地区塔什库尔干塔吉克自治县阿巴斯艾力处。

（古丽佳罕·胡西地力编，斯拉吉丁译）

贾米作品集

كليات جامى

kolliyate jami

不分卷，1册，480页。艾布都热合曼·贾米撰。诗集。收录作者的一部分颂诗、格则勒诗、柔巴依、双行诗和叙述诗《优素福与祖莱哈》。颂诗以劝谕性内容为主，对当时的统治者进行道德劝谕，让他们主持公道。格则勒诗通过爱情的内容阐述有关神秘主义和哲学的问题。柔巴依、双行诗等作品反映了当时的社会生活，贯穿苏菲主义思想。叙述诗《优素福与祖莱哈》是作者名为《艾菲特艾维壤》（七颗星星）的叙事诗汇编中居第五位的作品，在记述优素福与祖莱哈爱情经历的基础上，反映苏菲主义奈克西斑迪耶流派一切归顺真主的学说价值。对于研究塔吉克族古典文学有参考价值。伊斯兰教历1329年（1911）抄本。草纸，线装。波斯文，乃斯泰力克字体，墨书。页面26cm×16cm，墨框20cm×12cm，19行。有词语注释。保存完好。今藏新疆维吾尔自治区喀什地区塔什库尔干塔吉克自治县皮尔君处。

（古丽佳罕·胡西地力编，斯拉吉丁译）

七颗星星

هفت اورنگ

häft äwräng

不分卷，1册，418页。艾布都热合曼·贾米撰。诗集。收录作者的《斯力斯来图兹再艾卜》、《萨拉曼与艾布萨勒》、《托合菲图勒艾合拉尔》、《赛比海图勒艾布拉尔》、《优素福与祖莱哈》、《莱丽与麦吉侬》、《亚历山大传》等七首叙事长诗。每部叙事诗都遵循尼扎米·甘吉维、霍斯罗·地合力维的五卷诗体例。因打破了传统的五卷诗惯例，被取名为《七颗星星》。其中的四部叙事诗反映了作者的哲学、社会观点；另三部以爱情为主题，在记述主人公的爱情经历的同时宣扬苏菲主义思想和道德观念。在每一部叙事诗中都以远见卓识对一些复杂的问题进行了诠释。对于研究塔吉克族古典文学有参考价值。抄本。草纸，线装。波斯文，乃斯泰力克字体，墨书。页面29cm×19cm，墨框22cm×14cm，20行。有词语注释。保存完好。今藏新疆维吾尔自治区喀什地区塔什库尔干塔吉克自治县汗·塞地尔丁处。

（古丽佳罕·胡西地力编，斯拉吉丁译）

幽默及词汇选编

شبستان نكات و گلستان لغات

šäbistane nokat wä golistane loɣat

不分卷，1册，188页。法塔依·尼夏普尔撰。除前言和后记外，由8章组成。第一章记述伊玛目及伊斯兰政治问题；第二章记述国王及其周围的人物；第三章记述知识、教育和求知途径；第四章记述阿比德与遁世者；第五章记述阶层和人类特性；第六章记述各种专业、手艺和劳动的好处；第七章记述生活的美好；第八章劝导人们做有益的事情。均以散文形式记述，同时为增强作品的感染力和说服力，引用双行诗、柔巴依、歌谣、故事等形式的短小文学作品，对作品进行点缀。作品内容虽较广泛，但仍以反映生活中的社会现象为主，明确告诉人们什么是有益的和什么是有害的，引导人们去做有益的事。对于研究塔吉克族文学有参考价值。抄本。草纸，线装。波斯文，乃斯泰力克字体，墨书。页面 17cm×11cm，墨框 12cm×5cm，10 行。有词语注解。前后残缺。今藏新疆维吾尔自治区喀什地区塔什库尔干塔吉克自治县文化中心。

（古丽佳罕·胡西地力编，斯拉吉丁译）

库都斯诗集

ديوان قدسى

diwane qodsi

不分卷，1 册，90 页。库都斯撰。诗集。收录颂诗、格则勒诗、柔巴依和四行诗等体裁的诗歌，共 259 首。阐述了春天、大自然的美丽、人类的爱情追求及各种美好心愿等内容。号召人们不要寄期望于来世的美好，而要享受现实生活中的美好。一些作品还记述了有关哲学、社会生活及道德问题的内容。对于研究塔吉克族古典文学有参考价值。抄本。草纸，线装。波斯文，乃斯泰力克字体，墨书。页面 24cm×15cm，墨框 18cm×11cm，16 行。有词语注释。前部分残缺。今藏新疆维吾尔自治区喀什地区塔什库尔干塔吉克自治县苏里坦江处。

（古丽佳罕·胡西地力编，斯拉吉丁译）

艾尼瓦尔法尔斯诗集

ديوان انور فارسى

diwane änwär farsi

不分卷，1 册，250 页。艾尼瓦尔撰。诗歌集。收录 470 多首格则勒诗和颂诗、9 首柔巴依、10 首穆斯塔扎德诗、2 首五行诗及双行诗等形式的诗歌。书后附有作者和该诗集编写的相关资料。所有诗歌按阿拉伯文字母顺序分为 30 多章，以爱情主题的诗歌为主。作者把自己对现实生活的热爱和恋人们心中的焦虑置于美丽自然的背景下，歌颂人类真正的优秀品质，表达对美好和丑恶的看法。柔巴依作品主要反映作者的社会、哲学观点和生活经验。对于研究塔吉克族文学有参考价值。抄本。草纸，线装。波斯文，乃斯泰力克字体。页面 24cm×15cm，墨框 18cm×10.5cm，17 行。有词语注释。保存完好。今藏新疆维吾尔自治区喀什地区塔什库尔干塔吉克自治县帕力王巴依处。

（古丽佳罕·胡西地力编，斯拉吉丁译）

玛斯纳维中的格言

حكم مثنوى

hekäme mäsnäwi

不分卷，1 册，430 页。贾拉力丁·鲁米撰。格言集。以艺术形式宣扬苏菲主义教派的各种主张。为便于读者理解，对一些疑难内容做了适当注解。对于研究塔吉克族格言有参考价值。抄本。草纸，线装。波斯文，乃斯泰力克字体，墨书。页面 31cm×24cm，墨框 22cm×14cm，19 行。有词语注解。保存完好。今藏新疆维吾尔自治区喀什地区塔什库尔干塔吉克自治县文化中心。

（古丽佳罕·胡西地力编，斯拉吉丁译）

优素福与祖莱哈
يوسف و زليخا
yusof wä zoläyxa

不分卷，1册，88页。艾布都热合曼·贾米撰。根据广泛流传于民间的优素福与祖莱哈的爱情故事编写而成。记述圣人叶尔孤的儿子优素福被哥哥们妒忌，哥哥们把他扔进地窖内，并用鸽血把他的衣服染红拿去给父亲看，说他被狼咬死了。商队把优素福从地窖中救出来，当奴隶卖给埃及当权者艾再兹。艾再兹的妻子祖莱哈爱上优素福，她的爱情最初遭到了优素福的拒绝。艾再兹去世后，优素福登上王位，并接受了祖莱哈的爱并娶她为妻，最后与父亲和哥哥们团聚。故事最初来源于《摩西六经》和《古兰经》，后来引起东方文学家的兴趣，成为文学的永恒题材，产生了许多以此为内容的作品。该书作者把内容加以充实，反映了苏菲主义学说价值。对于研究塔吉克族文学史有参考价值。抄本。草纸，线装。波斯文，乃斯泰力克字体，墨书。页面25cm×16cm，墨框18cm×10cm，11行。有注释和说明。前部分残缺。今藏新疆维吾尔自治区喀什地区塔什库尔干塔吉克自治县汗·塞地尔丁处。

（古丽佳罕·胡西地力编，斯拉吉丁译）

夏穆斯诗集
اشعار شمس
äš'are šäms

不分卷，1册，84页。夏穆斯·塔比里孜撰。是作者的格则勒诗和颂诗集。记述对爱情的美好愿望，表达了人类对造世主的赞颂和爱戴。通过爱情的内容反映了作者的哲学观点及对各种社会现象的看法。对于研究塔吉克族文学有参考价值。抄本。草纸，线装。波斯文，乃斯泰力克字体，墨书。页面20cm×15cm，墨框16cm×11cm，10行。每首诗的标题用红墨书写。前后残缺。今藏新疆维吾尔自治区喀什地区塔什库尔干塔吉克自治县夏穆罕·萨义德处。

（古丽佳罕·胡西地力编，斯拉吉丁译）

大诗集
ديوان شمس تبريزى
diwane šämse täbrezi

不分卷，1册，388页。夏穆斯·塔比里孜撰。格则勒诗、颂诗和柔巴依诗集，共5万行。格则勒诗和颂诗以爱情题材为主，把现实生活和理性问题结合起来，歌颂了生活的美好。号召人们珍惜和热爱人生，宣扬人道主义和正义，鞭挞丑恶行径。对欧洲产生了很大影响，至今仍广泛地流传于民间。对于研究塔吉克族古典文学有参考价值。抄本。草纸，线装。波斯文，乃斯泰力克字体。页面23cm×14cm，墨框20.5cm×11cm，四周单栏，23行。白口有注释。前后部分残缺。今藏新疆维吾尔自治区喀什地区塔什库尔干塔吉克自治县汗·塞地尔丁处。（古丽佳罕·胡西地力编，斯拉吉丁译）

伊拉吾丁诗集
ديوان ايلاودين
diwane ilawidin

不分卷，1册，48页。伊拉吾丁撰。诗歌作品集。首先赞颂真主、圣人穆罕默德和最初的四位哈里发，经过简短的呼告以后转入作品的主题内容，以《潘迪和穆依再》为名阐述具体的宗教道德问题，包括生活中常见的幸福与不幸、好品质与坏品质、廉耻、骄傲与谦虚、感恩与知足等。对每一个问题都按宗教观点进行诠释，并通过具体实例进行说教。对每个问题的定义和阐述都简单明了且语言通畅。对于研究19世纪的社会道德教育有参考价值。抄本。草纸，线装。波斯文，乃斯泰力克字体，墨书。页面 26cm×16cm，墨框 17cm×9cm，13 行。有些词语用红色书写。前部分残缺。今藏新疆维吾尔自治区喀什地区塔什库尔干塔吉克自治县夏力夫处。

（古丽佳罕·胡西地力编，斯拉吉丁译）

穆塔夏木阿拉孜诗集
ديوان محتشم عارض
diwane mohtäšäm aräz

不分卷，1 册，106 页。穆塔夏木·阿拉孜撰。格则勒诗、颂诗、短诗、柔巴依、悼诗等体裁作品的诗歌集。以格则勒诗和颂诗为主，内容十分广泛，包括春天、诺鲁孜节、自然的美丽、生活中的正道及其给予人的欢乐、对生活的爱、青年时代、恋人心中的焦虑、分离的痛苦和相见的欢乐、对现实世界和宇宙的想象、各种道德主张及作者感受到的其他问题等。歌颂了人们之间的仁爱及现实生活和自然的美好，鞭挞了丑恶和坏事。对于研究塔吉克族文学有参考价值。抄本。草纸，线装。波斯文，西凯斯泰字体。页面 21cm×13cm，墨框 13cm×9cm，11 行。后部分残缺。今藏新疆维吾尔自治区喀什地区塔什库尔干塔吉克自治县阿巴斯艾力处。（古丽佳罕·胡西地力编，斯拉吉丁译）

胡贾穆伊努丁·恰西提诗集
ديوان خواجه معين الدين چشتى
diwan xajä mo’inuddinčäšti

不分卷，1 册，63 页。胡贾穆伊努丁·恰西提撰。诗歌集。由 120 首诗歌组成，大部分是格则勒诗和颂诗。内容上以理性题材为主，所有作品都以对真主的爱为主题，记述对真主的思念、使灵魂纯洁及实现这种纯洁的途径，为获得真主的爱需经历的痛苦阶段以及禁欲者的最终目的等。书中格则勒诗、双行诗和颂诗交错安排，书后附有该书出版前有关道德和苏菲主义内容的作品名录。对于研究神秘主义流派和苏菲主义文学有参考价值。抄本。草纸，线装。波斯文，乃斯泰力克字体。页面 23cm×15cm，墨框 21cm×11cm，21 行。有词语注释。前后残缺。今藏新疆维吾尔自治区喀什地区塔什库尔干塔吉克自治县文化中心。

（古丽佳罕·胡西地力编，斯拉吉丁译）

菲鲁孜王之书
كتاب فيروزشاه
ketabe firuzšah

不分卷，1 册，472 页。麦维拉纳·孜亚吾丁·撒法依撰。关于礼仪道德方面的百科全书。前半部分记述知识的分类规则及其理论基础。后半部分记述算术的各种法则；阿若孜律的常识，伊斯兰教道德，伊玛尼、伊斯兰教教规、礼拜规则、封斋和柯德尔夜，以及各种食品的益处和害处；各种宗教礼节及其实施方法；词及词义、语言艺术；生活礼节、服饰种类，以及穿着规则、睡眠、装饰品及其使用常识；人类的各种弊病及其改正方法，殉教者等方面的内容。以散文形式写作。对于研究塔吉克族伦理道德有参考价值。抄本。草纸，线装。波斯文，乃斯泰力克字体，墨书。页面 33cm×23cm，墨框 24cm×13cm，20 行。章节标题为红色。保存完好。今藏新疆维吾尔自治区喀什地区塔什库尔干塔吉克自治县汗·塞地尔丁处。（古丽佳罕·胡西地力编，斯拉吉丁译）

诗选
منتخب الاشعار
montäxäbul äš’ar

不分卷，1 册，78 页。胡斯罗·德黑力维编撰。是从作者 5 部诗集中挑选出的格则勒诗和颂诗汇编。主要收录赞誉真主和圣人的颂诗。其他的颂诗和格则勒诗内容各异，有的歌颂当时像苏丹·玉赛因那样的统治者，有的是对哈可尼等著名颂诗诗人及雅克卜·苏里坦、胡吉佳杭等人物的应答性颂诗。重点阐述了道德教育问题，鞭挞了压迫和不公正的行为。劝导统治者要维护人民大众的利益，把人民大众视为国家的支柱和繁荣昌盛的保证。其中题为《达尔雅依艾布拉尔》和《米尔阿提吾斯赛法》的两首颂诗流传广泛。对于研究塔吉克族古典文学有参考价值。抄本。草纸，线装。波斯文，乃斯泰力克字体，墨书。页面 23cm×15cm，墨框 16cm×9cm，15 行。有注释。有些小标题为红色。保存完好。今藏新疆维吾尔自治区喀什地区塔什库尔干塔吉克自治县苏里坦江处。

（古丽佳罕·胡西地力编，斯拉吉丁译）

经典聚会
درالمجالس
dorrul mäjalis

不分卷，1 册，390 页。艾尼比勒·巴热·赛依夫·扎菲里撰。关于宗教道德的传说和论述的书籍。共 33 章。以散文形式写作。前言中说明为教育年轻人而作。按章分别记述阿丹、伊布拉因、穆萨、苏莱依曼、尔萨和穆罕默德等圣人及相关传说，以及阿里、法提玛、四大哈里发等伊斯兰教先驱人物的情况。亦阐述了佛教徒皈依伊斯兰教、世界末日撒旦与圣人穆罕默德的争辩、天房、天堂等宗教内容，以及侍奉好父母的功德、慷慨男人和吝啬女人、被带到圣人苏莱曼面前的鹦鹉等有关道德问题的内容。对于研究伊斯兰教和伦理学有参考价值。抄本。草纸，线装。波斯文，乃斯泰力克字体，墨书。页面 26cm×15cm，墨框 20cm×11cm，19 行。保存完好。今藏新疆维吾尔自治区喀什地区塔什库尔干塔吉克自治县文化中心。

（古丽佳罕·胡西地力编，斯拉吉丁译）

伊斯兰问题回答
سوال و جوابها در مورد اسلام
su-al wä jäwabha där muwrede islam

不分卷，1 册，270 页。佚名撰。回答伊斯兰教问题的宗教书籍。收录有关礼拜的颂诗；用散文形式记述的关于伊玛尼、穆斯林的特征，伊斯兰教天道五功及其履行方法，怎样诵读古兰经等内容的文章；用诗歌形式记述的有关圣人穆罕默德及其弟子和哈里发的传说和故事等。对一些宗教概念进行了简单明了的解释。对于研究伊斯兰教和伦理学有参考价值。抄本。草纸，线装。波斯文，乃斯泰力克字体，墨书。页面 26cm×15cm，墨框 15cm×12cm，12 行。每章标题和“故事”等词语用红墨书写。前后残缺。今藏新疆维吾尔自治区喀什地区塔什库尔干塔吉克自治县夏穆罕·萨义德处。

（古丽佳罕·胡西地力编，斯拉吉丁译）

书信
مكتوبات
mäktubat

不分卷，1 册，50 页。赛迪·艾布都勒卡迪尔·艾尼撰。书信集。收录 15 封书信。第一封信阐述了人类的灵魂纯洁及其给人带来的快乐；第二封信阐述笃信真主必须摒弃心中的贪欲和杂念；第三封信阐述今世要为来世做好准备；第四封信阐述要提防今世的各种诱惑；其余的书信阐述了以今世和来世关系为主的宗教观念，引用了许多圣训。用宗教观点告诉人们应该做什么和不应该做什么，倡导纯洁、和睦相处、不伤害他人等行为。对于研究伊斯兰教道德教育有参考价值。抄本。草纸，线装。波斯文，西开斯特字体，墨书。页面 16.5cm×10cm，墨框 11cm×6cm，12 行。有词语注释。保存完好。今藏新疆维吾尔自治区喀什地区塔什库尔干塔吉克自治县肉斯塔穆处。

（古丽佳罕·胡西地力编，斯拉吉丁译）

情人之秘

اسرار العاشقين

äsrarul ašeqin

不分卷，1 册，29 页。艾山·克什米尔撰。关于穆罕默德·恰西提答复人们提出的问题的书籍。这是一些在圣训中不很明了和难于回答的问题，如“圣人穆罕默德的教训具有怎样的象征性意义，即怎样理解这些教训的含义?”、“我们是大海，我们的决心好比鲨鱼这句话具有什么样的含义?”等。在每一个问题的答复之后穿插了与此相关的柔巴依、诗歌或其他形式的文学作品片段，后面附有与圣人穆罕默德有关的宗教传说。为解释“只要奴隶探索，任何秘密都可揭开”这个真理，还引用了法里都丁·阿塔尔名为《哲理诠释》一书中的片段。对于研究伊斯兰教有参考价值。抄本。卓纸，线装。波斯文，乃斯泰力克字体，墨书。页面 17cm×10cm，墨框 12cm×7cm，17 行。有些词语下画有红线。保存完好。今藏新疆维吾尔自治区喀什地区塔什库尔干塔吉克自治县皮尔君处。

（古丽佳罕·胡西地力编，斯拉吉丁译）

阿塔尔的劝谕书

پندنامهٔ عطار

pändnamäye ättar

不分卷，1 册，58 页。法里都丁·阿塔尔撰。关于苏菲主义教派观点阐述道德问题的书籍。赞誉真主并对苏菲主义教派历史上的著名谢赫进行了歌颂，对社会生活中常见的道德问题分“沉默的好处”、“无私的行为”、“国王的特性”、“民众的品质”、“论幸福的人”、“论因果”等许多章节进行了阐述。号召人们培养良好习惯，互惠互利，不做坏事，以及尊重那些亲近真主的人。对于研究塔吉克族传统道德观念有参考价值。抄本。草纸，线装。波斯文，乃斯泰力克字体，墨书。页面 25cm×17cm，墨框 20cm×11cm，18 行。有词语注释。后部分残缺。今藏新疆维吾尔自治区喀什地区塔什库尔干塔吉克自治县苏里坦江处。

（古丽佳罕·胡西地力编，斯拉吉丁译）

灵魂与肌体

روح و تن

ruh wä tän

不分卷，1 册，18 页。穆罕默德·爱萨尔撰。关于生理知识方面的书籍。记述人的肌体和各器官的生理功能，人体各种体液的失衡，如黄胆和痰的增多后身体的变化等。并结合自然界的许多规律，从宗教角度阐述人体与灵魂的关系，分析人强壮与虚弱的原因，告诫人们生活中需要注意的问题。对于研究塔吉克族民族医学有参考价值。手抄本。草纸，线装。波斯文，乃斯泰力克字体，墨书。页面 24.5cm×16cm，墨框 20cm×12cm，四周单栏，19 行。有词语注释。今藏新疆维吾尔自治区喀什地区塔什库尔干塔吉克自治县肉斯塔穆处。

（古丽佳罕·胡西地力编，斯拉吉丁译）

马赫穆德之书

محمودنامه

mähmudnamä

不分卷，1 册，20 页。艾里依·萨菲（笔名马赫穆德）撰。马赫穆德和阿亚兹的格则勒诗集。内容除描述恋人们的外貌之外，还以春天、花、百灵、情人等阐述人的灵魂因爱而产生的许多复杂感情。同时把道德寓于爱情主题之内，劝导人们公正、守信和诚实。对于研究波斯语民族的文学史有参考价值。抄本。草纸，线装。波斯文，乃斯泰力克字体，墨书。页面 24cm×15cm，墨框 20cm×10cm，17 行。有词语注释。今藏新疆维吾尔自治区喀什地区塔什库尔干塔吉克自治县苏里坦江处。

（古丽佳罕·胡西地力编，斯拉吉丁译）

自由解释
شرح اختيار
särhe ixtiyar

不分卷，1 册，18 页。黑亚斯丁·艾里赫撰。关于净身和礼拜规则的宗教书籍。共分 10 章，每章阐述一个具体问题。第一章讲净身天则，第二章讲净身规则，第三章讲净身的重要性，第四章讲环境因素等内容，后六章记述礼拜规则。以诗歌形式按宗教观点进行了阐述。对于研究伊斯兰教规则有参考价值。抄本。草纸，线装。波斯文，乃斯泰力克字体，墨书。页面 25cm×15cm，墨框20cm×11cm，双线边栏，19 行。有页码和词语注释。保存完好。今藏新疆维吾尔自治区喀什地区塔什库尔干塔吉克自治县热曼巴依处。

（古丽佳罕·胡西地力编，斯拉吉丁译）

幸福之旅注释
شرح سفرالسعادت
šärhï säfär-ul-sä'adät

不分卷，1 册，586 页。麦维拉纳·艾布都勒海克·艾勒德黑列维·艾勒布哈里撰。关于伊斯兰教道德教育的书籍。前部分主要阐述圣人穆罕默德的事迹及其在平时和传教旅途中如何遵循宗教教义，以及有关伊斯兰教天则和虔诚者道德标准等内容；后部分除记述祈祷活动内容之外，还记述了常见疾病的治疗和预防的民族医学知识；最后一章记述了当时百姓的社会生活情况。对于研究塔吉克族民族医学有参考价值。抄本。草纸，线装。波斯文，乃斯泰力克字体，墨书。页面 32cm×21cm，墨框 26cm×14cm，24 行。末页残缺。今藏新疆维吾尔自治区喀什地区塔什库尔干塔吉克自治县汗·塞地尔丁处。

（古丽佳罕·胡西地力编，斯拉吉丁译）

阿拉伯语法
قواعد زبان عربى
qäwa-ide zäbane ärabi

不分卷，1 册，70 页。艾赛都拉·福勒达仁撰。为波斯语民族和懂波斯语的人正确掌握阿拉伯语法而编写。在中世纪阿拉伯—波斯语言学基础上，简要介绍了阿拉伯语拼写规则、字母组合规则、拼写符号的含义等常识。同时把阿拉伯语所有词分为名词、动词和混合词等三大类；每一词类从语法角度又分为不同的小词类。对名词的各种范畴、性别的分类、构词时的词义变化及构词规则、动词的分类及其时态和韵律的分类等进行了说明，对与波斯语中具有相同语法功能和含义的词语进行了比较和解释。对语法规则用通俗常用的波斯词语进行了较为明确的阐述。书后附有能帮助学习者理解语法规则的课文。对于研究阿拉伯—波斯语语法有参考价值。抄本。草纸，线装。波斯文，西开斯特字体，墨书。页面 24cm×19cm，墨框 17cm×12cm，9 行。有词语注释。保存较好。今藏新疆维吾尔自治区喀什地区塔什库尔干塔吉克自治县文化中心。

（古丽佳罕·胡西地力编，斯拉吉丁译）

美好的追求

اختيارات بديعى

ixtiyarate bädi-e

不分卷，1 册，435 页。艾里·伊本·艾山·安萨里撰。传统医学手册。在中东各民族医学成就的基础上介绍一部分疾病的主要症状及治疗方法，同时记述了二千四百多种具有医疗作用的植物、矿物质、食品及各种动物内脏等的治病功能，以及收集、配置、使用方法和用量等。每一种药用材料的名称用红墨书写，并按阿拉伯文字母顺序排列，具有明显的手册特征，提高了其科学价值。由于医学术语基本都采用阿拉伯文，因此对一些不易理解的术语在页面白口处做了注解。最后几页白口附有该书编写过程的部分资料。对于研究塔吉克族民族医学有参考价值。抄本。草纸，线装。波斯文，乃斯泰力克字体，墨书。页面 28cm×21cm，墨框 19cm×10cm，18 行。有医学术语注解。保存较好。今藏新疆维吾尔自治区喀什地区塔什库尔干塔吉克自治县肉斯塔穆处。

（古丽佳罕·胡西地力编，斯拉吉丁译）

苏菲阶层

طبقات الصوفيه

täbiqät-ul sufiyä

不分卷，1 册，820 页。阿布都热合曼·贾米撰。伊斯兰教苏菲主义教派人物传记。前言部分说明该书是为经文学院作教材而编写。记述伊斯兰教苏菲主义教派历史上著名谢赫们的生平事迹，分资料和苏菲主义历史上五个阶层的谢赫们的生平等两大部分。资料部分介绍了苏菲主义启蒙理论、苏菲们为人世真主之真理、实现与真主合为一体需要经历的痛苦阶段，及通过实际磨炼纯洁灵魂的方法。在苏菲主义代表人物生平部分，除记述他们的生平事迹外，还介绍了他们对苏菲主义学说的系统化起过重要作用的哲学言论，以及他们对苏菲主义教派有争议的一些宗教哲学问题的看法。对于研究伊斯兰教苏菲主义历史有参考价值。抄本。草纸，线装。波斯文，乃斯泰力克字体，墨书。页面 26cm×21cm，墨框 18cm×11cm，12 行。有词语注释。保存完好。今藏新疆维吾尔自治区喀什地区塔什库尔干塔吉克自治县文化中心。

（古丽佳罕·胡西地力编，斯拉吉丁译）

阿鲁孜格律

بحرهای عروض

bährhaye äruz

不分卷，1 册，30 页。吾拉木丁·本·穆罕默德·杰依菲尔·萨肯撰。介绍阿鲁孜格律的作品。作者注明该书是为儿童学习诵读阿鲁孜格律诗而编写。以用阿鲁孜格律 43 种格式撰写的 220 行诗做实例进行阐述，用阿拉伯文提到一些韵律的名称，并用诗歌做例子进行了说明，作为实例的诗歌都是通俗易懂的波斯语。对于研究塔吉克族古典文学中的阿鲁孜格律有参考价值。抄本。草纸，线装。波斯文，乃斯泰力克字体，墨书。页面 24cm×15cm，墨框 20cm×9cm，16 行。有页码和实例诗歌词语注解。保存完好。今藏新疆维吾尔自治区少数民族古籍搜集整理出版规划领导小组办公室。

（古丽佳罕·胡西地力编，斯拉吉丁译）

婚姻手册

نكاهنامه

nikahnamä

不分卷，1 册，34 页。纳斯尔·霍斯罗撰。记述男女青年结婚时念尼卡仪式的内容，包括结婚证人、结婚双方和他们的父亲提出的问题，以及对结婚者的道德要求和美好祝愿等。穿插了古兰经的相关章节作为宗教依据。语言优美、内容简洁，部分内容用诗歌形式写作，散文部分也有韵律。对于研究塔吉克族民俗文化有参考价值。抄本。草纸，线装。波斯文，乃斯泰力克字体，墨书。页面 28cm×19cm，墨框 18cm×10cm，四周双栏，29 行。前后残缺。今藏新疆维吾尔自治区喀什地区塔什库尔干塔吉克自治县苏里坦江处。

（古丽佳罕·胡西地力编，斯拉吉丁译）

葬仪手册

چراغنامه

čäraɣnamä

不分卷，1 册，45 页。纳斯尔·霍斯罗撰。埋葬死者后的当晚在其家中由众人诵念，称为“点灯”仪式。该仪式需要五六个小时时间，主要祝愿死者来世圆满，进入天堂和灵魂安宁。引用古兰经有关丧事的章节较多，使该书带有浓厚的宗教色彩。诵读时由宗教人士拉长声调，十分肃穆。其中的每一内容都与风俗习惯相结合，肃静、祈祷和进食同时进行。自始至终劝勉人们行善积德，对死者的祝愿词非常感人，是塔吉克族人葬仪中不可缺少的手册。对于研究塔吉克族民俗文化有参考价值。抄本。草纸，线装。波斯文，乃斯泰力克字体，墨书。页面 28cm×19cm，墨框 18cm×10cm，四周双栏，29 行。前后残缺。今藏新疆维吾尔自治区喀什地区塔什库尔干塔吉克自治县苏里坦江处。

（古丽佳罕·胡西地力编，斯拉吉丁译）

纳斯尔·霍斯罗诗集

ناصر خسرو

nasir xisraw

不分卷，1 册，234 页。纳斯尔·霍斯罗撰。诗歌集。收录颂诗、短诗、柔巴依等不同体裁的诗歌作品。内容批评当时社会的不公平，揭露宗教守旧思想给普通百姓带来的灾难，反复强调普通百姓尤其是农民是国家政权存在的基础，是物质财富的主要创造者，呼吁统治者要公正和关爱百姓。诗歌结构简单，语言通俗易懂，显示了作者的艺术才能。对于研究塔吉克族当时的社会状况和古典文学有参考价值。抄本。草纸，线装。波斯文，乃斯泰力克字体，墨书。页面 25cm×15cm，墨框 19cm×11cm，17 行。前后残缺。今藏新疆维吾尔自治区喀什地区塔什库尔干塔吉克自治县文化中心。

（古丽佳罕·胡西地力编，斯拉吉丁译）

阿卜·阿布都拉·鲁达基诗集

ديوان ابو عبدالله روداكى

diwane äbu äbdulla rudaki

不分卷，1 册，130 页。阿卜·阿布都拉·鲁达基撰。诗歌集。收录格则勒诗、颂诗、柔巴依、五行诗、短诗等常用体裁的诗歌一百多首。内容涉及哲学、道德和社会问题等多个方面，以人道主义和爱情为主题的作品较多。大部分作品对人生、人际关系、国家与百姓以及人类命运等方面进行了讨论，反映了当时的社会生活。对于研究塔吉克族当时的社会生活及古典文学有参考价值。抄本。草纸，线装。波斯文，乃斯泰力克字体，墨书。页面 34cm×25cm，墨框 27cm×19cm，29 行。有词语注释。前后残缺。今藏新疆维吾尔自治区喀什地区塔什库尔干塔吉克自治县文化中心。

（古丽佳罕·胡西地力编，斯拉吉丁译）

列王记

شاهنامۀ فردوسى

šahnamäye firduwsi

不分卷，1 册，452 页。吾布勒哈斯木·菲尔都西撰。四行诗。作者用 40 年左右时间撰写而成，12 万多行。记述传说中的五十位国王的传奇故事，以大力士鲁斯塔木的生平为中心，记述斯亚吾什、伊斯番迪亚尔、苏和拉普等众多勇士在战场上的英勇事迹和有关亚历山大东征及安息王朝的历史事件。书中提到的这些传说中的勇士、一些地理名称和有关地方的传说与塔什库尔干地区有着密切关系，至今仍可找到留下的历史痕迹。对于研究 10 世纪塔吉克族的历史、社会生活、文化有参考价值。抄本。草纸，线装。波斯文，乃斯泰力克字体，墨书。页面 32cm×23cm，墨框 27cm×17cm，四周双栏，24 行。前后残缺。今藏新疆维吾尔自治区喀什地区塔什库尔干塔吉克自治县赛都拉·拜拉木处。因书的前后不全，很难确定其手抄时间和地点。在塔吉克族民间中还有不同的手抄本。

（古丽佳罕·胡西地力编，斯拉吉丁译）

伊本斯纳作品集

ديوان ابن سينا

diwane ibin sina

不分卷，1 册，164 页。艾布·艾力·伊本斯纳撰。诗集。收录格则勒诗、柔巴依、《吾尔就扎菲特提比》（有关医学内容的诗歌体作品）及《源泉》等 70 多首诗歌，以柔巴依为主。作者一生从事自然科学，尤其是医学研究，因此他的文学作品中有关人的生命的内容占很大的比重。用哲学观点阐述人生，揭示人的肌体与灵魂的关系及灵魂本源等问题，努力探索生与死的奥秘。有些诗歌作品以道德为主题，表达作者对人生意义的看法。其中一些诗歌作为哲理广泛流传于民间。对于研究塔吉克族哲学思想和民族医学有参考价值。抄本。草纸，线装。波斯文，乃斯泰力克字体，墨书。页面 34cm×25cm，墨框 27cm×19cm，29 行。前后残缺。今藏新疆维吾尔自治区喀什地区塔什库尔干塔吉克自治县文化中心。

（古丽佳罕·胡西地力编，斯拉吉丁译）

欧麦尔·海亚姆柔巴依诗集

روباعيات عمر حيام

ruba'iyate omär häyam

不分卷，1 册，187 页。又名《柔巴依诗集》。欧麦尔·海亚姆撰。由 400 多首柔巴依组成，其中的一部分柔巴依广泛流传于民间。内容广泛，涉及人类美好品质、宇宙、大地、人生、善与恶、自由与命运、灵魂与肌体等诸多问题，鞭挞过分的宗教保守思想。对于研究塔吉克族古典文学和社会意识形态有参考价值。抄本。草纸，线装。波斯文，乃斯泰力克字体，墨书。页面28cm×21cm，墨框19cm×15cm，四周双栏，21 行。前后残缺。今藏新疆维吾尔自治区喀什地区塔什库尔干塔吉克自治县文化中心。

（古丽佳罕·胡西地力编，斯拉吉丁译）

讲唱类

（口传传统文化资料）

一、叙事长诗

杜赫塔里扎琳

دُختَر زَرين

doxtäre zärin

塔吉克族叙事长诗。流传于新疆维吾尔自治区喀什地区塔什库尔干塔吉克自治县。叙述给牧主放牧的青年赛亚德与杜赫塔里（姑娘）扎琳的爱情悲剧。扎琳是国王的独生女，父亲很宠爱她，用当时最上乘的服饰来装扮她，怕她有个好歹，不让她任意出入金色宫殿。一天，扎琳陷入孤独、忧伤之中，这时传来了赛亚德的歌声。扎琳激动不已，借助女友古丽茹赫的魔术，摇身变成一只鸽子飞出了宫殿，来到赛亚德身边。他俩一见如故、彼此相爱。国王得知这一消息，更加严格地看管扎琳。这时，牧主想杀害赛亚德，霸占扎琳。赛亚德与扎琳约定在那天晚上逃走，却落入隐藏在暗处的牧主手中，赛亚德与敌人进行搏斗，因寡不敌众被杀害，失去终身伴侣的扎琳也自杀身亡。国王后悔莫及，他杀了所有的亲属，将所有财富化为灰烬，并将赛亚德与扎琳的尸首合葬于一处。后来，这块墓地上长出两根芦苇，人们就用这两根芦杆制成芦笛吹奏，缅怀这一对情人，芦笛就这样产生了。对于研究塔吉克族民间文学及婚姻观念有参考价值。1980年阿巴斯·艾力塔吉克语演唱，穆尼·塔布力迪塔吉克文笔录。1988年穆尼·塔布力迪译成维吾尔文。16开纸2页，76行。译文收入《中国民间文学集成·新疆卷·塔吉克族民间文学集》，新疆大学出版社2005年版。

（古丽佳罕·胡西地力）

勇敢的姑娘

دُختَر قَيسَر چين

doxtäre qäysärečin

塔吉克族叙事长诗。流传于新疆维吾尔自治区喀什地区塔什库尔干塔吉克自治县。叙述沙拉日·胡巴尼公主的生平。独生女儿沙拉日·胡巴尼14岁那年，国王想知道女儿未来的命运，叫来占卜先生算命，结论是：女儿的一生中唯有蜜蜂会伤害她。国王为公主的命运所担扰，欲将她送往没有蜜蜂的地方。国王认为葱岭国最为合适，就把女儿装扮成男子上路。公主在葱岭国参与了几次战争，因她喜欢吃葡萄，父母经常给她寄来葡萄。在公主21至22岁那年，从父母寄来的葡萄箱中飞出一只蜜蜂，蜇了公主的嘴唇，从此，她便身患重病，卧床不起。国王为救女儿的命，召集众多名医，把所有财产分给穷苦百姓，释放了狱中所有囚犯，但这些措施都无济于事。公主生来没照过镜子，当她在镜子中看到自己的容貌时，感到无限惋惜，通过诗歌来表述自己的心情和身世。这部长诗就是从公主的自述开始的，还提及她是从长安来到葱岭的。对于研究塔吉克族民间文学有参考价值。1980年肉斯塔穆塔吉克语演唱，马达力汗·巴伦塔吉克文笔录。1988年马达力汗·巴伦译成维吾尔文。16开纸4页，

150行。译文收入《中国民间文学集成·新疆卷·塔吉克族民间文学集》，新疆大学出版社2005年版。（古丽佳罕·胡西地力）

库土穆龙基克
كُتم لُنجک
kotom lonjik

塔吉克族叙事长诗。流传于新疆维吾尔自治区喀什地区塔什库尔干塔吉克自治县。叙述姐弟俩的不幸遭遇。在姐弟俩一起出走的途中，不懂事的弟弟库土穆龙基克喝了低洼里的积水，变成了一只兔子。后来，姐姐与国王结为夫妻，生下一对孪生子。在国王外出狩猎时，嫉妒姐姐的王妃们合伙将她与孪生子一同扔进湖水中，兔子从此日夜在湖边转悠。某日，大臣为饮马来到湖边，马惊恐地不饮湖水，感到惊异的大臣将这一情况告知国王。国王在兔子的帮助下，得知事情的原委，救出湖水中的妻子及两个孩子，把那些恶毒的王妃们用野马拖死，给了她们应有的惩罚。而后，兔子恢复了原貌。长诗歌颂了公正与拥护正义的人们，鞭挞了罪恶与恶人。在塔吉克族长诗中，这是唯一一部描写儿童的长诗。根据长诗的内容，约形成于15～16世纪。对于研究塔吉克族民间长诗有参考价值。1987年苏里坦江塔吉克语演唱，扎米尔·赛都拉·扎德塔吉克文笔录并译成维吾尔文。16开纸3页，114行。原稿今藏新疆大学扎米尔·赛都拉·扎德处。

（古丽佳罕·胡西地力）

帕里古丽岂拉与比兰古力
پَری گلچهر و برانگُل
päri golčehrä wä berangol

塔吉克族叙事长诗。流传于新疆维吾尔自治区喀什地区塔什库尔干塔吉克自治县。叙述比兰古力的成长过程及爱情经历等。比兰古力抢走了暴君贾汗达力的女儿帕里古丽岂拉并娶其为妻，暴君率兵攻打比兰古力时被俘虏。比兰古力为了表示对岳父的尊敬，释放了他。但怀恨在心的贾汗达力派人割断了比兰古力的筋骨，并折断他的宝刀。残疾并失去兵器的比兰古力无法抵御暴君的再次攻打，惨遭杀害，得知这一恶噩的公主也自杀身亡。为复仇而赶来的比兰古力的两兄弟假扮成医生，来到卧病在床的贾汗达力身边，杀死了他，为兄弟报了仇。后来，经赫孜尔（老圣人）的祈祷，比兰古力和公主复活了，重新开始了幸福生活。反映了塔吉克族人民对暴君的憎恨和对爱情和自由的向往。对于研究塔吉克族婚姻观念有参考价值。1987年马达力汗·巴伦塔吉克语演唱，扎米尔·赛都拉·扎德塔吉克文笔录。1988年扎米尔·赛都拉·扎德译成维吾尔文。16开纸3页，114行。原稿今藏新疆大学扎米尔·赛都拉·扎德处。（古丽佳罕·胡西地力）

古尔乌古里
گُر وغلی
gor oɣli

塔吉克族叙事长诗。流传于新疆维吾尔自治区喀什地区塔什库尔干塔吉克自治县。叙述古尔乌古里的丰功伟绩。古尔乌古里降生于坟墓中，因他是国王的后代，后来继承了王位。他深爱国民，公正地治理国家，获得很高的声誉。他培养出阿瓦孜汗和艾山汗等英雄，并多次在反击入侵者的战斗中单枪匹马上阵，英勇杀敌。在激烈的战斗中，如遇险情，古尔乌古里能借助神仙、妖魔的力量脱离危险。形成于11～13世纪。对于研究塔吉克族历史英雄人物有参考价值。1987年马达力汗·巴伦塔吉克语演唱，扎米尔·赛都拉·扎德塔吉克文笔录。1988年扎米尔·赛都拉·扎德译成维吾尔文。16开纸5

页，200 行。原稿今藏新疆大学扎米尔·赛都拉·扎德处。　（古丽佳罕·胡西地力）

霍斯鲁与西琳

خُسراو و شيرين

hosraw wa širin

塔吉克族叙事长诗。流传于新疆维吾尔自治区喀什地区塔什库尔干塔吉克自治县。叙述霍斯鲁王子与西琳姑娘的爱情故事。霍斯鲁王子爱上了山那边女王的女儿。他经过艰苦的努力，终于到达异国与心上人见了面。西琳公主虽在心里爱上王子，但为了考验他，不让他靠近自己。在霍斯鲁还未获得西琳答复时，传来父亲去世的噩耗，霍斯鲁便回国继承了王位，另娶一女为妻，并有了儿子。西琳公主虽然后悔，但已无法再见到霍斯鲁。后来有个名叫法尔哈德的小伙子爱上了西琳，霍斯鲁为了得到西琳，用各种手段杀害了法尔哈德。没过多久，霍斯鲁的妻子也死去，他与西琳结了婚，过了几年幸福的生活。后来，霍斯鲁前妻的儿子为了夺取王位，趁父亲睡觉的时候用刀杀死了他，失去终身伴侣的西琳也自杀，两人葬于一处。对于研究塔吉克族婚姻道德观念有参考价值。1987 年肉仙艾力·拜拉穆塔吉克语演唱，扎米尔·赛都拉·扎德塔吉克文笔录。1988 年扎米尔·赛都拉·扎德译成维吾尔文。16 开纸 4 页，153 行。原稿今藏新疆大学扎米尔·赛都拉·扎德处。　（古丽佳罕·胡西地力）

巴巴依匹拉克

بابايى پيرَک

babayi piräk

塔吉克族叙事长诗。流传于新疆维吾尔自治区喀什地区塔什库尔干塔吉克自治县。叙述一对青年男女反对封建买卖婚姻、自由恋爱的故事。姑娘的父母为了得到一笔财富，准备把女儿嫁给老财主。大胆的姑娘在巴巴依匹拉克的帮助下，最终与心上人结为夫妻。反映了塔吉克族青年对封建婚姻制度的反抗精神。对于研究塔吉克族婚姻道德观念有参考价值。1987 年肉仙艾力·拜拉穆塔吉克语演唱，扎米尔·赛都拉·扎德塔吉克文笔录。1988 年扎米尔·赛都拉·扎德译成维吾尔文。16 开纸 3 页，113 行。原稿今藏新疆大学扎米尔·赛都拉·扎德处。　（古丽佳罕·胡西地力）

优素福与祖莱哈

يُسُف و زلَيخا

yosof wä zoläyxa

塔吉克族叙事长诗。流传于新疆维吾尔自治区喀什地区塔什库尔干塔吉克自治县。叙述优素福和祖莱哈的爱情故事。优素福是一个具有浓厚宗教色彩的人物，他屡次遭到兄弟们的暗害，但都奇迹般地脱离了险境。而祖莱哈则在梦中与优素福相识，并爱上了他。为了得到优素福，她双目失明，变得白发苍苍。优素福在一次旅途中与祖莱哈邂逅，并通过对真主的祈祷，使祖莱哈青春再现，返老还童，恢复视力，重见光明。他们结为夫妻，过上了幸福美满的生活。对于研究塔吉克族宗教信仰和婚姻观念有参考价值。1987 年赛都拉·拜拉穆塔吉克语演唱，扎米尔·赛都拉·扎德塔吉克文笔录。1988 年扎米尔·赛都拉·扎德译成维吾尔文。16 开纸 3 页，114 行。原稿今藏新疆大学扎米尔·赛都拉·扎德处。

（古丽佳罕·胡西地力）

尼嘎尔与马季侬

نيگار و مَجنُن

nigar wä mäjnun

塔吉克族叙事长诗。流传于新疆维吾

尔自治区喀什地区塔什库尔干塔吉克自治县。叙述马季依的诞生经过和与尼嘎尔之间的爱情故事。马季依的母亲是葱岭国王的独生女儿，很聪明，各国来说亲的人很多，因为国王有让女儿继承王位的想法，所以都一一拒绝了。有一天，国王与一位老神人相遇，和他谈了女儿的婚事，之后，国王就让女儿与老神人给的神盒“结合”，生了儿子马季依。马季依长大后去寻找父亲，在途中认识了尼嘎尔公主，两人一见钟情。两人历经磨难，最后结为夫妻。对于研究塔吉克族传统信仰和婚姻观念有参考价值。1988 年尼克巴合提拜给木塔吉克语演唱，塔布力迪·吾秀尔塔吉克文笔录。1988 年马达力汗·巴伦译成维吾尔文。16 开纸 22 页，836 行。译文收入《中国民间文学集成·新疆卷·塔吉克族民间文学集》，新疆大学出版社 2005 年版。

（古丽佳罕·胡西地力）

五个兄弟

پَنج بُرادَر

pänj boradär

塔吉克族叙事长诗。流传于新疆维吾尔自治区喀什地区塔什库尔干塔吉克自治县。叙述社会地位不同的五个兄弟的生活经历。拥有大臣、诗人、毛拉（宗教人士）、猎人身份的四个哥哥都瞧不起勤劳勇敢的农民弟弟，常以语言侮辱他的人格和事业。在饥荒年代的某日，四个哥哥都来到了农民弟弟家，抱怨肚子饿得难忍，乞求弟弟可怜他们，给他们一顿饭吃，这时几个哥哥才真正了解了农民的价值。反映了塔吉克族人民崇尚勤劳致富的美德。对于研究塔吉克族社会道德观念有参考价值。1988 年尼克巴合提拜给木塔吉克语演唱，塔布力迪·吾秀尔塔吉克文笔录并译成维吾尔文。16 开纸 22 页，836 行。译文载入《喀什文学》，1994 年第 4 期；亦收入《中国民间文学集成·新疆卷·塔吉克族民间文学集》，新疆大学出版社 2005 年版。

（古丽佳罕·胡西地力）

莱丽与麦吉侬

لَيلى و مَجنون

läyli wä mäjnun

塔吉克族叙事长诗。流传于新疆维吾尔自治区喀什地区塔什库尔干塔吉克自治县。叙述莱丽与麦吉侬的爱情悲剧。麦吉侬被当地人认为是疯子，他对莱丽的忠诚之心遭到他们的践踏。莱丽被强迫许配他人，但她对麦吉侬的爱情始终不渝，最后悲愤而死。得知这一噩耗的麦吉侬也在莱丽的坟墓前悲痛地离开人世。反映了塔吉克族人民对自由的向往，对纯洁爱情的忠贞不渝，对封建婚姻制度的憎恶和反抗精神。对于研究塔吉克族婚姻观念有参考价值。1988 年阿巴斯艾力塔吉克语演唱，塔布力迪吾秀尔塔吉克文笔录。1988 年扎米尔·赛都拉·扎德译成维吾尔文。16 开纸 4 页，183 行。原稿今藏新疆大学扎米尔·赛都拉·扎德处。（古丽佳罕·胡西地力）

泰洪

تَيغون

täyɣun

塔吉克族叙事长诗。流传于新疆维吾尔自治区喀什地区塔什库尔干塔吉克自治县。叙述库尔恰克的英雄事迹。库尔恰克原名伊达也提，因童年时曾遭掠卖，所以被称为库尔恰克。他勇力过人，通晓军事，深得群众拥护，后任色勒库尔阿奇木伯克。为了保卫祖国边疆，在反抗浩罕侵略者的战争中立下了汗马功劳，被人们称为泰洪（一种勇敢的鸟）最终他因寡不敌众，为国捐躯。反映了塔吉克族人民的爱国主义精神。对于研究塔吉克族叙事长诗有参考价值。1988年塔布力迪·吾秀尔塔吉克语演唱，穆尼·塔布力地塔吉克文笔录并译成维吾尔文。32开纸5页，190行。译文收入《塔吉克族文学历史》，新疆大学出版社2005年版。

（古丽佳罕·胡西地力）

二、神　话

（一）自然天象与起源神话

凯尤马尔斯（一）

أفسانۀ کیمارس

äfsanäye käyomars

塔吉克族自然现象神话。流传于新疆维吾尔自治区喀什地区塔什库尔干塔吉克自治县。讲述人类始祖和自然界万物起源的故事。在塔吉克族先民眼中，凯尤马尔斯威力盖世。在最初的神话中，他是宇宙的缔造者，植物、动物、金属的创造者。后来逐渐演变为光明和善良之神阿吾拉买孜达创造的第一个人类，因为遭到黑暗与邪恶之神艾合拉曼的反对而成为一个生命短暂的过渡性人物。反映了塔吉克族先民对自然界万物起源的观点。对于研究塔吉克族传统的自然观念有参考价值。1980 年赛都拉・拜拉木塔吉克语演唱，扎米尔・赛都拉・扎德塔吉克文笔录并译成维吾尔文。32 开纸 2 页，35 行。原稿今藏新疆大学扎米尔・赛都拉・扎德处。

（古丽佳罕・胡西地力编，木合塔尔・艾山译）

凯尤马尔斯（二）

أفسانۀ کیمارس

äfsanäye käyomars

塔吉克族自然现象神话。流传于新疆维吾尔自治区喀什地区塔什库尔干塔吉克自治县。讲述一些对人类有益的动植物产生的故事。凯尤马尔斯的身体由两部分组成，为人头牛身，他被艾合拉曼杀害后，从其牛身内产生了许多动植物和矿物，即 55 类种子、12 种植物和牛犊。后来，这些牛又繁衍出 272 种对人类有益的动物。反映了塔吉克族先民对农牧业生产的幻想。对于研究塔吉克族传统的自然观念有参考价值。1980 年马达力汗・巴伦塔吉克语演唱，西仁・库尔班塔吉克文笔录并译成维吾尔文。16 开纸 1 页，38 行。译文收入《中国民间文学集成・新疆卷・塔吉克族民间文学集》，新疆大学出版社 2005 年版。

（古丽佳罕・胡西地力编，木合塔尔・艾山译）

人类及万物起源

أفسانۀ پیدایش آدم و علم

äfsanäye päydayeše adäm wä aläm

塔吉克族自然现象神话。流传于新疆维吾尔自治区喀什地区塔什库尔干塔吉克自治县。讲述大地、天体、万物及人类始祖起源的故事。真主在创造天地、太阳、月亮、行星时，也创造了蛋形的宇宙，并将其分为两半，一半为天空，一半为大地。真主将太阳、月亮、星星布置在天空，并赋予它们以光亮；在大地上创造出动植物和矿物；之后，将天使派往大地去创造人类，并赋予人类说话、思维、行动的能力，人类便成为万物中的佼佼者。从宗教的角度反映了塔吉克族先民对自然界的最初认识和愿望。对于研究塔吉克族人民对自然现象和万物起源的认识有参考价值。1984年阿不里孜汗·艾仙塔吉克语演唱，西仁·库尔班塔吉克文笔录并译成维吾尔文。16开纸，2页，54行。译文收入《中国民间文学集成·新疆卷·塔吉克族民间文学集》，新疆大学出版社2005年版。

（古丽佳罕·胡西地力编，木合塔尔·艾山译）

水神

اَفسانهٔ ایزَد آب

äfsanäye ezäde ab

塔吉克族自然现象神话。流传于新疆维吾尔自治区喀什地区塔什库尔干塔吉克自治县。讲述塔吉克族先民崇拜水神阿尔都苏拉艾那衣泰，乞求水神保佑他们免遭洪水等自然灾害带来的恐惧和祖哈克、阿甫拉斯亚甫等邪恶势力带来的社会灾难，祈求农业丰收、丰衣足食，过上富裕的生活。反映了塔吉克族先民对神灵的崇拜，以及追求美善、爱情的愿望。在许多方面与后来产生的伊斯兰教神话有相似之处。对于研究塔吉克族神灵崇拜有参考价值。1985年苏里坦江塔吉克语演唱，扎米尔·赛都拉·扎德塔吉克文笔录并译成维吾尔文。32开纸2页，37行。原稿今藏新疆大学扎米尔·赛都拉·扎德处。

（古丽佳罕·胡西地力编，木合塔尔·艾山译）

水的来源

اَفسانهٔ پیدایش آب

äfsanäye päydayeše ab

塔吉克族自然现象神话。流传于新疆维吾尔自治区喀什地区塔什库尔干塔吉克自治县。讲述水的来源。相传，守卫“冰山之父”峰顶神界之苑的是一位善良而仁慈的仙女。她让鲁斯塔木摘走了一红一白两束花之后，天神命鬼神将她带上慕士塔格峰顶，用铁链将她锁在那里，作为惩罚。仙女因自己造福于人类而激动欣喜，她的右眼就流淌出幸福之泪，日复一日，年复一年，汇成河水，灌溉着人间大地上的花草。仙女又因自己的青春无辜被毁而悲痛，她的左眼就流淌出痛苦之泪，日复一日，年复一年，凝为晶莹的坚冰，将整个慕士塔格峰顶覆盖，形成了无穷无尽的水的源泉。据说，现在世界上所有的水都是从这位善良而仁慈的仙女眼里流出的。反映了塔吉克族先民对自然现象最初的理解和愿望。对于研究塔吉克族传统的自然观念有参考价值。1985年夏普苏里坦塔吉克语演唱，扎米尔·赛都拉·扎德塔吉克文笔录并译成维吾尔文。32开纸2页，45行。原稿今藏新疆大学扎米尔·赛都拉·扎德处。

（古丽佳罕·胡西地力编，木合塔尔·艾山译）

雨神

اَفسانهٔ ایزَد باران

äfsanäye ezäde baran

塔吉克族自然现象神话。流传于新疆维吾尔自治区喀什地区塔什库尔干塔吉克自治县。讲述雨水给人类带来的益处。雨神提西特尔亚为了保存雨水，经常与干旱之神艾帕阿夏争斗。有一次，雨神在瓦鲁开夏海上与干旱之神打了几天几夜，结果战败，四周都被干旱所笼罩。后来，在阿吾拉买孜达的帮助下，雨神骑着一匹头上长着金色鬃毛的白色战马，战胜了干旱之神，招来了及时雨，治理了干旱。反映了塔吉克族先民对自然现象最初的理解和愿望。对于研究塔吉克族传统的自然观念有参考价值。1985年夏普苏里坦塔吉克语演唱，扎米尔·赛都拉·扎德塔吉克文笔录并译成维吾尔文。32 开纸 1 页，25 行。原稿今藏新疆大学扎米尔·赛都拉·扎德处。

（古丽佳罕·胡西地力编，木合塔尔·艾山译）

干旱

اَفسانهٔ ايزد عپه آشه

äpsanye izäde äpääšä

塔吉克族自然现象神话。流传于新疆维吾尔自治区喀什地区塔什库尔干塔吉克自治县。讲述干旱之神艾帕阿夏通过降临干旱给人类带来的各种灾难。干旱之神艾帕阿夏经常想给大地带来干旱之灾，但常遇到雨神的抵抗。虽然干旱之神打败了雨神，给大地带来了旱灾，但他最终还是被雨神战胜。反映了塔吉克族先民对自然现象的理解和愿望。对于研究塔吉克族传统的自然观念有参考价值。1985 年阿巴斯艾力·拜拉木塔吉克语演唱，扎米尔·赛都拉·扎德塔吉克文笔录并译成维吾尔文。32 开纸 1 页，25 行。原稿今藏新疆大学扎米尔·赛都拉·扎德处。

（古丽佳罕·胡西地力编，木合塔尔·艾山译）

月亮与太阳

ماست ات خراَفسانه

mast ät her äfsanä

塔吉克族自然现象神话。流传于新疆维吾尔自治区喀什地区塔什库尔干塔吉克自治县。讲述月亮和太阳交替运行的过程。月亮和太阳原来是一对姐妹，月亮比太阳更美、更亲切。为此，太阳对月亮起了嫉妒之心，常与月亮比美。月亮一开始忍耐了很久，但因比美之争不停，最后只得与太阳开战。结果，太阳抓伤了月亮的脸庞，月亮美丽的脸上留下了斑点。太阳和月亮从此分离，白天太阳升空，晚上月亮升空。反映了塔吉克族先民对日夜交替等自然现象的初步理解。对于研究塔吉克族传统的自然观念有参考价值。1988 年玉斯尼克塔吉克语演唱，艾布力·艾山汗塔吉克文笔录并译成维吾尔文。16 开纸 1 页，11 行。译文收入《中国民间文学集成·新疆卷·塔吉克族民间文学集》，新疆大学出版社 2005 年版。

（古丽佳罕·胡西地力编，木合塔尔·艾山译）

月亮与姑娘

ماست ات غاس اَفسانه

mast atɣas äfsanä

塔吉克族自然现象神话。流传于新疆维吾尔自治区喀什地区塔什库尔干塔吉克自治县。讲述月亮表面斑点产生的原因与生活中不公正、不公平的现象。古时候，有一个无依无靠的姑娘在一富人家干活。富人不但让她干重活儿，还辱骂并欺负她。有一天半夜，姑娘到河边提水，哭着向月亮诉苦，并提着水桶扑向月亮的怀抱。后来，月亮表面就留下了如同姑娘提着水桶身影的斑点。反映了塔吉克族先民崇拜太空、天体，祈求天体赐福的思想。对于研究塔吉克族原始信仰观念有参考价值。1988 年玉斯尼克塔吉克语演唱，艾布力·艾山汗塔吉克文笔录并译成维吾尔文。16 开纸 1 页，14 行。译文收入《中国民间文学集成·新疆卷·塔吉克族民间文学集》，新疆大学出版社 2005 年版。

（古丽佳罕·胡西地力编，木合塔尔·艾山译）

太阳

خراَفسانه

her äfsanä

塔吉克族自然现象神话。流传于新疆维吾尔自治区喀什地区塔什库尔干塔吉克自治县。讲述太阳及昼夜产生的故事。真主因对人类把人分为“高贵”与“低贱”并互相争斗之事不满而登上云宵。大地为之变得昏暗，所有生物都叫苦连天，乞求真主下凡，赐大地以光明。真主一方面同情生物，另一方面又担心人类还会像过去一样继续争斗，便想把自己的光亮带到太空。真主所居住的云宵非常广大，东、西边各有一座大门。为了使人类享受光明，忏悔自己的过错，赞颂造物主，真主让光每天从东门出去，照亮大地上所有的生物，晚上再从西门返回，从而产生了太阳和昼夜。反映了塔吉克族先民对自然现象的最初理解。对于研究塔吉克族传统的自然观念有参考价值。1991 年阿不里孜汗·艾仙塔吉克语演唱，西仁·库尔班塔吉克文笔录并译成维吾尔文。16 开纸 1 页，16 行。译文收入《中国民间文学集成·新疆卷·塔吉克族民间文学集》，新疆大学出版社 2005 年版。

（古丽佳罕·胡西地力编，木合塔尔·艾山译）

雪与庄稼

زمون ات ظیروعت اَفسانه

zimun ät ziruät äfsanä

塔吉克族自然现象神话。流传于新疆维吾尔自治区喀什地区塔什库尔干塔吉克自治县。讲述农作物产生的原因，倡导伊斯兰教义中不铺张浪费、感恩知足的理念。雪原来是白色的面粉，这是真主赐予人类的特殊礼物，人类以此为食，过着幸福的生活。但人类对此不满足，随意糟蹋粮食，浪费之风盛行。为此，真主大怒，将白色面粉变为白雪。此后，人间发生了饥荒，人们很后悔。真主降下一粒麦种，告诫人们只有通过自己的劳动和汗水才能知悉粮食珍贵的道理。反映了塔吉克族先民对庄稼如何产生的原始认识。对于研究塔吉克族传统的自然观念有参考价值。1991 年马达力汗·巴伦塔吉克语演唱，西仁·库尔班塔吉克文笔录并译成维吾尔文。16 开纸 1 页，21 行。译文收入《中国民间文学集成·新疆卷·塔吉克族民间文学集》，新疆大学出版社 2005 年版。

（古丽佳罕·胡西地力编，木合塔尔·艾山译）

风

اَفسانهٔ باران

äfsanäye baran

塔吉克族自然现象神话。流传于新疆维吾尔自治区喀什地区塔什库尔干塔吉克自治县。讲述风的起源。古时候，有四位皇帝，他们在依布力斯的煽动下，派人向真主挑战，真主根本不把他们放在眼里。有一天，他们率领人马，拉开架势，准备开战。真主大怒，便深深呼了一口气，顿时刮起大风，将皇帝和他们的人马都吹得无影无踪。从此以后，便有了风。对于研究塔吉克族传统的自然观念有参考价值。1995 年马达力汗·巴伦塔吉克语演唱，西仁·库尔班塔吉克文笔录并译成维吾尔文。16 开纸 1 页，10 行。译文收入《中国民间文学集成·新疆卷·塔吉克族民间文学集》，新疆大学出版社 2005 年版。

（古丽佳罕·胡西地力编，木合塔尔·艾山译）

山

اَفسانهٔ کوه

äfsanäye kuh

塔吉克族自然现象神话。流传于新疆维吾尔自治区喀什地区塔什库尔干塔吉克自治县。讲述山的形成过程。真主创造宇宙时，大地上还没有山。后来，用双角顶承着大地的牛犊调皮地挥动双角，使大地颤动起来，发生了天灾人祸。人类和生物因不堪痛苦，便向真主诉苦，祈求真主消除灾难。善良的真主无法忍受人类和其他生物的痛苦，立即创造了巍峨的帕米尔山，将其安置在大地上。后来，帕米尔山繁育后代，在大地上形成了许多山脉。反映了塔吉克族先民对大地上万物形成的原始观念。对于研究塔吉克族传统的自然观念有参考价值。1995 年马达力汗·巴伦塔吉克语演唱，西仁·库尔班塔吉克文笔录并译成维吾尔文。16 开纸 1 页，10 行。译文收入《中国民间文学集成·新疆卷·塔吉克族民间文学集》，新疆大学出版社 2005 年版。

（古丽佳罕·胡西地力编，木合塔尔·艾山译）

地震

ظيماد جوم أفسانه

zimad jum äfsanä

塔吉克族自然现象神话。流传于新疆维吾尔自治区喀什地区塔什库尔干塔吉克自治县。讲述地震产生的原因。真主在创造天地和宇宙中的其他万物时，为了让地球能立起来，就将它安放在一头巨大无比、脚踏宇宙的牛犊的双角上。大地上人类的活动时常影响着牛犊。如果人类干的坏事太多，牛犊就会使劲晃动双角，强烈的地震就会发生，人类就会遭殃。人类祈求真主恕罪，并执行真主的旨意，牛犊便会安静下来。反映了塔吉克族先民对地震现象的认识及倡导人们弃恶从善的思想。对于研究塔吉克族传统的信仰和道德观念有参考价值。1995 年马达力汗·巴伦塔吉克语演唱，西仁·库尔班塔吉克文笔录并译成维吾尔文。16 开纸 1 页，11 行。译文收入《中国民间文学集成·新疆卷·塔吉克族民间文学集》，新疆大学出版社 2005 年版。

（古丽佳罕·胡西地力编，木合塔尔·艾山译）

光明与魔鬼的搏斗

نورَت بيلَس جَنگ

nurät biläs jäng

塔吉克族自然现象神话。流传于新疆维吾尔自治区喀什地区塔什库尔干塔吉克自治县。讲述光明和魔鬼的搏斗。相传，在造人时，光明被置于人的右额，而魔鬼（黑暗的代表）却占据了人的左额。光明与魔鬼一直在争斗，而争斗的目的是为了人。光明要将人向好的一面引导，魔鬼却要将人向坏的一面引诱。如果人向好的一面走去，光明就会战胜魔鬼；如果人向坏的一面走去，魔鬼就会战胜光明。人类聪明、智慧、正义、慷慨、知足、仁爱、忠诚等优良品质都是光明将人向好的一面引导的结果，而所有的愚昧、残暴、贪婪、欺诈、嫉妒、造谣、赌博、偷盗、淫乱等可憎的恶习都是魔鬼迷惑人心，将人向坏的一面引诱的恶果。在阳世为光明所引导的人，死后将升入天堂，而被魔鬼所引诱的人则进入地狱。每一个人在进入阴世的大门时，都要清算自己在阳世的所作所为。这时，光明和魔鬼分据于两边，各自计算着自己的功绩。如若死者生时为光明所引导，光明就将他送入天堂。如若死者生时跟着魔鬼为虎作伥，黑暗就将他送进地狱。据说，光明总是能战胜魔鬼的，但是，魔鬼总是不甘心自己的失败，总是要同光明争斗，蛊惑人心，将人向坏的一面引诱。对于研究塔吉克族神话有参考价值。1995 年马达力汗·巴伦塔吉克语演唱，西仁·库尔班塔吉克文笔录并译成维吾尔文。32 开纸 2 页，35 行。原稿今藏西仁·库尔班处。

（古丽佳罕·胡西地力编，木合塔尔·艾山译）

（二）社会现象神话

凯尤马尔斯

اَفسانهٔ كيمارس

äfsanäye käyomars

塔吉克族社会现象神话。流传于新疆维吾尔自治区喀什地区塔什库尔干塔吉克自治县。讲述塔吉克族先民对社会和人生的理解。凯尤马尔斯是第一个头戴王冠坐上巍峨宝座，治理百姓的人。他公平无私、爱护百姓，秉性聪明、有远见，敢于同艾合拉曼那样给人类带来灾难的恶势力做斗争，整日为人类的幸福着想。反映了塔吉克族先民对国家的产生、公正与公平等重要社会问题的认识。对于研究塔吉克族对社会的原始认识有参考价值。1990 年赛都拉·拜拉木塔吉克语演唱，扎米尔·赛都拉·扎德塔吉克文笔录。1997 年古丽佳罕·胡西地力译成维吾尔文。32 开纸 1 页，24 行。原稿今藏新疆大学扎米尔·赛都拉·扎德处。

（古丽佳罕·胡西地力编，木合塔尔·艾山译）

贾穆西地勇士

اَفسانهٔ جَمشيد

äfsanäye jämšid

塔吉克族社会现象神话。流传于新疆维吾尔自治区喀什地区塔什库尔干塔吉克自治县。讲述贾穆西地为人类传授生存技能的传说。贾穆西地为人类造福而奔波，让人类学会穿衣、驯养野生动物、种植粮食、盖房和如何抗寒避暑。他公正地治理国家，与人类公敌艾合拉曼多次斗争，使人类免受灾难，但最后被艾合拉曼和魔鬼杀害。反映了塔吉克族先民的生死观及创新精神。对于研究塔吉克族原始的社会生活观念有参考价值。1990 年阿巴斯艾力·拜拉木塔吉克语演唱，扎米尔·赛都拉·扎德塔吉克文笔录。1997 年古丽佳罕·胡西地力译成维吾尔文。32 开纸 2 页，47 行。原稿今藏新疆大学扎米尔·赛都拉·扎德处。

（古丽佳罕·胡西地力编，木合塔尔·艾山译）

发力敦

اَفسانهٔ فَريدون

äfsanäye färidun

塔吉克族社会现象神话。流传于新疆维吾尔自治区喀什地区塔什库尔干塔吉克自治县。讲述贾穆西地的后裔发力敦继承王位后，为人类创造和睦相处的生活环境的神话。发力敦长大后，继承了王位，并与给人类带来麻烦的祖哈克拼死决斗，将他锁在了达玛温大山之中，从此，人类不再受其害。发力敦到了晚年，将国土分给了名叫伊拉吉、萨力穆、吐尔的三个儿子。反映了塔吉克族先民对美好生活的向往和对敌人的仇视。对于研究塔吉克族原始的社会生活观念有参考价值。1990 年赛都拉·拜拉木塔吉克语演唱，扎米尔·赛都拉·扎德塔吉克文笔录。1997 年古丽佳罕·胡西地力译成维吾尔文。32 开纸 1 页，27 行。原稿今藏新疆大学扎米尔·赛都拉·扎德处。

（古丽佳罕·胡西地力编，木合塔尔·艾山译）

斯亚买克

اَفسانهٔ سيامَک

äfsanäye siyamäk

塔吉克族社会现象神话。流传于新疆维吾尔自治区喀什地区塔什库尔干塔吉克自治县。讲述斯亚买克继承父亲凯尤马尔斯的王位时的社会状况。斯亚买克在父亲凯尤马尔斯在位时，在与人类的灾星——黑暗与邪恶之神艾合拉曼及魔鬼的战斗中死去。斯亚买克的儿子胡祥与祖父凯尤马尔斯一起率兵打败了敌人，为父亲报了仇，人类从此过上了无忧无虑的幸福生活。反映了塔吉克族先民渴望幸福、祥和生活的强烈愿望。对于研究塔吉克族神话有参考价值。1990 年阿巴斯艾力·拜拉木塔吉克语演唱，扎米尔·赛都拉·扎德塔吉克文笔录。1997 年古丽佳罕·胡西地力译成维吾尔文。32 开纸 2 页，51 行。原稿今藏新疆大学扎米尔·赛都拉·扎德处。

（古丽佳罕·胡西地力编，木合塔尔·艾山译）

胡祥（一）

اَفسانهٔ حُشَنگ

äfsanäye hošäng

塔吉克族社会现象神话。流传于新疆维吾尔自治区喀什地区塔什库尔干塔吉克自治县。讲述火和萨达节的来历。凯尤马尔斯的孙子胡祥创造了火，并教会百姓用石头炼铁，铸造铁质兵器和农具，用皮子制做衣服。他还开矿引水，造福一方；驯养野生动物，减轻百姓的负担。他发现火的这一天被定为萨达节。反映了塔吉克族先民对美好未来的向往和创新精神。对于研究塔吉克族先民人生观及原始信仰有参考价值。1990 年汗艾仙塔吉克语演唱，扎米尔·赛都拉·扎德塔吉克文笔录。1997 年古丽佳罕·胡西地力译成维吾尔文。32 开纸 1 页，18 行。原稿今藏新疆大学扎米尔·赛都拉·扎德处。

（古丽佳罕·胡西地力编，木合塔尔·艾山译）

胡祥（二）

اَفسانهٔ حُشَنگ

äfsanäye hošäng

塔吉克族社会现象神话。流传于新疆维吾尔自治区喀什地区塔什库尔干塔吉克自治县。讲述胡祥为人类造福的神话。胡祥为苍天献牲、供奉礼物，祈求赐予他治理大地、打败敌人、造福人类的力量。于是，苍天赐予他力量，成为七重天上的第一个君王、艾合拉曼及其邪恶势力的克星、人类的保护者。反映了塔吉克族人民憎恨邪恶，渴望幸福、祥和生活的强烈愿望。对于研究塔吉克族神话有参考价值。1990 年汗艾仙塔吉克语演唱，扎米尔·赛都拉·扎德塔吉克文笔录。1997 年古丽佳罕·胡西地力译成维吾尔文。32 开纸 2 页，42 行。原稿今藏新疆大学扎米尔·赛都拉·扎德处。

（古丽佳罕·胡西地力编，木合塔尔·艾山译）

阿胡拉马孜达

اَفسانهٔ آحُرَمَزدا

äfsanäye ahorämäzda

塔吉克族社会现象神话。流传于新疆维吾尔自治区喀什地区塔什库尔干塔吉克自治县。讲述善与光明之神阿胡拉马孜达战胜伤害人类的邪恶势力，给人类带来幸福的故事。阿胡拉马孜达长得像人，但有一对强有力的翅膀，时而飞到天上，时而在大地上行走，是天地、人类及所有有益的植物和动物的创造者。为了使人类过上安宁的生活，他创立了十六个富裕、美丽的国家，并经常与黑暗与邪恶之神艾合拉曼作战，最后在六个天使的帮助下，打败了艾合拉曼，使光明与正义永存。反映了塔吉克族先民对平静祥和生活的渴望。对于研究塔吉克族神话有参考价值。1990 年赛都拉·拜拉木塔吉克语演唱，扎米尔·赛都拉·扎德塔吉克文笔录。1997 年古丽佳罕·胡西地力译成维吾尔文。32 开纸 1 页，28 行。原稿今藏新疆大学扎米尔·赛都拉·扎德处。

（古丽佳罕·胡西地力编，木合塔尔·艾山译）

艾合拉曼

اَفسانۀ أحرمَن

äfsanäye ährimän

塔吉克族社会现象神话。流传于新疆维吾尔自治区喀什地区塔什库尔干塔吉克自治县。讲述黑暗与邪恶之神艾合拉曼及其追随者给人类带来灾祸的故事。艾合拉曼为了折磨人类，在大地上布满了毒蛇、毒蝎、毒虫、毒蚊、毒蚁及杀人恶魔，传播各种传染病，制造严寒、干旱等天灾人祸，并挑动祖哈克消灭人类，通过伊比力斯迷惑贾穆西地，使其失去王位。后来，阿胡拉马孜达打败了艾合拉曼，人类摆脱了他的压迫。反映了塔吉克族先民对邪恶势力的仇恨。对于研究塔吉克族神话有参考价值。1990 年热吾先艾里・拜拉木塔吉克语演唱，扎米尔・赛都拉・扎德塔吉克文笔录。1997 年古丽佳罕・胡西地力译成维吾尔文。32 开纸 2 页，56 行。原稿今藏新疆大学扎米尔・赛都拉・扎德处。

（古丽佳罕・胡西地力编，木合塔尔・艾山译）

祖哈克

اَفسانۀ زَحاک

äfsanäye zähak

塔吉克族社会现象神话。流传于新疆维吾尔自治区喀什地区塔什库尔干塔吉克自治县。讲述祖哈克给人类带来灾祸的故事。祖哈克是阿拉伯国王买尔达斯的王子，他在伊比力斯的迷惑下杀了父王，篡夺了王位。这时，贾穆西地统治着伊朗王国，由于他骄傲自大，被手下人推翻，众人拥立祖哈克为王。伊比力斯变成厨师模样，接近祖哈克，在他双肩上吻了一下，祖哈克的双肩上长出两条毒蛇。伊比力斯又变为民间医生出现在祖哈克的面前，告诫他每天要吃蛇和一对男女的脑浆，否则会被蛇吃掉。之后，每天都有几个人被蛇吃掉，灾难性的日子开始了。铁匠卡瓦有十八个儿子，其中十七个儿子被蛇吃掉。卡瓦要求祖哈克留下他最后一个儿子发力敦时，被无情地拒绝，忍无可忍的卡瓦与发力敦及其他受害的百姓一起奋起反抗祖哈克，并推翻了他的统治。人民从此过上安宁的日子。反映了塔吉克族先民对邪恶势力的仇恨。对于研究塔吉克族神话有参考价值。1990 年甫拉提・买买提塔吉克语演唱，陆京淘塔吉克文笔录。1998 年艾布力・艾山汗译成维吾尔文。16 开纸 5 页，185 行。译文收入《中国民间文学集成・新疆卷・塔吉克族民间文学集》，新疆大学出版社 2005 年版。

（古丽佳罕・胡西地力编，木合塔尔・艾山译）

天使伊比力斯变恶魔的故事

أفسانۀ پَيدايش ابليس

äfsanäye päydayeše iblis

塔吉克族社会现象神话。流传于新疆维吾尔自治区喀什地区塔什库尔干塔吉克自治县。讲述伊比力斯如何成为人类最危险、最无情的敌人的故事。伊比力斯原是天使之一，真主在创造人类时，其他天使都向真主祈祷，感谢真主创造之恩，唯独伊比力斯狂妄自大，不愿低头。为此，真主将他打入了地狱。描写了伊比力斯的各种丑恶行径及人类渴望战胜敌人、过上平静生活的愿望。对于研究塔吉克族神话有参考价值。1990 年阿巴斯艾力・拜拉木塔吉克语演唱，扎米尔・赛都拉・扎德塔吉克文笔录并译成维吾尔文。32 开纸 1 页，25 行。原稿今藏新疆大学扎米尔・赛都拉・扎德处。

（古丽佳罕・胡西地力编，木合塔尔・艾山译）

伊比力斯

اَفسانۀ ابليس

äfsanäye iblis

塔吉克族社会现象神话。流传于新疆维吾尔自治区喀什地区塔什库尔干塔吉克自治县。讲述伊比力斯如何通过迷惑祖哈克给人类带来灾难的传说。在凯尤马尔斯、贾穆西地统治的时代，人民生活得安宁、祥和、幸福、和睦，没有遭受压迫和暴行。伊比力斯对此十分嫉妒，他蛊惑百姓，杀害贾穆西地，并利用祖哈克干了许多坏事，人间变得暗无天日。而发力敦和百姓没有让伊比力斯的阴谋得逞，发力敦登上王位，百姓过上了安宁的日子。说明善最终会战胜恶的真理。对于研究塔吉克族神话有参考价值。1990 年阿巴斯艾力塔吉克语演唱，扎米尔·赛都拉·扎德塔吉克文笔录。1997 年古丽佳罕·胡西地力译成维吾尔文。32 开纸 2 页，44 行。原稿今藏新疆大学扎米尔·赛都拉·扎德处。

（古丽佳罕·胡西地力编，木合塔尔·艾山译）

造人神话

اَفسانۀ پَیدایش آدَم

äfsanäye päydayeše adäm

塔吉克族社会现象神话。流传于新疆维吾尔自治区喀什地区塔什库尔干塔吉克自治县。讲述人类的产生过程。相传，当万能的真主思索着怎样才能造出两个世界之时，在他的光明之中出现了一个卵。真主见到卵，便决意造一个卵形的世界，将卵一分为二，一半作为大地，一半作为天空。过了许久，真主觉得自己造的世界太寂寞，又决意造人，便向天使们下令："你们用泥造出一些人形来。"天使们思来想去，就是想不出个人形来，就问真主："人是什么形状?"真主说："你们去天堂的湖边。"天使们依真主之命来到湖边，湖面上立即显现出人的形状，他们就照这个形状用泥造出了人。造好后拿给真主看，真主又用自己的光赋予人生命，用天堂之湖水赋予人血浆，用天空中的气赋予人呼吸，用天堂之火赋予人体温，用土壤赋予人肉身。就这样，有了世界，之后又有了人。反映了塔吉克族先民对人类产生的原始看法。对于研究塔吉克族神话有参考价值。1995 年马达力汗·巴伦塔吉克语演唱，西仁·库尔班塔吉克文笔录并译成维吾尔文。32 开纸 2 页，35 行。原稿今藏西仁·库尔班处。

（古丽佳罕·胡西地力编，木合塔尔·艾山译）

人被赶出天堂

اَز جَنَت رانده شُدَن انسان

äz jänät randä šodän ensan

塔吉克族社会现象神话。流传于新疆维吾尔自治区喀什地区塔什库尔干塔吉克自治县。讲述万物产生的过程。真主创造人类后，人类在天堂过着安逸的生活。但人类却不知足，大肆挥霍，污染了天堂的环境。真主为此大怒，将人类赶出天堂，降到地面，并赋予人类智慧，为人类指明了谋生之路。反映了人类生活依赖万物的理念。对于研究塔吉克族神话有参考价值。1995 年马达力汗·巴伦塔吉克语演唱，西仁·库尔班塔吉克文笔录并译成维吾尔文。16 开纸 1 页，30 行。译文收入《中国民间文学集成·新疆卷·塔吉克族民间文学集》，新疆大学出版社 2005 年版。

（古丽佳罕·胡西地力编，木合塔尔·艾山译）

（三）人物神话

鲁斯塔木勇士身世

اَفسانۀ بدنیا آمدن رستَم

äfsanäye bädonya amädäne rostäm

塔吉克族人物神话。流传于新疆维吾尔自治区喀什地区塔什库尔干塔吉克自治县。讲述鲁斯塔木勇士的身世及他的传奇经历。在发力敦王统治的时代，有一个叫萨穆的勇士和一个女孩结婚，生下一畸形儿，便把孩子扔在山上。凤凰收养了这个孩子。有一天，萨穆梦见自己到墓地，看到凤凰与自己的孩子玩耍。从此，他不再安宁，感到自己错了，第二天就将孩子领了回来。由于孩子出生时的头发像老人一样花白，萨穆为他取名“扎力”（老人、长者）。后来，萨穆准备给儿子举办婚礼。孩子却不同意这门婚事，结果与祖哈克的后裔——茹达拜姑娘结了婚。茹达拜生下一个巨大的男婴，并取名为鲁斯塔木。因孩子非常强大，还未成年就打死了魔鬼，所以，人们称他为“狮心勇士”。对于研究塔吉克族神话有参考价值。1994年茹恰义克·吐拉库力塔吉克语演唱，西仁·库尔班塔吉克文笔录并译成维吾尔文。16开纸1页，34行。译文收入《中国民间文学集成·新疆卷·塔吉克族民间文学集》，新疆大学出版社2005年版。

（古丽佳罕·胡西地力编，木合塔尔·艾山译）

鲁斯塔木勇士与妖怪

اَفسانۀ رستَم و دیو

äfsanäye rostäm wä diwä

塔吉克族人物神话。流传于新疆维吾尔自治区喀什地区塔什库尔干塔吉克自治县。讲述鲁斯塔木勇士战胜妖怪、野兽的英雄事迹。在光明与黑暗、善良与罪恶、廉洁与腐败的斗争趋于白热化的时候，妖怪突袭皇宫，抓住开卡吾斯王，将他带到老巢玛占达兰。人们被恐惧所笼罩，纷纷背井离乡，逃进山里。这一消息传到了远在他乡正与野兽交锋的鲁斯塔木勇士那里。为了让人们过上安宁的日子，鲁斯塔木勇士骑上被称为“热克西”的吉祥飞马，来到妖怪的老窝，用七十二种变数打败了它。人们将鲁斯塔木勇士与妖怪战斗过的山称为“勇士山”。对于研究塔吉克族神话有参考价值。1994年茹恰义克·吐拉库力塔吉克语演唱，西仁·库尔班塔吉克文笔录并译成维吾尔文。16开纸2页，45行。译文收入《中国民间文学集成·新疆卷·塔吉克族民间文学集》。新疆大学出版社2005年版。

（古丽佳罕·胡西地力编，木合塔尔·艾山译）

鲁斯塔木勇士逝世的神话

أفسانۀ رستَم مَرگ

äfsanäye rostäm märg

塔吉克族人物神话。流传于新疆维吾尔自治区喀什地区塔什库尔干塔吉克自治县。讲述鲁斯塔木勇士的英雄事迹。鲁斯塔木勇士在小时候曾与白象搏斗，长大后与龙、国家的敌人和无知残暴的帝王斗争，培养出许多勇士，抵御了外敌入侵，挽救了人民。他为人热情、公正、爱民，在民间有高于帝王的威望。公元639年，他在反对阿拉伯侵略者的战争中牺牲，赢得了荣誉，在民间被传为佳话。反映了塔吉克族人民渴望战胜邪恶势力、过上安宁幸福生活的心愿。对于研究塔吉克族神话中的英雄人物有参考价值。1994年赛都拉·拜拉木塔吉克语演唱，扎米尔·赛都拉·扎德塔吉克文笔录。1997年古丽佳罕·胡西地力译成维吾尔文。32开纸1页，22行。原稿今藏新疆大学扎米尔·赛都拉·扎德处。

（古丽佳罕·胡西地力编，木合塔尔·艾山译）

马努奇力

اَفسانۀ مَنُچهر

äfsanäye mänoqehr

塔吉克族人物神话。流传于新疆维吾尔自治区喀什地区塔什库尔干塔吉克自治县。讲述马努奇力战胜敌人，使人民过上幸福生活的英雄事迹。发力敦王之孙马努奇力是非常勇敢的大力士，他清除了来犯的凶恶敌人，给人们带来了和平与安宁，在民间赢得了声誉。反映了塔吉克族人民渴望战胜邪恶势力、过上安宁幸福生活的心愿。对于研究塔吉克族神话中的英雄人物有参考价值。1994 年夏普苏里坦塔吉克语演唱，扎米尔·赛都拉·扎德塔吉克文笔录。1997 年古丽佳罕·胡西地力译成维吾尔文。32 开纸 1 页，20 行。原稿今藏新疆大学扎米尔·赛都拉·扎德处。

（古丽佳罕·胡西地力编，木合塔尔·艾山译）

萨穆勇士

أفسانۀ صام

äfsanäye sam

塔吉克族人物神话。流传于新疆维吾尔自治区喀什地区塔什库尔干塔吉克自治县。讲述萨穆勇士的苦难经历和英雄事迹。在发力敦王统治时代，有一个名叫萨穆的大力士，他从小就养成了爱民、无所畏惧、勇敢的品质。不论走到哪里，为了人民的安康，他都通过无数的艰辛，打败凶恶的敌人，给人类带来和平。反映了塔吉克族人民渴望战胜邪恶势力、过上安宁幸福生活的心愿。对于研究塔吉克族神话中的英雄人物有参考价值。1994 年阿巴斯艾力·拜拉木塔吉克语演唱，扎米尔·赛都拉·扎德塔吉克文笔录。1997 年古丽佳罕·胡西地力译成维吾尔文。32 开纸 1 页，20 行。原稿今藏新疆大学扎米尔·赛都拉·扎德处。

（古丽佳罕·胡西地力编，木合塔尔·艾山译）

茹达拜

اَفسانۀ رُدابه

äfsanäye rodabä

塔吉克族人物神话。流传于新疆维吾尔自治区喀什地区塔什库尔干塔吉克自治县。讲述茹达拜的身世及其传奇。茹达拜是鲁斯塔木勇士的母亲，伊比力斯的打手、人类的灾星祖哈克的后裔。她与鲁斯塔木的父亲扎力相爱，并冲破重重阻力最后结为夫妻，生下举世无双的大力士鲁斯塔木。对于研究塔吉克族神话有参考价值。1994 年阿巴斯艾力·拜拉木塔吉克语演唱，扎米尔·赛都拉·扎德塔吉克文笔录。1997 年古丽佳罕·胡西地力译成维吾尔文。32 开纸 1 页，25 行。原稿今藏新疆大学扎米尔·赛都拉·扎德处。

（古丽佳罕·胡西地力编，木合塔尔·艾山译）

斯亚乌西

اَفسانۀ سیاوش

äfsanäye siyawux

塔吉克族人物神话。流传于新疆维吾尔自治区喀什地区塔什库尔干塔吉克自治县。讲述斯亚乌西为人类幸福而斗争的英雄事迹。阿姆河两旁的土地、山河和肥沃的田野是由美丽、有魔法的迪里阿达创造的，由斯亚乌西负责治理这片土地。斯亚乌西头戴金冠，年龄与鲁斯塔木相仿，他体格健壮、勇敢无畏，在伊朗王国建立了许多城市，为人们做了许多好事。后来，这位善良的大力士被敌人阿夫拉斯亚甫蒙骗、杀害。反映了塔吉克族人民渴望幸福、平安生活的愿望。对于研究塔吉克族神话有参考价值。1994 年阿巴斯艾力·拜拉木塔吉克语演唱，扎米尔·赛都拉·扎德塔吉克文笔录。1997 年古丽佳罕·胡西地力译成维吾尔文。32 开纸 1 页，10 行。原稿今藏新疆大学扎米尔·赛都拉·扎德处。

（古丽佳罕·胡西地力编，木合塔尔·艾山译）

伊斯番地亚尔

اَفسانۀ ایسفَندیار

äfsanäye isfändiyar

塔吉克族人物神话。流传于新疆维吾尔

自治区喀什地区塔什库尔干塔吉克自治县。讲述伊斯番地亚尔战胜土朗王国军队入侵的故事。伊斯番地亚尔是古西台斯甫王的弟弟，他打败了入侵伊朗王国领土的土朗王国军队，活捉了其王艾尔杰斯甫，并获得“铁巨人”的称号。在与妖魔鬼怪、入侵者和其他灾难做斗争的过程中，伊斯番地亚尔总是身先士卒，保护了国家和人民。反映了伊朗人与土朗人之间的矛盾。对于研究塔吉克族神话有参考价值。1994 年罕·萨德里丁塔吉克语演唱，扎米尔·赛都拉·扎德塔吉克文笔录。1997 年古丽佳罕·胡西地力译成维吾尔文。32 开纸 1 页，20 行。原稿今藏新疆大学扎米尔·赛都拉·扎德处。

（古丽佳罕·胡西地力编，木合塔尔·艾山译）

巴曼

اَفسانهٔ بَحمَن

äfsanäye bähmän

塔吉克族人物神话。流传于新疆维吾尔自治区什地区塔什库尔干塔吉克自治县。讲述巴曼背信弃义，向鲁斯塔木家族发动残酷战争的过程。巴曼是伊斯番地亚尔的儿子，鲁斯塔木在自己不愿参加的战争中杀死伊斯番地亚尔后，承担起了抚养年幼无知的巴曼的重担。在鲁斯塔木的抚养下，巴曼长大成人。鲁斯塔木给他的祖父古西台斯甫写信，告诉了他巴曼的情况。古西台斯甫去世后，巴曼继承了王位。鲁斯塔木去世后，为了给父亲报仇，巴曼抓走了鲁斯塔木的父亲扎力，抢走了他的财产，杀害了鲁斯塔木的儿子法拉穆鲁孜。后来，他对自己所做的一切表示悔恨，释放了扎力，并到鲁斯塔木的墓前谢罪。反映了塔吉克族人民对凶残敌人的憎恨之情。对于研究塔吉克族神话有参考价值。1994 年苏里坦汗塔吉克语演唱，扎米尔·赛都拉·扎德塔吉克文笔录并译成维吾尔文。32 开纸 1 页，24 行。原稿今藏新疆大学扎米尔·赛都拉·扎德处。

（古丽佳罕·胡西地力编，木合塔尔·艾山译）

阿给力拉斯

اَفسانهٔ أغريرَس

äfsanäye äɤriräs

塔吉克族人物神话。流传于新疆维吾尔自治区喀什地区塔什库尔干塔吉克自治县。讲述阿给力拉斯为人类造福的神话。阿给力拉斯是阿夫拉斯亚比的弟弟，为了阻止阿夫拉斯亚比给人类带来灾难，他放走了被俘的伊朗勇士。结果，他被阿夫拉斯亚比处死。由于他生前为人正直，坚持真理，做了许多好事，得到了阿胡拉玛孜达的奖励，名声大振。反映了塔吉克族先民对和平安宁生活的向往。对于研究塔吉克族神话有参考价值。1994 年热吾先艾里·拜拉木塔吉克语演唱，扎米尔·赛都拉·扎德塔吉克文笔录。1997 年古丽佳罕·胡西地力译成维吾尔文。32 开纸 1 页，24 行。原稿今藏新疆大学扎米尔·赛都拉·扎德处。

（古丽佳罕·胡西地力编，木合塔尔·艾山译）

阿夫拉斯亚比

اَفسانهٔ آفراسياب

äfsanäye afrasiyab

塔吉克族人物神话。流传于新疆维吾尔自治区喀什地区塔什库尔干塔吉克自治县。讲述阿夫拉斯亚比的恶行。阿夫拉斯亚比是发力敦的儿子吐尔的孙子，他长大成人后，想用不正当手段夺取伊朗王冠，发动了几次针对伊朗王国的战争，干尽了杀戮、抢劫、欺辱妇女儿童等罪恶勾当，还杀害了许多勇士和他的亲弟弟阿给力拉斯。他甚至派从未见过父亲的苏赫拉布去攻打自己的父亲鲁斯塔木，使其悲惨地死在父亲的手里。最后，吾木勇士将他抓住交给了胡斯拉吾王。胡斯拉吾王判处了这个诱杀斯亚乌西和艾格拉斯等勇士的阿夫拉斯亚比及其弟弟盖尔斯瓦孜死刑，人间从此太平。反映了塔吉克族先民对凶残敌人的憎恨之情。对于研究塔吉克族神话有参考价值。1994 年代尔亚巴依·艾斯买力塔吉克语演唱，扎米尔·赛都拉·扎德塔吉克文笔录并译成维吾尔文。32 开纸 1 页，25 行。原稿今藏新疆大学扎米尔·赛都拉·扎德处。

（古丽佳罕·胡西地力编，木合塔尔·艾山译）

三、传　说

（一）人物传说

鲁斯塔木的传说

رَوايَت رُستَم

räwayäte rostäm

塔吉克族人物传说。流传于新疆维吾尔自治区喀什地区塔什库尔干塔吉克自治县。讲述鲁斯塔木为国家的安全和人民的平安生活而斗争的英雄事迹。鲁斯塔木有三个儿子，其中一个是他在异国他乡的妻子生的。为保卫国家，他在同异国作战时，杀掉了从未见过的儿子。鲁斯塔木受到很大的打击，离开了家乡。他在流浪外地时做了很多善事，最后为了家乡的安全又回到了家乡。鲁斯塔木是塔吉克族的象征性人物，有关他的传说很多。对于研究塔吉克族民间文学及英雄人物有参考价值。1988年法克尔夏塔吉克语演唱，达力・买提胡夏勒塔吉克文笔录。扎米尔・赛都拉・扎德译成维吾尔文。16开纸3页，113行。译文收入《中国民间文学集成・新疆卷・塔吉克族民间文学集》。新疆大学出版社2005年版。　　（古丽佳罕・胡西地力）

胡香的传说

رَوايَت هُشَنگ

räwayäte hošäng

塔吉克族人物传说。流传于新疆维吾尔自治区喀什地区塔什库尔干塔吉克自治县。讲述塔吉克族先民的原始生活。在塔吉克族诞生的洪荒年代，一位国王执政百年，但是由于毒蛇蛊惑、魔鬼当道，国王与臣民同样遭劫，没有光明、没有火种，人们生活在黑暗中。国王的孙子胡香发明了火种，教人民用火烧肉做饭，教导人民放牧牛羊。但是，世上的群魔不准他们用火，胡香便率领人民与魔鬼进行了生死搏斗，终于战胜了魔鬼，保住了火种。反映了塔吉克族人民坚持光明、反对黑暗的高贵品质。对于研究塔吉克族原始信仰及传说有参考价值。1988年阿巴斯艾力塔吉克语演唱，扎米尔・赛都拉・扎德塔吉克文笔录并译成维吾尔文。32开纸5页，190行。原稿今藏新疆大学扎米尔・赛都拉・扎德处。　　（古丽佳罕・胡西地力）

祖哈克的传说

رَوايَت زَحاک

räwayäte zäxak

塔吉克族人物传说。流传于新疆维吾尔自治区喀什地区塔什库尔干塔吉克自治县。讲述塔吉克族人与祖哈克王之间的斗争经过。贾穆西地王年代，塔吉克族人民过着非常安宁的生活，但是后来受到魔鬼的蛊惑，推翻了贾穆西地，祖哈克继承了王位。祖哈克又受到魔鬼的诱惑，给人民带来了巨大的灾难，杀死了很多年轻人。最后人民忍无可忍，奋起反抗，在英雄们的帮助下杀死了祖哈克，人们又过上了平安的生活。歌颂了公正与拥护正义的人们，鞭挞了罪恶与恶人。对于研究塔吉克族原始信仰及民间文学有参考价值。1988年法克尔夏塔吉克语演唱，达力·买提胡夏勒塔吉克文笔录。扎米尔·赛都拉·扎德译成维吾尔文。16开纸5页，190行。译文收入《中国民间文学集成·新疆卷·塔吉克族民间文学集》，新疆大学出版社2005年版。（古丽佳罕·胡西地力）

库尔恰克的传说（一）

رَوايَت قُلچاق

räwayäte qolčaq

塔吉克族人物传说。流传于新疆维吾尔自治区喀什地区塔什库尔干塔吉克自治县。讲述库尔恰克反抗浩罕侵略者的经过。库尔恰克原名伊达也提，约在乾隆末年出生于新疆蒲犁。因童年时曾遭掠卖，所以被称为“库尔恰克”。他勇力过人，通晓军事，深得群众拥护。后任色勒库尔阿奇木伯克，为了保卫祖国边疆，在反抗浩罕侵略者的战争中杀死了很多敌人，立下了汗马功劳。但因寡不敌众，这位民族英雄最后卫国捐躯。反映了塔吉克族人民的爱国主义精神。对于研究塔吉克族历史有参考价值。1988年马达力汗·巴伦塔吉克语演唱，西仁·库尔班塔吉克文笔录并译成维吾尔文。32开纸4页，152行。原稿今藏新疆大学扎米尔·赛都拉·扎德处。（古丽佳罕·胡西地力）

库尔恰克的传说（二）

رَوايَت قُلچاق

räwayäte qolčaq

塔吉克族人物传说。流传于新疆维吾尔自治区喀什地区塔什库尔干塔吉克自治县。讲述库尔恰克的英雄事迹。库尔恰克机智勇敢，深知民间疾苦，在叶尔羌当上了伯克。1830年浩罕国入侵叶尔羌时，库尔恰克带领一千二百名士兵作战，打死了许多敌人，获马十匹，自己的右眼被刺伤、左颈受伤。因作战有功，他受到了清政府的嘉奖。反映了塔吉克族人民的爱国主义精神。对于研究塔吉克族历史及民间文学有参考价值。1988年马达力汗·巴伦塔吉克语演唱，西仁·库尔班塔吉克文笔录并译成维吾尔文。32开纸3页，114行。原稿今藏新疆大学扎米尔·赛都拉·扎德处。

（古丽佳罕·胡西地力）

苏合拉布的传说

رَوايَت سُخراب

räwayäte soxrab

塔吉克族人物传说。流传于新疆维吾尔自治区喀什地区塔什库尔干塔吉克自治县。讲述苏合拉布的英雄事迹。苏合拉布是鲁斯塔木的儿子，他小时候就离开了父亲，在异国他乡长大。父亲是伊朗士兵中的勇士，儿子是土朗士兵中的勇士。苏合拉布参加过很多战争，战胜了敌人，为家乡做了很多善事。反映了塔吉克族人民敢于斗争的精神。对于研究塔吉克族历史及英雄人物有参考价值。1988年艾布力·艾山汗塔吉克语演唱，西仁·库尔班塔吉克文笔录。1995年马达力汗·巴伦译成维吾尔文。16开纸1.5页，67行。译文收入《中国民间文学集成·新疆卷·塔吉克族民间文学集》，新疆大学出版社2005年版。（古丽佳罕·胡西地力）

白衣勇士的传说

رَوايَت جامۀ سَفيد

räwayäte jamäye säfid

塔吉克族人物传说。流传于新疆维吾尔

自治区喀什地区塔什库尔干塔吉克自治县。讲述一名塔吉克族青年的英雄事迹。古时候塔什库尔干一带遭外敌入侵，军队全部阵亡，家乡危在旦夕。当地一名神枪猎手聚集了一帮塔吉克青年，身着白色外衣，潜伏于敌军驻地四周，向敌军发起突袭。因众寡悬殊，全部捐躯。后来那位神枪猎手化作高耸入云的慕士塔格峰，其余的青年化作慕士塔格峰四周的无数冰山，把入侵之敌围在中央，使入侵者全部冻死。反映了塔吉克族人民敢于斗争的爱国精神。对于研究塔吉克族英雄人物及社会观念有参考价值。1988 年鲁恰伊克·土拉库里塔吉克语演唱，马达力汗·巴伦塔吉克文笔录。1990 年西仁·库尔班译成维吾尔文。32 开纸 1 页，18 行。译文收入《中国塔吉克族》，新疆大学出版社 1994 年版。（古丽佳军·胡西地力）

吐玛丽斯的传说

رَوايَت تُمارس

räwayäte tomaris

塔吉克族人物传说。流传于新疆维吾尔自治区喀什地区塔什库尔干塔吉克自治县。讲述塔吉克部落女首领吐马丽斯的英雄事迹。波斯王居鲁士入侵塔吉克部落时，吐马丽斯劝他撤军，不要制造无畏的流血。可是居鲁士自恃强大，一意孤行，于是发生了一场大战。敌人施奸计，掳去吐马丽斯的儿子并杀害了他。吐马丽斯得知儿子的死讯后怒不可遏，率领军队向居鲁士发起猛攻，一举击溃波斯大军，居鲁士本人战死。反映了塔吉克族人民敢于斗争的爱国主义精神。对于研究塔吉克族传说有参考价值。1989 年马达力汗·巴伦塔吉克语演唱、塔吉克文笔录。1990 年西仁·库尔班译成维吾尔文。16 开纸 1 页，38 行。译文收入《中国塔吉克族》，新疆大学出版社 1994 年版；《中国民间文学集成·新疆卷·塔吉克族民间文学集》，新疆大学出版社 2005 年版。

（古丽佳军·胡西地力）

西拉克的传说

رَوايَت شيرَک

räwayäte širäk

塔吉克族人物传说。流传于新疆维吾尔自治区喀什地区塔什库尔干塔吉克自治县。讲述西拉克的英雄事迹。波斯王大流士曾入侵塔吉克人的故乡，部落将领们商议退敌之策，一时无计可施。西拉克闯入议事大帐，请求割下他的鼻耳，装作被受罚的样子，躺在大流士必经之路上，取得了大流士的信任。西拉克将大流士的大军引入无边无际的荒漠，行走了七天之后，军队已陷入疲惫不堪的境地。这时西拉克才告诉大流士自己的目的是要灭亡入侵者，大流士在狂怒中杀了他。西拉克以牺牲自身为代价，保卫了家乡的安全。反映了塔吉克族青年的爱国主义精神。对于研究塔吉克族传说有参考价值。1989 年艾山汗塔吉克语演唱，西仁·库尔班塔吉克文笔录。1990 年西仁·库尔班译成维吾尔文。16 开纸 2 页，76 行。译文收入《中国塔吉克族》，新疆大学出版社 1994 年版；《中国民间文学集成·新疆卷·塔吉克族民间文学集》，新疆大学出版社 2005 年版。

（古丽佳军·胡西地力）

圣人优素福与达乌德

پيغَمبَران يُسُف و داود

päyɣambärane yosof wä dawod

塔吉克族人物传说。流传于新疆维吾尔自治区喀什地区塔什库尔干塔吉克自治县。讲述人的相貌和语言同等重要。有一次，无比英俊的圣人优素福与说话十分温柔的圣人达乌德之间就相貌英俊与说话温柔问题发生争论，但没有什么结果。于是他们决定到河边比一下高低。他们来到河边，一开始圣人优素福对着河流亮了一下自己的相貌，河里的水立刻停止了流动；接着圣人达乌德对着河流展示自己温柔的嗓音，河里的流水立刻倒转了流向。于是两人满足地返回了。对于研究塔吉克族传说有参考价值。1989 年苏里坦江塔吉克语演唱，扎米尔·赛都拉·扎德塔吉克文笔录并译成维吾尔文。16 开纸 1 页，39 行。原稿今藏新疆大学扎米尔·赛都拉·扎德处。

（古丽佳罕·胡西地力编，斯拉吉丁译）

天使赫兹尔与死神艾兹拉依勒

خزر و آزرایل

xezr wä äzrail

塔吉克族人物传说。流传于新疆维吾尔自治区喀什地区塔什库尔干塔吉克自治县。讲述天使赫兹尔与死神艾兹拉依勒两个宗教传说人物的不同特性。有一天，天使赫兹尔与死神艾兹拉依勒一起上路，碰到一个年轻人。死神对年轻人说了声："结束你年轻的生命吧。"这个年轻人就死去了。天使很惊奇，但没有出声。后来他们遇见一位九十多岁的弓背老人，死神对他说了声："你还活同样的年龄吧。"天使更为惊奇。接着他们又碰见一个牵着山羊的老妇，死神拿刀杀死了山羊。天使忍耐不住，向死神问他这么做的原因，死神回答："我让年轻人死亡，是因为他很纯洁，死后可直接进天堂；让老人长寿是因为他有很多的罪过，让他继续活下去积累罪过进入地狱；杀死老妇的山羊，是因为她做礼拜时因考虑山羊不能集中精力做礼拜，现在山羊没了，她可以安心做礼拜了。"对于研究塔吉克族传说有参考价值。1989 年赛都拉·拜拉木塔吉克语演唱，扎米尔·赛都拉·扎德塔吉克文笔录并译成维吾尔文。32 开纸 2 页，36 行。原稿今藏新疆大学扎米尔·赛都拉·扎德处。

（古丽佳罕·胡西地力编，斯拉吉丁译）

夏买西拉夫的传说（一）

رَوایَت شاه مَشرَف

räwayäte šah mäšräf

塔吉克族人物传说。流传于新疆维吾尔自治区喀什地区塔什库尔干塔吉克自治县。讲述夏买西拉夫的人生经历。夏买西拉夫从小非常聪明。他环游世界，不断地增长自己的知识，写出了很多诗歌，走到哪儿都得到当地人民的认可。由于他具有丰富的知识和超凡的能力，很快就成为当地的名人。他的诗歌至今还流传在民间。反映了塔吉克族人热爱科学知识的精神。对于研究塔吉克族传说有参考价值。1989 年阿地纳买买提塔吉克语演唱，达力·买提胡夏勒塔吉克文笔录。1992 年西仁·库尔班译成维吾尔文。16 开纸 2.5 页，95 行。译文收入《中国民间文学集成·新疆卷·塔吉克族民间文学集》，新疆大学出版社 2005 年版。

（古丽佳罕·胡西地力）

夏买西拉夫的传说（二）

رَوایَت شاه مَشرَف

räwayäte šah mäšräf

塔吉克族人物传说。流传于新疆维吾尔自治区喀什地区塔什库尔干塔吉克自治县。讲述夏买西拉夫在周游世界的过程中所做的善事。夏买西拉夫在周游世界时来到塔什库尔干的扎热复香河沿边的山区，看到当地的人民从悬崖引水时遇到困难，无可奈何。夏买西拉夫便帮助他们，用自己的拐杖从悬崖引水，解决了当地人的饮水困难。从此，当地人把他作为"圣贤"来崇拜他。反映了塔吉克族人民崇拜智者的观念。对于研究塔吉克克族传说人物有参考价值。1989 年阿地纳买买提塔吉克语演唱，达力・买提胡夏勒塔吉克文笔录。1992 年西仁・库尔班译成维吾尔文。16 开纸 2.5 页，95 行。译文收入《中国民间文学集成・新疆卷・塔吉克族民间文学集》，新疆大学出版社 2005 年版。

（古丽佳罕・胡西地力）

艾山提提鲁的传说

رَوايَت حَسَن تيترو

räwayäte häsän titru

塔吉克族人物传说。流传于新疆维吾尔自治区喀什地区塔什库尔干塔吉克自治县。讲述艾山提提鲁的生活经历。艾山提提鲁从小聪明好学，长大后成了地位崇高的宗教人士。一天，他梦见一位老人说家乡将遭遇洪灾，让百姓们搬走。第二天他一家一户地传达，但人们不相信，他只好自己离开了家乡。家乡果然遇到了灾难。后来他在帕米尔与一位仙女结为夫妻，修建城堡，生育了两个孩子。在帕米尔至今还保留着这座城堡的遗迹。反映了塔吉克族人民崇拜智者的观念。对于研究塔吉克族传说人物有参考价值。1989 年乌贾木别克塔吉克语演唱，马伊力・拉力别克塔吉克文笔录。1990 年西仁・库尔班译成维吾尔文。16 开纸 2 页，76 行。译文收入《中国民间文学集成・新疆卷・塔吉克族民间文学集》，新疆大学出版社 2005 年版。

（古丽佳罕・胡西地力）

（二）地名风物传说

石头城的传说

رَوايَت سَنگ قَله

räwayäte säng qälä

塔吉克族风物传说。流传于新疆维吾尔自治区喀什地区塔什库尔干塔吉克自治县。讲述石头城的由来。从前有一个贤明的国王，他每年都把贵族进贡的金银珠宝发给孤寡老人和穷人，深得百姓拥护。有一天，他想修建一座雄伟壮观的城堡，但是附近没有石头。有位老人献策，可从塔什库尔干东面的红旗拉甫山搬来石头和草泥，勤劳勇敢的百姓历经千辛万苦，最终修建了城堡。这座城堡是古代丝绸之路南线的必经之地，盛唐时期该城驻过军队，保存至今已经有三千年左右。反映了塔吉克族人民吃苦耐劳、勇于创新的精神。对于研究塔吉克族历史及建筑文化有参考价值。1980 年阿巴斯艾力塔吉克语演唱，扎米尔・赛都拉・扎德塔吉克文笔录并译成维吾尔文。32 开纸 3 页，114 行。原稿今藏新疆大学扎米尔・赛都拉・扎德处。

（古丽佳罕・胡西地力）

公主堡的传说

رَوايَت مَليکه قُرغان

räwayäte mällkä qorɣan

塔吉克族风物传说。流传于新疆维吾尔自治区喀什地区塔什库尔干塔吉克自治县。讲述公主堡的来历。西域国王梦见美丽的汉朝公主后，一直日思夜想，后来派遣大臣入汉朝求亲。汉朝送公主到帕米尔，因战争受阻，筑城堡暂留。此间，公主与太阳神交合受孕，生下一男儿。大臣害怕回国受到惩罚，在城堡公推公主的儿子为国王，自立一个小国。这座城堡至今还存在。对于研究塔吉克族和汉民族的关系有参考价值。1980 年塔布力迪・吾秀尔塔吉克语演唱，马达力汗・巴伦塔吉克文笔录。1990 年 西仁・库尔班译成维吾尔文。16 开纸 2 页，76 行。

译文收入《中国民间文学集成·新疆卷·塔吉克族民间文学集》，新疆大学出版社 2005 年版。（古丽佳罕·胡西地力）

帕尔哈德渠的传说

رَوايَت جوى فَرحاد

räwayäte juye färhad

塔吉克族风物传说。流传于新疆维吾尔自治区喀什地区塔什库尔干塔吉克自治县。讲述帕尔哈德渠的来历。帕尔哈德是个本领超群、英俊彪悍的牧民。帕尔哈德和国王都爱上了大臣的女儿西琳姑娘，为了获得西琳姑娘的爱情，帕尔哈德和霍斯罗王按她的要求挖渠引水，帕尔哈德挖渠引水解决了乡亲们的饮水困难。但是，国王未能做到，最后霍斯罗王毁灭了两个年轻人的爱情和青春。在塔什库尔干塔吉克自治县至今还存有一条长达八十千米的古代帕尔哈德渠的遗迹。反映了古代塔吉克族人的创新精神和智慧。对于研究塔吉克族历史及爱情观念有参考价值。1980 年艾山汗·瓦发伊克塔吉克语演唱，艾布力·艾山汗塔吉克文笔录。1990 年西仁·库尔班译成维吾尔文。16 开纸 3 页，114 行。译文收入《中国民间文学集成·新疆卷·塔吉克族民间文学集》，新疆大学出版社 2005 年版。（古丽佳罕·胡西地力）

慕士塔格峰的传说

رَوايَت مُظتاغ

räwayäte moztaɣ

塔吉克族风物传说。流传于新疆维吾尔自治区喀什地区塔什库尔干塔吉克自治县。讲述慕士塔格峰的来源。勇敢的塔吉克族青年为了表达自己对爱情的坚贞，执意要去仙境采摘鲜花献给爱人。他不畏艰险，不惜牺牲生命，闯入仙境，终于感动仙女，如愿而返。而仙女因给人类鲜花而受到了惩罚，从此她在痛苦煎熬之中，以幸福的喜泪去滋润情侣们生活的土地。据说，她年年流下的眼泪冻成冰雪覆盖了慕士塔格山。反映了塔吉克族人民追求真、善、美的勇气和高尚的献身精神。对于研究塔吉克族风物传说有参考价值。1980 年库尔班·艾力塔吉克语演唱，马达力汗·巴伦塔吉克文笔录并译成维吾尔文。16 开纸 8 页，304 行。译文收入《中国民间文学集成·新疆卷·塔吉克族民间文学集》，新疆大学出版社 2005 年版。

（古丽佳罕·胡西地力）

土岗的传说

رَوايَت بق- بق

räwayäte beq-beq

塔吉克族风物传说。流传于新疆维吾尔自治区喀什地区塔什库尔干塔吉克自治县。讲述土岗的来历。鲁斯塔木是个巨人，他的脚掌有 40 拃长。有个暴君侵占了塔什库尔干北面的曲西曼村，那时该地一马平川。鲁斯塔木听说有人在这里欺压百姓，与暴君进行了四十昼夜的战斗，终于扫平了敌人。鲁斯塔木坐在地上休息时，顺手脱下鞋，在地上磕土。每磕一下，地上便出现一个土岗。反映了塔吉克族人民敢于斗争的精神。对于研究塔吉克族英雄人物及塔什库尔干原始地理环境有参考价值。1980 年鲁恰伊克·土拉库里塔吉克语演唱，西仁·库尔班塔吉克文笔录。1994 年马达力汗·巴伦译成维吾尔文。16 开纸 0.5 页，20 行。译文收入《中国民间文学集成·新疆卷·塔吉克族民间文学集》，新疆大学出版社 2005 年版。

（古丽佳罕·胡西地力）

孜代克西比赫的传说

رَوايَت زيدَكچ بق

räwayäte zidäkč beq

塔吉克族风物传说。流传于新疆维吾尔

自治区喀什地区塔什库尔干塔吉克自治县。讲述孜代克西比赫（断山）的来历。塔什库尔干东面群山中的一座山本来是连在一起的，山里有一群妖魔鬼怪，盘踞在那里作怪侵害百姓。鲁斯塔木知道后，怒不可遏，一剑斩杀了妖魔，把这座山也劈成了两截。从此这山就有了“孜代克西比赫”的名称。反映了塔吉克族人民敢于斗争的精神。对于研究塔吉克族英雄人物有参考价值。1980 年鲁恰伊克・土拉库里塔吉克语演唱，西仁・库尔班塔吉克文笔录。1994 年马达力汗・巴伦译成维吾尔文。16 开纸 0.5 页，20 行。译文收入《中国民间文学集成・新疆卷・塔吉克族民间文学集》，新疆大学出版社 2005 年版。（古丽佳罕・胡西地力）

鲁斯塔木泉的传说

رَوايَت چَشمهٔ رُستَم

räwayätečäšmäye rostäm

塔吉克族风物传说。流传于新疆维吾尔自治区喀什地区塔什库尔干塔吉克自治县。讲述鲁斯塔木泉的来历。鲁斯塔木在比赫别克战胜暴君后，便朝慕士塔格山方向走去。来到坦基山谷口时，他感到又渴又累，可是附近找不到水，于是他伸出手指，用力插入大地，塔什库尔干塔合曼的坦基山谷口从此便有了一眼清泉，过往人都在此饮水歇脚。这眼泉被取名为“鲁斯塔木泉”。反映了塔吉克族人民敢于同大自然斗争的精神。对于研究塔吉克族英雄人物和塔什库尔干的原始地理环境有参考价值。1980 年鲁恰伊克・土拉库里塔吉克语演唱，西仁・库尔班塔吉克文笔录并译成维吾尔文。16 开纸 0.5 页，20 行。译文收入《中国民间文学集成・新疆卷・塔吉克族民间文学集》，新疆大学出版社 2005 年版。（古丽佳罕・胡西地力）

阿甫拉斯雅布山的传说

رَوايَت آفراسياب

räwayäte afrasiyab

塔吉克族风物传说。流传于新疆维吾尔自治区喀什地区塔什库尔干塔吉克自治县。讲述阿甫拉斯雅布山的来历。古时候这座山树木繁茂，花草遍地，景色宜人。暴君阿甫拉斯雅布带兵霸占了这片地方，修筑宫室，过着荒淫无度的生活。他随意盘剥百姓，强占民女，无恶不作，激起了民愤。鲁斯塔木决心为民除害，于是他激战四十昼夜，击杀了暴君。战争中山上的树木花草全部被毁，成了光秃秃的不毛之地。后来，人们便用侵略者阿甫拉斯雅布的名字称呼这座山。反映了古代塔吉克族人民为幸福生活而敢于斗争的精神。对于研究塔吉克族封建制度下的社会生活有参考价值。1980 年艾山汗塔吉克语演唱，西仁・库尔班塔吉克文笔录。1990 年西仁・库尔班译成维吾尔文。32 开纸 2 页，18 行。译文收入《中国塔吉克族》，新疆大学出版社 1994 年版。（古丽佳罕・胡西地力）

鲁斯塔木之墓的传说

رَوايَت خاک رُستَم

räwayäte xake rostäm

塔吉克族风物传说。流传于新疆维吾尔自治区喀什地区塔什库尔干塔吉克自治县。讲述鲁斯塔木之墓的来历。鲁斯塔木征战一生，击败了各种恶劣势力之后，准备在慕士塔格山的怀抱中安度晚年。在回塔合曼的路上，他被暴君和叛徒弟弟施奸计害死了。人们为了怀念鲁斯塔木勇士，将他埋葬在坦基山谷里。反映了塔吉克族人民对英雄人物的崇敬。对于研究塔吉克族英雄人物有参考价值。1980 年鲁恰伊克・土拉库里塔吉克语演唱，西仁・库尔班塔吉克文笔录。1992 年西仁・库尔班译成维吾尔文。16 开纸 2 页，38

行。译文收入《中国塔吉克族》，新疆大学出版社 1994 年版；《中国民间文学集成·新疆卷·塔吉克族民间文学集》，新疆大学出版社 2005 年版。（古丽佳罕·胡西地力）

巴扎尔—代西提的传说
رَوايَت باظار دَشت
räwayäte bazar däšt

塔吉克族地名传说。流传于新疆维吾尔自治区喀什地区塔什库尔干塔吉克自治县。讲述巴扎尔—代西提的来历。在塔什库尔干塔吉克自治县县城约二十千米处，有一片戈壁，当地人称为“巴扎尔—代西提”，意为“荒漠城市”。古时候这是一座繁华的城市，四方商队东来西往，各地货物在这里集散，城里人过着富足欢乐的日子。有一天，这里突然遭受了从未见过的自然灾害，被滚滚而来的流沙淹没，城市从此消失了。对于研究塔吉克族地名传说有参考价值。1980 年鲁恰伊克·土拉库里塔吉克语演唱，西仁·库尔班塔吉克文笔录。1992 年西仁·库尔班译成维吾尔文。32 开纸 2 页，18 行。译文收入《中国塔吉克族》，新疆大学出版社 1994 年版。（古丽佳罕·胡西地力）

兴干神马的传说
رَوايَت اَسب شينگان
räwayäte äsbe šingan

塔吉克族风物传说。流传于新疆维吾尔自治区喀什地区塔什库尔干塔吉克自治县。讲述塔什库尔干县城外十五千米的半山处一马形白石的来历。很久以前，塔什库尔干地面本没有山，到处都是鲜花盛开的草原，那时神徒阿里就住在这里。他有一匹心爱的白马，平日白马就在草地上吃草，悠闲地奔跑。不料心怀妒意的魔鬼设下毒计，使白马误食毒草，昏昏入睡，未能按时返回，耽误了神徒阿里的大事。阿里震怒，变出一座大山，压在草地上，并将白马化作白石，置于山腰，以示惩罚，并将魔鬼的藏身之地化作不毛之地，然后愤然离去，从此这里成了苦寒的山区。人们把马形白石视为圣地，膜拜它。反映了塔吉克族的原始宗教观念。对于研究塔吉克族原始信仰有参考价值。1980 年伊明·穆萨克塔吉克语演唱，西仁·库尔班塔吉克文笔录。1992 年西仁·库尔班译成维吾尔文。16 开纸 2 页，50 行。译文收入《中国塔吉克族》，新疆大学出版社 1994 年版；《中国民间文学集成·新疆卷·塔吉克族民间文学集》，新疆大学出版社 2005 年版。

（古丽佳罕·胡西地力）

慕士塔格峰和乔戈里峰的传说
رَوايَت مُزتاغ و چُگری
räwayäte moztaɣ wäčogri

塔吉克族风物传说。流传于新疆维吾尔自治区喀什地区塔什库尔干塔吉克自治县。讲述慕士塔格峰和乔戈里峰的来历。慕士塔格峰和乔戈里峰原本是一对恋人，是雷神的惩罚使他们互相分离，变成冰封雪压的山峰，至今依然在晴空下遥遥相望。传说把这两座山峰描绘得神奇莫测，所以塔吉克人就像崇拜神一样崇拜这两座山峰。对于研究塔吉克族原始信仰有参考价值。1980 年伊明·穆萨克塔吉克语演唱，西仁·库尔班塔吉克文笔录。1992 年西仁·库尔班译成维吾尔文。32 开纸 2 页，15 行。译文收入《中国塔吉克族民俗文化》，新疆大学出版社 2001 年版。（古丽佳罕·胡西地力）

塔热达克特的传说
رَوايَت تارداكت
räwayäte tardakt

塔吉克族地名传说。流传于新疆维吾尔

自治区喀什地区塔什库尔干塔吉克自治县。讲述塔什库尔干塔吉克自治县塔热达克特（荒漠）的来历。古时候这里是塔什库尔干的一个乡村，当时这个村的人过着幸福安康的日子。有一天，突然来了洪水，冲毁了整个村庄，后来这里变成了荒漠。人们就把这里称为“塔热达克特”，意即荒漠。这一带至今还是一片荒漠。对于研究古代塔吉克族生活环境有参考价值。1988 年穆民塔吉克语演唱，代尔亚巴依·艾斯马力塔吉克文笔录。1990 年西仁·库尔班译成维吾尔文。16 开纸 1.5 页，57 行。译文收入《中国民间文学集成·新疆卷·塔吉克族民间文学集》，新疆大学出版社 2005 年版。（古丽佳罕·胡西地力）

巴马菲力穆贾拉地玛扎的传说

رَوايَت مَزار بَمافيل مُجَرَّد

räwayäte mäzare bämafile mojärräd

塔吉克族地名传说。流传于新疆维吾尔自治区喀什地区塔什库尔干塔吉克自治县。讲述巴马菲力穆贾拉地玛扎（圣地）的来历。先知穆罕默德为了传教从阿拉伯半岛出发周游世界。虽然他一生从事传教活动，但是没有继承人，所以他请求上帝赐予他一个孩子。万能的上帝满足了他的要求，一下子赐予他四十个儿子，他们长大后继承了父业。其中巴马菲力穆贾拉地为了传教来到塔什库尔干大同乡下兰嘎尔住了一阵，最后在这里逝世。当地人把他埋葬，并为他修建了拱北，从此人们视此地为圣地，把它称作“巴马菲力穆贾拉地玛扎”。对于研究古代塔吉克族宗教信仰有参考价值。1988 年司马依·艾孜子塔吉克语演唱，西仁·库尔班塔吉克文笔录。1990 年西仁·库尔班译成维吾尔文。16 开纸 1.5 页，57 行。译文收入《中国民间文学集成·新疆卷·塔吉克族民间文学集》，新疆大学出版社 2005 年版。

（古丽佳罕·胡西地力）

瓦力玛扎的传说

رَوايَت مَزار بَمافيل ولى

räwayäte mäzare bämafile wäli

塔吉克族地名传说。流传于新疆维吾尔自治区喀什地区塔什库尔干塔吉克自治县。讲述瓦力玛扎（圣地）的来历。先知穆罕默德另一个儿子瓦力从事传教活动过程中来到塔什库尔干大同乡上兰嘎尔，最后在这里逝世。当地人把他埋葬在此处，为他修建了拱北，人们从此视此地为圣地，把它称作“瓦力玛扎”。对于研究古代塔吉克族宗教信仰有参考价值。1988 年司马依·艾孜子塔吉克语演唱，西仁·库尔班塔吉克文笔录。1990 年西仁·库尔班译成维吾尔文。16 开纸 1.5 页，57 行。译文收入《中国民间文学集成·新疆卷·塔吉克族民间文学集》，新疆大学出版社 2005 年版。（古丽佳罕·胡西地力）

（三）乐器传说

鹰笛的传说（一）

رَوايَت ايستخُن ناى

räwayäte istxon nay

塔吉克族关于乐器来源的传说。流传于新疆维吾尔自治区喀什地区塔什库尔干塔吉克自治县。讲述鹰笛的来历。瓦发一家祖父三代都是著名猎手，辛辛苦苦得来的猎物都被主人无偿地夺去。因稍有不满，祖父被打死，父亲被烧死，瓦发自己唯一的财产——祖祖辈辈驯养的猎鹰，也被主人抢走，面临无法生存的境地。他在鹰王的帮助下，用鹰翅骨钻三个小孔做出短笛吹奏，召唤来成群的秃鹰，威胁奴隶主的生命，并让他把大批牛羊分给穷苦的奴隶，使塔吉克族人民过上了好日子。从此，鹰笛便成为塔吉克族人民最喜爱的乐器。对于研究塔吉克族民间乐器有参考价值。1988 年萨法尔汗塔吉克语演唱，扎米尔·赛都拉·扎德塔吉克文笔录并译成维吾尔文。32 开纸 2 页，96 行。原稿今藏新疆大学扎米尔·赛都拉·扎德处。

（古丽佳罕·胡西地力）

鹰笛的传说（二）

رَوايَت ايستخُن ناى

räwayäte istxon nay

塔吉克族关于乐器来源的传说。流传于新疆维吾尔自治区喀什地区塔什库尔干塔吉克自治县。讲述鹰笛的来历。一对青年男女自由恋爱，被奴隶主发现后把他们卖到相距很远的地方，使他们终生不得相见。后来姑娘被打死，她转世为山鹰，在向奴隶主报仇时受伤。她临死前让情人用自己的翅骨做成鹰笛来吹，永远陪伴在情人身边。从此，鹰笛便成为高原塔吉克族人民最喜爱的乐器。反映了塔吉克族人民对自由恋爱的渴望。对于研究塔吉克族民间乐器及婚姻观念有参考价值。1988 年塔布力迪·吾秀尔塔吉克语演唱，扎米尔·赛都拉·扎德塔吉克文笔录并译成维吾尔文。32 开纸 2 页，96 行。原稿今藏新疆大学扎米尔·赛都拉·扎德处。（古丽佳罕·胡西地力）

鹰笛的传说（三）

رَوايَت ايستخُن ناى

räwayäte istxon nay

塔吉克族关于乐器来源的传说。流传于新疆维吾尔自治区喀什地区塔什库尔干塔吉克自治县。讲述鹰笛的来历。牧民们在一次反击外来侵略者的战斗中，被逼到了一座断崖绝壁之上，情况万分危急。在山鹰的再三催促下，牧民们杀了山鹰做成了鹰笛，用激昂悲壮的笛声唤醒了成千上万的牧民，消灭了侵略军。从此，鹰笛便成为高原塔吉克族人民最喜爱的乐器。对于研究塔吉克族历史及民间乐器有参考价值。1988 年阿巴斯艾力塔吉克语演唱，扎米尔·赛都拉·扎德塔吉克文笔录并译成维吾尔文。32 开纸 2 页，96 行。原稿今藏新疆大学扎米尔·赛都拉·扎德处。（古丽佳罕·胡西地力）

鹰笛的传说（四）

رَوايَت ايستخُن ناى

räwayäte istxon nay

塔吉克族关于乐器来源的传说。流传于新疆维吾尔自治区喀什地区塔什库尔干塔吉克自治县。讲述鹰笛和鹰舞的来历。瓦法和古丽米拉自由恋爱，被奴隶主发现，他们怕给自己找来麻烦，便分开了。瓦法放牧时猎获了一只秃鹰，用它的翅骨做成鹰笛来吹，抒发对古丽米拉的思念，古丽米拉随着笛声跳起鹰舞。最终在牧民们的帮助下，他们结为夫妻。从此，鹰笛便成为高原塔吉克族人民最喜爱的乐器。反映了塔吉克族人民对自由恋爱的渴望。对于研究塔吉克族民间乐器有参考价值。1988 年代尔亚巴伊塔吉克语演唱，西仁·库尔班塔吉克文笔录并译成维吾尔文。16 开纸 4 页，152 行。译文收入《中国民间文学集成·新疆卷·塔吉克族民间文学集》，新疆大学出版社 2005 年版；《塔吉克民间文学》，喀什人民出版社 1984 年版。

（古丽佳罕·胡西地力）

苏奈依的传说

رَوايَت سُرناى

räwayäte sornay

塔吉克族关于乐器来源的传说。流传于新疆维吾尔自治区喀什地区塔什库尔干塔吉克自治县。讲述苏奈依的来历。巴依塔拉斯的佣工赛亚德聪明勤劳、魁伟勇敢。他和阿伊甫国王的女儿扎琳公主一见如故，倾心相爱。公主有一位叫古丽茹赫的侍女，帮助这一对恋人做了很多事，却被巫婆施魔法变成了一只云雀，但她仍然对扎琳公主十分忠诚，一直在两人之间传递消息，牵线搭桥。贪婪好色的巴依塔拉斯听从他巫婆老婆的毒计，害死了赛亚德和扎琳。事后巴依塔拉斯后悔不已，就听从古丽茹赫的建议，把两位青年恋人合葬在一处。许多年后，他们的坟头上长出了很粗壮的两根芦苇，山里的清风一吹便发出动听的声音。后来，一位塔吉克族老人用这两根芦苇做成两支芦笛，取名"苏奈依"。从此产生了塔吉克族婚礼喜庆时演奏的芦笛"苏奈依"。对于研究塔吉克族民间乐器有参考价值。1988 年伊明·穆萨克塔吉克语演唱，西仁·库尔班塔吉克文笔录。1992 年西仁·库尔班译成维吾尔文。32 开纸 2 页，15 行。译文收入《中国塔吉克族民俗文化》，新疆大学出版社 2001 年版。

（古丽佳罕·胡西地力）

手鼓的传说

رَوايَت داف

räwayäte daf

塔吉克族关于乐器来源的传说。流传于新疆维吾尔自治区喀什地区塔什库尔干塔吉克自治县。讲述手鼓的来历。森林里的一条毒蟒经常祸害人畜，有许多人家惨遭不幸，甚至背井离乡，流落四方。有位叫达甫的青年为人正直豪爽，有一副热心肠。他非常聪明、勇敢，决心杀死毒蟒，为民除害。他找到了毒蟒藏身的地方，砍来粗树枝，弯成圆圈形状，把毒蟒咬死的野驴皮紧紧地绷在圆圈上，放在太阳下晒干，制成了一个可用手敲击的手鼓。他轻轻一敲手鼓，发出了动人心魄的咚咚声，躲在洞里的毒蟒吓得不敢出去。难耐饥饿的蟒最后终于出洞，达甫和蟒激战了三天三夜，毒蟒渐渐不支。这时达甫敲响了手鼓，毒蟒吓得转身逃命，慌不择路，一头掉下了百丈悬崖，摔得粉身碎骨。达甫为民除了害。人们为了纪念达甫的功劳，便将手鼓称作"达甫"。从此成了塔吉克族婚礼喜庆时不可缺少的乐器。对于研究塔吉克族民间乐器有参考价值。1988 年伊明·穆萨克塔吉克语演唱，西仁·库尔班塔吉克文笔录。1992 年西仁·库尔班译成维吾尔文。32 开纸 2 页，19 行。译文收入《中国塔吉克族民俗文化》，新疆大学出版社 2001 年版。

（古丽佳罕·胡西地力）

（四）动物传说

龙湖的传说

رَوايَت أجدَر كاول

räwayäte äjdär kawl

塔吉克族动物传说。流传于新疆维吾尔自治区喀什地区塔什库尔干塔吉克自治县。讲述恶龙给人类带来的危害。布卡依湖里有一条恶龙，不停地害死湖边的百姓。磕盘陀国王得知此事后，把王位留给儿子，自己到尤迪亚国学习比拉赫马教。四年以后他回国后，便到湖边念祷词，将恶龙赶到了帕米尔山里，从此人民过上了平安的生活。反映了塔吉克族人民敢于斗争的精神。对于研究塔吉克族原始信仰有参考价值。1980 年阿地纳买买提塔吉克语演唱，达力·买提胡夏勒塔吉克文笔录。1992 年西仁·库尔班译成维吾尔文。16 开纸 1 页，20 行。译文收入《中国民间文学集成·新疆卷·塔吉克族民间文学集》，新疆大学出版社 2005 年版。

（古丽佳罕·胡西地力）

飞马的传说

رَوايَت اَسب باد

räwayäte äsbe bad

塔吉克族动物传说。流传于新疆维吾尔自治区喀什地区塔什库尔干塔吉克自治县。讲述飞马的神奇故事。古时候，阿克木别克有七匹马，一位年轻马夫经常到附近的湖边去放马。一天，突然从湖里钻出一匹尾巴和鬃部金色的马，与一匹骒马交配。后来，骒马生下一只可爱的马驹。马驹长大后就成了飞马，一般马跑三四天才能跑完的路，飞马一天就跑完了。阿克木别克交待的远程任务，马夫提前就完成，主人感到很惊喜。后来主人按照马夫的要求，把飞马跑完的一片土地分给了他。说明了塔吉克族人生活离不开马的道理。对于研究塔吉克族传统生活习惯有参考价值。1980 年米尔扎塔吉克语演唱，达力·买提胡夏勒塔吉克文笔录。1990 年西仁·库尔班译成维吾尔文。16 开纸 2 页，76 行。译文收入《中国民间文学集成·新疆卷·塔吉克族民间文学集》，新疆大学出版社 2005 年版。 （古丽佳罕·胡西地力）

神鸟的传说

رَوايَت مُرغ

räwayäte murɣ

塔吉克族动物传说。流传于新疆维吾尔自治区喀什地区塔什库尔干塔吉克自治县。讲述一只普通鸟变成神鸟的故事。古时候，先知苏莱曼是鸟类的王，他每天都出去打猎。有一天他带着妇人去打猎，路上很热，妇人建议他叫所有的鸟都来为他们当伞。先知苏莱曼按妇人说的给鸟类下了命令。从此，先知走到哪儿，鸟类就抛下自己的生活和小鸟们，跟着先知飞。有一次先知发现少了一只鸟，让别的鸟去找那个不服从命令的鸟。先知问原因时，鸟回答："我很忙，在算世界上什么最少，什么最多。结果我发现世界上男人少，女人最多了。女人多的原因是我把像您这样听女人话的男人也算了女人。"先知苏莱曼知道自己的错误后，便把这只不会叫的普通小鸟化作会叫的神鸟。反映了塔吉克族爱护动物的观念。对于研究塔吉克族传统的生活习惯及信仰有参考价值。1980 年帕纳罕塔吉克语演唱，代尔亚巴依塔吉克文笔录。1990 年西仁·库尔班译成维吾尔文。16 开纸 2 页，76 行。译文收入《中国民间文学集成·新疆卷·塔吉克族民间文学集》，新疆大学出版社 2005 年版。

（古丽佳罕·胡西地力）

人与狼

آدَم و گُرگ

adäm wä gorg

塔吉克族动物传说。流传于新疆维吾尔自治区喀什地区塔什库尔干塔吉克自治县。讲述人与狼的关系。过去人跑得比狼还快，经常会赶上狼把狼的猎物夺过来，使狼挨饿。狼没有办法，只好去见真主，诉说人害得它经常挨饿。真主给了狼两个馕并告诉它："人追赶你的时候，你就把馕扔给他，他就追不上你。"第二天狼从牧人羊群中抓了一只羊就跑，牧人从后面追赶，狼把那两个馕向牧人扔去，馕粘在牧人膝盖上，使他跑不快了。从那以后狼不再受人欺负，开始获取猎物，吃饱肚子。对于研究塔吉克族人对动物，尤其是对猛兽的最初认识有参考价值。1988 年赛都拉·拜拉木塔吉克语演唱，扎米尔·赛都拉·扎德塔吉克文笔录并译成维吾尔文。32 开纸 2 页，40 行。原稿今藏新疆大学扎米尔·赛都拉·扎德处。

（古丽佳罕·胡西地力编，斯拉吉丁译）

（五）其他传说

鲁斯塔木弓的传说

رَوايَت كَمان رُستَم

räwayäte kämane rostäm

塔吉克族传说。流传于新疆维吾尔自治区喀什地区塔什库尔干塔吉克自治县。讲述彩虹的来历。鲁斯塔木在扫除大地上各种邪恶之后，看到天上光明神与黑暗神还在争战，天昏地暗，血雨成灾，大风不止，浓雾不散，人们啼饥号寒。他忍无可忍，便手持一张大弓升上天空，帮助光明神同黑暗神激战。经过四十昼夜的大战，光明终于战胜了黑暗，天空中云开雾散，阳光重新普照大地，鲁斯塔木的那张大弓化作一道弯曲的彩虹，横架在天空，把世界点缀得更加美丽。人们看到鲁斯塔木的大弓变成彩虹，欢呼雀跃，一起向英雄致敬。直到今天，塔吉克族人民仍然把彩虹称作“鲁斯塔木之弓”。反映了塔吉克族人民对幸福生活的向往。对于研究塔吉克族原始信仰以及英雄人物有参考价值。1980 年鲁恰伊克·土拉库里塔吉克语演唱，西仁·库尔班塔吉克文笔录。1992 年西仁·库尔班译成维吾尔文。32 开纸 2 页，18 行。译文收入《中国塔吉克族》，新疆大学出版社 1994 年版。

（古丽佳罕·胡西地力）

塔吉克族名的传说

رَوايَت نام تاجيک

räwayäte name tajik

塔吉克族传说。流传于新疆维吾尔自治区喀什地区塔什库尔干塔吉克自治县。讲述塔吉克族名的来历。“塔吉克”一词是古代塔吉克语，意思是“王冠”。据说塔吉克先祖的国君头上都要戴王冠，王冠是国君的重要标志。但是，久而久之，百姓们也都开始戴各种颜色的仿制王冠，以示自己是国王的忠诚臣民，自称“塔吉克拉”，意即“戴王冠的人们”。对于研究塔吉克族名有参考价值。1980 年伊明·穆萨克塔吉克语演唱，西仁·库尔班塔吉克文笔录。1992 年西仁·库尔班译成维吾尔文。32 开纸 0.5 页，15 行。译文收入《中国塔吉克族民俗文化》，新疆大学出版社 2001 年版。

（古丽佳罕·胡西地力）

雪莲的传说

رَوايَت زيمُن گُل

räwayäte zimon gol

塔吉克族传说。流传于新疆维吾尔自治区喀什地区塔什库尔干塔吉克自治县。讲述雪莲的来历。有一位国王梦见一种玉枝金花，为此他有了心病，便让三个王子去找这种神奇的花，并承诺谁能找到谁便继承王位。小王子不畏艰险，勇杀毒蟒，救出雏鹰，得到雏鹰的帮助，从天宫中盗出了玉枝金花，还战胜了妖魔，救出了一位公主。大王子和二王子一事无成，便起了坏心，害死了小王子，将玉枝金花带了回去。但自从小王子被害，玉枝金花逐渐枯萎，国王也愁眉不展。后来公主又找来雏鹰，将小王子救活。大王子和二王子受到惩罚。国王去世后，小王子继位，他和公主过着幸福美满的生活。他们去世后，玉枝金花也开始枯萎了。百姓们为了纪念他们，在高山上用白雪和冰块砌成一座高大的坟墓，将他们连同玉枝金花一同葬于其中。后来，从中长出一簇簇美丽的花朵，因为开放在冰雪之中，形似莲花，人们便把它称作“雪莲花”。对于研究塔吉克族传说有参考价值。1980年伊明·穆萨克塔吉克语演唱，西仁·库尔班塔吉克文笔录。1992年西仁·库尔班译成维吾尔文。32开纸1页，30行。译文收入《中国塔吉克族民俗文化》，新疆大学出版社2001年版。

（古丽佳罕·胡西地力）

大同人的传说

رَوايَت تَنگف

räwayäte tängef

塔吉克族传说。流传于新疆维吾尔自治区喀什地区塔什库尔干塔吉克自治县。讲述大同人的生活经历。在帕米尔高原东部有一条狭谷叫大同峪，这里被一座座雪峰阻隔，是一个气候温和、桃红柳绿、瓜果满园的好地方。很久以前入侵者血洗大同山谷，人被杀光，牧畜被抢走，这里变得荒芜可怕。这时，有一个叫罕珠的塔吉克族妇女和她的三个女儿因在劳布盖西山放羊，幸免于难，在此处过着凄苦孤独的日子。三年后，有一位阿巴斯的牧民带着三个儿子游牧到大同山谷，与这母女四人相见，大家欣喜若狂。于是罕珠便与阿巴斯商定，让这三对青年结为夫妻。从此，大同山谷又有了生机，人丁兴旺，鸟语花香。对于研究塔吉克族传说有参考价值。1980年肉斯塔穆塔吉克语演唱，西仁·库尔班塔吉克文笔录。1992年西仁·库尔班译成维吾尔文。32开纸1页，30行。译文收入《中国塔吉克族民俗文化》，新疆大学出版社2001年版。

（古丽佳罕·胡西地力）

帕特里布克与贾尼嘎拉克的传说

رَوايَت پَتلی بُک و جَنگَلَک

räwayäte pätli bok wä jängäläk

塔吉克族传说。流传于新疆维吾尔自治区喀什地区塔什库尔干塔吉克自治县。讲述帕特里布克与贾尼嘎拉克（森林）两村之间的纠纷。古时候，帕特里布克村的一个家庭与贾尼嘎拉克的一个家庭不太和睦。两村每次搞活动时都邀请对方，每次都以互相残杀而结束，只有贾尼嘎拉克的一个小伙子活下来。几年以后帕特里布克的人为了杀他，又来到贾尼嘎拉克，一位老太太便请他们来家里做客，给他们吃熟透的苦杏仁，最后帕特里布克的人全被毒死。对于研究塔吉克族社会道德观念有参考价值。1980年米尔扎塔吉克语演唱，达力·买提胡夏勒塔吉克文笔录。1990年西仁·库尔班译成维吾尔文。16开纸1.5页，57行。译文收入《中国民间文学集成·新疆卷·塔吉克族民间文学集》，新疆大学出版社2005年版。

（古丽佳罕·胡西地力）

小气巴依变成蜱的传说

رَوايَت بای

räwayäte bay

塔吉克族传说。流传于新疆维吾尔自治区喀什地区塔什库尔干塔吉克自治县。讲述一位小气巴依（富人）变成蜱的故事。古时候，有一家老两口，只有一只奶羊，虽然很穷，但是非常好客。有一次先知艾萨装扮成穷人来到了他们家，老两口善待客人，先知祝福他们富裕。从此以后他们的日子越来越好了。但是生活变好后，他们就开始瞧不起别人，变得小气了。先知再次来考验他们，这次他们就不欢迎先知艾萨了。过了几天他们的羊一只只地死去，就剩了那只奶羊。老汉后悔莫及，去找先知请求再给他们一次机会。先知也原谅了他们，后来他们变成了村里的巴依。这次他们更加小气了，不让先知艾萨踏进门。先知震怒，把老汉化作了蜱。对于研究塔吉克族传统的生活习惯和社会道德观念有参考价值。1985年都尼克塔吉克语演唱，达力·买提胡夏勒塔吉克文笔录。

1990 年西仁・库尔班译成维吾尔文。16 开纸 2 页，76 行。译文收入《中国民间文学集成・新疆卷・塔吉克族民间文学集》，新疆大学出版社 2005 年版。

（古丽佳罕・胡西地力）

人的寿命
عمر آدَم
omre adäm

塔吉克传说。流传于新疆维吾尔自治区喀什地区塔什库尔干塔吉克自治县。讲述塔吉克族人的祖先对人的寿命的认识。据说，真主创造人类时，只给人三十年的寿命，人觉得真主给的寿命短就去找真主要求延长，真主答复：“寿命已分配完毕，如果你愿意，就从驴、狗和猴子的寿命中各减十年加给人。”人愉快地接受了这个意见。于是前三十年，人无忧无虑，活得很快乐；此后的十年，为了养家糊口像驴那样吃苦受累；接下来的十年像狗那样变得爱争吵；最后十年变得像猴子，与孙子们一起玩耍度日。对于研究塔吉克族哲学观念有参考价值。1985 年艾巴斯・艾力塔吉克语演唱，扎米尔・赛都拉・扎德塔吉克文笔录并译成维吾尔文。32 开纸 2 页，38 行。原稿今藏新疆大学扎米尔・赛都拉・扎德处。

（古丽佳罕・胡西地力编，斯拉吉丁译）

人与礼拜
نَماز خواندَن آدَم
nämaz xandäne adäm

塔吉克传说。流传于新疆维吾尔自治区喀什地区塔什库尔干塔吉克自治县。讲述做礼拜与人的贪欲之间的矛盾。真主告诫人要做礼拜，人做礼拜时由于精神不集中，没按要求去做。真主鼓励说：“你要集中精力按要求做礼拜，我奖赏你骆驼。”人做礼拜时，忽然想起真主要奖赏的骆驼，考虑是公驼还是母驼，又没有把礼拜做全。真主问人做礼拜的情况，他没有隐瞒，把实际情况告诉了真主。告诫人们贪婪会淡化人的信仰，人性中存在不同程度的贪婪，若不提防，会引导人去做坏事。对于研究塔吉克族宗教信仰有参考价值。1985 年热吾先艾里・拜拉木塔吉克语演唱，扎米尔・赛都拉・扎德塔吉克文笔录并译成维吾尔文。32 开纸 2 页，40 行。原稿今藏新疆大学扎米尔・赛都拉・扎德处。（古丽佳罕・胡西地力编，斯拉吉丁译）

世界末日的含义
معنی آخرزَمان
mäniye axärzäman

塔吉克族传说。流传于新疆维吾尔自治区喀什地区塔什库尔干塔吉克自治县。讲述生活中的一些残酷现实。一只狼看到一个牧人在放一群羊，就要求牧人给它一只羊。牧人说：“这群羊不是我的，是财主的，没有他的允许，我不能给你。”狼说：“你去问一下财主。”牧人说：“你是狼，我不能把羊群留给你去找财主。”狼发誓说：“如果我伤害一只羊，就让世界末日降临我头上。”于是牧人去见财主，并经他允许把一只羊给了狼。牧人问狼：“你刚才说的世界末日是什么样子？”狼回答：“你仔细观察我吃剩下的羊肉就会明白。”牧人每天都观察狼吃剩的羊肉，看到吃剩的羊肉上长了很多虫子，接着这些虫子开始你吃我，我吃你，最后只剩下一条大虫子，自己把自己吃掉了。牧人这才明白世界末日是什么样子。对于研究塔吉克族传说有参考价值。1985 年胡西地力・萨里塔吉克语演唱，扎米尔・赛都拉・扎德塔吉克文笔录并译成维吾尔文。32 开纸 2 页，36 行。原稿今藏新疆大学扎米尔・赛都拉・扎德处。

（古丽佳罕・胡西地力编，斯拉吉丁译）

四、故　事

（一）幻想故事

渔夫的儿子

پيسَر ماهيگير

pisäre mahigir

塔吉克族幻想故事。流传于新疆维吾尔自治区喀什地区塔什库尔干塔吉克自治县马扎尔村。讲述渔夫之子成为驸马的故事。渔夫之子，非常勇敢、智慧、仁慈，是百鱼之王。他曾经解救过旱獭崽子和狐狸等动物。有一年，他迫于生计来到另一个城市，正值国王的女儿选婿。公主的条件是让竞选者隐藏起来，由国王的人寻找，三次没有找到的人，将成为驸马，若被找到，将被处死。许多青年为得到公主以身尝试，不幸丧命。渔夫之子在鱼儿、旱獭和狐狸的协助下成功地满足了选婿条件，并迎娶公主为妻，过上了幸福的生活。反映了塔吉克族劳动人民尊崇动物的意识和对美好生活的向往。对于研究塔吉克族传统生产方式和生活习惯有参考价值。1987年穆沙・胡达纳扎尔塔吉克语演唱，依萨克・胡达纳扎尔塔吉克文笔录。西仁・库尔班译成维吾尔文。16开纸5页，171行。译文收入《中国民间文学集成・新疆卷・塔吉克族民间文学集》，新疆大学出版社2005年版。（古丽佳罕・胡西地力编，海燕萍译）

飞马的故事

اَسب باد

äsbe bad

塔吉克族幻想故事。流传于新疆维吾尔自治区喀什地区塔什库尔干塔吉克自治县库孜棍村。讲述飞马非凡的特性。从前，有一个膝下无儿的国王，在魔鬼的帮助下喜得双胞胎儿子。魔鬼以此要求带走国王的女儿。国王无奈之下答应了魔鬼的要求，并按照女儿的请求把自己非常喜爱的飞马送给她，送他们一起上路。走了很远的路，魔鬼正要吃掉公主时，飞马拯救了公主，并把她带到了另外一个城市。这座城市的国王深深地爱上了公主，娶她为妻，并有了双胞胎儿子。后来，公主和孩子们再度受到魔鬼的危害。为解救他们，飞马不惜以身殒命，并使国王和公主、孩子们重新团圆，过上了幸福美满的生活。反映了塔吉克族劳动人民对幸福生活的向往。对于研究塔吉克族善恶观念有参考价值。1987年帕合塔依克塔吉克语演唱，艾布力・艾山汗塔吉克文笔录并译成维吾尔文。16开纸4页，152行。译文收入《中国民间文学集成・新疆卷・塔吉克族民间文学集》，新疆大学出版社2005年版。

（古丽佳罕・胡西地力编，海燕萍译）

维纳外克

ويناوك

winawäk

塔吉克族幻想故事。流传于新疆维吾尔自治区喀什地区塔什库尔干塔吉克自治县马尔阳村。讲述懒惰的青年一瞬间变成富裕、勇敢的人的故事。维纳外克是一个懒惰的青年，一次偶然的机会解救了一只小鸟。这不是一般的鸟儿，是传说中“谁遇到，谁富贵”的幸福鸟。幸福鸟不仅使维纳外克家财万贯，而且帮助他除掉暴君，娶公主为妻，并成为一国之君。反映了塔吉克族劳动人民勇于斗争的精神和创造美好未来的理想。对于研究塔吉克族幻想故事有参考价值。1988年尼嘎尔塔吉克语演唱，代尔亚巴依·艾斯买力塔吉克文笔录。艾布力·艾山汗译成维吾尔文。16开纸4页，133行。译文收入《中国民间文学集成·新疆卷·塔吉克族民间文学集》，新疆大学出版社2005年版。

（古丽佳罕·胡西地力编，海燕萍译）

小兔子

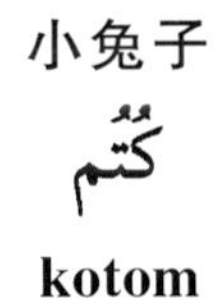

kotom

塔吉克族幻想故事。流传于新疆维吾尔自治区喀什地区塔什库尔干塔吉克自治县瓦恰村。讲述姐弟俩辛酸的生活经历。一对夫妻有三个儿子和三个女儿，他们没有能力给儿女婚配成家，就决定把三个女儿嫁给三个儿子。可是，最小的儿子和女儿无论怎么说都不答应。他们把案板和擀面杖立在地上，期望它们长成参天的梧桐树，可以让他们摆脱父母，到蓝天之上。后来，他们的愿望实现了。他们逃走后，弟弟不听姐姐的劝阻，在路边小溪喝水时变成了一只小兔子。姐姐则与一个富翁结为夫妻，并有了身孕。富翁的原配夫人嫉妒姑娘，把她扔进了河里。最后，富翁在小兔子的帮助下，解救了姑娘和他们的双胞胎孩子，杀死了狠心的原配夫人。从此以后，夫妻俩和孩子、小兔子过上了安宁的日子。反映了塔吉克族劳动人民对封建婚姻制度的谴责。对于研究塔吉克族传统婚姻家庭观念有参考价值。1988年乌斯尼克塔吉克语演唱，艾布力·艾山汗塔吉克文笔录并译成维吾尔文。16开纸4页，152行。译文收入《中国民间文学集成·新疆卷·塔吉克族民间文学集》，新疆大学出版社2005年版。

（古丽佳罕·胡西地力编，海燕萍译）

胡达亚尔和他的朋友们

خُدايار آت ويدستخَيل

xodayar ät widestxäyl

塔吉克族幻想故事。流传于新疆维吾尔自治区喀什地区塔什库尔干塔吉克自治县达普塔尔村。讲述胡达亚尔在众多动物朋友们的帮助下，登上王位，过上幸福生活的经历。有一年，胡达亚尔不堪忍受同父异母哥哥们的欺负，离家出走。在路上，他先后帮助了狐狸、狼、熊、鹰等飞禽走兽，并与它们成了好朋友。这些讲义气的朋友们为胡达亚尔盖了房子，并迎娶公主做他的妻子。后来，巫婆杀死胡达亚尔，把他的妻子带回了王宫。动物朋友们使胡达亚尔起死回生，然后聚集大地上所有的动物们，向残暴的国王发起了进攻。最终他们战胜了国王，并拥戴胡达亚尔为国王，他们从此过上了幸福的生活。反映了塔吉克族劳动人民尊崇动物的意识。对于研究塔吉克族幻想故事有参考价值。1988年杜尼克塔吉克语演唱，代尔亚巴依·艾斯买力塔吉克文笔录并成维吾尔文。16开纸10页，380行。译文收入《中国民间文学集成·新疆卷·塔吉克族民间文学集》，新疆大学出版社2005年版。

（古丽佳罕·胡西地力编，海燕萍译）

有感情的小马
وَفادار تای
wäfadar tay

塔吉克族幻想故事。流传于新疆维吾尔自治区喀什地区塔什库尔干塔吉克自治县瓦尔西德村。讲述小马驹帮助富人的儿子获得幸福生活的故事。从前，有一个富人，他的二房夫人为独霸丈夫的财富，谋划除掉原配夫人的儿子。富人有一匹非常聪明、懂人性的小马驹。小马驹带着青年来到了另外一个城市。青年遵照国王的要求，攀上喀拉塔格山巅，采集了无数珍宝给国王。后来，青年与山巅上的一位仙女结婚。他们历经千辛万苦，在小马驹的协助下回到故里，过上了幸福生活。对于研究塔吉克族善恶观念有参考价值。1988 年塞法尔汗塔吉克语演唱，塔布力迪·吾秀尔塔吉克文笔录。艾布力·艾山汗译成维吾尔文。16 开纸 4 页，136 行。译文收入《中国民间文学集成·新疆卷·塔吉克族民间文学集》，新疆大学出版社 2005 年版。

（古丽佳罕·胡西地力编，海燕萍译）

吉祥的面单子
بَرَكَتين سُفرا
bäräkätin sofra

塔吉克族幻想故事。流传于新疆维吾尔自治区喀什地区塔什库尔干塔吉克自治县马扎尔村。讲述贫穷老人得到神奇的面单子，安度富足晚年的故事。从前，有一个贫穷的老人，一次老人的捕兽器夹住了一只巨鸟，巨鸟对老人说："若放我一条生路，将满足你的任何要求。"老人答应了，巨鸟就把自己神奇的面单子送给了老人。打开面单子，可以得到任何想要的东西。正当老人享用这件神奇的面单子的时候，贪婪的国王夺走了面单子。后来，老人在巨鸟的帮助下夺回了面单子，过上了安宁的日子。对于研究塔吉克族善恶观念有参考价值。1988 年平给克塔吉克语演唱，依萨克·胡达纳扎尔塔吉克文笔录。艾布力·艾山汗译成维吾尔文。16 开纸 3 页，114 行。译文收入《中国民间文学集成·新疆卷·塔吉克族民间文学集》，新疆大学出版社 2005 年版。

（古丽佳罕·胡西地力编，海燕萍译）

齐全的巴依
تُلُق بای
toloq bay

塔吉克族幻想故事。流传于新疆维吾尔自治区喀什地区塔什库尔干塔吉克自治县瓦恰、百地尔村。讲述一个贫穷的渔夫欺骗妻子的故事。从前，有一个贫穷的渔夫捕到了一条鱼。这不是一条一般的鱼，是一条腰缠万贯的富鱼。鱼对渔夫说："若放我一条生路，将满足你的任何要求。"渔夫答应了，鱼就按照渔夫的请求，把自己神奇的小箱子送给了渔夫。回来后，渔夫按照鱼的指点，与妻子一起烧毁了自己家的房子，第二天早晨打开了箱子。箱子里除了无数的珍宝以外，还有一位美丽的女子。渔夫娶美丽女子为妻，过上了富足的生活。后来国王看上了渔夫的娇妻，并与渔夫展开了竞赛。在美丽聪颖的娇妻的帮助下，渔夫战胜了国王，并得到了国王的妻妾和所有财富。后来，渔夫花了心，淡忘了娇妻。最后，随着娇妻变做一只鸽子飞走，渔夫也回到了从前的贫穷日子。反映了塔吉克族劳动人民对夫妻之间应保持真诚、不能薄情寡义等思想的认识。对于研究塔吉克族婚姻家庭观念有参考价值。1988 年杜尼克塔吉克语演唱，达力·买提胡夏勒塔吉克文笔录。阿吉·艾沙译成维吾尔文。16 开纸 6 页，206 行。译文收入《中国民间文学集成·新疆卷·塔吉克族民间文学集》，新疆大学出版社 2005 年版。

（古丽佳罕·胡西地力编，海燕萍译）

学徒超越毛拉

تاليب اَز مُلا نَرجَست

talib äz molla närjäst

塔吉克族幻想故事。流传于新疆维吾尔自治区喀什地区塔什库尔干塔吉克自治县。讲述学徒杀死师傅的故事。从前，有一位毛拉（宗教人士）收留了一个贫穷的孩子为徒弟。因为孩子聪明无比，毛拉把自己的魔法传授给了这个孩子，并叮嘱孩子，只有在万不得已时才能使用魔法。为了改变贫困生活，孩子肆无忌惮地使用魔法，获得了大量钱财。毛拉知道后非常恼火，便施法把他变做麻雀带回家准备收拾他。但是，徒弟变来变去，最后杀死了变做鸡的师傅。对于研究塔吉克族社会道德观念有参考价值。1988 年杜尼克塔吉克语演唱，艾里木塔吉克文笔录。艾布力·艾山汗译成维吾尔文。16 开纸 2 页，76 行。译文收入《中国民间文学集成·新疆卷·塔吉克族民间文学集》，新疆大学出版社 2005 年版。

（古丽佳罕·胡西地力编，海燕萍译）

金鸟

مُرغ زَرين

morɣe zärin

塔吉克族幻想故事。流传于新疆维吾尔自治区喀什地区塔什库尔干塔吉克自治县。讲述兄弟俩除恶扬善的故事。樵夫在山洞里捡到了一只金鸟。这是一只神奇的鸟儿，鸟蛋会发出金光。吃了鸟头的人，将坐上国王的宝座；吃了鸟心的人，则将拥有无尽的财富。一个富人为吃到金鸟，欺骗樵夫的老婆，宰杀了金鸟。意想不到的是，金鸟的头和心被樵夫前妻的两个孩子吃了。两个孩子被后妈虐待，后来流落异乡，受尽磨难，最后一个成为了国王，另一个成为拥有无数财富的大富翁。后来，他们返回故里，杀死后妈，与父亲一起过上了安宁富裕的生活。对于研究塔吉克族善恶观念有参考价值。1988 年杜尼克塔吉克语演唱，塔布力迪·吾秀尔塔吉克文笔录。艾布力·艾山汗译成维吾尔文。16 开纸 6 页，216 行。译文收入《中国民间文学集成·新疆卷·塔吉克族民间文学集》，新疆大学出版社 2005 年版。

（古丽佳罕·胡西地力编，海燕萍译）

会说话的鸟儿

مُرغ سُخَنگى

morɣe soxängoy

塔吉克族幻想故事。流传于新疆维吾尔自治区喀什地区塔什库尔干塔吉克自治县瓦尔西德村。讲述一个会说话的鸟儿带给大众幸福美满生活的故事。从前，有一对贫穷的夫妇以捕鸟为生。一天，夫妻俩捕到一只会说话的鸟儿。鸟儿承诺他们说：“若放我一条生路，将使你们过上幸福的生活。”夫妻俩答应了，鸟儿以自己的智慧使他们拥有了无尽的财富。正当此时，国王梦见这只会说话的鸟儿，派人取走了鸟儿。后来，国王在鸟儿的帮助下，为人民做了无数的好事，并杀死薄情寡义的王后，除掉了追随王后的坏人。最后，国王迎娶美丽、善良、重情义的女子为妻，过着无忧无虑的生活。对于研究塔吉克族人生观有参考价值。1988 年塞法尔汗塔吉克语演唱，塔布力迪·吾秀尔塔吉克文笔录并译成维吾尔文。16 开纸 9 页，320 行。译文收入《中国民间文学集成·新疆卷·塔吉克族民间文学集》，新疆大学出版社 2005 年版。

（古丽佳罕·胡西地力编，海燕萍译）

聪明勇敢的萨吉比克

اقلین باتُر ساقیبیک

äqlin bator saqibik

塔吉克族幻想故事。流传于新疆维吾尔自治区喀什地区塔什库尔干塔吉克自治县提孜纳普、求西曼村。讲述青年萨吉比克历经艰辛，获得幸福生活的故事。从前，有一对膝下无子的夫妇，一天他们吃了别人给的苹果，妻子怀孕，生下一个儿子，起名萨吉比克。因为孩子生性聪颖，那个给苹果的人从孩子父母手中夺走了孩子，并要求他到遥远的一个城市带回一个美丽的姑娘。萨吉比克带上与自己同时出生的小狗，穿越戈壁荒漠，广交各类手艺人，并在这些人的协助下满足了姑娘所在城市国王的苛刻条件。后来，青年与国王的女儿相爱，并娶她为妻，继承了岳父的王位，他勤政、公正，直至过世。对于研究塔吉克族人生观有参考价值。1988年依尼吉尼热塔吉克语演唱，代尔亚巴依·艾斯买力塔吉克文笔录并译成维吾尔文。16开纸4页，152行。译文收入《中国民间文学集成·新疆卷·塔吉克族民间文学集》，新疆大学出版社2005年版。

（古丽佳罕·胡西地力编，海燕萍译）

古丽卡卡

گُلی قَح قَح

gole qäh-qäh

塔吉克族幻想故事。流传于新疆维吾尔自治区喀什地区塔什库尔干塔吉克自治县库孜棍村。讲述三个王子为父王寻找古丽卡卡姑娘而历经艰辛的故事。一天，国王梦见了一个美丽的姑娘，要求三个儿子去寻找，并承诺“谁找回那个美丽的姑娘，就把王位传给谁”。三个王子踏上征途，来到了一个三岔路口。小王子穿越戈壁荒漠，战胜魔鬼，并在旱獭的帮助下在一座山巅找到了美丽的姑娘古丽卡卡，把她带下山来。在返回途中，小王子奋力解救了身陷困境的两个哥哥，但忘恩负义的哥哥们反而加害于他。后来，国王知道了实情，处死了两个哥哥，把王位传给了勇敢、智慧的小王子。对于研究塔吉克族故事有参考价值。1988年买买提·托乎提塔吉克语演唱，帕合塔依克塔吉克文笔录。代尔亚巴依·艾斯买力译成维吾尔文。16开纸16页，608行。译文收入《中国民间文学集成·新疆卷·塔吉克族民间文学集》，新疆大学出版社2005年版。

（古丽佳罕·胡西地力编，海燕萍译）

莱拉普西与佳玛丽贾南

لَیلَپُش و جامالی جانان

läyläpoš wä jamali janan

塔吉克族幻想故事。流传于新疆维吾尔自治区喀什地区塔什库尔干塔吉克自治县达普塔尔村。讲述莱拉普西和爱人佳玛丽贾南艰难的生活经历。从前，有一个行乞的老人，无儿无女。一天，老人在街巷里捡到一个弃婴，收养他并起名叫莱拉普西。这孩子聪明无比，具有神秘的魔力，一夜之间就使老人拥有了无数的财富。长大成人后，莱拉普西欲迎娶国王的女儿佳玛丽贾南公主。在满足了国王极其苛刻的条件后，他与公主成婚。后来，因为巫婆的陷害，夫妇俩失散了。他们在异国他乡的好心人的帮助下，凭借聪明才智，重新团聚，并除掉了那个城市的暴君，登上王位，公正地治理国家。反映了塔吉克族劳动人民创造美好、安宁生活的愿望。对于研究塔吉克族幻想故事有参考价值。1988年扎帕尔汗塔吉克语演唱，马热克·阿曼别克塔吉克文笔录并译成维吾尔文。16开纸14页，532行。译文收入《中国民间文学集成·新疆卷·塔吉克族民间文学集》，新疆大学出版社2005年版。

（古丽佳罕·胡西地力编，海燕萍译）

西方的仙女

مَغريپ دييورنج پَريزُد

mäɣrip diyurenj pärizod

塔吉克族幻想故事。流传于新疆维吾尔自治区喀什地区塔什库尔干塔吉克自治县达普塔尔村。讲述艾斯麦尔与西方魔鬼之女苏莱缇艾西克之间的生活经历。从前，有兄弟俩，哥哥叫艾西特尔，弟弟叫艾斯麦尔。有一年，兄弟俩离开父母，踏上了去异乡的旅途。期间，弟弟艾斯麦尔与魔鬼的女儿苏莱缇艾西克相恋结婚。正当他们安宁地生活之时，东方的国王看上了艾斯麦尔美丽的妻子，并在一个巫婆的帮助下得到了苏莱缇艾西克。苏莱缇艾西克对丈夫忠贞不渝，逃出了王宫。夫妻俩历经艰辛，最终相会在一个城市。最后，艾斯麦尔成为了这个城市的国王，哥哥艾西特尔做了宰相。兄弟俩公正地治理国家，过着幸福、安宁的生活。对于研究塔吉克族婚姻家庭观念有参考价值。1988年阿布达力比克塔吉克语演唱，马热克·阿曼别克塔吉克文笔录。阿吉·艾沙译成维吾尔文。16开纸17页，646行。译文收入《中国民间文学集成·新疆卷·塔吉克族民间文学集》，新疆大学出版社2005年版。

（古丽佳罕·胡西地力编，海燕萍译）

穆西巴来英·卡曼

مُشبالَيين كَمَن

mošbaläyin kämän

塔吉克族幻想故事。流传于新疆维吾尔自治区喀什地区塔什库尔干塔吉克自治县瓦尔西德村。讲述穆西巴来英·卡曼坎坷的生活经历。穆西巴来英·卡曼出生后就与羊群为伴，吃羊奶长大，并拥有无限的智慧和魔力。有一年，穆西巴来英·卡曼踏上去远方的旅途。期间，他一一战胜能搬起大山、能连根拔起大树、能用一个指头搬动磨盘石的各路勇士。因为善良、大度，他赦免了敌人的死罪，而且与他们盟誓，成为结拜兄弟。后来，他战胜山洞里险恶的七头魔鬼，解救了仙女和众多的百姓，获得了无数的财富。贪婪的哥哥们为得到财富，杀死了弟弟穆西巴来英·卡曼。最后，羊妈妈以自己神奇的乳汁使他起死回生。勇敢的穆西巴来英·卡曼杀死了贪心的哥哥们，把仙女当作自己的亲妹妹，过上了安宁富裕的生活。反映了塔吉克族劳动人民对贪婪的人的憎恶之情和以自己的聪明才智开创幸福生活的愿望。对于研究塔吉克族幻想故事有参考价值。1988年艾山汗塔吉克语演唱，艾布力·艾山汗塔吉克文笔录并译成维吾尔文。32开纸3页，84行。译文收入《塔吉克民族习俗文化》，新疆大学出版社2001年版。

（古丽佳罕·胡西地力编，海燕萍译）

盛不满的小金杯

پُر نَستيچُز تيلو قَچا

por näsetičoz tilo qäča

塔吉克族幻想故事。流传于新疆维吾尔自治区喀什地区塔什库尔干塔吉克自治县瓦尔西德村。讲述贪婪的国王依斯坎丹尔的经历。在很久从前，有一个名叫依斯坎丹尔的国王非常贪婪。他为了得到财富，就带领军队踏上了征服四十王国的征途。他迎娶了四十王国国王的女儿，并在这里生活了十四年。依斯坎丹尔国王欲返回故国时，四十王国国王以人眼做成的小杯相赠，并在杯内盛上了黄金。依斯坎丹尔国王返回故国后，想尽办法也没有用黄金盛满小杯，谁也无法知晓其中的奥秘。后来，一股尘埃吹来添满了小杯。顿时，依斯坎丹尔国王恍然大悟，贪婪的眼睛不是贵重的黄金，而是一小杯土就能满足的。他非常懊悔，从此以后就关注民生，成为一个勤政廉洁的国王。反映了塔吉克族劳动人民对贪心不足行为的憎恶心情。对于研究塔吉克族幻想故事有参考价值。1988 年巴伦塔吉克语演唱，马达力汗·巴伦塔吉克文笔录。艾布力·艾山汗译成维吾尔文。32 开纸 3 页，112 行。译文收入《塔吉克民族习俗文化》，新疆大学出版社 2001 年版。

（古丽佳罕·胡西地力编，海燕萍译）

巴哈迪尔与扎丽娜

بَهادير و زَرينه

bähadir wä zärina

塔吉克族幻想故事。流传于新疆维吾尔自治区喀什地区塔什库尔干塔吉克自治县达普塔尔村。讲述巴哈迪尔与扎丽娜的英雄事迹。很久以前，在帕米尔高原有一个王国。一天，国王拜合热木带着四十个王子上山狩猎，路经河水时看到了四十个正在挑水的姑娘。原来，这些姑娘是另外一个山国国王迪亚尔的女儿们。由于缺水，山国的百姓非常贫苦。两个国王约定，如果拜合热木国王能劈山引水，帮助山国解决困难，国王迪亚尔就将四十个公主许配给四十个王子为妻。拜合热木国王践诺引来了水，国王迪亚尔非常高兴，为四十对新人举行了婚礼。其中第四十个王子巴哈迪尔和妻子扎丽娜非常善良、勇敢。巴哈迪尔王子和妻子在返回故国的途中，遭遇了魔鬼和入侵的敌人，并战胜了他们。从此，拜合热木王国赢得了安宁。对于研究塔吉克族幻想故事有参考价值。1988 年阿布达力比克塔吉克语演唱，艾布力·艾山汗塔吉克文笔录并译成维吾尔文。32 开纸 3 页，84 行。译文收入《塔吉克民族习俗文化》，新疆大学出版社 2001 年版。

（古丽佳罕·胡西地力编，海燕萍译）

（二）动物故事

狼和羊

كيتپ آت ماول

kitp ät mawl

塔吉克族动物故事。流传于新疆维吾尔自治区喀什地区塔什库尔干塔吉克自治县瓦恰村。讲述绵羊以智慧战胜了狼的故事。山羊和绵羊生活在一起，它们各有一个孩子。一天，山羊死了，绵羊收养了山羊的孩子。后来，狼在一个巫婆的指点下，残忍地吃掉了羊的孩子们，羊非常悲伤。最后，羊以请客为名，巧妙地将狼推入火坑烧死了它。羊从此以后过上了安宁的日子。反映了塔吉克族劳动人民对丑恶势力的反抗。对于研究塔吉克族社会道德观念有参考价值。1988 年乌斯尼克塔吉克语演唱，艾布力·艾山汗塔吉克文笔录并译成维吾尔文。16 开纸 4 页，152 行。译文收入《中国民间文学集成·新疆卷·塔吉克族民间文学集》，新疆大学出版社 2005 年版。

（古丽佳罕·胡西地力编，海燕萍译）

三个朋友

هَراى دست

häray dest

塔吉克族动物故事。流传于新疆维吾尔自治区喀什地区塔什库尔干塔吉克自治县瓦尔西德村。讲述山羊、公牛和驴子三个朋友同心协力杀死凶残的敌人的故事。山羊、公牛和驴子是亲密无间的好朋友。可是，老虎、狼、狐狸等凶残的家伙威胁着它们安宁的生活，时时图谋吃掉它们。最后，山羊、公牛和驴子三个朋友同心同德，粉碎了敌人的种种圈套，并杀死了它们，过上了幸福、安宁的日子。反映了塔吉克族劳动人民团结一致、同仇敌忾，开创美好未来的理想。对于研究塔吉克族动物故事有参考价值。1988年杜斯提买买提塔吉克语演唱，达力·买提胡夏勒塔吉克文笔录。阿吉·艾沙译成维吾尔文。16开纸2页，602行。译文收入《中国民间文学集成·新疆卷·塔吉克族民间文学集》，新疆大学出版社2005年版。

（古丽佳罕·胡西地力编，海燕萍译）

麻雀找珠子

وَديچَن سَفس ويگ

wädičän säfs wig

塔吉克族动物故事。流传于新疆维吾尔自治区喀什地区塔什库尔干塔吉克自治县瓦尔西德村。讲述麻雀寻找丢失珠子的经历。一天，一只麻雀在串珠子时不小心把一个小珠子碰落在沙棘丛中。麻雀一一求助水、火、牛、狼、老鼠、猫、猎人和老妈妈，但均遭拒绝。正在这时，一阵风吹走了老妈妈的线，老妈妈奋力追线，老鼠乘机窜入老妈妈的屋子，猫扑向老鼠，猎人扑向狼，狼扑向牛，牛躲入水中，水流向火，火借风力向沙棘蔓延，烧毁了沙棘丛。最后，麻雀找到了那颗丢失的小珠子。反映了塔吉克族先民对大自然万物之间相互依存的关系和各种神秘现象起因的朴素认知。对于研究塔吉克族动物故事有参考价值。1988年塔布力迪·吾秀尔塔吉克语演唱，达力·买提胡夏勒塔吉克文笔录并译成维吾尔文。16开纸2页，59行。译文收入《中国民间文学集成·新疆卷·塔吉克族民间文学集》，新疆大学出版社2005年版。　（古丽佳罕·胡西地力编，海燕萍译）

聪明的狐狸

اَقلين رَپس

äqlin räps

塔吉克族动物故事。流传于新疆维吾尔自治区喀什地区塔什库尔干塔吉克自治县。讲述狐狸以自己的智慧战胜凶残的狼和老虎的经过。一只凶残的狼总是强占狐狸辛辛苦苦得到的猎物，于是，聪明的狐狸巧妙地把狼带到了设有陷阱的地方。贪婪的狼看见羊尾巴油猛扑过去，掉入了陷阱。一只老虎也总是欺负狐狸，聪明的狐狸为整治老虎，把老虎带到了一个陡峭的峡谷，要老虎跳到对面去。自负的老虎贸然出击，坠入深深的峡谷粉身碎骨，成为狐狸的美餐。从此以后，狐狸过上了安宁的日子。反映了塔吉克族劳动人民对邪恶努力的愤慨之情，颂扬了劳动人民的聪明才智和美德。对于研究塔吉克族动物故事有参考价值。1988年杜斯提买买提塔吉克语演唱，代尔亚巴依·艾斯买力塔吉克文笔录并译成维吾尔文。16开纸3页，103行。译文收入《中国民间文学集成·新疆卷·塔吉克族民间文学集》，新疆大学出版社2005年版。

（古丽佳罕·胡西地力编，海燕萍译）

媒人狐狸

قيدا خانچيدَبيگ

qida xančidäbig

塔吉克族动物故事。流传于新疆维吾尔自治区喀什地区塔什库尔干塔吉克自治县达普塔尔村。讲述聪明的鹌鹑战胜名叫汗其达比克的狡猾的狐狸的故事。狡猾的狐狸为满足自己的私欲骗取了一个猎人、两个富人的羊和骆驼。后来，狐狸遇到一只鹌鹑，并尽情愚弄它，然后请求鹌鹑为自己做一双翅膀。聪明的鹌鹑以自己的智慧为狐狸制作了翅膀，并指使狐狸从高山上飞下去，狐狸粉身碎骨，自取灭亡。反映了塔吉克族劳动人民、扬善抑恶的思想。对于研究塔吉克族动物故事有参考价值。1988年帕松塔吉克语演唱，塔布力迪·吾秀尔塔吉克文笔录并译成维吾尔文。16开纸 4 页，133 行。译文收入《中国民间文学集成·新疆卷·塔吉克族民间文学集》，新疆大学出版社 2005 年版。

（古丽佳罕·胡西地力编，海燕萍译）

（三）生活故事

后妈

مادَر آندَر

madär ändär

塔吉克族生活故事。流传于新疆维吾尔自治区喀什地区塔什库尔干塔吉克自治县达普塔尔村。讲述后妈残害前夫孩子，最后罪有应得的故事。有个富人的妻子死了，儿女们没有了母爱，于是，富人再续了一个妻子。后妈不喜欢这些孩子，想方设法想除掉富人的女儿。后妈指使女儿上山放羊。后来，后妈有了身孕，生下一个男孩，又想吃富人前妻儿子的肉，富人宠爱妻子，满足了妻子的要求。最后，正当后妈加害富人的女儿时，赫孜仁圣人揭露富人妻子的残忍行径。富人知道后，忍无可忍，用马拖死了恶魔般的妻子。从此以后，富人与女儿过上了安宁的日子。反映了塔吉克族劳动人民扬善抑恶的思想。对于研究塔吉克族伦理道德有参考价值。1988 年普尔迪力塔吉克语演唱，艾布力·艾山汗塔吉克文笔录并译成维吾尔文。16 开纸 2 页，76 行。译文收入《中国民间文学集成·新疆卷·塔吉克族民间文学集》，新疆大学出版社 2005 年版。

（古丽佳罕·胡西地力编，海燕萍译）

阿迪力汗国王

پادشاه آديلخان

padšah adilxan

塔吉克族生活故事。流传于新疆维吾尔自治区喀什地区塔什库尔干塔吉克自治县提孜纳普村。讲述也门城国王阿迪力汗的辛酸经历。阿迪力汗是一个非常慷慨、善良的国王。一天，他受到七个乞丐的陷害，失去了王位，与王后、两个王子背井离乡。不幸的是，阿迪力汗国王在路上又遭遇了强盗，王后和两个王子被劫持。他流落各地七年之久，来到了一个城市，最后做了这个城市的国王。但因为亲人失散，他积忧成疾。忠心的百姓四处打听，从奴隶市场赎回了两个王子。抢走王后的强盗慑于真主的报应，打探国王的消息，送回了王后。最后，一家人重新团聚，过上了安宁的生活。说明了善良必将战胜邪恶的真理。对于研究塔吉克族社会道德观念有参考价值。1988 年法克尔夏塔吉克语演唱，达力·买提胡夏勒塔吉克文笔录并译成维吾尔文。16 开纸 7 页，266 行。译文收入《中国民间文学集成·新疆卷·塔吉克族民间文学集》，新疆大学出版社 2005 年版。（古丽佳罕·胡西地力编，海燕萍译）

阿米尔比克勇士

پهلَوان آميربيگ

pähläwane ämirbik

塔吉克族生活故事。流传于新疆维吾尔自治区喀什地区塔什库尔干塔吉克自治县布柔米萨尔村。讲述青年勇士阿米尔比克的英雄事迹。阿米尔比克非常有智慧，又力大无比，从小就是一个善捕黄羊的能手。一天，阿米尔比克在一座神秘的山上与一只巨大无比、具有神性的领头公山羊展开了竞赛，并战胜了公山羊。按照公山羊的遗嘱，阿米尔比克生吃了羊肝，带走了公山羊头上的灯和它的两条肋骨。于是，阿米尔比克的力量更大了。一天，强盗们闯入城市，肆意抢劫，阿米尔比克与强盗们展开了搏斗。他凭借公山羊留下的神灯和两条肋骨，杀死了所有的强盗，使人民过上了安宁的生活。反映了塔吉克族劳动人民对安宁、美好、幸福生活的向往之情。对于研究塔吉克族生活故事有参考价值。1988 年帕提曼·亚库甫塔吉克语演唱，达力·买提胡夏勒塔吉克文笔录并译成维吾尔文。16 开纸 3 页，114 行。译文收入《中国民间文学集成·新疆卷·塔吉克族民间文学集》，新疆大学出版社 2005 年版。

（古丽佳罕·胡西地力编，海燕萍译）

忠诚的大臣之子
وَفادار وَزیرزاده
wäfadar wäzirzadä

塔吉克族生活故事。流传于新疆维吾尔自治区喀什地区塔什库尔干塔吉克自治县瓦尔西德村。讲述一个忠诚的大臣之子使王子获得幸福生活的经历。王子看上了国库里的一个箱子，就不顾父王的禁令打开了箱子，看到一位美丽姑娘的照片，并深深地爱上了她。为得到这个姑娘，王子在大臣之子的陪同下，踏上了寻找姑娘的旅途。后来，他们在一个城市找到了这位姑娘，原来她是这个王国的公主，即将嫁给另一个王国的暴君。大臣之子以自己的聪明才智，使王子与公主在一个老妈妈家相会，并使这对有情人终成眷属。他们回到自己的国家后，国王看到这个姑娘，顿起邪念，想杀死儿子霸占公主。大臣之子察觉到国王的心思，帮助王子和公主度过难关，自己却变成了一块石头。王子悲痛欲绝，最后在赫孜仁圣人的帮助下，大臣之子恢复了原形。从此以后，王子、公主和大臣之子过上了安宁的日子。反映了塔吉克族劳动人民忠诚、乐于助人的良好品质。对于研究塔吉克族生活故事有参考价值。1988 年穆巴热克夏塔吉克语演唱，艾布力·艾山汗塔吉克文笔录并译成维吾尔文。16 开纸 11 页，418 行。译文收入《中国民间文学集成·新疆卷·塔吉克族民间文学集》，新疆大学出版社 2005 年版。

（古丽佳罕·胡西地力编，海燕萍译）

慈祥哥哥与薄情妹妹
بَرادَر مهربان و خواهَر بیوَفا
bäradäre mehriban wä xahäre bewäfa

塔吉克族生活故事。流传于新疆维吾尔自治区喀什地区塔什库尔干塔吉克自治县马扎尔村。讲述薄情的妹妹杀死哥哥，最后罪有应得的故事。从前，有一个国王，指使王子处死王后生下的女婴。善良的王子并没有处死妹妹，而是将她交给了一个老妈妈收养。国王知道这件事后，驱逐了王子，王子和妹妹辗转异乡，杀死魔鬼，拯救了许多人的生命。后来，妹妹与魔鬼相好，用尽伎俩，杀死了哥哥。最后，王子在两个天仙的帮助下起死回生，并杀死了魔鬼和薄情的妹妹，过上了安宁的日子。颂扬了重情义、仁爱的品质，鞭挞了恩将仇报的行径。对于研究塔吉克族家庭道德观念有参考价值。1988 年克买提夏塔吉克语演唱，依萨克·胡达乃再尔塔吉克文笔录并译成维吾尔文。16 开纸 8 页，304 行。译文收入《中国民间文学集成·新疆卷·塔吉克族民间文学集》，新疆大学出版社 2005 年版。

（古丽佳罕·胡西地力编，海燕萍译）

水晶石
سَنگ مَرمَر
sänge mär mär

塔吉克族生活故事。流传于新疆维吾尔自治区喀什地区塔什库尔干塔吉克自治县瓦尔西德村。讲述一位青年猎人战胜大臣的经历。青年猎人在山上狩猎时捕到一只山猫，把山猫皮敬献给了国王。有一次，青年猎人从山上的魔鬼那里解救了一位美丽的姑娘，在返回途中，他们捡到了一枚闪闪发光的水晶石，又敬献给了国王。国王大喜，给了青年猎人许多金银财宝。贪财的大臣看在眼里，恨在心头，向青年猎人伸出了恶毒的手，想加害于他。凭借美丽妻子的聪明才智，青年猎人度过难关，杀死了大臣，自己做了大臣，与妻子一起过上了安宁的日子。反映了塔吉民族劳动人民对贪婪残暴的统治阶级的愤慨和对安宁、美好生活的向往。对于研究塔吉克族生活故事有参考价值。1988年塔布力迪·吾秀尔塔吉克语演唱，穆尼·塔布力迪塔吉克文笔录并译成维吾尔文。16开纸7页，250行。译文收入《中国民间文学集成·新疆卷·塔吉克族民间文学集》，新疆大学出版社2005年版。

（古丽佳罕·胡西地力编，海燕萍译）

古丽热娜

گۇل رَنا

gole räna

塔吉克族生活故事。流传于新疆维吾尔自治区喀什地区塔什库尔干塔吉克自治县瓦尔西德村。讲述古丽热娜的爱情故事。牧人的女儿古丽热娜非常聪明、漂亮，长大成人后，有很多人上门提亲，都被姑娘拒绝了。原来，姑娘深爱着一个青年首饰工匠。但是，大臣和他无恶不作的儿子想阻止这门亲事，企图杀死首饰工匠，让大臣的儿子迎娶姑娘。姑娘和首饰工匠的母亲以自己的智慧，在国王面前揭露了大臣和其儿子的丑恶嘴脸，国王惩治了残暴的大臣和他的儿子。最后，这对情人喜结良缘，过上了幸福的日子。反映了塔吉克族劳动人民对封建婚姻的反抗精神。对于研究塔吉克族生活故事有参考价值。1988年塔布力迪·吾秀尔塔吉克语演唱，热合曼库力塔吉克文笔录并译成维吾尔文。16开纸5页，180行。译文收入《中国民间文学集成·新疆卷·塔吉克族民间文学集》，新疆大学出版社2005年版。

（古丽佳罕·胡西地力编，海燕萍译）

聪明驴，虎胆女

شررَنگ آقلین، آورتَرَنگ لاور زارد سا

šerräng äqlin，awräträng lawrzard sa

塔吉克族生活故事。流传于新疆维吾尔自治区喀什地区塔什库尔干塔吉克自治县瓦尔西德村。讲述大臣以自己的智慧和才能说服国王的故事。国王的妻子生下一个男孩，国王请智慧、贤哲的大臣为王子开膳。大臣对着王子的耳朵说：“将来你会像驴子一样聪明，像女人一样虎胆。”国王听了非常愤怒。但是，贤哲的大臣告诉国王，自己的预言一定能够应验。后来，贤哲的大臣以驴子有时也很聪明的事例证明了前半句话。一次，贤哲的大臣给国王举荐了一个情人，并安排国王到情人家里做客。正当国王和情人幽会时，情人的丈夫突然回来了，国王情急之中躲入一个大箱子里。丈夫执意要打开箱子，国王非常恐惧。国王的情人却临危不惧，笑着说把她打死也没有那么大的胆量背叛丈夫，最终说服了丈夫，使国王逃过一劫。从此以后，国王对贤哲大臣佩服得五体投地。反映了塔吉克族劳动人民在生活中积累的经验和对各种社会现象的朴素认识。对于研究塔吉克族人生观有参考价值。1988年帕松塔吉克语演唱，塔布力迪·吾秀尔塔吉克文笔录并译成维吾尔文。16开纸2页，76行。译文收入《中国民间文学集成·新疆卷·塔吉克族民间文学集》，新疆大学出版社2005年版。

（古丽佳罕·胡西地力编，海燕萍译）

巴娜甫夏的奇遇

بَنفشَیَن وی سَرگُزَشت

bänäfšäyän wi särgozäšt

塔吉克族生活故事。流传于新疆维吾尔自治区喀什地区塔什库尔干塔吉克自治县提孜纳村。讲述孤女巴娜甫夏惨遭姐姐们迫害的辛酸经历。从前，有一个姑娘叫巴娜甫夏。父亲再婚迎娶了第三个老婆，并按照老婆的要求把三个女儿赶出了家门。姐妹们来到遥远荒漠中的一个城堡定居了下来。两个姐姐非常嫉妒巴娜甫夏的智慧和容颜，就开始迫害她。后来，巴娜甫夏成为了王后。就在她生下双胞胎的当天，两个姐姐趁国王外出之机，把双胞胎孩子投入湖中。国王知道了这件事情后，处死了这两个魔鬼般残忍的姐姐，解救了两个孩子，与妻子巴娜甫夏过上了安宁的生活。说明了真理必将战胜邪恶的道理。对于研究塔吉克族生活故事有参考价值。1988 年敦尔塔吉克语演唱，艾布力·艾山汗塔吉克文笔录并译成维吾尔文。16 开纸 9 页，335 行。译文收入《中国民间文学集成·新疆卷·塔吉克族民间文学集》，新疆大学出版社 2005 年版。

（古丽佳罕·胡西地力编，海燕萍译）

（四）智慧故事

巴合提亚尔捡珍宝

بَختیيارَن گوهَر ويگ

bäxtiyarän gäwhär wig

塔吉克族智慧故事。流传于新疆维吾尔自治区喀什地区塔什库尔干塔吉克自治县。讲述巴合提亚尔捡到一块珍宝后经历的许多劫难。从前，有一个叫巴合提亚尔的青年，生活非常贫困，但他深深地爱上了国王的女儿，两人私奔到一个遥远的地方。一次，他在高山湖泊里捡到了一块珍宝，敬献给了当地的国王。后来，国王看上了巴合提亚尔美貌的妻子，企图除掉他。智慧、勇敢的巴合提亚尔一一完成了国王交办的危险、苛刻的差事，最后在天神和仙女的相助下，杀死暴君，登上王位，与妻子共同治理国家。反映了塔吉克族劳动人民对剥削阶级的谴责和对纯洁爱情的向往。对于研究塔吉克族智慧故事有参考价值。1962 年塔布力迪·吾秀尔塔吉克语演唱，塔布力迪·吾秀尔塔吉克文笔录并译成维吾尔文。16 开纸 9 页，342 行。译文收入《中国民间文学集成·新疆卷·塔吉克族民间文学集》，新疆大学出版社 2005 年版。

（古丽佳罕·胡西地力编，海燕萍译）

聪明的夫妇

اَقلین چُر اَت گین

äqlinčor ät gin

塔吉克族智慧故事。流传于新疆维吾尔自治区喀什地区塔什库尔干塔吉克自治县瓦尔西德村。讲述一对忠贞不渝的夫妻以自己的聪明才智整治贪婪的国王和大臣的故事。有一对夫妇生活在极度贫困之中，但他们相互忠贞不渝。一次，丈夫被招募为王宫的马倌，国王看上了马倌的妻子，并派大臣带着人马前往马倌家。马倌的妻子设法使大臣及其人马落入了陷阱。国王带着马倌前来，智慧的妻子准备了许多彩蛋款待国王，并问国王哪个鸡蛋最好吃。国王回答味道都一样，并立刻恍然大悟，懊悔不已。从此，这对夫妻过上了幸福的日子。对于研究塔吉克族智慧故事有参考价值。1962 年塞法尔汗塔吉克语演唱，塔布力迪·吾秀尔塔吉克文笔录并译成维吾尔文。16 开纸 3 页，83 行。译

吉克族智慧故事有参考价值。1984 年塞法尔汗塔吉克语演唱，塔布力迪・吾秀尔塔吉克文笔录并译成维吾尔文。16 开纸 3 页，103 行。译文收入《中国民间文学集成・新疆卷・塔吉克族民间文学集》，新疆大学出版社 2005 年版。 （古丽佳罕・胡西地力编，海燕萍译）

布尼克巴依的三个儿子

بُنیک بایَن هَرای پُس

bonik bayän häray pos

塔吉克族智慧故事。流传于新疆维吾尔自治区喀什地区塔什库尔干塔吉克自治县达普塔尔村。讲述兄弟三人凭借自己的聪明才智成为巨富的故事。富人布尼克巴依有三个儿子，一天富人去世，三个儿子把家里所有的财富都花费在了父亲的丧葬及“忌日”活动上，家里只剩下一张皮子、一个抬尸架和一只笛子。三个儿子带上父亲的遗物，为碰运气踏上了旅途。老大带着皮子上了山，遭遇了四十个大盗。正在这时，狂风大作，吹动皮子，发出“咚、咚、咚”的巨响，强盗们极为恐惧，狼狈而逃，老大获得了他们劫来的财富。老二和老三也凭借抬尸架和笛子，以自己的聪明才智获得了两个巴依（富人）的许多财富。从此，兄弟三人过上了幸福的日子。反映了塔吉克族劳动人民以自己的聪明才智开创美好生活的理想。对于研究塔吉克族智慧故事有参考价值。1984 年帕松塔吉克语演唱，塔布力迪・吾秀尔塔吉克文笔录并译成维吾尔文。16 开纸 3 页，86 行。译文收入《中国民间文学集成・新疆卷・塔吉克族民间文学集》，新疆大学出版社 2005 年版。 （古丽佳罕・胡西地力编，海燕萍译）

守坟人

زُرَت پایدیچُز

zorät paydičoz

塔吉克族智慧故事。流传于新疆维吾尔自治区喀什地区塔什库尔干塔吉克自治县瓦恰、百地尔村。讲述古力买买提的生活经历。在很久以前，一个老人有三个儿子，最小的儿子古力买买提非常聪明、仁慈。一天，老人患了重病，把三个儿子叫到身边，叮嘱他们在自己死后的三天之内，要坚守坟墓。父亲死了之后，只有古力买买提遵从了父亲的遗嘱，两个哥哥则沉迷在玩耍之中。古力买买提坚守坟墓期间，每天半夜父亲都从坟墓中走出来，先后送给他一块神奇的餐布、一件帝王式礼服和两匹飞马，并叮嘱这些东西在他遭难时会派上用场。后来，古力买买提在餐布、礼服和飞马的帮助下，满足了公主的苛刻条件，并迎娶公主为妻。哥哥们非常嫉妒弟弟，企图加害古力买买提。古力买买提凭借餐布、礼服和飞马的帮助和自己的聪明才智度过难关，并取回了能治好国王重病的良药。国王康复后，杀死了恶毒的两个哥哥，把王位让给古力买买提。反映了塔吉克族劳动人民以自己的聪明才智开创安宁、幸福生活的理想。对于研究塔吉克族家庭道德观念有参考价值。1988 年艾布达力别克塔吉克语演唱，马热克塔吉克文笔录。塔布力迪・吾秀尔译成维吾尔文。16 开纸 7 页，292 行。译文收入《中国民间文学集成・新疆卷・塔吉克族民间文学集》，新疆大学出版社 2005 年版。

（古丽佳罕・胡西地力编，海燕萍译）

公主的判断

مَلیکَ هُکم

mälikä hokm

塔吉克族智慧故事。流传于新疆维吾尔自治区喀什地区塔什库尔干塔吉克自治县百地尔村。讲述公主惩治坏人的故事。国王有一个才貌双全的女儿。一天，国王送公主到毛拉（宗教人士）处学习，看到国色天香的公主，毛拉起了邪念。遭到公主反抗后，毛拉就在国王面前诬陷公主，国王不问青红皂白就下令处死公主，善良的刽子手放走了公主。公主辗转来到一座城市，与王子结婚，生下两个孩子。但是，王子的朋友对公主也垂涎三尺，最终导致王子和公主夫妇失散，孩子死亡。最后，公主回到自己的家乡，与父亲、母亲、丈夫团圆，任命曾经拯救自己的两个刽子手为国王和大臣，并下令处死了所有对自己存心不良的人。反映了塔吉克族劳动人民对内心险恶、道德败坏的人的愤慨和开创美好未来的理想。对于研究塔吉克族道德观念有参考价值。1988 年买买热扎塔吉克语演唱，达力・买提胡夏勒塔吉克文笔录并译成维吾尔文。16 开纸 3 页，105 行。译文收入《中国民间文学集成・新疆卷・塔吉克族民间文学集》，新疆大学出版社 2005 年版。（古丽佳罕・胡西地力编，海燕萍译）

麻雀皮皮袄

وَدیچ پَست وَربُن

wädič päst wärbon

塔吉克族智慧故事。流传于新疆维吾尔自治区喀什地区塔什库尔干塔吉克自治县瓦尔西德村。讲述一位姑娘嫁给王子以后的生活经历。王子爱上了一个寡妇的女儿，并想娶她为妻。国王无奈之下答应了这门亲事，为王子举办了婚礼，并按照姑娘的请求，在很远的一个荒漠中搭建了一顶帐篷。王子非常喜爱妻子，整天无所事事，看着妻子。妻子为丈夫画了一幅自己的肖像，要他看画。一天，狂风大作，刮走了王子手中的肖像画。画被风刮到一个城堡国王的面前，国王爱上了画中的姑娘，派出勇士带回了姑娘，并欲迎娶姑娘为妻。姑娘没有答应国王，而是提出了条件。几年以后，王子按照妻子的指点，穿上麻雀皮袄，潜入王宫，与妻子相聚。于是，国王下令要杀死穿麻雀皮袄的人。聪明的姑娘提出，如果国王穿上麻雀皮袄，她就嫁给他。国王穿上了麻雀皮袄，被不知情的杀手杀死了，最后王子做了这个城堡的国王。反映了塔吉克族劳动人民对内心险恶、道德败坏的人的愤慨和开创美好未来的愿望。对于研究塔吉克族智慧故事有参考价值。1988 年萨依提・乃孜热塔吉克语演唱，代尔亚巴依・艾斯买力塔吉克文笔录并译成维吾尔文。16 开纸 4 页，170 行。译文收入《中国民间文学集成・新疆卷・塔吉克族民间文学集》，新疆大学出版社 2005 年版。（古丽佳罕・胡西地力编，海燕萍译）

小耳朵

غَولَک

ɣäwläk

塔吉克族智慧故事。流传于新疆维吾尔自治区喀什地区塔什库尔干塔吉克自治县瓦尔西德村。讲述贫穷青年获得无数财富的经过。一对贫困夫妻到中年时，才喜得一子。这孩子与常人不同，动作敏捷，智慧超凡，就是耳朵很小，但夫妻俩还是非常感谢真主的恩赐。一天，小耳朵孩子帮助父亲耕地时，公牛把粪便拉在了他的身上。后来，一只恶狼吃掉了小耳朵孩子。他在狼腹里不断地告知猎人狼的行踪，狼不得安宁，饥肠辘辘好几天，恼怒的狼不得不将小耳朵孩子吐出来。最后，小耳朵孩子以自己的聪明才智整治了一个放高利贷的富人，并获得了许多财富，与父母一起过上了富裕的生活。反映了塔吉克族劳动人民凭借自己的聪明才智开创美好生活的愿望。对于研究塔吉克族智慧故事有参考价值。1988 年艾山汗・瓦法依克塔吉克语演唱，艾布力・艾山汗塔吉克文笔录并译成维吾尔文。16 开纸 3 页，114 行。译文收入《中国民间文学集成・新疆卷・塔吉克族民间文学集》，新疆大学出版社 2005 年版。

（古丽佳罕・胡西地力编，海燕萍译）

大臣的女儿

دُختَر وَزیر

däxtäre wäzir

塔吉克族智慧故事。流传于新疆维吾尔自治区喀什地区塔什库尔干塔吉克自治县热斯卡木村。讲述大臣的女儿战胜四十个魔鬼的故事。在很久以前，有一个国王和一个大臣，他们的夫人同一天都生了女婴。国王和大臣根据先前的约定，宣布她们为永不分离的姐妹，并把这对姐妹送到了一个人迹罕至的偏僻地方。一天，姐妹二人外出狩猎迷了路，来到一个有四十个魔鬼的城堡住了下来。她们想在半夜时分逃走，魔鬼们知道后密谋抢劫姐妹俩。大臣的女儿杀死了三十九个魔鬼，最小的魔鬼以娶大臣的女儿为幌子，想给哥哥们报仇。机警的姑娘最后杀死了最小的魔鬼，从此，她们过上了安宁的生活。反映了塔吉克族劳动人民凭借自己的聪明才智开创美好生活的愿望。对于研究塔吉克族智慧故事有参考价值。1988 年吐尔逊塔吉克语演唱，代尔亚巴依·艾斯买力塔吉克文笔录。阿吉·艾沙译成维吾尔文。16 开纸 4 页，140 行。译文收入《中国民间文学集成·新疆卷·塔吉克族民间文学集》，新疆大学出版社 2005 年版。

（古丽佳罕·胡西地力编，海燕萍译）

父亲的遗嘱

آتايَن وى وَسييَت

ätayän wi wäsiyät

塔吉克族智慧故事。流传于新疆维吾尔自治区喀什地区塔什库尔干塔吉克自治县达普塔尔村。讲述兄弟三人遵从父亲的遗嘱历经艰辛，最后获得幸福生活的经历。在很久以前，一个老人有三个儿子，他们一个比一个聪明。一天，老人患重病，在奄奄一息时嘱咐三个儿子向东方旅行，路上要倍加小心。三兄弟办理完父亲的丧事后，踏上了东去的旅途。期间，三兄弟按照父亲的遗嘱行事，英勇地杀死了两个凶残的魔鬼和四十个强盗，使百姓过上了安宁的日子。三个王国的国王非常敬佩三兄弟的勇敢和智慧，纷纷把公主许配给了三兄弟，并让他们登上了王位。反映了塔吉克族劳动人民对美好、幸福生活的向往之情。对于研究塔吉克族智慧故事有参考价值。1988 年艾布达力别克塔吉克语演唱，马热克笔并译成维吾尔文。16 开纸 6 页，213 行。译文收入《中国民间文学集成·新疆卷·塔吉克族民间文学集》，新疆大学出版社 2005 年版。

（古丽佳罕·胡西地力编，海燕萍译）

布扎力·贾米里

بُزَرى جَميل

bozäri jämil

塔吉克族智慧故事。流传于新疆维吾尔自治区喀什地区塔什库尔干塔吉克自治县瓦尔西德村。讲述布扎力·贾米里为父报仇雪恨的故事。在很久以前，一个国王有两个大臣，一个叫艾勒开西，另一个叫拜合提·贾米里。一天，两位大臣外出游玩，来到一个古城遗址，发现了藏在一个洞中的无数金银财宝。为独吞财富，艾勒开西杀死了拜合提·贾米里。后来，拜合提·贾米里的妻子生下一个男孩，取名布扎力·贾米里。孩子一天天长大，且非常聪明，他时常想“父亲肯定是被人杀害的”，就问了母亲父亲游玩去的地方，并找到了那个古城遗址，看到了大臣艾勒开西的随从和父亲的尸体，明白了一切。后来，布扎力·贾米里复原了国王遗忘的梦，并告诉国王大臣艾勒开西与王后的淫荡行径会浮现在他的梦境之中。国王杀死了贪婪的大臣，任命布扎力·贾米里为大臣。反映了塔吉克族劳动人民对内心险恶、贪得无厌的人的愤慨和对幸福生活的向往。对于研究塔吉克族智慧故事有参考价值。1988年艾山汗塔吉克语演唱，艾布力·艾山汗塔吉克文笔录并译成维吾尔文。16开纸4页，152行。译文收入《中国民间文学集成·新疆卷·塔吉克族民间文学集》，新疆大学出版社2005年版。

（古丽佳罕·胡西地力编，海燕萍译）

聪明的小伙子
اقلين بَچا
äqlin bäča

塔吉克族智慧故事。流传于新疆维吾尔自治区喀什地区塔什库尔干塔吉克自治县达普塔尔村。讲述贫穷青年战胜贪婪的巴依（富人）老爷的故事。在很久以前，有三个兄弟，生活极度贫困。一天，兄弟三人商量出门去找活干。老大先离开家，遇到了一个巴依老爷，做了他家的长工，条件是做够一年的工，拿双倍的工钱。如果巴依因故生气，长工就将结果他的性命。就这样，青年辛辛苦苦干了一年长工，可是巴依故意没有付工钱。青年非常生气，结果被巴依杀死了。老二也被巴依用这个阴谋杀死了。老三是个非常智慧的青年，他在巴依家做长工期间，杀死了巴依的几头健壮的公牛，烧毁了田地里的庄稼，巴依勃然大怒。于是，老三杀死了巴依，为两个哥哥报了仇，并获得了巴依的金银财宝。反映了塔吉克族劳动人民对内心险恶、贪得无厌行为的愤慨。对于研究塔吉克族智慧故事有参考价值。1988年阿布达力比克塔吉克语演唱，艾布力·艾山汗塔吉克文笔录并译成维吾尔文。32开纸3页，80行。译文收入《中国民间文学集成·新疆卷·塔吉克族民间文学集》，新疆大学出版社2005年版。

（古丽佳罕·胡西地力编，海燕萍译）

五、寓　言

穷人和巴依

كَمبَغَل و باى

kämbäɣäl wä bay

塔吉克族寓言。流传于新疆维吾尔自治区喀什地区塔什库尔干塔吉克自治县。讲述一位懂得天相的穷人，在昼夜长短相等的时节去见国王，并告诉国王："现在天长了，夜短了。"国王认为这是个好兆头，很高兴，便赏赐这穷人许多财物。这事让一个巴依（富人）听到后，也想去要赏赐。他等到秋天来临，昼夜长短相等时去见国王，告诉国王："现在天短了，夜长了。"国王听完大怒，下令把巴依关进牢房。一位智者说："天长夜短，万物生长，饥荒要给丰收让位，当然是好兆头；天短夜长，严冬将要来临，这是凶信。国王一赏一罚，做得很公正。"寓言说："想一遍，说一遍。"反映了塔吉克族人憎恶贪婪、拥护正义的品质。对于研究塔吉克族社会道德观念有参考价值。1980 年塔布力迪・吾秀尔塔吉克语演唱，穆尼・塔布力迪塔吉克文笔录。1988 年扎米尔・赛都拉・扎德译成维吾尔文。16 开纸 1 页，24 行。译文收入《中国民间文学集成・新疆卷・塔吉克族民间文学集》，新疆大学出版社 2005 年版。

（古丽佳罕・胡西地力）

鹰和孔雀

چَرجس و پَرتاوس

čärjes wä pärtawos

塔吉克族寓言。流传于新疆维吾尔自治区喀什地区塔什库尔干塔吉克自治县。讲述一只孔雀在花园里开屏，引来许多观赏者对它赞不绝口。一只老鹰从空中飞来，落在塔尖上，也被孔雀的美丽所吸引，孔雀瞥了一眼老鹰，讥讽地说："真主啊，世上竟有这么丑陋的鸟儿！"老鹰生气了，展翅飞上高空，看见一只狼正准备扑向孔雀。老鹰俯冲下来，用它的利爪抓住狼又飞上高空，观赏者们赞扬勇敢无畏的老鹰。寓言说："孔雀再美丽，也不能像雄鹰一样展翅高飞。"歌颂了谦虚和不怕牺牲的传统美德。对于研究塔吉克族寓言有参考价值。1980 年塔布力迪・吾秀尔塔吉克语演唱，穆尼・塔布力迪塔吉克文笔录。1988 年扎米尔・赛都拉・扎德译成维吾尔文。16 开纸 1 页，25 行。译文收入《中国民间文学集成・新疆卷・塔吉克族民间文学集》，新疆大学出版社 2005 年版。

（古丽佳罕・胡西地力）

鸡和雪鸡

تخی و سَسه

tohi wä säsä

塔吉克族寓言。流传于新疆维吾尔自治区喀什地区塔什库尔干塔吉克自治县。讲述鸡和雪鸡之间发生了争执，鸡认为自己飞得远，飞得高，因为它的翅膀比雪鸡的翅膀长。雪鸡认为飞行本领高或者低并不看翅膀长短。它们争论了许久，谁也说服不了谁，最后决定拿出实际本领来比一比。鸡拼尽全力，勉强飞起来，很快就掉进农家的大院里。羞愧难当的鸡从此再也没有走出农舍，当了家禽。雪鸡则从容不迫地飞起来，飞到一座高山顶上，在那儿筑了巢，安家落户了。寓言说：“别学说大话，要学干实事。”歌颂了谦虚的传统美德。对于研究塔吉克族寓言有参考价值。1980 年塔布力迪·吾秀尔塔吉克语演唱，霍加艾山·皮纳齐塔吉克文笔录。1988 年扎米尔·赛都拉·扎德译成维吾尔文。16 开纸 1 页，25 行。译文收入《中国民间文学集成·新疆卷·塔吉克族民间文学集》，新疆大学出版社 2005 年版。

（古丽佳罕·胡西地力）

狐狸和熊

رَپس و يُرک

räps wä york

塔吉克族寓言。流传于新疆维吾尔自治区喀什地区塔什库尔干塔吉克自治县。讲述熊和狐狸交朋友，熊听狐狸吹牛，说它帮助老鹰长出了翅膀，于是熊请求狐狸也帮它长出一对翅膀。狐狸答应了，把熊带到一处悬崖边上，说：“你从这儿跳下去，就会长出翅膀来。”熊信以为真，纵身一跳，跌入悬崖，摔晕了。狐狸高高兴兴来到悬崖下，准备吃掉熊。熊装作垂死的样子，等狐狸靠近它，把狐狸吃掉了。寓言说：“办事看能力，说话看场合。”歌颂了有能力和才智的人，鞭挞了傲慢自大的人。对于研究塔吉克族寓言有参考价值。1980 年塔布力迪·吾秀尔塔吉克语演唱，西仁·库尔班塔吉克文笔录。1988 年西仁·库尔班译成维吾尔文。32 开纸 1 页，15 行。译文收入《塔吉克族民俗文化》，新疆大学出版社 2001 年版。

（古丽佳罕·胡西地力）

三个人的才智

حَراى خَلگ اقل

häray xälg äql

塔吉克族寓言。流传于新疆维吾尔自治区喀什地区塔什库尔干塔吉克自治县。讲述生活在帕米尔高原的三个朋友，各有明显的外貌特点，第一个从不长胡子，第二个胡子一半黑、一半白，第三个胡子黑、头发白。他们到城里旅游，国王手下的人怀疑他们是坏人，押送他们见国王。国王看他们古怪的样子，就在大众面前审问他们，第一个回答说：“我像妈妈所以从不长胡子。”第二个说：“我有两个妻子，一个贤惠，另一个爱吵架，所以我的胡子半黑半白。”第三个回答说：“我的头发比我的胡子小 30 岁，所以胡子黑、头发白。”答案让国王和周围的人都感到满意，国王就赏赐了金银。对于研究塔吉克族寓言有参考价值。1980 年都斯提买买提塔吉克语演唱，达力·买提胡夏勒塔吉克文笔录。1988 年扎米尔·赛都拉·扎德译成维吾尔文。16 开纸 1.5 页，33 行。译文收入《中国民间文学集成·新疆卷·塔吉克族民间文学集》，新疆大学出版社 2005 年版。

（古丽佳罕·胡西地力）

还是自己的故乡最好

خُدييور ازجَم چَرج

xodiyur äzjäm čärj

塔吉克族寓言。流传于新疆维吾尔自治区喀什地区塔什库尔干塔吉克自治县。讲述国王打猎时，捕捉到一只美丽的金鸟，关进金笼子里，从早到晚非常精心地看护。但是金鸟不吃不喝也不叫，国王无奈把金鸟放飞后，悄悄地跟着。金鸟飞到森林里，落在一棵有刺的树上，就叫：“金窝银窝不如自己的土窝。”国王听见后更深地领悟了珍爱自己家乡的道理。反映了塔吉克族人民热爱祖国、热爱家乡的精神。对于研究塔吉克族传统的爱国意识有参考价值。1980 年夏吾拉穆塔吉克语演唱，努尔阿里甫塔吉克文笔录。1988 年扎米尔·赛都拉·扎德译成维吾尔文。16 开纸 1 页，17 行。译文收入《中国民间文学集成·新疆卷·塔吉克族民间文学集》，新疆大学出版社 2005 年版。

（古丽佳罕·胡西地力）

狐狸与雄鹰

رَپس و چَرجس

räps wäčärjes

塔吉克族寓言。流传于新疆维吾尔自治区喀什地区塔什库尔干塔吉克自治县。讲述鹰每年都吃掉狐狸的孩子，狐狸无奈之下去找狮子王，诉说自己的苦衷。狮子王让狐狸骑在自己的背上，这样鹰就不会再来欺负它。有一天，鹰来找狐狸，看见它躺在狮子的背上，立刻用利爪抓住狐狸飞上高空。狮子看这场面就想："偶然的灾难使人心碎，安拉注定的灾难人不得已。"对于研究塔吉克族寓言有参考价值。1980 年买地拉穆塔吉克语演唱，伊力木塔吉克文笔录。1988 年扎米尔·赛都拉·扎德译成维吾尔文。16 开纸 1 页，17 行。译文收入《中国民间文学集成·新疆卷·塔吉克族民间文学集》，新疆大学出版社 2005 年版。

（古丽佳罕·胡西地力）

老汉的才智

پشقَدَم اقل

pešqädäm äql

塔吉克族寓言。流传于新疆维吾尔自治区喀什地区塔什库尔干塔吉克自治县。讲述亚力山大东征时，认为老人只会吃、不能作战，就把许多老人给杀了。士兵当中的一个年轻木匠有个爷爷，他怕爷爷被杀死，就把他关进箱子背着一同去作战。他们来到两边有悬崖的湖边，亚历山大在湖里看到一只金马鞍，便命令许多士兵下湖去捞。结果淹死了许多士兵，金马鞍仍然找不到。轮到木匠时，老汉在箱子里告诉孙子，金马鞍并不在湖中，而在山上，水里的金马鞍只是一个影子。亚历山大得知后，为自己的所作所为感到后悔。老人虽然没有力气，但是有经验，从此亚历山大就尊重老人。寓言说："如果没有老人，即使有像亚历山大这样的统帅也不能踏上旅途。"反映了塔吉克族尊老爱幼的传统美德。对于研究塔吉克族寓言有参考价值。1980 年达尔曼巴伊塔吉克语演唱，马达力汗·巴伦塔吉克文笔录。1988 年扎米尔·赛都拉·扎德译成维吾尔文。16 开纸 1.5 页，43 行。译文收入《中国民间文学集成·新疆卷·塔吉克族民间文学集》，新疆大学出版社 2005 年版。

（古丽佳罕·胡西地力）

巴依之悔

بایَن وی تاوبه

bayän wi tawbä

塔吉克族寓言。流传于新疆维吾尔自治区喀什地区塔什库尔干塔吉克自治县。讲述巴依有数不清的财富，他在一生当中只想挣钱，也从来不帮孤苦伶仃的人，从不想起安拉和先知们。他去世后，一阵飓风把他的头吹到沙漠中。先知艾萨路过时听见"安拉不要这样折磨我了"的叫声，巴依的头骨告诉先知艾萨自己在世时的所作所为，说他现在感到后悔莫及。先知就带着他的头骨见安拉，安拉再给他机会，赐给了他生命和信仰，让他做穆斯林。从此，巴依把自己所有的财富捐给孤苦的人。反映了塔吉克族人民对贪婪行为的憎恶。对于研究塔吉克族社会道德观念有参考价值。1980 年扎发尔·阿拉木塔吉克语演唱，艾布力·艾山汗塔吉克文笔录。1988 年扎米尔·赛都拉·扎德译成维吾尔文。16 开纸 2 页，44 行。译文收入《中国民间文学集成·新疆卷·塔吉克族民间文学集》，新疆大学出版社 2005 年版。

（古丽佳罕·胡西地力）

死神与手艺人

ازرايئل و حُنَروَن

äzrail wä honärwän

塔吉克族寓言。流传于新疆维吾尔自治区喀什地区塔什库尔干塔吉克自治县。讲述有个手艺人挣了很多钱财，但他唯一的儿子花天酒地，不务正业。大家劝父亲让儿子继承父业，手艺人却不急着教儿子自己的手艺。有一天，死神来找手艺人，他请求死神再给他一段时间，等教会儿子手艺后再来。但是他还是没教，死神第二次来的时候，他后悔过去的日子。寓言说："时间是生命。"反映了塔吉克族人民珍惜生命和时间的传统美德。对于研究塔吉克族价值观念有参考价值。1980 年塔布力迪·吾秀尔塔吉克语演唱，穆尼·塔布力迪塔吉克文笔录并译成维吾尔文。16 开纸 1.5 页，45 行。译文收入《中国民间文学集成·新疆卷·塔吉克族民间文学集》，新疆大学出版社 2005 年版。

（古丽佳罕·胡西地力）

人和兽中之王

آدَم و حَيواناتف پُتيكو

adäm wä häywanatef potiku

塔吉克族寓言。流传于新疆维吾尔自治区喀什地区塔什库尔干塔吉克自治县。讲述人和动物的区别。狮子认为在世上没有比它还厉害的野兽，但野兽们都说人很厉害，狮子没见过人，很想见识见识。当它见到人时，感到很惊奇：人竟是这么小的两条腿的动物。这人是个匠人，狮子要求人给它造房子，人答应了。人造成一只大木箱后，让狮子进去试一试。狮子进去后，人将盖子盖上了。狮子要出来，人说不行。人要将狮子送到城里的公园去，公园里所有的人都来看狮子，因为它是兽中之王。寓言说："强中有强。"反映了塔吉克族对人类的智慧和能力的赞扬和肯定。对于研究塔吉克族寓言有参考价值。1980 年拜拉穆塔吉克语演唱，西仁·库尔班塔吉克文笔录。1984 年西仁·库尔班译成维吾尔文。32 开纸 1 页，15 行。译文收入《塔吉克族民俗文化》，新疆大学出版社 2001 年版。（古丽佳罕·胡西地力）

红花与紫花

رُشت گُل اَت كَين گُل

rošt gol wä käyn gol

塔吉克族寓言。流传于新疆维吾尔自治区喀什地区塔什库尔干塔吉克自治县。讲述自夸者的后果。有一个自命不凡的紫花，总是想压倒别人，于是它便疯长，长得茎细叶黄。泥土和红花都劝它要扎扎实实将根扎牢，紫花听不进去。一阵大风过后，紫花起不来了，奄奄一息。在伙伴们的帮助下，它又慢慢恢复了健康。它终于明白了一个道理：若不扎扎实实，长得快，倒得也快，长得高，摔得就重。鞭挞了自吹自擂的人。对于研究塔吉克族寓言有参考价值。1980 年拜拉穆塔吉克语演唱，西仁·库尔班塔吉克文笔录。1984 年西仁·库尔班地译成维吾尔文。32 开纸 1 页，18 行。译文收入《塔吉克族民俗文化》，新疆大学出版社 2001 年版。

（古丽佳罕·胡西地力）

哈孜与蛇

قآزى اَت توفُكس

qazi wä tufoks

塔吉克族寓言。流传于新疆维吾尔自治区喀什地区塔什库尔干塔吉克自治县。讲述哈孜（宗教法官）在骆驼的帮助下杀死毒蛇的故事。有一位哈孜见一条大蛇快要被烧死，便救了它。谁知蛇从他的马褡子里钻出来，便要吃他。哈孜与蛇商议，要请旁人说说理。找骆驼评理时，骆驼不相信大蛇能钻进小马褡子里去，蛇就钻进小马褡子给骆驼看。等蛇钻进去后，骆驼忙示意哈孜将口紧紧扎住，这时，任凭蛇怎么求情，哈孜也不怜悯它了，便用木棍将蛇打死。反映了塔吉克族社会道德观念。对于研究塔吉克族寓言有参考价值。1980年阿巴斯塔吉克语演唱，西仁·库尔班塔吉克文笔录。1984年西仁·库尔班地译成维吾尔文。32开纸1页，17行。译文收入《塔吉克族民俗文化》。新疆大学出版社2001年版。

（古丽佳罕·胡西地力）

巴依与狼

باى أت كيتپ

bay ät kitp

塔吉克族寓言。流传于新疆维吾尔自治区喀什地区塔什库尔干塔吉克自治县。讲述狼欺骗巴依（富人）的过程。有一个巴依十分爱占小便宜，常常克扣牧羊人的工钱。山上的狼便想出一个办法，它对巴依说："我能使羊繁殖得特别快，而且不要工钱。"巴依将信将疑，便给了狼一只羊。几天后，狼便送来两只小羊羔。巴依又给狼两只母羊。几天后，狼又送来四只小羊羔。巴依大喜，便辞退所有的牧羊人，将羊群交给了狼。于是狼召来山里所有的狼，把巴依的几群羊吃得干干净净。寓言说："贪婪就会失去一切。"反映了塔吉克族人民对贪婪行为的憎恶。对于研究塔吉克族社会道德观念有参考价值。1980年拜拉穆塔吉克语演唱，西仁·库尔班塔吉克文笔录。1984年西仁·库尔班译成维吾尔文。32开纸1页，17行。译文收入《塔吉克族民俗文化》，新疆大学出版社2001年版。

（古丽佳罕·胡西地力）

六、柔巴依（哲理诗）

（一）爱情柔巴依

对忠诚情人的赞美

وَفادار يار سيتاود

wäfadar yar sitawd

塔吉克族爱情柔巴依。流传于新疆维吾尔自治区喀什地区塔什库尔干塔吉克自治县。赞美了忠诚的情人。诗中唱道："心向往每一天与你游园，赞美你每一天忠诚的情人，从内心赞美你忠诚的情人，即便是郁金香花瓣上有一千个瑕疵。"反映了塔吉克族人民崇尚真诚爱情、友谊的思想。对于研究塔吉克族爱情观及民间文学有参考价值。1986年阿布达拉别克塔吉克语演唱，艾布力·艾山汗塔吉克文笔录。马达力汗·巴伦译成维吾尔文。16开纸1页，4行。原稿今藏新疆大学扎米尔·赛都拉·扎德处。译文收入《中国民间文学集成·新疆卷·塔吉克族民间文学集》，新疆大学出版社2005年版。（买买提明·阿塔吾拉编，海燕萍译）

渴望

تَشنه

täšnä

塔吉克族爱情柔巴依。流传于新疆维吾尔自治区喀什地区塔什库尔干塔吉克自治县。通过形象化的比喻描写了"我"对情人的忠诚和渴望。诗中唱道："珍珠渴望贝壳，贝壳渴望河流，如同百灵鸟渴望花园。我渴望跳进河里，就是在河底也一样渴望。"反映了塔吉克族人民的爱情观。对于研究塔吉克族民间文学有参考价值。1986年尼嘎尔塔吉克语演唱，帕合塔依克塔吉克文笔录。马达力汗·巴伦译成维吾尔文。16开纸1页，4行。原稿今藏新疆大学扎米尔·赛都拉·扎德处。译文收入《中国民间文学集成·新疆卷·塔吉克族民间文学集》，新疆大学出版社2005年版。

（买买提明·阿塔吾拉编，木合塔尔·艾山译）

情人的美貌

يُر ريخسُر

yor rixsor

塔吉克族爱情柔巴依。流传于新疆维吾尔自治区喀什地区塔什库尔干塔吉克自治县。唱述了男青年对情人美貌的钟爱及对情人的忠诚之心，同时也希望情人能忠贞不渝。诗中唱道："从远处可看到你乌黑的头发，你洁白的牙齿如同贝壳。你责备我我也赞美你，但愿你别对我负心。"对于研究塔吉克族审美观及民间文学有参考价值。1986年塔布力迪·吾秀尔塔吉克语演唱，帕合塔依克塔吉克文笔录。马达力汗·巴伦译成维吾尔文。16开纸1页，4行。原稿今藏新疆大学扎米尔·赛都拉·扎德处。译文收入《中国民间文学集成·新疆卷·塔吉克族民间文学集》，新疆大学出版社2005年版。

（买买提明·阿塔吾拉编，木合塔尔·艾山译）

扎米尔·赛都拉·扎德处。译文收入《中国民间文学集成·新疆卷·塔吉克族民间文学集》，新疆大学出版社2005年版。

（买买提明·阿塔吾拉编，木合塔尔·艾山译）

痛苦与悲伤

ئازوب

äzub

塔吉克族爱情柔巴依。流传于新疆维吾尔自治区喀什地区塔什库尔干塔吉克自治县。唱述了小伙子到心爱姑娘的家乡后被人欺骗的痛苦心情。诗中唱道："啊情人，我在你的家乡多么痛苦，像石鸡一样投奔石头。心愿围在你身边，没有办法落进陷阱。"对于研究塔吉克族爱情观及民间文学有参考价值。1986年塔布力迪·吾秀尔塔吉克语演唱，帕合塔依克塔吉克文笔录。马达力汗·巴伦译成维吾尔文。16开纸1页，4行。原稿今藏新疆大学扎米尔·赛都拉·扎德处。译文收入《中国民间文学集成·新疆卷·塔吉克族民间文学集》，新疆大学出版社2005年版。

（买买提明·阿塔吾拉编，木合塔尔·艾山译）

得爱

عشقير سويب سِت

ešqir suyib set

塔吉克族爱情柔巴依。流传于新疆维吾尔自治区喀什地区塔什库尔干塔吉克自治县。唱述了对情人美貌的倾心及对情人忠贞不渝的信念。诗中唱道："花儿般的身姿，你的身材犹如花束，我的心肝被你缠住。谁要把你从我身边夺走，就让他肝胆心肺具裂。"对于研究塔吉克族爱情观及民间文学有参考价值。1986年尼嘎尔塔吉克语演唱，帕合塔依克塔吉克文笔录。马达力汗·巴伦译成维吾尔文。16开纸1页，4行。原稿今藏新疆大学

炽热的爱

عشق يوس

ešq yus

塔吉克族爱情柔巴依。流传于新疆维吾尔自治区喀什地区塔什库尔干塔吉克自治县。唱述了塔吉克族男子珍惜爱情、对爱情忠诚的品格。诗中唱道："我花园中的花瓣，是花中最好的，我的心儿与你相连，再很难回转。如果一瓣花凋零了，我的心儿就会碎，除非死亡使我与你分离。"对于研究塔吉克族爱情观民间文学有参考价值。1986年尼嘎尔塔吉克语演唱，帕合塔依克塔吉克文笔录。马达力汗·巴伦译成维吾尔文。16开纸1页，4行。原稿今藏新疆大学扎米尔·赛都拉·扎德处。译文收入《中国民间文学集成·新疆卷·塔吉克族民间文学集》，新疆大学出版社2005年版。

（买买提明·阿塔吾拉编，木合塔尔·艾山译）

忠诚

وَفادار

wäfadar

塔吉克族爱情柔巴依。流传于新疆维吾尔自治区喀什地区塔什库尔干塔吉克自治县。唱述了想念情人时的焦虑心情及塔吉克族男子珍惜爱情的优良品格。诗中唱道："过去了两三天，没有见到美丽的花儿，又没有听到百灵鸟的鸣叫。快去向园丁问问其缘由，为何百灵鸟未来赏花。"对于研究塔吉克族爱情观及民间文学有参考价值。1986年塔布力迪·吾秀尔、尼嘎尔塔吉克语演唱，帕合塔依克塔吉克文笔录。马达力

汗·巴伦译成维吾尔文。16 开纸 1 页，4 行。原稿今藏新疆大学扎米尔·赛都拉·扎德处。译文收入《中国民间文学集成·新疆卷·塔吉克族民间文学集》，新疆大学出版社 2005 年版。

（买买提明·阿塔吾拉编，木合塔尔·艾山译）

爱的宣言
آمو مارَناس
ämu maränas

塔吉克族爱情柔巴依。流传于新疆维吾尔自治区喀什地区塔什库尔干塔吉克自治县。劝告恋人要珍惜爱情，不要被金钱所诱惑。诗中唱道："我欢唱的百灵鸟，别忘记我，谁送你一束花，你别去瞧他。那卑鄙小人若给你齐身的金钱，别接受它。"对于研究塔吉克族爱情观及民间文学有参考价值。1986 年吾秀尔塔吉克语演唱，帕合塔依克塔吉克文笔录。马达力汗·巴伦译成维吾尔文。16 开纸，1 页 4 行。原稿今藏新疆大学扎米尔·赛都拉·扎德处。译文收入《中国民间文学集成·新疆卷·塔吉克族民间文学集》，新疆大学出版社 2005 年版。

（买买提明·阿塔吾拉编，木合塔尔·艾山译）

啊！情人
اى گُل
äy gol

塔吉克族爱情柔巴依。流传于新疆维吾尔自治区喀什地区塔什库尔干塔吉克自治县。唱述了已婚女子仍然爱恋着原情人的心情。诗中唱道："啊！情人，你向人间撒播春天的气息，我要杀了你丈夫去拥抱你。别杀了我丈夫，使我守寡悲伤，别去管藤蔓快去吃甜瓜。"对于研究塔吉克族社会道德观及民间文学有参考价值。1986 年塔布力迪·吾秀尔、尼嘎尔塔吉克语演唱，帕合塔

依克塔吉克文笔录。马达力汗·巴伦译成维吾尔文。16 开纸 1 页，4 行。原稿今藏新疆大学扎米尔·赛都拉·扎德处。译文收入《中国民间文学集成·新疆卷·塔吉克族民间文学集》，新疆大学出版社 2005 年版。

（买买提明·阿塔吾拉编，木合塔尔·艾山译）

情人的幽会
گُلَن وى ويسول
golän wi wisul

塔吉克族爱情柔巴依。流传于新疆维吾尔自治区喀什地区塔什库尔干塔吉克自治县。用对比形式唱述了小伙子对逝去情人的思念之情。诗中唱道："泉水哗哗地流淌，因毒蛇在那里喝水困难。那狡猾的石鸡何时来？我会让她饮泉水，去拥抱她。"对于研究塔吉克族爱情观及民间文学有参考价值。1986 年塔布力迪·吾秀尔、尼嘎尔塔吉克语演唱，帕合塔依克塔吉克文笔录。马达力汗·巴伦译成维吾尔文。16 开纸 1 页，4 行。原稿今藏新疆大学扎米尔·赛都拉·扎德处。译文收入《中国民间文学集成·新疆卷·塔吉克族民间文学集》，新疆大学出版社 2005 年版。

（买买提明·阿塔吾拉编，木合塔尔·艾山译）

爱的悲痛
دَرد عشق
därde ešq

塔吉克族爱情柔巴依。流传于新疆维吾尔自治区喀什地区塔什库尔干塔吉克自治县。告诉人们爱的悲痛比任何悲痛都伤感，爱上别人的情人是非常可恶的。诗中唱道："在三个月的严寒中我心儿在燃烧，爱上别人的情人如同孩儿无知一般。别人说爱情容易，但谈何容易，爱的悲痛。"对于研究塔吉克族爱情观及民间文学有参考价值。1986 年塔布力迪·吾秀尔、尼嘎尔塔吉克语演唱，帕合塔

依克塔吉克文笔录。马达力汗·巴伦译成维吾尔文。16开纸1页，4行。原稿今藏新疆大学扎米尔·赛都拉·扎德处。译文收入《中国民间文学集成·新疆卷·塔吉克族民间文学集》，新疆大学出版社2005年版。

（买买提明·阿塔吾拉编，木合塔尔·艾山译）

忧伤

آزوب

äzub

塔吉克族爱情柔巴依。流传于新疆维吾尔自治区喀什地区塔什库尔干塔吉克自治县。唱述了即将离开故乡和情人时的悲伤之情。诗中唱道："郁金香花坛，我要离开你，含情脉脉的双眼，我要离开你。你的双眼含情脉脉，心儿却悲伤。我要离开你，这广阔的大地。"对于研究塔吉克族爱情观及民间文学有参考价值。1986年塔布力迪·吾秀尔塔吉克语演唱，帕合塔依克塔吉克文笔录。马达力汗·巴伦译成维吾尔文。16开纸1页，4行。原稿今藏新疆大学扎米尔·赛都拉·扎德处。译文收入《中国民间文学集成·新疆卷·塔吉克族民间文学集》，新疆大学出版社2005年版。

（买买提明·阿塔吾拉编，木合塔尔·艾山译）

恋人的情感

يورَن وى عشق

yurän wi ešq

塔吉克族爱情柔巴依。流传于新疆维吾尔自治区喀什地区塔什库尔干塔吉克自治县。唱述了年轻人见不到心爱的恋人而悲痛万分的情景。诗中唱道："几天来心儿在燃烧，泪流满面如河淌。河儿直流淌，河边成花坛。"对于研究塔吉克族爱情观及民间文学有参考价值。1986年塔布力迪·吾秀尔、尼嘎尔塔吉克语演唱，帕合塔依克塔吉克文笔录。马达力汗·巴伦译成维吾尔文。16开纸1页，4行。原稿今藏新疆大学扎米尔·赛都拉·扎德处。译文收入《中国民间文学集成·新疆卷·塔吉克族民间文学集》，新疆大学出版社2005年版。

（买买提明·阿塔吾拉编，木合塔尔·艾山译）

恋人的衷心

گُلَن وى وَفو

golän wi wäfu

塔吉克族爱情柔巴依。流传于新疆维吾尔自治区喀什地区塔什库尔干塔吉克自治县。唱述了青年男子离开故乡和情人前的心情。诗中唱道："哎苹果，你千万不要发红，不要再发芽结果。我是你忠诚的恋人，现在要离你远去，我走后你别再找朋友。"对于研究塔吉克族爱情观、道德观及民间文学有参考价值。1986年塔布力迪·吾秀尔、尼嘎尔塔吉克语演唱，帕合塔依克塔吉克文笔录。马达力汗·巴伦译成维吾尔文。16开纸1页，4行。原稿今藏新疆大学扎米尔·赛都拉·扎德处。译文收入《中国民间文学集成·新疆卷·塔吉克族民间文学集》，新疆大学出版社2005年版。

（买买提明·阿塔吾拉编，木合塔尔·艾山译）

发光的面貌

نورين ريخسور

nurin rixsur

塔吉克族爱情柔巴依。流传于新疆维吾尔自治区喀什地区塔什库尔干塔吉克自治县。唱述了塔吉克族人民爱美的性格和审美观。诗中唱道："花儿走过我的庭院，秀发如海狸身姿如天仙。我没有找到芳香，飘走后不再回来。"对于研究塔吉克族民间文学有参考价值。1986年塔布力迪·吾秀尔、尼嘎尔塔吉克语演唱，帕合塔依克塔吉克文笔录。马达力汗·巴伦译成维吾尔文。16

开纸 1 页，4 行。原稿今藏新疆大学扎米尔·赛都拉·扎德处。译文收入《中国民间文学集成·新疆卷·塔吉克族民间文学集》，新疆大学出版社 2005 年版。

（买买提明·阿塔吾拉编，木合塔尔·艾山译）

爱人的心愿
گُلَن وی آرزو
golän wi arzu

塔吉克族爱情柔巴依。流传于新疆维吾尔自治区喀什地区塔什库尔干塔吉克自治县。唱述了对爱人的忠心和真挚的感情。诗中唱道："她花儿般美丽的身姿，是我花儿般的恋人，你别向他人表露内心。我要找别的情人，就让我的眼睛瞎了，因为你是我的珍珠、我的王冠。"反映了塔吉克族人民忠贞不渝的性格。对于研究塔吉克族爱情观及民间文学有参考价值。1986 年塔布力迪·吾秀尔、尼嘎尔塔吉克语演唱，帕合塔依克塔吉克文笔录。马达力汗·巴伦译成维吾尔文。16 开纸 1 页，4 行。原稿今藏新疆大学扎米尔·赛都拉·扎德处。译文收入《中国民间文学集成·新疆卷·塔吉克族民间文学集》，新疆大学出版社 2005 年版。

（买买提明·阿塔吾拉编，木合塔尔·艾山译）

我与梦
وَز اَت خواب
wäz ät xab

塔吉克族爱情柔巴依。流传于新疆维吾尔自治区喀什地区塔什库尔干塔吉克自治县。唱述了渴望见到恋人的迫切愿望。诗中唱道："我在睡觉时做了一个奇怪的梦，梦见恋人在我怀中。我醒来恋人不在身边，我才知这原来是一场梦。"对于研究塔吉克族爱情柔巴依有参考价值。1986 年塔布力迪·吾秀尔、尼嘎尔塔吉克语演唱，达力·买提胡夏勒塔吉克文笔录。马达力汗·巴伦译成维吾尔文。16 开纸 1 页，4 行。原稿今藏新疆大学扎米尔·赛都拉·扎德处。译文收入《中国民间文学集成·新疆卷·塔吉克族民间文学集》，新疆大学出版社 2005 年版。

（买买提明·阿塔吾拉编，木合塔尔·艾山译）

在爱中煎熬
یار آوان سَرسون
yar äwan särsun

塔吉克族爱情柔巴依。流传于新疆维吾尔自治区喀什地区塔什库尔干塔吉克自治县。唱述了一对恋人在爱中受煎熬，为了爱情甘愿奉献一切的心情。诗中唱道："心儿碎了，今天她格外憔悴，我的心肝为何这样既生硬又结实。为了心儿快乐我又奉献了什么。他也在爱中煎熬。"对于研究塔吉克族爱情观、道德观及民间文学有参考价值。1986 年塔布力迪·吾秀尔、尼嘎尔塔吉克语演唱，帕合塔依克塔吉克文笔录。马达力汗·巴伦译成维吾尔文。16 开纸 1 页，4 行。原稿今藏新疆大学扎米尔·赛都拉·扎德处。译文收入《中国民间文学集成·新疆卷·塔吉克族民间文学集》，新疆大学出版社 2005 年版。

（买买提明·阿塔吾拉编，木合塔尔·艾山译）

一对少妇
ای جُفت نَوجَوان
iy joft näw jäwan

塔吉克族爱情柔巴依。流传于新疆维吾尔自治区喀什地区塔什库尔干塔吉克自治县。通过唱述两个塔吉克族姑娘相称的外表，反映了塔吉克族人的审美观。诗中唱道："我在街上见到一对少妇，一胖一瘦多般配。我愿为胖子献身，但瘦子也不错。"对于研究塔吉克族审美观及民间文学有参考价值。1986 年塔布力迪·吾秀尔、尼嘎尔塔吉克语演唱，达力·买提胡夏勒塔吉克文笔录。马达力汗·巴伦译成维吾尔文。16开纸1页，4行。原稿今藏新疆大学扎米尔·赛都拉·扎德处。译文收入《中国民间文学集成·新疆卷·塔吉克族民间文学集》，新疆大学出版社2005年版。

（买买提明·阿塔吾拉编，木合塔尔·艾山译）

甜蜜的恋人

خگ گُل

xeg gol

塔吉克族爱情柔巴依。流传于新疆维吾尔自治区喀什地区塔什库尔干塔吉克自治县。通过唱述恋人美丽的容貌，反映了小伙子的爱慕之情。诗中唱道："云儿一簇簇地在天空中飘，恋人种了沙糖你去看。你像沙糖一样甜，为何还要种它？你应该去种宝石或珍珠。"对于研究塔吉克族审美观及民间文学有参考价值。1986年塔布力迪·吾秀尔、尼嘎尔塔吉克语演唱，达力·买提胡夏勒塔吉克文笔录。马达力汗·巴伦译成维吾尔文。16开纸1页，4行。原稿今藏新疆大学扎米尔·赛都拉·扎德处。译文收入《中国民间文学集成·新疆卷·塔吉克族民间文学集》，新疆大学出版社2005年版。

（买买提明·阿塔吾拉编，木合塔尔·艾山译）

美丽的情人

يار قَشَنگ

yare qäšäng

塔吉克族爱情柔巴依。流传于新疆维吾尔自治区喀什地区塔什库尔干塔吉克自治县。唱述了对情人深厚的爱及祝福。诗中唱道："你别去看大街，我在屋顶上。有百人钟情于你，我也是其中一个。因你在大街上我才看你，我要向你道千万个平安。"对于研究塔吉克族爱情柔巴依有参考价值。1986年塔布力迪·吾秀尔、尼嘎尔塔吉克语演唱，达力·买提胡夏勒塔吉克文笔录。马达力汗·巴伦译成维吾尔文。16开纸1页，4行。原稿今藏新疆大学扎米尔·赛都拉·扎德处。译文收入《中国民间文学集成·新疆卷·塔吉克族民间文学集》，新疆大学出版社2005年版。

（买买提明·阿塔吾拉编，木合塔尔·艾山译）

幽会的痛苦

دَرد ديدار

därde didar

塔吉克族爱情柔巴依。流传于新疆维吾尔自治区喀什地区塔什库尔干塔吉克自治县。唱述一对情人彼此见不到面而忍受折磨的情景。诗中唱道："太阳出来阳光照耀大地，照亮你来又照亮我。我俩无罪很纯洁，但你在火中燃烧，我被黑暗埋没。"反映了封建制度下男女青年没有自由恋爱权利的现象。对于研究塔吉克族社会制度及民间文学有参考价值。1986年塔布力迪·吾秀尔、尼嘎尔塔吉克语演唱，达力·买提胡夏勒塔吉克文笔录。马达力汗·巴伦译成维吾尔文。16开纸1页，4行。原稿今藏新疆大学扎米尔·赛都拉·扎德处。译文收入《中国民间文学集成·新疆卷·塔吉克族民间文学集》，新疆大学出版社2005年版。

（买买提明·阿塔吾拉编，木合塔尔·艾山译）

美丽的姑娘

دُختَر زيبا

doxtäre ziba

塔吉克族爱情柔巴依。流传于新疆维吾尔自治区喀什地区塔什库尔干塔吉克自治县。通过唱述姑娘的美貌，表达了对姑娘的爱慕之情。诗中唱道："姑娘的脸儿似月亮，容貌似花儿，乌黑发亮的眼睛，似传情的百灵鸟。水灵灵的眼睛细嫩的皮肤，使多少英雄豪杰都折服。”对于研究塔吉克族审美观及民间文学有参考价值。1986 年塔布力迪・吾秀尔塔吉克语演唱，达力・买提胡夏勒塔吉克文笔录。马达力汗・巴伦译成维吾尔文。16 开纸 1 页，4 行。原稿今藏新疆大学扎米尔・赛都拉・扎德处。译文收入《中国民间文学集成・新疆卷・塔吉克族民间文学集》，新疆大学出版社 2005 年版。

（买买提明・阿塔吾拉编，木合塔尔・艾山译）

情人的美貌

يُر ريخسُر

yor rixsor

塔吉克族爱情柔巴依。流传于新疆维吾尔自治区喀什地区塔什库尔干塔吉克自治县。唱述了年轻人对姑娘的痴情及塔吉克族人珍视纯洁爱情的品质。诗中唱道：“你笔直的身姿，所有眼神都被你勾去，我为你送去花的样本。你要爱我，我也真心爱你，我把衣裳给你，你也把大衣给我。”对于研究塔吉克族爱情观和民间文学有参考价值。1986 年塔布力迪・吾秀尔、尼嘎尔塔吉克语演唱，达力・买提胡夏勒塔吉克文笔录。马达力汗・巴伦译成维吾尔文。16 开纸 1 页，4 行。原稿今藏新疆大学扎米尔・赛都拉・扎德处。译文收入《中国民间文学集成・新疆卷・塔吉克族民间文学集》，新疆大学出版社 2005 年版。

（买买提明・阿塔吾拉编，木合塔尔・艾山译）

塔什库尔干美女

وَرشيديَن وى گُل

wäršideyän wi gol

塔吉克族爱情柔巴依。流传于新疆维吾尔自治区喀什地区塔什库尔干塔吉克自治县。唱述了塔吉克族人的审美观和爱情观。诗中唱道：“塔什库尔干美女你的情况怎样，黑夜长长谁在你的身旁？我是你的伴侣但我已远去，我走了谁会成为你的意中人?”对于研究塔吉克族爱情柔巴依有参考价值。1986 年塔布力迪・吾秀尔、尼嘎尔塔吉克语演唱，达力・买提胡夏勒塔吉克文笔录。马达力汗・巴伦译成维吾尔文。16 开纸 1 页，4 行。原稿今藏新疆大学扎米尔・赛都拉・扎德处。译文收入《中国民间文学集成・新疆卷・塔吉克族民间文学集》，新疆大学出版社 2005 年版。

（买买提明・阿塔吾拉编，木合塔尔・艾山译）

恋人的爱情

عشق يار

ešqe yar

塔吉克族爱情柔巴依。流传于新疆维吾尔自治区喀什地区塔什库尔干塔吉克自治县。通过形象化的语言赞美了恋人的美貌及对她深厚的爱。诗中唱道：“你吃着蜜糖般的萨玛尔罕苹果，柳条般的长发缠绕着我的腿。你走了世界会变得黑暗，因为你的秀发绊住了我。”反映了为心爱的人甘愿奉献一切的精神。对于研究塔吉克族爱情柔巴依有参考价值。1986 年塔布力迪・吾秀尔、尼嘎尔塔吉克语演唱，达力・买提胡夏勒塔吉克文笔录。马达力汗・巴伦译成维吾尔文。16 开纸 1 页，4 行。原稿今藏新疆大学扎米尔・赛都拉・扎德处。译文收入《中国民间文学集成・新疆卷・塔吉克族民间文学集》，新疆大学出版社 2005 年版。

（买买提明・阿塔吾拉编，木合塔尔・艾山译）

情人相见

ديدار يار

didare yar

塔吉克族爱情柔巴依。流传于新疆维

吾尔自治区喀什地区塔什库尔干塔吉克自治县。唱述了愿为恋人奉献一切及得不到心爱人的爱情而烦恼的心情。诗中唱道："啊我不行了！我没能与那花儿相伴，我一生都摆脱不了烦恼。我的愿望促使我为恋人服务，但我未能如愿以偿。"对于研究塔吉克族爱情柔巴依有参考价值。1986年塔布力迪·吾秀尔、尼嘎尔塔吉克语演唱，达力·买提胡夏勒塔吉克文笔录。马达力汗·巴伦译成维吾尔文。16开纸1页，4行。原稿今藏新疆大学扎米尔·赛都拉·扎德处。译文收入《中国民间文学集成·新疆卷·塔吉克族民间文学集》，新疆大学出版社2005年版。

（买买提明·阿塔吾拉编，木合塔尔·艾山译）

无情的恋人

يار بيوَفا

yare biwäfa

塔吉克族爱情柔巴依。流传于新疆维吾尔自治区喀什地区塔什库尔干塔吉克自治县。唱述了恋人的无情无义和不忠之举，表达了愤怒的心情。诗中唱道："你是我园中的苹果，某人在你底下乘凉，你是我夜里的明灯，某人在享受亮光。我担忧，但某人却成为你的贴心人。我背着恶名，某人却在你怀中享受。"对于研究塔吉克族爱情柔巴依有参考价值。1986年塔布力迪·吾秀尔、尼嘎尔塔吉克语演唱，达力·买提胡夏勒塔吉克文笔录。马达力汗·巴伦译成维吾尔文。16开纸1页，4行。原稿今藏新疆大学扎米尔·赛都拉·扎德处。译文收入《中国民间文学集成·新疆卷·塔吉克族民间文学集》，新疆大学出版社2005年版。

（买买提明·阿塔吾拉编，木合塔尔·艾山译）

炽热的爱情

عشقَن وی يُس

ešqän wi yos

塔吉克族爱情柔巴依。流传于新疆维吾尔自治区喀什地区塔什库尔干塔吉克自治县。唱述了对姑娘炽热的爱情以及塔吉克族人民珍惜爱情、忠贞不渝的品质。诗中唱道："你的秀发很美丽，梳得一条又一条，为了你我心中忧愁不尽。你用筛子把世界筛上百遍，我的忧愁依然如故。"对于研究塔吉克族爱情观及民间文学有参考价值。1986年塔布力迪·吾秀尔、尼嘎尔塔吉克语演唱，达力·买提胡夏勒塔吉克文笔录。马达力汗·巴伦译成维吾尔文。16开纸1页，4行。原稿今藏新疆大学扎米尔·赛都拉·扎德处。译文收入《中国民间文学集成·新疆卷·塔吉克族民间文学集》，新疆大学出版社2005年版。

（买买提明·阿塔吾拉编，木合塔尔·艾山译）

悲痛的哀叹

اويسَر داد

uysär dad

塔吉克族爱情柔巴依。流传于新疆维吾尔自治区喀什地区塔什库尔干塔吉克自治县。唱述了对恋人的思念之情。诗中唱道："月亮和星星离我们太远，今夜太长，我是不幸之人，今夜上苍也不善，我原不是黑夜，在你芳香的气味中，我孤独地以旷野为家，今夜难眠。"对于研究塔吉克族爱情观及民间文学有参考价值。1986年塔布力迪·吾秀尔、尼嘎尔塔吉克语演唱，达力·买提胡夏勒塔吉克文笔录。马达力汗·巴伦译成维吾尔文。16开纸1页，4行。原稿今藏新疆大学扎米尔·赛都拉·扎德处。译文收入《中国民间文学集成·新疆卷·塔吉克族民间文学集》，新疆大学出版社2005年版。

（买买提明·阿塔吾拉编，木合塔尔·艾山译）

无情的恋人

بِرَم گُل

beräm gol

塔吉克族爱情柔巴依。流传于新疆维吾尔自治区喀什地区塔什库尔干塔吉克自治县。唱述了失恋后的复杂心情。诗中唱道：“在百花丛中百灵鸟在哀叫，我也在哭泣。心儿在受折磨，是因恋人所致。你的痛苦源于花儿，你需要的是其曼花儿。而我的恋人无情无义。”对于研究塔吉克族爱情观和民间文学有参考价值。1986 年塔布力迪·吾秀尔、尼嘎尔塔吉克语演唱，达力·买提胡夏勒塔吉克文笔录。马达力汗·巴伦译成维吾尔文。16 开纸 1 页，4 行。原稿今藏新疆大学扎米尔·赛都拉·扎德处。译文收入《中国民间文学集成·新疆卷·塔吉克族民间文学集》，新疆大学出版社 2005 年版。

（买买提明·阿塔吾拉编，木合塔尔·艾山译）

悲伤的感情

غَمكين اوی

ɣämkin uy

塔吉克族爱情柔巴依。流传于新疆维吾尔自治区喀什地区塔什库尔干塔吉克自治县。唱述了小伙子失去情人的痛苦和愤怒。诗中唱道：“今夜是怎样的夜，恋人离开了我，一个软弱的人娶她为妻。我到她家里，她家很黑暗，我才知道是那恶棍骗了她。”对于研究塔吉克族爱情观和民间文学有参考价值。1986 年塔布力迪·吾秀尔、尼嘎尔塔吉克语演唱，达力·买提胡夏勒塔吉克文笔录。马达力汗·巴伦译成维吾尔文。16 开纸 1 页，4 行。原稿今藏新疆大学扎米尔·赛都拉·扎德处。译文收入《中国民间文学集成·新疆卷·塔吉克族民间文学集》，新疆大学出版社 2005 年版。

（买买提明·阿塔吾拉编，木合塔尔·艾山译）

爱的宣言

خيتاب عشق

xitabe ešq

塔吉克族爱情柔巴依。流传于新疆维吾尔自治区喀什地区塔什库尔干塔吉克自治县。告诫姑娘们美丽的容貌会随着岁月的流失而消失，不要过分沾沾自喜。诗中唱道：“阳光照耀在低矮的屋顶上，情人的火焰燃烧着我的心。别以你的美貌沾沾自喜，沸腾之水总会停止。”对于研究塔吉克族审美观、人生观及民间文学有参考价值。1986 年塔布力迪·吾秀尔、尼嘎尔塔吉克语演唱，达力·买提胡夏勒塔吉克文笔录。马达力汗·巴伦译成维吾尔文。16 开纸 1 页，4 行。原稿今藏新疆大学扎米尔·赛都拉·扎德处。译文收入《中国民间文学集成·新疆卷·塔吉克族民间文学集》，新疆大学出版社 2005 年版。

（买买提明·阿塔吾拉编，木合塔尔·艾山译）

爱情的抒情诗

ساز عشق

saze ešq

塔吉克族爱情柔巴依。流传于新疆维吾尔自治区喀什地区塔什库尔干塔吉克自治县。唱述了青年人对爱情忠贞不渝的品质。诗中唱道：“我为了看你这心上人而来，想给你把心里话儿讲。但要讲心里话儿已没有可能，可想再见你的心常在。”对于研究塔吉克族爱情观及民间文学有参考价值。1986 年塔布力迪·吾秀尔、尼嘎尔塔吉克语演唱，达力·买提胡夏勒塔吉克文笔录。马达力汗·巴伦译成维吾尔文。16 开纸 1 页，4 行。原稿今藏新疆大学扎米尔·赛都拉·扎德处。译文收入《中国民间文学集成·新疆卷·塔吉克族民间文学集》，新疆大学出版社 2005 年版。

（买买提明·阿塔吾拉编，木合塔尔·艾山译）

热爱恋人

نیگین

nigin

塔吉克族爱情柔巴依。流传于新疆维吾尔自治区喀什地区塔什库尔干塔吉克自治县。唱述了塔吉克族青年自重、自信、忠于恋人的品质。诗中唱道："你是宝石，我是戒指。你是月亮，我就是白天的阳光。你别自以为高我一等，你是耳环我就是金线。"对于研究塔吉克族爱情观及民间文学有参考价值。1986 年塔布力迪·吾秀尔、尼嘎尔塔吉克语演唱，达力·买提胡夏勒塔吉克文笔录。马达力汗·巴伦译成维吾尔文。16 开纸 1 页，4 行。原稿今藏新疆大学扎米尔·赛都拉·扎德处。译文收入《中国民间文学集成·新疆卷·塔吉克族民间文学集》，新疆大学出版社 2005 年版。

（买买提明·阿塔吾拉编，木合塔尔·艾山译）

思念情人

گلیر گُرم چَیگ

golir gorm čäyg

塔吉克族爱情柔巴依。流传于新疆维吾尔自治区喀什地区塔什库尔干塔吉克自治县。通过描写流落他乡的人对家乡情人的思念及遭受的无尽痛苦的经历，反映了塔吉克族人民对爱情忠诚的优良品质。诗中唱道："路途遥远，我还记得恋人的容貌，心儿已思念得鲜血淋漓，我的眼泪已流成河，任何时候我都想见到她。"对于研究塔吉克族爱情观、人生观及民间文学有参考价值。1986 年塔布力迪·吾秀尔、尼嘎尔塔吉克语演唱，达力·买提胡夏勒塔吉克文笔录。马达力汗·巴伦译成维吾尔文。16 开纸 1 页，4 行。原稿今藏新疆大学扎米尔·赛都拉·扎德处。译文收入《中国民间文学集成·新疆卷·塔吉克族民间文学集》，新疆大学出版社 2005 年版。

（买买提明·阿塔吾拉编，木合塔尔·艾山译）

少妇的哭泣

اَروسَن وی یُک

ärusän wi yok

塔吉克族爱情柔巴依。流传于新疆维吾尔自治区喀什地区塔什库尔干塔吉克自治县。唱述了年轻姑娘嫁给老年人的苦衷。诗中唱道："我的爱人是七十岁的男子，嘴里无牙，不再年轻，我想给他镶贝壳牙，只因无其他办法，值得惆怅。"对于研究塔吉克族价值观、爱情观及民间文学有参考价值。1986 年吾守尔塔吉克语演唱，代尔亚巴依塔吉克文笔录。马达力汗·巴伦译成维吾尔文。16 开纸，1 页 4 行。原稿今藏新疆大学扎米尔·赛都拉·扎德处。译文收入《中国民间文学集成·新疆卷·塔吉克族民间文学集》，新疆大学出版社 2005 年版。

（买买提明·阿塔吾拉编，木合塔尔·艾山译）

月亮般的美女

گُل نیگار

gole nigar

塔吉克族爱情柔巴依。流传于新疆维吾尔自治区喀什地区塔什库尔干塔吉克自治县。唱述了经受爱情折磨的苦难经历，倡导永远相爱、珍惜人间真情的品德。诗中唱道："你的美貌如弯月，如弯月，你的名字叫尼嘎尔，啊尼嘎尔，我因爱你而苍老，身腰已驼背，你没说一次太冤枉、太冤枉。"对于研究塔吉克族审美观、爱情观及民间文学有参考价值。1986 年艾布达力别克、曼力斯塔吉克语演唱，帕合塔依克塔吉克文笔录。马达力汗·巴伦译成维吾尔文。16 开纸 1 页，4 行。原稿今藏新疆大学扎米尔·赛都拉·扎德处。译文收入《中国民间文学集成·新疆卷·塔吉克族民间文学集》，新疆大学出版社 2005 年版。

（买买提明·阿塔吾拉编，木合塔尔·艾山译）

情人成了玩具项链

سیکَیتک یار

sikitäk yar

塔吉克族爱情柔巴依。流传于新疆维吾尔自治区喀什地区塔什库尔干塔吉克自治县。唱述了塔吉克族崇尚纯洁爱情的观念，劝导人们做忠诚老实、有品德的人。诗中唱道："少妇是众人脖子上的项链，就像在母马身边的小驹，我愿用金线装饰她，已无法阻挡她成为众人的玩偶。"对于研究塔吉克族爱情观、道德观及民间文学有参考价值。1986 年艾布达力别克、曼力斯塔吉克语演唱，帕合塔依克塔吉克文笔录。马达力汗·巴伦译成维吾尔文。16 开纸 1 页，4 行。原稿今藏新疆大学扎米尔·赛都拉·扎德处。译文收入《中国民间文学集成·新疆卷·塔吉克族民间文学集》，新疆大学出版社 2005 年版。

（买买提明·阿塔吾拉编，木合塔尔·艾山译）

负心的情人

یار وَفادار

yare wäfadar

塔吉克族爱情柔巴依。流传于新疆维吾尔自治区喀什地区塔什库尔干塔吉克自治县。通过谴责负心的情人，反映了塔吉克族人忠于爱情的观念。诗中唱道："从庭院出来带着疑团，因为没有拉来花儿陪伴我。那刽子手举刀刺向我，我怀里顿时流出血。"对于研究塔吉克族爱情观及民间文学有参考价值。1986 年艾布达力别克、曼力斯塔吉克语演唱，帕合塔依克塔吉克文笔录。马达力汗·巴伦译成维吾尔文。16 开纸 1 页，4 行。原稿今藏新疆大学扎米尔·赛都拉·扎德处。译文收入《中国民间文学集成·新疆卷·塔吉克族民间文学集》，新疆大学出版社 2005 年版。

（买买提明·阿塔吾拉编，木合塔尔·艾山译）

与恋人相见

سَنگ دیل

sänge dil

塔吉克族爱情柔巴依。流传于新疆维吾尔自治区喀什地区塔什库尔干塔吉克自治县。唱述了受恋人折磨的痛苦心情。诗中唱道："你折磨得我精神崩溃，用爱的热情燃烧着我。在篝火里烤不熟我，因为我是石头，是你熔化了我。"对于研究塔吉克族民间文学有参考价值。1986 年艾布达力别克、曼力斯塔吉克语演唱，帕合塔依克塔吉克文笔录。马达力汗·巴伦译成维吾尔文。16 开纸 1 页，4 行。原稿今藏新疆大学扎米尔·赛都拉·扎德处。译文收入《中国民间文学集成·新疆卷·塔吉克族民间文学集》，新疆大学出版社 2005 年版。

（买买提明·阿塔吾拉编，木合塔尔·艾山译）

情人啊你何时到这儿来

تاو چوم یاد؟

tawčum yad?

塔吉克族爱情柔巴依。流传于新疆维吾尔自治区喀什地区塔什库尔干塔吉克自治县。唱述了想与情人见面的愿望，反映了塔吉克族人对爱情忠贞不渝的精神。诗中唱道："春天来了，你何时才来。花儿已凋零，你何时才能来？你原答应在寒冬季节来，现在冰雪已融化，你何时才能来？"对于研究塔吉克族爱情观和民间文学有参考价值。1986 年艾布达力·别克·曼力斯塔吉克语演唱，帕合塔依克塔吉克文笔录。马达力汗·巴伦译成维吾尔文。16 开纸 1 页，4 行。原稿今藏新疆大学扎米尔·赛都拉·扎德处。译文收入《中国民间文学集成·新疆卷·塔吉克族民间文学集》，新疆大学出版社 2005 年版。

（买买提明·阿塔吾拉编，木合塔尔·艾山译）

忠心的恋人
يار ۋەفادار
yare wäfadar

塔吉克族爱情柔巴依。流传于新疆维吾尔自治区喀什地区塔什库尔干塔吉克自治县。唱述了塔吉克族人珍视友情、对爱情忠贞的精神。诗中唱道："你要是忠心的恋人，你就赶快来。我是病人，你快来为我哭泣。把我送到他乡卖掉，出钱来要我的命。"对于研究塔吉克族爱情观、道德观及民间文学有参考价值。1986 年艾布达力别克、曼力斯塔吉克语演唱，帕合塔依克塔吉克文笔录。马达力汗·巴伦译成维吾尔文。16 开纸 1 页，4 行。原稿今藏新疆大学扎米尔·赛都拉·扎德处。译文收入《中国民间文学集成·新疆卷·塔吉克族民间文学集》，新疆大学出版社 2005 年版。

（买买提明·阿塔吾拉编，木合塔尔·艾山译）

为了恋人而悲伤
سەرسان مەن
särsane män

塔吉克族爱情柔巴依。流传于新疆维吾尔自治区喀什地区塔什库尔干塔吉克自治县。唱述了对恋人的思念之情。诗中唱道："你是花儿、尊敬的情人或是刽子手、魔术师，或猎人。你使我像莱丽与麦吉侬一样流浪，或我是帕尔哈提，你是西仁。"对于研究塔吉克族柔巴依有参考价值。1986 年艾布达力别克、曼力斯塔吉克语演唱，帕合塔依克塔吉克文笔录。马达力汗·巴伦译成维吾尔文。16 开纸 1 页，4 行。原稿今藏新疆大学扎米尔·赛都拉·扎德处。译文收入《中国民间文学集成·新疆卷·塔吉克族民间文学集》，新疆大学出版社 2005 年版。

（买买提明·阿塔吾拉编，木合塔尔·艾山译）

花儿与百灵鸟
گُل و بُلبُل
gol wä bolbol

塔吉克族爱情柔巴依。流传于新疆维吾尔自治区喀什地区塔什库尔干塔吉克自治县。唱述了恋人的美貌及良好的性格。诗中唱道："你的身材像嫩芽，美貌如花儿，百灵鸟需要的是花儿。为了你美丽的脸庞他飞翔着，如果看到你的黑头发，他会心服于你。"对于研究塔吉克族柔巴依有参考价值。1986 年艾布达力别克、曼力斯塔吉克语演唱，帕合塔依克塔吉克文笔录。马达力汗·巴伦译成维吾尔文。16 开纸 1 页，4 行。原稿今藏新疆大学扎米尔·赛都拉·扎德处。译文收入《中国民间文学集成·新疆卷·塔吉克族民间文学集》，新疆大学出版社 2005 年版。

（买买提明·阿塔吾拉编，木合塔尔·艾山译）

在爱的火焰中煎熬
دەرد عشق
därde ešq

塔吉克族爱情柔巴依。流传于新疆维吾尔自治区喀什地区塔什库尔干塔吉克自治县。唱述了一个在爱的火焰中煎熬的年轻人的精神状态。诗中唱道："上苍那天为我造泥，我的心在日日夜夜流血。爱的神箭多么折磨人，生命犹存但无能为力。"对于研究塔吉克族柔巴依有参考价值。1986

无情的恋人

برَم گُل

beräm gol

塔吉克族爱情柔巴依。流传于新疆维吾尔自治区喀什地区塔什库尔干塔吉克自治县。唱述了失恋后的复杂心情。诗中唱道："在百花丛中百灵鸟在哀叫，我也在哭泣。心儿在受折磨，是因恋人所致。你的痛苦源于花儿，你需要的是其曼花儿。而我的恋人无情无义。"对于研究塔吉克族爱情观和民间文学有参考价值。1986年塔布力迪·吾秀尔、尼嘎尔塔吉克语演唱，达力·买提胡夏勒塔吉克文笔录。马达力汗·巴伦译成维吾尔文。16开纸1页，4行。原稿今藏新疆大学扎米尔·赛都拉·扎德处。译文收入《中国民间文学集成·新疆卷·塔吉克族民间文学集》，新疆大学出版社2005年版。

（买买提明·阿塔吾拉编，木合塔尔·艾山译）

悲伤的感情

غَمكين اوى

ɣämkin uy

塔吉克族爱情柔巴依。流传于新疆维吾尔自治区喀什地区塔什库尔干塔吉克自治县。唱述了小伙子失去情人的痛苦和愤怒。诗中唱道："今夜是怎样的夜，恋人离开了我，一个软弱的人娶她为妻。我到她家里，她家很黑暗，我才知道是那恶棍骗了她。"对于研究塔吉克族爱情观和民间文学有参考价值。1986年塔布力迪·吾秀尔、尼嘎尔塔吉克语演唱，达力·买提胡夏勒塔吉克文笔录。马达力汗·巴伦译成维吾尔文。16开纸1页，4行。原稿今藏新疆大学扎米尔·赛都拉·扎德处。译文收入《中国民间文学集成·新疆卷·塔吉克族民间文学集》，新疆大学出版社2005年版。

（买买提明·阿塔吾拉编，木合塔尔·艾山译）

爱的宣言

خيتاب عشق

xitabe ešq

塔吉克族爱情柔巴依。流传于新疆维吾尔自治区喀什地区塔什库尔干塔吉克自治县。告诫姑娘们美丽的容貌会随着岁月的流失而消失，不要过分沾沾自喜。诗中唱道："阳光照耀在低矮的屋顶上，情人的火焰燃烧着我的心。别以你的美貌沾沾自喜，沸腾之水总会停止。"对于研究塔吉克族审美观、人生观及民间文学有参考价值。1986年塔布力迪·吾秀尔、尼嘎尔塔吉克语演唱，达力·买提胡夏勒塔吉克文笔录。马达力汗·巴伦译成维吾尔文。16开纸1页，4行。原稿今藏新疆大学扎米尔·赛都拉·扎德处。译文收入《中国民间文学集成·新疆卷·塔吉克族民间文学集》，新疆大学出版社2005年版。

（买买提明·阿塔吾拉编，木合塔尔·艾山译）

爱情的抒情诗

ساز عشق

saze ešq

塔吉克族爱情柔巴依。流传于新疆维吾尔自治区喀什地区塔什库尔干塔吉克自治县。唱述了青年人对爱情忠贞不渝的品质。诗中唱道："我为了看你这心上人而来，想给你把心里话儿讲。但要讲心里话儿已没有可能，可想再见你的心常在。"对于研究塔吉克族爱情观及民间文学有参考价值。1986年塔布力迪·吾秀尔、尼嘎尔塔吉克语演唱，达力·买提胡夏勒塔吉克文笔录。马达力汗·巴伦译成维吾尔文。16开纸1页，4行。原稿今藏新疆大学扎米尔·赛都拉·扎德处。译文收入《中国民间文学集成·新疆卷·塔吉克族民间文学集》，新疆大学出版社2005年版。

（买买提明·阿塔吾拉编，木合塔尔·艾山译）

热爱恋人

نیگین

nigin

塔吉克族爱情柔巴依。流传于新疆维吾尔自治区喀什地区塔什库尔干塔吉克自治县。唱述了塔吉克族青年自重、自信、忠于恋人的品质。诗中唱道："你是宝石，我是戒指。你是月亮，我就是白天的阳光。你别自以为高我一等，你是耳环我就是金线。"对于研究塔吉克族爱情观及民间文学有参考价值。1986年塔布力迪·吾秀尔、尼嘎尔塔吉克语演唱，达力·买提胡夏勒塔吉克文笔录。马达力汗·巴伦译成维吾尔文。16开纸1页，4行。原稿今藏新疆大学扎米尔·赛都拉·扎德处。译文收入《中国民间文学集成·新疆卷·塔吉克族民间文学集》，新疆大学出版社2005年版。

（买买提明·阿塔吾拉编，木合塔尔·艾山译）

思念情人

گُلیر گُرم چَیگ

golir gorm čäyg

塔吉克族爱情柔巴依。流传于新疆维吾尔自治区喀什地区塔什库尔干塔吉克自治县。通过描写流落他乡的人对家乡情人的思念及遭受的无尽痛苦的经历，反映了塔吉克族人民对爱情忠诚的优良品质。诗中唱道："路途遥远，我还记得恋人的容貌，心儿已思念得鲜血淋漓，我的眼泪已流成河，任何时候我都想见到她。"对于研究塔吉克族爱情观、人生观及民间文学有参考价值。1986年塔布力迪·吾秀尔、尼嘎尔塔吉克语演唱，达力·买提胡夏勒塔吉克文笔录。马达力汗·巴伦译成维吾尔文。16开纸1页，4行。原稿今藏新疆大学扎米尔·赛都拉·扎德处。译文收入《中国民间文学集成·新疆卷·塔吉克族民间文学集》，新疆大学出版社2005年版。

（买买提明·阿塔吾拉编，木合塔尔·艾山译）

少妇的哭泣

اَروسَن وی یُک

ärusän wi yok

塔吉克族爱情柔巴依。流传于新疆维吾尔自治区喀什地区塔什库尔干塔吉克自治县。唱述了年轻姑娘嫁给老年人的苦衷。诗中唱道："我的爱人是七十岁的男子，嘴里无牙，不再年轻，我想给他镶贝壳牙，只因无其他办法，值得惆怅。"对于研究塔吉克族价值观、爱情观及民间文学有参考价值。1986年吾守尔塔吉克语演唱，代尔亚巴依塔吉克文笔录。马达力汗·巴伦译成维吾尔文。16开纸，1页4行。原稿今藏新疆大学扎米尔·赛都拉·扎德处。译文收入《中国民间文学集成·新疆卷·塔吉克族民间文学集》，新疆大学出版社2005年版。

（买买提明·阿塔吾拉编，木合塔尔·艾山译）

月亮般的美女

گُل نیگار

gole nigar

塔吉克族爱情柔巴依。流传于新疆维吾尔自治区喀什地区塔什库尔干塔吉克自治县。唱述了经受爱情折磨的苦难经历，倡导永远相爱、珍惜人间真情的品德。诗中唱道："你的美貌如弯月，如弯月，你的名字叫尼嘎尔，啊尼嘎尔，我因爱你而苍老，身腰已驼背，你没说一次太冤枉、太冤枉。"对于研究塔吉克族审美观、爱情观及民间文学有参考价值。1986年艾布达力别克、曼力斯塔吉克语演唱，帕合塔依克塔吉克文笔录。马达力汗·巴伦译成维吾尔文。16开纸1页，4行。原稿今藏新疆大学扎米尔·赛都拉·扎德处。译文收入《中国民间文学集成·新疆卷·塔吉克族民间文学集》，新疆大学出版社 2005 年版。

（买买提明·阿塔吾拉编，木合塔尔·艾山译）

情人成了玩具项链

سيكَيتک يار

sikitäk yar

塔吉克族爱情柔巴依。流传于新疆维吾尔自治区喀什地区塔什库尔干塔吉克自治县。唱述了塔吉克族崇尚纯洁爱情的观念，劝导人们做忠诚老实、有品德的人。诗中唱道："少妇是众人脖子上的项链，就像在母马身边的小驹，我愿用金线装饰她，已无法阻挡她成为众人的玩偶。"对于研究塔吉克族爱情观、道德观及民间文学有参考价值。1986 年艾布达力别克、曼力斯塔吉克语演唱，帕合塔依克塔吉克文笔录。马达力汗·巴伦译成维吾尔文。16 开纸 1 页，4 行。原稿今藏新疆大学扎米尔·赛都拉·扎德处。译文收入《中国民间文学集成·新疆卷·塔吉克族民间文学集》，新疆大学出版社 2005 年版。

（买买提明·阿塔吾拉编，木合塔尔·艾山译）

负心的情人

يار وَفادار

yare wäfadar

塔吉克族爱情柔巴依。流传于新疆维吾尔自治区喀什地区塔什库尔干塔吉克自治县。通过谴责负心的情人，反映了塔吉克族人忠于爱情的观念。诗中唱道："从庭院出来带着疑团，因为没有拉来花儿陪伴我。那刽子手举刀刺向我，我怀里顿时流出血。"对于研究塔吉克族爱情观及民间文学有参考价值。1986 年艾布达力别克、曼力斯塔吉克语演唱，帕合塔依克塔吉克文笔录。马达力汗·巴伦译成维吾尔文。16 开纸 1 页，4 行。原稿今藏新疆大学扎米尔·赛都拉·扎德处。译文收入《中国民间文学集成·新疆卷·塔吉克族民间文学集》，新疆大学出版社 2005 年版。

（买买提明·阿塔吾拉编，木合塔尔·艾山译）

与恋人相见

سَنگ ديل

sänge dil

塔吉克族爱情柔巴依。流传于新疆维吾尔自治区喀什地区塔什库尔干塔吉克自治县。唱述了受恋人折磨的痛苦心情。诗中唱道："你折磨得我精神崩溃，用爱的热情燃烧着我。在篝火里烤不熟我，因为我是石头，是你熔化了我。"对于研究塔吉克族民间文学有参考价值。1986 年艾布达力别克、曼力斯塔吉克语演唱，帕合塔依克塔吉克文笔录。马达力汗·巴伦译成维吾尔文。16 开纸 1 页，4 行。原稿今藏新疆大学扎米尔·赛都拉·扎德处。译文收入《中国民间文学集成·新疆卷·塔吉克族民间文学集》，新疆大学出版社 2005 年版。

（买买提明·阿塔吾拉编，木合塔尔·艾山译）

情人啊你何时到这儿来

تاو چوم ياد؟

tawčum yad?

塔吉克族爱情柔巴依。流传于新疆维吾尔自治区喀什地区塔什库尔干塔吉克自治县。唱述了想与情人见面的愿望，反映了塔吉克族人对爱情忠贞不渝的精神。诗中唱道："春天来了，你何时才来。花儿已凋零，你何时才能来？你原答应在寒冬季节来，现在冰雪已融化，你何时才能来？"对于研究塔吉克族爱情观和民间文学有参考价值。1986 年艾布达力·别克·曼力斯塔吉克语演唱，帕合塔依克塔吉克文笔录。马达力汗·巴伦译成维吾尔文。16开纸1页，4行。原稿今藏新疆大学扎米尔·赛都拉·扎德处。译文收入《中国民间文学集成·新疆卷·塔吉克族民间文学集》，新疆大学出版社2005年版。

（买买提明·阿塔吾拉编，木合塔尔·艾山译）

忠心的恋人

يار وَفادار

yare wäfadar

塔吉克族爱情柔巴依。流传于新疆维吾尔自治区喀什地区塔什库尔干塔吉克自治县。唱述了塔吉克族人珍视友情、对爱情忠贞的精神。诗中唱道："你要是忠心的恋人，你就赶快来。我是病人，你快来为我哭泣。把我送到他乡卖掉，出钱来要我的命。"对于研究塔吉克族爱情观、道德观及民间文学有参考价值。1986年艾布达力别克、曼力斯塔吉克语演唱，帕合塔依克塔吉克文笔录。马达力汗·巴伦译成维吾尔文。16开纸1页，4行。原稿今藏新疆大学扎米尔·赛都拉·扎德处。译文收入《中国民间文学集成·新疆卷·塔吉克族民间文学集》，新疆大学出版社2005年版。

（买买提明·阿塔吾拉编，木合塔尔·艾山译）

为了恋人而悲伤

سَرسان مَن

särsane män

塔吉克族爱情柔巴依。流传于新疆维吾尔自治区喀什地区塔什库尔干塔吉克自治县。唱述了对恋人的思念之情。诗中唱道："你是花儿、尊敬的情人或是刽子手、魔术师，或猎人。你使我像莱丽与麦吉依一样流浪，或我是帕尔哈提，你是西仁。"对于研究塔吉克族柔巴依有参考价值。1986年艾布达力别克、曼力斯塔吉克语演唱，帕合塔依克塔吉克文笔录。马达力汗·巴伦译成维吾尔文。16开纸1页，4行。原稿今藏新疆大学扎米尔·赛都拉·扎德处。译文收入《中国民间文学集成·新疆卷·塔吉克族民间文学集》，新疆大学出版社2005年版。

（买买提明·阿塔吾拉编，木合塔尔·艾山译）

花儿与百灵鸟

گُل و بُلبُل

gol wä bolbol

塔吉克族爱情柔巴依。流传于新疆维吾尔自治区喀什地区塔什库尔干塔吉克自治县。唱述了恋人的美貌及良好的性格。诗中唱道："你的身材像嫩芽，美貌如花儿，百灵鸟需要的是花儿。为了你美丽的脸庞他飞翔着，如果看到你的黑头发，他会心服于你。"对于研究塔吉克族柔巴依有参考价值。1986年艾布达力别克、曼力斯塔吉克语演唱，帕合塔依克塔吉克文笔录。马达力汗·巴伦译成维吾尔文。16开纸1页，4行。原稿今藏新疆大学扎米尔·赛都拉·扎德处。译文收入《中国民间文学集成·新疆卷·塔吉克族民间文学集》，新疆大学出版社2005年版。

（买买提明·阿塔吾拉编，木合塔尔·艾山译）

在爱的火焰中煎熬

دَرد عشق

därde ešq

塔吉克族爱情柔巴依。流传于新疆维吾尔自治区喀什地区塔什库尔干塔吉克自治县。唱述了一个在爱的火焰中煎熬的年轻人的精神状态。诗中唱道："上苍那天为我造泥，我的心在日日夜夜流血。爱的神箭多么折磨人，生命犹存但无能为力。"对于研究塔吉克族柔巴依有参考价值。1986

年艾布达力别克、曼力斯塔吉克语演唱，帕合塔依克塔吉克文笔录。马达力汗·巴伦译成维吾尔文。16 开纸 1 页，4 行。原稿今藏新疆大学扎米尔·赛都拉·扎德处。译文收入《中国民间文学集成·新疆卷·塔吉克族民间文学集》，新疆大学出版社 2005 年版。

（买买提明·阿塔吾拉编，木合塔尔·艾山译）

情人的性格

خُلق يار

xolqe yar

塔吉克族爱情柔巴依。流传于新疆维吾尔自治区喀什地区塔什库尔干塔吉克自治县。劝导人们要忠诚，不要花心。诗中唱道："你的形象如同花朵一样，嘴唇似石榴，牙齿像贝壳。别找别的恋人，那对你不般配。抛弃旧情人，去找孤身者。"对于研究塔吉克族爱情观、道德观及民间文学有参考价值。1986 年艾布达力别克、曼力斯塔吉克语演唱，帕合塔依克塔吉克文笔录。马达力汗·巴伦译成维吾尔文。16 开纸 1 页，4 行。原稿今藏新疆大学扎米尔·赛都拉·扎德处。译文收入《中国民间文学集成·新疆卷·塔吉克族民间文学集》，新疆大学出版社 2005 年版。

（买买提明·阿塔吾拉编，木合塔尔·艾山译）

爱的火焰

آتَش عشق

atäše ešq

塔吉克族爱情柔巴依。流传于新疆维吾尔自治区喀什地区塔什库尔干塔吉克自治县。唱述了恋人的形象及对她炽热的爱。诗中唱道："你是一朵花，没有你我心里难过，我在你庭院里聚会。你却爱上了别人，我爱着你，在爱的火焰里度过多少春冬。"对于研究塔吉克族柔巴依有参考价值。1986 年艾布达力别克、曼力斯塔吉克语演唱，帕合塔依克塔吉克文笔录。马达力汗·巴伦译成维吾尔文。16 开纸 1 页，4 行。原稿今藏新疆大学扎米尔·赛都拉·扎德处。译文收入《中国民间文学集成·新疆卷·塔吉克族民间文学集》，新疆大学出版社 2005 年版。

（买买提明·阿塔吾拉编，木合塔尔·艾山译）

情人宝贝

يار ببَها

yare bebäha

塔吉克族爱情柔巴依。流传于新疆维吾尔自治区喀什地区塔什库尔干塔吉克自治县。唱述了爱情珍贵无价的道理及塔吉克族人珍惜爱情的品德。诗中唱道："你的嘴唇似蜜糖，牙齿似珍珠，我是你的买主，你身价是多少？你要问我的身价，是呼罗珊、布哈拉、萨玛尔罕三城之价。"对于研究塔吉克族人生观及民间文学有参考价值。1986 年艾布达力别克、曼力斯塔吉克语演唱，帕合塔依克塔吉克文笔录。马达力汗·巴伦译成维吾尔文。16 开纸 1 页，4 行。原稿今藏新疆大学扎米尔·赛都拉·扎德处。译文收入《中国民间文学集成·新疆卷·塔吉克族民间文学集》，新疆大学出版社 2005 年版。

（买买提明·阿塔吾拉编，木合塔尔·艾山译）

为了爱情而流浪

دِوانۀ عشق

diwanäye ešq

塔吉克族爱情柔巴依。流传于新疆维吾尔自治区喀什地区塔什库尔干塔吉克自治县。唱述了穷小伙对爱情的看法。诗中唱道："你头上戴皇冠，我却在你的家乡流浪。有人说：穷人不需要爱情，爱是祸害，使人丧失理智。"对于研究塔吉克族爱情观及民间文学有参考价值。1986年艾布达力别克、曼力斯塔吉克语演唱，帕合塔依克塔吉克文笔录。马达力汗・巴伦译成维吾尔文。16开纸1页，4行。原稿今藏新疆大学扎米尔・赛都拉・扎德处。译文收入《中国民间文学集成・新疆卷・塔吉克族民间文学集》，新疆大学出版社2005年版。

（买买提明・阿塔吾拉编，木合塔尔・艾山译）

思念情人

یار یاد کَردَن

yar yad kärdän

塔吉克族爱情柔巴依。流传于新疆维吾尔自治区喀什地区塔什库尔干塔吉克自治县。唱述了对情人的思念、等待及渴望相见之情。诗中唱道："因为情人走了，我没有对人微笑，我没有理发，身穿袈裟。每当商队走过我都问。他们都答：不知道，没有看见。"对于研究塔吉克族民间文学有参考价值。1986年艾布达力别克、曼力斯塔吉克语演唱，帕合塔依克塔吉克文笔录。马达力汗・巴伦译成维吾尔文。16开纸1页，4行。原稿今藏新疆大学扎米尔・赛都拉・扎德处。译文收入《中国民间文学集成・新疆卷・塔吉克族民间文学集》，新疆大学出版社2005年版。

（买买提明・阿塔吾拉编，木合塔尔・艾山译）

希望之情

امید عشق

umide ešq

塔吉克族爱情柔巴依。流传于新疆维吾尔自治区喀什地区塔什库尔干塔吉克自治县。唱述了对情人的炽热之情。诗中唱道："杨树长在河流旁，希望破灭你还会来。如果你来了，对我是福，对你也是福，我的苦也不会白费。"对于研究塔吉克族民间文学有参考价值。1986年塔布力迪・吾秀尔、尼嘎尔塔吉克语演唱，达力・买提胡夏勒塔吉克文笔录。马达力汗・巴伦译成维吾尔文。16开纸1页，4行。原稿今藏新疆大学扎米尔・赛都拉・扎德处。译文收入《中国民间文学集成・新疆卷・塔吉克族民间文学集》，新疆大学出版社2005年版。

（买买提明・阿塔吾拉编，木合塔尔・艾山译）

忠诚的爱情

سَداقَت عشق

sadaqäte ešq

塔吉克族爱情柔巴依。流传于新疆维吾尔自治区喀什地区塔什库尔干塔吉克自治县。唱述了恋人间的纯洁爱情及为了爱情甘愿奉献一切的崇高品质。诗中唱道："只要平安你就呆在远方吧，为了你不只是献心而是奉献全身。没有你我不在世上呼吸。没有我你的生存也无益。"对于研究塔吉克族爱情观和民间文学有参考价值。1986年塔布力迪・吾秀尔、尼嘎尔塔吉克语演唱，达力・买提胡夏勒塔吉克文笔录。马达力汗・巴伦译成维吾尔文。16开纸1页，4行。原稿今藏新疆大学扎米尔・赛都拉・扎德处。译文收入《中国民间文学集成・新疆卷・塔吉克族民间文学集》，新疆大学出版社2005年版。

（买买提明・阿塔吾拉编，木合塔尔・艾山译）

情缘

ویسال عشق

wisale ešq

塔吉克族爱情柔巴依。流传于新疆维吾尔自治区喀什地区塔什库尔干塔吉克自治县。唱述了出门远行的人渴望回到家乡见到情人的迫切心情。诗中唱道："我的骏马快快回到家怎么样？鞭策你走进河流怎么样？让我用金银做鞍子，让我快见情人怎么样？"

对于研究塔吉克族爱情观及民间文学有参考价值。1986 年塔布力迪·吾秀尔、尼嘎尔塔吉克语演唱，达力·买提胡夏勒塔吉克文笔录。马达力汗·巴伦译成维吾尔文。16 开纸 1 页，4 行。原稿今藏新疆大学扎米尔·赛都拉·扎德处。译文收入《中国民间文学集成·新疆卷·塔吉克族民间文学集》，新疆大学出版社 2005 年版。

（买买提明·阿塔吾拉编，木合塔尔·艾山译）

渴望见面

تَشنهٔ دیدار

täšnäye didar

塔吉克族爱情柔巴依。流传于新疆维吾尔自治区喀什地区塔什库尔干塔吉克自治县。唱述了思念情人的悲痛心情。诗中唱道：“我在墙上刻下你的画，每天向你问百遍安。问过百遍也没瞧见你，你的肖像在墙上，我却深感遗憾。”对于研究塔吉克族爱情观及民间文学有参考价值。1986 年塔布力迪·吾秀尔、尼嘎尔塔吉克语演唱，达力·买提胡夏勒塔吉克文笔录。马达力汗·巴伦译成维吾尔文。16 开纸 1 页，4 行。原稿今藏新疆大学扎米尔·赛都拉·扎德处。译文收入《中国民间文学集成·新疆卷·塔吉克族民间文学集》，新疆大学出版社 2005 年版。

（买买提明·阿塔吾拉编，木合塔尔·艾山译）

真诚的爱

عشق صَمیمی

ešqe sämimi

塔吉克族爱情柔巴依。流传于新疆维吾尔自治区喀什地区塔什库尔干塔吉克自治县。唱达了对恋人的思念之情及纯洁的爱情。诗中唱道：“因恋人走了我见不了她，我迷恋上你那弯月似的眉毛。三个月的严冬和三个月的春季，花儿惦记着雨季，而我想着恋人。”对于研究塔吉克族爱情观及民间文学有参考价值。1986 年塔布力迪·吾秀尔、尼嘎尔塔吉克语演唱，达力·买提胡夏勒塔吉克文笔录。马达力汗·巴伦译成维吾尔文。16 开纸 1 页，4 行。原稿今藏新疆大学扎米尔·赛都拉·扎德处。译文收入《中国民间文学集成·新疆卷·塔吉克族民间文学集》，新疆大学出版社 2005 年版。

（买买提明·阿塔吾拉编，木合塔尔·艾山译）

离别之痛

دَرد جُدا

därde joda

塔吉克族爱情柔巴依。流传于新疆维吾尔自治区喀什地区塔什库尔干塔吉克自治县。唱述了情人离别前难舍难分的情景及塔吉克族人珍惜纯洁爱情的优良传统。诗中唱道：“我走了走向乡野，我看到莱丽心儿都碎了。我问：啊，莱丽你的状况如何？她答：我的状况麦吉侬知道。”对于研究塔吉克族爱情观、人生观及民间文学有参考价值。1986 年塔布力迪·吾秀尔、尼嘎尔塔吉克语演唱，达力·买提胡夏勒塔吉克文笔录。马达力汗·巴伦译成维吾尔文。16 开纸 1 页，4 行。原稿今藏新疆大学扎米尔·赛都拉·扎德处。译文收入《中国民间文学集成·新疆卷·塔吉克族民间文学集》，新疆大学出版社 2005 年版。

（买买提明·阿塔吾拉编，木合塔尔·艾山译）

爱情抒情诗

ساز عشق

saze ešq

塔吉克族爱情柔巴依。流传于新疆维吾尔自治区喀什地区塔什库尔干塔吉克自治县。唱述了离别时对恋人依依不舍的感情。诗中唱道："你还会来到郁金香花园吧，春天时植物会长吧。我们走了不再回来，春天再来时你会再来吧。"对于研究塔吉克族爱情观及民间文学有参考价值。1986年塔布力迪·吾秀尔、尼嘎尔塔吉克语演唱，达力·买提胡夏勒塔吉克文笔录。马达力汗·巴伦译成维吾尔文。16开纸1页，4行。原稿今藏新疆大学扎米尔·赛都拉·扎德处。译文收入《中国民间文学集成·新疆卷·塔吉克族民间文学集》，新疆大学出版社2005年版。

（买买提明·阿塔吾拉编，木合塔尔·艾山译）

炽热的爱

عشقَن وى يُس

ešqän wi yos

塔吉克族爱情柔巴依。流传于新疆维吾尔自治区喀什地区塔什库尔干塔吉克自治县。唱述了对情人炽热的爱及忍受的折磨，反映了塔吉克族人甘愿为纯洁爱情奉献的品质。诗中唱道："你炽热的爱使我流落在穷乡僻壤，我在诉苦，但飞禽、鱼儿也捂紧嘴巴装聋作哑。"对于研究塔吉克族爱情观及民间文学有参考价值。1986年塔布力迪·吾秀尔、尼嘎尔塔吉克语演唱，达力·买提胡夏勒塔吉克文笔录。马达力汗·巴伦译成维吾尔文。16开纸1页，4行。原稿今藏新疆大学扎米尔·赛都拉·扎德处。译文收入《中国民间文学集成·新疆卷·塔吉克族民间文学集》，新疆大学出版社2005年版。

（买买提明·阿塔吾拉编，木合塔尔·艾山译）

情人的痛苦

دَرد يار

därde yar

塔吉克族爱情柔巴依。流传于新疆维吾尔自治区喀什地区塔什库尔干塔吉克自治县。唱述了情人永远分离后痛苦的内心世界。诗中唱道："我的左眼皮和右眉毛在跳动，是为了寻找情人而惊慌。情人躺在坟墓里，为何我在外面。如果坟墓裂开，我会钻进去。"对于研究塔吉克族民间文学有参考价值。1986年塔布力迪·吾秀尔、尼嘎尔塔吉克语演唱，达力·买提胡夏勒塔吉克文笔录。马达力汗·巴伦译成维吾尔文。16开纸1页，4行。原稿今藏新疆大学扎米尔·赛都拉·扎德处。译文收入《中国民间文学集成·新疆卷·塔吉克族民间文学集》，新疆大学出版社2005年版。

（买买提明·阿塔吾拉编，木合塔尔·艾山译）

渴望得到爱

گُلير اينتيزور

gulir intizur

塔吉克族爱情柔巴依。流传于新疆维吾尔自治区喀什地区塔什库尔干塔吉克自治县。唱述了青年男女思念情人、渴望爱情的心情。诗中唱道："我到河谷边，借口是罂粟，看到红花在墙边哀叹。我问：红花你为何痛苦？她答：情人走了房空了。"对于研究塔吉克族爱情观及民间文学有参考价值。1986年塔布力迪·吾秀尔、尼嘎尔塔吉克语演唱，达力·买提胡夏勒塔吉克文笔录。马达力汗·巴伦译成维吾尔文。16开纸1页，4行。原稿今藏新疆大学扎米尔·赛都拉·扎德处。译文收入《中国民间文学集成·新疆卷·塔吉克族民间文学集》，新疆大学出版社2005年版。

（买买提明·阿塔吾拉编，木合塔尔·艾山译）

离别的爱

هيجران آزوب

hijran äzup

塔吉克族爱情柔巴依。流传于新疆维吾尔自治区喀什地区塔什库尔干塔吉克自治县。唱述了小伙子得不到姑娘的回音，而倍感焦虑的复杂心情。诗中唱道："啊坐在对面的心灯，我全身心在篝火之中，心儿充满伤痕。那天我向你表忠心却受到惩罚，请你也向我一表衷肠。"对于研究塔吉克族爱情观及民间文学有参考价值。1986 年艾布达力别克、曼力斯塔吉克语演唱，帕合塔依克塔吉克文笔录。马达力汗·巴伦译成维吾尔文。16 开纸 1 页，4 行。原稿今藏新疆大学扎米尔·赛都拉·扎德处。译文收入《中国民间文学集成·新疆卷·塔吉克族民间文学集》，新疆大学出版社 2005 年版。

（买买提明·阿塔吾拉编，木合塔尔·艾山译）

想念的祝福
عشقير سَلوم
ešqir sälom

塔吉克族爱情柔巴依。流传于新疆维吾尔自治区喀什地区塔什库尔干塔吉克自治县。唱述了对情人的思念之情。诗中唱道："啊花儿，千百遍地祝福，我写了书信不知你是否能收到？我的信里充满哀叹、忧愁、痛苦，我的血泪沾满了白纸。"对于研究塔吉克族柔巴依有参考价值。1986 年塔布力迪·吾秀尔、尼嘎尔塔吉克语演唱，帕合塔依克塔吉克文笔录。马达力汗·巴伦译成维吾尔文。16 开纸 1 页，4 行。原稿今藏新疆大学扎米尔·赛都拉·扎德处。译文收入《中国民间文学集成·新疆卷·塔吉克族民间文学集》，新疆大学出版社 2005 年版。

（买买提明·阿塔吾拉编，木合塔尔·艾山译）

渴望
تَشنه
täšnä

塔吉克族爱情柔巴依。流传于新疆维吾尔自治区喀什地区塔什库尔干塔吉克自治县。唱述了渴望尽快见到心上人的迫切愿望。歌中唱道："请向心上人转达我的敬意：年轻时见到的心上人最好。伊斯坎达尔为寻找救命水花费多时，我渴望见到他也在此时。"对于研究塔吉克族爱情观及民间文学有参考价值。1986 年塔布力迪·吾秀尔、尼嘎尔塔吉克语演唱，帕合塔依克塔吉克文笔录。马达力汗·巴伦译成维吾尔文。16 开纸 1 页，4 行。原稿今藏新疆大学扎米尔·赛都拉·扎德处。译文收入《中国民间文学集成·新疆卷·塔吉克族民间文学集》，新疆大学出版社 2005 年版。

（买买提明·阿塔吾拉编，木合塔尔·艾山译）

负心的情人
يار بيوَفا
yare biwäfa

塔吉克族爱情柔巴依。流传于新疆维吾尔自治区喀什地区塔什库尔干塔吉克自治县。唱述了小伙子因爱上一个爱上别人的姑娘而经受折磨的情景。诗中唱道："身材笔直的情人，裙子是蓝色的。我白费心思爱着你，因为你在参加别人的宴会。"对于研究塔吉克族道德观、人生观及民间文学有参考价值。1986 年塔布力迪·吾秀尔、尼嘎尔塔吉克语演唱，帕合塔依克塔吉克文笔录。马达力汗·巴伦译成维吾尔文。16 开纸 1 页，4 行。原稿今藏新疆大学扎米尔·赛都拉·扎德处。译文收入《中国民间文学集成·新疆卷·塔吉克族民间文学集》，新疆大学出版社 2005 年版。

（买买提明·阿塔吾拉编，木合塔尔·艾山译）

情人之面貌
يارَن وى ريخسُر
yarän wi rixsor

塔吉克族爱情柔巴依。流传于新疆维吾尔

尔自治区喀什地区塔什库尔干塔吉克自治县。唱述了小伙子对姑娘炽热的爱。诗中唱道："牙齿似贝壳的姑娘，离我非常远，有六个辫子，非常美。如果众人没有闲言碎语，我会抛弃一切。"对于研究塔吉克族爱情观及民间文学有参考价值。1986 年塔布力迪·吾秀尔、尼嘎尔塔吉克语演唱，帕合塔依克塔吉克文笔录。马达力汗·巴伦译成维吾尔文。16 开纸 1 页，4 行。原稿今藏新疆大学扎米尔·赛都拉·扎德处。译文收入《中国民间文学集成·新疆卷·塔吉克族民间文学集》，新疆大学出版社 2005 年版。

（买买提明·阿塔吾拉编，木合塔尔·艾山译）

热烈的爱

عشق یوس

ešq yus

塔吉克族爱情柔巴依。流传于新疆维吾尔自治区喀什地区塔什库尔干塔吉克自治县。唱述了小伙子对情人的热爱。诗中唱道："美女你来打水吗，还是来问我情况怎样，吻我吧，为了黑眼睛的扎卡特，或许来安慰我。"对于研究塔吉克族爱情观、审美观及民间文学有参考价值。1986 年塔布力迪·吾秀尔、尼嘎尔塔吉克语演唱，帕合塔依克塔吉克文笔录。马达力汗·巴伦译成维吾尔文。16 开纸 1 页，4 行。原稿今藏新疆大学扎米尔·赛都拉·扎德处。译文收入《中国民间文学集成·新疆卷·塔吉克族民间文学集》，新疆大学出版社 2005 年版。

（买买提明·阿塔吾拉编，木合塔尔·艾山译）

爱的品质

قَدر عشق

qädre ešq

塔吉克族爱情柔巴依。流传于新疆维吾尔自治区喀什地区塔什库尔干塔吉克自治县。唱述了得不到人间真爱的姑娘希望保持纯洁、忠于爱情，而想逃避无情无意、道德败坏的社会现实。诗中唱道："我在河边见到紫罗兰，旁边长着各色花儿。那花儿原来喜欢独处，扎根在山间沃土里。"对于研究塔吉克族爱情观、人生观及民间文学有参考价值。1986 年塔布力迪·吾秀尔、尼嘎尔塔吉克语演唱，帕合塔依克塔吉克文笔录。马达力汗·巴伦译成维吾尔文。16 开纸 1 页，4 行。原稿今藏新疆大学扎米尔·赛都拉·扎德处。译文收入《中国民间文学集成·新疆卷·塔吉克族民间文学集》，新疆大学出版社 2005 年版。

（买买提明·阿塔吾拉编，木合塔尔·艾山译）

爱情的火

آتَش عشق

atäše ešq

塔吉克族爱情柔巴依。流传于新疆维吾尔自治区喀什地区塔什库尔干塔吉克自治县。唱述了男青年对情人的热爱及受爱情煎熬的情景。诗中唱道："我原是一朵花，因你的爱而变得软弱，忧愁和可怜，悲伤和无奈，我在你迷人的水烟锅里煎熬，成为无用的东西。"对于研究塔吉克族爱情观、人生观及民间文学有参考价值。1986 年塔布力迪·吾秀尔、尼嘎尔塔吉克语演唱，帕合塔依克塔吉克文笔录。马达力汗·巴伦译成维吾尔文。16 开纸 1 页，4 行。原稿今藏新疆大学扎米尔·赛都拉·扎德处。译文收入《中国民间文学集成·新疆卷·塔吉克族民间文学集》，新疆大学出版社 2005 年版。

（买买提明·阿塔吾拉编，木合塔尔·艾山译）

情人的希望

امید یار

umide yar

塔吉克族爱情柔巴依。流传于新疆维吾尔

尔自治区喀什地区塔什库尔干塔吉克自治县。唱述了姑娘对小伙子的期待。诗中唱道："你要从园中摘取我，但我很脆弱，你要小心地摘。有人请我参加美人宴，但我无罪，你要小心来摘。"对于研究塔吉克族民间文学有参考价值。1986 年塔布力迪·吾秀尔、尼嘎尔塔吉克语演唱，帕合塔依克塔吉克文笔录。马达力汗·巴伦译成维吾尔文。16 开纸 1 页，4 行。原稿今藏新疆大学扎米尔·赛都拉·扎德处。译文收入《中国民间文学集成·新疆卷·塔吉克族民间文学集》，新疆大学出版社 2005 年版。

（买买提明·阿塔吾拉编，木合塔尔·艾山译）

恋人的渴望
يار انتيظار
yare entizar

塔吉克族爱情柔巴依。流传于新疆维吾尔自治区喀什地区塔什库尔干塔吉克自治县。唱述了男青年渴望见到恋人，但因路途遥远很难相见的情景。诗中唱道："紫罗兰花坛多相配，可爱的恋人时刻暖人心。任何时候都想看恋人一眼。但路太远我们已分离。"对于研究塔吉克族爱情观、人生观及民间文学有参考价值。1986 年塔布力迪·吾秀尔、尼嘎尔塔吉克语演唱，帕合塔依克塔吉克文笔录。马达力汗·巴伦译成维吾尔文。16 开纸 1 页，4 行。原稿今藏新疆大学扎米尔·赛都拉·扎德处。译文收入《中国民间文学集成·新疆卷·塔吉克族民间文学集》，新疆大学出版社 2005 年版。

（买买提明·阿塔吾拉编，木合塔尔·艾山译）

爱的忧伤
دَرد عشق
därde ešq

塔吉克族爱情柔巴依。流传于新疆维吾

尔自治区喀什地区塔什库尔干塔吉克自治县。唱述了小伙子对姑娘的一片忠心。诗中唱道："恋人苗条的身躯，使我崩溃，为了你弓般的眉毛我心儿燃烧。我的烦恼之一是死亡，还有一个就是为了你。死亡是命中注定的，但我因你而受煎熬。"对于研究塔吉克族爱情观、人生观及民间文学有参考价值。1986 年艾布达力别克、曼力斯塔吉克语演唱，艾布力·艾山汗塔吉克文笔录。马达力汗·巴伦译成维吾尔文。16 开纸 1 页，4 行。原稿今藏新疆大学扎米尔·赛都拉·扎德处。译文收入《中国民间文学集成·新疆卷·塔吉克族民间文学集》，新疆大学出版社 2005 年版。

（买买提明·阿塔吾拉编，木合塔尔·艾山译）

思念情人
ياد داشتَن
yad daštän

塔吉克族爱情柔巴依。流传于新疆维吾尔自治区喀什地区塔什库尔干塔吉克自治县。唱述了渴望见到恋人的小伙子对未来生活的美好向往。诗中唱道："鞭子的皮条是由四十四根辫子做成的，这是穷乡僻壤狩猎的好地方。求真主让我见到恋人，将来这里会变得天堂般春意盎然。"对于研究塔吉克族爱情观及民间文学有参考价值。1986 年艾布达力别克、曼力斯塔吉克语演唱，艾布力·艾山汗塔吉克文笔录。马达力汗·巴伦译成维吾尔文。16 开纸 1 页，4 行。原稿今藏新疆大学扎米尔·赛都拉·扎德处。译文收入《中国民间文学集成·新疆卷·塔吉克族民间文学集》，新疆大学出版社 2005 年版。

（买买提明·阿塔吾拉编，木合塔尔·艾山译）

离别的痛苦
دَرد جُدا
därde juda

塔吉克族爱情柔巴依。流传于新疆维

吾尔自治区喀什地区塔什库尔干塔吉克自治县。唱述了因思念恋人受折磨的情景及塔吉克族人珍惜真情、忠于爱情的品质。诗中唱道："风儿吹来，快将花儿的喜讯传递，让悲伤从我心中离去。众人都说：'要让心儿忍耐……'但忍耐有限又怎么办？"对于研究塔吉克族爱情观及民间文学有参考价值。1986 年艾布达力别克、曼力斯塔吉克语演唱，艾布力·艾山汗塔吉克文笔录。马达力汗·巴伦译成维吾尔文。16 开纸 1 页，4 行。原稿今藏新疆大学扎米尔·赛都拉·扎德处。译文收入《中国民间文学集成·新疆卷·塔吉克族民间文学集》，新疆大学出版社 2005 年版。

（买买提明·阿塔吾拉编，木合塔尔·艾山译）

幼稚的姑娘
دختَر نادان
duxtäre nadan

塔吉克族爱情柔巴依。流传于新疆维吾尔自治区喀什地区塔什库尔干塔吉克自治县。唱述了小伙子对姑娘的行为不满的情绪。诗中唱道："幼稚的姑娘，我讨厌你的行为，你爱上了狗和驴。你想给我带来麻烦，我有什么烦恼，只是让你羞愧。"对于研究塔吉克族爱情观、人生观及民间文学有参考价值。1986 年艾布达力别克、曼力斯塔吉克语演唱，帕合塔依克塔吉克文笔录。马达力汗·巴伦译成维吾尔文。16 开纸 1 页，4 行。原稿今藏新疆大学扎米尔·赛都拉·扎德处。译文收入《中国民间文学集成·新疆卷·塔吉克族民间文学集》，新疆大学出版社 2005 年版。

（买买提明·阿塔吾拉编，木合塔尔·艾山译）

负心的恋人
يار بيوَفا
yare biwäfa

塔吉克族爱情柔巴依。流传于新疆维吾尔自治区喀什地区塔什库尔干塔吉克自治县。唱述了对姑娘的爱慕之情。诗中唱道："你到了山上，要向花儿问好，山上有我的恋人，是个粗心人，她从未见过世面，却多情地使我受爱的煎熬。"对于研究塔吉克族民间文学有参考价值。1986 年艾布达力别克、曼力斯塔吉克语演唱，艾布力·艾山汗塔吉克文笔录。马达力汗·巴伦译成维吾尔文。16 开纸 1 页，4 行。原稿今藏新疆大学扎米尔·赛都拉·扎德处。译文收入《中国民间文学集成·新疆卷·塔吉克族民间文学集》，新疆大学出版社 2005 年版。

（买买提明·阿塔吾拉编，木合塔尔·艾山译）

恋人快来吧
يار بييا
yar biye

塔吉克族爱情柔巴依。流传于新疆维吾尔自治区喀什地区塔什库尔干塔吉克自治县。唱述了渴望见到恋人的迫切心情及因此受煎熬的情景。诗中唱道："月儿出来吧，让我看漫天的群星，出来得清楚一点，让我看你的像祖莱哈一样的美貌。我像优素福一样在牢中受折磨。恋人快来吧，让我看一眼你的美貌。"对于研究塔吉克族民间文学和爱情观有参考价值。1986 年艾布达力别克、曼力斯塔吉克语演唱，艾布力·艾山汗塔吉克文笔录。马达力汗·巴伦译成维吾尔文。16 开纸 1 页，4 行。原稿今藏新疆大学扎米尔·赛都拉·扎德处。译文收入《中国民间文学集成·新疆卷·塔吉克族民间文学集》，新疆大学出版社 2005 年版。

（买买提明·阿塔吾拉编，木合塔尔·艾山译）

失恋
بی عشق
be ešq

塔吉克族爱情柔巴依。流传于新疆维吾

尔自治区喀什地区塔什库尔干塔吉克自治县。反映了塔吉克族为了爱情甘愿奉献一切的精神。诗中唱道："为了你我愿抛弃这世界，为了你的情意我愿铭刻在心。对我来说没有忠心的恋人，故我要流落到他乡。"对于研究塔吉克族爱情观及民间文学有参考价值。1986 年艾布达力别克、曼力斯塔吉克语演唱，艾布力·艾山汗塔吉克文笔录。马达力汗·巴伦译成维吾尔文。16 开纸 1 页，4 行。原稿今藏新疆大学扎米尔·赛都拉·扎德处。译文收入《中国民间文学集成·新疆卷·塔吉克族民间文学集》，新疆大学出版社 2005 年版。

（买买提明·阿塔吾拉编，木合塔尔·艾山译）

恋情

يار هَوَس

yar häwäs

塔吉克族爱情柔巴依。流传于新疆维吾尔自治区喀什地区塔什库尔干塔吉克自治县。告诫人们要对爱情专一，不能三心二意。反映了塔吉克族人的爱情观。诗中唱道："那恋人太多情，对我何所需。有人说：你的恋人似冰糖。冰糖上落满苍蝇又有何用。"对于研究塔吉克族爱情观及民间文学有参考价值。1986 年艾布达力别克、曼力斯塔吉克语演唱，艾布力·艾山汗塔吉克文笔录。马达力汗·巴伦译成维吾尔文。16 开纸 1 页，4 行。原稿今藏新疆大学扎米尔·赛都拉·扎德处。译文收入《中国民间文学集成·新疆卷·塔吉克族民间文学集》，新疆大学出版社 2005 年版。

（买买提明·阿塔吾拉编，木合塔尔·艾山译）

我的情人

يار مَن

yare män

塔吉克族爱情柔巴依。流传于新疆维吾尔自治区喀什地区塔什库尔干塔吉克自治县。唱述了小伙子渴望见到情人的迫切愿望。诗中唱道："我情人的脸儿像花儿，我想当盗贼去把你偷来。请别说偷盗，也别说当盗贼。请你半夜来。"对于研究塔吉克族审美观及民间文学有参考价值。1986 年艾布达力别克、曼力斯塔吉克语演唱，艾布力·艾山汗塔吉克文笔录。马达力汗·巴伦译成维吾尔文。16 开纸 1 页，4 行。原稿今藏新疆大学扎米尔·赛都拉·扎德处。译文收入《中国民间文学集成·新疆卷·塔吉克族民间文学集》，新疆大学出版社 2005 年版。

（买买提明·阿塔吾拉编，木合塔尔·艾山译）

给情人的一封信

مُگُلير سَلوم

mügulir sälum

塔吉克族爱情柔巴依。流传于新疆维吾尔自治区喀什地区塔什库尔干塔吉克自治县。唱述了年轻人盼望对方速回信的愿望。诗中唱道："我给你写去信，秘密地给你寄去，你知道孤独的感受，众人散布流言你别相信。请你速回信。"对于研究塔吉克族民间文学有参考价值。1986 年艾布达力别克、曼力斯塔吉克语演唱，艾布力·艾山汗塔吉克文笔录。马达力汗·巴伦译成维吾尔文。16 开纸 1 页，4 行。原稿今藏新疆大学扎米尔·赛都拉·扎德处。译文收入《中国民间文学集成·新疆卷·塔吉克族民间文学集》，新疆大学出版社 2005 年版。

（买买提明·阿塔吾拉编，木合塔尔·艾山译）

情人幽会

ويسال عشق

wisale ešq

塔吉克族爱情柔巴依。流传于新疆维

吾尔自治区喀什地区塔什库尔干塔吉克自治县。唱述了年轻人渴望见到情人的愿望及小伙子为情人甘于牺牲一切的品质。诗中唱道："我想见你一面，作为诺鲁孜节的礼物，就是以石屋为家度日。如果不以石屋为家，就是献出生命也要讲出心里话。"对于研究塔吉克族爱情观及民间文学有参考价值。1986年艾布达力别克、曼力斯塔吉克语演唱，艾布力·艾山汗塔吉克文笔录。马达力汗·巴伦译成维吾尔文。16开纸1页，4行。原稿今藏新疆大学扎米尔·赛都拉·扎德处。译文收入《中国民间文学集成·新疆卷·塔吉克族民间文学集》，新疆大学出版社2005年版。

（买买提明·阿塔吾拉编，木合塔尔·艾山译）

爱的天秤

نيشان عشق

nišane ešq

塔吉克族爱情柔巴依。流传于新疆维吾尔自治区喀什地区塔什库尔干塔吉克自治县。说明了建立在爱的基础上的爱情会永远持续下去，而短暂的爱情毫无意义的道理。诗中唱道："星星日夜在闪烁，情人麦吉依在窥探。问：恋情能维持多久？答：如果顺利了，会到永远，否则仅三天。"对于研究塔吉克族人生观、爱情观及民间文学有参考价值。1986年艾布达力别克、曼力斯塔吉克语演唱，艾布力·艾山汗塔吉克文笔录。马达力汗·巴伦译成维吾尔文。16开纸1页，4行。原稿今藏新疆大学扎米尔·赛都拉·扎德处。译文收入《中国民间文学集成·新疆卷·塔吉克族民间文学集》，新疆大学出版社2005年版。

（买买提明·阿塔吾拉编，木合塔尔·艾山译）

爱的希望

اميد عشق

umide ešq

塔吉克族爱情柔巴依。流传于新疆维吾尔自治区喀什地区塔什库尔干塔吉克自治县。唱述了小伙对姑娘炽热的爱。诗中唱道："我从远处看到你乌黑的眼睛，你的牙齿比贝壳还要白。你要恪守诺言，否则要受到惩罚。"对于研究塔吉克族爱情观、道德观及民间文学有参考价值。1986年艾布达力别克、曼力斯塔吉克语演唱，艾布力·艾山汗塔吉克文笔录。马达力汗·巴伦译成维吾尔文。16开纸1页，4行。原稿今藏新疆大学扎米尔·赛都拉·扎德处。译文收入《中国民间文学集成·新疆卷·塔吉克族民间文学集》，新疆大学出版社2005年版。

（买买提明·阿塔吾拉编，木合塔尔·艾山译）

无价之宝

بيبَها

bibäha

塔吉克族爱情柔巴依。流传于新疆维吾尔自治区喀什地区塔什库尔干塔吉克自治县。唱述了塔吉克族青年对爱情的忠诚及真挚。诗中唱道："我不用你的容貌去换徐格南，也不用你的嘴唇换珠子。如果我拥有莱丽似的嘴唇，任何天价我也不给。"对于研究塔吉克族爱情观和民间文学有参考价值。1986年艾布达力别克、曼力斯塔吉克语演唱，艾布力·艾山汗塔吉克文笔录。马达力汗·巴伦译成维吾尔文。16开纸1页，4行。原稿今藏新疆大学扎米尔·赛都拉·扎德处。译文收入《中国民间文学集成·新疆卷·塔吉克族民间文学集》，新疆大学出版社2005年版。

（买买提明·阿塔吾拉编，木合塔尔·艾山译）

爱情的渴望

ارزو عشق

arzuye ešq

塔吉克族爱情柔巴依。流传于新疆维吾尔自治区喀什地区塔什库尔干塔吉克自治县。唱述了小伙子对姑娘的钟爱之情，反映了塔吉克族小伙子为了赢得爱情而敢于大胆表白自己的感情的性格。诗中唱道：“你看我的姿态像你吗，看我的面容像你吗。我全身心地想着你，不知是否能做你合适的伴侣。”对于研究塔吉克族爱情观、审美观和民间文学有参考价值。1986 年艾布达力别克、曼力斯塔吉克语演唱，艾布力·艾山汗塔吉克文笔录。马达力汗·巴伦译成维吾尔文。16 开纸 1 页，4 行。原稿今藏新疆大学扎米尔·赛都拉·扎德处。译文收入《中国民间文学集成·新疆卷·塔吉克族民间文学集》，新疆大学出版社 2005 年版。

（买买提明·阿塔吾拉编，木合塔尔·艾山译）

迪丽拜尔

ديلبَر مَن

dilbäre män

塔吉克族爱情柔巴依。流传于新疆维吾尔自治区喀什地区塔什库尔干塔吉克自治县。唱述了小伙子对姑娘的爱慕之情。诗中唱道：“情人独自站在大山之间，她的双眼朦胧，眼睛是黑色的，想去寻找她却怕死的人只有一个，如果待在山下，死神来了，又能怎样呢?”对于研究塔吉克族爱情观及民间文学有参考价值。1986 年艾布达力别克、曼力斯塔吉克语演唱，艾布力·艾山汗塔吉克文笔录。马达力汗·巴伦译成维吾尔文。16 开纸 1 页，4 行。原稿今藏新疆大学扎米尔·赛都拉·扎德处。译文收入《中国民间文学集成·新疆卷·塔吉克族民间文学集》，新疆大学出版社 2005 年版。

（买买提明·阿塔吾拉编，木合塔尔·艾山译）

爱的抒情诗

ساز عشق

saze ešq

塔吉克族爱情柔巴依。流传于新疆维吾尔自治区喀什地区塔什库尔干塔吉克自治县。通过描写姑娘充满爱意、忠诚的水灵灵眼睛，反映了塔吉克族小伙子的审美观、爱情观。诗中唱道：“你的眼睛很特别，你的眼睛很特别，谁看了这眼睛谁不会爱上她。篝火里有笼子，笼子里有百灵鸟，笼子是火，百灵鸟怎会不烧着。”对于研究塔吉克族爱情观及民间文学有参考价值。1986 年艾布达力别克、曼力斯塔吉克语演唱，艾布力·艾山汗塔吉克文笔录。马达力汗·巴伦译成维吾尔文。16 开纸 1 页，4 行。原稿今藏新疆大学扎米尔·赛都拉·扎德处。译文收入《中国民间文学集成·新疆卷·塔吉克族民间文学集》，新疆大学出版社 2005 年版。

（买买提明·阿塔吾拉编，木合塔尔·艾山译）

爱的篝火

آتَش عشق

atäše ešq

塔吉克族爱情柔巴依。流传于新疆维吾尔自治区喀什地区塔什库尔干塔吉克自治县。唱述了女孩在钟爱的男孩与他人结婚后的痛苦心情。诗中唱道：“我们是隔墙的邻居，房挨着房，小伙子的头上是灰色的花帽。听说那一天小伙子结了婚，我的心在篝火中燃烧。”对于研究塔吉克族民间文学有参考价值。1986 年艾布达力·别克·曼力斯塔吉克语演唱，艾布力·艾山汗塔吉克文笔录。马达力汗·巴伦译成维吾尔文。16 开纸 1 页，4 行。原稿今藏新疆大学扎米尔·赛都拉·扎德处。译文收入《中国民间文学集成·新疆卷·塔吉克族民间文学集》，新疆大学出版社 2005 年版。

（买买提明·阿塔吾拉编，木合塔尔·艾山译）

美丽的情人
مَشوق قَشَنگ
mäšuqe qäšäng

塔吉克族爱情柔巴依。流传于新疆维吾尔自治区喀什地区塔什库尔干塔吉克自治县。唱述了小伙子对姑娘的炽热感情及塔吉克族小伙子的审美观和爱情观。诗中唱道："你是绝世佳人，啊美人。你苗条的身材，高高的个子，好似嫩枝。黑眉毛、水灵灵的眼迷惑了我，使我昏迷，现在还问我什么?"对于研究塔吉克族审美观和民间文学有参考价值。1986 年艾布达力别克、曼力斯塔吉克语演唱，艾布力·艾山汗塔吉克文笔录。马达力汗·巴伦译成维吾尔文。16 开纸 1 页，4 行。原稿今藏新疆大学扎米尔·赛都拉·扎德处。译文收入《中国民间文学集成·新疆卷·塔吉克族民间文学集》，新疆大学出版社 2005 年版。

（买买提明·阿塔吾拉编，木合塔尔·艾山译）

爱的心愿
اميد عشق
umide ešq

塔吉克族爱情柔巴依。流传于新疆维吾尔自治区喀什地区塔什库尔干塔吉克自治县。唱述了小伙子对姑娘纯洁、真诚的爱情。诗中唱道："这用布哈里线织成的头巾是多彩的，你的容貌像花儿，似春天散发的芳香。在我都塔尔琴弦中她跳舞，谁见到她会受苦。"对于研究塔吉克族爱情观及民间文学有参考价值。1986 年艾布达力别克、曼力斯塔吉克语演唱，艾布力·艾山汗塔吉克文笔录。马达力汗·巴伦译成维吾尔文。16 开纸 1 页，4 行。原稿今藏新疆大学扎米尔·赛都拉·扎德处。译文收入《中国民间文学集成·新疆卷·塔吉克族民间文学集》，新疆大学出版社 2005 年版。

（买买提明·阿塔吾拉编，木合塔尔·艾山译）

情人，请别怕
يار، كوج مادار
yar kuj madar

塔吉克族爱情柔巴依。流传于新疆维吾尔自治区喀什地区塔什库尔干塔吉克自治县。唱述了塔吉克族青年男女为了爱情不怕万难、大胆无畏的精神。诗中唱道："你是情人，别怕给你带来的麻烦，目的是为了嗅花，别怕受委屈。情人的最后归属是绞索。要大胆迈步，不要怕那绞索。"对于研究塔吉克族民间文学有参考价值。1986 年艾布达力别克、曼力斯塔吉克语演唱，艾布力·艾山汗塔吉克文笔录。马达力汗·巴伦译成维吾尔文。16 开纸 1 页，4 行。原稿今藏新疆大学扎米尔·赛都拉·扎德处。译文收入《中国民间文学集成·新疆卷·塔吉克族民间文学集》，新疆大学出版社 2005 年版。

（买买提明·阿塔吾拉编，木合塔尔·艾山译）

颂恋人
ساز عشق
saze ešq

塔吉克族爱情柔巴依。流传于新疆维吾尔自治区喀什地区塔什库尔干塔吉克自治县。唱述了受爱情煎熬的哀叹。诗中唱道："恋人啊，因爱你我背上了许多罪名，你的一句话使我入了地牢。我睡在地牢里心里想着真主，是你让我在一旁煎熬。"对于研究塔吉克族民间文学有参考价值。1986 年艾布达力别克、曼力斯塔吉克语演唱，艾布力·艾山汗塔吉克文笔录。马达力汗·巴伦译成维吾尔文。16 开纸 1 页，4 行。原稿今藏新疆大学扎米尔·赛都拉·扎德处。译文收入《中国民间文学集成·新疆卷·塔吉克族民间文学集》，新疆大学出版社2005年版。

（买买提明·阿塔吾拉编，木合塔尔·艾山译）

恋情
عشق يار
ešqe yar

塔吉克族爱情柔巴依。流传于新疆维吾尔自治区喀什地区塔什库尔干塔吉克自治县。唱述了塔吉克族人愿为爱情付出代价的精神。诗中唱道："每当我想起你心里就崩溃，如放弃心里就充满血。如果你与我终身相伴，就让罐中的水变成冰糖。"对于研究塔吉克族爱情观和人生观及民间文学有参考价值。1986年艾布达力别克、曼力斯塔吉克语演唱，艾布力·艾山汗塔吉克文笔录。马达力汗·巴伦译成维吾尔文。16开纸1页，4行。原稿今藏新疆大学扎米尔·赛都拉·扎德处。译文收入《中国民间文学集成·新疆卷·塔吉克族民间文学集》，新疆大学出版社2005年版。

（买买提明·阿塔吾拉编，木合塔尔·艾山译）

别使恋人受委屈
خُر ماكه
xur makä

塔吉克族爱情柔巴依。流传于新疆维吾尔自治区喀什地区塔什库尔干塔吉克自治县。劝导青年人不要相信他人的诽谤之词，而折磨欺辱恋人。诗中唱道："你要是不谈恋爱，就别折磨恋人。我是你第一个恋人，千万别使我受委屈。如果哪个坏心人造谣惑众，他就是弱者，说的话是废话。"对于研究塔吉克族爱情观及民间文学有参考价值。1986年艾布达力别克、曼力斯塔吉克语演唱，艾布力·艾山汗塔吉克文笔录。马达力汗·巴伦译成维吾尔文。16开纸1页，4行。原稿今藏新疆大学扎米尔·赛都拉·扎德处。译文收入《中国民间文学集成·新疆卷·塔吉克族民间文学集》，新疆大学出版社2005年版。

（买买提明·阿塔吾拉编，木合塔尔·艾山译）

无知的情人
يار نادان
yare nadan

塔吉克族爱情柔巴依。流传于新疆维吾尔自治区喀什地区塔什库尔干塔吉克自治县。唱述了与无知情人交往后的痛苦及悔恨之情。诗中唱道："我从远处眺望你的屋顶，与你这无情的人在一起背上了恶名。我没有朋友，别传达我的问候，惩罚我吧！我为何交了一个无知的情人。"对于研究塔吉克族爱情观及民间文学有参考价值。1986年艾布达力别克、曼力斯塔吉克语演唱，艾布力·艾山汗塔吉克文笔录。马达力汗·巴伦译成维吾尔文。16开纸1页，4行。原稿今藏新疆大学扎米尔·赛都拉·扎德处。译文收入《中国民间文学集成·新疆卷·塔吉克族民间文学集》，新疆大学出版社2005年版。

（买买提明·阿塔吾拉编，木合塔尔·艾山译）

爱情之火难熬
عشق يوس
ešq yus

塔吉克族爱情柔巴依。流传于新疆维吾尔自治区喀什地区塔什库尔干塔吉克自治县。唱述了姑娘追求爱情并乐于为情人奉献的决心。诗中唱道："今夜我心儿燃烧，为恋人缝制了新衣裳。我用头发做线，线不够时又用眼睫毛，线断时再用针。"对于研究塔吉克族爱情观及民间文学有参考价值。1986年艾布达力别克、曼力斯塔吉克语演唱，艾布力·艾山汗塔吉克文笔录。马达力汗·巴伦译成维吾尔文。16 开纸 1 页，4 行。原稿今藏新疆大学扎米尔·赛都拉·扎德处。译文收入《中国民间文学集成·新疆卷·塔吉克族民间文学集》，新疆大学出版社 2005 年版。

（买买提明·阿塔吾拉编，木合塔尔·艾山译）

情人的心愿
مَشوق زارد
mäšuq zard

塔吉克族爱情柔巴依。流传于新疆维吾尔自治区喀什地区塔什库尔干塔吉克自治县。唱述了塔吉克族人珍惜自己的恋人、不践踏恋人的观念。诗中唱道："你就是月亮我也不看你，如果你是水，也不会用我的罐子打水，若你是一束鲜花，我绝不闻，而一定会扔掉你。"对于研究塔吉克族价值观、爱情观及民间文学有参考价值。1986 年艾布达力别克、曼力斯塔吉克语演唱，艾布力·艾山汗塔吉克文笔录。马达力汗·巴伦译成维吾尔文。16 开纸 1 页，4 行。原稿今藏新疆大学扎米尔·赛都拉·扎德处。译文收入《中国民间文学集成·新疆卷·塔吉克族民间文学集》，新疆大学出版社 2005 年版。

（买买提明·阿塔吾拉编，木合塔尔·艾山译）

情人间的对话
عاشق و مَشوق گَپ
ašäq wä mäšuq gäp

塔吉克族爱情柔巴依。流传于新疆维吾尔自治区喀什地区塔什库尔干塔吉克自治县。通过一对恋人之间的对话，描述了因无法摆脱母亲而无法去幽会的情景。诗中唱道："我整夜在你门前守候，双腿在地上发麻。感谢你的双腿，那时我还未睡，但怎能从母亲怀抱中逃出来？"对于研究塔吉克族柔巴依有参考价值。1986 年艾布达力别克、曼力斯塔吉克语演唱，艾布力·艾山汗塔吉克文笔录。马达力汗·巴伦译成维吾尔文。16 开纸 1 页，4 行。原稿今藏新疆大学扎米尔·赛都拉·扎德处。译文收入《中国民间文学集成·新疆卷·塔吉克族民间文学集》，新疆大学出版社 2005 年版。

（买买提明·阿塔吾拉编，木合塔尔·艾山译）

为爱情献身
بَرای عشق
bäraye ešq

塔吉克族爱情柔巴依。流传于新疆维吾尔自治区喀什地区塔什库尔干塔吉克自治县。唱述了为了爱情甘愿奉献的决心。诗中唱道："奉献，奉献，再奉献。奉献，为你的连眉。许多人在一起只能过三天，但为了爱那三天也是奉献。"对于研究塔吉克族爱情观、人生观及民间文学有参考价值。1986 年艾布达力别克、曼力斯塔吉克语演唱，艾布力·艾山汗塔吉克文笔录。马达力汗·巴伦译成维吾尔文。16 开纸 1 页，4 行。原稿今藏新疆大学扎米尔·赛都拉·扎德处。译文收入《中国民间文学集成·新疆卷·塔吉克族民间文学集》，新疆大学出版社 2005 年版。

（买买提明·阿塔吾拉编，木合塔尔·艾山译）

情人的容貌
اَكس يار
äkse yar

塔吉克族爱情柔巴依。流传于新疆维吾尔自治区喀什地区塔什库尔干塔吉克自治县。通过鸽子的语言描写情人的容貌，反映了塔吉克族人的审美观。诗中唱道："在这荒郊僻壤有三百堆石头，每个石头上落着的七只鸽子都一样。都问：你情人的容貌如何？答：脸上有痣，黑红色面皮，月儿般的眉毛。"对于研究塔吉克族爱情观、审美观及民间文学有参考价值。1986 年艾布达力别克、曼力斯塔吉克语演唱，艾布力·艾山汗塔吉克文笔录。马达力汗·巴伦译成维吾尔文。16 开纸 1 页，4 行。原稿今藏新疆大学扎米尔·赛都拉·扎德处。译文收入《中国民间文学集成·新疆卷·塔吉克族民间文学集》，新疆大学出版社 2005 年版。

（买买提明·阿塔吾拉编，木合塔尔·艾山译）

情书
سَلام عشق
sälame ešq

塔吉克族爱情柔巴依。流传于新疆维吾尔自治区喀什地区塔什库尔干塔吉克自治县。唱述了害怕恋人被别人夺去的心情。诗中唱道：“如果微风吹着你的头发，就让其芬芳传遍世界。如果哪个人得到了你，他就应该受到诅咒。”对于研究塔吉克族爱情观、道德观及民间文学有参考价值。1986 年艾布达力别克、曼力斯塔吉克语演唱，艾布力·艾山汗塔吉克文笔录。马达力汗·巴伦译成维吾尔文。16 开纸 1 页，4 行。原稿今藏新疆大学扎米尔·赛都拉·扎德处。译文收入《中国民间文学集成·新疆卷·塔吉克族民间文学集》，新疆大学出版社 2005 年版。

（买买提明·阿塔吾拉编，木合塔尔·艾山译）

我珍爱的情人
يار مَن
yare män

塔吉克族爱情柔巴依。流传于新疆维吾尔自治区喀什地区塔什库尔干塔吉克自治县。唱述了思念恋人的痛苦心情。诗中唱道：“你的面貌撒满一束束花，你的秀发是黑油油的。我想起你就伤心，伤心的心在流血。”对于研究塔吉克族柔巴依有参考价值。1986 年艾布达力别克、曼力斯塔吉克语演唱，艾布力·艾山汗塔吉克文笔录。马达力汗·巴伦译成维吾尔文。16 开纸 1 页，4 行。原稿今藏新疆大学扎米尔·赛都拉·扎德处。译文收入《中国民间文学集成·新疆卷·塔吉克族民间文学集》，新疆大学出版社 2005 年版。

（买买提明·阿塔吾拉编，木合塔尔·艾山译）

情人只有一个，敌人则很多
يار يَک، دوشمَن بيسيار
yar yäk，dušmän bisyar

塔吉克族爱情柔巴依。流传于新疆维吾尔自治区喀什地区塔什库尔干塔吉克自治县。唱述了一个由于找到美丽的情人而成为众矢之的人的形象。诗中唱道：“拉莱花儿从家里出来，花儿的年龄有二十二，所以众人成为我的敌人，让心灯照亮敌人的心里。”对于研究塔吉克族爱情观及民间文学有参考价值。1986 年艾布达力别克、曼力斯塔吉克语演唱，艾布力·艾山汗塔吉克文笔录。马达力汗·巴伦译成维吾尔文。16 开纸 1 页，4 行。原稿今藏新疆大学扎米尔·赛都拉·扎德处。译文收入《中国民间文学集成·新疆卷·塔吉克族民间文学集》，新疆大学出版社 2005 年版。

（买买提明·阿塔吾拉编，木合塔尔·艾山译）

甜蜜的恋人
جان شيرين
jane širin

塔吉克族爱情柔巴依。流传于新疆维吾尔自治区喀什地区塔什库尔干塔吉克自治县。通过描述一个美丽恋人的形象，反映了塔吉克族人的审美观。诗中唱道：“美人啊你是甜蜜的，你是花的蜜汁。用你的大眼睛见到我了吗。你的一个微笑折杀了我，现在你又能干什么?”对于研究塔吉克族爱情观、审美观及民间文学有参考价值。1986 年艾布达力别克、曼力斯塔吉克语演唱，艾布力·艾山汗塔吉克文笔录。马达力汗·巴伦译成维吾尔文。16 开纸 1 页，4 行。原稿今藏新疆大学扎米尔·赛都拉·扎德处。译文收入《中国民间文学集成·新疆卷·塔吉克族民间文学集》，新疆大学出版社 2005 年版。

（买买提明·阿塔吾拉编，木合塔尔·艾山译）

你别来，母亲在身旁
مایاد، مادَر یاست
mayad，madär yast

塔吉克族爱情柔巴依。流传于新疆维吾尔自治区喀什地区塔什库尔干塔吉克自治县。唱述了一对恋人甜蜜的爱情。诗中唱道："我的恋人坐在水沟旁，在流水中洗着头发。我说过去到她身旁交谈。她说：你别来，母亲在我身旁。"对于研究塔吉克族爱情观及民间文学有参考价值。1986 年艾布达力别克、曼力斯塔吉克语演唱，艾布力·艾山汗塔吉克文笔录。马达力汗·巴伦译成维吾尔文。16 开纸 1 页，4 行。原稿今藏新疆大学扎米尔·赛都拉·扎德处。译文收入《中国民间文学集成·新疆卷·塔吉克族民间文学集》，新疆大学出版社 2005 年版。

（买买提明·阿塔吾拉编，木合塔尔·艾山译）

我的恋人
مَشوق مَن
mäšuqe män

塔吉克族爱情柔巴依。流传于新疆维吾尔自治区喀什地区塔什库尔干塔吉克自治县。唱述了小伙子渴望获得爱情的心情。诗中唱道："美人啊请你听听仆人的哭诉，你为自己的美貌而自豪。请你从面纱后露出尊容，使世人为你惊奇。"对于研究塔吉克族爱情观、审美观及民间文学有参考价值。1986 年艾布达力别克、曼力斯塔吉克语演唱，艾布力·艾山汗塔吉克文笔录。马达力汗·巴伦译成维吾尔文。16 开纸 1 页，4 行。原稿今藏新疆大学扎米尔·赛都拉·扎德处。译文收入《中国民间文学集成·新疆卷·塔吉克族民间文学集》，新疆大学出版社 2005 年版。

（买买提明·阿塔吾拉编，木合塔尔·艾山译）

恋人的可贵之处
یار بیبَها
yare bibäha

塔吉克族爱情柔巴依。流传于新疆维吾尔自治区喀什地区塔什库尔干塔吉克自治县。唱述了对恋人的尊崇之情。诗中唱道："我绝不用你的尊贵换取黄金，也绝不用你的头发编耳环。众人问：你耳环的价格是多少？我答：我绝不出卖我的生命。"对于研究塔吉克族爱情观、审美观及民间文学有参考价值。1986 年艾布达力别克、曼力斯塔吉克语演唱，艾布力·艾山汗塔吉克文笔录。马达力汗·巴伦译成维吾尔文。16 开纸 1 页，4 行。原稿今藏新疆大学扎米尔·赛都拉·扎德处。译文收入《中国民间文学集成·新疆卷·塔吉克族民间文学集》，新疆大学出版社 2005 年版。

（买买提明·阿塔吾拉编，木合塔尔·艾山译）

无耻的情人
یار بیروی
yare biruy

塔吉克族爱情柔巴依。流传于新疆维吾尔自治区喀什地区塔什库尔干塔吉克自治县。唱述了小伙子被恋人无情抛弃的痛苦心情。诗中唱道："宝物使你在河中漂去，连眉你是否要随流而去。这一路程是从巴力合到布哈拉，是否羞愧于我而独自离去。"对于研究塔吉克族爱情观、人生观及民间文学有参考价值。1986 年艾布达力别克、曼力斯塔吉克语演唱，艾布力·艾山汗塔吉克文笔录。马达力汗·巴伦译成维吾尔文。16 开纸 1 页，4 行。原稿今藏新疆大学扎米尔·赛都拉·扎德处。译文收入《中国民间文学集成·新疆卷·塔吉克族民间文学集》，新疆大学出版社 2005 年版。

（买买提明·阿塔吾拉编，木合塔尔·艾山译）

负心的恋人
عاشق بيوَفا
ašeqe biwäfa

塔吉克族爱情柔巴依。流传于新疆维吾尔自治区喀什地区塔什库尔干塔吉克自治县。指责负心的小伙子背叛恋人，视爱情为游戏的不道德行径。诗中唱道："小伙啊你给我只有两个苹果，因你的玩笑我爱上了你。你曾说我爱你，但我在表达爱时，你却反悔。"对于研究塔吉克族爱情观及民间文学有参考价值。1986 年艾布达力别克、曼力斯塔吉克语演唱，艾布力·艾山汗塔吉克文笔录。马达力汗·巴伦译成维吾尔文。16 开纸 1 页，4 行。原稿今藏新疆大学扎米尔·赛都拉·扎德处。译文收入《中国民间文学集成·新疆卷·塔吉克族民间文学集》，新疆大学出版社 2005 年版。

（买买提明·阿塔吾拉编，木合塔尔·艾山译）

我的恋人
عاشق مَن
ašeqe män

塔吉克族爱情柔巴依。流传于新疆维吾尔自治区喀什地区塔什库尔干塔吉克自治县。唱述了渴望与恋人相见的愿望。诗中唱道："弹沙塔尔琴的米尔赞，他喜欢说唱。听了他的歌儿，百灵鸟也要陶醉。我俩是同龄人、同陶醉。要是念了尼卡，我们就会成为心连心。"对于研究塔吉克族爱情观及民间文学有参考价值。1986 年艾布达力别克、曼力斯塔吉克语演唱，艾布力·艾山汗塔吉克文笔录。马达力汗·巴伦译成维吾尔文。16 开纸 1 页，4 行。原稿今藏新疆大学扎米尔·赛都拉·扎德处。译文收入《中国民间文学集成·新疆卷·塔吉克族民间文学集》，新疆大学出版社 2005 年版。

（买买提明·阿塔吾拉编，木合塔尔·艾山译）

爱的烦恼
غَم عشق
ɤäme ešq

塔吉克族爱情柔巴依。流传于新疆维吾尔自治区喀什地区塔什库尔干塔吉克自治县。唱述了因思念恋人而受煎熬的情景。诗中唱道："眼睛如魔法、嘴巴如蜜糖的恋人，你的美貌比花儿还要纯。我因你的爱而受折磨，好似这折磨胜于你的忠诚。"对于研究塔吉克族爱情观及民间文学有参考价值。1986 年艾布达力别克、曼力斯塔吉克语演唱，艾布力·艾山汗塔吉克文笔录。马达力汗·巴伦译成维吾尔文。16 开纸 1 页，4 行。原稿今藏新疆大学扎米尔·赛都拉·扎德处。译文收入《中国民间文学集成·新疆卷·塔吉克族民间文学集》，新疆大学出版社 2005 年版。

（买买提明·阿塔吾拉编，木合塔尔·艾山译）

爱的哀叹
فيغان عشق
fi ɤane ešq

塔吉克族爱情柔巴依。流传于新疆维吾尔自治区喀什地区塔什库尔干塔吉克自治县。唱述了年轻人失去恋人的痛苦和悲伤。诗中唱道："因你风情使人崩溃，使我的心切成了细丝，我心里充满了痛苦。众多的情人发出的箭射中了目标。轮到我时无射中。”对于研究塔吉克族爱情观及民间文学有参考价值。1986 年艾布达力别克、曼力斯塔吉克语演唱，艾布力・艾山汗塔吉克文笔录。马达力汗・巴伦译成维吾尔文。16 开纸 1 页，4 行。原稿今藏新疆大学扎米尔・赛都拉・扎德处。译文收入《中国民间文学集成・新疆卷・塔吉克族民间文学集》，新疆大学出版社 2005 年版。

（买买提明・阿塔吾拉编，木合塔尔・艾山译）

为了恋人而哀痛
نالهٔ زار
naläye zar

塔吉克族爱情柔巴依。流传于新疆维吾尔自治区喀什地区塔什库尔干塔吉克自治县。唱述了对情人的爱慕及思念之情。诗中唱道：“每天夜里我为了恋人而哀痛，在坟墓里思念你。百年后路过我的坟墓，你那花儿般的身姿也会使我的寿衣破烂。”对于研究塔吉克族爱情观及民间文学有参考价值。1986 年艾布达力别克、曼力斯塔吉克语演唱，艾布力・艾山汗塔吉克文笔录。马达力汗・巴伦译成维吾尔文。16 开纸 1 页，4 行。原稿今藏新疆大学扎米尔・赛都拉・扎德处。译文收入《中国民间文学集成・新疆卷・塔吉克族民间文学集》，新疆大学出版社 2005 年版。

（买买提明・阿塔吾拉编，木合塔尔・艾山译）

爱的困苦
موشكُلات عشق
muškulate ešq

塔吉克族爱情柔巴依。流传于新疆维吾尔自治区喀什地区塔什库尔干塔吉克自治县。唱述为了纯洁的爱情而受尽折磨的痛苦经历。诗中唱道：“朋友啊要上你的山很困难，上山后返回更困难。为了美丽的花儿献身很容易，献了身后见不到她更困难。”对于研究塔吉克族爱情观及民间文学有参考价值。1986 年艾布达力别克、曼力斯塔吉克语演唱，艾布力・艾山汗塔吉克文笔录。马达力汗・巴伦译成维吾尔文。16 开纸 1 页，4 行。原稿今藏新疆大学扎米尔・赛都拉・扎德处。译文收入《中国民间文学集成・新疆卷・塔吉克族民间文学集》，新疆大学出版社 2005 年版。

（买买提明・阿塔吾拉编，木合塔尔・艾山译）

对恋人的哭诉
يارير نولا
yarir nula

塔吉克族爱情柔巴依。流传于新疆维吾尔自治区喀什地区塔什库尔干塔吉克自治县。唱述了年轻人渴望获得爱情的愿望。诗中唱道：“我再哭诉，声音和愿望也达不到你那里，我的愿望会卡住你脖子。如果我的手勾不着你娇嫩的脖子，就让石风吹到敌人的家里。”对于研究塔吉克族爱情观及民间文学有参考价值。1986 年艾布达力别克、曼力斯塔吉克语演唱，艾布力・艾山汗塔吉克文笔录。马达力汗・巴伦译成维吾尔文。16 开纸 1 页，4 行。原稿今藏新疆大学扎米尔・赛都拉・扎德处。译文收入《中国民间文学集成・新疆卷・塔吉克族民间文学集》，新疆大学出版社 2005 年版。

（买买提明・阿塔吾拉编，木合塔尔・艾山译）

爱的奉献
فيداى عشق
fidaye ešq

塔吉克族爱情柔巴依。流传于新疆维吾尔自治区喀什地区塔什库尔干塔吉克自治县。唱述了为爱情敢于奉献的决心。诗中唱道："黑眼睛，我担心你黑色的眼睛，请进屋里，让我看看你的容颜，我贫穷没有钱财去施舍，我有的是一条愿意奉献的宝贵的生命。"对于研究塔吉克族爱情观、金钱观及民间文学有参考价值。1986 年艾布达力别克、曼力斯塔吉克语演唱，艾布力·艾山汗塔吉克文笔录。马达力汗·巴伦译成维吾尔文。16 开纸 1 页，4 行。原稿今藏新疆大学扎米尔·赛都拉·扎德处。译文收入《中国民间文学集成·新疆卷·塔吉克族民间文学集》，新疆大学出版社 2005 年版。

（买买提明·阿塔吾拉编，木合塔尔·艾山译）

爱情的伤疤
نالهٔ عشق
nalye ešq

塔吉克族爱情柔巴依。流传于新疆维吾尔自治区喀什地区塔什库尔干塔吉克自治县。唱述了愿为爱情而献身的爱情观。诗中唱道："为你我爱得伤痕累累，在你眼前死去我会纯洁地殉教。我心中的血流在大地上，到了春天大地上会出现拉莱花丛。"对于研究塔吉克族爱情观及民间文学有参考价值。1986 年艾布达力别克、曼力斯塔吉克语演唱，艾布力·艾山汗塔吉克文笔录。马达力汗·巴伦译成维吾尔文。16 开纸 1 页，4 行。原稿今藏新疆大学扎米尔·赛都拉·扎德处。译文收入《中国民间文学集成·新疆卷·塔吉克族民间文学集》，新疆大学出版社 2005 年版。

（买买提明·阿塔吾拉编，木合塔尔·艾山译）

爱的孤独
تَنهای عشق
tänhaye ešq

塔吉克族爱情柔巴依。流传于新疆维吾尔自治区喀什地区塔什库尔干塔吉克自治县。唱述了年轻人对爱情的忠诚和为了爱情而献身的爱情观。诗中唱道："千万别让风儿吹着你的裙子，时间过去也不要忘了我这个可怜人。你要是想亲手杀了恋人，那就动手而不是交给刽子手。"对于研究塔吉克族爱情观及民间文学有参考价值。1986 年艾布达力别克、曼力斯塔吉克语演唱，艾布力·艾山汗塔吉克文笔录。马达力汗·巴伦译成维吾尔文。16 开纸 1 页，4 行。原稿今藏新疆大学扎米尔·赛都拉·扎德处。译文收入《中国民间文学集成·新疆卷·塔吉克族民间文学集》，新疆大学出版社 2005 年版。

（买买提明·阿塔吾拉编，木合塔尔·艾山译）

恋人的嘴唇
لَب يار
läbe yar

塔吉克族爱情柔巴依。流传于新疆维吾尔自治区喀什地区塔什库尔干塔吉克自治县。唱述了情人的美貌。诗中唱道："你带着微笑和快乐来到这里，是为了看物美价廉的冰糖。你任何时候来到这里，石头都变成郁金香花、珍珠。"对于研究塔吉克族爱情观、审美观及民间文学有参考价值。1986 年艾布达力别克、曼力斯塔吉克语演唱，艾布力·艾山汗塔吉克文笔录。马达力汗·巴伦译成维吾尔文。16 开纸 1 页，4 行。原稿今藏新疆大学扎米尔·赛都拉·扎德处。译文收入《中国民间文学集成·新疆卷·塔吉克族民间文学集》，新疆大学出版社 2005 年版。

（买买提明·阿塔吾拉编，木合塔尔·艾山译）

对自己的劝慰
خُرِی نَسحَت
xuri näsihät

塔吉克族爱情柔巴依。流传于新疆维吾尔

尔自治区喀什地区塔什库尔干塔吉克自治县。唱述了失恋后的复杂心态。诗中唱道："心儿你奔驰得太久现在应停下！你头上已长满了白发现在应停下！你为寻找拉莱花儿四处奔波，但花儿无情现在应停下！"对于研究塔吉克族爱情观及民间文学有参考价值。1986 年吾守尔塔吉克语演唱，代尔亚巴依塔吉克文笔录。马达力汗·巴伦译成维吾尔文。16 开纸 1 页，4 行。原稿今藏新疆大学扎米尔·赛都拉·扎德处。译文收入《中国民间文学集成·新疆卷·塔吉克族民间文学集》，新疆大学出版社 2005 年版。

（买买提明·阿塔吾拉编，木合塔尔·艾山译）

赛乃木的哀情和控诉

دَرد سَنَم

därde sänäm

塔吉克族爱情柔巴依。流传于新疆维吾尔自治区喀什地区塔什库尔干塔吉克自治县。唱述了赛乃木姑娘的婚姻悲剧。诗中唱道："远处出现美丽的赛乃木的身影，她手中拿着花朵，但花瓣凋落。我问：赛乃木你为何忧愁？她答：是我父亲把我扔进地牢里。"对于研究塔吉克族婚姻习俗和民间文学有参考价值。1986 年吾守尔塔吉克语演唱，代尔亚巴依塔吉克文笔录。马达力汗·巴伦译成维吾尔文。16 开纸 1 页，4 行。原稿今藏新疆大学扎米尔·赛都拉·扎德处。译文收入《中国民间文学集成·新疆卷·塔吉克族民间文学集》，新疆大学出版社 2005 年版。

（买买提明·阿塔吾拉编，木合塔尔·艾山译）

婚姻中的不平等

نوتَنگشه نيکوه

nutängšä niku

塔吉克族爱情柔巴依。流传于新疆维吾尔

尔自治区喀什地区塔什库尔干塔吉克自治县。控诉了包办婚姻制度及其危害。诗中唱道："阳光照亮了我的屋子，这是我父亲一手造成的。他拆散了我和恋人，逼迫我嫁给不中用的人。"对于研究塔吉克族婚姻观及民间文学有参考价值。1986 年吾守尔塔吉克语演唱，代尔亚巴依塔吉克文笔录。马达力汗·巴伦译成维吾尔文。16 开纸 1 页，4 行。原稿今藏新疆大学扎米尔·赛都拉·扎德处。译文收入《中国民间文学集成·新疆卷·塔吉克族民间文学集》，新疆大学出版社 2005 年版。

（买买提明·阿塔吾拉编，木合塔尔·艾山译）

爱情的痛苦

دَرد يار

därde yar

塔吉克族爱情柔巴依。流传于新疆维吾尔自治区喀什地区塔什库尔干塔吉克自治县。说明了爱情和人之间的关系如同太阳与生物之间的关系的道理。诗中唱道："没有太阳的热量，哪有万物之生，没有需见面的恋人，哪有一吻的机会？摘一朵美丽的红花，如果没有散发芳香，拉莱花儿有何意义呢？"对于研究塔吉克族爱情观、价值观及民间文学有参考价值。1986 年吾守尔塔吉克语演唱，代尔亚巴依塔吉克文笔录。马达力汗·巴伦译成维吾尔文。16 开纸 1 页，4 行。原稿今藏新疆大学扎米尔·赛都拉·扎德处。译文收入《中国民间文学集成·新疆卷·塔吉克族民间文学集》，新疆大学出版社 2005 年版。

（买买提明·阿塔吾拉编，木合塔尔·艾山译）

发狂的恋人

آشق سَوداى

ašeqe säwdayi

塔吉克族爱情柔巴依。流传于新疆维吾尔

尔自治区喀什地区塔什库尔干塔吉克自治县。唱述了恋人的哀叹之情和塔吉克族人的爱情观。诗中唱道："恋人因身体好而无忧无虑，心里也没有末日的想法。谁让你为了爱而受折磨，发狂的恋人不会受到指责。"对于研究塔吉克族爱情观及民间文学有参考价值。1986 年吾守尔塔吉克语演唱，代尔亚巴依塔吉克文笔录。马达力汗・巴伦译成维吾尔文。16 开纸 1 页，4 行。原稿今藏新疆大学扎米尔・赛都拉・扎德处。译文收入《中国民间文学集成・新疆卷・塔吉克族民间文学集》，新疆大学出版社 2005 年版。

（买买提明・阿塔吾拉编，木合塔尔・艾山译）

在爱的烈火中煎熬

سُز عشق

suze ešq

塔吉克族爱情柔巴依。流传于新疆维吾尔自治区喀什地区塔什库尔干塔吉克自治县。唱述了为了获得爱情遭受煎熬及渴望见到恋人的心情。诗中唱道："心儿说：我是你的情人你的事不好，我对你忍耐了许久，你这赖皮阿尤布。在你爱的烈火中我哀叹，阿尤布不会为优素福而哭泣。"对于研究塔吉克族爱情观及民间文学有参考价值。1986 年吾守尔塔吉克语演唱，代尔亚巴依塔吉克文笔录。马达力汗・巴伦译成维吾尔文。16 开纸 1 页，4 行。原稿今藏新疆大学扎米尔・赛都拉・扎德处。译文收入《中国民间文学集成・新疆卷・塔吉克族民间文学集》，新疆大学出版社 2005 年版。

（买买提明・阿塔吾拉编，木合塔尔・艾山译）

无情的恋人不如阳光好

اَز بيوفا يار خر چَرج

äz bewäfa yar her čärj

塔吉克族爱情柔巴依。流传于新疆维吾尔自治区喀什地区塔什库尔干塔吉克自治县。唱述了对无情的恋人的控诉 。诗中唱道："新年诺鲁孜就这样来临，无情的恋人往我心里放进冰。我在礼拜中祈祷，如有你红的嘴唇，就有日日夜夜。"对于研究塔吉克族爱情观及民间文学有参考价值。1986 年吾守尔塔吉克语演唱，代尔亚巴依塔吉克文笔录。马达力汗・巴伦译成维吾尔文。16 开纸 1 页，4 行。原稿今藏新疆大学扎米尔・赛都拉・扎德处。译文收入《中国民间文学集成・新疆卷・塔吉克族民间文学集》，新疆大学出版社 2005 年版。

（买买提明・阿塔吾拉编，木合塔尔・艾山译）

通过风向情人带去问候

ميجُنير سَلام

mijunir sälam

塔吉克族爱情柔巴依。流传于新疆维吾尔自治区喀什地区塔什库尔干塔吉克自治县。唱述了离别情人的悲伤情感及思念之情。诗中唱道："哎风儿吹过山峦，请向情人带去问候。最先诉说我的苦楚，再诉说离别之痛。"对于研究塔吉克族爱情观及民间文学有参考价值。1986 年吾守尔塔吉克语演唱，代尔亚巴依塔吉克文笔录。马达力汗・巴伦译成维吾尔文。16 开纸 1 页，4 行。原稿今藏新疆大学扎米尔・赛都拉・扎德处。译文收入《中国民间文学集成・新疆卷・塔吉克族民间文学集》，新疆大学出版社 2005 年版。

（买买提明・阿塔吾拉编，木合塔尔・艾山译）

买卖婚姻

نيكاهى سودا

nikahe suday

塔吉克族爱情柔巴依。流传于新疆维吾尔自治区喀什地区塔什库尔干塔吉克自治县。

控诉父亲包办婚姻带来的恶果，反映了塔吉克族青年人渴望自由恋爱的心愿。诗中唱道：“我心里多忧愁，经常忍受着痛苦的折磨。啊父亲你亲手害了我，在异国他乡使我崩溃。”对于研究塔吉克族婚姻道德观及民间文学有参考价值。1986年吾守尔塔吉克语演唱，代尔亚巴依塔吉克文笔录。马达力汗·巴伦译成维吾尔文。16开纸1页，4行。原稿今藏新疆大学扎米尔·赛都拉·扎德处。译文收入《中国民间文学集成·新疆卷·塔吉克族民间文学集》，新疆大学出版社2005年版。

（买买提明·阿塔吾拉编，木合塔尔·艾山译）

母亲带来的痛苦

مآدَر وُگجنج دَرد

madär wugjenj därd

塔吉克族爱情柔巴依。流传于新疆维吾尔自治区喀什地区塔什库尔干塔吉克自治县。控诉了塔吉克族买卖婚姻的陋习，反映了塔吉克族人崇尚纯洁爱情、反对买卖婚姻的观念。诗中唱道：“母亲啊，您把头巾换了银币，却舍得把女儿给了敌人。你说过小女儿是宝贝疙瘩。精心呵护又送我死。”对于研究塔吉克族婚姻道德观及民间文学有参考价值。1986年吾守尔塔吉克语演唱，代尔亚巴依塔吉克文笔录。马达力汗·巴伦译成维吾尔文。16开纸1页，4行。原稿今藏新疆大学扎米尔·赛都拉·扎德处。译文收入《中国民间文学集成·新疆卷·塔吉克族民间文学集》，新疆大学出版社2005年版。

（买买提明·阿塔吾拉编，木合塔尔·艾山译）

新的不如旧的好

كنا اَز نُج چَرج

kena äz nujčärj

塔吉克族爱情柔巴依。流传于新疆维吾尔自治区喀什地区塔什库尔干塔吉克自治县。劝告青年人恋爱要忠诚，不能三心二意、脚踏两只船。反映了塔吉克族人的爱情观。诗中唱道：“不要将手伸向梧桐的两个枝叶，也绝不要与旧情人相分离。有人问：新的还是旧情人好？答：新的是舒服，但旧的忠诚。”对于研究塔吉克族爱情观及民间文学有参考价值。1986年吾守尔塔吉克语演唱，代尔亚巴依塔吉克文笔录。马达力汗·巴伦译成维吾尔文。16开纸1页，4行。原稿今藏新疆大学扎米尔·赛都拉·扎德处。译文收入《中国民间文学集成·新疆卷·塔吉克族民间文学集》，新疆大学出版社2005年版。

（买买提明·阿塔吾拉编，木合塔尔·艾山译）

美丽的恋人

اَز دَرد نيگار

äz därde nigar

塔吉克族爱情柔巴依。流传于新疆维吾尔自治区喀什地区塔什库尔干塔吉克自治县。唱述了没有胆量向心上人表白的痛苦心情。诗中唱道：“我想起你时燃烧我的头，如抛弃，燃烧我全身。我有心里话，却无胆量去说。我有烦恼，筋骨都在燃烧。”对于研究塔吉克族民间文学有参考价值。1986年吾守尔塔吉克语演唱，代尔亚巴依塔吉克文笔录。马达力汗·巴伦译成维吾尔文。16开纸1页，4行。原稿今藏新疆大学扎米尔·赛都拉·扎德处。译文收入《中国民间文学集成·新疆卷·塔吉克族民间文学集》，新疆大学出版社2005年版。

（买买提明·阿塔吾拉编，木合塔尔·艾山译）

单身汉也是穷人

تُقاگى نُميرودى

tuqagi numirudi

塔吉克族爱情柔巴依。流传于新疆维吾

尔自治区喀什地区塔什库尔干塔吉克自治县。谴责买卖婚姻的行为。劝导人们要辛勤劳动以尽快摆脱贫苦。诗中唱道："在我们那边都卖石榴。女孩将爱卖于金子，让贫穷和单身之苦消失吧，我是邻居，她们却卖给别人。"对于研究塔吉克族爱情观、人生观及民间文学有参考价值。1986 年吾守尔塔吉克语演唱，代尔亚巴依塔吉克文笔录。马达力汗·巴伦译成维吾尔文。16 开纸 1 页，4 行。原稿今藏新疆大学扎米尔·赛都拉·扎德处。译文收入《中国民间文学集成·新疆卷·塔吉克族民间文学集》，新疆大学出版社 2005 年版。

（买买提明·阿塔吾拉编，木合塔尔·艾山译）

狮子心

شَیر زارد

šäyr zard

塔吉克族爱情柔巴依。流传于新疆维吾尔自治区喀什地区塔什库尔干塔吉克自治县。唱述了塔吉克族人为了纯洁的爱情而斗争，不向反动势力低头的顽强精神。诗中唱道："我的心是狮心，不怕国王，也不怕被抓的压力和地牢。爱情如同恶狼，恶狼不怕牧羊人。"对于研究塔吉克族人生观、爱情观及民间文学有参考价值。1986 年吾守尔塔吉克语演唱，代尔亚巴依塔吉克文笔录。马达力汗·巴伦译成维吾尔文。16 开纸 1 页，4 行。原稿今藏新疆大学扎米尔·赛都拉·扎德处。译文收入《中国民间文学集成·新疆卷·塔吉克族民间文学集》，新疆大学出版社 2005 年版。

（买买提明·阿塔吾拉编，木合塔尔·艾山译）

等待

انتیزار

entizar

塔吉克族爱情柔巴依。流传于新疆维吾尔自治区喀什地区塔什库尔干塔吉克自治县。唱述了为了爱情甘愿奉献自己生命的决心。诗中唱道："我等待着你的归来，愿贡献自己的生命，如果你愿意，我除了性命没有再贡献的，如果你拒绝，那比我死更糟。"对于研究塔吉克族民间文学有参考价值。1986 年吾守尔塔吉克语演唱，代尔亚巴依塔吉克文笔录。马达力汗·巴伦译成维吾尔文。16 开纸 1 页，4 行。原稿今藏新疆大学扎米尔·赛都拉·扎德处。译文收入《中国民间文学集成·新疆卷·塔吉克族民间文学集》，新疆大学出版社 2005 年版。

（买买提明·阿塔吾拉编，木合塔尔·艾山译）

在爱的烈火中燃烧

ار آتَش عشق

är atäše ešq

塔吉克族爱情柔巴依。流传于新疆维吾尔自治区喀什地区塔什库尔干塔吉克自治县。劝告恋人对爱情要专一，不要花心。诗中唱道："热娜花，我因你烧成了灰，但我很贫困，穿的袈裟，啊恋人，别在竞争对手面前戏耍我。"对于研究塔吉克族爱情观及民间文学有参考价值。1986 年吾守尔塔吉克语演唱，代尔亚巴依塔吉克文笔录。马达力汗·巴伦译成维吾尔文。16 开纸 1 页，4 行。原稿今藏新疆大学扎米尔·赛都拉·扎德处。译文收入《中国民间文学集成·新疆卷·塔吉克族民间文学集》，新疆大学出版社 2005 年版。

（买买提明·阿塔吾拉编，木合塔尔·艾山译）

让两颗心相连

پَیوَستهٔ دیل

päywästäye dil

塔吉克族爱情柔巴依。流传于新疆维吾尔自治区喀什地区塔什库尔干塔吉克自治县。

唱述了渴望与恋人相伴的心愿，反映了塔吉克族人追求纯洁爱情的观念。诗中唱道："洪水滚滚难游泳，两颗心相连谁能分？两颗心相连难分离，因死了的心无良药。"对于研究塔吉克族爱情观、人生观及民间文学有参考价值。1986 年吾守尔塔吉克语演唱，艾布力·艾山汗塔吉克文笔录。马达力汗·巴伦译成维吾尔文。16 开纸 1 页，4 行。原稿今藏新疆大学扎米尔·赛都拉·扎德处。译文收入《中国民间文学集成·新疆卷·塔吉克族民间文学集》，新疆大学出版社 2005 年版。

（买买提明·阿塔吾拉编，木合塔尔·艾山译）

忘恩负义
نامَرد
namärd

塔吉克族爱情柔巴依。流传于新疆维吾尔自治区喀什地区塔什库尔干塔吉克自治县。指责了情人的不良行为。诗中唱道："我花儿般心爱的恋人，情人篇章中还未有忘恩负义者。对情人而言负心人是无情的，我是你的情人，你却另寻欢。"对于研究塔吉克族民间文学有参考价值。1986 年吾守尔塔吉克语演唱，艾布力·艾山汗塔吉克文笔录。马达力汗·巴伦译成维吾尔文。16 开纸 1 页，4 行。原稿今藏新疆大学扎米尔·赛都拉·扎德处。译文收入《中国民间文学集成·新疆卷·塔吉克族民间文学集》，新疆大学出版社 2005 年版。

（买买提明·阿塔吾拉编，木合塔尔·艾山译）

怀念
ياد داشتَن
yad daštän

塔吉克族爱情柔巴依。流传于新疆维吾尔自治区喀什地区塔什库尔干塔吉克自治县。唱述了小伙子怀念恋人的心情及对恋人忠诚的品质。诗中唱道："我坐在那里怀念你赛乃木，苍天传来哀怨声。如果恋人你变为流星下凡，大地上的大石头也会哀怨。"对于研究塔吉克族人生观、爱情观及民间文学有参考价值。1986 年吾守尔塔吉克语演唱，艾布力·艾山汗塔吉克文笔录。马达力汗·巴伦译成维吾尔文。16 开纸 1 页，4 行。原稿今藏新疆大学扎米尔·赛都拉·扎德处。译文收入《中国民间文学集成·新疆卷·塔吉克族民间文学集》，新疆大学出版社 2005 年版。

（买买提明·阿塔吾拉编，木合塔尔·艾山译）

火热的心
آتش ديل
atäše dil

塔吉克族爱情柔巴依。流传于新疆维吾尔自治区喀什地区塔什库尔干塔吉克自治县。唱述了一对恋人甜蜜的爱情。诗中唱道："我坐在屋顶弹着都塔尔，爱着你长着痣的脸庞。每当你看我时，心儿就会燃烧，让你舞动身姿，我来弹都塔尔。"对于研究塔吉克族审美观、爱情观及民间文学有参考价值。1986 年吾守尔塔吉克语演唱，艾布力·艾山汗塔吉克文笔录。马达力汗·巴伦译成维吾尔文。16 开纸 1 页，4 行。原稿今藏新疆大学扎米尔·赛都拉·扎德处。译文收入《中国民间文学集成·新疆卷·塔吉克族民间文学集》，新疆大学出版社 2005 年版。

（买买提明·阿塔吾拉编，木合塔尔·艾山译）

啊！美人
اى ديلبَر
äy dilbär

塔吉克族爱情柔巴依。流传于新疆维吾尔自治区喀什地区塔什库尔干塔吉克自治县。唱述了塔吉克族人对爱情忠诚的品格。诗中唱道："啊美人！你答应我，无论如何你要向我说心里话。如果你向某人表白了心意，谁是负罪之人？请你给我说明。"对于研究塔吉克族爱情观、道德观及民间文学有参考价值。1986年吾守尔塔吉克语演唱，艾布力·艾山汗塔吉克文笔录。马达力汗·巴伦译成维吾尔文。16开纸1页，4行。原稿今藏新疆大学扎米尔·赛都拉·扎德处。译文收入《中国民间文学集成·新疆卷·塔吉克族民间文学集》，新疆大学出版社2005年版。

（买买提明·阿塔吾拉编，木合塔尔·艾山译）

心上人
دیل نیگار
dil nigar

塔吉克族爱情柔巴依。流传于新疆维吾尔自治区喀什地区塔什库尔干塔吉克自治县。唱述了姑娘对小伙子的爱慕之情。诗中唱道："我的心是脆弱的，但我向他表白了我的心，对狮子般的小伙子格外相配。我说的话都是真的，因为有真主作证，传家的戒指在我手上。"对于研究塔吉克族爱情观及民间文学有参考价值。1986年吾守尔塔吉克语演唱，艾布力·艾山汗塔吉克文笔录。马达力汗·巴伦译成维吾尔文。16开纸1页，4行。原稿今藏新疆大学扎米尔·赛都拉·扎德处。译文收入《中国民间文学集成·新疆卷·塔吉克族民间文学集》，新疆大学出版社2005年版。

（买买提明·阿塔吾拉编，木合塔尔·艾山译）

甜蜜的恋人
خگ یار
xeg yar

塔吉克族爱情柔巴依。流传于新疆维吾尔自治区喀什地区塔什库尔干塔吉克自治县。通过唱述恋人的美貌，反映了对恋人的爱慕之情。诗中唱道："鹦鹉在花丛中飞翔，你的嘴唇像莱丽花儿，流着蜜汁。你是蜜糖嘴唇也是蜜糖。你每走一步都撒播着银线。"对于研究塔吉克族审美观及民间文学有参考价值。1986年吾守尔塔吉克语演唱，艾布力·艾山汗塔吉克文笔录。马达力汗·巴伦译成维吾尔文。16开纸1页，4行。原稿今藏新疆大学扎米尔·赛都拉·扎德处。译文收入《中国民间文学集成·新疆卷·塔吉克族民间文学集》，新疆大学出版社2005年版。

（买买提明·阿塔吾拉编，木合塔尔·艾山译）

爱之火
آتَش عشق
atäše ešq

塔吉克族爱情柔巴依。流传于新疆维吾尔自治区喀什地区塔什库尔干塔吉克自治县。唱述了得不到心上人爱情的痛苦心情。诗中唱道："你的身姿使我发疯，你的爱之火使我流浪。我想抛弃你的爱，但爱之箭射中我时，使我崩溃。"对于研究塔吉克族爱情柔巴依有参考价值。1986年吾守尔塔吉克语演唱，艾布力·艾山汗塔吉克文笔录。马达力汗·巴伦译成维吾尔文。16开纸1页，4行。原稿今藏新疆大学扎米尔·赛都拉·扎德处。译文收入《中国民间文学集成·新疆卷·塔吉克族民间文学集》，新疆大学出版社2005年版。

（买买提明·阿塔吾拉编，木合塔尔·艾山译）

负心的恋人
یار بیوَفا
yare biwäfa

塔吉克族爱情柔巴依。流传于新疆维吾尔自治区喀什地区塔什库尔干塔吉克自治县。唱述了被恋人抛弃的痛苦心情，倡导人们要理智地对待恋爱。诗中唱道："钢铁炼久了就会分离出渣子，那卑鄙人另找了恋人。另找了恋人就意味着分离，犹如芳香的花儿上扎上了刺。"对于研究塔吉克族爱情观、人生观及民间文学有参考价值。1986年艾布达力别克、曼力斯塔吉克语演唱，帕合塔依克塔吉克文笔录。马达力汗·巴伦译成维吾尔文。16开纸1页，4行。原稿今藏新疆大学扎米尔·赛都拉·扎德处。译文收入《中国民间文学集成·新疆卷·塔吉克族民间文学集》，新疆大学出版社2005年版。

（买买提明·阿塔吾拉编，木合塔尔·艾山译）

恋人回来了

يار آمَد

yar amäd

塔吉克族爱情柔巴依。流传于新疆维吾尔自治区喀什地区塔什库尔干塔吉克自治县。唱述了抛弃恋人离乡背井也没有找到好的归宿，又回到原来恋人的身边。诗中唱道："时间过去了，谁会成为你的阳光，你来了是否看上了我。你空手而来，我对你没有感情。你走吧，这里没有你的地方。"对于研究塔吉克族爱情观、人生观及民间文学有参考价值。1986年艾布达力别克、曼力斯塔吉克语演唱，帕合塔依克塔吉克文笔录。马达力汗·巴伦译成维吾尔文。16开纸1页，4行。原稿今藏新疆大学扎米尔·赛都拉·扎德处。译文收入《中国民间文学集成·新疆卷·塔吉克族民间文学集》，新疆大学出版社2005年版。

（买买提明·阿塔吾拉编，木合塔尔·艾山译）

爱之恋

تَشنهٔ يار

täšnäye yar

塔吉克族爱情柔巴依。流传于新疆维吾尔自治区喀什地区塔什库尔干塔吉克自治县。唱述了塔吉克族人忠于爱情的观念。诗中唱道："我是欢唱的百灵鸟，春天是我的朋友，我是魁梧的人，朋友是拉莱花丛。在朋友拉莱花丛中，我只喜欢你。其中我最爱恋你。"对于研究塔吉克族爱情观及民间文学有参考价值。1986年艾布达力别克·曼力斯塔吉克语演唱，帕合塔依克塔吉克文笔录。马达力汗·巴伦译成维吾尔文。16开纸1页，4行。原稿今藏新疆大学扎米尔·赛都拉·扎德处。译文收入《中国民间文学集成·新疆卷·塔吉克族民间文学集》，新疆大学出版社2005年版。

（买买提明·阿塔吾拉编，木合塔尔·艾山译）

春天与恋人

بَهار و يار

dähar wä yar

塔吉克族爱情柔巴依。流传于新疆维吾尔自治区喀什地区塔什库尔干塔吉克自治县。唱述了对恋人的思念、崇拜、爱护之情。诗中唱道："春天来了就过诺鲁孜节，无情的恋人使我心燃烧。我向真主祈祷：你嘴唇让我得到幸福。"对于研究塔吉克族爱情观、人生观及民间文学有参考价值。1986年艾布达力别克、曼力斯塔吉克语演唱，帕合塔依克塔吉克文笔录。马达力汗·巴伦译成维吾尔文。16开纸1页，4行。原稿今藏新疆大学扎米尔·赛都拉·扎德处。译文收入《中国民间文学集成·新疆卷·塔吉克族民间文学集》，新疆大学出版社2005年版。

（买买提明·阿塔吾拉编，木合塔尔·艾山译）

渴望与期待

انتيزار

intizar

塔吉克族爱情柔巴依。流传于新疆维吾尔自治区喀什地区塔什库尔干塔吉克自治县。唱述了对恋人的等待和崇拜。诗中唱道："我期盼着你的归路，万花丛中的花儿在我眼里是废物，吻遍它们没有你的芳香，寻遍所有的城市，也没有你这样的心上人。"对于研究塔吉克族爱情观、人生观及民间文学有参考价值。1986 年艾布达力别克、曼力斯塔吉克语演唱，帕合塔依克塔吉克文笔录。马达力汗·巴伦译成维吾尔文。16 开纸 1 页，4 行。原稿今藏新疆大学扎米尔·赛都拉·扎德处。译文收入《中国民间文学集成·新疆卷·塔吉克族民间文学集》，新疆大学出版社 2005 年版。

（买买提明·阿塔吾拉编，木合塔尔·艾山译）

恋人的美貌

يُر ريخسُر

yur rixsur

塔吉克族爱情柔巴依。流传于新疆维吾尔自治区喀什地区塔什库尔干塔吉克自治县。唱述了塔吉克族小伙子的择偶标准。诗中唱道："你要先看看恋人的眼睛，再看看她的嘴唇，三看看她的牙齿，四看看她是否有痣，五是为了她而献身。"对于研究塔吉克族爱情观、审美观及民间文学有参考价值。1986 年艾布达力别克、曼力斯塔吉克语演唱，帕合塔依克塔吉克文笔录。马达力汗·巴伦译成维吾尔文。16 开纸 1 页，4 行。原稿今藏新疆大学扎米尔·赛都拉·扎德处。译文收入《中国民间文学集成·新疆卷·塔吉克族民间文学集》，新疆大学出版社 2005 年版。

（买买提明·阿塔吾拉编，木合塔尔·艾山译）

思恋情人

يُرير انتيزار

yurir intizur

塔吉克族爱情柔巴依。流传于新疆维吾尔自治区喀什地区塔什库尔干塔吉克自治县。唱述了王子与星星同时来到情人的家乡，反映了塔吉克族人将人类视为宇宙的中心的观点。诗中唱道："星星来到你的家乡又离去，王子打完猎也离去。都在问猎人为何来而又去？原来是为了看情人来而又离去。"对于研究塔吉克族爱情观、人生观及民间文学有参考价值。1986 年艾布达力别克、曼力斯塔吉克语演唱，帕合塔依克塔吉克文笔录。马达力汗·巴伦译成维吾尔文。16 开纸 1 页，4 行。原稿今藏新疆大学扎米尔·赛都拉·扎德处。译文收入《中国民间文学集成·新疆卷·塔吉克族民间文学集》，新疆大学出版社 2005 年版。

（买买提明·阿塔吾拉编，木合塔尔·艾山译）

愚蠢的姑娘

گاول دختَر

gawl duxtär

塔吉克族爱情柔巴依。流传于新疆维吾尔自治区喀什地区塔什库尔干塔吉克自治县。谴责了姑娘喜新厌旧的行为。反映了塔吉克族人珍惜纯洁爱情的观念。诗中唱道："无知的姑娘你的行为太愚蠢，你找到了恋人却不知足。为何要知足，原来是恋人要离开我，使我长夜孤守空房。"对于研究塔吉克族爱情观及民间文学有参考价值。1986 年艾布达力别克、曼力斯塔吉克语演唱，帕合塔依克塔吉克文笔录。马达力汗·巴伦译成维吾尔文。16 开纸 1 页，4 行。原稿今藏新疆大学扎米尔·赛都拉·扎德处。译文收入《中国民间文学集成·新疆卷·塔吉克族民间文学集》，新疆大学出版社 2005 年版。

（买买提明·阿塔吾拉编，木合塔尔·艾山译）

爱之火

آتَش عشق

atäše ešq

塔吉克族爱情柔巴依。流传于新疆维吾尔

尔自治区喀什地区塔什库尔干塔吉克自治县。唱述了受爱情煎熬的姑娘憔悴的神态。诗中唱道："啊姑娘，你的脸庞为何憔悴，可能是把心献给了某人，或在做假？为何要把心儿掏，为何要去做假，因为爱之火，脸庞憔悴了。"对于研究塔吉克族爱情观、人生观及民间文学有参考价值。1986 年艾布达力别克、曼力斯塔吉克语演唱，帕合塔依克塔吉克文笔录。马达力汗·巴伦译成维吾尔文。16 开纸 1 页，4 行。原稿今藏新疆大学扎米尔·赛都拉·扎德处。译文收入《中国民间文学集成·新疆卷·塔吉克族民间文学集》，新疆大学出版社 2005 年版。

（买买提明·阿塔吾拉编，木合塔尔·艾山译）

幸福的渴望

آرزوی بَخت

arzuye bäxt

塔吉克族爱情柔巴依。流传于新疆维吾尔自治区喀什地区塔什库尔干塔吉克自治县。唱述了对远嫁他乡的恋人的难舍难分之情和美好的祝福。诗中唱道："恋人啊你走了，离开了这园林。你走了，离开了可爱的家乡。你走了，愿真主保佑。愿太阳、月亮、星星陪伴你。"对于研究塔吉克族爱情观、道德观及民间文学有参考价值。1986 年艾布达力别克、曼力斯塔吉克语演唱，帕合塔依克塔吉克文笔录。马达力汗·巴伦译成维吾尔文。16 开纸 1 页，4 行。原稿今藏新疆大学扎米尔·赛都拉·扎德处。译文收入《中国民间文学集成·新疆卷·塔吉克族民间文学集》，新疆大学出版社 2005 年版。

（买买提明·阿塔吾拉编，木合塔尔·艾山译）

哀怨

فيغان

fiɣan

塔吉克族爱情柔巴依。流传于新疆维吾尔自治区喀什地区塔什库尔干塔吉克自治县。唱述了失去恋人的痛苦心情。诗中唱道："我在黄昏路过你的家门，就是吟百首诗和一首诗歌也表达不完我的惨状。众人问哀怨之因：你看恋人都走了，房子都空了。"对于研究塔吉克族爱情观及民间文学有参考价值。1986 年艾布达力别克、曼力斯塔吉克语演唱，帕合塔依克塔吉克文笔录。马达力汗·巴伦译成维吾尔文。16 开纸 1 页，4 行。原稿今藏新疆大学扎米尔·赛都拉·扎德处。译文收入《中国民间文学集成·新疆卷·塔吉克族民间文学集》，新疆大学出版社 2005 年版。

（买买提明·阿塔吾拉编，木合塔尔·艾山译）

爱恋之苦

دَرد عشق

därde ešq

塔吉克族爱情柔巴依。流传于新疆维吾尔自治区喀什地区塔什库尔干塔吉克自治县。唱述了塔吉克族青年珍视纯洁爱情的思想。诗中唱道："真遗憾没有这样一个讨人喜欢的恋人，我爱她但没有向她表白过一句话。恋人你要说你的爱都是白费心……"对于研究塔吉克族爱情观、人生价值观及民间文学有参考价值。1986 年艾布达力别克、曼力斯塔吉克语演唱，帕合塔依克塔吉克文笔录。马达力汗·巴伦译成维吾尔文。16 开纸 1 页，4 行。原稿今藏新疆大学扎米尔·赛都拉·扎德处。译文收入《中国民间文学集成·新疆卷·塔吉克族民间文学集》，新疆大学出版社 2005 年版。

（买买提明·阿塔吾拉编，木合塔尔·艾山译）

忧郁的爱

عاشق ديلتَنگ

ašeqe diltäng

塔吉克族爱情柔巴依。流传于新疆维吾

尔自治区喀什地区塔什库尔干塔吉克自治县。唱述了渴望恋人留在自己身边的愿望。诗中唱道："麻雀从石头上跳来跳去，美丽的恋人准备到喀什噶尔去。你别去喀什噶尔，我会忧郁的。如果下起大雪，会被大山和大坂阻隔。"对于研究塔吉克族爱情观、审美观及民间文学有参考价值。1986年艾布达力别克、曼力斯塔吉克语演唱，帕合塔依克塔吉克文笔录。马达力汗·巴伦译成维吾尔文。16开纸1页，4行。原稿今藏新疆大学扎米尔·赛都拉·扎德处。译文收入《中国民间文学集成·新疆卷·塔吉克族民间文学集》，新疆大学出版社2005年版。

（买买提明·阿塔吾拉编，木合塔尔·艾山译）

心儿在燃烧
سُز دیل
suze dil

塔吉克族爱情柔巴依。流传于新疆维吾尔自治区喀什地区塔什库尔干塔吉克自治县。唱述了日夜思念恋人的心情。诗中唱道："留在河滨的天使，你的爱使我心儿在燃烧。我想问候她，她却不见了。我的问候在纸上，你的音容笑貌在梦里。"对于研究塔吉克族爱情观、民间文学有参考价值。1986年艾布达力别克、曼力斯塔吉克语演唱，帕合塔依克塔吉克文笔录。马达力汗·巴伦译成维吾尔文。16开纸1页，4行。原稿今藏新疆大学扎米尔·赛都拉·扎德处。译文收入《中国民间文学集成·新疆卷·塔吉克族民间文学集》，新疆大学出版社2005年版。

（买买提明·阿塔吾拉编，木合塔尔·艾山译）

愿姑娘你长寿
زیندَباش ای دختَر
zindäbaš äy duxtär

塔吉克族爱情柔巴依。流传于新疆维吾尔自治区喀什地区塔什库尔干塔吉克自治县。唱述了请求姑娘做自己终身伴侣的愿望。诗中唱道："啊姑娘但愿你能活百岁，请你来我家我们成为朋友，成为同甘共苦的伴侣。男子死了，就没有领头人了。"对于研究塔吉克族民间文学有参考价值。1986年艾布达力别克、曼力斯塔吉克语演唱，帕合塔依克塔吉克文笔录。马达力汗·巴伦译成维吾尔文。16开纸1页，4行。原稿今藏新疆大学扎米尔·赛都拉·扎德处。译文收入《中国民间文学集成·新疆卷·塔吉克族民间文学集》，新疆大学出版社2005年版。

（买买提明·阿塔吾拉编，木合塔尔·艾山译）

恋人之痛苦
سُز آشق و مَشوق
suze ašeq wä mäšur

塔吉克族爱情柔巴依。流传于新疆维吾尔自治区喀什地区塔什库尔干塔吉克自治县。唱述了一对恋人分离的痛苦心情。诗中唱道："一对鸽子离别了，今天的情景如此，明天会怎样？几年来我们在一起玩耍，今年以真主的安排我们分离了。"对于研究塔吉克族民间文学有参考价值。1986年艾布达力别克、曼力斯塔吉克语演唱，帕合塔依克塔吉克文笔录。马达力汗·巴伦译成维吾尔文。16开纸1页，4行。原稿今藏新疆大学扎米尔·赛都拉·扎德处。译文收入《中国民间文学集成·新疆卷·塔吉克族民间文学集》，新疆大学出版社2005年版。

（买买提明·阿塔吾拉编，木合塔尔·艾山译）

丑行
شَرمَندگی
šärmändigi

塔吉克族爱情柔巴依。流传于新疆维吾尔自治区喀什地区塔什库尔干塔吉克自治县。

唱述了美丽姑娘看不起小伙子，而小伙子看到姑娘的丑行后对她改变了看法。诗中唱道："啊蓝色的天空我看到了月亮，你手脚都戴着镣铐，受苦软弱，虽然你没有看得起我，但我也看到了你的丑行。"对于研究塔吉克族爱情观及民间文学有参考价值。1986 年艾布达力别克、曼力斯塔吉克语演唱，帕合塔依克塔吉克文笔录。马达力汗·巴伦译成维吾尔文。16 开纸 1 页，4 行。原稿今藏新疆大学扎米尔·赛都拉·扎德处。译文收入《中国民间文学集成·新疆卷·塔吉克族民间文学集》，新疆大学出版社 2005 年版。

（买买提明·阿塔吾拉编，木合塔尔·艾山译）

离别的折磨

دَرد هیجران

därde hijran

塔吉克族爱情柔巴依。流传于新疆维吾尔自治区喀什地区塔什库尔干塔吉克自治县。唱述了失去恋人的痛苦心情，反映了塔吉克族人珍惜恋人和爱情的品格。诗中唱道："就在那里我失去了百灵鸟，也失去了弓和目标。我要像麦吉依一样浪迹天涯，因可贵的恋人失去了心上人。"对于研究塔吉克族民间文学有参考价值。1986 年艾布达力别克、曼力斯塔吉克语演唱，帕合塔依克塔吉克文笔录。马达力汗·巴伦译成维吾尔文。16 开纸 1 页，4 行。原稿今藏新疆大学扎米尔·赛都拉·扎德处。译文收入《中国民间文学集成·新疆卷·塔吉克族民间文学集》，新疆大学出版社 2005 年版。

（买买提明·阿塔吾拉编，木合塔尔·艾山译）

小伙子的痛苦

دَرد پسَربَچه

därde pisärbäčä

塔吉克族爱情柔巴依。流传于新疆维吾尔自治区喀什地区塔什库尔干塔吉克自治县。唱述了小伙子对恋人强烈的爱及为此遭受的痛苦。诗中唱道："啊百灵鸟，我因你的爱而哀怨，为见你一面而盼望。我不满足于你的容貌，最后遭到了惩罚。"对于研究塔吉克族爱情观和民间文学有参考价值。1986 年艾布达力别克、曼力斯塔吉克语演唱，帕合塔依克塔吉克文笔录。马达力汗·巴伦译成维吾尔文。16 开纸 1 页，4 行。原稿今藏新疆大学扎米尔·赛都拉·扎德处。译文收入《中国民间文学集成·新疆卷·塔吉克族民间文学集》，新疆大学出版社 2005 年版。

（买买提明·阿塔吾拉编，木合塔尔·艾山译）

无良心的姑娘

دختَر ناعنساف

duxtäre nainsaf

塔吉克族爱情柔巴依。流传于新疆维吾尔自治区喀什地区塔什库尔干塔吉克自治县。唱述了小伙子得不到心上人的喜欢而感到无奈的心情。诗中唱道："如果有大眼睛有何办法，有连眉毛对她有何办法？为了你心儿在燃烧，真主拿走了你的良心有何办法？"对于研究塔吉克族审美观、爱情观及民间文学有参考价值。1986 年艾布达力别克、曼力斯塔吉克语演唱，帕合塔依克塔吉克文笔录。马达力汗·巴伦译成维吾尔文。16 开纸 1 页，4 行。原稿今藏新疆大学扎米尔·赛都拉·扎德处。译文收入《中国民间文学集成·新疆卷·塔吉克族民间文学集》，新疆大学出版社 2005 年版。

（买买提明·阿塔吾拉编，木合塔尔·艾山译）

无情的女孩

دختَر بیوَفا

duxtäre biwäfa

塔吉克族爱情柔巴依。流传于新疆维吾尔自治区喀什地区塔什库尔干塔吉克自治县。

唱述了小伙子陷入爱情骗局后的痛苦心情。诗中唱道："绿裙子，我落入了你的陷阱，为此人们会杀了我。我没有一天不是背着恶名。无辜杀人会欠下血债。"对于研究塔吉克族爱情观及民间文学有参考价值。1986 年艾布达力别克、曼力斯塔吉克语演唱，帕合塔依克塔吉克文笔录。马达力汗・巴伦译成维吾尔文。16 开纸 1 页，4 行。原稿今藏新疆大学扎米尔・赛都拉・扎德处。译文收入《中国民间文学集成・新疆卷・塔吉克族民间文学集》，新疆大学出版社 2005 年版。

（买买提明・阿塔吾拉编，木合塔尔・艾山译）

悲伤与痛苦

آزاب

äzab

塔吉克族爱情柔巴依。流传于新疆维吾尔自治区喀什地区塔什库尔干塔吉克自治县。唱述一对恋人所遭受的离别之痛及塔吉克族人对爱情忠贞不渝的性格。诗中唱道："天上悬着美丽的圆月，你在那儿高兴而我忧愁。请你把烦恼为自己做成大衣而穿上，让每个人都分担离别之痛。"对于研究塔吉克族爱情观、道德观及民间文学有参考价值。1986 年艾布达力别克、曼力斯塔吉克语演唱，帕合塔依克塔吉克文笔录。马达力汗・巴伦译成维吾尔文。16 开纸 1 页，4 行。原稿今藏新疆大学扎米尔・赛都拉・扎德处。译文收入《中国民间文学集成・新疆卷・塔吉克族民间文学集》，新疆大学出版社 2005 年版。

（买买提明・阿塔吾拉编，木合塔尔・艾山译）

爱的誓言

قَسَم عشق

qäsäme ešq

塔吉克族爱情柔巴依。流传于新疆维吾尔自治区喀什地区塔什库尔干塔吉克自治县。唱述了小伙子不为美丽容貌心动的心态。诗中唱道："如果你的容貌不像月亮，我也不会望你一眼。如果你是泉水，我也不会去洗手。我还有机会去看花朵，现在一定不会去吻你的芬芳。"对于研究塔吉克族爱情观、人生观及民间文学有参考价值。1986 年艾布达力别克、曼力斯塔吉克语演唱，帕合塔依克塔吉克文笔录。马达力汗・巴伦译成维吾尔文。16 开纸 1 页，4 行。原稿今藏新疆大学扎米尔・赛都拉・扎德处。译文收入《中国民间文学集成・新疆卷・塔吉克族民间文学集》，新疆大学出版社 2005 年版。

（买买提明・阿塔吾拉编，木合塔尔・艾山译）

爱的烦恼

دَرد يار

därde yar

塔吉克族爱情柔巴依。流传于新疆维吾尔自治区喀什地区塔什库尔干塔吉克自治县。唱述了小伙子对恋人炽热的爱及为此所遭受的烦恼。反映了塔吉克族青年为了爱情甘愿献出一切的精神。诗中唱道："今年她的心儿格外痛苦，我心肝里也酸痛。为了恋人我献上爱心，所以为她我到处流浪。"对于研究塔吉克族爱情观、道德观及民间文学有参考价值。1986 年艾布达力别克、曼力斯塔吉克语演唱，帕合塔依克塔吉克文笔录。马达力汗・巴伦译成维吾尔文。16 开纸 1 页，4 行。原稿今藏新疆大学扎米尔・赛都拉・扎德处。译文收入《中国民间文学集成・新疆卷・塔吉克族民间文学集》，新疆大学出版社 2005 年版。

（买买提明・阿塔吾拉编，木合塔尔・艾山译）

为了爱人我两肋插刀

ته آوان وَز كَبوب

tä äwan wäz käbub

塔吉克族爱情柔巴依。流传于新疆维吾

尔自治区喀什地区塔什库尔干塔吉克自治县。唱述了塔吉克民族的人性美。诗中唱道："你的面容好似皎洁的明月，为了抚平我思念你的心，无数次来到了你所在的村庄，你穿着华丽的衣裳，让我们甘愿为你而倾倒。"对于研究塔吉克族审美观及民间文学有参考价值。1986 年吾秀尔塔吉克语演唱，代尔亚巴依塔吉克文笔录。马达力汗・巴伦译成维吾尔文。16 开纸 1 页，4 行。原稿今藏新疆大学扎米尔・赛都拉・扎德处。译文收入《中国民间文学集成・新疆卷・塔吉克族民间文学集》，新疆大学出版社 2005 年版。

（买买提明・阿塔吾拉编，米娜娃・哈木里拉提译）

对爱人的描述

اگُل لَس داد

ägul läs dad

塔吉克族爱情柔巴依。流传于新疆维吾尔自治区喀什地区塔什库尔干塔吉克自治县。唱述了塔吉克人对爱的崇尚及审美观。诗中唱道："你的头发乌黑闪亮，面容白净无瑕，身段婀娜多姿，谁要多看你一眼连土地都会妒嫉。"对于研究塔吉克族的爱情观、审美观及民间文学有参考价值。1986 年艾布达力别克、曼力斯塔吉克语演唱，艾布力・艾山汗塔吉克文笔录。马达力汗・巴伦译成维吾尔文。16 开纸 1 页，4 行。原稿今藏新疆大学扎米尔・赛都拉・扎德处。译文收入《中国民间文学集成・新疆卷・塔吉克族民间文学集》，新疆大学出版社 2005 年版。

（买买提明・阿塔吾拉编，米娜娃・哈木里拉提译）

爱的艰辛

عشقن ويجَفو

ešqän wijäfu

塔吉克族爱情柔巴依。流传于新疆维吾尔自治区喀什地区塔什库尔干塔吉克自治县。唱述了塔吉克族人对爱情的向往。诗中唱道："在石头上刻字很难，想得到美人的芳心更难，如果因为艰辛而放弃，你将什么都得不到。"对于研究塔吉克族审美观及民间文学有参考价值。1986 年艾布达力别克、曼力斯塔吉克语演唱，艾布力・艾山汗塔吉克文笔录。马达力汗・巴伦译成维吾尔文。16 开纸 1 页，4 行。原稿今藏新疆大学扎米尔・赛都拉・扎德处。译文收入《中国民间文学集成・新疆卷・塔吉克族民间文学集》，新疆大学出版社 2005 年版。（买买提明・阿塔吾拉编，周玉玲译）

美人

دُختَر زيبا

duxtäre ziba

塔吉克族爱情柔巴依。流传于新疆维吾尔自治区喀什地区塔什库尔干塔吉克自治县。唱述了塔吉克人对爱的追求。诗中唱道："梳着小辫的美人，小伙们因你的辫子而倾倒，你一出现他们便像猎人一样争夺你这个猎物。"对于研究塔吉克族审美观及民间文学有参考价值。1986 年艾布达力别克、曼力斯塔吉克语演唱，艾布力・艾山汗塔吉克文笔录。马达力汗・巴伦译成维吾尔文。16 开纸 1 页，4 行。原稿今藏新疆大学扎米尔・赛都拉・扎德处。译文收入《中国民间文学集成・新疆卷・塔吉克族民间文学集》，新疆大学出版社 2005 年版。

（买买提明・阿塔吾拉编，米娜娃・哈木里拉提译）

别离之苦

دَرد جُدا

därde juda

塔吉克族爱情柔巴依。流传于新疆维吾尔

尔自治区喀什地区塔什库尔干塔吉克自治县。唱述了远隔千里的情侣整日以泪洗面，在心中痛苦吟唱的情景。诗中唱道："我因思念你而望眼欲穿，苍天不公让我们受这离别之苦，我只能在梦中与你相见。"对于研究塔吉克族柔巴依有参考价值。1986 年塔布力迪·吾秀尔、尼嘎尔塔吉克语演唱，达力·买提胡夏勒塔吉克文笔录。马达力汗·巴伦译成维吾尔文。16 开纸 1 页，4 行。原稿今藏新疆大学扎米尔·赛都拉·扎德处。译文收入《中国民间文学集成·新疆卷·塔吉克族民间文学集》，新疆大学出版社 2005 年版。（买买提明·阿塔吾拉编，周玉玲译）

可怜的爱人

يار بيچاره

yare bičarä

塔吉克族爱情柔巴依。流传于新疆维吾尔自治区喀什地区塔什库尔干塔吉克自治县。唱述爱人可怜无助、忧愁的情景，反映了塔吉克人善解人意的美德。诗中唱道："为何心中充满了忧愁，为何双眼看不到春色，我的心究竟为谁而碎，啊！美人你为何如此不幸。"对于研究塔吉克族社会道德观念及民间文学具有参考价值。1986 年吾秀尔塔吉克语演唱，代尔亚巴依塔吉克文笔录。马达力汗·巴伦译成维吾尔文。16 开纸 1 页，4 行。原稿今藏新疆大学扎米尔·赛都拉·扎德处。译文收入《中国民间文学集成·新疆卷·塔吉克族民间文学集》，新疆大学出版社 2005 年版。

（买买提明·阿塔吾拉编，米娜娃·哈木里拉提译）

忠诚

سَداقَت

sädaqät

塔吉克族爱情柔巴依。流传于新疆维吾尔自治区喀什地区塔什库尔干塔吉克自治县。告诫人们应该对爱人忠诚、有情有意。诗中唱道："天上的明月普照大地，大地仿佛披上了银纱，如有人此时想抢夺别人的心上人，就如同用石头砸碎美丽的花碗。"对于研究塔吉克族爱情观及道德观有参考价值。1986 年吾秀尔塔吉克语演唱，代尔亚巴依塔吉克文笔录。马达力汗·巴伦译成维吾尔文。16 开纸 1 页，4 行。原稿今藏新疆大学扎米尔·赛都拉·扎德处。译文收入《中国民间文学集成·新疆卷·塔吉克族民间文学集》，新疆大学出版社 2005 年版。

（买买提明·阿塔吾拉编，周玉玲译）

哀愁的煎熬

غَم غوسسه

ɣämɣussä

塔吉克族爱情柔巴依。流传于新疆维吾尔自治区喀什地区塔什库尔干塔吉克自治县。唱述了孤单的"我"经历着思念情人的煎熬。诗中唱道："今年这明媚的春光与我何妨，离开我心爱的姑娘上苍与我何妨，人人都祈求长命又百岁，漫长的岁月与煎熬中的我又有何妨。"对于研究塔吉克族传统生活观念及民间文学有参考价值。1986 年塔布力迪·吾秀尔塔吉克语演唱，代尔亚巴依塔吉克文笔录。马达力汗·巴伦译成维吾尔文。16 开纸 1 页，4 行。原稿今藏新疆大学扎米尔·赛都拉·扎德处。译文收入《中国民间文学集成·新疆卷·塔吉克族民间文学集》，新疆大学出版社 2005 年版。

（买买提明·阿塔吾拉编，海燕萍译）

爱人、马和宝剑

مَشوق هَم اَسب

mäšuq häm äsb

塔吉克族爱情柔巴依。流传于新疆维吾尔

自治区喀什地区塔什库尔干塔吉克自治县。唱述了失去爱人的失落心情。诗中唱道："严寒的冬天里百花凋谢，屋檐上落凤凰谁看见长蛇。横眉冷对负心的爱人，谁看见爱人、马和宝剑终生陪伴君。"对于研究塔吉克族柔巴依有参考价值。1986年吾秀尔塔吉克语演唱，代尔亚巴依塔吉克文笔录。马达力汗·巴伦译成维吾尔文。16开纸1页，4行。原稿今藏新疆大学扎米尔·赛都拉·扎德处。译文收入《中国民间文学集成·新疆卷·塔吉克族民间文学集》，新疆大学出版社2005年版。

（买买提明·阿塔吾拉编，海燕萍译）

卑鄙的情人
عاشق ناكَس
ašeqe nakäs

塔吉克族爱情柔巴依。流传于新疆维吾尔自治区喀什地区塔什库尔干塔吉克自治县。唱述了卑鄙、愚昧的情人带给"我"的痛苦和悔恨。诗中唱道："我家的屋顶高不过所有人家的，我的情人她像魔鬼卑鄙下流，人们不禁问何以交心给魔鬼，这就是命运的安排使我颠沛流离。"对于研究塔吉克族爱情观及民间文学有参考价值。1986年吾秀尔塔吉克语演唱，代尔亚巴依塔吉克文笔录。马达力汗·巴伦译成维吾尔文。16开纸1页，4行。原稿今藏新疆大学扎米尔·赛都拉·扎德处。译文收入《中国民间文学集成·新疆卷·塔吉克族民间文学集》，新疆大学出版社2005年版。

（买买提明·阿塔吾拉编，海燕萍译）

忠诚
سَداقَت
sädaqät

塔吉克族爱情柔巴依。流传于新疆维吾尔自治区喀什地区塔什库尔干塔吉克自治县。唱述了现实生活中的场景，反映了塔吉克族人崇尚真挚爱情的思想。诗中唱道："群鹅翱翔在辽阔的天际，我苦苦追寻娇媚的情人，群鹅中辨不清我钟爱的情人，抛下我飞走了留下孤单的我。"对于研究塔吉克族人际关系及民间文学有参考价值。1986年阿布达拉别克塔吉克语演唱，艾布力·艾山汗塔吉克文笔录。马达力汗·巴伦译成维吾尔文。16开纸1页，4行。原稿今藏新疆大学扎米尔·赛都拉·扎德处。译文收入《中国民间文学集成·新疆卷·塔吉克族民间文学集》，新疆大学出版社2005年版。

（买买提明·阿塔吾拉编，海燕萍译）

情人
نيگار جان
nigare jan

塔吉克族爱情柔巴依。流传于新疆维吾尔自治区喀什地区塔什库尔干塔吉克自治县。唱述了祝愿情人平安、免遭磨难的心愿。诗中唱道："漫天的星斗今夜格外地耀眼，乌克尔星悬夜空可知我心声，乌克尔星会消失夜幕退却时，相依偎在今夜一对痴情人。"对于研究塔吉克族柔巴依有参考价值。1986年曼力斯塔吉克语演唱，达力·买提胡夏勒塔吉克文笔录。马达力汗·巴伦译成维吾尔文。16开纸1页，4行。原稿今藏新疆大学扎米尔·赛都拉·扎德处。译文收入《中国民间文学集成·新疆卷·塔吉克族民间文学集》，新疆大学出版社2005年版。

（买买提明·阿塔吾拉编，海燕萍译）

（二）亲情柔巴依

思念

ياد داشتَن

yad daštän

塔吉克族亲情柔巴依。流传于新疆维吾尔自治区喀什地区塔什库尔干塔吉克自治县。唱述了父亲思念儿子的孤独心情。诗中唱道："杨树长得快又高，旅途中的儿子快回来。孩儿回来家里亮堂，让朋友快乐敌人眼瞎。"对于研究塔吉克族家庭观及民间文学有参考价值。1986 年塔布力迪·吾秀尔、尼嘎尔塔吉克语演唱，达力·买提胡夏勒塔吉克文笔录。马达力汗·巴伦译成维吾尔文。16 开纸 1 页，4 行。原稿今藏新疆大学扎米尔·赛都拉·扎德处。译文收入《中国民间文学集成·新疆卷·塔吉克族民间文学集》，新疆大学出版社 2005 年版。

（买买提明·阿塔吾拉编，木合塔尔·艾山译）

无子无福

بيفرزَند بيبَخت

bifärzänd bibäxt

塔吉克族亲情柔巴依。流传于新疆维吾尔自治区喀什地区塔什库尔干塔吉克自治县。唱述了传宗接代的重要性。诗中唱道："没有受委屈但内心有痛苦，何为痛苦？只为有了子女。人们都说：有子有何用？答：有子方能有万福。"对于研究塔吉克族家庭观、生育观及民间文学有参考价值。1986 年吾守尔塔吉克语演唱，代尔亚巴依塔吉克文笔录。马达力汗·巴伦译成维吾尔文。16 开纸 1 页，4 行。原稿今藏新疆大学扎米尔·赛都拉·扎德处。译文收入《中国民间文学集成·新疆卷·塔吉克族民间文学集》，新疆大学出版社 2005 年版。

（买买提明·阿塔吾拉编，木合塔尔·艾山译）

父母

پَدَر و مادَر

pädär wä madär

塔吉克族亲情柔巴依。流传于新疆维吾尔自治区喀什地区塔什库尔干塔吉克自治县。唱述了塔吉克族人尊老爱幼的观念。诗中唱道："我头上的光辉是母亲，家庭的顶梁柱是父亲。我拿着镜子看，看到镜子里的是我的宝贝儿子。"对于研究塔吉克族家庭道德观及民间文学有参考价值。1986 年吾守尔塔吉克语演唱，代尔亚巴依塔吉克文笔录。马达力汗·巴伦译成维吾尔文。16 开纸 1 页，4 行。原稿今藏新疆大学扎米尔·赛都拉·扎德处。译文收入《中国民间文学集成·新疆卷·塔吉克族民间文学集》，新疆大学出版社 2005 年版。

（买买提明·阿塔吾拉编，木合塔尔·艾山译）

敬爱的父亲

پَدَر جان

pädäre jan

塔吉克族亲情柔巴依。流传于新疆维吾尔自治区喀什地区塔什库尔干塔吉克自治县。唱述了对父亲的深厚感情及塔吉克族尊老爱幼的良好习俗。诗中唱道："我摘一些花束撒向大路上，要用伯克塞木绸给父亲缝制大衣。商人们要问你的货值多少钱？父亲啊你回来吧我真想见你。"对于研究塔吉克族家庭观、风俗习惯及民间文学有参考价值。1986 年吾守尔塔吉克语演唱，代尔亚巴依塔吉克文笔录。马达力汗·巴伦译成维吾尔文。16 开纸 1 页，4 行。原稿今藏新疆大学扎米尔·赛都拉·扎德处。译文收入《中国民间文学集成·新疆卷·塔吉克族民间文学集》，新疆大学出版社 2005 年版。

（买买提明·阿塔吾拉编，木合塔尔·艾山译）

父亲啊你在哪里

پَدَر تاو كُجا

pädär taw kuja

塔吉克族亲情柔巴依。流传于新疆维吾尔自治区喀什地区塔什库尔干塔吉克自治县。唱述了祈求父亲健康、平安的心愿。诗中唱道：“春天风儿吹，花儿开，父亲啊你在哪里？不管在哪里只要你平安，别让我看见不幸。”对于研究塔吉克族家庭观及民间文学有参考价值。1986 年吾守尔塔吉克语演唱，代尔亚巴依塔吉克文笔录。马达力汗·巴伦译成维吾尔文。16 开纸 1 页，4 行。原稿今藏新疆大学扎米尔·赛都拉·扎德处。译文收入《中国民间文学集成·新疆卷·塔吉克族民间文学集》，新疆大学出版社 2005 年版。

（买买提明·阿塔吾拉编，木合塔尔·艾山译）

亲爱的母亲

مادَر جان

madäre jan

塔吉克族亲情柔巴依。流传于新疆维吾尔自治区喀什地区塔什库尔干塔吉克自治县。通过母子对话，反映了母亲对流浪他乡的孩子的思念之情。诗中唱道：“母亲啊你抚育我成长，你喂我乳汁，又谋害我。我给的是乳汁，不是谋害你的生命，怎知孩儿在他乡受罪。”对于研究塔吉克族家庭观及民间文学有参考价值。1986 年吾守尔塔吉克语演唱，代尔亚巴依塔吉克文笔录。马达力汗·巴伦译成维吾尔文。16 开纸 1 页，4 行。原稿今藏新疆大学扎米尔·赛都拉·扎德处。译文收入《中国民间文学集成·新疆卷·塔吉克族民间文学集》，新疆大学出版社 2005 年版。

（买买提明·阿塔吾拉编，木合塔尔·艾山译）

母亲的悲痛

دَرد مادَر

därde madär

塔吉克族亲情柔巴依。流传于新疆维吾尔自治区喀什地区塔什库尔干塔吉克自治县。诗中唱道：“好可惜，树木没有了果实，黄土吞没了我的孩儿，母亲陷入了万般的悲痛之中，母亲心如刀割。”对于研究塔吉克族尊老爱幼观念及民间文学有参考价值。1986 年吾秀尔塔吉克语演唱，代尔亚巴依塔吉克文笔录。马达力汗·巴伦译成维吾尔文。16 开纸 1 页，4 行。原稿今藏新疆大学扎米尔·赛都拉·扎德处。译文收入《中国民间文学集成·新疆卷·塔吉克族民间文学集》，新疆大学出版社 2005 年版。（买买提明·阿塔吾拉编，周玉玲译）

母爱

مادَر

madär

塔吉克族亲情柔巴依。流传于新疆维吾尔自治区喀什地区塔什库尔干塔吉克自治县。唱述了一个因与自己母亲赌气而离家出走的男孩对母亲的思念。诗中唱道：“我哭泣、我埋怨，我因你的责骂而离开，家中已是空荡荡，亲爱的母亲只有您才是我的精神支柱。”对于研究塔吉克族柔巴依有参考价值。1986 年塔布力迪·吾秀尔、尼嘎尔塔吉克语演唱，达力·买提胡夏勒塔吉克文笔录。马达力汗·巴伦译成维吾尔文。16 开纸 1 页，4 行。原稿今藏新疆大学扎米尔·赛都拉·扎德处。译文收入《中国民间文学集成·新疆卷·塔吉克族民间文学集》，新疆大学出版社 2005 年版。

（买买提明·阿塔吾拉编，周玉玲译）

无情的苍天

پَلَک بیرَهم

päläke birähm

塔吉克族亲情柔巴依。流传于新疆维吾尔自治区喀什地区塔什库尔干塔吉克自治县。唱述了孩子失去父亲后的悲痛。唱述了塔吉克族人孝顺父母的优良品德。诗中唱道："我失去了为我闪耀的星星，苍天夺走了他爱的光芒，我的忧伤至死都无法治愈，苍天为何要将厄运降临到父亲的头上。"对于研究塔吉克族民间文学有参考价值。1986 年塔布力迪·吾秀尔，尼嘎尔塔吉克语演唱，达力·买提胡夏勒塔吉克文笔录。马达力汗·巴伦译成维吾尔文。16 开纸 1 页，4 行。原稿今藏新疆大学扎米尔·赛都拉·扎德处。译文收入《中国民间文学集成·新疆卷·塔吉克族民间文学集》，新疆大学出版社 2005 年版。

（买买提明·阿塔吾拉编，周玉玲译）

忧伤的哀号

دَرد فیغان

därde fiɣan

塔吉克族亲情柔巴依。流传于新疆维吾尔自治区喀什地区塔什库尔干塔吉克自治县。唱述了孩子失去母亲后痛苦的内心世界，说明伟大的母亲是任何人都无法代替的。诗中唱道："回来吧母亲，回到小河边，像一轮明月出现在夜空，让我仰望您慈祥的面容，让风儿传来你的气息。"对于研究塔吉克族尊老爱幼观念及民间文学有参考价值。1986 年塔布力迪·吾秀尔，尼嘎尔塔吉克语演唱，达力·买提胡夏勒塔吉克文笔录。马达力汗·巴伦译成维吾尔文。16 开纸 1 页，4 行。原稿今藏新疆大学扎米尔·赛都拉·扎德处。译文收入《中国民间文学集成·新疆卷·塔吉克族民间文学集》，新疆大学出版社 2005 年版。

（买买提明·阿塔吾拉编，米娜娃·哈木里拉提译）

在死神面前

پِش اَجَل

peši äjäl

塔吉克族亲情柔巴依。流传于新疆维吾尔自治区喀什地区塔什库尔干塔吉克自治县。唱述了塔吉克族人尊老的美德。诗中唱道："归途中死神慢慢向我逼近，我苦苦哀求着再给我一点时间，母亲就我这么一个孩子，请允许我死在母亲的身边。"对于研究塔吉克族道德观及民间文学有参考价值。1986 年吾秀尔塔吉克语演唱，代尔亚巴依塔吉克文笔录。马达力汗·巴伦译成维吾尔文。16 开纸 1 页，4 行。原稿今藏新疆大学扎米尔·赛都拉·扎德处。译文收入《中国民间文学集成·新疆卷·塔吉克族民间文学集》，新疆大学出版社 2005 年版。

（买买提明·阿塔吾拉编，周玉玲译）

亲爱的母亲

مادَر جان

madäre jan

塔吉克族亲情柔巴依。流传于新疆维吾尔自治区喀什地区塔什库尔干塔吉克自治县。唱述一个母亲为了见到自己远在他乡的女儿而付出的艰辛。诗中唱道："母亲盼女心切，连大地都为之震颤，母亲长途跋涉，只为见女儿一面。"对于研究塔吉克族传统美德及民间文学有参考价值。1986 年塔布力迪·吾秀尔、尼嘎尔塔吉克语演唱，达力·买提胡夏勒塔吉克文笔录。马达力汗·巴伦译成维吾尔文。16 开纸 1 页，4 行。原稿今藏新疆大学扎米尔·赛都拉·扎德处。译文收入《中国民间文学集成·新疆卷·塔吉克族民间文学集》，新疆大学出版社 2005 年版。

（买买提明·阿塔吾拉编，米娜娃·哈木里拉提译）

伟大的父亲

پَدَر سُلتان

pädäre soltan

塔吉克族亲情柔巴依。流传于新疆维吾尔自治区喀什地区塔什库尔干塔吉克自治县。唱述了对父亲深厚的爱与思念之情。诗中唱道：“我日夜盼望着父亲能早日归来，只要能闻到他的气息，连枯萎的花儿也会立刻绽放。”对于研究塔吉克族尊老观念及民间文学有参考价值。1986 年塔布力迪·吾秀尔、尼嘎尔塔吉克语演唱，达力·买提胡夏勒塔吉克文笔录。马达力汗·巴伦译成维吾尔文。16 开纸 1 页，4 行。原稿今藏新疆大学扎米尔·赛都拉·扎德处。译文收入《中国民间文学集成·新疆卷·塔吉克族民间文学集》，新疆大学出版社 2005 年版。

（买买提明·阿塔吾拉编，周玉玲译）

慈祥的母亲

مادَر مهربان

madäre mehriban

塔吉克族亲情柔巴依。流传于新疆维吾尔自治区喀什地区塔什库尔干塔吉克自治县。通过“我”与“母亲”的一段对白，说明了母亲是孩子的坚强后盾。诗中唱道：“高山上的松叶行将凋零，灾难当头无助地叫声‘我的亲娘’，深情的母亲说别忧愁我的孩子，母亲啊！有了你，我不怕什么。”对于研究塔吉克族传统家庭观念及柔巴依有参考价值。1986 年吾秀尔塔吉克语演唱，代尔亚巴依塔吉克文笔录。马达力汗·巴伦译成维吾尔文。16 开纸 1 页，4 行。原稿今藏新疆大学扎米尔·赛都拉·扎德处。译文收入《中国民间文学集成·新疆卷·塔吉克族民间文学集》，新疆大学出版社 2005 年版。

（买买提明·阿塔吾拉编，海燕萍译）

希望

آرزو آرمان

arzu ärman

塔吉克族亲情柔巴依。流传于新疆维吾尔自治区喀什地区塔什库尔干塔吉克自治县。唱述了在黑暗的旧社会，一对母女被迫离散，经受无尽磨难的情景。诗中唱道：“母亲在山上女儿却在城堡里，母亲如花蕾女儿面枯黄，渴望这城堡早日毁于一旦，慈祥的母亲能见到羸弱的女儿。”对于研究塔吉克族柔巴依有参考价值。1986 年尼嘎尔塔吉克语演唱，达力·买提胡夏勒塔吉克文笔录。马达力汗·巴伦译成维吾尔文。16 开纸 1 页，4 行。原稿今藏新疆大学扎米尔·赛都拉·扎德处。译文收入《中国民间文学集成·新疆卷·塔吉克族柔巴依集》，新疆大学出版社 2005 年版。

（买买提明·阿塔吾拉编，海燕萍译）

安慰

زارد داد

zard dad

塔吉克族亲情柔巴依。流传于新疆维吾尔自治区喀什地区塔什库尔干塔吉克自治县。唱述了一个将要远行的女儿满怀深情地安慰眼含热泪的母亲的情景。反映了塔吉克族人尊重父母的优良传统。诗中唱道：“繁星高挂在辽阔的苍穹，我行将去远行。亲爱的妈妈，我知道缘何你这般地悲伤，我走了谁叫你亲爱的妈妈。”对于研究塔吉克族传统家庭观念及民间文学有参考价值。1986年尼嘎尔塔吉克语演唱，达力·买提胡夏勒塔吉克文笔录。马达力汗·巴伦译成维吾尔文。16开纸1页，4行。原稿今藏新疆大学扎米尔·赛都拉·扎德处。译文收入《中国民间文学集成·新疆卷·塔吉克族民间文学集》，新疆大学出版社2005年版。

（买买提明·阿塔吾拉编，海燕萍译）

孩子的心愿

أُميد فَرزَند

omide färzänd

塔吉克族亲情柔巴依。流传于新疆维吾尔自治区喀什地区塔什库尔干塔吉克自治县。唱述了对母亲的依恋。诗中唱道：“请告诉我母亲不要哀伤地哭泣，朋友们诀别中聚散两依依，我走了人尚在家依然是家，思儿的心莫遗忘家兄支撑的家。”对于研究塔吉克族传统家庭观念及民间文学有参考价值。1986年塔布力迪·吾秀尔塔吉克语演唱，达力·买提胡夏勒塔吉克文笔录。马达力汗·巴伦译成维吾尔文。16开纸1页，4行。原稿今藏新疆大学扎米尔·赛都拉·扎德处。译文收入《中国民间文学集成·新疆卷·塔吉克族民间文学集》，新疆大学出版社2005年版。

（买买提明·阿塔吾拉编，海燕萍译）

悔恨

پُشَيمان

pošäyman

塔吉克族亲情柔巴依。流传于新疆维吾尔自治区喀什地区塔什库尔干塔吉克自治县。唱述了女孩失去母亲的悲泣。反映了孤儿们的心酸与痛楚。诗中唱道：“我还是个年幼的小女孩，却遭受了失去母亲的痛苦，当看到别人有母亲陪伴，我好生羡慕，有母亲的女孩就像树枝上的金丝雀，失去母亲的我如同尘土一般。”对于研究塔吉克族生活观念及民间文学有参考价值。1986年塔布力迪·吾秀尔、尼嘎尔塔吉克语演唱，达力·买提胡夏勒塔吉克文笔录。马达力汗·巴伦译成维吾尔文。16开纸1页，4行。原稿今藏新疆大学扎米尔·赛都拉·扎德处。译文收入《中国民间文学集成·新疆卷·塔吉克族民间文学集》，新疆大学出版社2005年版。

（买买提明·阿塔吾拉编，
米娜娃·哈木里拉提译）

（三）爱国主义柔巴依

班迪尔树

بَلدير دَرَخت

bäldir däräxt

塔吉克族爱国主义柔巴依。流传于新疆维吾尔自治区喀什地区塔什库尔干塔吉克自治县。通过塑造一个永不背弃祖国的英雄形象，表达了对祖国的依恋之情。诗中唱道：“高耸入云的班迪尔树上结满了珍珠般的果实，如果有谁敢侮蔑它，我就会让他妻离子散失去一切。”对于研究塔吉克族爱国主义情怀及民间文学有参考价值。1986年吾秀尔塔吉克语演唱，代尔亚巴依塔吉克文笔录。马达力汗·巴伦译成维吾尔文。16开纸1页，4行。原稿今藏新疆大学扎米尔·赛都拉·扎德处。译文收入《中国民间文学集成·新疆卷·塔吉克族民间文学集》，新疆大学出版社2005年版。

（买买提明·阿塔吾拉编，周玉玲译）

美丽的班迪尔

خُشروی بَلدیر

xušruy bäldir

塔吉克族爱国主义柔巴依。流传于新疆维吾尔自治区喀什地区塔什库尔干塔吉克自治县。通过描述祖国的美景，表达了对祖国的热爱和赞美之情。诗中唱道："班迪尔是个好地方，山清水秀，到处是一望无际的金色麦田，在这里我心情舒畅，不会受一点委屈。"对于研究塔吉克族爱国主义情怀及民间文学有参考价值。1986 年吾秀尔塔吉克语演唱，代尔亚巴依塔吉克文笔录。马达力汗·巴伦译成维吾尔文。16 开纸 1 页，4 行。原稿今藏新疆大学扎米尔·赛都拉·扎德处。译文收入《中国民间文学集成·新疆卷·塔吉克族民间文学集》，新疆大学出版社 2005 年版。

（买买提明·阿塔吾拉编，
米娜娃·哈木里拉提译）

爱国之情

میجون وَتَن

mijun wätän

塔吉克族爱国主义柔巴依。流传于新疆维吾尔自治区喀什地区塔什库尔干塔吉克自治县。表达了对祖国、对亲朋好友的思念之情。诗中唱道："离别家乡已有三载，我的心在不停地流血。亲朋在家乡欢歌笑语，我却在他乡到处流浪。"对于研究塔吉克族爱国主义情怀及民间文学有参考价值。1986 年吾秀尔塔吉克语演唱，代尔亚巴依塔吉克文笔录。马达力汗·巴伦译成维吾尔文。16 开纸 1 页，4 行。原稿今藏新疆大学扎米尔·赛都拉·扎德处。译文收入《中国民间文学集成·新疆卷·塔吉克族民间文学集》，新疆大学出版社 2005 年版。　（买买提明·阿塔吾拉编，周玉玲译）

对战争的控诉

جَنگیر نوروز ست

jängir nuruz set

塔吉克族爱国主义柔巴依。流传于新疆维吾尔自治区喀什地区塔什库尔干塔吉克自治县。唱述了侵略者的压迫和折磨，表达了塔吉克族人面对敌人毫不畏惧的精神。诗中唱道："战火烧到了家乡，敌人的刀架在了脖颈上，我是勇敢男儿不能临阵脱逃，我愿用鲜血染红大地。"反映了塔吉克族人民为了保家卫国不怕牺牲的崇高精神。对于研究塔吉克族爱国主义情怀及民间文学有参考价值。1986 年吾秀尔塔吉克语演唱，代尔亚巴依塔吉克文笔录。马达力汗·巴伦译成维吾尔文。16 开纸 1 页，4 行。原稿今藏新疆大学扎米尔·赛都拉·扎德处。译文收入《中国民间文学集成·新疆卷·塔吉克族民间文学集》，新疆大学出版社 2005 年版。

（买买提明·阿塔吾拉编，
米娜娃·哈木里拉提译）

祖国就是天堂

وَتَن جَنّنَت

wätän jännät

塔吉克族爱国主义柔巴依。流传于新疆维吾尔自治区喀什地区塔什库尔干塔吉克自治县。唱述了塔吉克族人的爱国理念。诗中唱道："在家乡可以当家做主，家乡的野草就如同鲜花一般，即使优素福在埃及辉煌一世，也难抵在自己家乡的尊贵。"对于研究塔吉克族爱国主义情怀及民间文学有参考价值。1986 年吾秀尔塔吉克语演唱，代尔亚巴依塔吉克文笔录。马达力汗·巴伦译成维吾尔文。16 开纸 1 页，4 行。原稿今藏新疆大学扎米尔·赛都拉·扎德处。译文收入《中国民间文学集成·新疆卷·塔吉克族民间文学集》，新疆大学出版社 2005 年版。

（买买提明·阿塔吾拉编，周玉玲译）

祖国与我

وز آت وتَن

wäz ät wätän

塔吉克族爱国主义柔巴依。流传于新疆维吾尔自治区喀什地区塔什库尔干塔吉克自治县。唱述了远离祖国的人们对故土的思念与向往。诗中唱道："朋友们说不要思故乡，在那鲜花盛开的地方，请尽情地飞舞吧！可我却对他们说外面的世界再美，也不如自己的家乡好。"对于研究塔吉克族爱国主义情怀及民间文学有参考价值。1986 年吾秀尔塔吉克语演唱，代尔亚巴依塔吉克文笔录。马达力汗·巴伦译成维吾尔文。16 开纸 1 页，4 行。原稿今藏新疆大学扎米尔·赛都拉·扎德处。译文收入《中国民间文学集成·新疆卷·塔吉克族民间文学集》，新疆大学出版社 2005 年版。

（买买提明·阿塔吾拉编，米娜娃·哈木里拉提译）

离别之苦

دَرد جُدا

därde juda

塔吉克族爱国主义柔巴依。流传于新疆维吾尔自治区喀什地区塔什库尔干塔吉克自治县。唱述了身在异国他乡的人们对家乡、对爱人的思念之情。诗中唱道："叶落时节，我万般不舍地离开了家乡，我拖着疲惫的身躯，迈着沉重的脚步，走在异国的街道上，心上人的嘱咐时刻在耳畔回荡。"反映了离开家乡的人们所经受的痛苦。对于研究塔吉克族爱国主义情怀有参考价值。1986 年塔布力迪·吾秀尔、尼嘎尔塔吉克语演唱，达力·买提胡夏勒塔吉克文笔录。马达力汗·巴伦译成维吾尔文。16 开纸 1 页，4 行。原稿今藏新疆大学扎米尔·赛都拉·扎德处。译文收入《中国民间文学集成·新疆卷·塔吉克族民间文学集》，新疆大学出版社 2005 年版。（买买提明·阿塔吾拉编，周玉玲译）

哀怨

أزوپ تيجد

äzup tijd

塔吉克族爱国主义柔巴依。流传于新疆维吾尔自治区喀什地区塔什库尔干塔吉克自治县。唱述了在自己的祖国受尊敬、受宠爱的人们在异国他乡处处受气、受屈辱的经历。诗中唱道："我像在哀号的夜莺，泪如雨下，家乡的人们在无忧无虑地生活，而身在异国的我却沉浸在悲伤之中。"反映了对家乡安宁祥和的生活的怀念。对于研究塔吉克族人生观和爱国主义情怀有参考价值。1986 年塔布力迪·吾秀尔、尼嘎尔塔吉克语演唱，达力·买提胡夏勒塔吉克文笔录。马达力汗·巴伦译成维吾尔文。16 开纸 1 页，4 行。原稿今藏新疆大学扎米尔·赛都拉·扎德处。译文收入《中国民间文学集成·新疆卷·塔吉克族民间文学集》，新疆大学出版社 2005 年版。

（买买提明·阿塔吾拉编，米娜娃·哈木里拉提译）

祖国

وتَن

wätän

塔吉克族爱国主义柔巴依。流传于新疆维吾尔自治区喀什地区塔什库尔干塔吉克自治县。表达了强烈的爱国主义思想。诗中唱道："我虽跋涉在异国的山川之间，却始终眺望着家乡，家乡被清澈甘甜的泉水所灌溉的土地让人魂牵梦萦。"对于研究塔吉克族爱国主义情怀及民间文学有参考价值。1986 年塔布力迪·吾秀尔、尼嘎尔塔吉克语演唱，达力·买提胡夏勒塔吉克文笔录。马达

维吾尔自治区喀什地区塔什库尔干塔吉克自治县。唱述了在异国的人们对自己家乡的无限思念之情。诗中唱道："随着时间的推移，我在这里已心灰意冷，我好比乞丐流落街头，我本是只自由飞翔的鸽子，现在却被困在了这无际的荒漠中。"对于研究塔吉克族爱国主义情怀及民间文学有参考价值。1986年塔布力迪·吾秀尔、尼嘎尔塔吉克语演唱，达力·买提胡夏勒塔吉克文笔录。马达力汗·巴伦译成维吾尔文。16开纸1页，4行。原稿今藏新疆大学扎米尔·赛都拉·扎德处。译文收入《中国民间文学集成·新疆卷·塔吉克族民间文学集》，新疆大学出版社2005年版。

（买买提明·阿塔吾拉编，米娜娃·哈木里拉提译）

背井离乡

آزدييور سيريد

äz diyur sirid

塔吉克族爱国主义柔巴依。流传于新疆维吾尔自治区喀什地区塔什库尔干塔吉克自治县。唱述了离乡之痛及对祖国的思念和赞美。诗中唱道："上苍你让我背井离乡，库拉布甘甜的泉水再也无法滋养我，现在的我只能流落在拜力黑孤独无奈地吞咽着泪水。"对于研究塔吉克族爱国主义情怀及民间文学有参考价值。1986年塔布力迪·吾秀尔、尼嘎尔塔吉克语演唱，达力·买提胡夏勒塔吉克文笔录。马达力汗·巴伦译成维吾尔文。16开纸1页，4行。原稿今藏新疆大学扎米尔·赛都拉·扎德处。译文收入《中国民间文学集成·新疆卷·塔吉克族民间文学集》，新疆大学出版社2005年版。

（买买提明·阿塔吾拉编，周玉玲译）

可惜啊

افسوس

äfsus

塔吉克族爱国主义柔巴依。流传于新疆维吾尔自治区喀什地区塔什库尔干塔吉克自治县。唱述了一个在异乡的人想给自己的亲朋好友写信，告诉他们自己所经受的苦难的情景。诗中唱道："可惜啊！我远离祖国，远离爱人，将要死在这隔壁荒原中了，我想给自己的亲友们写封信，我将怀着未了的心愿痛苦地在流浪中死去。"对于研究塔吉克族柔巴依有参考价值。1986年塔布力迪·吾秀尔、尼嘎尔塔吉克语演唱，达力·买提胡夏勒塔吉克文笔录。马达力汗·巴伦译成维吾尔文。16开纸1页，4行。原稿今藏新疆大学扎米尔·赛都拉·扎德处。译文收入《中国民间文学集成·新疆卷·塔吉克族民间文学集》，新疆大学出版社2005年版。

（买买提明·阿塔吾拉编，米娜娃·哈木里拉提译）

（四）人生观柔巴依

祈求上苍

خودايِر نُلا

hudayir nola

塔吉克族人生观柔巴依。流传于新疆维吾尔自治区喀什地区塔什库尔干塔吉克自治县。唱述了塔吉克族人民不畏现实生活中的艰难困苦，冲破欲望的桎梏，创造美好生活的愿望。诗中唱道："上苍啊！莫要我流落四方，莫要我随欲望遭受屈辱，君不见多少人被欲望驱逐，感恩吧！拥有的其实也不多。"对于研究塔吉克族传统生活观念及民间文学有参考价值。1986年塔布力迪·吾秀尔塔吉克语演唱，代尔亚巴依塔吉克文笔录。马达力汗·巴伦译成维吾尔文。16开纸 1 页，4 行。原稿今藏新疆大学扎米尔·赛都拉·扎德处。译文收入《中国民间文学集成·新疆卷·塔吉克族民间文学集》，新疆大学出版社 2005 年版。

（买买提明·阿塔吾拉编，海燕萍译）

国王和乞丐

شاه و گدای

šah wä gäday

塔吉克族人生观柔巴依。流传于新疆维吾尔自治区喀什地区塔什库尔干塔吉克自治县。唱述了塔吉克族人民感恩、知足的心态，和创造美好生活的愿望。诗中唱道：“国王花天酒地，富人饱食佳肴，吃一块碎馕便感恩，乞丐以水度日。”对于研究塔吉克族传统生活观念有参考价值。1986 年塔布力迪·吾秀尔塔吉克语演唱，代尔亚巴依塔吉克文笔录。马达力汗·巴伦译成维吾尔文。16 开纸 1 页，4 行。原稿今藏新疆大学扎米尔·赛都拉·扎德处。译文收入《中国民间文学集成·新疆卷·塔吉克族民间文学集》，新疆大学出版社 2005 年版。

（买买提明·阿塔吾拉编，海燕萍译）

无情的生活让我心碎

برَم اَر هَيوت ميزارد نيم

beräm är häyut mizard näym

塔吉克族人生观柔巴依。流传于新疆维吾尔自治区喀什地区塔什库尔干塔吉克自治县。唱述了人们对苦难生活的控诉和叹息。诗中唱道：“来到这世界与痛苦相伴，经历了多少磨难罄竹难书。啊！朋友，不要用幸福感召我，我已经精疲力竭身心憔悴。”对于研究塔吉克族柔巴依有参考价值。1986 年塔布力迪·吾秀尔塔吉克语演唱，代尔亚巴依塔吉克文笔录。马达力汗·巴伦译成维吾尔文。16 开纸 1 页，4 行。原稿今藏新疆大学扎米尔·赛都拉·扎德处。译文收入《中国民间文学集成·新疆卷·塔吉克族民间文学集》，新疆大学出版社 2005 年版。

（买买提明·阿塔吾拉编，海燕萍译）

不平等

بی بَرابَر

bi bärabär

塔吉克族人生观柔巴依。流传于新疆维吾尔自治区喀什地区塔什库尔干塔吉克自治县。唱述了人们对美好生活的向往。诗中唱道：“这果园草茂叶繁，鲜花似锦，可愿望总与我背道而驰，我向往那样的地方，至死都渴望心想事成的地方。”对于研究塔吉克族生活观念及民间文学有参考价值。1986 年塔布力迪·吾秀尔塔吉克语演唱，代尔亚巴依塔吉克文笔录。马达力汗·巴伦译成维吾尔文。16 开纸 1 页，4 行。原稿今藏新疆大学扎米尔·赛都拉·扎德处。译文收入《中国民间文学集成·新疆卷·塔吉克族民间文学集》，新疆大学出版社 2005 年版。

（买买提明·阿塔吾拉编，海燕萍译）

终生的朋友

دوست آخَرين

duste axärin

塔吉克族人生观柔巴依。流传于新疆维吾尔自治区喀什地区塔什库尔干塔吉克自治县。唱述了对朋友的敬意和对友谊的珍爱。诗中唱道：“来吧！朋友，来吧！朋友，来吧！朋友，时常来拜访你的朋友。拜访朋友是佳行，怎能埋怨，来吧朋友每时每刻，每一天”。对于研究塔吉克族柔巴依有参考价值。1986 年塔布力迪·吾秀尔塔吉克语演唱，代尔亚巴依塔吉克文笔录。马达力汗·

巴伦译成维吾尔文。16 开纸 1 页，4 行。原稿今藏新疆大学扎米尔·赛都拉·扎德处。译文收入《中国民间文学集成·新疆卷·塔吉克族民间文学集》，新疆大学出版社 2005 年版。（买买提明·阿塔吾拉编，海燕萍译）

生命

هَيات

häyat

塔吉克族人生观柔巴依。流传于新疆维吾尔自治区喀什地区塔什库尔干塔吉克自治县。唱述了人们对生活的热爱和对生命的渴望。诗中唱道：“这世界好比是一个金罐，生活有时是洒脱，有时是蹉跎。你问这生命之溪能流多长？寿限白驹告诉我现在就可以启航。”对于研究塔吉克族柔巴依有参考价值。1986 年塔布力迪·吾秀尔塔吉克语演唱，代尔亚巴依塔吉克文笔录。马达力汗·巴伦译成维吾尔文。16 开纸 1 页，4 行。原稿今藏新疆大学扎米尔·赛都拉·扎德处。译文收入《中国民间文学集成·新疆卷·塔吉克族民间文学集》，新疆大学出版社 2005 年版。（买买提明·阿塔吾拉编，海燕萍译）

两天的世界

دو روزه دُنيا

du ruzä donya

塔吉克族人生观柔巴依。流传于新疆维吾尔自治区喀什地区塔什库尔干塔吉克自治县。唱述了人们乐观面对生活中的磨难和对生活的热爱。诗中唱道：“别抱怨这世界一无所有，别羡慕他人宽敞的庭园，两天的世界里尽情欢颜，神医也无法挽留死神的呼唤。”对于研究塔吉克族人生观及民间文学有参考价值。1986 年塔布力迪·吾秀尔塔吉克语演唱，代尔亚巴依塔吉克文笔录。马达力汗·巴伦译成维吾尔文。16 开纸 1 页，4 行。原稿今藏新疆大学扎米尔·赛都拉·扎德处。译文收入《中国民间文学集成·新疆卷·塔吉克族民间文学集》，新疆大学出版社 2005 年版。

（买买提明·阿塔吾拉编，海燕萍译）

无用的人

كَس بيكار

käse bikar

塔吉克族人生观柔巴依。流传于新疆维吾尔自治区喀什地区塔什库尔干塔吉克自治县。唱述了塔吉克族人崇尚勤劳的思想。诗中唱道：“清晨睡意浓是人的本能，牙痛算得了什么，不及头痛，谁还情愿酣睡到鸡鸣狗跳，君不见多少卑鄙，多少个懒汉”。对于研究塔吉克族人生观及民间文学有参考价值。1986 年塔布力迪·吾秀尔塔吉克语演唱，代尔亚巴依塔吉克文笔录。马达力汗·巴伦译成维吾尔文。16 开纸 1 页，4 行。原稿今藏新疆大学扎米尔·赛都拉·扎德处。译文收入《中国民间文学集成·新疆卷·塔吉克族民间文学集》，新疆大学出版社 2005 年版。（买买提明·阿塔吾拉编，海燕萍译）

世间是过渡的河流

امُتَت دُنيا

ämudät donya

塔吉克族人生观柔巴依。流传于新疆维吾尔自治区喀什地区塔什库尔干塔吉克自治县。唱述了塔吉克族人民对生命的认知和对生活经验。诗中唱道：“陈旧的客栈和它的双扇门如同这世界一般，客栈里过往的商旅与昨天不一般，若到这世间只寻求短暂的欢颜，君不见过渡的河流昨日的容颜。”对于研究塔吉克族人生观及民间文学有参考价值。1986 年塔布力迪·吾秀尔塔吉克语演唱，代尔亚巴依塔吉克文笔录。马达力汗·

巴伦译成维吾尔文。16 开纸 1 页，4 行。原稿今藏新疆大学扎米尔·赛都拉·扎德处。译文收入《中国民间文学集成·新疆卷·塔吉克族民间文学集》，新疆大学出版社 2005 年版。（买买提明·阿塔吾拉编，海燕萍译）

厄运

آر بَلو رَيد

är bälu räyd

塔吉克族人生观柔巴依。流传于新疆维吾尔自治区喀什地区塔什库尔干塔吉克自治县。唱述了一只觅食的飞鸟身陷套索的情景，强调在生活中要警惕敌人的伤害。诗中唱道："我是飞鸟，辽阔的苍穹是我的舞台，盘旋着低飞着栖身这土台，只为着觅食填充饥肠辘辘，谁知道颗粒未进便身险囹圄。"对于研究塔吉克族柔巴依有参考价值。1986 年塔布力迪·吾秀尔塔吉克语演唱，代尔亚巴依塔吉克文笔录。马达力汗·巴伦译成维吾尔文。16 开纸 1 页，4 行。原稿今藏新疆大学扎米尔·赛都拉·扎德处。译文收入《中国民间文学集成·新疆卷·塔吉克族民间文学集》，新疆大学出版社 2005 年版。

（买买提明·阿塔吾拉编，海燕萍译）

无情的生活

روز بى رَهم

ruze birähm

塔吉克族人生观柔巴依。流传于新疆维吾尔自治区喀什地区塔什库尔干塔吉克自治县。唱述了人们对无情生活的埋怨。诗中唱道："无情的生活将毁灭你的一切，别哀怨那无情缘分，像麦草我们被堆积在麦场，风吹过被无情地吹走，这哀怨无情的生活"。对于研究塔吉克族柔巴依有参考价值。1986 年塔布力迪·吾秀尔塔吉克语演唱，代尔亚巴依塔吉克文笔录。马达力汗·巴伦译成维吾尔文。16 开纸 1 页，4 行。原稿今藏新疆大学扎米尔·赛都拉·扎德处。译文收入《中国民间文学集成·新疆卷·塔吉克族民间文学集》，新疆大学出版社 2005 年版。

（买买提明·阿塔吾拉编，海燕萍译）

残暴的哈孜

قازى ظاليم

qaziye zalim

塔吉克族人生观柔巴依。流传于新疆维吾尔自治区喀什地区塔什库尔干塔吉克自治县。唱述了底层劳动人民对统治阶级的愤慨。诗中唱道："欢笑着我走出可爱的家门，捆绑着被带进哈孜（宗教法官）的家门，我渴望有双枪一并对准他，仇恨的子弹击中万恶的他。"对于研究塔吉克族柔巴依有参考价值。1986 年塔布力迪·吾秀尔塔吉克语演唱，代尔亚巴依塔吉克文笔录。马达力汗·巴伦译成维吾尔文。16 开纸 1 页，4 行。原稿今藏新疆大学扎米尔·赛都拉·扎德处。译文收入《中国民间文学集成·新疆卷·塔吉克族民间文学集》，新疆大学出版社 2005 年版。

（买买提明·阿塔吾拉编，海燕萍译）

怒火冲天

اَز تَقدير شيكايَت

äz täqdir šikayät

塔吉克族人生观柔巴依。流传于新疆维吾尔自治区喀什地区塔什库尔干塔吉克自治县。唱述了命运多变舛、遭受磨难的英雄对黑暗现实的控诉。诗中唱道："白色的花瓣哪会有如此的魅力，命运中注定的谁还能改变，捶胸顿足仰天长号诉说我衷肠，上苍能理会我的悲鸣和惆怅？"对于研究塔吉克族传统生活观念及民间文学有参考价值。1986 年吾秀尔塔吉克语演唱，代尔亚巴依塔吉克文笔录。马达力汗·巴伦译成维吾尔文。16开纸1页，4行。原稿今藏新疆大学扎米尔·赛都拉·扎德处。译文收入《中国民间文学集成·新疆卷·塔吉克族民间文学集》，新疆大学出版社2005年版。

（买买提明·阿塔吾拉编，海燕萍译）

诉苦

اَز اَزاپ شيكايَت

äz äzap šikayät

塔吉克族人生观柔巴依。流传于新疆维吾尔自治区喀什地区塔什库尔干塔吉克自治县。唱述了忧愁磨难中的孩子向母亲诉说自己的痛苦、哀求和对黑暗现实的控诉，反映了当时塔吉克族人民苦难的生活经历。诗中唱道：“母亲啊，现如今我已是灾难当头，忧愁和苦难已使我身心憔悴，母亲啊，你安慰我：‘别忧愁我的孩子。’我不忧愁谁忧愁，在这苦难的生活。”对于研究塔吉克族生活观念及民间文学有参考价值。1986年吾秀尔塔吉克语演唱，代尔亚巴依塔吉克文笔录。马达力汗·巴伦译成维吾尔文。16开纸1页，4行。原稿今藏新疆大学扎米尔·赛都拉·扎德处。译文收入《中国民间文学集成·新疆卷·塔吉克族民间文学集》，新疆大学出版社2005年版。

（买买提明·阿塔吾拉编，海燕萍译）

勇敢

غَيرَت و شيجاعت

ɣäyrät wä šijaät

塔吉克族人生观柔巴依。流传于新疆维吾尔自治区喀什地区塔什库尔干塔吉克自治县。唱述了一个勇敢顽强地创造美好生活的英雄形象。唱述了塔吉克族人民凭借智慧，锐意进取，战胜艰难险阻的精神。诗中唱道：“费力地攀上高高的山岗，肩膀上挎着弓手中握着刀，家破了人又亡都是因为弓，真主啊，毁掉吧，无弓射手的手。”对于研究塔吉克族柔巴依有参考价值。1986年吾秀尔塔吉克语演唱，代尔亚巴依塔吉克文笔录。马达力汗·巴伦译成维吾尔文。16开纸1页，4行。原稿今藏新疆大学扎米尔·赛都拉·扎德处。译文收入《中国民间文学集成·新疆卷·塔吉克族民间文学集》，新疆大学出版社2005年版。

（买买提明·阿塔吾拉编，海燕萍译）

命运

تَقدير

täqdir

塔吉克族人生观柔巴依。流传于新疆维吾尔自治区喀什地区塔什库尔干塔吉克自治县。唱述了命运多舛、遭受磨难的人们的感受。反映了当时塔吉克族人民苦难的生活经历。诗中唱道：“千万次我仰天哀号苦难的命运，忧愁它蹂躏流浪人的心，现如今我能喝哪口泉的水，有一堆土堆在我的墓室我就满足。”对于研究塔吉克族传统生活观念及民间文学有参考价值。1986年吾秀尔塔吉克语演唱，代尔亚巴依塔吉克文笔录。马达力汗·巴伦译成维吾尔文。16开纸1页，4行。原稿今藏新疆大学扎米尔·赛都拉·扎德处。译文收入《中国民间文学集成·新疆卷·塔吉克族民间文学集》，新疆大学出版社2005年版。（买买提明·阿塔吾拉编，海燕萍译）

受辱

خُر ست

hor set

塔吉克族人生观柔巴依。流传于新疆维吾尔自治区喀什地区塔什库尔干塔吉克自治县。唱述了父系家族一位姑娘被迫嫁，父亲也不知姑娘最后的结局。诗中唱道：“这苹果原本是父亲果园的，现如今她受辱来到了你面前，哭诉这命运多舛我心在喋血，父亲啊你可知姑娘的命运?”对于研究塔吉克族柔巴依有参考价值。1986 年吾秀尔塔吉克语演唱，代尔亚巴依塔吉克文笔录。马达力汗·巴伦译成维吾尔文。16 开纸 1 页，4 行。原稿今藏新疆大学扎米尔·赛都拉·扎德处。译文收入《中国民间文学集成·新疆卷·塔吉克族民间文学集》，新疆大学出版社 2005 年版。

（买买提明·阿塔吾拉编，海燕萍译）

无子女的父母如同不结果的树

بی فَرزَند — قاق دَرَخت

bi färzänd qaq däräxt

塔吉克族人生观柔巴依。流传于新疆维吾尔自治区喀什地区塔什库尔干塔吉克自治县。唱述了一位年轻的妇女因为没有子女而忧愁、痛苦。诗中唱道：“乌黑的长发苗条的身材我的好姑娘，漂亮的衣裳娇艳的容颜我的好姑娘，人们问“有什么错?”过错是无子女我的好姑娘。”对于研究塔吉克族柔巴依有参考价值。1986 年吾秀尔塔吉克语演唱，代尔亚巴依塔吉克文笔录。马达力汗·巴伦译成维吾尔文。16 开纸 1 页，4 行。原稿今藏新疆大学扎米尔·赛都拉·扎德处。译文收入《中国民间文学集成·新疆卷·塔吉克族民间文学集》，新疆大学出版社 2005 年版。

（买买提明·阿塔吾拉编，海燕萍译）

理想生活

تُرمُش غاییَوی

tormoše ɤayäwi

塔吉克族人生观柔巴依。流传于新疆维吾尔自治区喀什地区塔什库尔干塔吉克自治县。唱述了一个向往美好、富裕生活的勇士形象。反映了塔吉克族人民对美好生活的向往。诗中唱道：“何时能迎来欢腾的诺鲁孜，何时能怒放花圃里的百花，春季里鲜花争艳，百花齐放，何时能抵达梦中向往的地方。”对于研究塔吉克族传统生活观念及民间文学有参考价值。1986 年吾秀尔塔吉克语演唱，代尔亚巴依塔吉克文笔录。马达力汗·巴伦译成维吾尔文。16 开纸 1 页，4 行。原稿今藏新疆大学扎米尔·赛都拉·扎德处。译文收入《中国民间文学集成·新疆卷·塔吉克族民间文学集》，新疆大学出版社 2005 年版。

（买买提明·阿塔吾拉编，海燕萍译）

生活有时甜蜜，有时苦涩

گاهی شیرین، گاهی تَلخ تُرمُش

gahi širin, gahi tälx tormoš

塔吉克族人生观柔巴依。流传于新疆维吾尔自治区喀什地区塔什库尔干塔吉克自治县。唱述了生活的艰辛，表达了人们对生活的热爱和对生命的渴望。诗中唱道：“这世界好比是一个金罐，有时盛满甘甜的蜜，有时苦涩的水。经历了无数次生死的诀别，这就是生活你不要忧虑。”对于研究塔吉克族人生观念及民间文学有参考价值。1986 年吾秀尔塔吉克语演唱，代尔亚巴依塔吉克文笔录。马达力汗·巴伦译成维吾尔文。16 开纸 1 页，4 行。原稿今藏新疆大学扎米尔·赛都拉·扎德处。译文收入《中国民间文学集成·新疆卷·塔吉克族民间文学集》，新疆大学出版社 2005 年版。

（买买提明·阿塔吾拉编，海燕萍译）

没有朋友的人可怜

بی بورادَر کَس بیچاره است

bi buradär käs bičarä äst

塔吉克族人生观柔巴依。流传于新疆维

吾尔自治区喀什地区塔什库尔干塔吉克自治县。唱述了渴望真诚友情的心情。诗中唱道："可怜啊哪个人没有一个朋友，就像那笼中鸟在孤单中煎熬，即便你用黄金筑造了华丽的庭院，无情的黄金怎比真诚的友情。"对于研究塔吉克族柔巴依有参考价值。1986年吾秀尔塔吉克语演唱，代尔亚巴依塔吉克文笔录。马达力汗·巴伦译成维吾尔文。16开纸1页，4行。原稿今藏新疆大学扎米尔·赛都拉·扎德处。译文收入《中国民间文学集成·新疆卷·塔吉克族民间文学集》，新疆大学出版社2005年版。

（买买提明·阿塔吾拉编，海燕萍译）

千万次诅咒愚昧的人

نادانير لَنَت

nadanir länät

塔吉克族人生观柔巴依。流传于新疆维吾尔自治区喀什地区塔什库尔干塔吉克自治县。唱述了"我"对愚昧的人的诅咒和对不公平世道的控诉。诗中唱道："黑云密布可能是降雪的征兆，千万次地诅咒愚昧的人。黑云滚滚可能是刮风的征兆，你看那美貌的姑娘意中人是老翁。"对于研究塔吉克族民间文学有参考价值。1986年吾秀尔塔吉克语演唱，代尔亚巴依塔吉克文笔录。马达力汗·巴伦译成维吾尔文。16开纸1页，4行。原稿今藏新疆大学扎米尔·赛都拉·扎德处。译文收入《中国民间文学集成·新疆卷·塔吉克族民间文学集》，新疆大学出版社2005年版。

（买买提明·阿塔吾拉编，海燕萍译）

对老迈男人的控诉

خو آز چور ناراز ست

xi äzčur naraz set

塔吉克族人生观柔巴依。流传于新疆维吾尔自治区喀什地区塔什库尔干塔吉克自治县。唱述了一个反面的男人形象，表达了"我"对坏男人的控诉和诅咒。诗中唱道："我的男人很厉害。他大腹便便，绿眼睛，扁瘪的脸骨瘦如柴，抓起双脚把他抛向等待的坟墓，这就是你摆脱坏人的出路。"反映了塔吉克族人民对和谐生活的向往。对于研究塔吉克族柔巴依有参考价值。1986年阿布达拉别克塔吉克语演唱，艾布力·艾山汗塔吉克文笔录。马达力汗·巴伦译成维吾尔文。16开纸1页，4行。原稿今藏新疆大学扎米尔·赛都拉·扎德处。译文收入《中国民间文学集成·新疆卷·塔吉克族民间文学集》，新疆大学出版社2005年版。

（买买提明·阿塔吾拉编，海燕萍译）

都是我

هَمه خُدَم

hämmä xodäm

塔吉克族人生观柔巴依。流传于新疆维吾尔自治区喀什地区塔什库尔干塔吉克自治县。唱述了"我"始终自强不息，乐观地面对困难和磨难。唱述了塔吉克族人自信、自尊、快乐地面对生活，接受现实的思想。诗中唱道："百灵鸟悦耳的歌声让我欢乐，鲜花珍珠和宝石带给我福乐。人们都在追寻春天里鲜艳的花朵，我却追寻严冬中发光的花瓣。"对于研究塔吉克族价值观念及民间文学有参考价值。1986年阿布达拉别克塔吉克语演唱，艾布力·艾山汗塔吉克文笔录。马达力汗·巴伦译成维吾尔文。16开纸1页，4行。原稿今藏新疆大学扎米尔·赛都拉·扎德处。译文收入《中国民间文学集成·新疆卷·塔吉克族民间文学集》，新疆大学出版社2005年版。

（买买提明·阿塔吾拉编，海燕萍译）

知心朋友
ديلدار
dildar

塔吉克族人生观柔巴依。流传于新疆维吾尔自治区喀什地区塔什库尔干塔吉克自治县。唱述了塔吉克族人民崇尚真诚友谊的思想。诗中唱道："朋友啊！为何不抚慰我内心的创伤，难道友情是虚伪你是铁石心肠，为你担忧而死你却无动于衷，因为你不是人内心太肮脏。"对于研究塔吉克族民间文学有参考价值。1986 年阿布达拉别克塔吉克语演唱，艾布力·艾山汗塔吉克文笔录。马达力汗·巴伦译成维吾尔文。16 开纸 1 页，4 行。原稿今藏新疆大学扎米尔·赛都拉·扎德处。译文收入《中国民间文学集成·新疆卷·塔吉克族民间文学集》，新疆大学出版社 2005 年版。

（买买提明·阿塔吾拉编，海燕萍译）

内心的痛苦
آزار ديل
azare dil

塔吉克族人生观柔巴依。流传于新疆维吾尔自治区喀什地区塔什库尔干塔吉克自治县。唱述了塔吉克族人民对黑暗社会、剥削阶级的控诉和不畏强暴、不屈不饶、反抗压迫的精神。诗中唱道："我的心在颤动像风中的树叶，山峦带给我无尽的哀伤，思绪它抛下我飞向那远方，煎熬我蹂躏我这美丽的精灵。"对于研究塔吉克族柔巴依有参考价值。1986 年尼嘎尔塔吉克语演唱，达力·买提胡夏勒塔吉克文笔录。马达力汗·巴伦译成维吾尔文。16 开纸 1 页，4 行。原稿今藏新疆大学扎米尔·赛都拉·扎德处。译文收入《中国民间文学集成·新疆卷·塔吉克族民间文学集》，新疆大学出版社 2005 年版。（买买提明·阿塔吾拉编，海燕萍译）

悲伤的折磨
ازاب
äzab

塔吉克族人生观柔巴依。流传于新疆维吾尔自治区喀什地区塔什库尔干塔吉克自治县。唱述了渴望自由的迫切愿望。诗中唱道："郁金香争艳怒放在欢腾的诺鲁孜，百灵鸟欢唱在热闹的麦西莱甫，群鹅自由翱翔在辽阔的天际，我身陷鸟笼在悲伤地煎熬。"对于研究塔吉克族柔巴依有参考价值。1986 年塔布力迪·吾秀尔塔吉克语演唱，达力·买提胡夏勒塔吉克文笔录。马达力汗·巴伦译成维吾尔文。16 开纸 1 页，4 行。原稿今藏新疆大学扎米尔·赛都拉·扎德处。译文收入《中国民间文学集成·新疆卷·塔吉克族民间文学集》，新疆大学出版社 2005 年版。

（买买提明·阿塔吾拉编，海燕萍译）

唉！遗憾
اَفسَت
äfsät

塔吉克族人生观柔巴依。流传于新疆维吾尔自治区喀什地区塔什库尔干塔吉克自治县。唱述了"我"看到自己精心喂养的一只鸽子患病哀鸣时的伤感。诗中唱道："我看到园中那呵护的鸽子，哀鸣声牵动我哀怜的心弦，我精心地喂养它一天天长大，唉！遗憾现在下流的人成了它的主人。"对于研究塔吉克族柔巴依有参考价值。1986 年尼嘎尔塔吉克语演唱，达力·买提胡夏勒塔吉克文笔录。马达力汗·巴伦译成维吾尔文。16 开纸 1 页，4 行。原稿今藏新疆大学扎米尔·赛都拉·扎德处。译文收入《中国民间文学集成·新疆卷·塔吉克族民间文学集》，新疆大学出版社 2005 年版。

（买买提明·阿塔吾拉编，海燕萍译）

痛苦

دَرد اَلَم

därd äläm

塔吉克族人生观柔巴依。流传于新疆维吾尔自治区喀什地区塔什库尔干塔吉克自治县。唱述了一个极度悲伤却无人诉说衷肠的人的心情。反映了当时塔吉克族人民所经受的磨难。诗中唱道:“白杨树一天天长大枝条如笔,啊!朋友你可知心中无尽的哀怨,想诉说在哪里?在哪里我的朋友?莫名的悲哀总缠绕难道是前定。”对于研究塔吉克族柔巴依有参考价值。1986年尼嘎尔塔吉克语演唱,达力·买提胡夏勒塔吉克文笔录。马达力汗·巴伦译成维吾尔文。16开纸1页,4行。原稿今藏新疆大学扎米尔·赛都拉·扎德处。译文收入《中国民间文学集成·新疆卷·塔吉克族民间文学集》,新疆大学出版社2005年版。

(买买提明·阿塔吾拉编,海燕萍译)

哀号

ناله فَرياد

nalä färyad

塔吉克族人生观柔巴依。流传于新疆维吾尔自治区喀什地区塔什库尔干塔吉克自治县。唱述了塔吉克族人民珍视亲情、友情的思想。诗中唱道:“头痛欲裂时我不禁哀号连连,哀愁袭来时陌路的朋友难见,就如同无盐的饭菜乏味一样,陌生朋友的相助也只是短暂的安慰。”对于研究塔吉克族柔巴依有参考价值。1986年尼嘎尔塔吉克语演唱,达力·买提胡夏勒塔吉克文笔录。马达力汗·巴伦译成维吾尔文。16开纸1页,4行。原稿今藏新疆大学扎米尔·赛都拉·扎德处。译文收入《中国民间文学集成·新疆卷·塔吉克族民间文学集》,新疆大学出版社2005年版。

(买买提明·阿塔吾拉编,海燕萍译)

你还好吗

حال شُما چيطور است؟

hale šomačitur ast?

塔吉克族人生观柔巴依。流传于新疆维吾尔自治区喀什地区塔什库尔干塔吉克自治县。唱述了一个孤独旅人的哀愁。反映了塔吉克族人民珍视友情、邻里和睦相处的传统美德。诗中唱道:“没有人问你在他乡还好吗?睡梦中相见依然是一场空,孤独的人过一天度日如年,一天、一月、一年年依然如故。”对于研究塔吉克族柔巴依有参考价值。1986年曼力斯塔吉克语演唱,达力·买提胡夏勒塔吉克文笔录。马达力汗·巴伦译成维吾尔文。16开纸1页,4行。原稿今藏新疆大学扎米尔·赛都拉·扎德处。译文收入《中国民间文学集成·新疆卷·塔吉克族民间文学集》,新疆大学出版社2005年版。

(买买提明·阿塔吾拉编,海燕萍译)

苦衷

دَرد

därd

塔吉克族人生观柔巴依。流传于新疆维吾尔自治区喀什地区塔什库尔干塔吉克自治县。唱述一个美少年随着岁月的流逝逐渐年迈,孤独地流落四方的情景。诗中唱道:“曾几何伟岸的我如今折弯了腰板,戴上皮帽沿街乞讨为哪般。曾几何我可是万马中最骏的,如今却无援地饱尝孤旅的愁。”对于研究塔吉克族传统生活观念及民间文学有参考价值。1986年尼嘎尔塔吉克语演唱,达力·买提胡夏勒塔吉克文笔录。马达力汗·巴伦译成维吾尔文。16开纸1页,4行。原稿今藏新疆大学扎米尔·赛都拉·扎德处。译文收入《中国民间文学集成·新疆卷·塔吉克族民间文学集》,新疆大学出版社2005年版。

(买买提明·阿塔吾拉编,海燕萍译)

孤旅的哀愁

ازاب

äzab

塔吉克族人生观柔巴依。流传于新疆维吾尔自治区喀什地区塔什库尔干塔吉克自治县。唱述了一个流落四方的孤身青年思念母亲的心情。反映了塔吉克族人民孝顺父母的良好品德。诗中唱道："孤单的旅途遥远又漫长，孤旅人的心中充满了惆怅，游子的手何日能紧握母亲的手，有谁能转达你儿子的问候。"对于研究塔吉克族传统家庭观念及民间文学有参考价值。1986 年塔布力迪·吾秀尔塔吉克语演唱，达力·买提胡夏勒塔吉克文笔录。马达力汗·巴伦译成维吾尔文。16 开纸 1 页，4 行。原稿今藏新疆大学扎米尔·赛都拉·扎德处。译文收入《中国民间文学集成·新疆卷·塔吉克族民间文学集》，新疆大学出版社 2005 年版。

（买买提明·阿塔吾拉编，海燕萍译）

流浪的哀怨

دَرد مُزافیر

därde mozafir

塔吉克族人生观柔巴依。流传于新疆维吾尔自治区喀什地区塔什库尔干塔吉克自治县。唱述了一个流落四方、历经艰辛的人的内心感受。诗中唱道："我死时请葬我在遥远的地方，装点我坟墓五彩的画墨，若问是谁长眠在这片黄土，回答说：'年轻的流浪人，就消失在远方。'"对于研究塔吉克族柔巴依有参考价值。1986 年尼嘎尔塔吉克语演唱，达力·买提胡夏勒塔吉克文笔录。马达力汗·巴伦译成维吾尔文。16 开纸 1 页，4 行。原稿今藏新疆大学扎米尔·赛都拉·扎德处。译文收入《中国民间文学集成·新疆卷·塔吉克族民间文学集》，新疆大学出版社 2005 年版。（买买提明·阿塔吾拉编，海燕萍译）

遗训

وَسییَتنامه

wäsiyätnamä

塔吉克族人生观柔巴依。流传于新疆维吾尔自治区喀什地区塔什库尔干塔吉克自治县。唱述了一个流落四方、历经艰辛的人临终前的遗训。诗中唱道："朋友们思念我别遗忘了我，云杉木抬尸架放我的灵柩，抬灵柩你小心走别惊吓了我，哭泣吧朋友们在我的坟头。"对于研究塔吉克族传统生活观念及民间文学有参考价值。1986 年塔布力迪·吾秀尔塔吉克语演唱，达力·买提胡夏勒塔吉克文笔录。马达力汗·巴伦译成维吾尔文。16 开纸 1 页，4 行。原稿今藏新疆大学扎米尔·赛都拉·扎德处。译文收入《中国民间文学集成·新疆卷·塔吉克族民间文学集》，新疆大学出版社 2005 年版。

（买买提明·阿塔吾拉编，海燕萍译）

孤单的哀愁

دَرد تَنها

därde tänha

塔吉克族人生观柔巴依。流传于新疆维吾尔自治区喀什地区塔什库尔干塔吉克自治县。唱述了一个孤独、历经艰辛的人的内心感受。反映了生活在水深火热之中的塔吉克族人民对美好生活的无限向往。诗中唱道："麦穗在风中左右地飘荡，孤独的我被迫四处流浪，孤旅的煎熬我心已憔悴，上苍啊！哀愁它怎么紧紧把我缠绕。"对于研究塔吉克族生活状况及民间文学有参考价值。1986 年塔布力迪·吾秀尔塔吉克语演唱，达力·买提胡夏勒塔吉克文笔录。马达力汗·巴伦译成维吾尔文。16 开纸 1 页，4 行。原稿今藏新疆大学扎米尔·赛都拉·扎德处。译文收入《中国民间文学集成·新疆卷·塔吉克族民间文学集》，新疆大学出版社 2005 年版。

（买买提明·阿塔吾拉编，海燕萍译）

仰天长号

داد فَلَک

dade fäläk

塔吉克族人生观柔巴依。流传于新疆维吾尔自治区喀什地区塔什库尔干塔吉克自治县。唱述当时塔吉克族人民生活在水深火热之中的情景。诗中唱道：“仰天长号，对天倾诉我悲伤情怀，上苍啊！我历经世间的千辛万苦。难道这是上苍安排的前定，幸福的人错划为不幸的命运。”对于研究塔吉克族柔巴依有参考价值。1986年尼嘎尔塔吉克语演唱，达力·买提胡夏勒塔吉克文笔录。马达力汗·巴伦译成维吾尔文。16开纸1页，4行。原稿今藏新疆大学扎米尔·赛都拉·扎德处。译文收入《中国民间文学集成·新疆卷·塔吉克族民间文学集》，新疆大学出版社2005年版。

（买买提明·阿塔吾拉编，海燕萍译）

上天的捉弄

آزاب فَلَک

äzabe fäläk

塔吉克族人生观柔巴依。流传于新疆维吾尔自治区喀什地区塔什库尔干塔吉克自治县。唱述了当时塔吉克族人民生活在水深火热之中的情景。反映了剥削阶级对人民的残酷压榨。诗中唱道：“上苍啊！带给我无尽的磨难，贫困和孤单撕裂羸弱的心肝，煎熬中的我如同在无垠的荒原，上苍啊！我怎么经受世间所有哀怨。”对于研究塔吉克族柔巴依有参考价值。1986年塔布力迪·吾秀尔塔吉克语演唱，达力·买提胡夏勒塔吉克文笔录。马达力汗·巴伦译成维吾尔文。16开纸1页，4行。原稿今藏新疆大学扎米尔·赛都拉·扎德处。译文收入《中国民间文学集成·新疆卷·塔吉克族民间文学集》，新疆大学出版社2005年版。

（买买提明·阿塔吾拉编，海燕萍译）

我是离乡人

مُسافير مَن

mosarire män

塔吉克族人生观柔巴依。流传于新疆维吾尔自治区喀什地区塔什库尔干塔吉克自治县。唱述了一个历经艰辛、流落异乡的人的内心感受。诗中唱道：“我颠簸流落情人的家乡，不见友人我只是贫寒孤独的旅人，在今夜我是你的贵客，岂敢想明日里悲惨的命脉。”对于研究塔吉克族传统生活观念及民间文学有参考价值。1986年塔布力迪·吾秀尔塔吉克语演唱，达力·买提胡夏勒塔吉克文笔录。马达力汗·巴伦译成维吾尔文。16开纸1页，4行。原稿今藏新疆大学扎米尔·赛都拉·扎德处。译文收入《中国民间文学集成·新疆卷·塔吉克族民间文学集》，新疆大学出版社2005年版。

（买买提明·阿塔吾拉编，海燕萍译）

我与春天

بَهار و مَن

bähar wä män

塔吉克族人生观柔巴依。流传于新疆维吾尔自治区喀什地区塔什库尔干塔吉克自治县。揭示了每一个人和物都有最欢乐、幸福的黄金时期。反映了塔吉克族人生观。诗中唱道：“郁金香争艳怒放在明媚的春光，百灵鸟放声欢唱在热闹的时光，我就像笼中鸟身在深渊煎熬，只有这同命鸟跟我一样忧伤。”对于研究塔吉克族生活观念及民间文学具有参考价值。1986年塔布力迪·吾秀尔塔吉克语演唱，达力·买提胡夏勒塔吉克文笔录。马达力汗·巴伦译成维吾尔文。16开纸1页，4行。原稿今藏新疆大学扎米尔·赛都拉·扎德处。译文收入《中国民间文学集成·新疆卷·塔吉克族民间文学集》，新疆大学出版社2005年版。

（买买提明·阿塔吾拉编，海燕萍译）

啊！伙伴

هَمرای مَن

hämraye män

塔吉克族人生观柔巴依。流传于新疆维吾尔自治区喀什地区塔什库尔干塔吉克自治县。唱述了朋友离别时的伤感。诗中唱道："我走了心不走亲爱的朋友，离别的心就像遭晴天的霹雳，狮和虎是猛兽何等地凶残，我叹息，呼唤你地动山摇。"对于研究塔吉克族人生观及民间文学有参考价值。1986 年曼力斯塔吉克语演唱，达力・买提胡夏勒塔吉克文笔录。马达力汗・巴伦译成维吾尔文。16 开纸 1 页，4 行。原稿今藏新疆大学扎米尔・赛都拉・扎德处。译文收入《中国民间文学集成・新疆卷・塔吉克族民间文学集》，新疆大学出版社 2005 年版。

（买买提明・阿塔吾拉编，海燕萍译）

道德是人的装饰

اَخلاق آدَم زَیب

äxlaq adäm zäyb

塔吉克族人生观柔巴依。流传于新疆维吾尔自治区喀什地区塔什库尔干塔吉克自治县。赞扬了塔吉克族人高尚的道德情操。诗中唱道："无德的躯体内的灵魂在颤抖，如果没有道德，高尚将无法升华，它就像顶皇冠一样架于人类灵魂之上。"对于研究塔吉克族社会道德观念及民间文学有参考价值。1986 年吾秀尔塔吉克语演唱，代尔亚巴依塔吉克文笔录。马达力汗・巴伦译成维吾尔文。16 开纸 1 页，4 行。原稿今藏新疆大学扎米尔・赛都拉・扎德处。译文收入《中国民间文学集成・新疆卷・塔吉克族民间文学集》，新疆大学出版社 2005 年版。

（买买提明・阿塔吾拉编，周玉玲译）

人没心计就会很愚钝

بفَم ودَم

befäm udäm

塔吉克族人生观柔巴依。流传于新疆维吾尔自治区喀什地区塔什库尔干塔吉克自治县。唱述了塔吉克族人对知识、艺术和技能教育的重视。诗中唱道："智者总沉浸在忧愁之中，无忧无虑只属于无知的人们，无智谋的人就如同动物一般。"对于研究塔吉克族教育观及民间文学有参考价值。1986 年吾秀尔塔吉克语演唱，代尔亚巴依塔吉克文笔录。马达力汗・巴伦译成维吾尔文。16 开纸 1 页，4 行。原稿今藏新疆大学扎米尔・赛都拉・扎德处。译文收入《中国民间文学集成・新疆卷・塔吉克族民间文学集》，新疆大学出版社 2005 年版。

（买买提明・阿塔吾拉编，
米娜娃・哈木里拉提译）

（五）其他柔巴依

花的哀泣

گُلَن وی یُک

gulän wi yuk

塔吉克族柔巴依。流传于新疆维吾尔自治区喀什地区塔什库尔干塔吉克自治县。唱述了塔吉克族人民对美好事物的珍惜与热爱。诗中唱道："你可以采摘我，但千万要小心翼翼地放在恋人的手中，因为我娇嫩的身躯，经不起别人的践踏。"对于研究塔吉克族审美观及民间文学有参考价值。1986 年吾秀尔塔吉克语演唱，代尔亚巴依塔吉克文笔录。马达力汗・巴伦译成维吾尔文。16 开纸 1 页，4 行。原稿今藏新疆大学扎米尔・赛都拉・扎德处。译文收入《中国民间文学集成·新疆卷·塔吉克族民间文学集》，新疆大学出版社 2005 年版。

（买买提明·阿塔吾拉编，米娜娃·哈木里拉提译）

对白
سيتاود
sitawd

塔吉克族柔巴依。流传于新疆维吾尔自治区喀什地区塔什库尔干塔吉克自治县。唱述了塔吉克族人对大自然的热爱。诗中唱道："桧柏说我是植物中的佼佼者，堇菜说我是植物中最美的仙女，花瓣却说你们都不要再炫耀了，婀娜多姿的我才能成为恋人们头上的花环。"对于研究塔吉克族审美观及民间文学有参考价值。1986 年吾秀尔塔吉克语演唱，代尔亚巴依塔吉克文笔录。马达力汗·巴伦译成维吾尔文。16 开纸 1 页，4 行。原稿今藏新疆大学扎米尔·赛都拉·扎德处。译文收入《中国民间文学集成·新疆卷·塔吉克族民间文学集》，新疆大学出版社 2005 年版。（买买提明·阿塔吾拉编，周玉玲译）

花儿与春天
گُل و بَهار
gul wä bähar

塔吉克族柔巴依。流传于新疆维吾尔自治区喀什地区塔什库尔干塔吉克自治县。唱述了塔吉克族人对美好事物的向往。诗中唱道："春天的到来给花儿带来了喜悦，百灵鸟在梧桐树上欢唱并诉说着已凋零的花儿留给春天的美好记忆。"对于研究塔吉克族柔巴依有参考价值。1986 年吾秀尔塔吉克语演唱，代尔亚巴依塔吉克文笔录。马达力汗·巴伦译成维吾尔文。16 开纸 1 页，4 行。原稿今藏新疆大学扎米尔·赛都拉·扎德处。译文收入《中国民间文学集成·新疆卷·塔吉克族民间文学集》，新疆大学出版社 2005 年版。（买买提明·阿塔吾拉编，周玉玲译）

诀别的痛苦
دَرد جُدا
därde juda

塔吉克族柔巴依。流传于新疆维吾尔自治区喀什地区塔什库尔干塔吉克自治县。告诉我们世界上的任何东西都不是永恒的。诗中唱道："百灵鸟诀别了花丛，忧伤地落到了梧桐树上，痛苦万分，唉！自古红颜多薄命。"对于研究塔吉克族人生哲理及民间文学有参考价值。1986 年吾秀尔塔吉克语演唱，代尔亚巴依塔吉克文笔录。马达力汗·巴伦译成维吾尔文。16 开纸 1 页，4 行。原稿今藏新疆大学扎米尔·赛都拉·扎德处。译文收入《中国民间文学集成·新疆卷·塔吉克族民间文学集》，新疆大学出版社 2005 年版。

（买买提明·阿塔吾拉编，米娜娃·哈木里拉提译）

蛇蝎心肠的女人
ديل زَهر دُختَر
dil zähr duxtär

塔吉克族柔巴依。流传于新疆维吾尔自治区喀什地区塔什库尔干塔吉克自治县。唱述了一个外表美丽而内心毒辣的女人。诗中唱道："你看似美若天仙，但你的内心如蛇蝎般毒辣。"对于研究塔吉克族柔巴依有参考价值。1986 年吾秀尔塔吉克语演唱，代尔亚巴依塔吉克文笔录。马达力汗·巴伦译成维吾尔文。16 开纸 1 页，4 行。原稿今藏新疆大学扎米尔·赛都拉·扎德处。译文收入《中国民间文学集成·新疆卷·塔吉克族民间文学集》，新疆大学出版社 2005 年版。

（买买提明·阿塔吾拉编，米娜娃·哈木里拉提译）

七、歌　谣

（一）叙事歌

不忠实

بوۋفو

bewäfu

塔吉克族叙事歌。流传于新疆维吾尔自治区喀什地区塔什库尔干塔吉克自治县。歌中唱道："啊！不忠实的人，不忠实的时代，你是幼稚者死亡的刽子手……"反映了塔吉克族先民反对阶级压迫、追求理想社会的愿望。对于研究塔吉克族叙事歌有参考价值。1970 年西仁别克塔吉克语演唱，马达力汗·巴伦塔吉克文笔录并译成维吾尔文。16 开纸 2 页，40 行。译文收入《中国民间文学集成·新疆卷·塔吉克族民间文学集》，新疆大学出版社 2005 年版。

（古丽佳罕·胡西地力编，木合塔尔·艾山译）

瓦达力合地尼优

واى ديرغ دينيو

way direɣ dinyu

塔吉克族叙事歌。流传于新疆维吾尔自治区喀什地区塔什库尔干塔吉克自治县。歌中唱道："噩耗传来的那一天，我的心和肝像刀割一样……"反映了塔吉克族先民反对阶级压迫及对兄弟们深厚的爱。对于研究塔吉克族叙事歌有参考价值。1970 年帕合塔伊克塔吉克语演唱，达力·买提胡夏勒塔吉克文笔录。1980 年马达力汗·巴伦译成维吾尔文。16 开纸 2 页，40 行。译文收入《中国民间文学集成·新疆卷·塔吉克族民间文学集》，新疆大学出版社 2005 年版。

（古丽佳罕·胡西地力编，木合塔尔·艾山译）

阿尔卡提鲁与法拉克

اركَتيلو و فَلَك

ärkätilu wä fäläk

塔吉克族叙事歌。流传于新疆维吾尔自治区喀什地区塔什库尔干塔吉克自治县。唱述因不堪忍受压迫而背井离乡、到处流浪，与兄弟姐妹、爱之人生离死别。反映了塔吉克族先民对当时黑暗社会的不满，对故乡的怀念及爱故乡、爱祖国的精神。对于研究塔吉克族叙事歌有参考价值。1978 年夏吾拉木、玛纳斯、瓦力·巴巴塔吉克语演唱，帕合塔依克塔吉克文笔录。1980 年艾布力·艾山汗译成维吾尔文。16 开纸 3 页，56 行。译文收入《中国民间文学集成·新疆卷·塔吉克族民间文学集》，新疆大学出版社 2005 年版。

（古丽佳罕·胡西地力编，木合塔尔·艾山译）

隼

šoyin

塔吉克族叙事歌。流传于新疆维吾尔自治区喀什地区塔什库尔干塔吉克自治县。歌中唱道："为了你我们举办演唱会，为了你我们举办麦西来甫，请你盘腿坐上席，我们侍候在末位……"反映了塔吉克族人民热情待客的优良品质。对于研究塔吉克族叙事歌有参考价值。1986 年夏吾拉木塔吉克语演唱，扎米尔・赛都拉・扎德塔吉克文笔录并译成维吾尔文。32 开纸 1 页，14 行。译文收入《塔什库尔干民歌》，喀什人民出版社 1989 年版。

（古丽佳罕・胡西地力编，木合塔尔・艾山译）

（二）劳动歌

麦场歌

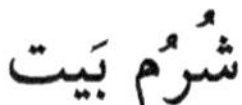

šorom bäyt

塔吉克族劳动歌。流传于新疆维吾尔自治区喀什地区塔什库尔干塔吉克自治县。唱述打麦场时的劳动过程和生活美景。歌中唱道："动物啊动物！不要再懒惰。要并排疾行，再接再厉。"音乐节奏动听，动物随着音乐节奏整齐地绕麦场运动，使打麦场面更加活跃。反映了塔吉克族先民的生活状况。对于研究塔吉克族传统生活习俗和生产方式有参考价值。1974 年巴伦塔吉克语演唱，马达力汗・巴伦塔吉克文笔录并译成维吾尔文。16 开纸 1 页，18 行。译文收入《中国民间文学集成・新疆卷・塔吉克族民间文学集》，新疆大学出版社 2005 年版。

（古丽佳罕・胡西地力编，木合塔尔・艾山译）

牧羊人之歌

گيبون بَيت

gibun bäyt

塔吉克族劳动歌。流传于新疆维吾尔自治区喀什地区塔什库尔干塔吉克自治县。唱述渴望羊群在美丽的草原上自由自在地吃草，平安地返回羊圈的心愿。歌中唱道："吃着绿草，心花怒放。提高警惕，快快回家。"反映了塔吉克族传统的生活习惯。对于研究塔吉克族传统生活习俗和生产方式有参考价值。1974 年巴伦塔吉克语演唱，马达力汗・巴伦塔吉克文笔录并译成维吾尔文。16 开纸 1 页，13 行。译文收入《中国民间文学集成・新疆卷・塔吉克族民间文学集》，新疆大学出版社 2005 年版。

（古丽佳罕・胡西地力编，木合塔尔・艾山译）

挤奶歌

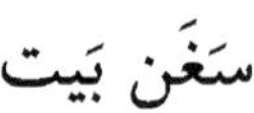

säɣ än bäyt

塔吉克族劳动歌。流传于新疆维吾尔自治区喀什地区塔什库尔干塔吉克自治县。唱述了塔吉克族挤奶等传统的游牧生活方式。歌中唱道："自己的孩子不陌生，美丽而不丑陋。要好好地喂养它，因为它非常像你……"节奏性强，每当在挤牛奶或羊奶季节，为了使它们驯服，就唱挤奶歌。对于研究塔吉克族传统生活习俗有参考价值。1974 年比给・巴伊克塔吉克语演唱，马达力汗・巴伦塔吉克文笔录并译成维吾尔文。16 开纸 1 页，14 行。译文收入《中国民间文学集成・新疆卷・塔吉克族民间文学集》，新疆大学出版社 2005 年版。

（古丽佳罕・胡西地力编，木合塔尔・艾山译）

《哈菲孜抒情诗集》手抄本

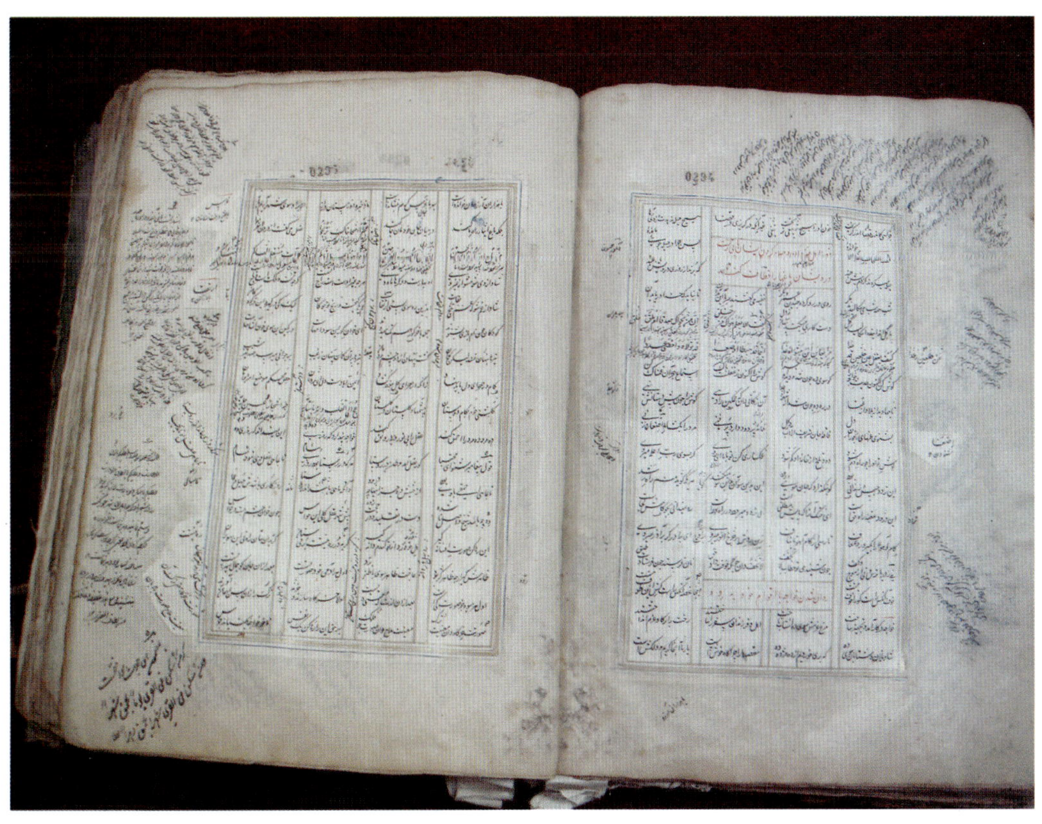

《玛斯纳维体诗集》手抄本

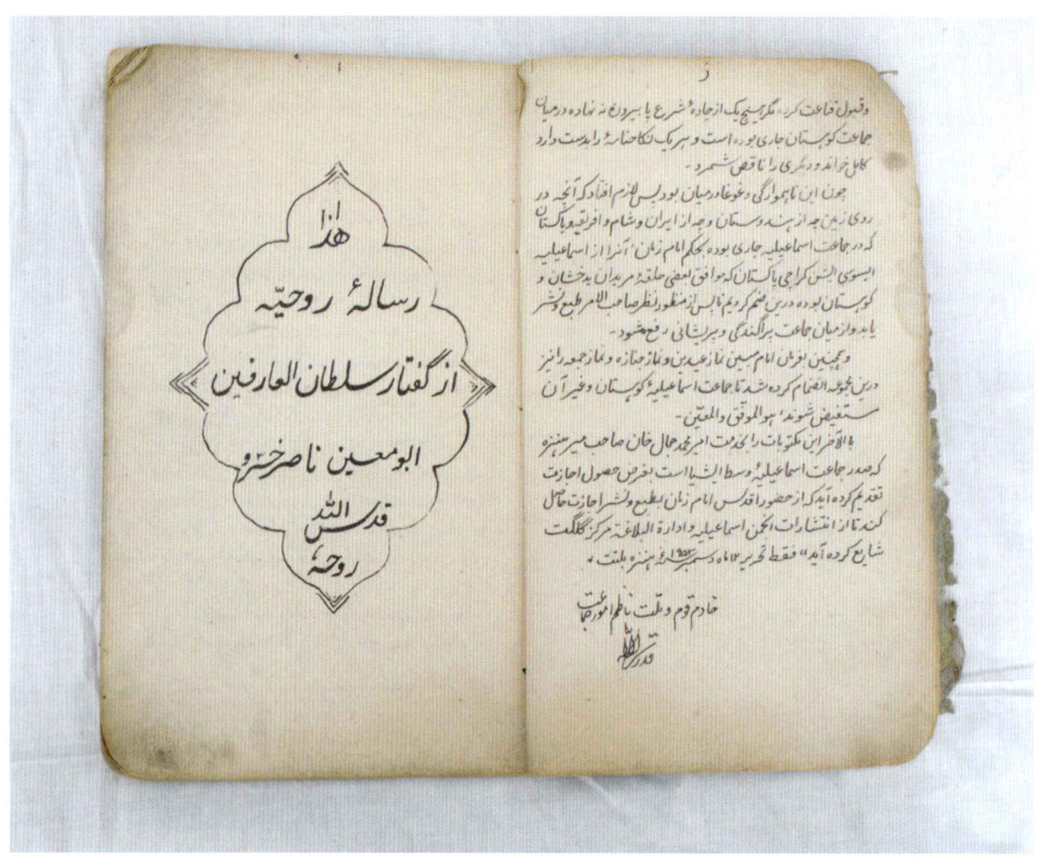

《纳斯尔·霍斯罗诗集》手抄本

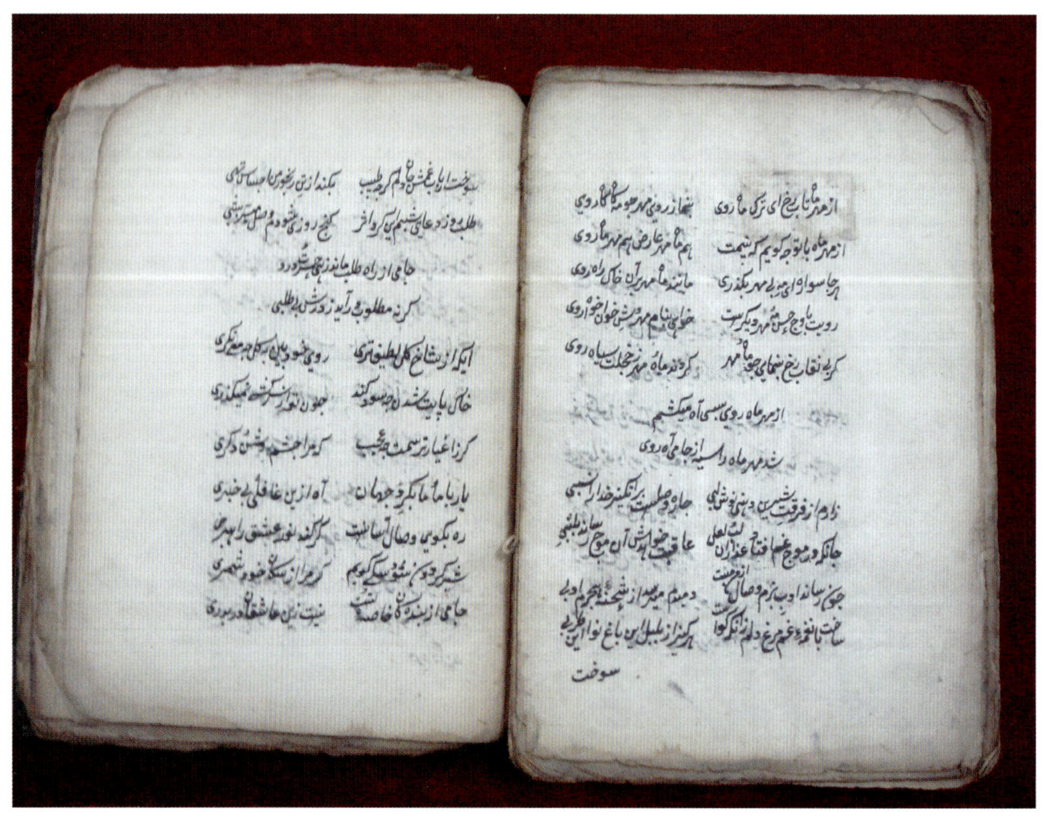

《贾米作品集》手抄本

《伊本斯纳作品集》手抄本

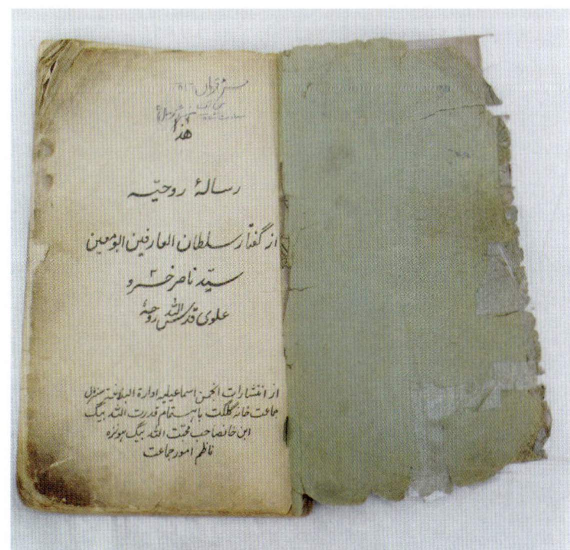

《婚姻手册》手抄本封面

《婚姻手册》手抄本内文

《葬仪手册》手抄本封面

《葬仪手册》手抄本内文

塔吉克族古籍手抄原稿

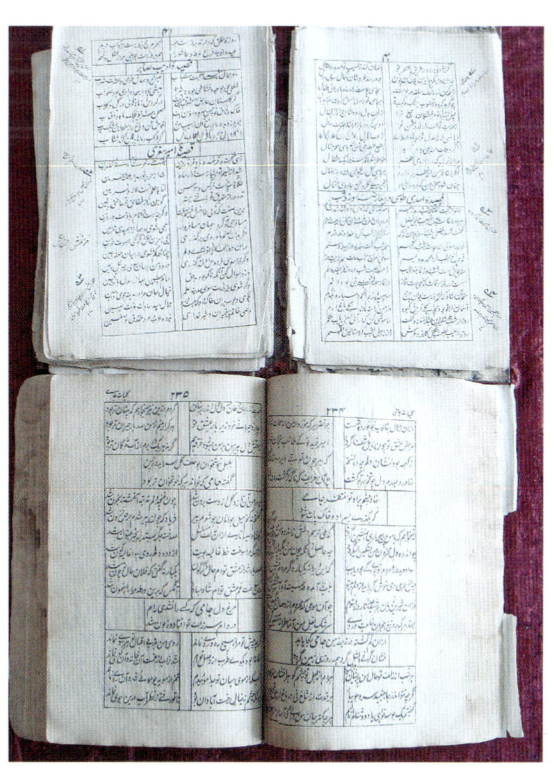

部分塔吉克族波斯文古籍

整理出版的塔吉克族维吾尔文古籍

《塔吉克族文学史》

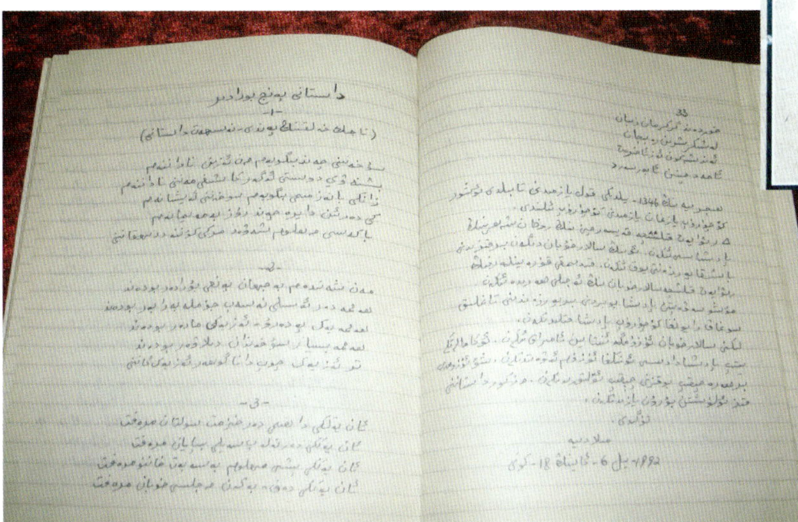

叙事长诗《五个兄弟》手抄本

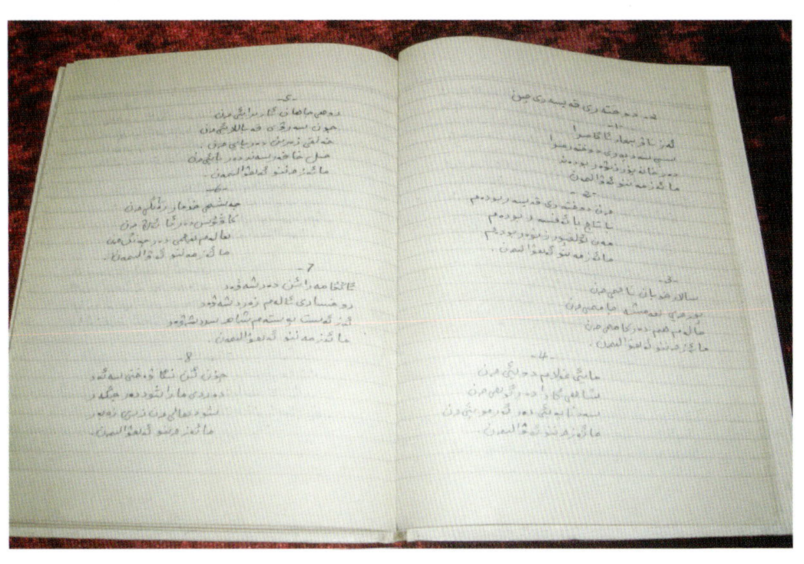

叙事长诗《勇敢的姑娘》手抄本

整理出版的塔吉克族汉文古籍资料

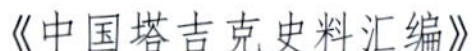
《中国塔吉克史料汇编》

《中国民间文学集成·新疆卷·塔吉克族民间文学集》

塔吉克族民间艺人塔布力迪·吾秀尔

塔吉克族民间艺人苏里坦江在讲述神话传说

塔吉克族戏剧《少儿游戏》演出

塔吉克族戏剧《阿什比与阿格恰》演员

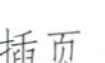

演唱民歌的塔吉克族民间艺人

弹奏塔吉克族民间乐器的塔吉克族青年

弹奏塔吉克族民间乐器手鼓的塔吉克族少女

弹奏塔吉克族民间乐器莱不布的塔吉克族老人

塔吉克族传统舞蹈——骏马舞

塔吉克族传统舞蹈——鹰舞

塔吉克族民间乐器——赛吐里

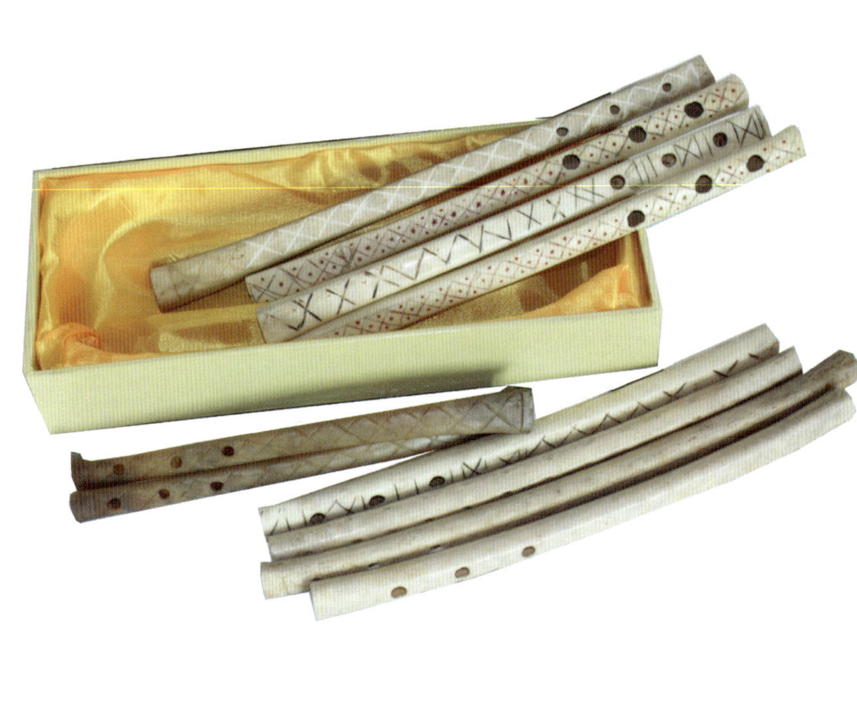

塔吉克族民间乐器——鹰笛

塔吉克族民间乐器——莱不布

公主堡遗迹

石头城遗迹

巴马菲力穆贾拉地玛扎

鲁斯塔木之墓

慕士塔格峰

（三）习俗歌

请客之歌

مَيمون بَيت

mäymun bäyt

塔吉克族习俗歌。流传于新疆维吾尔自治区喀什地区塔什库尔干塔吉克自治县。唱述贵客能给家庭带来福气的理念。多在举行麦西来甫和婚礼时演唱。歌中唱道："家里来了客人，是真主的赐福，我笑脸相迎，让家里富足……"对于研究塔吉克族生活习俗有参考价值。1970 年夏吾拉木塔吉克语演唱，艾布力·艾山汗塔吉克文笔录并译成维吾尔文。16 开纸 1 页，18 行。译文收入《中国民间文学集成·新疆卷·塔吉克族民间文学集》，新疆大学出版社 2005 年版。

（古丽佳罕·胡西地力编，木合塔尔·艾山译）

夏曼阿玛德

شاح مَن آمَد

šahe män amäd

塔吉克族习俗歌。流传于新疆维吾尔自治区喀什地区塔什库尔干塔吉克自治县。"夏曼阿玛德"意为"皇帝来了"。在举行婚礼当天新郎到达新娘家时唱的歌。歌中唱道："皇帝来了，皇帝来了，头戴王冠，身穿金丝衣，额头上发出光泽……"将新郎比作皇帝，将新娘比作美丽的天使，祝愿新郎新娘幸福美满。节奏欢快、音调动听。对于研究塔吉克族婚俗有参考价值。1988 年胡西地力·萨力塔吉克语演唱，马达力汗·巴伦塔吉克文笔录。1989 年马达力汗·巴伦译成维吾尔文。16 开纸 1 页，14 行。译文收入《中国民间文学集成·新疆卷·塔吉克族民间文学集》，新疆大学出版社 2005 年版。

（古丽佳罕·胡西地力编，木合塔尔·艾山译）

夏穆巴拉克

شاح مُبارَک

šah mobaräk

塔吉克族习俗歌。流传于新疆维吾尔自治区喀什地区塔什库尔干塔吉克自治县。"夏穆巴拉克"意为"祝福皇帝"。在举行婚礼前念完尼卡之后唱的歌。歌中唱道："在皇帝喜庆的日子里，把缠头巾拿来。准备好奶加黄油，腰带是装饰过的……"节奏欢快，音调动听。对于研究塔吉克族婚俗有参考价值。1988 年胡西地力·萨力塔吉克语演唱，马达力汗·巴伦塔吉克文笔录。1989 年马达力汗·巴伦译成维吾尔文。16 开纸 1 页，18 行。译文收入《中国民间文学集成·新疆卷·塔吉克族民间文学集》，新疆大学出版社 2005 年版。

（古丽佳罕·胡西地力编，木合塔尔·艾山译）

夏热瓦热吾

شاح رَوه رَو

šahe räwä räw

塔吉克族习俗歌。流传于新疆维吾尔自治区喀什地区塔什库尔干塔吉克自治县。"夏热瓦热吾"意为"皇帝走了"。在新郎去接新娘时和接回新娘时唱的歌。歌中唱道："夏热瓦那，夏热瓦那，朋友们唱起欢快的歌。皇帝坐在王位上，我们进行欢乐的歌舞……"节奏欢快、音调动听。对于研究塔吉克族婚俗有参考价值。1988 年胡西地力·萨力塔吉克语演唱，扎米尔·赛都拉·扎德塔吉克文笔录并译成维吾尔文。16 开纸 1 页，14 行。译文收入《中国民间文学集成·新疆卷·塔吉克族民间文学集》，新疆大学出版社 2005 年版。

（古丽佳罕·胡西地力编，木合塔尔·艾山译）

新娘之歌

نیوانز بَیت

niwanz bäyt

塔吉克族习俗歌。流传于新疆维吾尔自治区喀什地区塔什库尔干塔吉克自治县。在新娘被接到新郎家时唱的歌。歌中唱道："新娘请忍耐，马儿跑得快，金饰的马鞍，银质的马镫……"节奏欢快、音调动听。对于研究塔吉克族婚俗有参考价值。1988 年夏吾拉木塔吉克语演唱，达力·买提胡夏勒塔吉克文笔录。1989 年阿不都吾甫尔·肉孜译成维吾尔文。16 开纸 1 页，23 行。译文收入《中国民间文学集成·新疆卷·塔吉克族民间文学集》，新疆大学出版社 2005 年版。

（古丽佳罕·胡西地力编，木合塔尔·艾山译）

诺鲁孜之歌

نَوروز بَیت

näwruz bäyt

塔吉克族习俗歌。流传于新疆维吾尔自治区喀什地区塔什库尔干塔吉克自治县。诺鲁孜节（肖贡巴哈尔节）时，家家户户互相拜年时唱的歌。歌中唱道："新年到来，新春来临，鸟儿欢唱地飞到了花园里，美丽的鲜花给人带来无比的快乐，祝每个人诺鲁孜快乐……"对于研究塔吉克族诺鲁孜节（肖贡巴哈尔节）习俗有参考价值。1988 年胡西地力·萨力塔吉克语演唱，扎米尔·赛都拉·扎德并德译成维吾尔文。32 开纸 1 页，8 行。译文收入《塔什库尔干民歌》，喀什人民出版社 1989 年版。

（古丽佳罕·胡西地力编，木合塔尔·艾山译）

苏马纳克

somänäk

塔吉克族习俗歌。流传于新疆维吾尔自治区喀什地区塔什库尔干塔吉克自治县。诺鲁孜节（肖贡巴哈尔节）时，做节日饭的时候唱的颂歌。歌中唱道："苏马纳克在沸腾，我们用勺扬汤。人们都已入睡，我们打鼓唱歌……"对于研究塔吉克族诺鲁孜节（肖贡巴哈尔节）习俗有参考价值。1988 年赛都拉·拜拉木塔吉克语演唱，扎米尔·赛都拉·扎德塔吉克文笔录并译成维吾尔文。32 开纸 1 页，8 行。译文收入《塔什库尔干民歌》，喀什人民出版社 1989 年版。

（古丽佳罕·胡西地力编，木合塔尔·艾山译）

诺鲁孜老人之歌

نَوروز بابا بَیت

näwruz baba bäyt

塔吉克族习俗歌。流传于新疆维吾尔自治区喀什地区塔什库尔干塔吉克自治县。诺鲁孜节（肖贡巴哈尔节）来临时，诺鲁孜老人走家串户时唱的歌。歌中唱道："新年到来，新春来临，祝身体健康，福气临门……"对于研究塔吉克族诺鲁孜节（肖贡巴哈尔节）习俗有参考价值。1988 年赛都拉·拜拉木塔吉克语演唱，扎米尔·赛都拉·扎德塔吉克文笔录并译成维吾尔文。32 开纸 1 页，12 行。译文收入《塔什库尔干民歌》，喀什人民出版社 1989 年版。

（古丽佳罕·胡西地力编，木合塔尔·艾山译）

封斋之歌

رَمَزان بَیت

rämäzan bäyt

塔吉克族习俗歌。流传于新疆维吾尔自治区喀什地区塔什库尔干塔吉克自治县。唱述斋月时每个穆斯林必须封斋，多做善事，以使家庭富裕、牛羊满圈的宗教礼仪。对于研究塔吉克族宗教习俗有参考价值。1988 年帕力万巴依塔吉克语演唱，达力·

买提胡夏勒塔吉克文笔录。1989 年达力·买提胡夏勒译成维吾尔文。16 开纸 1 页，34 行。译文收入《中国民间文学集成·新疆卷·塔吉克族民间文学集》，新疆大学出版社 2005 年版。

（古丽佳罕·胡西地力编，木合塔尔·艾山译）

哭歌（一）

دَفن بَيت

däfn bäyt

塔吉克族习俗歌。流传于新疆维吾尔自治区喀什地区塔什库尔干塔吉克自治县。举行葬礼时唱的歌。歌中唱道："母亲啊！母亲！亲爱的母亲，你是我日月守卫者，啊母亲……"节奏缓慢，音调悲哀。反映了女儿对死去母亲的怀念之情。对于研究塔吉克族丧葬习俗有参考价值。1988 年拜格木·汗加尔塔吉克语演唱，马达力汗·巴伦塔吉克文笔录并译成维吾尔文。16 开纸 1 页，16 行。译文收入《中国民间文学集成·新疆卷·塔吉克族民间文学集》，新疆大学出版社 2005 年版。

（古丽佳罕·胡西地力编，木合塔尔·艾山译）

哭歌（二）

دَفن بَيت

däfn bäyt

塔吉克族习俗歌。流传于新疆维吾尔自治区喀什地区塔什库尔干塔吉克自治县。举行葬礼时唱的歌。歌中唱道："啊！我们曾是难舍难分的伴侣，但你却走了留下我孤独一人……"节奏缓慢，音调悲哀。反映了妻子对死去丈夫的深刻怀念之情。对于研究塔吉克族丧葬习俗有参考价值。2003 年拜格木·汗加尔塔吉克语演唱，古丽佳罕·胡西地力塔吉克文笔录并译成维吾尔文。16 开纸 1 页，23 行。译文收入《中国民间文学集成·新疆卷·塔吉克族民间文学集》，新疆大学出版社 2005 年版。

（古丽佳罕·胡西地力编，木合塔尔·艾山译）

哭歌（三）

دَفن بَيت

däfn bäyt

塔吉克族习俗歌。流传于新疆维吾尔自治区喀什地区塔什库尔干塔吉克自治县。举行葬礼时唱的歌。歌中唱道："啊！心肝宝贝，你是我的翅膀，我的翅膀断了，我的精力尽了……"节奏缓慢，音调悲哀。反映了对死去骨肉同胞们的深刻怀念之情。对于研究塔吉克族丧葬习俗有参考价值。2003 年拜格木·汗加尔塔吉克语演唱，古丽佳罕·胡西地力塔吉克文笔录并译成维吾尔文。32 开纸 1 页，14 行。译文收入《塔什库尔干民歌》，喀什人民出版社 1989 年版。

（古丽佳罕·胡西地力编，木合塔尔·艾山译）

哭歌（四）

دَفن بَيت

däfn bäyt

塔吉克族习俗歌。流传于新疆维吾尔自治区喀什地区塔什库尔干塔吉克自治县。举行葬礼时唱的歌。歌中唱道："啊，孩子啊！你使家里空荡荡的，你使心儿像火烤的一样。任何火都不能使我熔化，你的逝去却使我崩溃……"节奏缓慢，音调悲哀。表达了父母对死去子女的怀念之情。对于研究塔吉克族丧葬习俗有参考价值。2003 年胡西地力·萨力塔吉克语演唱，扎米尔·赛都拉·扎德塔吉克文笔录并译成维吾尔文。32 开纸 1 页，15 行。译文收入《塔什库尔干民歌》，喀什人民出版社 1989 年版。

（古丽佳罕·胡西地力编，木合塔尔·艾山译）

哭歌（五）

دفن بَيت

däfn bäyt

塔吉克族习俗歌。流传于新疆维吾尔自治区喀什地区塔什库尔干塔吉克自治县。举行葬礼时唱的歌。歌中唱道："啊，父亲啊！你是我的希望，你是我的心愿，今天真主让你归真，我们没有任何办法，你就这样永远离去，锁上你的家门就走了……"节奏缓慢，音调悲哀。表达了孩子们失去父亲后的悲痛心情。对于研究塔吉克族丧葬习俗有参考价值。2003年拜格木·汗加尔塔吉克语演唱，扎米尔·赛都拉·扎德塔吉克文笔录并译成维吾尔文。32开纸1页，12行。译文收入《塔什库尔干民歌》，喀什人民出版社1989年版。

（古丽佳罕·胡西地力编，木合塔尔·艾山译）

杜米克·杜米歌

دُميک-دُم بَيت

domik-dom bäyt

塔吉克族习俗歌。流传于新疆维吾尔自治区喀什地区塔什库尔干塔吉克自治县。新生儿剃胎毛仪式上唱的歌。歌中唱道："宝宝、宝宝，我可爱的小羊羔、小心肝，我把你绑在心窝上，培养你成长是我的信念……"节奏明快，悦耳动听。反映了父母祝愿襁褓里的孩子健康成长，长大后成为勇敢、聪明、有威望的人的心情。对于研究塔吉克族传统家庭教育观念有参考价值。2003年拜格木·汗加尔塔吉克语演唱，马达力汗·巴伦塔吉克文笔录并译成维吾尔文。16开纸1页，12行。译文收入《中国民间文学集成·新疆卷·塔吉克族民间文学集》，新疆大学出版社2005年版。

（古丽佳罕·胡西地力编，木合塔尔·艾山译）

先知颂歌

مُناجاد بَيت

monajad bäyt

塔吉克族习俗歌。流传于新疆维吾尔自治区喀什地区塔什库尔干塔吉克自治县。葬礼的宗教仪式上唱的歌。反映了穆斯林群众祈求真主赐予自己力量、健康和战胜敌人、给家乡父老带来安宁祥和生活的愿望。对于研究塔吉克族宗教习俗有参考价值。2003年帕力万巴依塔吉克语演唱，马达力汗·巴伦塔吉克文笔录并译成维吾尔文。16开纸1页，17行。译文收入《中国民间文学集成·新疆卷·塔吉克族民间文学集》，新疆大学出版社2005年版。

（古丽佳罕·胡西地力编，木合塔尔·艾山译）

定亲歌

قيدَدُرى بَيت

qidädori bäyt

塔吉克族习俗歌。流传于新疆维吾尔自治区喀什地区塔什库尔干塔吉克自治县。定亲仪式上唱的歌。歌中唱道："一个是宝石，一个是戒指，一个是花，一个是百灵，让你的女儿和我们的儿子喜结良缘，使我们成为亲家……"对于研究塔吉克族婚姻习俗有参考价值。2003年胡西地力·萨力塔吉克语演唱，扎米尔·赛都拉·扎德塔吉克文笔录并译成维吾尔文。32开纸1页，16行。译文收入《塔什库尔干民歌》，喀什人民出版社1989年版。

（古丽佳罕·胡西地力编，木合塔尔·艾山译）

（四）情 歌

给情人的信

سَلامنامه

sälamnamä

塔吉克族情歌。流传于新疆维吾尔自治区喀什地区塔什库尔干塔吉克自治县。歌中唱道：“我愿化为白灵鸟，为你唱歌，为你而哭泣，以炙热之情，向你致敬……”音调节奏明快，悦耳动听。表达了一个男青年为爱情受煎熬的心情。对于研究塔吉克族情歌有参考价值。1980 年阿不都卡德尔·吐尔逊塔吉克语演唱，吐尔逊买买提·玉赛音塔吉克文笔录。1980 年马达力汗·巴伦译成维吾尔文。16 开纸 2 页，34 行。译文收入《中国民间文学集成·新疆卷·塔吉克族民间文学集》，新疆大学出版社 2005 年版。

（古丽佳罕·胡西地力编，木合塔尔·艾山译）

负心的情人

بوَفا يار

bewäfa yar

塔吉克族情歌。流传于新疆维吾尔自治区喀什地区塔什库尔干塔吉克自治县。歌中唱道：“坐在花下，却叫花儿枯萎的情人，心儿如石头一般，把我们忘了的情人……”反映了对封建婚姻制度和负心人的憎恶之情。对于研究塔吉克族情歌有参考价值。1980 年加纳提·卡吾孜塔吉克语演唱，阿不都卡德尔·吾守尔塔吉克文笔录。马达力汗·巴伦译成维吾尔文。16 开纸 3 页，84 行。译文收入《中国民间文学集成·新疆卷·塔吉克族民间文学集》，新疆大学出版社 2005 年版。

（古丽佳罕·胡西地力编，木合塔尔·艾山译）

情人的幽会

ويسال

wisal

塔吉克族情歌。流传于新疆维吾尔自治区喀什地区塔什库尔干塔吉克自治县。歌中唱道：“黄羊在山上吃着草，一个挨着一个；我与情人勤幽会，紧紧地抱在一起……”表达了塔吉克族青年男女之间情谊绵绵的情景。对于研究塔吉克族情歌有参考价值。1980 年阿不都卡德尔·托克逊塔吉克语演唱，阿里甫江·吐尔逊塔吉克文笔录。马达力汗·巴伦译成维吾尔文。16 开纸 2 页，41 行。译文收入《中国民间文学集成·新疆卷·塔吉克族民间文学集》，新疆大学出版社 2005 年版。

（古丽佳罕·胡西地力编，木合塔尔·艾山译）

亲干古丽

چینگنگل

čingängol

塔吉克族情歌。流传于新疆维吾尔自治区喀什地区塔什库尔干塔吉克自治县。歌中唱道：“我是塔吉克人，情人是亲爱的克普恰克人，我在为她而心醉……”反映了塔吉克族先民反对阶级压迫、追求自由生活和纯真爱情的愿望。对于研究塔吉克族情歌有参考价值。1980 年瓦里·巴巴塔吉克语演唱，帕合塔依克塔吉克文笔录。马达力汗·巴伦译成维吾尔文。16 开纸 2 页，49 行。译文收入《中国民间文学集成·新疆卷·塔吉克族民间文学集》，新疆大学出版社 2005 年版。

（古丽佳罕·胡西地力编，木合塔尔·艾山译）

红色头巾

نُرَنجی خَدبُن

noränji xädbon

塔吉克族情歌。流传于新疆维吾尔自治区喀什地区塔什库尔干塔吉克自治县。歌中唱道："红色的头巾在闪耀，是老爷从木尔噶布带来的。头巾会变旧吗？只因落了灰尘而变脏……"反映了无法与情人幽会的悲痛心情。对于研究塔吉克族情歌有参考价值。1980年热依木巴依塔吉克语演唱，达力·买提胡夏勒塔吉克文笔录。1980年马达力汗·巴伦译成维吾尔文。16开纸2页，42行。译文收入《中国民间文学集成·新疆卷·塔吉克族民间文学集》，新疆大学出版社2005年版。

（古丽佳罕·胡西地力编，木合塔尔·艾山译）

古丽比塔

گُلبُته

golbotä

塔吉克族情歌。流传于新疆维吾尔自治区喀什地区塔什库尔干塔吉克自治县。歌中唱道："在婚礼的万花丛中，就你比蜜还要甜。蜜从你嘴唇中流下，让我为你而称颂……"反映了塔吉克族男青年对姑娘的爱慕之情及渴望得到爱情的心情。对于研究塔吉克族情歌有参考价值。1980年依沙克·艾扎拉、玛依勒·拉里别克塔吉克语演唱，代尔亚巴依·艾斯买力塔吉克文笔录。1980年艾布力·艾山汗译成维吾尔文。16开纸1页，21行。译文收入《中国民间文学集成·新疆卷·塔吉克族民间文学集》，新疆大学出版社2005年版。

（古丽佳罕·胡西地力编，木合塔尔·艾山译）

皮里河

پیل دَریو

pil däryu

塔吉克族情歌。流传于新疆维吾尔自治区喀什地区塔什库尔干塔吉克自治县。歌中唱道："皮里河浪涛滚滚，高高的山崖上传来了鸽子的鸣叫声，皮里河上无桥，情人扔下我独自过河，使我失去了无价之宝……反映了塔吉克族青年对纯洁爱情的大胆追求。对于研究塔吉克族情歌有参考价值。1980年阿依丁塔吉克语演唱，达力·买提胡夏勒塔吉克文笔录。马达力汗·巴伦译成维吾尔文。16开纸2页，47行。译文收入《中国民间文学集成·新疆卷·塔吉克族民间文学集》，新疆大学出版社2005年版。

（古丽佳罕·胡西地力编，木合塔尔·艾山译）

库克娜尔

کُکنار

koknar

塔吉克族情歌。流传于新疆维吾尔自治区喀什地区塔什库尔干塔吉克自治县。歌中唱道："一对银元镶在发辫上，头上戴着白头巾，脸儿比太阳还要亮，嘴唇红似火……"反映了塔吉克族少妇想与在爱中煎熬的年轻人幽会的情景。对于研究塔吉克族服饰文化有参考价值。1980年夏吾拉木塔吉克语演唱，艾布力·艾山汗塔吉克文笔录。阿不都吾甫尔·肉孜译成维吾尔文。16开纸1页，32行。译文收入《中国民间文学集成·新疆卷·塔吉克族民间文学集》，新疆大学出版社2005年版。

（古丽佳罕·胡西地力编，木合塔尔·艾山译）

红玫瑰花

رُشتگُل

roštgol

塔吉克族情歌。流传于新疆维吾尔自治区喀什地区塔什库尔干塔吉克自治县。歌中唱道："我的红玫瑰在新港，你使我们很悔恨。红玫瑰花儿多美丽，说出话儿让我心欢畅……”反映了塔吉克族青年男子对家乡美女的纯洁爱情和淳朴的爱情观。对于研究塔吉克族婚姻家庭观念有参考价值。1980 年库坎·赛黑塔吉克语演唱，艾布力·艾山汗塔吉克文笔录并译成维吾尔文。16 开纸 2 页，39 行。译文收入《中国民间文学集成·新疆卷·塔吉克族民间文学集》，新疆大学出版社 2005 年版。

（古丽佳罕·胡西地力编，木合塔尔·艾山译）

让幸福陪伴着你

بَخت يُر ساود تُرى

bäxt yor sawd tori

塔吉克族情歌。流传于新疆维吾尔自治区喀什地区塔什库尔干塔吉克自治县。歌中唱道：“我的宝贝你要幸福，因分离你要远行，何时能再相见……”反映了塔吉克族人对封建婚姻制度的憎恨。对于研究塔吉克族传统婚姻家庭观念有参考价值。1980 年阿依地巴依·阿不都拉塔吉克语演唱，艾布力·艾山汗塔吉克文笔录并译成维吾尔文。16 开纸 1 页，17 行。译文收入《中国民间文学集成·新疆卷·塔吉克族民间文学集》，新疆大学出版社 2005 年版。

（古丽佳罕·胡西地力编，木合塔尔·艾山译）

夏尼夏卡里

شَنى شكَر

šni šäkär

塔吉克族情歌。流传于新疆维吾尔自治区喀什地区塔什库尔干塔吉克自治县。歌中唱道：“甜蜜的美人在大坂，黑发如海狸，头领亲家到家来，骑着高大骏马带走她……”反映了塔吉克族人对封建婚姻家庭制度的憎恨和对纯洁爱情的渴望之情。对于研究塔吉克族传统婚姻家庭观念有参考价值。1980 年阿里屯塔吉克语演唱，艾布力·艾山汗塔吉克文笔录。阿不都吾甫尔·肉孜译成维吾尔文。16 开纸 2 页，36 行。译文收入《中国民间文学集成·新疆卷·塔吉克族民间文学集》，新疆大学出版社 2005 年版。

（古丽佳罕·胡西地力编，木合塔尔·艾山译）

注目着情人

نَظَرام ود چى ديلبَر

näzäräm wed či dilbär

塔吉克族情歌。流传于新疆维吾尔自治区喀什地区塔什库尔干塔吉克自治县。唱述姑娘美丽的容貌、温顺的性格及对纯洁爱情的向往之情。歌中唱道：“你如美女般坐着，见到你心儿如火烤……”对于研究塔吉克族情歌有参考价值。1980 年鲁斯塔木塔吉克语演唱，代尔亚巴依·艾斯买力塔吉克文笔录。艾布力·艾山汗译成维吾尔文。16 开纸 1 页，22 行。译文收入《中国民间文学集成·新疆卷·塔吉克族民间文学集》，新疆大学出版社 2005 年版。

（古丽佳罕·胡西地力编，木合塔尔·艾山译）

你为什么生气

سَيزيرات خَفا سُت

säyzirät xäfa sot?

塔吉克族情歌。流传于新疆维吾尔自治区喀什地区塔什库尔干塔吉克自治县。歌中唱道：“我捧着花朵，向情人表达爱，让我把花儿戴在你头上，你为何心儿不乐？……”反映了塔吉克族年轻人为爱情备受折磨的心情。对于研究塔吉克族传统婚姻家庭观有参考价值。1980 年塔布力迪·吾秀尔塔吉克语演唱，达力·买提胡夏勒塔吉克文笔录。1980 年艾布力·艾山汗译成维吾尔文。16 开纸 2 页，32 行。译文收入《中国民间文学集成·新疆卷·塔吉克族民间文学集》，新疆大学出版社 2005 年版。

（古丽佳罕·胡西地力编，木合塔尔·艾山译）

我有花儿

گلی دارَم

goli darām

塔吉克族情歌。流传于新疆维吾尔自治区喀什地区塔什库尔干塔吉克自治县。歌中唱道："我的百灵鸟，我在家乡很可怜。因病找药找不到，良药就是你的甜心，我愿为你而死去……"反映了塔吉克族人为纯洁爱情而甘愿献身的精神。对于研究塔吉克族情歌有参考价值。1980年艾布达力别克塔吉克语演唱，塔布力迪·吾秀尔塔吉克文笔录。艾布力·艾山汗译成维吾尔文。16开纸2页，45行。译文收入《中国民间文学集成·新疆卷·塔吉克族民间文学集》，新疆大学出版社2005年版。

（古丽佳罕·胡西地力编，木合塔尔·艾山译）

让她玩儿

اويناسُن

uynäson

塔吉克族情歌。流传于新疆维吾尔自治区喀什地区塔什库尔干塔吉克自治县。歌中唱道："让她玩儿吧，让她玩儿，让我的情人尽情地玩儿。让我们到河边，再痛快地玩儿……"反映了塔吉克族人追求纯洁爱情的情怀。对于研究塔吉克族情歌有参考价值。1980年塔夏克·买提汗塔吉克语演唱，布里布里塔吉克文笔录。1980年艾布力·艾山汗译成维吾尔文。16开纸2页，34行。译文收入《中国民间文学集成·新疆卷·塔吉克族民间文学集》，新疆大学出版社2005年版。

（古丽佳罕·胡西地力编，木合塔尔·艾山译）

百灵鸟在花园里歌唱

بُلبُل دَر باغ مسَرايد

bolbol där baɤ mesärayäd

塔吉克族情歌。流传于新疆维吾尔自治区喀什地区塔什库尔干塔吉克自治县。歌中唱道："我登上高山，一对黄羊在吃草。两个心儿在一起，敌人怎能把它分离……"反映了塔吉克族青年人的爱情观。对于研究塔吉克情歌有参考价值。1980年吾拉木·艾力塔吉克语演唱，布里布里塔吉克文笔录。阿吉·艾沙译成维吾尔文。16开纸2页，38行。译文收入《中国民间文学集成·新疆卷·塔吉克族民间文学集》，新疆大学出版社2005年版。

（古丽佳罕·胡西地力编，木合塔尔·艾山译）

石榴花

انارگُل

änargol

塔吉克族情歌。流传于新疆维吾尔自治区喀什地区塔什库尔干塔吉克自治县。歌中唱道："我给爱人一枚银币，爱人你是否拿到，我是你的仆人，全身心地关注你……"反映了塔吉克族青年人的爱情观。对于研究塔吉克情歌有参考价值。1980年吾斯曼塔吉克语演唱，达力·买提胡夏勒塔吉克文笔录。阿不都吾甫尔·肉孜译成维吾尔文。16开纸2页，43行。译文收入《中国民间文学集成·新疆卷·塔吉克族民间文学集》，新疆大学出版社2005年版。

（古丽佳罕·胡西地力编，木合塔尔·艾山译）

月亮花

ماهی گُل

mahigol

塔吉克族情歌。流传于新疆维吾尔自治区喀什地区塔什库尔干塔吉克自治县。歌中唱道："阿孜古丽很无知，常常算计我。敌人能算计我，真主却不会……"反映了塔吉克族人对践踏纯洁爱情行为的憎恨。对于研究塔吉克族传统社会道德观有参考价值。

1980年达仁塔吉克语演唱，帕哈塔依克塔吉克文笔录。艾布力·艾山汗译成维吾尔文。16开纸1页，26行。译文收入《中国民间文学集成·新疆卷·塔吉克族民间文学集》，新疆大学出版社2005年版。

（古丽佳罕·胡西地力编，木合塔尔·艾山译）

我喜爱

وَز خُشتُر

wäz xoštor

塔吉克族情歌。流传于新疆维吾尔自治区喀什地区塔什库尔干塔吉克自治县。歌中唱道："为了来看你，找到你门前，为了表示我的爱，我愿吻你香甜的嘴唇……"对于研究塔吉克族情歌有参考价值。1980年努尔汗塔吉克语演唱，达力·买提胡夏勒塔吉克文笔录。艾布力·艾山汗译成维吾尔文。16开纸1页，14行。译文收入《中国民间文学集成·新疆卷·塔吉克族民间文学集》，新疆大学出版社2005年版。

（古丽佳罕·胡西地力编，木合塔尔·艾山译）

贞洁的花儿

گُلی تازه

golitazä

塔吉克族情歌。流传于新疆维吾尔自治区喀什地区塔什库尔干塔吉克自治县。歌中唱道："古丽，你使我受苦，你使我流浪。你那和蔼的面容、黑油油的头发，使我的处境悲惨……"反映了塔吉克族人追求纯洁爱情的观念。对于研究塔吉克族情歌有参考价值。1980年塔布力迪·吾秀尔塔吉克语演唱，达力·买提胡夏勒塔吉克文笔录。艾布力·艾山汗译成维吾尔文。16开纸2页，53行。译文收入《中国民间文学集成·新疆卷·塔吉克族民间文学集》，新疆大学出版社2005年版。

（古丽佳罕·胡西地力编，木合塔尔·艾山译）

塔尔巴娜玛柯

تار بَنَمَک

tar bänämäk

塔吉克族情歌。流传于新疆维吾尔自治区喀什地区塔什库尔干塔吉克自治县。歌中唱道："我砍伐树木筑桥，是为了那情人过河。为情人掏出了心，是为了让她懂得我的重要……"反映了塔吉克族青年珍惜纯洁爱情的观念。对于研究塔吉克族情歌有参考价值。1980年西仁别克塔吉克语演唱，达力·买提胡夏勒塔吉克文笔录。艾布力·艾山汗译成维吾尔文。16开纸2页，27行。译文收入《中国民间文学集成·新疆卷·塔吉克族民间文学集》，新疆大学出版社2005年版。

（古丽佳罕·胡西地力编，木合塔尔·艾山译）

爱情

عشق

ešq

塔吉克族情歌。流传于新疆维吾尔自治区喀什地区塔什库尔干塔吉克自治县。歌中唱道："我登上高高的山顶，端着猎枪去瞄准。每当想起那恋人，我就放声大哭……"反映了塔吉克族青年追求纯真爱情的观念。对于研究塔吉克族情歌有参考价值。1980年塔夏克·买提汗塔吉克语演唱，布里布里塔吉克文笔录。艾布力·艾山汗译成维吾尔文。16开纸1页，26行。译文收入《中国民间文学集成·新疆卷·塔吉克族民间文学集》，新疆大学出版社2005年版。

（古丽佳罕·胡西地力编，木合塔尔·艾山译）

比给穆江

بیگیمجان

bigimjan

塔吉克族情歌。流传于新疆维吾尔自治

区喀什地区塔什库尔干塔吉克自治县。歌中唱道："比给穆江，你非常善良，请你说出心里话，请你向我表心意……"反映了塔吉克族青年追求纯真爱情的观念。对于研究塔吉克族情歌有参考价值。1980 年艾布达力别克塔吉克语演唱，塔布力迪·吾秀尔塔吉克文笔录。艾布力·艾山汗译成维吾尔文。16 开纸 1 页，19 行。译文收入《中国民间文学集成·新疆卷·塔吉克族民间文学集》，新疆大学出版社 2005 年版。

（古丽佳罕·胡西地力编，木合塔尔·艾山译）

迪斯土尔恰

ديستۇرچا

distorča

塔吉克族情歌。流传于新疆维吾尔自治区喀什地区塔什库尔干塔吉克自治县。歌中唱道："草坪上留着一朵花，人已走向那大坂，心儿已被刀割，已使我悔恨不已……"对于研究塔吉克族情歌有参考价值。1980 年嘎瓦尔·艾拉木塔吉克语演唱，艾布力·艾山汗塔吉克文笔录。阿不都吾甫尔·肉孜译成维吾尔文。16 开纸 1 页，30 行。译文收入《中国民间文学集成·新疆卷·塔吉克族民间文学集》，新疆大学出版社 2005 年版。

（古丽佳罕·胡西地力编，木合塔尔·艾山译）

沙枣花

چۇگدەگل

jogdägol

塔吉克族情歌。流传于新疆维吾尔自治区喀什地区塔什库尔干塔吉克自治县。歌中唱道："沙枣花的鸣啼，头上戴着黄色的绸缎，我是你眼中的迷恋者，折磨使我感到孤独……"对于研究塔吉克族情歌有参考价值。1980 年西仁江塔吉克语演唱，达力·买提胡夏勒塔吉克文笔录。阿不都吾甫尔·肉孜译成维吾尔文。16 开纸 2 页，39 行。译文收入《中国民间文学集成·新疆卷·塔吉克族民间文学集》，新疆大学出版社 2005 年版。

（古丽佳罕·胡西地力编，木合塔尔·艾山译）

我的伴侣百灵鸟

مُجُفت بُلبُل

mojoft bolbol

塔吉克族情歌。流传于新疆维吾尔自治区喀什地区塔什库尔干塔吉克自治县。歌中唱道："你是我的伴侣百灵鸟，为了你我思念万分，而你却在远方，骑的是骏马……"反映了塔吉克族青年追求纯洁爱情的观念。对于研究塔吉克族情歌有参考价值。1980 年古力秀尔塔吉克语演唱，达力·买提胡夏勒塔吉克文笔录。阿不都吾甫尔·肉孜译成维吾尔文。16 开纸 2 页，34 行。译文收入《中国民间文学集成·新疆卷·塔吉克族民间文学集》，新疆大学出版社 2005 年版。

（古丽佳罕·胡西地力编，木合塔尔·艾山译）

你是我的眼光

تو نُری چَشم مَن

tu nori čäšme män

塔吉克族情歌。流传于新疆维吾尔自治区喀什地区塔什库尔干塔吉克自治县。歌中唱道："你那乌黑发亮似海狸般的秀发，已使我陶醉濒临死亡。我多么想见你那和蔼的面庞，只因无情的上苍惩罚了我……"音调节奏明快，悦耳动听。反映了塔吉克族青年人勇于追求纯洁爱情、憎恨压迫剥削和不公平现象。对于研究塔吉克族情歌有参考价值。1980 年艾布达力别克塔吉克语演唱，塔布力迪·吾秀尔塔吉克文笔录。艾布力·艾山汗译成维吾尔文。16 开纸 1 页，17 行。

译文收入《中国民间文学集成·新疆卷·塔吉克族民间文学集》，新疆大学出版社 2005 年版。

（古丽佳罕·胡西地力编，木合塔尔·艾山译）

西仁尼江

شىرىنىجان

širinijan

塔吉克族情歌。流传于新疆维吾尔自治区喀什地区塔什库尔干塔吉克自治县。歌中唱道："你那美丽的身躯，每天红润的脸庞，使我翘首以盼……"反映了塔吉克族年轻人追求纯洁爱情的观念。对于研究塔吉克族情歌有参考价值。1980 年伊沙克·艾扎拉塔吉克语演唱，艾布力·艾山汗塔吉克文笔录。1985 年艾布力·艾山汗译成维吾尔文。16 开纸 2 页，31 行。译文收入《中国民间文学集成·新疆卷·塔吉克族民间文学集》，新疆大学出版社 2005 年版。

（古丽佳罕·胡西地力编，木合塔尔·艾山译）

再娜丽玛

زَينَلما

zäynälma

塔吉克族情歌。流传于新疆维吾尔自治区喀什地区塔什库尔干塔吉克自治县。歌中唱道："我的月亮再娜丽玛，你时常在我的心里，我痛苦万分，你却粗心……"反映了塔吉克族年轻人追求纯洁爱情的观念。对于研究塔吉克族情歌有参考价值。1980 年阿力屯塔吉克语演唱，艾布力·艾山汗塔吉克文笔录。1985 年艾布力·艾山汗译成维吾尔文。16 开纸 1 页，28 行。译文收入《中国民间文学集成·新疆卷·塔吉克族民间文学集》，新疆大学出版社 2005 年版。

（古丽佳罕·胡西地力编，木合塔尔·艾山译）

伊尔羌河

زَرَفشان

zäräfšan

塔吉克族情歌。流传于新疆维吾尔自治区喀什地区塔什库尔干塔吉克自治县。歌中唱道："从前你是属于我的，时代践踏了我们的诺言。命运如此你别惊讶，情人啊！让我们重新相识……"反映了塔吉克族人对封建婚姻制度的憎恨。对于研究塔吉克族情歌有参考价值。1982 年伊沙克·艾扎拉塔吉克语演唱，达力·买提胡夏勒塔吉克文笔录。艾布力·艾山汗译成维吾尔文。16 开纸 2 页，50 行。译文收入《中国民间文学集成·新疆卷·塔吉克族民间文学集》，新疆大学出版社 2005 年版。

（古丽佳罕·胡西地力编，木合塔尔·艾山译）

灰鸽

كَين چَباود

käyn čäbawd

塔吉克族情歌。流传于新疆维吾尔自治区喀什地区塔什库尔干塔吉克自治县。歌中唱道："脸似石榴唇如蜜，你可怜的情人将远去，我心儿如刀搅眼泪如流水……"对于研究塔吉克族传统恋爱婚姻观有参考价值。1982 年吾守尔拉克塔吉克语演唱，达力·买提胡夏勒塔吉克文笔录。艾布力·艾山汗译成维吾尔文。16 开纸 1 页，29 行。译文收入《中国民间文学集成·新疆卷·塔吉克族民间文学集》，新疆大学出版社 2005 年版。

（古丽佳罕·胡西地力编，木合塔尔·艾山译）

我的珍宝

گوهَريمَن

gäwhärimän

塔吉克族情歌。流传于新疆维吾尔自治区

区喀什地区塔什库尔干塔吉克自治县。歌中唱道："苗条的身材，我的珍宝，你被允许郊游，你使我费心，我的心为你陶醉……"表达了塔吉克族小伙子被情人抛弃后的痛苦心情。对于研究塔吉克族情歌有参考价值。1982年达力·买提胡夏勒塔吉克语演唱，艾布力·艾山汗塔吉克文笔录。阿不都吾甫尔·肉孜译成维吾尔文。16开纸2页，63行。译文收入《中国民间文学集成·新疆卷·塔吉克族民间文学集》，新疆大学出版社2005年版。

（古丽佳罕·胡西地力编，木合塔尔·艾山译）

乌伊曼

اويمان

uyman

塔吉克族情歌。流传于新疆维吾尔自治区喀什地区塔什库尔干塔吉克自治县。歌中唱道："你所停留之地为乌伊曼草原，为了你我心儿陶醉。我的手伸向你的脖颈，你若不愿把心儿掏给我，那就将我杀掉……"反映了塔吉克族年轻人追求纯洁爱情的观念。对于研究塔吉克族情歌有参考价值。1982年伊沙克·艾扎拉塔吉克语演唱，达力·买提胡夏勒塔吉克文笔录。1983年艾布力·艾山汗译成维吾尔文。16开纸2页，35行。译文收入《中国民间文学集成·新疆卷·塔吉克族民间文学集》，新疆大学出版社2005年版。

（古丽佳罕·胡西地力编，木合塔尔·艾山译）

巴娜玛克

بَنَمَک

bänämäk

塔吉克族情歌。流传于新疆维吾尔自治区喀什地区塔什库尔干塔吉克自治县。歌中唱道："巴娜玛克在努西东，我在你家做客，人世间短暂，你使我惆怅……"反映了塔吉克族青年追求纯洁爱情的观念。对于研究塔吉克族情歌有参考价值。1982年达力·买提胡夏勒塔吉克语演唱，艾布力·艾山汗塔吉克文笔录。1983年艾布力·艾山汗译成维吾尔文。32开纸1页，18行。译文收入《塔什库尔干民歌》，喀什人民出版社1989年版。

（古丽佳罕·胡西地力编，木合塔尔·艾山译）

拉兰是谁的爱人

لاله کی یار

laläki yar

塔吉克族情歌。流传于新疆维吾尔自治区喀什地区塔什库尔干塔吉克自治县。歌中唱道："我忧心忡忡，无法入睡，拉兰的爱情之火，使我到处流浪……"反映了塔吉克族青年追求纯洁爱情的愿望。对于研究塔吉克族情歌有参考价值。1982年达力·买提胡夏勒塔吉克语演唱，扎米尔·赛都拉·扎德塔吉克文笔录并译成维吾尔文。32开纸1页，16行。译文收入《塔什库尔干民歌》，喀什人民出版社1989年版。

（古丽佳罕·胡西地力编，木合塔尔·艾山译）

我的梦想，木黑龙里

مُخیُلی

moxiyoli

塔吉克族情歌。流传于新疆维吾尔自治区喀什地区塔什库尔干塔吉克自治县。歌中唱道："我想赞美你，木黑龙里，你口中有银质器乐，你骑着青马，青马的鬃毛美……"反映了塔吉克族姑娘追求纯洁、忠贞爱情的愿望。对于研究塔吉克族情歌有参考价值。1986年卡德尔塔吉克语演唱，扎米尔·赛都拉·扎德塔吉克文笔录并译成维吾尔文。32开纸1页，14行。译文收入《塔什库尔干民歌》，喀什人民出版社1989年版。

（古丽佳罕·胡西地力编，木合塔尔·艾山译）

卡尔古丽

کَرگُل

kärgol

塔吉克族情歌。流传于新疆维吾尔自治区喀什地区塔什库尔干塔吉克自治县。歌中唱道："我时常想起你，流落在荒漠中，我感受到亲友的珍贵，每当想起你故乡……"反映了塔吉克族人热爱家乡的情怀及想念故乡情人的心情。对于研究塔吉克族情歌有参考价值。1986 年伊沙克·艾扎拉塔吉克语演唱，扎米尔·赛都拉·扎德塔吉克文笔录并译成维吾尔文。32 开纸 1 页，16 行。译文收入《塔什库尔干民歌》，喀什人民出版社 1989 年版。

（古丽佳罕·胡西地力编，木合塔尔·艾山译）

塔伊纳依纳依

täyänäy

塔吉克族情歌。流传于新疆维吾尔自治区喀什地区塔什库尔干塔吉克自治县。歌中唱道："大理石在发光，大河之水直流淌，山上我那美丽的情人，别怕有我当靠山……"反映了塔吉克族人对封建婚姻制度的憎恨和对自由恋爱的渴望。对于研究塔吉克族婚姻观念有参考价值。1986 年伊沙克·艾扎拉塔吉克语演唱，扎米尔·赛都拉·扎德塔吉克文笔录并译成维吾尔文。32 开纸 1 页，16 行。译文收入《塔什库尔干民歌》，喀什人民出版社 1989 年版。

（古丽佳罕·胡西地力编，木合塔尔·艾山译）

离别

هیجران

hijran

塔吉克族情歌。流传于新疆维吾尔自治区喀什地区塔什库尔干塔吉克自治县。歌中唱道："我寻遍万花丛中，只是为了寻找你。为了去寻找你，我几次到了美丽的拜德尔村……"反映了塔吉克族青年为纯洁爱情献身的精神。对于研究塔吉克族情歌有参考价值。1986 年伊沙克·艾扎拉塔吉克语演唱，扎米尔·赛都拉·扎德塔吉克文笔录并译成维吾尔文。32 开纸 1 页，14 行。译文收入《塔什库尔干民歌》，喀什人民出版社 1989 年版。

（古丽佳罕·胡西地力编，木合塔尔·艾山译）

尼嘎尔

نیگار

nigar

塔吉克族情歌。流传于新疆维吾尔自治区喀什地区塔什库尔干塔吉克自治县。歌中唱道："你是万花丛中最美丽的，你珍珠般的牙齿，美貌把我们倾倒。你离我而去，留下并毁了我，你的爱使我煎熬……"反映了塔吉克族小伙子与心爱的姑娘离别后的痛苦心情。对于研究塔吉克族情歌有参考价值。1986 年卡德尔塔吉克语演唱，扎米尔·赛都拉·扎德塔吉克文笔录并译成维吾尔文。32 开纸 1 页，20 行。译文收入《塔什库尔干民歌》，喀什人民出版社 1989 年版。

（古丽佳罕·胡西地力编，木合塔尔·艾山译）

啊！花儿

ای گل

äy gol

塔吉克族情歌。流传于新疆维吾尔自治区喀什地区塔什库尔干塔吉克自治县。歌中唱道："花园里美丽的花，我是为了看你而来。为了倾吐心中的悲伤，我从远方而来……"反映了塔吉克族小伙子爱上他乡的姑娘，为追求爱情踏上旅途去表达爱意的情景。对于研究塔吉克族情歌有参考价值。1986 年卡德尔塔吉克语演唱，扎米尔·赛都拉·扎德塔吉克文笔录并译成维吾尔文。32 开纸 1 页，14 行。译文收入《塔什库尔干民歌》，喀什人民出版社 1989 年版。

（古丽佳罕·胡西地力编，木合塔尔·艾山译）

亲古丽拉兰

چُن گُل لاله

čon goli lalä

塔吉克族情歌。流传于新疆维吾尔自治区喀什地区塔什库尔干塔吉克自治县。歌中唱道："我愿给你买金耳环，我愿给你买头巾，我虽然贫穷，我愿给你镶金牙……"反映了塔吉克族青年为了纯洁爱情甘愿忍受任何困苦的精神。对于研究塔吉克族情歌有参考价值。1986 年代尔亚巴依·艾斯买力塔吉克语演唱，扎米尔·赛都拉·扎德塔吉克文笔录。1988 年扎米尔·赛都拉·扎德译成维吾尔文。32 开纸 1 页，18 行。译文收入《塔什库尔干民歌》，喀什人民出版社 1989 年版。

（古丽佳罕·胡西地力编，木合塔尔·艾山译）

过来

بيا

biya

塔吉克族情歌。流传于新疆维吾尔自治区喀什地区塔什库尔干塔吉克自治县。唱述了为心爱的姑娘四处奔波，后来又被姑娘抛弃的经历。歌中唱道："我跳进你的花园，为了你的一个红苹果。为了你这负心人，我有多么麻烦，过来吧亲爱的……"对于研究塔吉克族情歌有参考价值。1986 年尼瓦玉素甫塔吉克语演唱，扎米尔·赛都拉·扎德塔吉克文笔录。1988 年扎米尔·赛都拉·扎德译成维吾尔文。32 开纸 2 页，26 行。译文收入《塔什库尔干民歌》，喀什人民出版社 1989 年版。

（古丽佳罕·胡西地力编，木合塔尔·艾山译）

我是买花儿的

گُل خَريداريمَن

gol xäridarimän

塔吉克族情歌。流传于新疆维吾尔自治区喀什地区塔什库尔干塔吉克自治县。歌中唱道："我不愿沿着河边走，河边有圈套。情人你不要生气，人间的流言可畏……"表达了塔吉克族小伙子对姑娘的爱慕之情。对于研究塔吉克族情歌有参考价值。1986 年尼瓦玉素甫塔吉克语演唱，扎米尔·赛都拉·扎德塔吉克文笔录。1988 年扎米尔·赛都拉·扎德译成维吾尔文。32 开纸 2 页，28 行。译文收入《塔什库尔干民歌》，喀什人民出版社 1989 年版。

（古丽佳罕·胡西地力编，木合塔尔·艾山译）

哈拉斯坦之歌

خالاستان بَيت

xalastan bäyt

塔吉克族情歌。流传于新疆维吾尔自治区喀什地区塔什库尔干塔吉克自治县。歌中唱道："让我们用暖瓶喝茶，让我们在广场举办婚礼。如果我们不死，那就在哈拉斯坦的婚礼上再见……"反映了塔吉克族年轻人对故乡的深切怀念及对故乡情人的忠诚爱情。对于研究塔吉克族情歌有参考价值。1986 年尼瓦玉素甫塔吉克语演唱，扎米尔·赛都拉·扎德塔吉克文笔录。1988 年扎米尔·赛都拉·扎德译成维吾尔文。32 开纸 2 页，28 行。译文收入《塔什库尔干民歌》，喀什人民出版社 1989 年版。

（古丽佳罕·胡西地力编，木合塔尔·艾山译）

八、戏　剧

蒙古戏

مُنغُل سيكيت

monɣol sikit

塔吉克族戏剧。流传于新疆维吾尔自治区喀什地区塔什库尔干塔吉克自治县。以尖锐的语言及讽刺的动作描述了13世纪蒙古军在塔吉克地区烧杀抢掠的经过。蒙古士兵闯入一塔吉克民宅，用人的肠子作为散兰（头巾）缠在头上，命令房主把所有值钱的东西拿出来，并对得到的东西不屑一顾，把家里又翻了一遍，刑讯主人。表现了蒙古士兵贪得无厌的强盗行径。反映了塔吉克族人们对自由的向往和对美满、平安生活的追求。对研究封建领主制度下塔吉克族的生活状况有参考价值。1986年塞法尔汗塔吉克语演唱，扎米尔·赛都拉·扎德塔吉克文笔录。1988年扎米尔·赛都拉·扎德译成维吾尔文。16开纸4页，183行。原稿今存新疆大学扎米尔·赛都拉·扎德处。

（古丽佳罕·胡西地力）

巴达河山戏

بَدَخ سيكيت

bädäx sikit

塔吉克族戏剧。流传于新疆维吾尔自治区喀什地区塔什库尔干塔吉克自治县。以尖锐的语言及讽刺的动作描述了外国商人贪婪、可恶、愚蠢的行为。中华人民共和国成立以前，中国塔吉克族聚居区与周边地区交往不多，商品贸易落后，这给外国商人创造了便利条件。他们抬高商品价格，掠夺当地人民的财富。塔吉克族人民受到各种限制，无法保护自己的权益。表现了外国商人们贪得无厌的强盗行径。反映了塔吉克族人们对自由的向往和对美满、平安生活的追求。对研究封建领主制度下塔吉克族的生活状况有参考价值。1986年苏里坦江塔吉克语演唱，扎米尔·赛都拉·扎德塔吉克文笔录。1988年扎米尔·赛都拉·扎德译成维吾尔文。16开纸4页，183行。原稿今藏新疆大学扎米尔·赛都拉·扎德处。

（古丽佳罕·胡西地力）

阿比什哈与阿格恰

أبيشغا و أغَچا

äbišɣa wä äɣäča

塔吉克族戏剧。流传于新疆维吾尔自治区喀什地区塔什库尔干塔吉克自治县。通过歌舞的形式，叙述一个老财主强娶少女为妻的故事。许多小伙子在同姑娘阿格恰跳舞时向她倾吐爱慕之情，少女在他们中选中自己心爱的人。他们遇到了老财主的阻挠，但最终冲破种种阻碍，远走高飞。未达到目地的老财主受到人们的嘲讽。剧终时，老财主走到众人面前，大声说："大家可不要学我，老汉与少女结婚是不道德的行为。”对于研究塔吉克族婚姻观念有参考价值。1986年夏普苏里坦塔吉克语演唱，扎米尔·赛都拉·扎德塔吉克文笔录。1988年扎米尔·赛都拉·扎德译成维吾尔文。16开纸3页，112行。原稿今藏新疆大学扎米尔·赛都拉·扎德处。（古丽佳罕·胡西地力）

少儿游戏

دٚنگن بَچه

dängän bäčä

塔吉克族戏剧。流传于新疆维吾尔自治区喀什地区塔什库尔干塔吉克自治县。通过木偶表演表现种种社会丑恶现象，达到教育人的目的。有一富人每到婚礼庆典等都带上自家的孩子，然后要求别人抱着孩子，自己却在一边跳舞，还要求围观的人必须给自家小孩钱及物品，经常以此获利。厌倦这种做法的众人，在一次富人来跳舞时，将一块木头裹上衣服，画成富人的样子让它跳舞以嘲笑富人。富人经不起这样的侮辱，痛改前非，众人从此摆脱烦恼。反映了塔吉克族人们对贪婪行为的憎恶和反抗精神。对研究塔吉克族社会道德观有参考价值。1986年夏普苏里坦塔吉克语演唱，扎米尔·赛都拉·扎德塔吉克文笔录。1988年扎米尔·赛都拉·扎德译成维吾尔文，16开纸3页，113行。原稿今藏新疆大学扎米尔·赛都拉·扎德处。（古丽佳罕·胡西地力）

九、谚　语

（一）祖国、家乡

祖国尘土飞扬，空气也变得污浊

وَتَن بوکچا چانگ سَوید

wätän bukča čang säwid

塔吉克族谚语。流传于新疆维吾尔自治区喀什地区塔什库尔干塔吉克自治县。“祖国尘土飞扬，空气也变得污浊。”说明祖国如果遭难，百姓也不能安居乐业，号召人们为了祖国和人民的安宁幸福而斗争。对于研究塔吉克族爱国主义思想有参考价值。1985年塔瓦尼·卡地尔塔吉克语演唱，西仁·库尔班塔吉克文笔录并译成维吾尔文。16开纸1页，1行。译文收入《中国民间文学集成·新疆卷·塔吉克族民间文学集》，新疆大学出版社2005年版。

（艾比百·吐尔逊尼牙孜编，安尼瓦尔·加帕尔译）

祖国是我家

وَتَن مادَر مَن است

wätän madäre man äst

塔吉克族谚语。流传于新疆维吾尔自治区喀什地区塔什库尔干塔吉克自治县。“祖国是我家，草原是我的财富。”表达了对祖国和家乡的热爱之情。对于研究塔吉克族爱国主义思想有参考价值。1985年汗·赛地尔丁塔吉克语演唱，西仁·库尔班塔吉克文笔录并译成维吾尔文。16开纸1页，1行。译文收入《中国民间文学集成·新疆卷·塔吉克族民间文学集》，新疆大学出版社2005年版。

（艾比百·吐尔逊尼牙孜编，安尼瓦尔·加帕尔译）

树根要是在水里，就一定结果实

دَرَخت بُن اَر آب سَوید

däräxt bon är ab säwid

塔吉克族谚语。流传于新疆维吾尔自治区喀什地区塔什库尔干塔吉克自治县。“树根要是在水里，就一定结果实。”说明不脱离祖国和人民的人，凡事都会成功，谴责了搞分裂的行为。对于研究塔吉克族思想道德观念有参考价值。1985年买买地亚尔塔吉克语演唱，达力·买提胡夏勒塔吉克文笔录并译成维吾尔文。16开纸1页，1行。译文收入《中国民间文学集成·新疆卷·塔吉克族民间文学集》，新疆大学出版社2005年版。

（玛丽亚木·艾合买提编，海燕萍译）

做人民的儿子难

ديور پيسَر سا

diyur pisär sa

塔吉克族谚语。流传于新疆维吾尔自治

区喀什地区塔什库尔干塔吉克自治县。"做父亲的孩子容易，做人民的儿子难。"说明做父亲的孩子之前，要先做祖国和人民的儿子。赞美了为祖国分忧、为人民办事的品格高尚的人。对于研究塔吉克族谚语有参考价值。1985 年塔布力迪・吾秀尔塔吉克语演唱，西仁・库尔班塔吉克文笔录并译成维吾尔文。16 开纸 1 页，1 行。译文收入《中国民间文学集成・新疆卷・塔吉克族民间文学集》，新疆大学出版社 2005 年版。

（艾比百・吐尔逊尼牙孜编，安尼瓦尔・加帕尔译）

离开了自己的祖国连墓穴都难找

بی وَتَن بی گاور

bi wätän bi gawr

塔吉克族谚语。流传于新疆维吾尔自治区喀什地区塔什库尔干塔吉克自治县。"离开了自己的祖国连墓穴都难找。"表达了对祖国的热爱之情，倡导人们不要背弃自己的祖国，要为自己的祖国自豪。对于研究塔吉克族爱国主义情怀有参考价值。1985 年古力买买德塔吉克语演唱，西仁・库尔班塔吉克文笔录并译成维吾尔文。16 开纸 1 页，1 行。译文收入《中国民间文学集成・新疆卷・塔吉克族民间文学集》，新疆大学出版社 2005 年版。

（艾比百・吐尔逊尼牙孜编，安尼瓦尔・加帕尔译）

百灵鸟虽被关在笼子里仍然为花丛歌唱

بلُبُل پَقَفَس گُل آوان جیرد

bolbol päqäfäs gol äwan jird

塔吉克族谚语。流传于新疆维吾尔自治区喀什地区塔什库尔干塔吉克自治县。"百灵鸟虽被关在笼子里仍然为花丛歌唱，流浪在外的人无论在何方其心仍然为祖国所系。"说明每个人都热爱自己生长的故土，即使离开故乡在他乡生活的人，其热爱祖国之情依然在心中。对于研究塔吉克族爱国主义情怀有参考价值。1985 年土尔迪・阿洪塔吉克语演唱，西仁・库尔班塔吉克文笔录并译成维吾尔文。16 开纸 1 页，1 行。译文收入《中国民间文学集成・新疆卷・塔吉克族民间文学集》，新疆大学出版社 2005 年版。

（艾比百・吐尔逊尼牙孜编，安尼瓦尔・加帕尔译）

背离家乡的人如同流浪的狗

خُد از دییورسیردجنج لالم کُد

xod äz diyur siredjenj lalm kod

塔吉克族谚语。流传于新疆维吾尔自治区喀什地区塔什库尔干塔吉克自治县。"背离家乡的人如同流浪的狗。"讽刺背离祖国和家乡的人，倡导人们要爱护自己的祖国和家乡。对于研究塔吉克族爱国主义情怀有参考价值。1985 年吾甫尔塔吉克语演唱，西仁・库尔班塔吉克文笔录并译成维吾尔文。16 开纸 1 页，1 行。译文收入《中国民间文学集成・新疆卷・塔吉克族民间文学集》，新疆大学出版社 2005 年版。

（艾比百・吐尔逊尼牙孜编，安尼瓦尔・加帕尔译）

老虎在山上逞强

بَبر قیرَن ویلاور

bäbr qirän wilawr

塔吉克族谚语。流传于新疆维吾尔自治区喀什地区塔什库尔干塔吉克自治县。"老虎在山上逞强，鱼在水里逞强。"说明每个人只有在自己的家乡才会受到爱戴和敬重。告诫人们珍惜自己的家乡。对于研究塔吉克族谚语有参考价值。1985 年西仁・库尔班塔吉克语演唱，西仁・库尔班塔吉克文笔录并译成维吾尔文。16 开纸 1 页，1 行。译文收入《中国民间文学集成·新疆卷·塔吉克族民间文学集》，新疆大学出版社 2005 年版。

（艾比百·吐尔逊尼牙孜编，贾玛力丁译）

鹿渴望大河

گيوَيج قيرير تَشنه

giwäyj qirir täšnä

塔吉克族谚语。流传于新疆维吾尔自治区喀什地区塔什库尔干塔吉克自治县。“鹿渴望大河，游人渴望家乡。”反映了游人渴望早日回到家乡的心情，表达了塔吉克族人民的爱国主义情感。对于研究塔吉克族谚语有参考价值。1985 年哈里丹·夏热合曼塔吉克语演唱，西仁·库尔班塔吉克文笔录并译成维吾尔文。16 开纸 1 页，1 行。译文收入《中国民间文学集成·新疆卷·塔吉克族民间文学集》，新疆大学出版社 2005 年版。

（艾比百·吐尔逊尼牙孜编，贾玛力丁译）

对我来说还是自己的毡房好

مُخيرگو از جَم چَرج

moxirgu äzjäm čärj

塔吉克族谚语。流传于新疆维吾尔自治区喀什地区塔什库尔干塔吉克自治县。“别人的庙宇豪华舒适，对我来说还是自己的毡房好。”告诉不管别人的生活条件有多么好，还是自己的家乡好。对于研究塔吉克族家乡观念及谚语有参考价值。1985 年嘎瓦尔·阿拉木塔吉克语演唱，西仁·库尔班塔吉克文笔录并译成维吾尔文。16 开纸 1 页，1 行。译文收入《中国民间文学集成·新疆卷·塔吉克族民间文学集》，新疆大学出版社 2005 年版。

（艾比百·吐尔逊尼牙孜编，安尼瓦尔·加帕尔译）

到了他乡要与他乡相融，入水只能齐腰深

اَر آب مديس ديد

är ab medis did

塔吉克族谚语。流传于新疆维吾尔自治区喀什地区塔什库尔干塔吉克自治县。“到了他乡要与他乡人相融，入水只能齐腰深。”说明人们在他乡生活时要与他乡的人们相融，不能背离现实搞特殊。对于研究塔吉克族谚语有参考价值。1985 年塔布力迪·吾秀尔塔吉克语演唱，西仁·库尔班塔吉克文笔录并译成维吾尔文。16 开纸 1 页，1 行。译文收入《中国民间文学集成·新疆卷·塔吉克族民间文学集》，新疆大学出版社 2005 年版。

（艾比百·吐尔逊尼牙孜编，安尼瓦尔·加帕尔译）

雄鹰在高空中欢畅

اَسب خوپه اَيلاغ خُش

äsb xupä äylaɣ xuš

塔吉克族谚语。流传于新疆维吾尔自治区喀什地区塔什库尔干塔吉克自治县。“雄鹰在高空中欢畅，骏马在草原上欢畅。”告诉人们要热爱自己的祖国和家乡。对于研究塔吉克族风俗习惯有参考价值。1985 年穆巴拉克夏塔吉克语演唱，西仁·库尔班塔吉克文笔录并译成维吾尔文。16 开纸 1 页，1 行。译文收入《中国民间文学集成·新疆卷·塔吉克族民间文学集》，新疆大学出版社 2005 年版。

（艾比百·吐尔逊尼牙孜编，贾玛力丁译）

在他乡没有兄弟，你如同盲人一样

كَس اَرديور بى بُرادَر

käs äz diyur bi boradär

塔吉克族谚语。流传于新疆维吾尔自治区喀什地区塔什库尔干塔吉克自治县。“在他乡没有兄弟，你如同盲人一样。”说明在

他乡生存的艰辛和困难，倡导人们热爱家乡，珍惜友情。对于研究塔吉克族谚语有参考价值。1985年穆巴拉克夏塔吉克语演唱，西仁·库尔班塔吉克文笔录并译成维吾尔文。16开纸1页，1行。译文收入《中国民间文学集成·新疆卷·塔吉克族民间文学集》，新疆大学出版社2005年版。

（艾比百·吐尔逊尼牙孜编，
安尼瓦尔·加帕尔译）

对于黄羊来说大山好

گيوَيجير كوه چَرج

giwäjir kuh čärj

塔吉克族谚语。流传于新疆维吾尔自治区喀什地区塔什库尔干塔吉克自治县。“对于黄羊来说大山好，对于百灵来说花园好，对于每个人来说自己生长的故乡好。”倡导人们要热爱自己的故乡。对于研究塔吉克族爱国主义情怀及谚语有参考价值。1985年尼嘎尔塔吉克语演唱，西仁·库尔班塔吉克文笔录并译成维吾尔文。16开纸1页，1行。译文收入《中国民间文学集成·新疆卷·塔吉克族民间文学集》，新疆大学出版社2005年版。

（艾比百·吐尔逊尼牙孜编，
安尼瓦尔·加帕尔译）

故乡的面貌要靠森林和绿草来美化

دييور دَرَخت قَتى خُشروى

diyur däräxt qäti hošruy

塔吉克族谚语。流传于新疆维吾尔自治区喀什地区塔什库尔干塔吉克自治县。“故乡的面貌要靠森林和绿草来美化。”赞美了爱护自己家乡的美德，倡导人们要植树造林。反映了塔吉克族人民爱护环境的美好品格。对于研究塔吉克族环境保护观念有参考价值。1985年艾布力·艾山汗塔吉克语演唱，西仁·库尔班塔吉克文笔录并译成维吾尔文。16开纸1页，1行。译文收入《中国民间文学集成·新疆卷·塔吉克族民间文学集》，新疆大学出版社2005年版。

（艾比百·吐尔逊尼牙孜编，
安尼瓦尔·加帕尔译）

好汉即使变得身无分文也不离开家乡

مَرد چَندمَس سَويد خُد دييور نَپَتاود

märd čändmäs säwid xod diyur näpätawd

塔吉克族谚语。流传于新疆维吾尔自治区喀什地区塔什库尔干塔吉克自治县。“好汉即使变得身无分文也不离开家乡。”赞美了热爱人民、热爱家乡的爱国主义情操。对于研究塔吉克族爱国主义情怀及民间文学有参考价值。1985年布荣塔吉克语演唱，西仁·库尔班塔吉克文笔录并译成维吾尔文。16开纸1页，1行。译文收入《中国民间文学集成·新疆卷·塔吉克族民间文学集》，新疆大学出版社2005年版。

（艾比百·吐尔逊尼牙孜编，
安尼瓦尔·加帕尔译）

好汉为家乡分忧

مَرد دَر غَم وَتَن

märd där ɣäme wätän

塔吉克族谚语。流传于新疆维吾尔自治区喀什地区塔什库尔干塔吉克自治县。“好汉为家乡分忧，狗为自己的餐食担忧。”赞美了为人民分忧解难的爱国主义情操，鞭挞了自私自利的不义之举。对于研究塔吉克族爱国主义情怀有参考价值。1985年马达力汗·巴伦塔吉克语演唱，西仁·库尔班塔吉克文笔录并译成维吾尔文。16开纸1页，1行。译文收入《中国民间文学集成·新疆卷·塔吉克族民间文学集》，新疆大学出版社2005年版。

（艾比百·吐尔逊尼牙孜编，
安尼瓦尔·加帕尔译）

家乡是水

دییور آب تاو ویدَرٌنخ ماهی

diyur ab taw mahi

塔吉克族谚语。流传于新疆维吾尔自治区喀什地区塔什库尔干塔吉克自治县。“家乡是水，你就是水中的鱼。”说明对每个人来说家乡都是他的庇护者。对于研究塔吉克族爱国主义情怀有参考价值。1985 年玉素甫塔吉克语演唱，西仁・库尔班塔吉克文笔录并译成维吾尔文。16 开纸 1 页，1 行。译文收入《中国民间文学集成・新疆卷・塔吉克族民间文学集》，新疆大学出版社 2005 年版。

（艾比百・吐尔逊尼牙孜编，
安尼瓦尔・加帕尔译）

离开了团体的人

اَز گوروح سیردجنجَن ویمُردا خرن خیرد

äz guruh siredjenjän wimorda xern xird

塔吉克族谚语。流传于新疆维吾尔自治区喀什地区塔什库尔干塔吉克自治县。“离开了团体的人，尸首都会成为老鸦和鹰的美餐。”说明离开家乡和集体会带来不良后果。倡导人们不要脱离集体，不能自行其事。对于研究塔吉克族谚语有参考价值。1985 年穆巴拉克夏塔吉克语演唱，西仁・库尔班塔吉克文笔录并译成维吾尔文。16 开纸 1 页，1 行。译文收入《中国民间文学集成・新疆卷・塔吉克族民间文学集》，新疆大学出版社 2005 年版。

（艾比百・吐尔逊尼牙孜编，
安尼瓦尔・加帕尔译）

每个人在自己的家乡是好汉

جَم خَلگ خو دییورَن وی مَرد

jäm xälg xu diyurän wi märd

塔吉克族谚语。流传于新疆维吾尔自治区喀什地区塔什库尔干塔吉克自治县。“每个人在自己的家乡是好汉。”说明人生活在自己的家乡才能风光，倡导人们要热爱自己的家乡。对于研究塔吉克族爱国主义思想有参考价值。1985 年嘎瓦尔・阿拉木塔吉克语演唱，西仁・库尔班塔吉克文笔录并译成维吾尔文。16 开纸 1 页，1 行。译文收入《中国民间文学集成・新疆卷・塔吉克族民间文学集》，新疆大学出版社 2005 年版。

（艾比百・吐尔逊尼牙孜编，
安尼瓦尔・加帕尔译）

世界的肚脐眼在帕米尔高原上

دٌنیاین وی وینوج اَر پومَیر

donyayän wi winuj är pumäyr

塔吉克族谚语。流传于新疆维吾尔自治区喀什地区塔什库尔干塔吉克自治县。“人的肚脐眼在肚皮上，世界的肚脐眼在帕米尔高原上。”表达了塔吉克族人民对美丽的故乡帕米尔高原的赞美之情。对于研究塔吉克族谚语有参考价值。1985 年买买地亚尔塔吉克语演唱，西仁・库尔班塔吉克文笔录并译成维吾尔文。16 开纸 1 页，1 行。译文收入《中国民间文学集成・新疆卷・塔吉克族民间文学集》，新疆大学出版社 2005 年版。

（艾比百・吐尔逊尼牙孜编，
安尼瓦尔・加帕尔译）

生意是你自己的

تیجورَت تَخوَیَن

tijurät täxuyän

塔吉克族谚语。流传于新疆维吾尔自治区喀什地区塔什库尔干塔吉克自治县。“生意是你自己的，婚礼和葬礼是民众的。”说明不管是富人还是穷人，祖国和家乡都是他们的庇护者，倡导人们淡化个人利益，以集体利益和人民利益为重。对于研究塔吉克族谚语有参考价值。1985 年霍加艾山・皮纳齐塔吉克语演唱，西仁・库尔班塔吉克文笔录并译成维吾尔文。16 开纸 1 页，1 行。译文收入《中国民间文学集成·新疆卷·塔吉克族民间文学集》，新疆大学出版社 2005 年版。

（艾比百·吐尔逊尼牙孜编，
安尼瓦尔·加帕尔译）

他乡的穆塞来斯

خو دییوز آب اَزجَم خگ

xu diyur ab äz jäm xeg

塔吉克族谚语。流传于新疆维吾尔自治区喀什地区塔什库尔干塔吉克自治县。“他乡的穆塞来斯 不如家乡的水好。”说明自己故乡的东西什么时候都比他乡的好，劝导人们要热爱家乡和祖国。对于研究塔吉克族谚语有参考价值。1985 年穆巴拉克夏塔吉克语演唱，西仁·库尔班塔吉克文笔录并译成维吾尔文。16 开纸 1 页，1 行。译文收入《中国民间文学集成·新疆卷·塔吉克族民间文学集》，新疆大学出版社 2005 年版。

（艾比百·吐尔逊尼牙孜编，
安尼瓦尔·加帕尔译）

无耻的人没有家乡

بپسَن دییور نیست

bepesän diyur nist

塔吉克族谚语。流传于新疆维吾尔自治区喀什地区塔什库尔干塔吉克自治县。“无耻的人没有家乡。”揭露了无耻之徒的丑恶嘴脸。倡导人们要有尊严、凭良心生活，为家乡多作贡献。对于研究塔吉克族谚语有参考价值。1985 年哈里丹·夏热合曼塔吉克语演唱，西仁·库尔班塔吉克文笔录并译成维吾尔文。16 开纸 1 页，1 行。译文收入《中国民间文学集成·新疆卷·塔吉克族民间文学集》，新疆大学出版社 2005 年版。

（艾比百·吐尔逊尼牙孜编，
安尼瓦尔·加帕尔译）

健康身体的根源是辛干水

تَن ساقی شینگن آب قَتی

tän saqi šingon ab qäti

塔吉克族谚语。流传于新疆维吾尔自治区喀什地区塔什库尔干塔吉克自治县。“健康身体的根源是辛干水。”表达了塔吉克族人民对家乡的自豪感。倡导人们要热爱、维护自己的祖国。对于研究塔吉克族爱国主义观念有参考价值。1985 年玉素甫塔吉克语演唱，西仁·库尔班塔吉克文笔录并译成维吾尔文。16 开纸 1 页，1 行。译文收入《中国民间文学集成·新疆卷·塔吉克族民间文学集》，新疆大学出版社 2005 年版。

（艾比百·吐尔逊尼牙孜编，
安尼瓦尔·加帕尔译）

在他乡不会开心

خَلگ اَر دییور زارد خُش نَساود

xälg är diyur zard hoš näsawd

塔吉克族谚语。流传于新疆维吾尔自治区喀什地区塔什库尔干塔吉克自治县。“在他人手里不会茁壮，在他乡不会开心。”说明靠别人生活、好吃懒做的人很难满足自己的需求，在他乡谋生要比在自己家乡艰难得多。劝导人们不要背离自己的祖国和家乡。对于研究塔吉克族爱国主义情怀有参考价值。1985 年玉素甫塔吉克语演唱，西仁·库尔班塔吉克文笔录并译成维吾尔文。16 开纸 1 页，1 行。译文收入《中国民间文学集成·新疆卷·塔吉克族民间文学集》，新疆大学出版社 2005 年版。

（艾比百·吐尔逊尼牙孜编，
安尼瓦尔·加帕尔译）

在他乡做头人，不如在自己的家乡做打柴的人

خَلگ اردییور کال ستیس

xälg är diyur kal setis

塔吉克族谚语。流传于新疆维吾尔自治

区喀什地区塔什库尔干塔吉克自治县。“在他乡做头人，不如在自己的家乡做打柴的人。”说明对每个人来说，自己生长的祖国和家乡都比其他地方好，倡导人们要热爱自己的祖国和人民。对于研究塔吉克族爱国主义情怀有参考价值。1985 年多来提别克塔吉克语演唱，西仁·库尔班塔吉克文笔录并译成维吾尔文。16 开纸 1 页，1 行。译文收入《中国民间文学集成·新疆卷·塔吉克族民间文学集》，新疆大学出版社 2005 年版。

（艾比百·吐尔逊尼牙孜编，
安尼瓦尔·加帕尔译）

故乡是亲生母亲

خوديير خو مادَر

xu diyur xu madär

塔吉克族谚语。流传于新疆维吾尔自治区喀什地区塔什库尔干塔吉克自治县。“故乡是亲生母亲，他乡犹如后娘。”说明自己的故乡如同自己的母亲那样慈祥，不管他乡如何好都不如自己的家乡。倡导人们要珍惜和热爱自己的故乡。对于研究塔吉克族爱国主义观念有参考价值。1985 年达力·买提胡夏勒塔吉克语演唱，西仁·库尔班塔吉克文笔录并译成维吾尔文。16 开纸 1 页，1 行。译文收入《中国民间文学集成·新疆卷·塔吉克族民间文学集》，新疆大学出版社 2005 年版。

（艾比百·吐尔逊尼牙孜编，
安尼瓦尔·加帕尔译）

百灵鸟在花园

بُلبُلير باغ چَرج

bobolir baɤ čärj

塔吉克族谚语。流传于新疆维吾尔自治区喀什地区塔什库尔干塔吉克自治县。“百灵鸟在花园，石鸡在高山栖息。”说明对任何人来说，还是自己出生、长大的家乡好。劝导人们珍视、敬重家乡。对于研究塔吉克族爱国主义情怀有参考价值。1985 年法克尔夏塔吉克语演唱，西仁·库尔班塔吉克文笔录并译成维吾尔文。16 开纸 1 页，1 行。译文收入《中国民间文学集成·新疆卷·塔吉克族民间文学集》，新疆大学出版社 2005 年版。

（艾比百·吐尔逊尼牙孜编，贾玛力丁译）

（二）阶级、敌人和友谊

房子由立柱支撑

خانه سيتَن وَدارد

xanä sitän wädard

塔吉克族谚语。流传于新疆维吾尔自治区喀什地区塔什库尔干塔吉克自治县。“房子由立柱支撑，人民由皇帝支撑”。说明做任何事情都要有领导和领路人的必要性，表达了人们对领导者的信任和尊重。对于研究塔吉克族社会道德观念有参考价值。1985 年艾布力·艾山汗塔吉克语演唱，西仁·库尔班塔吉克文笔录并译成维吾尔文。16 开纸 1 页，1 行。译文收入《中国民间文学集成·新疆卷·塔吉克族民间文学集》，新疆大学出版社 2005 年版。

（艾比百·吐尔逊尼牙孜编，
安尼瓦尔·加帕尔译）

两只头羊不能放在一群羊里

دو ورن كال اى اَر دَيگ نه پَست

du wern kal iy är däyg nä päst

塔吉克族谚语。流传于新疆维吾尔自治区喀什地区塔什库尔干塔吉克自治县。“两只头羊不能放在一群羊里。”说明人们无论干什么事情都只能有一个领头人，否则会相互争高下，影响事情的顺利进行。对于研究塔吉克族谚语有参考价值。1985 年嘎瓦尔·阿拉木塔吉克语演唱，西仁·库尔班塔吉克文笔录并译成维吾尔文。16 开纸 1 页，1 行。译文收入《中国民间文学集成·新疆卷·塔吉克族民间文学集》，新疆大学出版社 2005 年版。

（艾比百·吐尔逊尼牙孜编，
安尼瓦尔·加帕尔译）

如果世间的事情败落了

جَهان كار خَراب سَساود

jähan kär xärab säsawd

塔吉克族谚语。流传于新疆维吾尔自治区喀什地区塔什库尔干塔吉克自治县。“如果世间的事情败落了，狗会咬自己的尾巴，喀孜会挠头。”说明如果社会政治混乱、法制不复存在，所有的事情会变得一团糟。对于研究塔吉克族社会道德观念有参考价值。1985 年马达力汗·巴伦塔吉克语演唱，西仁·库尔班塔吉克文笔录并译成维吾尔文。16 开纸 1 页，1 行。译文收入《中国民间文学集成·新疆卷·塔吉克族民间文学集》，新疆大学出版社 2005 年版。

（艾比百·吐尔逊尼牙孜编，
安尼瓦尔·加帕尔译）

水与火是不相融的

آب و آتَش قَتى نه ساود

ab wä ataš qäti nä sawd

塔吉克族谚语。流传于新疆维吾尔自治区喀什地区塔什库尔干塔吉克自治县。“水与火是不相融的。”说明本质和性格不同的人是很难相处的。对于研究塔吉克族谚语有参考价值。1985 年古力买买德塔吉克语演唱，西仁·库尔班塔吉克文笔录并译成维吾尔文。16 开纸 1 页，1 行。译文收入《中国民间文学集成·新疆卷·塔吉克族民间文学集》，新疆大学出版社 2005 年版。

（艾比百·吐尔逊尼牙孜编，
安尼瓦尔·加帕尔译）

不要将隐私向朋友述说

خُديلننج خُدوستير ما لو

xodilnenj xodustir ma lew

塔吉克族谚语。流传于新疆维吾尔自治区喀什地区塔什库尔干塔吉克自治县。“不要将隐私向朋友述说，被背弃了不要后悔。”指出了保守个人秘密的重要性，倡导人们要稳重谨慎。对于研究塔吉克族社会道德观念有参考价值。1985 年马达力汗·巴伦塔吉克语演唱，西仁·库尔班塔吉克文笔录并译成维吾尔文。16 开纸 1 页，1 行。译文收入《中国民间文学集成·新疆卷·塔吉克族民间文学集》，新疆大学出版社 2005 年版。

（艾比百·吐尔逊尼牙孜编，
安尼瓦尔·加帕尔译）

何时何地都要警惕对头

خو دُشمَنير ايكيور واو

xu došmänir ikyur waw

塔吉克族谚语。流传于新疆维吾尔自治区喀什地区塔什库尔干塔吉克自治县。“何时何地都要警惕对头。”说明人在何时何地都要警惕敌人的诱骗，强调保持谨慎的必要性。对于研究塔吉克族道德观有参考价值。1985 年马达力汗·巴伦塔吉克语演唱，西仁·库尔班塔吉克文笔录并译成维吾尔文。16 开纸 1 页，1 行。译文收入《中国民间文学集成·新疆卷·塔吉克族民间文学集》，新疆大学出版社 2005 年版。

（艾比百·吐尔逊尼牙孜编，贾马力丁译）

把捉住的蛇放掉了

وَدارجنج تُفُسک مالَکه

wädarjenj tofosk maläkä

塔吉克族谚语。流传于新疆维吾尔自治区喀什地区塔什库尔干塔吉克自治县。“把捉住的蛇放掉了，会受其伤害。”告诫人们对敌人不能心慈手软。对于研究塔吉克族谚语有参考价值。1985年代尔亚巴依·艾斯马力塔吉克语演唱，西仁·库尔班塔吉克文笔录并译成维吾尔文。16开纸1页，1行。译文收入《中国民间文学集成·新疆卷·塔吉克族民间文学集》，新疆大学出版社2005年版。

（艾比百·吐尔逊尼牙孜编，斯拉吉丁译）

敌人再弱，也要按照强者对待

قیلرَنگ دُشمَن پیلرَنگ وَزان

qilräng došmän pilräng wäzan

塔吉克族谚语。流传于新疆维吾尔自治区喀什地区塔什库尔干塔吉克自治县。“敌人再弱，也要按照强者对待。”告诉人们不能低估敌人的奸诈，要采取强硬措施，认真对待。对于研究塔吉克族谚语有参考价值。1985年霍加艾山·皮纳齐塔吉克语演唱，西仁·库尔班塔吉克文笔录并译成维吾尔文。16开纸1页，1行。译文收入《中国民间文学集成·新疆卷·塔吉克族民间文学集》，新疆大学出版社2005年版。

（艾比百·吐尔逊尼牙孜编，斯拉吉丁译）

珍惜你的朋友

خو دوست قَدر که

xu dust qädr kä

塔吉克族谚语。流传于新疆维吾尔自治区喀什地区塔什库尔干塔吉克自治县。“珍惜你的朋友，提防你的敌人。”倡导人们珍惜友情，提防敌人。对于研究塔吉克族谚语有参考价值。1985年穆热地克塔吉克语演唱，西仁·库尔班塔吉克文笔录并译成维吾尔文。16开纸1页，1行。译文收入《中国民间文学集成·新疆卷·塔吉克族民间文学集》，新疆大学出版社2005年版。

（艾比百·吐尔逊尼牙孜编，
安尼瓦尔·加帕尔译）

父亲在世多交朋友

پَدَر چیباری دوست وَدار

pädär čibari dust wädar

塔吉克族谚语。流传于新疆维吾尔自治区喀什地区塔什库尔干塔吉克自治县。“父亲在世多交朋友，马儿还在多认路。”说明每个人在父母亲在世时多交朋友、成家立业，学习知识、掌握本领的重要性。对于研究塔吉克族谚语有参考价值。1985年穆热地克塔吉克语演唱，西仁·库尔班塔吉克文笔录并译成维吾尔文。16开纸1页，1行。译文收入《中国民间文学集成·新疆卷·塔吉克族民间文学集》，新疆大学出版社2005年版。

（艾比百·吐尔逊尼牙孜编，
安尼瓦尔·加帕尔译）

好朋友一千个人里有一个

هَزار دوست اردَرون یَک چَرجاو یاست

häzar dust ärdärun yäk čärjaw yast

塔吉克族谚语。流传于新疆维吾尔自治区喀什地区塔什库尔干塔吉克自治县。“好朋友一千个人里有一个，坏朋友每天都能有一个。”倡导人们要珍惜真正的友情，远离虚假的朋友。对于研究塔吉克族谚语有参考价值。1985年穆巴热克夏塔吉克语演唱，西仁·库尔班塔吉克文笔录并译成维吾尔文。16开纸1页，1行。译文收入《中国民间文学集成·新疆卷·塔吉克族民间文学集》，新疆大学出版社2005年版。

（艾比百·吐尔逊尼牙孜编，
安尼瓦尔·加帕尔译）

好朋友舍命为友

چَرج دوست خُجان دید

čärj dust xojan did

塔吉克族谚语。流传于新疆维吾尔自治区喀什地区塔什库尔干塔吉克自治县。“好朋友舍命为友，坏朋友为财交友。”赞美了真诚的友情、忠诚和信义，揭露了一些虚伪的人只是为了利益同别人交友的行为，倡导人们对朋友要真挚关爱。对于研究塔吉克族谚语有参考价值。1985 年塔瓦尼·卡地尔塔吉克语演唱，西仁·库尔班塔吉克文笔录并译成维吾尔文。16 开纸 1 页，1 行。译文收入《中国民间文学集成·新疆卷·塔吉克族民间文学集》，新疆大学出版社 2005 年版。

（艾比百·吐尔逊尼牙孜编，
安尼瓦尔·加帕尔译）

好朋友胜过亲戚

چَرج دوست از خیش بهتَر

čärj dust äz xiš behtär

塔吉克族谚语。流传于新疆维吾尔自治区喀什地区塔什库尔干塔吉克自治县。“好朋友胜过亲戚。”说明有时真挚的友情要比亲情更珍贵，倡导人们要对真诚的友情尽心尽力地维护和爱惜。对于研究塔吉克族谚语有参考价值。1985 年哈里丹·夏热合曼塔吉克语演唱，西仁·库尔班塔吉克文笔录并译成维吾尔文。16 开纸 1 页，1 行。译文收入《中国民间文学集成·新疆卷·塔吉克族民间文学集》，新疆大学出版社 2005 年版。

（艾比百·吐尔逊尼牙孜编，
安尼瓦尔·加帕尔译）

没有朋友相助的人

بی دوست بی قَنات

bi dust bi qänat

塔吉克族谚语。流传于新疆维吾尔自治区喀什地区塔什库尔干塔吉克自治县。“没有朋友相助的人，如同断了翅膀的鹰。”倡导人们要珍惜友情。对于研究塔吉克族谚语有参考价值。1985 年吾甫尔塔吉克语演唱，西仁·库尔班塔吉克文笔录并译成维吾尔文。16 开纸 1 页，1 行。译文收入《中国民间文学集成·新疆卷·塔吉克族民间文学集》，新疆大学出版社 2005 年版。

（艾比百·吐尔逊尼牙孜编，
安尼瓦尔·加帕尔译）

你是什么样的人你的朋友也是

تاو سَرَنگ سَواو تَدوستمَس تَرَنگ

taw säräng säwaw tädust täräng

塔吉克族谚语。流传于新疆维吾尔自治区喀什地区塔什库尔干塔吉克自治县。“你是什么样的人你的朋友也是。”说明每个人交的朋友都和自己的性格品格有关，都更容易同性格相似、意见一致的人相处交友。对于研究塔吉克族社会道德观念有参考价值。1985 年布荣塔吉克语演唱，西仁·库尔班塔吉克文笔录并译成维吾尔文。16 开纸 1 页，1 行。译文收入《中国民间文学集成·新疆卷·塔吉克族民间文学集》，新疆大学出版社 2005 年版。

（艾比百·吐尔逊尼牙孜编，
安尼瓦尔·加帕尔译）

宁可没有朋友

ژیت قَتی دوست ماسا

ʤit qäti dust masa

塔吉克族谚语。流传于新疆维吾尔自治区喀什地区塔什库尔干塔吉克自治县。“宁可没有朋友，也不能与坏人交友。”说明虚伪奸诈的朋友只能给人带来灾难。对于研究塔吉克族道德观念有参考价值。1985 年塔布力迪·吾秀尔塔吉克语演唱，西仁·库尔班塔吉克文笔录并译成维吾尔文。16 开纸 1

页，1 行。译文收入《中国民间文学集成·新疆卷·塔吉克族民间文学集》，新疆大学出版社 2005 年版。

（艾比百·吐尔逊尼牙孜编，
安尼瓦尔·加帕尔译）

朋友朋友

دوست دوست، صَميميت دوست است

dust dust，sämimiyät dust äst

塔吉克族谚语。流传于新疆维吾尔自治区喀什地区塔什库尔干塔吉克自治县。“朋友朋友，真诚才算朋友。”说明真诚的友情才是可信和长久的，倡导人们对待朋友要诚实。对于研究塔吉克族社会道德观念有参考价值。1985 年代尔亚巴依·艾斯马力塔吉克语演唱，西仁·库尔班塔吉克文笔录并译成维吾尔文。16 开纸 1 页，1 行。译文收入《中国民间文学集成·新疆卷·塔吉克族民间文学集》，新疆大学出版社 2005 年版。

（艾比百·吐尔逊尼牙孜编，
安尼瓦尔·加帕尔译）

朋友是老的好

كنا دوست چَرج

kena dust čärj

塔吉克族谚语。流传于新疆维吾尔自治区喀什地区塔什库尔干塔吉克自治县。“朋友是老的好，羊肉是新鲜的好。”说明经过时间考验的友谊是真诚的，倡导人们要珍惜历经考验的真诚的友情。对于研究塔吉克族社会道德观念有参考价值。1985 年马达力汗·巴伦塔吉克语演唱，西仁·库尔班塔吉克文笔录并译成维吾尔文。16 开纸 1 页，1 行。译文收入《中国民间文学集成·新疆卷·塔吉克族民间文学集》，新疆大学出版社 2005 年版。

（艾比百·吐尔逊尼牙孜编，
安尼瓦尔·加帕尔译）

朋友宛如剪刀一样

دوست گَپ چُقيرَنگ

dust gäp čoqiräng

塔吉克族谚语。流传于新疆维吾尔自治区喀什地区塔什库尔干塔吉克自治县。“朋友宛如剪刀一样 敌人宛如蜜糖一样。”说明真诚的朋友总会提出坦诚的忠告，而不怀好意和怀有敌意的人只是虚假地吹捧。鞭挞了虚伪和两面派的行为。对于研究塔吉克族生活道德观念有参考价值。1985 年穆巴热克夏塔吉克语演唱，西仁·库尔班塔吉克文笔录并译成维吾尔文。16 开纸 1 页，1 行。译文收入《中国民间文学集成·新疆卷·塔吉克族民间文学集》，新疆大学出版社 2005 年版。

（艾比百·吐尔逊尼牙孜编，
安尼瓦尔·加帕尔译）

为朋友出手很大方

خُدوستير لاور دَست سا

xodustir lawr däst sa

塔吉克族谚语。流传于新疆维吾尔自治区喀什地区塔什库尔干塔吉克自治县。“为朋友出手很大方，自己需要时却捉襟见肘。”说明有些人为朋友在吃喝享乐方面极尽所能，但危难时刻却得不到朋友相助的尴尬。劝导人们与人交往要谨慎适度。对于研究塔吉克族谚语有参考价值。1985 年艾布力·艾山汗塔吉克语演唱，西仁·库尔班塔吉克文笔录并译成维吾尔文。16 开纸 1 页，1 行。译文收入《中国民间文学集成·新疆卷·塔吉克族民间文学集》，新疆大学出版社 2005 年版。

（艾比百·吐尔逊尼牙孜编，
安尼瓦尔·加帕尔译）

好朋友在背后夸奖

چَرج دوست از زَبو سیتاود

čärj dust äz zäbu sitawd

塔吉克族谚语。流传于新疆维吾尔自治区喀什地区塔什库尔干塔吉克自治县。“好朋友在背后夸奖，虚伪的人当面奉承。”告诉人们真正的朋友不会随意当面说好听的，而虚伪的人为了讨好别人，以朋友的面孔处处好言奉承。对于研究塔吉克族谚语有参考价值。1985年达力·买提胡夏勒塔吉克语演唱，西仁·库尔班塔吉克文笔录并译成维吾尔文。16开纸1页，1行。译文收入《中国民间文学集成·新疆卷·塔吉克族民间文学集》，新疆大学出版社2005年版。

（艾比百·吐尔逊尼牙孜编，
安尼瓦尔·加帕尔译）

忧伤时我很孤单

وَقت غَریب تَنها شُدم

wäqte ɣärib tänha šodäm

塔吉克族谚语。流传于新疆维吾尔自治区喀什地区塔什库尔干塔吉克自治县。“忧伤时我很孤单，有钱时我的朋友很多。”倡导人们要珍惜真诚的友谊，在社会交往中要谨慎。对于研究塔吉克族社会道德观念有参考价值。1985年布里布力塔吉克语演唱，西仁·库尔班塔吉克文笔录并译成维吾尔文。16开纸1页，1行。译文收入《中国民间文学集成·新疆卷·塔吉克族民间文学集》，新疆大学出版社2005年版。

（艾比百·吐尔逊尼牙孜编，
安尼瓦尔·加帕尔译）

语言美者朋友多

زَبان شیرینَن دوست پور

zäban širinän dust pur

塔吉克族谚语。流传于新疆维吾尔自治区喀什地区塔什库尔干塔吉克自治县。“语言美者朋友多，语言粗者敌人多。”说明亲切、诚恳、和蔼的人是受他人欢迎的，倡导人们社会交际中语言要得体。对于研究塔吉克族社会道德观念有参考价值。1985年西仁·库尔班塔吉克语演唱，西仁·库尔班塔吉克文笔录并译成维吾尔文。16开纸1页，1行。译文收入《中国民间文学集成·新疆卷·塔吉克族民间文学集》，新疆大学出版社2005年版。

（艾比百·吐尔逊尼牙孜编，
安尼瓦尔·加帕尔译）

真诚的友谊是永恒的

صَمیمی دوستَن عمر دَراز

sämimi dustän umr däraz

塔吉克族谚语。流传于新疆维吾尔自治区喀什地区塔什库尔干塔吉克自治县。“真诚的友谊是永恒的。”说明相互信任、相互关爱的真诚友谊是能够伴随一生的。引导人们树立正确的友谊观。对于研究塔吉克族社会道德观念有参考价值。1985年达力·买提胡夏勒塔吉克语演唱，西仁·库尔班塔吉克文笔录并译成维吾尔文。16开纸1页，1行。译文收入《中国民间文学集成·新疆卷·塔吉克族民间文学集》，新疆大学出版社2005年版。

（艾比百·吐尔逊尼牙孜编，
安尼瓦尔·加帕尔译）

钱归钱，情归情

حساب – حساب بَرادَر – بَرادَر

hesab-hesab bäradär-bäradär

塔吉克族谚语。流传于新疆维吾尔自治区喀什地区塔什库尔干塔吉克自治县。“钱归钱，情归情。”喻示人们应与朋友同甘苦，共患难，互助互爱。对于研究塔吉克族社会道德观念有参考价值。1985年法克尔夏塔吉克语演唱，西仁·库尔班塔吉克文笔录并译成维吾尔文。16开纸1页，1行。译文收入《中国民间文学集成·新疆卷·塔吉克族民间文学集》，新疆大学出版社2005年版。

（玛丽亚木·艾合买提编，周玉玲译）

交友要交永恒的

دوست به لَبی گُر

dust bäläbi gor

塔吉克族谚语。流传于新疆维吾尔自治区喀什地区塔什库尔干塔吉克自治县。“交友要交永恒的。”劝导人们与人交往要慎重，交友要真诚。谴责为钱财交友的人。对于研究塔吉克族社会道德观念有参考价值。1985年买买地亚尔塔吉克语演唱，达力·买提胡夏勒塔吉克文笔录并译成维吾尔文。16开纸1页，1行。译文收入《中国民间文学集成·新疆卷·塔吉克族民间文学集》，新疆大学出版社2005年版。（玛丽亚木·艾合买提编，海燕萍译）

可靠的朋友也应该很多

ته دوست پور وید

tä dust pur wid

塔吉克族谚语。流传于新疆维吾尔自治区喀什地区塔什库尔干塔吉克自治县。“即你的钱很多，可靠的朋友也应该很多。”告诉人们真正的朋友比钱财更重要。对于研究塔吉克族社会道德观念有参考价值。1985年布荣塔吉克语演唱，达力·买提胡夏勒塔吉克文笔录并译成维吾尔文。16开纸1页，1行。译文收入《中国民间文学集成·新疆卷·塔吉克族民间文学集》，新疆大学出版社2005年版。（玛丽亚木·艾合买提编，海燕萍译）

朋友如同刀子

دوست چُقیرَنگ

dust čoqiräng

塔吉克族谚语。流传于新疆维吾尔自治区喀什地区塔什库尔干塔吉克自治县。“朋友如同刀子，敌人犹如蜜糖。”揭示了只有真正的朋友才会直言劝谏。对于研究塔吉克族谚语有参考价值。1985年嘎瓦尔·阿拉木塔吉克语演唱，达力·买提胡夏勒塔吉克文笔录并译成维吾尔文。16开纸1页，1行。译文收入《中国民间文学集成·新疆卷·塔吉克族民间文学集》，新疆大学出版社2005年版。

（玛丽亚木·艾合买提编，海燕萍译）

有朋友的人，也会有敌人

دوست ودجنجَن دوشمَنمَس یاست

dust wedjenjän dušmänmäs yast

塔吉克族谚语。流传于新疆维吾尔自治区喀什地区塔什库尔干塔吉克自治县。“有朋友的人，也会有敌人。”告诫人们不要轻视敌人，要小心提防。对于研究塔吉克族社会道德观念有参考价值。1985年霍加艾山·皮纳齐塔吉克语演唱，西仁·库尔班塔吉克文笔录并译成维吾尔文。16开纸1页，1行。译文收入《中国民间文学集成·新疆卷·塔吉克族民间文学集》，新疆大学出版社2005年版。

（艾比百·吐尔逊尼牙孜编，贾玛力丁译）

一千个朋友不算多

هَزار دوست بسیار نیست

häzar dust bisyar nist

塔吉克族谚语。流传于新疆维吾尔自治区喀什地区塔什库尔干塔吉克自治县。“一千个朋友不算多，一个敌人不算少。”告诫人们珍惜友谊，提防和远离敌人。对于研究塔吉克族人生哲理有参考价值。1985年穆尼·塔布力迪塔吉克语演唱，西仁·库尔班塔吉克文笔录并译成维吾尔文。16开纸1页，1行。译文收入《中国民间文学集成·新疆卷·塔吉克族民间文学集》，新疆大学出版社2005

年版。

（艾比百·吐尔逊尼牙孜编，斯拉吉丁译）

没有朋友的人

بى دوست آدَم، بى قَنات پَرَنده

bi dust adäm，bi qänat pärändä

塔吉克族谚语。流传于新疆维吾尔自治区喀什地区塔什库尔干塔吉克自治县。“没有朋友的人，犹如没有翅膀的鸟。”告诉人们要珍惜友情，谨防居心不良的人。对于研究塔吉克族人际观念有参考价值。1985年法克尔夏塔吉克语演唱，西仁·库尔班塔吉克文笔录并译成维吾尔文。16开纸1页，1行。译文收入《中国民间文学集成·新疆卷·塔吉克族民间文学集》，新疆大学出版社2005年版。（玛丽亚木·艾合买提编，海燕萍译）

（三）政策与措施

暴君是不会长久的

زُر مَت كوتاه

zur mät kutah

塔吉克族谚语。流传于新疆维吾尔自治区喀什地区塔什库尔干塔吉克自治县。“暴君是不会长久的。”说明了暴君和贪婪者终究会走向衰败，倡导人们要与人为善、公正公平。对于研究塔吉克族社会道德观念有参考价值。1985年西仁·库尔班塔吉克语演唱，西仁·库尔班塔吉克文笔录并译成维吾尔文。16开纸1页，1行。译文收入《中国民间文学集成·新疆卷·塔吉克族民间文学集》，新疆大学出版社2005年版。

（艾比百·吐尔逊尼牙孜编，安尼瓦尔·加帕尔译）

盗贼偷窃由国王审判

ژدير پادشاه جَزو ديد

ʤedir padšah jäzu did

塔吉克族谚语。流传于新疆维吾尔自治区喀什地区塔什库尔干塔吉克自治县。“盗贼偷窃由国王审判，国王偷窃由谁审判?”说明领导者自我约束、为民公正的重要性。对于研究塔吉克族谚语有参考价值。1985年塔瓦尼·卡地尔塔吉克语演唱，西仁·库尔班塔吉克文笔录并译成维吾尔文。16开纸1页，1行。译文收入《中国民间文学集成·新疆卷·塔吉克族民间文学集》，新疆大学出版社2005年版。

（艾比百·吐尔逊尼牙孜编，安尼瓦尔·加帕尔译）

帝王公平正义

پادشاه اوديل سَويد

padšah udil säwd

塔吉克族谚语。流传于新疆维吾尔自治区喀什地区塔什库尔干塔吉克自治县。“帝王公平正义，百姓欢乐幸福”。说明了热爱人民、有才智的帝王才能给国家和人民带来安宁和幸福。对于研究塔吉克族谚语有参考价值。1985年塔布力迪·吾秀尔塔吉克语演唱，西仁·库尔班塔吉克文笔录并译成维吾尔文。16开纸1页，1行。译文收入《中国民间文学集成·新疆卷·塔吉克族民间文学集》，新疆大学出版社2005年版。

（艾比百·吐尔逊尼牙孜编，安尼瓦尔·加帕尔译）

没有顾客光顾的货物不长存

بى خَريدار مال عمر كوتاه

bi xäridar mal umr kutah

塔吉克族谚语。流传于新疆维吾尔自治区

区喀什地区塔什库尔干塔吉克自治县。“没有顾客光顾的货物不长存，没有法制的国家不长久。”说明了对于一个国家一个地方来说制度和法律的重要性。对于研究塔吉克族社会道德观念有参考价值。1985年霍加艾山·皮纳齐塔吉克语演唱，西仁·库尔班塔吉克文笔录并译成维吾尔文。16开纸1页，1行。译文收入《中国民间文学集成·新疆卷·塔吉克族民间文学集》，新疆大学出版社2005年版。

（艾比百·吐尔逊尼牙孜编，安尼瓦尔·加帕尔译）

无法律的国家寿命不会长久

بی قانُن داولَتَن وی عمر کوتاه

bi qanon dawlätän wi umr kutah

塔吉克族谚语。流传于新疆维吾尔自治区喀什地区塔什库尔干塔吉克自治县。“无买主的货物，无民主的民众，无法律的国家寿命不会长久。”说明建立法律法规是国家长治久安的重要保证。对于研究塔吉克族谚语有参考价值。1985年土尔迪·阿洪塔吉克语演唱，西仁·库尔班塔吉克文笔录并译成维吾尔文。16开纸1页，2行。译文收入《中国民间文学集成·新疆卷·塔吉克族民间文学集》，新疆大学出版社2005年版。

（艾比百·吐尔逊尼牙孜编，贾马力丁译）

强盗害怕国王

قَرَقچی اَز سُلتان کوج دارد

qäräqči äz soltan kuj dard

塔吉克族谚语。流传于新疆维吾尔自治区喀什地区塔什库尔干塔吉克自治县。“强盗害怕国王，盗贼害怕警察。”劝导人们远离盗贼走正路，自觉遵纪守法。对于研究塔吉克族社会道德观念有参考价值。1985年代尔亚巴依·艾斯马力塔吉克语演唱，西仁·库尔班塔吉克文笔录并译成维吾尔文。16开纸1页，1行。译文收入《中国民间文学集成·新疆卷·塔吉克族民间文学集》，新疆大学出版社2005年版。

（艾比百·吐尔逊尼牙孜编，安尼瓦尔·加帕尔译）

谁玩火谁遭殃

چای آتَش سَوَدارد وی دَست تاود

čay atäš säwädard widäst tawd

塔吉克族谚语。流传于新疆维吾尔自治区喀什地区塔什库尔干塔吉克自治县。“谁玩火谁遭殃。”说明谁做的事情谁来承担后果，自己惹的祸自己来处理。对于研究塔吉克族谚语有参考价值。1985年塔瓦尼·卡地尔塔吉克语演唱，西仁·库尔班塔吉克文笔录并译成维吾尔文。16开纸1页，1行。译文收入《中国民间文学集成·新疆卷·塔吉克族民间文学集》，新疆大学出版社2005年版。

（艾比百·吐尔逊尼牙孜编，安尼瓦尔·加帕尔译）

土地离不开水的浇灌

زَمین آبیر محتُج

zämin abir mehtoj

塔吉克族谚语。流传于新疆维吾尔自治区喀什地区塔什库尔干塔吉克自治县。“人民离不开国王的引领，土地离不开水的浇灌。”指出了人民要过幸福安宁的生活，需要能够领导人民、治理国家的公正的领路人。对于研究塔吉克族谚语有参考价值。1985年多来提别克塔吉克语演唱，西仁·库尔班塔吉克文笔录并译成维吾尔文。16开纸1页，1行。译文收入《中国民间文学集成·新疆卷·塔吉克族民间文学集》，新疆大学出版社2005年版。

（艾比百·吐尔逊尼牙孜编，安尼瓦尔·加帕尔译）

水的源头不清

آب أزكال غَجد

ab äz kal ɣäjd

塔吉克族谚语。流传于新疆维吾尔自治区喀什地区塔什库尔干塔吉克自治县。“水的源头不清，下游的水也是浑浊的。”说明做任何事情开局不好，结果会更糟糕。对于研究塔吉克族哲理思想有参考价值。1985年布里布力塔吉克语演唱，西仁·库尔班塔吉克文笔录并译成维吾尔文。16开纸1页，1行。译文收入《中国民间文学集成·新疆卷·塔吉克族民间文学集》，新疆大学出版社2005年版。

（艾比百·吐尔逊尼牙孜编，
安尼瓦尔·加帕尔译）

为国王做事

پادشاهری چر چَیگ

padšahri čer čäyg

塔吉克族谚语。流传于新疆维吾尔自治区喀什地区塔什库尔干塔吉克自治县。“为国王做事，如履薄冰。”说明为国王服务的人命运难测，倡导人们任何时候都要处事灵活、有谋略。对于研究塔吉克族谚语有参考价值。1985年达力·买提胡夏勒塔吉克语演唱，西仁·库尔班塔吉克文笔录并译成维吾尔文。16开纸1页，1行。译文收入《中国民间文学集成·新疆卷·塔吉克族民间文学集》，新疆大学出版社2005年版。

（艾比百·吐尔逊尼牙孜编，
安尼瓦尔·加帕尔译）

乌云当头风暴来临

اَبر اَگر اَز قبله خیزَد

äbr ägär äz čiblä xizäd

塔吉克族谚语。流传于新疆维吾尔自治区喀什地区塔什库尔干塔吉克自治县。“乌云当头风暴来临，国王不公倾家荡产。”说明了如果帝王不能公平正义地管理国家，将给人民带来无尽的灾难。对于研究塔吉克族谚语有参考价值。1985年汗·赛地尔丁塔吉克语演唱，西仁·库尔班塔吉克文笔录并译成维吾尔文。16开纸1页，1行。译文收入《中国民间文学集成·新疆卷·塔吉克族民间文学集》，新疆大学出版社2005年版。

（艾比百·吐尔逊尼牙孜编，
安尼瓦尔·加帕尔译）

掌权者有三十双鞋

اَملدارَن پخ پور

ämäldarän pex por

塔吉克族谚语。流传于新疆维吾尔自治区喀什地区塔什库尔干塔吉克自治县。“掌权者有三十双鞋。”说明了掌权者的命运难测，倡导人们在交往中要清醒、把握有度。对于研究塔吉克族谚语有参考价值。1985年买买地亚尔塔吉克语演唱，西仁·库尔班塔吉克文笔录并译成维吾尔文。16开纸1页，1行。译文收入《中国民间文学集成·新疆卷·塔吉克族民间文学集》，新疆大学出版社2005年版。

（艾比百·吐尔逊尼牙孜编，
安尼瓦尔·加帕尔译）

与国王斗

پادشاه قَتی جدَل ماکه

padšah qäti jädäl makä

塔吉克族谚语。流传于新疆维吾尔自治区喀什地区塔什库尔干塔吉克自治县。“与国王斗，犹如以拳击刀。”反映了过去先民们对国王的暴政、特性的判断，以及底层劳动人民凡事知足的心态。对于研究塔吉克族谚语有参考价值。1985年塔布力迪·吾秀尔塔吉克语演唱，西仁·库尔班塔吉克文笔录并译成维吾尔文。16开纸1页，1行。译文收入《中国民间文学集成·新疆卷·塔吉克族民间文学集》，新疆大学出版社2005年版。

（玛丽亚木·艾合买提编，海燕萍译）

庶民需要皇帝，皇帝需要法令

خَلق آوان پادشاه لُزیم

xälq äwan padšah lozim

塔吉克族谚语。流传于新疆维吾尔自治区喀什地区塔什库尔干塔吉克自治县。“庶民需要皇帝，皇帝需要法令。”说明庶民需要能治理好国家、带领庶民走向正道的公正皇帝，而皇帝为了管理好庶民、治理好国家，需要完整的法则。对于研究塔吉克族谚语有参考价值。1985年哈里丹·夏热合曼塔吉克语演唱，西仁·库尔班塔吉克文笔录并译成维吾尔文。16开纸1页，1行。译文收入《中国民间文学集成·新疆卷·塔吉克族民间文学集》，新疆大学出版社2005年版。

（艾比百·吐尔逊尼牙孜编，贾玛力丁译）

聪明的国王身在家里，心思在远方

عقلین پوتیکویَن وی تَن پَچد

äqlin putikuyän wi tän päčed

塔吉克族谚语。流传于新疆维吾尔自治区喀什地区塔什库尔干塔吉克自治县。“聪明的国王身在家里，心思在远方。”反映了过去塔吉克族人民对公正、爱民的国王的愿望。对于研究塔吉克族谚语有参考价值。1985年霍加艾山·皮纳齐塔吉克语演唱，西仁·库尔班塔吉克文笔录并译成维吾尔文。16开纸1页，1行。译文收入《中国民间文学集成·新疆卷·塔吉克族民间文学集》，新疆大学出版社2005年版。

（艾比百·吐尔逊尼牙孜编，贾马力丁译）

仙人的拐杖，就是他未来的接班人

پیرَن وی هَسو ویشگُرت

pirän wi häsu wišogrt

塔吉克族谚语。流传于新疆维吾尔自治区喀什地区塔什库尔干塔吉克自治县。“仙人的拐杖，就是他未来的接班人。”谴责了一些地方官员不正确的提拔方式，提醒为官之人应清正廉洁，不得以权谋私，对有知识、有能力的人才要委以重任。对于研究塔吉克族社会道德观念有参考价值。1985年穆巴热克夏塔吉克语演唱，西仁·库尔班塔吉克文笔录并译成维吾尔文。16开纸1页，1行。译文收入《中国民间文学集成·新疆卷·塔吉克族民间文学集》，新疆大学出版社2005年版。

（玛丽亚木·艾合买提编，周玉玲译）

国王面前百姓就像绵羊

خَلق پادشاه پیرود ماولرَنگ

xälq padšah pirud mawlräng

塔吉克族谚语。流传于新疆维吾尔自治区喀什地区塔什库尔干塔吉克自治县。“国王面前百姓就像绵羊，说卖就卖，说杀就杀。”控诉了历史上封建国王的暴力统治，表达了劳动人民的愤慨。对于研究塔吉克族封建制度有参考价值。1985年嘎瓦尔·阿拉木塔吉克语演唱，塔瓦尼·卡地尔塔吉克文笔录并译成维吾尔文。16开纸1页，1行。译文收入《中国民间文学集成·新疆卷·塔吉克族民间文学集》，新疆大学出版社2005年版。

（玛丽亚木·艾合买提编，海燕萍译）

大熊也变得貌似老实

کَلتَک قَتی یورک شُو سدج

kältäk qäti yurk šow sedj

塔吉克族谚语。流传于新疆维吾尔自治区

区喀什地区塔什库尔干塔吉克自治县。“由于棍棒的打击，大熊也变得貌似老实。”喻示对于坏人只有通过打、罚，才能改变其本性。对于研究塔吉克族谚语有参考价值。1985年穆巴拉克夏塔吉克语演唱，西仁·库尔班塔吉克文笔录并译成维吾尔文。16开纸1页，1行。译文收入《中国民间文学集成·新疆卷·塔吉克族民间文学集》，新疆大学出版社2005年版。

（艾比百·吐尔逊尼牙孜编，贾马力丁译）

（四）真理、规律

真理何惧争辩

حَقیقَت اَز مُنازیره کوج نه دارد

häqiqät äz monazirä kuj nä dard

塔吉克族谚语。流传于新疆维吾尔自治区喀什地区塔什库尔干塔吉克自治县。“真金不怕火炼，真理何惧争辩。”说明犹如金子在火中越炼越纯一样，真理也是经过不断的辩论，方才体现其价值。对于研究塔吉克族谚语有参考价值。1985年代热亚巴依塔吉克语演唱，代尔亚巴依塔吉克文笔录并译成维吾尔文。16开纸1页，1行。译文收入《中国民间文学集成·新疆卷·塔吉克族民间文学集》，新疆大学出版社2005年版。

（玛丽亚木·艾合买提编，海燕萍译）

辩论是真理的乐土

مَنازیره حَقَقَت بُزُر

munazirä häqiqät bozor

塔吉克族谚语。流传于新疆维吾尔自治区喀什地区塔什库尔干塔吉克自治县。“静谧是谬论的温床，辩论是真理的乐土。”告诉人们在辩论中知识和真理才能体现其价值。劝导人们求知要分析、思考。对于研究塔吉克族谚语有参考价值。1985年穆巴热克夏塔吉克语演唱，霍加艾山·皮纳齐塔吉克文笔录并译成维吾尔文。16开纸1页，1行。译文收入《中国民间文学集成·新疆卷·塔吉克族民间文学集》，新疆大学出版社2005年版。

（玛丽亚木·艾合买提编，海燕萍译）

真理面前阴谋是泡沫

هَقیقَت پیرود وَیرونی پور

häqiqät pirud wäyruni pur

塔吉克族谚语。流传于新疆维吾尔自治区喀什地区塔什库尔干塔吉克自治县。“真理面前阴谋是泡沫。”说明阴谋总会败露，劝导人们任何时候都要坚持真理。对于研究塔吉克族哲理思想有参考价值。1985年艾布力·艾山汗塔吉克语演唱，西仁·库尔班塔吉克文笔录并译成维吾尔文。16开纸1页，1行。译文收入《中国民间文学集成·新疆卷·塔吉克族民间文学集》，新疆大学出版社2005年版。

（艾比百·吐尔逊尼牙孜编，贾马力丁译）

冰是水，水是冰

شیتو اَز آب ، آب اَز شیتو

šitu äz ab, ab äz šitu

塔吉克族谚语。流传于新疆维吾尔自治区喀什地区塔什库尔干塔吉克自治县。“冰是水，水是冰。”告诫人们在评论各种事物时，要善于观察事物的内在本质。对于研究塔吉克族谚语有参考价值。1985年艾布力·艾山汗塔吉克语演唱，西仁·库尔班塔吉克文笔录并译成维吾尔文。16开纸1页，1行。译文收入《中国民间文学集成·新疆卷·塔吉克族民间文学集》，新疆大学出版社2005年版。

（艾比百·吐尔逊尼牙孜编，贾玛力丁译）

享福来自受难

بَخت اَز جَفو ياد

bäxt äz jäfu yad

塔吉克族谚语。流传于新疆维吾尔自治区喀什地区塔什库尔干塔吉克自治县。“享福来自受难。”说明幸福来自不断的努力，倡导人们战胜生活中遇到的一切困难。对于研究塔吉克族生活观念有参考价值。1985年塔布力迪·吾秀尔塔吉克语演唱，穆尼·塔布力迪塔吉克文笔录并译成维吾尔文。16开纸1页，1行。译文收入《中国民间文学集成·新疆卷·塔吉克族民间文学集》，新疆大学出版社2005年版。

（玛丽亚木·艾合买提编，海燕萍译）

积少成多

كَم كَم بيسيار شَوَد

käm käm bisyar šäwäd

塔吉克族谚语。流传于新疆维吾尔自治区喀什地区塔什库尔干塔吉克自治县。“积少成多。”说明了只要坚持不懈地努力就会获得成功的真理。对于研究塔吉克族社会生活观念有参考价值。1985年霍加艾山·皮纳齐塔吉克语演唱，西仁·库尔班塔吉克文笔录并译成维吾尔文。16开纸1页，1行。译文收入《中国民间文学集成·新疆卷·塔吉克族民间文学集》，新疆大学出版社2005年版。

（艾比百·吐尔逊尼牙孜编，贾玛力丁译）

人的敌人是人

آدَم دُشمَن آدَم است

adäm došmän adäm äst

塔吉克族谚语。流传于新疆维吾尔自治区喀什地区塔什库尔干塔吉克自治县。“人的敌人是人。”说明人总会有朋友，也会有敌人，痛斥心胸狭窄、不讲义气等行为。告诫人们要友好相处。对于研究塔吉克族社会道德观念有参考价值。1985年布里布力塔吉克语演唱，西仁·库尔班塔吉克文笔录并译成维吾尔文。16开纸1页，1行。译文收入《中国民间文学集成·新疆卷·塔吉克族民间文学集》，新疆大学出版社2005年版。

（艾比百·吐尔逊尼牙孜编，贾玛力丁译）

鬼神在哪里

شيتان كُجا ؟ شيتان تَپَبون

šiytan koja? šiytan täpäbun

塔吉克族谚语。流传于新疆维吾尔自治区喀什地区塔什库尔干塔吉克自治县。“鬼神在哪里？鬼神就在你身边。”告诫人们时刻保持警惕，不要和邪道上的人交朋友。对于研究塔吉克族谚语有参考价值。1985年马达力汗·巴伦塔吉克语演唱，西仁·库尔班塔吉克文笔录并译成维吾尔文。16开纸1页，1行。译文收入《中国民间文学集成·新疆卷·塔吉克族民间文学集》，新疆大学出版社2005年版。

（艾比百·吐尔逊尼牙孜编，贾玛力丁译）

摄食花汁、产出蜂蜜的蜜蜂，到时候也会叮人

زَمبور وَقتيک ياتَ اَته مَس چَکت

zämbur wäqtik yat ätä mäs čäkt

塔吉克族谚语。流传于新疆维吾尔自治区喀什地区塔什库尔干塔吉克自治县。“摄食花汁、产出蜂蜜的蜜蜂，到时候也会叮人。”告诉人们世上没有尽善尽美的人，劝导人们不要为小小的利益而丧失自己的尊严和人格。对于研究塔吉克族谚语有参考价值。1985年吾普尔塔吉克语演唱，西仁·库尔班塔吉克文笔录并译成维吾尔文。译文收入《中国民间文学集成·新疆卷·塔吉克族民间文学集》，新疆大学出版社2005年版。

（艾比百·吐尔逊尼牙孜编，贾玛力丁译）

花有一个弊病就是日出时开放，日落时凋萎

گل آیب مَتان اَت ساود بییور بَست

gol wiäyb mätan ät sawd biyur bäst

塔吉克族谚语。流传于新疆维吾尔自治区喀什地区塔什库尔干塔吉克自治县。“花有一个弊病，就是日出时开放，日落时凋萎。”告诫人们任何时候都要善于抓住各种契机，要珍惜时间、珍惜青春。对于研究塔吉克族价值观念有参考价值。1985年穆巴拉克夏塔吉克语演唱，西仁·库尔班塔吉克文笔录并译成维吾尔文。16开纸1页，1行。译文收入《中国民间文学集成·新疆卷·塔吉克族民间文学集》，新疆大学出版社2005年版。

（艾比百·吐尔逊尼牙孜编，贾玛力丁译）

午间阳光没有热度

پَیشینَج خرَن تُب نیست

päyšinäj xerän tob nist

塔吉克族谚语。流传于新疆维吾尔自治区喀什地区塔什库尔干塔吉克自治县。“午间阳光没有热度。”劝导人们做事要把握时间，抓住契机。对于研究塔吉克族价值观念有参考价值。1985年土尔迪·阿洪塔吉克语演唱，西仁·库尔班塔吉克文笔录并译成维吾尔文。16开纸1页，1行。译文收入《中国民间文学集成·新疆卷·塔吉克族民间文学集》，新疆大学出版社2005年版。

（艾比百·吐尔逊尼牙孜编，贾玛力丁译）

手指的伤痛，害死了勇士

اَنگوشت دَرد پَهلوان زدج

ängušt därd pälwan zedj

塔吉克族谚语。流传于新疆维吾尔自治区喀什地区塔什库尔干塔吉克自治县。“手指的伤痛，害死了勇士。”说明人有再大的力气、再勇敢，也会因为忧愁、痛苦而容易被搞垮。劝导人们要乐观，不要因为忧愁而背上沉重的包袱。对于研究塔吉克族谚语有参考价值。1985年汉·塞地尔丁塔吉克语演唱，西仁·库尔班塔吉克文笔录并译成维吾尔文。16开纸1页，1行。译文收入《中国民间文学集成·新疆卷·塔吉克族民间文学集》，新疆大学出版社2005年版。

（艾比百·吐尔逊尼牙孜编，贾玛力丁译）

坏人的死是人间的净化

غَجدَن ویمَرگ جَونَن ویپُکزا ست

ɣäjdän wimärg jäwonän wipokza set

塔吉克族谚语。流传于新疆维吾尔自治区喀什地区塔什库尔干塔吉克自治县。“坏人的死是人间的净化。”表达了对坏人的憎恨，劝导人们做崇高、善良的人。对于研究塔吉克族社会道德观念有参考价值。1985年嘎瓦尔·阿拉木塔吉克语演唱，西仁·库尔班塔吉克文笔录并译成维吾尔文。16开纸1页，1行。译文收入《中国民间文学集成·新疆卷·塔吉克族民间文学集》，新疆大学出版社2005年版。

（艾比百·吐尔逊尼牙孜编，贾玛力丁译）

金子般配金匠，宝石般配潜水员

تیللوری زَرگر چَرج

tilluri zärgär čärj

塔吉克族谚语。流传于新疆维吾尔自治区喀什地区塔什库尔干塔吉克自治县。“金子般配金匠，宝石般配潜水员；花般配百灵鸟，千里马般配艾山阁下。”说明任何事都有其合适的解决措施。对于研究塔吉克族谚语有参考价值。1985年塔布力迪·吾秀尔塔吉克语演唱，西仁·库尔班塔吉克文笔录并译成维吾尔文。16开纸1页，2行。译文收入《中国民间文学集成·新疆卷·塔吉克族民间文学集》，新疆大学出版社2005年版。

（艾比百·吐尔逊尼牙孜编，贾玛力丁译）

人从脑子开始衰老

آدَم اَول آز مآغز پیر ساود

adäm äwäl äz maɣ z pir sawd

塔吉克族谚语。流传于新疆维吾尔自治区喀什地区塔什库尔干塔吉克自治县。“人从脑子开始衰老。”劝导人们自我保养，呵护健康。对于研究塔吉克族健康观念有参考价值。1985年布荣塔吉克语演唱，西仁·库尔班塔吉克文笔录并译成维吾尔文。16开纸1页，1行。译文收入《中国民间文学集成·新疆卷·塔吉克族民间文学集》，新疆大学出版社2005年版。

（艾比百·吐尔逊尼牙孜编，贾玛力丁译）

人类的美丽不在外表，而是在内心

اینسان خوشرویی وی آز دَرون کیکر

insan hušruyi wiäz därun kiker

塔吉克族谚语。流传于新疆维吾尔自治区喀什地区塔什库尔干塔吉克自治县。“人类的美丽不在外表，而是在内心。”说明人的高尚、美丽不在外表上，而是在内在的精神财富上。劝导人们不要仅重视外表，更要重视内在的美和精神修养。对于研究塔吉克族审美观念有参考价值。1985年古力买买德塔吉克语演唱，西仁·库尔班塔吉克文笔录并译成维吾尔文。16开纸1页，1行。译文收入《中国民间文学集成·新疆卷·塔吉克族民间文学集》，新疆大学出版社2005年版。

（艾比百·吐尔逊尼牙孜编，贾玛力丁译）

缓流水会渗穿崖底

شُوشُوَ کَس یار اَبَن کاود

šowšowäk käs yar äbon kawd

塔吉克族谚语。流传于新疆维吾尔自治区喀什地区塔什库尔干塔吉克自治县。“缓流水会渗穿崖底。”说明看起来软弱、可怜、老实，却总想着害人的一些人的狡猾、卑鄙、无耻的性格。告诉人们不要轻视看似软弱、老实的人的实力。对于研究塔吉克族谚语有参考价值。1985年穆热迪克塔吉克语演唱，西仁·库尔班塔吉克文笔录并译成维吾尔文。16开纸1页，1行。译文收入《中国民间文学集成·新疆卷·塔吉克族民间文学集》，新疆大学出版社2005年版。

（艾比百·吐尔逊尼牙孜编，贾玛力丁译）

活着受苦，不如早死

زینده دَرد آز وَند مَرگ چَرج

zindä därd äz wänd märg čärj

塔吉克族谚语。流传于新疆维吾尔自治区喀什地区塔什库尔干塔吉克自治县。“活着受苦，不如早死。”说明人活着的时候，会遇到担忧、痛苦的事情。劝导人们要善于调整情绪，不要对生活失去信心。对于研究塔吉克族谚语有参考价值。1985年穆巴拉克夏塔吉克语演唱，西仁·库尔班塔吉克文笔录并译成维吾尔文。16开纸1页，1行。译文收入《中国民间文学集成·新疆卷·塔吉克族民间文学集》，新疆大学出版社2005年版。

（艾比百·吐尔逊尼牙孜编，贾玛力丁译）

结果的树阴子也多

موَین دَرَختَن ویسُیا مَس پور

mewäyin däräxtän wisoyamäs pur

塔吉克族谚语。流传于新疆维吾尔自治区喀什地区塔什库尔干塔吉克自治县。“结果的树阴子也多，未结果的树连光线也照不着。”说明有能力的人可为别人谋利，而懒惰的人则不能为别人带来益处。赞扬了勤奋，讽刺了软弱和懒惰。对于研究塔吉克族社会道德观念有参考价值。1985年买买地亚尔塔吉克语演唱，西仁·库尔班塔吉克文笔录并译成维吾尔文。16 开纸 1 页，1 行。译文收入《中国民间文学集成·新疆卷·塔吉克族民间文学集》，新疆大学出版社 2005 年版。

（艾比百·吐尔逊尼牙孜编，贾玛力丁译）

刀在刀鞘里停放时间长了会生锈

چقى اَر غيلُف دات دَيد

čoqi är ɣilof dat däyd

塔吉克族谚语。流传于新疆维吾尔自治区喀什地区塔什库尔干塔吉克自治县。“刀在刀鞘里停放时间长了会生锈。”说明人不动脑筋，游手好闲，只能自取灭亡。劝导人们养成勤奋、求知，勤劳的习惯。对于研究塔吉克族谚语有参考价值。1985 年土尔迪·阿洪塔吉克语演唱，西仁·库尔班塔吉克文笔录并译成维吾尔文。16 开纸 1 页，1 行。译文收入《中国民间文学集成·新疆卷·塔吉克族民间文学集》，新疆大学出版社 2005 年版。

（艾比百·吐尔逊尼牙孜编，贾玛力丁译）

躺着的牛身下的跳蚤无法取掉

اَلجنج جاو خُدَرونج برگه زد نَچيچاگج

älojenj jaw hodärunej bergä zed näčičagj

塔吉克族谚语。流传于新疆维吾尔自治区喀什地区塔什库尔干塔吉克自治县。“从山底流出来的泉水无法截留，躺着的牛身下的跳蚤无法取掉。”告诉人们在生活上不要过于自信、疏忽大意，要谦虚、谨慎。对于研究塔吉克族社会生活观念有参考价值。1985 年玉素甫塔吉克语演唱，西仁·库尔班塔吉克文笔录并译成维吾尔文。16 开纸 1 页，2 行。译文收入《中国民间文学集成·新疆卷·塔吉克族民间文学集》，新疆大学出版社 2005 年版。

（艾比百·吐尔逊尼牙孜编，贾玛力丁译）

历史是最大的审问员

تارخ اَز جَم لاور قازى

tarex äz jäm lawr qazi

塔吉克族谚语。流传于新疆维吾尔自治区喀什地区塔什库尔干塔吉克自治县。“历史是最大的审问员。”说明在人生中所发生的每一件事，唯有历史才能成为公正的监督者和见证者。对于研究塔吉克族世界观有参考价值。1985 年达力·买提胡夏勒塔吉克语演唱，西仁·库尔班塔吉克文笔录并译成维吾尔文。16 开纸 1 页，1 行。译文收入《中国民间文学集成·新疆卷·塔吉克族民间文学集》，新疆大学出版社 2005 年版。

（艾比百·吐尔逊尼牙孜编，贾玛力丁译）

月光晒不干水稻

ماست نور اَزمز نه تَواند

mast nor äzemz nä täwand

塔吉克族谚语。流传于新疆维吾尔自治区喀什地区塔什库尔干塔吉克自治县。“月光晒不干水稻。”说明软弱、无意志的人做不成大事。劝导人们做事要有计划，采取一定的措施。对于研究塔吉克族谚语有参考价值。1985 年穆尼·塔布力迪塔吉克语演唱，西仁·库尔班塔吉克文笔录并译成维吾尔文。16 开纸 1 页，1 行。译文收入《中国民间文学集成·新疆卷·塔吉克族民间文学集》，新疆大学出版社 2005 年版。

（艾比百·吐尔逊尼牙孜编，贾玛力丁译）

闪闪发光的不都是金子

پارپار جاگجنج تيللو نيست

parpar čagjenj tillu nist

塔吉克族谚语。流传于新疆维吾尔自治区喀什地区塔什库尔干塔吉克自治县。“闪闪发光的不都是金子。”告诫人们在评价事物时，不要只看表面。对于研究塔吉克族谚语有参考价值。1985年代尔亚巴依·艾斯马力塔吉克语演唱，西仁·库尔班塔吉克文笔录并译成维吾尔文。16开纸1页，1行。译文收入《中国民间文学集成·新疆卷·塔吉克族民间文学集》，新疆大学出版社2005年版。

（艾比百·吐尔逊尼牙孜编，贾玛力丁译）

一次聊天的朋友不算朋友

يَک بار گَپ چاگجنج دوست نیست

yek bar gäp čagjenj dust nist

塔吉克族谚语。流传于新疆维吾尔自治区喀什地区塔什库尔干塔吉克自治县。“一次聊天的朋友不算朋友，一次同行的旅伴不算同事。”劝告人们在选择朋友时，要谨慎、机灵、警惕。对于研究塔吉克族社会道德观念有参考价值。1985年布里布力塔吉克语演唱，西仁·库尔班塔吉克文笔录并译成维吾尔文。16开纸1页，2行。译文收入《中国民间文学集成·新疆卷·塔吉克族民间文学集》，新疆大学出版社2005年版。

（艾比百·吐尔逊尼牙孜编，贾玛力丁译）

人的尊严是谦虚

آدَمَن کَمتَری قَتی هورمَت ویریَد

adäm kämtäri qäti hormät wiräyd

塔吉克族谚语。流传于新疆维吾尔自治区喀什地区塔什库尔干塔吉克自治县。“人的尊严是谦虚。”说明谦虚、诚实的人，任何时候都会受到别人的尊敬。劝导人们要培养谦虚、诚实的品质。对于研究塔吉克族谚语有参考价值。1985年吾素甫尔塔吉克语演唱，西仁·库尔班塔吉克文笔录并译成维吾尔文。16开纸1页，1行。译文收入《中国民间文学集成·新疆卷·塔吉克族民间文学集》，新疆大学出版社2005年版。

（艾比百·吐尔逊尼牙孜编，贾玛力丁译）

劳动给人以幸福

اَمگَک خَلگیر بَخت دید

ämgäk xälgir bäxt did

塔吉克族谚语。流传于新疆维吾尔自治区喀什地区塔什库尔干塔吉克自治县。“信仰给人以力量，劳动给人以幸福。”说明一个人有信仰，他的精神世界就会得到充实；人只有靠自己的力量，才能过上幸福日子。对于研究塔吉克族崇尚劳动的观念有参考价值。1985年塔瓦尼·卡地尔塔吉克语演唱，西仁·库尔班塔吉克文笔录并译成维吾尔文。16开纸1页，1行。译文收入《中国民间文学集成·新疆卷·塔吉克族民间文学集》，新疆大学出版社2005年版。

（艾比百·吐尔逊尼牙孜编，贾玛力丁译）

可口的饭是臭肥料的果实

لَزیز اُش اَز باو دیگ ییتچنج

läziz oš äz baw dig yitčenj

塔吉克族谚语。流传于新疆维吾尔自治区喀什地区塔什库尔干塔吉克自治县。“可口的饭是臭肥料的果实。”说明人生中的任何享受和幸福，都是战胜和克服种种艰难困苦的结果。劝导人们要培养不怕艰难困苦、顽强无畏的品质。对于研究塔吉克族劳动观念有参考价值。1985年马达力汗·巴伦塔吉克语演唱，西仁·库尔班塔吉克文笔录并译成维吾尔文。16开纸1页，1行。译文收入《中国民间文学集成·新疆卷·塔吉克族民间文学集》，新疆大学出版社2005年版。

（艾比百·吐尔逊尼牙孜编，贾玛力丁译）

土地是收成的母亲，劳动是收成的父亲

زمز هوسُلَن وی آنا

zemz husolän wi äna

塔吉克族谚语。流传于新疆维吾尔自治

学集成·新疆卷·塔吉克族民间文学集》，新疆大学出版社 2005 年版。

（艾比百·吐尔逊尼牙孜编，贾玛力丁译）

人以食为天

آدَم اُش قَتی آدَم

adäm oš qäti adäm

塔吉克族谚语。流传于新疆维吾尔自治区喀什地区塔什库尔干塔吉克自治县。“人以食为天。”说明人按时吃饭、合理膳食对身体健康的重要性。对于研究塔吉克族谚语有参考价值。1985 年土尔迪·阿洪塔吉克语演唱，西仁·库尔班塔吉克文笔录并译成维吾尔文。16 开纸 1 页，1 行。译文收入《中国民间文学集成·新疆卷·塔吉克族民间文学集》，新疆大学出版社 2005 年版。

（艾比百·吐尔逊尼牙孜编，贾玛力丁译）

你的过失可以隐瞒，苦衷不能隐瞒

خوآيب نَگمز، خو دَرد ما نَگمز

hu äyb nägmez hudärd manägmez

塔吉克族谚语。流传于新疆维吾尔自治区喀什地区塔什库尔干塔吉克自治县。“你的过失可以隐瞒，苦衷不能隐瞒。”告诉人们要相互同情各自的苦衷，互相帮助，共同生活。对于研究塔吉克族谚语有参考价值。1985 年玉素甫塔吉克语演唱，西仁·库尔班塔吉克文笔录并译成维吾尔文。16 开纸 1 页，1 行。译文收入《中国民间文学集成·新疆卷·塔吉克族民间文学集》，新疆大学出版社 2005 年版。

（艾比百·吐尔逊尼牙孜编，贾玛力丁译）

人失去眼睛可怜

آدَم خوآز چَشم سَسراود اُول ساود

adäm hoäz čäšm säsirawd owol sawd

塔吉克族谚语。流传于新疆维吾尔自治区喀什地区塔什库尔干塔吉克自治县。“鸟失去翅膀可怜，人失去眼睛可怜。”说明人失去了眼睛好比鸟失去翅膀一样，告诫人们要爱护自己的身体。对于研究塔吉克族生活观念有参考价值。1985 年穆尼·塔布力迪塔吉克语演唱，西仁·库尔班塔吉克文笔录并译成维吾尔文。16 开纸 1 页，1 行。译文收入《中国民间文学集成·新疆卷·塔吉克族民间文学集》，新疆大学出版社 2005 年版。

（艾比百·吐尔逊尼牙孜编，贾玛力丁译）

豆面里放油会浪费

مَک ياگجير راون اَفسَت

mäk yagjir rawn äfsät

塔吉克族谚语。流传于新疆维吾尔自治区喀什地区塔什库尔干塔吉克自治县。“豆面里放油会浪费，对愚昧无知的人费口舌会白费。”告诉人们不要同愚昧无知的人一般见识。对于研究塔吉克族谚语有参考价值。1985 年达力·买提胡夏勒塔吉克语演唱，西仁·库尔班塔吉克文笔录并译成维吾尔文。16 开纸 1 页，1 行。译文收入《中国民间文学集成·新疆卷·塔吉克族民间文学集》，新疆大学出版社 2005 年版。

（艾比百·吐尔逊尼牙孜编，贾玛力丁译）

只要有油，土也可以做成糊糊

سيت قَتيمَس بات چشيگ ساود

sit qätimäs bat čäyg sawd

塔吉克族谚语。流传于新疆维吾尔自治区喀什地区塔什库尔干塔吉克自治县。“只要有油，土也可以做成糊糊。”告诉人们只要有充分准备和坚定的决心，做任何事都会取得成功。对于研究塔吉克族生活观念有参考价值。1985 年代尔亚巴依塔吉克语演唱，西仁·库尔班塔吉克文笔录并译成维吾尔文。16 开纸 1 页，1 行。译文收入《中国民间文学集成·新疆卷·塔吉克族民间文学集》，新疆大学出版社 2005 年版。

（艾比百·吐尔逊尼牙孜编，贾玛力丁译）

马衰弱了，勇士会孤独

ورج خَراب سَساود، مَرد غَريب ساود

wurj härab säsawd，märd ɣärib sawd

塔吉克族谚语。流传于新疆维吾尔自治区喀什地区塔什库尔干塔吉克自治县。“马衰弱了，勇士会孤独。”说明人如果失去了帮助自己的支持者，就会变得孤独无援。对于研究塔吉克族谚语有参考价值。1985 年艾布力·艾山汗塔吉克语演唱，西仁·库尔班塔吉克文笔录并译成维吾尔文。16 开纸 1 页，1 行。译文收入《中国民间文学集成·新疆卷·塔吉克族民间文学集》，新疆大学出版社 2005 年版。

（艾比百·吐尔逊尼牙孜编，贾玛力丁译）

花中有刺，人中有贼

گُل اَر دَرون شُد ياست

gol ärdärun šod yast

塔吉克族谚语。流传于新疆维吾尔自治区喀什地区塔什库尔干塔吉克自治县。“花中有刺，人中有贼。”说明如花中有刺一样，在人中也有窃贼、撒谎者、伪君子。告诉人们评价事物和人时，不要急于作出判断，要谨慎。对于研究塔吉克族谚语有参考价值。1985 年嘎瓦尔·阿拉木塔吉克语演唱，西仁·库尔班塔吉克文笔录并译成维吾尔文。16 开纸 1 页，1 行。译文收入《中国民间文学集成·新疆卷·塔吉克族民间文学集》，新疆大学出版社 2005 年版。

（艾比百·吐尔逊尼牙孜编，贾玛力丁译）

刀子虽小，但能宰杀骆驼

چُقى قَتى شُتور كَكت ساود

čoqi qäti šotur käkt sawd

塔吉克族谚语。流传于新疆维吾尔自治区喀什地区塔什库尔干塔吉克自治县。“刀子虽小，但能宰杀骆驼。”比喻虽然没有才华和能力，只要不停地努力，也能做成大事。告诫人们不要忽视弱者的潜力。对于研究塔吉克族谚语有参考价值。1985 年塔布力迪·吾秀尔塔吉克语演唱，西仁·库尔班塔吉克文笔录并译成维吾尔文。16 开纸 1 页，1 行。译文收入《中国民间文学集成·新疆卷·塔吉克族民间文学集》，新疆大学出版社 2005 年版。

（艾比百·吐尔逊尼牙孜编，贾玛力丁译）

无烟不会有火

بدُد يوس نيست

bedod yus nist

塔吉克族谚语。流传于新疆维吾尔自治区喀什地区塔什库尔干塔吉克自治县。“无烟不会有火，无理不会有争吵。”说明世上没有无缘无故的事。对于研究塔吉克族谚语有参考价值。1985 年布荣塔吉克语演唱，西仁·库尔班塔吉克文笔录并译成维吾尔文。16 开纸 1 页，1 行。译文收入《中国民间文学集成·新疆卷·塔吉克族民间文学集》，新疆大学出版社 2005 年版。

（艾比百·吐尔逊尼牙孜编，贾玛力丁译）

水和土相宜

آب اَت سيت هَمرو

ab ät sit hämru

塔吉克族谚语。流传于新疆维吾尔自治区喀什地区塔什库尔干塔吉克自治县。“奶和油相宜，水和土相宜。”劝导人们要团结协助，友好相处。对于研究塔吉克族谚语有参考价值。1985 年古力买买德塔吉克语演唱，西仁·库尔班塔吉克文笔录并译成维吾尔文。16 开纸 1 页，1 行。译文收入《中国民间文学集成·新疆卷·塔吉克族民间文学集》，新疆大学出版社 2005 年版。

（艾比百·吐尔逊尼牙孜编，贾玛力丁译）

心情开朗的漂亮女人，无需涂脂抹粉

خُشرویر پَردُز هُجَت نیست

xošruyir pärdoz hojät nist

塔吉克族谚语。流传于新疆维吾尔自治区喀什地区塔什库尔干塔吉克自治县。“心情开朗的漂亮女人，无需涂脂抹粉。”表达了人们对于自然美的喜悦感。对于研究塔吉克族谚语有参考价值。1985 年多来提别克塔吉克语演唱，西仁·库尔班塔吉克文笔录并译成维吾尔文。16 开纸 1 页，1 行。译文收入《中国民间文学集成·新疆卷·塔吉克族民间文学集》，新疆大学出版社 2005 年版。

（艾比百·吐尔逊尼牙孜编，贾玛力丁译）

婚礼是收入

توی کیریم ، مَرگی چیقیم

tuy kirim，märgi čiqim

塔吉克族谚语。流传于新疆维吾尔自治区喀什地区塔什库尔干塔吉克自治县。“婚礼是收入，丧事是支出。”说明婚礼给人带来喜庆和幸福，丧事会带来悲伤和痛苦。对于研究塔吉克族社会生活观念有参考价值。1985 年尼嘎尔塔吉克语演唱，西仁·库尔班塔吉克文笔录。译成维吾尔文。16 开纸 1 页，1 行。译文收入《中国民间文学集成·新疆卷·塔吉克族民间文学集》，新疆大学出版社 2005 年版。

（艾比百·吐尔逊尼牙孜编，贾玛力丁译）

人老了先掉牙

آدَم اول اَز دَندان پیر ساود

adäm äwäl äz dändan pir sawd

塔吉克族谚语。流传于新疆维吾尔自治区喀什地区塔什库尔干塔吉克自治县。“人老了先掉牙，然后耳朵变聋。”劝告人们要爱护身体，保持健康。对于研究塔吉克族谚语有参考价值。1985 年穆拉迪克塔吉克语演唱，西仁·库尔班塔吉克文笔录并译成维吾尔文。16 开纸 1 页，1 行。译文收入《中国民间文学集成·新疆卷·塔吉克族民间文学集》，新疆大学出版社 2005 年版。

（艾比百·吐尔逊尼牙孜编，贾玛力丁译）

衣襟遮不住阳光

چَپان پَیک قَتی خر پَرامد نَساود

čäpan päyk qäti her päramd näsawd

塔吉克族谚语。流传于新疆维吾尔自治区喀什地区塔什库尔干塔吉克自治县。“衣襟遮不住阳光。”说明真相必定要大白的规律，劝导人们要真实、真诚，坚持正义。对于研究塔吉克族谚语有参考价值。1985 年塔布力迪·吾秀尔塔吉克语演唱，西仁·库尔班塔吉克文笔录并译成维吾尔文。16 开纸 1 页，1 行。译文收入《中国民间文学集成·新疆卷·塔吉克族民间文学集》，新疆大学出版社 2005 年版。

（艾比百·吐尔逊尼牙孜编，贾玛力丁译）

馕两面都能烤熟

کیپیک اَز دو سَر پَست

kipik äz du sär päst

塔吉克族谚语。流传于新疆维吾尔自治区喀什地区塔什库尔干塔吉克自治县。“馕两面都能烤熟。”说明成就任何事，都需要内外因素的紧密配合。告诫人们做事要团结协作。对于研究塔吉克族谚语有参考价值。1985 年布荣塔吉克语演唱，西仁·库尔班塔吉克文笔录并译成维吾尔文。16 开纸 1 页，1 行。译文收入《中国民间文学集成·新疆卷·塔吉克族民间文学集》，新疆大学出版社 2005

年版。

（艾比百·吐尔逊尼牙孜编，贾玛力丁译）

有呼吸，就有苦衷

دَم ياست ، غَم ياست

däm yast ，ɣäm yast

塔吉克族谚语。流传于新疆维吾尔自治区喀什地区塔什库尔干塔吉克自治县。“有呼吸，就有苦衷。”告诉人们不要因为幸福而麻痹大意，也不要因为困苦而过于气馁。对于研究塔吉克族社会生活观念有参考价值。1985 年古力买买德塔吉克语演唱，西仁·库尔班塔吉克文笔录并译成维吾尔文。16 开纸 1 页，1 行。译文收入《中国民间文学集成·新疆卷·塔吉克族民间文学集》，新疆大学出版社 2005 年版。

（艾比百·吐尔逊尼牙孜编，贾玛力丁译）

过于快乐是烦恼的预兆

اوچ رُهتى جَفايَن ويكال

uč ruhäti jäfayän wikal

塔吉克族谚语。流传于新疆维吾尔自治区喀什地区塔什库尔干塔吉克自治县。“过于安逸是痛苦的先兆，过于快乐是烦恼的预兆。”告诉人们人生不会一帆风顺，有可能乐极生悲。对于研究塔吉克族社会生活观念有参考价值。1985 年尼嘎尔塔吉克语演唱，西仁·库尔班塔吉克文笔录并译成维吾尔文。16 开纸 1 页，1 行。译文收入《中国民间文学集成·新疆卷·塔吉克族民间文学集》，新疆大学出版社 2005 年版。

（艾比百·吐尔逊尼牙孜编，贾玛力丁译）

骆驼驮自己的货物

شُتور خو وز تركَكت

šotur xu wez ter käkt

塔吉克族谚语。流传于新疆维吾尔自治区喀什地区塔什库尔干塔吉克自治县。“骆驼驮自己的货物，毛驴也驮自己的货物。”告诉人们在生活上要正确认识自己，努力胜任自己的职业。对于研究塔吉克族生活观念有参考价值。1985 年穆巴拉克夏塔吉克语演唱，西仁·库尔班塔吉克文笔录并译成维吾尔文。16 开纸 1 页，1 行。译文收入《中国民间文学集成·新疆卷·塔吉克族民间文学集》，新疆大学出版社 2005 年版。

（艾比百·吐尔逊尼牙孜编，贾玛力丁译）

一颗种子成千颗

يَک دونا هَزار دونا ساود

yäk duna häzar duna sawd

塔吉克族谚语。流传于新疆维吾尔自治区喀什地区塔什库尔干塔吉克自治县。“一颗种子成千颗。”告诉人们作物得到很好的栽培，就一定能获得丰收，只要付出辛勤的劳动，一定能成功。对于研究塔吉克族崇尚劳动的观念有参考价值。1985 年买买地亚尔塔吉克语演唱，西仁·库尔班塔吉克文笔录并译成维吾尔文。16 开纸 1 页，1 行。译文收入《中国民间文学集成·新疆卷·塔吉克族民间文学集》，新疆大学出版社 2005 年版。

（艾比百·吐尔逊尼牙孜编，贾玛力丁译）

一枝花开不算春

يک گُل اَت ستقَتى بَهار نَياد

yek gol ät setqäti bähar näyad

塔吉克族谚语。流传于新疆维吾尔自治区喀什地区塔什库尔干塔吉克自治县。“一枝花开不算春。”告诉人们对一件事不要匆忙作出判断和评价，要扩展视野，看透其本质。对于研究塔吉克族谚语有参考价值。1985 年买买地亚尔塔吉克语演唱，西仁·库尔班塔吉克文笔录并译成维吾尔文。16 开纸 1 页，

1行。译文收入《中国民间文学集成·新疆卷·塔吉克族民间文学集》，新疆大学出版社2005年版。

（艾比百·吐尔逊尼牙孜编，贾玛力丁译）

流走的是大河，留下的是水池

تُیجنج دَریا ، ردجنج کاول

toyjenj därya , redjenj kawl

塔吉克族谚语。流传于新疆维吾尔自治区喀什地区塔什库尔干塔吉克自治县。“流走的是大河，留下的是水池。”劝告人们做事要积极，意气风发，讽刺了懒惰松散的行为。对于研究塔吉克族生活观念有参考价值。1985年法克尔夏塔吉克语演唱，西仁·库尔班塔吉克文笔录并译成维吾尔文。16开纸1页，1行。译文收入《中国民间文学集成·新疆卷·塔吉克族民间文学集》，新疆大学出版社2005年版。

（艾比百·吐尔逊尼牙孜编，贾玛力丁译）

雷击的爆声不等于天裂

تَندور داد قَتی آسمان نَسیراود

tändur dad qäti asman näsirawd

塔吉克族谚语。流传于新疆维吾尔自治区喀什地区塔什库尔干塔吉克自治县。“雷击的爆声不等于天裂，高山的回音不等于它能发出声音。”说明在生活中企图以虚张声势去吓唬别人的人，是不会达到目的的。告诫人们远离荒唐行为，培养诚实、谦虚的品格。对于研究塔吉克族谚语有参考价值。1985年穆巴拉克夏塔吉克语演唱，西仁·库尔班塔吉克文笔录并译成维吾尔文。16开纸1页，2行。译文收入《中国民间文学集成·新疆卷·塔吉克族民间文学集》，新疆大学出版社2005年版。

（艾比百·吐尔逊尼牙孜编，贾玛力丁译）

人生道路好比山路

هَیات پاند آینی قیر پاند

häyat pand äyni qir pand

塔吉克族谚语。流传于新疆维吾尔自治区喀什地区塔什库尔干塔吉克自治县。“人生道路好比山路。”说明人生会有曲折，不会一帆风顺。劝导人们要克服种种困难，奋勇向前。对于研究塔吉克族社会生活观念有参考价值。1985年买买地亚尔塔吉克语演唱，西仁·库尔班塔吉克文笔录并译成维吾尔文。16开纸1页，2行。译文收入《中国民间文学集成·新疆卷·塔吉克族民间文学集》，新疆大学出版社2005年版。

（艾比百·吐尔逊尼牙孜编，贾玛力丁译）

男人以慷慨出名

چَرَین مَردی قَتی نُم زازد

čäräyn märdi qäti nom zazd

塔吉克族谚语。流传于新疆维吾尔自治区喀什地区塔什库尔干塔吉克自治县。“马以大麦出名，狗以烤饼出名，男人以慷慨出名，水磨以水出名。”说明男人具有大方、慷慨的品质，才能留下好的名声。对于研究塔吉克族谚语有参考价值。1985年土尔迪·阿洪塔吉克语演唱，西仁·库尔班塔吉克文笔录并译成维吾尔文。16开纸1页，1行。译文收入《中国民间文学集成·新疆卷·塔吉克族民间文学集》，新疆大学出版社2005年版。

（艾比百·吐尔逊尼牙孜编，贾玛力丁译）

年轻人是早晨的太阳

یاش تَریاولنج آفتاب

yaš täryawlnej aftab

塔吉克族谚语。流传于新疆维吾尔自治区喀什地区塔什库尔干塔吉克自治县。“年轻人是早晨的太阳，老年人是晚上的太阳。”说明年轻人身强力壮、精力充沛，要珍惜青春时光，为实现自己的愿望而奋斗。对于研究塔吉克族生活观念有参考价值。1985 年玉素甫塔吉克语演唱，西仁·库尔班塔吉克文笔录并译成维吾尔文。16 开纸 1 页，1 行。译文收入《中国民间文学集成·新疆卷·塔吉克族民间文学集》，新疆大学出版社 2005 年版。

（艾比百·吐尔逊尼牙孜编，贾玛力丁译）

晚辈们会如愿以偿

كودَكخَيل خو پَميرود فيراپسين

kudäkxäyl xu pämirud firapsin

塔吉克族谚语。流传于新疆维吾尔自治区喀什地区塔什库尔干塔吉克自治县。“晚辈们会如愿以偿，长辈们会心灰意懒。”说明年轻人只要努力，就能如愿以偿；而老年人再怎样努力，也只能心有余而力不足。劝告人们年轻时，要为实现自己的理想努力奋斗。对于研究塔吉克族谚语有参考价值。1985 年穆尼·塔布力迪塔吉克语演唱，西仁·库尔班塔吉克文笔录并译成维吾尔文。16 开纸 1 页，1 行。译文收入《中国民间文学集成·新疆卷·塔吉克族民间文学集》，新疆大学出版社 2005 年版。

（艾比百·吐尔逊尼牙孜编，贾玛力丁译）

因为五只手指头不一样齐

پَنج اَنگوشت تَنگ نيست

pänj ängušt täng nist

塔吉克族谚语。流传于新疆维吾尔自治区喀什地区塔什库尔干塔吉克自治县。“因为五只手指头不一样齐，所以才能相互管理。”说明世上人与人之间会有差别，强者总要管理和指导弱者。对于研究塔吉克族谚语有参考价值。1985 年艾布力·艾山汗塔吉克语演唱，西仁·库尔班塔吉克文笔录并译成维吾尔文。16 开纸 1 页，1 行。译文收入《中国民间文学集成·新疆卷·塔吉克族民间文学集》，新疆大学出版社 2005 年版。

（艾比百·吐尔逊尼牙孜编，贾玛力丁译）

由于孔雀的羽毛漂亮，所以招惹祸害

پَرتاوس اَز خُشروی اَربَلو رَست

pärtawos äz hošruyi ärbälu räst

塔吉克族谚语。流传于新疆维吾尔自治区喀什地区塔什库尔干塔吉克自治县。“由于孔雀的羽毛漂亮，所以招惹祸害。”说明美丽的容貌不仅会带来好运，也会带来不幸。对于研究塔吉克族谚语有参考价值。1985 年马达力汗·巴伦塔吉克语演唱，西仁·库尔班塔吉克文笔录并译成维吾尔文。16 开纸 1 页，1 行。译文收入《中国民间文学集成·新疆卷·塔吉克族民间文学集》，新疆大学出版社 2005 年版。

（艾比百·吐尔逊尼牙孜编，贾玛力丁译）

睡眠是人的财富

خاب آدَم دولَت

xab adäm dawlät

塔吉克族谚语。流传于新疆维吾尔自治区喀什地区塔什库尔干塔吉克自治县。“睡眠是人的财富。”劝导人们要重视睡眠，适当休息，享受生活的乐趣。对于研究塔吉克族生活观念有参考价值。1985 年西仁·库尔班塔吉克语演唱，西仁·库尔班塔吉克文笔录并译成维吾尔文。16 开纸 1 页，1 行。译文收入《中国民间文学集成·新疆卷·塔吉克族民间文学集》，新疆大学出版社 2005 年版。

（艾比百·吐尔逊尼牙孜编，贾玛力丁译）

伟大的事业一天完不成

لاور چر ايمَتير اَدو نَساود

lawr čer imätir ädu näsawd

塔吉克族谚语。流传于新疆维吾尔自治

区喀什地区塔什库尔干塔吉克自治县。“伟大的事业一天完不成。”劝告人们要培养坚韧不拔的品质。对于研究塔吉克族生活观念有参考价值。1985 年哈里丹·夏热合曼塔吉克语演唱，西仁·库尔班塔吉克文笔录并译成维吾尔文。16 开纸 1 页，1 行。译文收入《中国民间文学集成·新疆卷·塔吉克族民间文学集》，新疆大学出版社 2005 年版。

（艾比百·吐尔逊尼牙孜编，贾玛力丁译）

没有无瑕疵的花

آیب نَودج گُل نیست

äyb näwidj gol nist

塔吉克族谚语。流传于新疆维吾尔自治区喀什地区塔什库尔干塔吉克自治县。“没有无瑕疵的花，没有无缺点的人。”劝告人们要以科学的态度对待事物和人。对于研究塔吉克族社会道德观念有参考价值。1985 年古力买买德塔吉克语演唱，西仁·库尔班塔吉克文笔录并译成维吾尔文。16 开纸 1 页，1 行。译文收入《中国民间文学集成·新疆卷·塔吉克族民间文学集》，新疆大学出版社 2005 年版。

（艾比百·吐尔逊尼牙孜编，贾玛力丁译）

大河不会被一块土块儿搅浑

دَریا زیلیک کَلگ قَتی غَت نَساود

därya zilik kälg qäti ɣät näsawd

塔吉克族谚语。流传于新疆维吾尔自治区喀什地区塔什库尔干塔吉克自治县。“大河不会被一块土块儿搅浑。”说明少数坏人不可能污染、破坏整个社会良好、纯洁的环境。对于研究塔吉克族谚语有参考价值。1985 年尼嘎尔塔吉克语演唱，西仁·库尔班塔吉克文笔录并译成维吾尔文。16 开纸 1 页，1 行。译文收入《中国民间文学集成·新疆卷·塔吉克族民间文学集》，新疆大学出版社 2005 年版。

（艾比百·吐尔逊尼牙孜编，贾玛力丁译）

劳动是汗，果实是糖

اَمگک خید، ویموا شَکَر

ämgäk xäyd，wimewa šäkär

塔吉克族谚语。流传于新疆维吾尔自治区喀什地区塔什库尔干塔吉克自治县。“劳动是汗，果实是糖。”说明劳动给人带来幸福生活，劝告人们要不怕艰辛，勤奋劳动，为自己的幸福生活而努力。对于研究塔吉克族崇尚劳动观念有参考价值。1985 年买买地亚尔塔吉克语演唱，西仁·库尔班塔吉克文笔录并译成维吾尔文。16 开纸 1 页，1 行。译文收入《中国民间文学集成·新疆卷·塔吉克族民间文学集》，新疆大学出版社 2005 年版。

（艾比百·吐尔逊尼牙孜编，贾玛力丁译）

勤劳的人说今天

چرچی نُر لود، هُرون پَگا

čerči nor lewd，horun päga

塔吉克族谚语。流传于新疆维吾尔自治区喀什地区塔什库尔干塔吉克自治县。“勤劳的人说今天，懒汉说明天。”赞美了勤劳，讽刺了懒惰。对于研究塔吉克族人生价值观念有参考价值。1985 年玉素甫塔吉克语演唱，西仁·库尔班塔吉克文笔录并译成维吾尔文。16 开纸 1 页，1 行。译文收入《中国民间文学集成·新疆卷·塔吉克族民间文学集》，新疆大学出版社 2005 年版。

（艾比百·吐尔逊尼牙孜编，贾玛力丁译）

镜子显示画像

اوینک پس ویساند

uynäk pes wisand

塔吉克族谚语。流传于新疆维吾尔自治区

区喀什地区塔什库尔干塔吉克自治县。“镜子显示画像，语言显示心灵。”说明语言是心灵的使者，告诫人们要培养心口如一、诚恳、真诚的品质。对于研究塔吉克族社会道德观念有参考价值。1985 年达力・买提胡夏勒塔吉克语演唱，西仁・库尔班塔吉克文笔录并译成维吾尔文。16 开纸 1 页，1 行。译文收入《中国民间文学集成・新疆卷・塔吉克族民间文学集》，新疆大学出版社 2005 年版。

（艾比百・吐尔逊尼牙孜编，贾玛力丁译）

骑马不知徒步难

پییودا دَرد وُرجین نَوَزاند

piyuda därd worjin näwäzand

塔吉克族谚语。流传于新疆维吾尔自治区喀什地区塔什库尔干塔吉克自治县。“饱汉不知饿汉饥，骑马不知徒步难。”说明生活富裕、无忧无愁的人不理解贫穷者的困难，劝导人们要扶贫济困。对于研究塔吉克族谚语有参考价值。1985 年艾布力・艾山汗塔吉克语演唱，西仁・库尔班塔吉克文笔录并译成维吾尔文。16 开纸 1 页，1 行。译文收入《中国民间文学集成・新疆卷・塔吉克族民间文学集》，新疆大学出版社 2005 年版。

（艾比百・吐尔逊尼牙孜编，贾玛力丁译）

花谢会再开，光阴一去不回

گُل اَز کال اَت ساود

gol äz kal ät sawd

塔吉克族谚语。流传于新疆维吾尔自治区喀什地区塔什库尔干塔吉克自治县。“花谢会再开，光阴一去不回。”劝导人们不要荒废有限的时光，要珍惜和充分利用好时间。对于研究塔吉克族生活观念有参考价值。1985 年布荣塔吉克语演唱，西仁・库尔班塔吉克文笔录并译成维吾尔文。16 开纸 1 页，2 行。译文收入《中国民间文学集成・新疆卷・塔吉克族民间文学集》，新疆大学出版社 2005 年版。

（艾比百・吐尔逊尼牙孜编，贾玛力丁译）

事实胜于雄辩

حَقیقَت پَپیرود پیلمَس شو سدج

häqiqät päpirud pilmäs šuw sedj

塔吉克族谚语。流传于新疆维吾尔自治区喀什地区塔什库尔干塔吉克自治县。“事实胜于雄辩。”告诫人们尊重事实，相信事实，坚持正义。对于研究塔吉克族谚语有参考价值。1985 年塔布力迪・吾秀尔塔吉克语演唱，西仁・库尔班塔吉克文笔录并译成维吾尔文。16 开纸 1 页，1 行。译文收入《中国民间文学集成・新疆卷・塔吉克族民间文学集》，新疆大学出版社 2005 年版。

（艾比百・吐尔逊尼牙孜编，贾玛力丁译）

颗粒满仓

دونا قَتی خَمباک پور ساود

duna qäti hämbak pur sawd

塔吉克族谚语。流传于新疆维吾尔自治区喀什地区塔什库尔干塔吉克自治县。“滴水成河，颗粒满仓。”劝导人们要勤奋、耐心、有毅力，则做什么事情都能成功。对于研究塔吉克族世界观有参考价值。1985 年多来提别克塔吉克语演唱，西仁・库尔班塔吉克文笔录并译成维吾尔文。16 开纸 1 页，1 行。译文收入《中国民间文学集成・新疆卷・塔吉克族民间文学集》，新疆大学出版社 2005 年版。

（艾比百・吐尔逊尼牙孜，贾玛力丁译）

吃饭是为了生存

خوردَن بَرای زیستَن است

xurdän bärayi zistän äst

塔吉克族谚语。流传于新疆维吾尔自治

区喀什地区塔什库尔干塔吉克自治县。“吃饭是为了生存，但生存不是为吃饭。”说明人仅仅为了私欲而活着是可耻的，劝导人们要成为高尚的人。对于研究塔吉克族世界观有参考价值。1985 年尼嘎尔塔吉克语演唱，西仁·库尔班塔吉克文笔录并译成维吾尔文。16 开纸 1 页，1 行。译文收入《中国民间文学集成·新疆卷·塔吉克族民间文学集》，新疆大学出版社 2005 年版。

（艾比百·吐尔逊尼牙孜编，贾玛力丁译）

市场上的玩耍是衣服口袋

بُزورَن ويتَماشا يَنجق

bozurän witämaša yänjeq

塔吉克族谚语。流传于新疆维吾尔自治区喀什地区塔什库尔干塔吉克自治县。“市场上的玩耍是衣服口袋。”说明要想在市场上购物，必须有足够的钱。对于研究塔吉克族谚语有参考价值。1985 年买买地亚尔塔吉克语演唱，西仁·库尔班塔吉克文笔录并译成维吾尔文。16 开纸 1 页，1 行。译文收入《中国民间文学集成·新疆卷·塔吉克族民间文学集》，新疆大学出版社 2005 年版。

（艾比百·吐尔逊尼牙孜编，贾玛力丁译）

衣服口袋满，心情饱满

يَنجق پور، زارد پور

yänjeq pur，zard pur

塔吉克族谚语。流传于新疆维吾尔自治区喀什地区塔什库尔干塔吉克自治县。“衣服口袋满，心情饱满；衣服口袋空，沉默寡言。”说明钱财是人的生活中不可或缺的东西，只有满足正常物质需求，才能在精神上得到安宁。对于研究塔吉克族价值观念有参考价值。1985 年土尔迪·阿洪塔吉克语演唱，西仁·库尔班塔吉克文笔录并译成维吾尔文。16 开纸 1 页，1 行。译文收入《中国民间文学集成·新疆卷·塔吉克族民间文学集》，新疆大学出版社 2005 年版。

（艾比百·吐尔逊尼牙孜编，贾玛力丁译）

衣服破烂的人寻找墙角

چوک چَپان بُرج کیکرد

čuk čäpan borj kikerd

塔吉克族谚语。流传于新疆维吾尔自治区喀什地区塔什库尔干塔吉克自治县。“衣服破烂的人寻找墙角，饿肚皮的人在穿越大漠。”说明丑陋无能的人见了人会躲避，为生存人可以应对各种困难。对于研究塔吉克族谚语有参考价值。1985 年玉素甫塔吉克语演唱，西仁·库尔班塔吉克文笔录并译成维吾尔文。16 开纸 1 页，1 行。译文收入《中国民间文学集成·新疆卷·塔吉克族民间文学集》，新疆大学出版社 2005 年版。

（艾比百·吐尔逊尼牙孜编，贾玛力丁译）

金无足赤，人无完人

سُف تیللو نیست، بی ایب خَلگ

sof tillu nist，bi äyb ählg

塔吉克族谚语。流传于新疆维吾尔自治区喀什地区塔什库尔干塔吉克自治县。“金无足赤，人无完人。”劝告人们不要过于追求十全十美。对于研究塔吉克族谚语有参考价值。1985 年穆尼·塔布力迪塔吉克语演唱，西仁·库尔班塔吉克文笔录并译成维吾尔文。16 开纸 1 页，1 行。译文收入《中国民间文学集成·新疆卷·塔吉克族民间文学集》，新疆大学出版社 2005 年版。

（艾比百·吐尔逊尼牙孜编，贾玛力丁译）

家家锅底一样黑

جَم جوی دَیگ دُم تار

jäm juy däyg dom tar

塔吉克族谚语。流传于新疆维吾尔自治区

区喀什地区塔什库尔干塔吉克自治县。“家家锅底一样黑。”说明营生的途径在所有地方都一样，不努力、不追求得不到好生活。对于研究塔吉克族谚语有参考价值。1985年达力·买提胡夏勒塔吉克语演唱，西仁·库尔班塔吉克文笔录并译成维吾尔文。16开纸1页，1行。译文收入《中国民间文学集成·新疆卷·塔吉克族民间文学集》，新疆大学出版社2005年版。

（艾比百·吐尔逊尼牙孜编，贾玛力丁译）

驮袋有两只眼

خيرجينَن دو چَشم ياست

xirjinän du čäšm yast

塔吉克族谚语。流传于新疆维吾尔自治区喀什地区塔什库尔干塔吉克自治县。“驮袋有两只眼。”说明所有东西都有两面性，告诉人们办事要从实际出发，要树立正确的世界观。对于研究塔吉克族生活观念有参考价值。1985年代尔亚巴依·艾斯马力塔吉克语演唱，西仁·库尔班塔吉克文笔录并译成维吾尔文。16开纸1页，1行。译文收入《中国民间文学集成·新疆卷·塔吉克族民间文学集》，新疆大学出版社2005年版。

（艾比百·吐尔逊尼牙孜编，贾玛力丁译）

水不会从底处往高处流

آب بَبر پَزى نَتيزد

ab bäber päzi nätizd

塔吉克族谚语。流传于新疆维吾尔自治区喀什地区塔什库尔干塔吉克自治县。“水不会从底处往高处流。”说明任何事物都有其规律，告诫人们做事要熟悉事物的本质和规律。对于研究塔吉克族谚语有参考价值。1985年艾布力·艾山汗塔吉克语演唱，西仁·库尔班塔吉克文笔录并译成维吾尔文。16开纸1页，1行。译文收入《中国民间文学集成·新疆卷·塔吉克族民间文学集》，新疆大学出版社2005年版。

（艾比百·吐尔逊尼牙孜编，贾玛力丁译）

人是喝生奶的，所以会充满幻想

آدَم خوم شير ريوجنج

adäm xum šir riwjenj

塔吉克族谚语。流传于新疆维吾尔自治区喀什地区塔什库尔干塔吉克自治县。“人是喝生奶的，所以会充满幻想。”说明人难免有缺点或犯错误，劝导人们要做一个有智谋的人，不要做出荒唐的事。对于研究塔吉克族谚语有参考价值。1985年布里布力塔吉克语演唱，西仁·库尔班塔吉克文笔录并译成维吾尔文。16开纸1页，1行。译文收入《中国民间文学集成·新疆卷·塔吉克族民间文学集》，新疆大学出版社2005年版。

（艾比百·吐尔逊尼牙孜编，贾玛力丁译）

火炉上的馕不会不熟

كَسورنج نان خوم نَرَست

käsurenj nan xum näräst

塔吉克族谚语。流传于新疆维吾尔自治区喀什地区塔什库尔干塔吉克自治县。“火炉上的馕不会不熟。”告诉人们当机会来临时要及时抓住。对于研究塔吉克族人生价值观念有参考价值。1985年吾甫尔塔吉克语演唱，西仁·库尔班塔吉克文笔录并译成维吾尔文。16开纸1页，1行。译文收入《中国民间文学集成·新疆卷·塔吉克族民间文学集》，新疆大学出版社2005年版。

（艾比百·吐尔逊尼牙孜编，贾玛力丁译）

兴旺来自水

جَم آبادى اَز آب

jäm abadi äz ab

塔吉克族谚语。流传于新疆维吾尔自治

区喀什地区塔什库尔干塔吉克自治县。“兴旺来自水。”告诫人们要珍惜水，不要浪费水。对于研究塔吉克族环保意识有参考价值。1985年塔瓦尼·卡地尔塔吉克语演唱，西仁·库尔班塔吉克文笔录并译成维吾尔文。16开纸1页，1行。译文收入《中国民间文学集成·新疆卷·塔吉克族民间文学集》，新疆大学出版社2005年版。

（艾比百·吐尔逊尼牙孜编，贾玛力丁译）

衰败的根源是压迫

زولمَن ويتگ خَروب

zulmän witäg xärub

塔吉克族谚语。流传于新疆维吾尔自治区喀什地区塔什库尔干塔吉克自治县。“衰败的根源是压迫。”说明采取残暴手段总会走向灭亡，劝导人们远离恶霸、卑鄙的人。对于研究塔吉克族善恶观念有参考价值。1985年哈里丹·夏热合曼塔吉克语演唱，西仁·库尔班塔吉克文笔录并译成维吾尔文。16开纸1页，1行。译文收入《中国民间文学集成·新疆卷·塔吉克族民间文学集》，新疆大学出版社2005年版。

（艾比百·吐尔逊尼牙孜编，贾玛力丁译）

拳头和锥子不平等

موتَت مَخ بَروبَر نيست

mutät mäx bärubär nist

塔吉克族谚语。流传于新疆维吾尔自治区喀什地区塔什库尔干塔吉克自治县。“拳头和锥子不平等。”说明弱者总要被强者左右。对于研究塔吉克族社会生活观念有参考价值。1985年汉·塞地尔丁塔吉克语演唱，西仁·库尔班塔吉克文笔录并译成维吾尔文。16开纸1页，1行。译文收入《中国民间文学集成·新疆卷·塔吉克族民间文学集》，新疆大学出版社2005年版。

（艾比百·吐尔逊尼牙孜编，贾玛力丁译）

黑毡子用肥皂洗一千遍也不会变白

تار جَين زيناد قَتى سيپَيد نَساود

tar jäyn zinad čäti sipäyd näsawd

塔吉克族谚语。流传于新疆维吾尔自治区喀什地区塔什库尔干塔吉克自治县。“黑毡子用肥皂洗一千遍也不会变白。”说明本性难改，纠缠办不到的事也是徒劳的。对于研究塔吉克族谚语有参考价值。1985年嘎瓦尔·阿拉木塔吉克语演唱，西仁·库尔班塔吉克文笔录并译成维吾尔文。16开纸1页，1行。译文收入《中国民间文学集成·新疆卷·塔吉克族民间文学集》，新疆大学出版社2005年版。

（艾比百·吐尔逊尼牙孜编，贾玛力丁译）

有生命就有苦恼

جُن ياست غَم ياست

jon yast ɤäm yast

塔吉克族谚语。流传于新疆维吾尔自治区喀什地区塔什库尔干塔吉克自治县。“有生命就有苦恼。”说明生命是苦恼和快乐的结合物，告诉人们要有耐心和意志，树立正确的世界观。对于研究塔吉克族社会生活观念有参考价值。1985年塔布力迪·吾秀尔塔吉克语演唱，西仁·库尔班塔吉克文笔录并译成维吾尔文。16开纸1页，1行。译文收入《中国民间文学集成·新疆卷·塔吉克族民间文学集》，新疆大学出版社2005年版。

（艾比百·吐尔逊尼牙孜编，贾马力丁译）

刀子能剁肉

چُقى تَر گوشت نَرجَست

čoqi tär guš närjäst

塔吉克族谚语。流传于新疆维吾尔自治区喀什地区塔什库尔干塔吉克自治县。“刀子能剁肉，而不能剁骨头。”谴责了弱肉强食的不良行为，劝导人们公正、友好地待人。对于研究塔吉克族社会道德观念有参考价值。1985 年多来提别克塔吉克语演唱，西仁·库尔班塔吉克文笔录并译成维吾尔文。16 开纸 1 页，1 行。译文收入《中国民间文学集成·新疆卷·塔吉克族民间文学集》，新疆大学出版社 2005 年版。

（艾比百·吐尔逊尼牙孜编，贾马力丁译）

好苗在初春才能看得到

سَبزه اَز اَول بَهار

säbzä äz äwäle bähar

塔吉克族谚语。流传于新疆维吾尔自治区喀什地区塔什库尔干塔吉克自治县。“好苗在初春才能看得到。”说明小孩长大后能否有出息，从他小时侯的举动可以预见到。告诉人们所有的事只要开头好，结果也会好。对于研究塔吉克族人生观有参考价值。1985 年尼嘎尔塔吉克语演唱，西仁·库尔班塔吉克文笔录并译成维吾尔文。16 开纸 1 页，1 行。译文收入《中国民间文学集成·新疆卷·塔吉克族民间文学集》，新疆大学出版社 2005 年版。

（艾比百·吐尔逊尼牙孜编，贾马力丁译）

喜随怒，善伴恶

چَرجی حَمرو ژیتی

čärji hämru ʤiti

塔吉克族谚语。流传于新疆维吾尔自治区喀什地区塔什库尔干塔吉克自治县。“喜随怒，善伴恶。”说明在生活中喜与怒、善与恶是一对孪生兄弟，告诉人们遇难、受挫时，要保持忍耐，增强好日子还会到来的信心。对于研究塔吉克族世界观有参考价值。1985 年法克尔夏塔吉克语演唱，西仁·库尔班塔吉克文笔录并译成维吾尔文。16 开纸 1 页，1 行。译文收入《中国民间文学集成·新疆卷·塔吉克族民间文学集》，新疆大学出版社 2005 年版。

（艾比百·吐尔逊尼牙孜编，贾马力丁译）

只要你纯洁，造谣者就无法找茬

گینو نَودج کُج نَدارد

ginu näwedj kuj nädard

塔吉克族谚语。流传于新疆维吾尔自治区喀什地区塔什库尔干塔吉克自治县。“只要你纯洁，造谣者就无法找茬。”说明公正、坦诚的人不会受到坏人的迫害，并且会受到所有人的尊敬。劝导人们做一个廉洁公正的人。对于研究塔吉克族社会道德观念有参考价值。1985 年买买地亚尔塔吉克语演唱，西仁·库尔班塔吉克文笔录并译成维吾尔文。16 开纸 1 页，1 行。译文收入《中国民间文学集成·新疆卷·塔吉克族民间文学集》，新疆大学出版社 2005 年版。

（艾比百·吐尔逊尼牙孜编，贾马力丁译）

金子在垃圾堆里也闪光

تیللو اَر ترمَس سَوُکت وز تیللو

tillu är termäs säwokt woz tillu

塔吉克族谚语。流传于新疆维吾尔自治区喀什地区塔什库尔干塔吉克自治县。“金子在垃圾堆里也闪光。”说明有才能的人在条件差的情况下也会显示自己的才能，倡导人们要克服恶劣的环境条件，不断进取。对于研究塔吉克族人生价值观念有参考价值。1985 年穆热迪克塔吉克语演唱，西仁·库尔班塔吉克文笔录并译成维吾尔文。16 开纸 1 页，1 行。译文收入《中国民间文学集成·新疆卷·塔吉克族民间文学集》，新疆大学出版社 2005 年版。

（艾比百·吐尔逊尼牙孜编，
安尼瓦尔·加帕尔译）

牲畜没有遮布，人有遮布

هَيوان بپَردا ، آدَمَن پَردايِن

häywan bepärda, adäm pärdayin

塔吉克族谚语。流传于新疆维吾尔自治区喀什地区塔什库尔干塔吉克自治县。“牲畜没有遮布，人有遮布。”说明人有复杂的内心世界，每个人的性格、缺点从外表上看不出来，告诫人们在社会交往中要保持机灵、警觉。对于研究塔吉克族社会道德观念有参考价值。1985 年达力·买提胡夏勒塔吉克语演唱，西仁·库尔班塔吉克文笔录并译成维吾尔文。16 开纸 1 页，1 行。译文收入《中国民间文学集成·新疆卷·塔吉克族民间文学集》，新疆大学出版社 2005 年版。

（艾比百·吐尔逊尼牙孜编，贾马力丁译）

身体健康是最大的财富

تَن ساقى لاور داولَت

tän saqi lawr dawlät

塔吉克族谚语。流传于新疆维吾尔自治区喀什地区塔什库尔干塔吉克自治县。“身体健康是最大的财富。”告诫人们要注意自己的身体，保持健康。对于研究塔吉克族健康观念有参考价值。1985 年代尔亚巴依·艾斯马力塔吉克语演唱，西仁·库尔班塔吉克文笔录并译成维吾尔文。16 开纸 1 页，1 行。译文收入《中国民间文学集成·新疆卷·塔吉克族民间文学集》，新疆大学出版社 2005 年版。

（艾比百·吐尔逊尼牙孜编，贾马力丁译）

各种花都有自己开放的季节

هَر گُل خُوَقتير اَت ساود

hä gol xowäqtir ät sawd

塔吉克族谚语。流传于新疆维吾尔自治区喀什地区塔什库尔干塔吉克自治县。“各种花都有自己开放的季节。”说明所有的事物都有其成就的时机，告诉人们要有耐心地等待机会，抓住机会，办好事情。对于研究塔吉克族人生观有参考价值。1985 年霍胡加艾山·皮纳齐塔吉克语演唱，西仁·库尔班塔吉克文笔录译成维吾尔文。16 开纸 1 页，1 行。译文收入《中国民间文学集成·新疆卷·塔吉克族民间文学集》，新疆大学出版社 2005 年版。

（艾比百·吐尔逊尼牙孜编，贾马力丁译）

公鸡不鸣也照样天亮

خُروس نه قيودمَسسه ياول دَيد

xorus nä qiwdmässä yawl däyd

塔吉克族谚语。流传于新疆维吾尔自治区喀什地区塔什库尔干塔吉克自治县。“公鸡不鸣也照样天亮。”说明自然规律是无法抗拒的。对于研究塔吉克族谚语有参考价值。1985 年布里布力塔吉克语演唱，西仁·库尔班塔吉克文笔录译成维吾尔文。16 开纸 1 页，1 行。译文收入《中国民间文学集成·新疆卷·塔吉克族民间文学集》，新疆大学出版社 2005 年版。

（艾比百·吐尔逊尼牙孜编，贾马力丁译）

山说：我有手，没有仁慈

قيرلوج: مُيَن دَست ياست رَهم نيست

qir lewj: moyän däst yast rähm nist

塔吉克族谚语。流传于新疆维吾尔自治区喀什地区塔什库尔干塔吉克自治县。“山说：我有手，没有仁慈；水说：我有仁慈，没有手。”说明每个人都有优点和缺点，劝导人们要相互尊重，包容各自的缺点，取长补短。对于研究塔吉克族社会道德观念有参考价值。1985 年马达力汗·巴伦塔吉克语演唱，西仁·库尔班塔吉克文笔录并译成维吾尔文。16 开纸 1 页，1 行。译文收入《中国民间文学集成·新疆卷·塔吉克族民间文学集》，新疆大学出版社 2005 年版。

（艾比百·吐尔逊尼牙孜编，贾马力丁译）

盛夏说：牛粪我一天可以晒干

یک مَتیر چَت غَت قاق کَم

yäk mätir čät ɣät qaq käm

塔吉克族谚语。流传于新疆维吾尔自治区喀什地区塔什库尔干塔吉克自治县。“盛夏说：牛粪我一天可以晒干；严冬说：牛粪还没有落完我就可以冻住它。”说明每个人都有自己的性格、才能，有的事情一个人能干的，别人干不了。对于研究塔吉克族谚语有参考价值。1985 年西仁・库尔班塔吉克语演唱，西仁・库尔班塔吉克文笔录并译成维吾尔文。16 开纸 1 页，1 行。译文收入《中国民间文学集成・新疆卷・塔吉克族民间文学集》，新疆大学出版社 2005 年版。

（艾比百・吐尔逊尼牙孜编，贾马力丁译）

每只公鸡都有自知之啼

هَر خُروس خُری قیود

här xorus xori qiwd

塔吉克族谚语。流传于新疆维吾尔自治区喀什地区塔什库尔干塔吉克自治县。“每只公鸡都有自知之啼。”说明在生活中每个人都有其愿望、生活观、做事的倾向，告诉人们要看到别人的长处。对于研究塔吉克族人生观有参考价值。1985 年哈里丹・夏热合曼塔吉克语演唱，西仁・库尔班塔吉克文笔录并译成维吾尔文。16 开纸 1 页，1 行。译文收入《中国民间文学集成・新疆卷・塔吉克族民间文学集》，新疆大学出版社 2005 年版。

（艾比百・吐尔逊尼牙孜编，贾马力丁译）

鸡蛋外白内黄

تُخمورگن وی وَچ سیپَید

toxmurgän wi wäč sipäyd

塔吉克族谚语。流传于新疆维吾尔自治区喀什地区塔什库尔干塔吉克自治县。“鸡蛋外白内黄。”说明不能只看外表评价人的好坏，劝告人们要通过现象看到本质。对于研究塔吉克族社会道德观念有参考价值。1985 年嘎瓦尔・阿拉木塔吉克语演唱，西仁・库尔班塔吉克文笔录并译成维吾尔文。16 开纸 1 页，1 行。译文收入《中国民间文学集成・新疆卷・塔吉克族民间文学集》，新疆大学出版社 2005 年版。

（艾比百・吐尔逊尼牙孜编，贾马力丁译）

没烟的屋不是屋

بدود چد چد نیست

bedud čed čed nist

塔吉克族谚语。流传于新疆维吾尔自治区喀什地区塔什库尔干塔吉克自治县。“清静的头不是头，没烟的屋不是屋。”说明在世上每个人都有自己的烦恼。告诫人们要培养不怕苦难的坚强意志。对于研究塔吉克族社会生活观念有参考价值。1985 年塔布力迪・吾秀尔塔吉克语演唱，西仁・库尔班塔吉克文笔录并译成维吾尔文。16 开纸 1 页，1 行。译文收入《中国民间文学集成・新疆卷・塔吉克族民间文学集》，新疆大学出版社 2005 年版。

（艾比百・吐尔逊尼牙孜编，贾马力丁译）

水稻的药是水

گیرنج دوری آب

girinj duri ab

塔吉克族谚语。流传于新疆维吾尔自治区喀什地区塔什库尔干塔吉克自治县。“水稻的药是水，皮肤的药是油。”说明生活中没有解决不了的问题和克服不了的困难。劝导人们培养乐观的品格和坚强的意志。对于研究塔吉克族生活观念有参考价值。1985 年古力买买德塔吉克语演唱，西仁・库尔班塔吉克文笔录并译成维吾尔文。16 开纸 1 页，1 行。译文收入《中国民间文学集成・新疆卷・塔吉克族民间文学集》，新疆大学出版社 2005 年版。

（艾比百·吐尔逊尼牙孜编，贾马力丁译）

在色勒库尔粮食只熟一次

سَريقول زاو يَک بُر پَست

säriqul zaw yäk bor päst

塔吉克族谚语。流传于新疆维吾尔自治区喀什地区塔什库尔干塔吉克自治县。“在色勒库尔（塔什库尔干）粮食只熟一次。”说明粮食的重要性，劝导人们要珍惜农民的劳动果实，培养勤俭节约的高尚品质。对于研究塔吉克族生活观念有参考价值。1985 年多来提别克塔吉克语演唱，西仁·库尔班塔吉克文笔录并译成维吾尔文。16 开纸 1 页，1 行。译文收入《中国民间文学集成·新疆卷·塔吉克族民间文学集》，新疆大学出版社 2005 年版。

（艾比百·吐尔逊尼牙孜编，贾马力丁译）

锅只开一次

دَيگ ايقَتور تر دَيد

däyg iqätur ter däyd

塔吉克族谚语。流传于新疆维吾尔自治区喀什地区塔什库尔干塔吉克自治县。“锅只开一次。”说明任何事机会只有一次。告诉人们要善于抓住机会。对于研究塔吉克族人生价值观念有参考价值。1985 年穆拉迪克塔吉克语演唱，西仁·库尔班塔吉克文笔录并译成维吾尔文。16 开纸 1 页，1 行。译文收入《中国民间文学集成·新疆卷·塔吉克族民间文学集》，新疆大学出版社 2005 年版。

（艾比百·吐尔逊尼牙孜编，贾马力丁译）

人比花娇柔

آدَم أز گُل نُزوک

adäm äz gol nozuk

塔吉克族谚语。流传于新疆维吾尔自治区喀什地区塔什库尔干塔吉克自治县。“人比花娇柔，比石头硬。”说明人们的心灵娇柔，而对艰难困苦的承受能力强。对于研究塔吉克族谚语有参考价值。1985 年穆巴拉克夏塔吉克语演唱，西仁·库尔班塔吉克文笔录并译成维吾尔文。16 开纸 1 页，1 行。译文收入《中国民间文学集成·新疆卷·塔吉克族民间文学集》，新疆大学出版社 2005 年版。

（艾比百·吐尔逊尼牙孜编，贾马力丁译）

人到临终前亮出心里话

آدَم بَرمَرگ وَقت ديلننج لود

adäm bärmrg wäqt dilnenj lewd

塔吉克族谚语。流传于新疆维吾尔自治区喀什地区塔什库尔干塔吉克自治县。“人到临终前亮出心里话。”说明临终时人会变得老实、可怜，劝告人们在任何时候都要坦诚说实话。对于研究塔吉克族谚语有参考价值。1985 年法克尔夏塔吉克语演唱，西仁·库尔班塔吉克文笔录并译成维吾尔文。16 开纸 1 页，1 行。译文收入《中国民间文学集成·新疆卷·塔吉克族民间文学集》，新疆大学出版社 2005 年版。

（艾比百·吐尔逊尼牙孜编，贾马力丁译）

猫临死前会向狗猛扑过去

بَرمَرگ پيش سَگ قيشا تُيج

bärmrg piš säg qiša toyj

塔吉克族谚语。流传于新疆维吾尔自治区喀什地区塔什库尔干塔吉克自治县。“猫临死前会向狗猛扑过去。”比喻人有时会做出愚蠢、可笑的事情。对于研究塔吉克族谚语有参考价值。1985 年买买地亚尔塔吉克语演唱，西仁·库尔班塔吉克文笔录并译成维吾尔文。16 开纸 1 页，1 行。译文收入《中国民间文学集成·新疆卷·塔吉克族民间文学集》，新疆大学出版社 2005 年版。

（艾比百·吐尔逊尼牙孜编，贾马力丁译）

过去的时间不回

نَرجدجنج وَقت نَيوژَفست

närjedjenj wäqt näwäʤäfst

塔吉克族谚语。流传于新疆维吾尔自治区喀什地区塔什库尔干塔吉克自治县。“过去的时间不回，逝去的人不归。”劝告人们要珍惜时间和朋友。对于研究塔吉克族人生观有参考价值。1985 年土尔迪·阿洪塔吉克语演唱，西仁·库尔班塔吉克文笔录并译成维吾尔文。16 开纸 1 页，1 行。译文收入《中国民间文学集成·新疆卷·塔吉克族民间文学集》，新疆大学出版社 2005 年版。

（艾比百·吐尔逊尼牙孜编，贾马力丁译）

铁钉穿不透石头

مَخ اَسَنگ دارز نَچيكَكت

mäx äsäng darz näčikäkt

塔吉克族谚语。流传于新疆维吾尔自治区喀什地区塔什库尔干塔吉克自治县。“铁钉穿不透石头。”说明去做不可能做到的事是徒劳的，劝告人们要按照实际情况行事。对于研究塔吉克族谚语有参考价值。1985 年玉素甫塔吉克语演唱，西仁·库尔班塔吉克文笔录并译成维吾尔文。16 开纸 1 页，1 行。译文收入《中国民间文学集成·新疆卷·塔吉克族民间文学集》，新疆大学出版社 2005 年版。

（艾比百·吐尔逊尼牙孜编，贾马力丁译）

光阴不再来

نَرژدجنج عمر نَياد

när ʤedjenj omr näyad

塔吉克族谚语。流传于新疆维吾尔自治区喀什地区塔什库尔干塔吉克自治县。“再怎样后悔哭泣，光阴不再来。”说明光阴已逝不复返，劝导人们有生之年不要虚度时光，要勤奋努力。对于研究塔吉克族生活观念有参考价值。1985 年穆尼·塔布力迪塔吉克语演唱，西仁·库尔班塔吉克文笔录并译成维吾尔文。16 开纸 1 页，1 行。译文收入《中国民间文学集成·新疆卷·塔吉克族民间文学集》，新疆大学出版社 2005 年版。

（艾比百·吐尔逊尼牙孜编，贾马力丁译）

人的生命是今世的

آدَم عمر اَمونَت

adäm omr ämunät

塔吉克族谚语。流传于新疆维吾尔自治区喀什地区塔什库尔干塔吉克自治县。“人的生命是今世的，纯洁的人爱是来世的。”称赞了人类的纯真感情，劝告人们珍惜、爱护情感。对于研究塔吉克族社会道德观念有参考价值。1985 年达力·买提胡夏勒塔吉克语演唱，西仁·库尔班塔吉克文笔录并译成维吾尔文。16 开纸 1 页，1 行。译文收入《中国民间文学集成·新疆卷·塔吉克族民间文学集》，新疆大学出版社 2005 年版。

（艾比百·吐尔逊尼牙孜编，贾马力丁译）

花在清晨开

گُل تَرياول اَت ساود

gol täryawl ätsawd

塔吉克族谚语。流传于新疆维吾尔自治区喀什地区塔什库尔干塔吉克自治县。“花在清晨开，心思在夜间开窍。”说明每一件事情都有它发生、表现的一定时机，告诫人们要把握好事物的规律。对于研究塔吉克族世界观有参考价值。1985 年代尔亚巴依·艾斯马力塔吉克语演唱，西仁·库尔班塔吉克文笔录并译成维吾尔文。16 开纸 1 页，1 行。译文收入《中国民间文学集成·新疆卷·塔吉克族民间文学集》，新疆大学出版社 2005 年版。

（艾比百·吐尔逊尼牙孜编，贾马力丁译）

寒冬的苦只有牧民最知道

زيميستان دَرد گيبون وَزاند

zimistan därd gibun wäzand

塔吉克族谚语。流传于新疆维吾尔自治区喀什地区塔什库尔干塔吉克自治县。“寒冬的苦只有牧民最知道。”说明饱经忧患的人才深知什么是苦。对于研究塔吉克族谚语有参考价值。1985 年霍加艾山·皮纳齐塔吉克语演唱，西仁·库尔班塔吉克文笔录并译成维吾尔文。16 开纸 1 页，1 行。译文收入《中国民间文学集成·新疆卷·塔吉克族民间文学集》，新疆大学出版社 2005 年版。

（艾比百·吐尔逊尼牙孜编，贾马力丁译）

滋生傲气会全空

كيسوم سَدَيد غاون نَيم ساود

kisum sädäyd ɣawn näym sawd

塔吉克族谚语。流传于新疆维吾尔自治区喀什地区塔什库尔干塔吉克自治县。“口袋受冻会下半截，滋生傲气会全空。”说明刚愎自用会使人变得卑鄙，劝导人们要成为谦虚、诚恳、有意志的人。对于研究塔吉克族谚语有参考价值。1985 年布里布力塔吉克语演唱，西仁·库尔班塔吉克文笔录并译成维吾尔文。16 开纸 1 页，2 行。译文收入《中国民间文学集成·新疆卷·塔吉克族民间文学集》，新疆大学出版社 2005 年版。

（艾比百·吐尔逊尼牙孜编，贾马力丁译）

死亡不轮辈

مَرگ بنوبَت

märg benubät

塔吉克族谚语。流传于新疆维吾尔自治区喀什地区塔什库尔干塔吉克自治县。“死亡不轮辈。”说明死亡不分老幼。劝告人们正确对待生老病死的自然规律，珍惜每一日，有意义地度过人生。对于研究塔吉克族人生观有参考价值。1985 年吾甫尔塔吉克语演唱，西仁·库尔班塔吉克文笔录并译成维吾尔文。16 开纸 1 页，1 行。译文收入《中国民间文学集成·新疆卷·塔吉克族民间文学集》，新疆大学出版社 2005 年版。

（艾比百·吐尔逊尼牙孜编，贾马力丁译）

不老练的琴师老是旋动热瓦甫琴的旋钮

ناسُز سوزانده سوف رَبوب غاول توب كَكت

nasoz sudandä suf räbub ɣawl tub käkt

塔吉克族谚语。流传于新疆维吾尔自治区喀什地区塔什库尔干塔吉克自治县。“不老练的琴师老是旋动热瓦甫琴的旋钮。”讽刺了弄虚作假的行为，劝告人们要做勤奋、对社会有用的人。对于研究塔吉克族人生价值观念有参考价值。1985 年塔瓦尼·卡地尔塔吉克语演唱，西仁·库尔班塔吉克文笔录并译成维吾尔文。16 开纸 1 页，1 行。译文收入《中国民间文学集成·新疆卷·塔吉克族民间文学集》，新疆大学出版社 2005 年版。

（艾比百·吐尔逊尼牙孜编，贾马力丁译）

穷人为一无所有发愁

كَمبَغَل نيستى تَر غَم

kämbäɣäl nisti tär ɣäm

塔吉克族谚语。流传于新疆维吾尔自治区喀什地区塔什库尔干塔吉克自治县。“穷人为一无所有发愁，吝啬鬼却为开销而烦恼。”说明所有的人都有自己的苦衷和忧愁，劝告人们在生活上要相互关心和体谅各自的疾苦。对于研究塔吉克族谚语有参考价值。1985 年马达力汗·巴伦塔吉克语演唱，西仁·库尔班塔吉克文笔录并译成维吾尔文。16 开纸 1 页，1 行。译文收入《中国民间文学集成·新疆卷·塔吉克族民间文学集》，新疆大学出版社 2005 年版。

（艾比百·吐尔逊尼牙孜编，贾马力丁译）

美丽的月亮脸上也有斑点

ماست آر پسمَس دوغ یاست

mast är pesmäs duɤyast

塔吉克族谚语。流传于新疆维吾尔自治区喀什地区塔什库尔干塔吉克自治县。“美丽的月亮脸上也有斑点。”说明有崇高品质的人也难免有缺点和过错的道理。对于研究塔吉克族哲理思想有参考价值。1985 年西仁·库尔班塔吉克语演唱，西仁·库尔班塔吉克文笔录并译成维吾尔文。16 开纸 1 页，1 行。译文收入《中国民间文学集成·新疆卷·塔吉克族民间文学集》，新疆大学出版社 2005 年版。

（艾比百·吐尔逊尼牙孜编，贾马力丁译）

仙女也有缺陷

پَریزودَنمَس اَیب یاست

pärizudänmäs äyb yast

塔吉克族谚语。流传于新疆维吾尔自治区喀什地区塔什库尔干塔吉克自治县。“仙女也有缺陷。”说明世上不存在完人的真理，劝导人们一分为二地看待人和事。对于研究塔吉克族哲理思想有参考价值。1985 年哈里丹·夏热合曼塔吉克语演唱，西仁·库尔班塔吉克文笔录并译成维吾尔文。16 开纸 1 页，1 行。译文收入《中国民间文学集成·新疆卷·塔吉克族民间文学集》，新疆大学出版社 2005 年版。

（艾比百·吐尔逊尼牙孜编，贾马力丁译）

地轮千次，男人只轮一次

زَمینیر هَزار نوبَت، چَرَینیر یَک

zäminir häzar nubät ，čäräynir yäk

塔吉克族谚语。流传于新疆维吾尔自治区喀什地区塔什库尔干塔吉克自治县。“地轮千次，男人只轮一次。”劝告人们要珍惜到来的机会和好运。对于研究塔吉克族谚语有参考价值。1985 年汉·塞地尔丁塔吉克语演唱，西仁·库尔班塔吉克文笔录并译成维吾尔文。16 开纸 1 页，1 行。译文收入《中国民间文学集成·新疆卷·塔吉克族民间文学集》，新疆大学出版社 2005 年版。

（艾比百·吐尔逊尼牙孜编，贾马力丁译）

没有无根的草木

بییلتیز وُک نیست

beyiltiz wok nist

塔吉克族谚语。流传于新疆维吾尔自治区喀什地区塔什库尔干塔吉克自治县。“没有无根的草木，没有不靠山的水。”说明所有的事物都有其存在、出现的根源，所有的事都有发生的原因，劝导人们要认识事物的本质，树立正确的观念。对于研究塔吉克族哲理思想有参考价值。1985 年嘎瓦尔·阿拉木塔吉克语演唱，西仁·库尔班塔吉克文笔录并译成维吾尔文。16 开纸 1 页，1 行。译文收入《中国民间文学集成·新疆卷·塔吉克族民间文学集》，新疆大学出版社 2005 年版。

（艾比百·吐尔逊尼牙孜编，贾马力丁译）

每条小河流对大河都有功

دَریوینج آب آز سَنگوب ییتچنج

däryuyenj ab äz sängub yitčenj

塔吉克族谚语。流传于新疆维吾尔自治区喀什地区塔什库尔干塔吉克自治县。“每条小河流对大河都有功。”说明完成每项重大事情都有普通人的一份贡献，劝导人们不要轻视普通人的能力。对于研究塔吉克族谚语有参考价值。1985 年塔布力迪·吾秀尔塔吉克语演唱，西仁·库尔班塔吉克文笔录并译成维吾尔文。16 开纸 1 页，1 行。译文收入《中国民间文学集成·新疆卷·塔吉克族民间文学集》，新疆大学出版社 2005 年版。

（艾比百·吐尔逊尼牙孜编，贾马力丁译）

牧民夸自畜，农民夸自粮

گيبون خُكَلا سيتاود

gibun xokäla sitawd

塔吉克族谚语。流传于新疆维吾尔自治区喀什地区塔什库尔干塔吉克自治县。“牧民夸自畜，农民夸自粮。”说明对每个人而言自己的劳动果实最珍贵，告诉人们在生活上要接受各自的优点。对于研究塔吉克族生活观念有参考价值。1985 年布荣塔吉克语演唱，西仁·库尔班塔吉克文笔录并译成维吾尔文。16 开纸 1 页，1 行。译文收入《中国民间文学集成·新疆卷·塔吉克族民间文学集》，新疆大学出版社 2005 年版。

（艾比百·吐尔逊尼牙孜编，贾马力丁译）

吃后死者，心满意足

خُگجنجَن اَرمون نيست

xogjenjän ärmun nist

塔吉克族谚语。流传于新疆维吾尔自治区喀什地区塔什库尔干塔吉克自治县。“吃后死者，心满意足；未吃而死者，抱恨而终。”说明吝啬小气的人将抱悔终身，劝导人们要成为慷慨大方的人。对于研究塔吉克族谚语有参考价值。1985 年古力买买德塔吉克语演唱，西仁·库尔班塔吉克文笔录并译成维吾尔文。16 开纸 1 页，1 行。译文收入《中国民间文学集成·新疆卷·塔吉克族民间文学集》，新疆大学出版社 2005 年版。

（艾比百·吐尔逊尼牙孜编，贾马力丁译）

苦乐相塞

خوشى يَت خَفاگى اَرپويگا

xuši yät xäfagi ärpuyga

塔吉克族谚语。流传于新疆维吾尔自治区喀什地区塔什库尔干塔吉克自治县。“苦乐相塞。”说明在人生中苦恼和快乐并存，告诫人们不要因为苦恼而灰心丧气，不要因为幸福快乐而失去理智、盛气凌人。对于研究塔吉克族谚语有参考价值。1985 年多来提别克塔吉克语演唱，西仁·库尔班塔吉克文笔录并译成维吾尔文。16 开纸 1 页，1 行。译文收入《中国民间文学集成·新疆卷·塔吉克族民间文学集》，新疆大学出版社 2005 年版。

（艾比百·吐尔逊尼牙孜编，贾马力丁译）

坏地方也有好人

ژيت اَر جوى چَرج خَلگ ياست

ʤit är juy čärj xälg yast

塔吉克族谚语。流传于新疆维吾尔自治区喀什地区塔什库尔干塔吉克自治县。“有如好地方有坏人一样，坏地方也有好人。”说明有好事的地方有坏事，有坏事的地方也有好人，劝导人们要树立正确的世界观。对于研究塔吉克族善恶观念有参考价值。1985 年法克尔夏塔吉克语演唱，西仁·库尔班塔吉克文笔录并译成维吾尔文。16 开纸 1 页，1 行。译文收入《中国民间文学集成·新疆卷·塔吉克族民间文学集》，新疆大学出版社 2005 年版。

（艾比百·吐尔逊尼牙孜编，贾马力丁译）

急流不可怕

تَيز اَز آب كوج مادار

täyz äz ab kuj madar

塔吉克族谚语。流传于新疆维吾尔自治区喀什地区塔什库尔干塔吉克自治县。“急流不可怕，缓水才可怕。”说明有些寡言少语、老实温顺的人，却心底狡诈，告诫人们在人际关系中要保持警觉。对于研究塔吉克族社会交际观念有参考价值。1985 年买买地亚尔塔吉克语演唱，西仁·库尔班塔吉克文笔录并译成维吾尔文。16 开纸 1 页，1 行。译文收入《中国民间文学集成·新疆卷·塔吉克族民间文学集》，新疆大学出版社 2005 年版。

（艾比百·吐尔逊尼牙孜编，贯马力丁译）

如果饥不迫，鸟不会上勾

لاور قچ پَرَنده اَر قَپغا واکچ

lawr qeč pärändä är qäpɣa wakč

塔吉克族谚语。流传于新疆维吾尔自治区喀什地区塔什库尔干塔吉克自治县。“如果饥不迫，鸟不会上勾。”告诉人们不要过分追求食欲，要远离贪婪。对于研究塔吉克族社会道德观念有参考价值。1985 年玉素甫塔吉克语演唱，西仁·库尔班塔吉克文笔录并译成维吾尔文。16 开纸 1 页，1 行。译文收入《中国民间文学集成·新疆卷·塔吉克族民间文学集》，新疆大学出版社 2005 年版。

（艾比百·吐尔逊尼牙孜编，贯马力丁译）

如果所有石头的缔造都一样的话

جَم سَنگ بَروبَر نیست

jäm säng bärubär nist

塔吉克族谚语。流传于新疆维吾尔自治区喀什地区塔什库尔干塔吉克自治县。“如果所有石头的缔造都一样的话，宝石的珍贵就不会降低。”说明贵重的东西从来不会失去自己的特点，劝导人们要珍惜价值高昂的东西。对于研究塔吉克族谚语有参考价值。1985 年穆尼·塔布力迪塔吉克语演唱，西仁·库尔班塔吉克文笔录并译成维吾尔文。16 开纸 1 页，1 行。译文收入《中国民间文学集成·新疆卷·塔吉克族民间文学集》，新疆大学出版社 2005 年版。

（艾比百·吐尔逊尼牙孜编，贯马力丁译）

河流由一点一滴的水形成

قَطره قَطره دَریا شَوَد

qäträ qäträ därya šäwäd

塔吉克族谚语。流传于新疆维吾尔自治区喀什地区塔什库尔干塔吉克自治县。“河流由一点一滴的水形成，大海由一个又一个的河流形成。”说明做成任何一件事都要不停顿地付出劳动、作出努力，才能最后取得胜利。劝导人们做任何事情都要有耐心和毅力。对于研究塔吉克族生活观念有参考价值。1985 年代尔亚巴依·艾斯马力塔吉克语演唱，西仁·库尔班塔吉克文笔录并译成维吾尔文。16 开纸 1 页，2 行。译文收入《中国民间文学集成·新疆卷·塔吉克族民间文学集》，新疆大学出版社 2005 年版。

（艾比百·吐尔逊尼牙孜编，贯马力丁译）

牛瘦了会长角

چَت خُت سَساود کاو دَراز ساود

čät xot säsawd kaw däraz sawd

塔吉克族谚语。流传于新疆维吾尔自治区喀什地区塔什库尔干塔吉克自治县。“牛瘦了会长角，马瘦了会长鬃。”说明每件事物都有自己的规律。对于研究塔吉克族谚语有参考价值。1985 年卡地尔塔吉克语演唱，西仁·库尔班塔吉克文笔录并译成维吾尔文。16 开纸 1 页，1 行。译文收入《中国民间文学集成·新疆卷·塔吉克族民间文学集》，新疆大学出版社 2005 年版。

（玛丽亚木·艾合买提编，周玉玲译）

赛场培育千里马

اَسب اَر پويگا قُبيل ساود

äsb är puyga qobil sawd

塔吉克族谚语。流传于新疆维吾尔自治区喀什地区塔什库尔干塔吉克自治县。“赛场培育千里马，战场培育铁汉子。”说明任何事情都有自己的发展规律，只要不断努力，就能取得成功。对于研究塔吉克族谚语有参考价值。1985 年霍加艾山·皮纳齐塔吉克语演唱，西仁·库尔班塔吉克文笔录并译成维吾尔文。16 开纸 1 页，1 行。译文收入《中国民间文学集·新疆卷·塔吉克族民间文学集》，新疆大学出版社 2005 年版。

（艾比百·吐尔逊尼牙孜编，阿力木译）

走戈壁骑骆驼

پَداکت شتُر ويوى

pädakt šotor wiyuy

塔吉克族谚语。流传于新疆维吾尔自治区喀什地区塔什库尔干塔吉克自治县。“上山骑牦牛，走戈壁骑骆驼。”喻示人们凡事都要遵循客观规律。对于研究塔吉克族哲理思想有参考价值。1985 年布里布力塔吉克语演唱，艾布力·艾山汗塔吉克文笔录。穆尼·塔布力迪译成维吾尔文。16 开纸 1 页，1 行。译文收入《中国民间文学集成·新疆卷·塔吉克族民间文学集》，新疆大学出版社 2005 年版。

（玛丽亚木·艾合买提编，海燕萍译）

东流的河水一去不返

دَريا تَرزَبو نَتيزد

därya tärzäbu nätizd

塔吉克族谚语。流传于新疆维吾尔自治区喀什地区塔什库尔干塔吉克自治县。“流逝的岁月不能重现，东流的河水一去不返。”告诫人们要珍惜时光，热爱生命，做有益的事情，过有意义的生活。对于研究塔吉克族人生观有参考价值。1985 年土尔迪·阿洪塔吉克语演唱，西仁·库尔班塔吉克文笔录并译成维吾尔文。16 开纸 1 页，1 行。译文收入《中国民间文学集成·新疆卷·塔吉克族民间文学集》，新疆大学出版社 2005 年版。（玛丽亚木·艾合买提编，海燕萍译）

清晨天天有，青春只有一次

ياشى يَک بُر ياست

yaši yäk bor yast

塔吉克族谚语。流传于新疆维吾尔自治区喀什地区塔什库尔干塔吉克自治县。“清晨天天有，青春只有一次。”告诫人们不要虚度青春，要珍惜美好时光。对于研究塔吉克族生活观念有参考价值。1985 年巴伦塔吉克语演唱，西仁·库尔班塔吉克文笔录并译成维吾尔文。16 开纸 1 页，1 行。译文收入《中国民间文学集成·新疆卷·塔吉克族民间文学集》，新疆大学出版社 2005 年版。

（艾比百·吐尔逊尼牙孜编，贾玛力丁译）

生命就是龙卷风，有来无回

هَيات سُف بيلبيلَموت ، يادَت تيرد

häyut sof bilbilämut, yadät tizd

塔吉克族谚语。流传于新疆维吾尔自治区喀什地区塔什库尔干塔吉克自治县。“生命就是龙卷风，有来无回。”说明生命非常短暂，一瞬间就过去了，一去不复返。劝告人们要珍惜生命。对于研究塔吉克族人生观有参考价值。1985 年布里布力塔吉克语演唱，西仁·库尔班塔吉克文笔录并译成维吾尔文。16 开纸 1 页，1 行。译文收入《中国民间文学集成·新疆卷·塔吉克族民间文学集》，新疆大学出版社 2005 年版。

（艾比百·吐尔逊尼牙孜编，贾玛力丁译）

生命会逝去，踪迹会留下

هَيات نَرجَست ، ايز رَست

häyat närjäst，iz räst

塔吉克族谚语。流传于新疆维吾尔自治区喀什地区塔什库尔干塔吉克自治县。“生命会逝去，踪迹会留下。”说明人的生命会一去不复返，但是他在一生中所做的事情将会留下名声和痕迹。劝告人们在活着时多做好事，过有意义的人生。对于研究塔吉克族谚语有参考价值。1985 年吾甫尔塔吉克语演唱，西仁·库尔班塔吉克文笔录并译成维吾尔文。16 开纸 1 页，1 行。译文收入《中国民间文学集成·新疆卷·塔吉克族民间文学集》，新疆大学出版社 2005 年版。

（艾比百·吐尔逊尼牙孜编，贾玛力丁译）

山再高，还是在太阳底下

قير اَز آفتاب پاست

qir äz aftab past

塔吉克族谚语。流传于新疆维吾尔自治区喀什地区塔什库尔干塔吉克自治县。“山再高，还是在太阳底下。”说明自己虽然有很高的才华和声誉，但还有比自己更强的人，劝导人们要培养谦虚的品格。对于研究塔吉克族谚语有参考价值。1985 年马达力汗·巴伦塔吉克语演唱，西仁·库尔班塔吉克文笔录并译成维吾尔文。16 开纸 1 页，1 行。译文收入《中国民间文学集成·新疆卷·塔吉克族民间文学集》，新疆大学出版社 2005 年版。

（艾比百·吐尔逊尼牙孜编，贾玛力丁译）

太阳最伟大

آفتاب آزجَم اولُغ

aftab äzjäm uloɤ

塔吉克族谚语。流传于新疆维吾尔自治区喀什地区塔什库尔干塔吉克自治县。“太阳最伟大，因为它不惜地放射光芒。”劝导人们要慷慨、大方，全心全意为他人服务。对于研究塔吉克族社会生活观念有参考价值。1985 年汉·塞地尔丁塔吉克语演唱，西仁·库尔班塔吉克文笔录并译成维吾尔文。16 开纸 1 页，1 行。译文收入《中国民间文学集成·新疆卷·塔吉克族民间文学集》，新疆大学出版社 2005 年版。

（艾比百·吐尔逊尼牙孜编，贾玛力丁译）

（五）实　践

冲动的后果是后悔

قارَن وی آخير پُشَيمان

qarän wi axir pošäyman

塔吉克族谚语。流传于新疆维吾尔自治区喀什地区塔什库尔干塔吉克自治县。“冲动的后果是后悔。”劝导人们要学会克制自己的情绪，培养稳重、沉着的性格。对于研究塔吉克族生活观念有参考价值。1985 年吾甫尔塔吉克语演唱，西仁·库尔班塔吉克文笔录并译成维吾尔文。16 开纸 1 页，1 行。译文收入《中国民间文学集成·新疆卷·塔吉克族民间文学集》，新疆大学出版社 2005 年版。

（艾比百·吐尔逊尼牙孜编，安尼瓦尔·加帕尔译）

没有无主的货

بی سايب مال نيست

bi sayib mal nist

塔吉克族谚语。流传于新疆维吾尔自治区喀什地区塔什库尔干塔吉克自治县。“没有无主的货，没有不戴笼头的马。”倡导人们遵守纪律，懂规矩。对于研究塔吉克族人生哲理有参考价值。1985年嘎瓦尔·阿拉木塔吉克语演唱，代尔亚巴依塔吉克文笔录并译成维吾尔文。16开纸1页，1行。译文收入《中国民间文学集成·新疆卷·塔吉克族民间文学集》，新疆大学出版社2005年版。

（玛丽亚木·艾合买提编，海燕萍译）

人要是糊弄地

تاو زَمین گاول سَکه

taw zämin gawl säkä

塔吉克族谚语。流传于新疆维吾尔自治区喀什地区塔什库尔干塔吉克自治县。“人要是糊弄地，地反过来忽悠人。”劝导人们要做实实在在的人，凡事要认真对待，不要敷衍。对于研究塔吉克族谚语有参考价值。1985年吾秀尔塔吉克语演唱，穆尼·塔布力迪塔吉克文笔录并译成维吾尔文。16开纸1页，1行。译文收入《中国民间文学集成·新疆卷·塔吉克族民间文学集》，新疆大学出版社2005年版。

（玛丽亚木·艾合买提编，海燕萍译）

麻雀有多大

وَدِچ سُند وی کیروُ سُند

wädič sond wi kirwo sond

塔吉克族谚语。流传于新疆维吾尔自治区喀什地区塔什库尔干塔吉克自治县。“麻雀有多大，煮出来的汤就有多少。”告诉人们应量力而行，一切从实际出发。对于研究塔吉克族人生哲理有参考价值。1985年多来提拜克塔吉克语演唱，西仁·库尔班塔吉克文笔录并译成维吾尔文。16开纸1页，1行。译文收入《中国民间文学集成·新疆卷·塔吉克族民间文学集》，新疆大学出版社2005年版。

（玛丽亚木·艾合买提编，周玉玲译）

老鼠踹大象

پُرگ پَر پیل لُچ ودج

porg pär pil loč wedj

塔吉克族谚语。流传于新疆维吾尔自治区喀什地区塔什库尔干塔吉克自治县。“老鼠踹大象。”告诉人们不自量力是没有好结果的。对于研究塔吉克族谚语有参考价值。1985年玉素普塔吉克语演唱，西仁·库尔班塔吉克文笔录并译成维吾尔文。16开纸1页，1行。译文收入《中国民间文学集成·新疆卷·塔吉克族民间文学集》，新疆大学出版社2005年版。

（玛丽亚木·艾合买提编，周玉玲译）

好肉能熬出好汤

چَرج اَز گوشت چَرج کیروُ نَکتیزد

čärj äz gušt čärj kirwu näktizd

塔吉克族谚语。流传于新疆维吾尔自治区喀什地区塔什库尔干塔吉克自治县。“好肉能熬出好汤。”告诉人们事前做好充分的准备，就能将事情办得圆满。对于研究塔吉克族生活观念有参考价值。1985年玉素普塔吉克语演唱，西仁·库尔班塔吉克文笔录并译成维吾尔文。16开纸1页，1行。译文收入《中国民间文学集成·新疆卷·塔吉克族民间文学集》，新疆大学出版社2005年版。

（玛丽亚木·艾合买提编，
米娜娃·哈木里拉提译）

如果病人会好

ساقیر تَبیب بی تَکلیپ یاد

saqir täbib bi täklip yad

塔吉克族谚语。流传于新疆维吾尔自治区喀什地区塔什库尔干塔吉克自治县。“如果病人会好，医生不请也会来。”劝告人们不要过于纠缠不可能实现的事，对有可能实现的事要抱有乐观情绪。对于研究塔吉克族谚语有参考价值。1985 年穆巴拉克夏塔吉克语演唱，西仁·库尔班塔吉克文笔录并译成维吾尔文。16 开纸 1 页，1 行。译文收入《中国民间文学集成·新疆卷·塔吉克族民间文学集》，新疆大学出版社 2005 年版。

（艾比百·吐尔逊尼牙孜编，贾马力丁译）

得失相伴

فويدا يَت ظييون هَمرو

fuyda yät ziyun hämru

塔吉克族谚语。流传于新疆维吾尔自治区喀什地区塔什库尔干塔吉克自治县。“得失相伴。”倡导人们不要因为受益而骄傲自大，不要因为亏损而悲观失望。对于研究塔吉克族生活观念有参考价值。1985 年尼嘎尔塔吉克语演唱，西仁·库尔班塔吉克文笔录并译成维吾尔文。16 开纸 1 页，1 行。译文收入《中国民间文学集成·新疆卷·塔吉克族民间文学集》，新疆大学出版社 2005 年版。

（艾比百·吐尔逊尼牙孜编，贾马力丁译）

一见胜于百闻

وَنجنج أكدجنج مَغلوب چاگج

wänjenj äkedjenj mäɤlub čagj

塔吉克族谚语。流传于新疆维吾尔自治区喀什地区塔什库尔干塔吉克自治县。“一见胜于百闻。”劝导人们在生活中不要轻信谎言，要相信亲眼所见的事情。对于研究塔吉克族谚语有参考价值。1985 年穆尼·塔布力迪塔吉克语演唱，西仁·库尔班塔吉克文笔录并译成维吾尔文。16 开纸 1 页，1 行。译文收入《中国民间文学集成·新疆卷·塔吉克族民间文学集》，新疆大学出版社 2005 年版。

（艾比百·吐尔逊尼牙孜编，贾马力丁译）

世上没有不死亡

نه مَرگ آدَم نيست

nä märg adäm nist

塔吉克族谚语。流传于新疆维吾尔自治区喀什地区塔什库尔干塔吉克自治县。“世上没有不死亡，也没有完好无损。”说明世界上任何事物都有产生、发展和灭亡的过程，不存在完美无缺和永恒。对于研究塔吉克族世界观有参考价值。1985 年布里布力塔吉克语演唱，西仁·库尔班塔吉克文笔录并译成维吾尔文。16 开纸 1 页，1 行。译文收入《中国民间文学集成·新疆卷·塔吉克族民间文学集》，新疆大学出版社 2005 年版。

（艾比百·吐尔逊尼亚孜编，斯拉吉丁译）

与狮子较量好比鸡蛋碰石头

شَير قَتى داد چَيگ – په ميدج مُت ود

šäyr qäti dad čäyg-pä midj mot wed

塔吉克族谚语。流传于新疆维吾尔自治区喀什地区塔什库尔干塔吉克自治县。“与狮子较量好比鸡蛋碰石头。”告诫人们不要去做力所不及的事，要讲求实际、做那些力所能及的事。对于研究塔吉克族生活观念有参考价值。1985 年布荣塔吉克语演唱，西仁·库尔班塔吉克文笔录并译成维吾尔文。16 开纸 1 页，1 行。译文收入《中国民间文学集成·新疆卷·塔吉克族民间文学集》，新疆大学出版社 2005 年版。

（艾比百·吐尔逊尼亚孜编，斯拉吉丁译）

山里少不了狼

بى گُرگ كوه نيست

bi gorg kuh nist

塔吉克族谚语，流传于新疆维吾尔自治区喀什地区塔什库尔干塔吉克自治县。“山里少不了狼，社会上也免不了小偷。”告诫人们要提防小偷，减少偷盗现象。对于研究塔吉克族谚语有参考价值。1985 年代尔亚巴依·艾斯马力塔吉克语演唱，西仁·库尔班塔吉克文笔录并译成维吾尔文。16 开纸 1 页，1 行。译文收入《中国民间文学集成·新疆卷·塔吉克族民间文学集》，新疆大学出版社 2005 年版。

（艾比百·吐尔逊尼牙孜编，斯拉吉丁译）

姑娘模仿小伙遭人讥笑

دُختَر اَپيسَر پَرددج اَرخو مَكچ

doxtär äpisär pärdedj ärxu mäkč

塔吉克族谚语。流传于新疆维吾尔自治区喀什地区塔什库尔干塔吉克自治县。“姑娘模仿小伙遭人讥笑。”告诉人们要根据自己的专长和能力去做适合自己的事情。对于研究塔吉克族生活观念有参考价值。1985 年法克尔夏塔吉克语演唱，西仁·库尔班塔吉克文笔录并译成维吾尔文。16 开纸 1 页，1 行。译文收入《中国民间文学集成·新疆卷·塔吉克族民间文学集》，新疆人民出版社 2005 年版。

（艾比百·吐尔逊尼牙孜编，斯拉吉丁译）

丑女人需要盲男人

داوخر زَنير كاور مَرد لويق

dawxer zänir kawr märd luyeq

塔吉克族谚语。流传于新疆维吾尔自治区喀什地区塔什库尔干塔吉克自治县。“丑女人需要盲男人。”说明生活中人和物都是相互般配的，告诫人们要对生理有缺陷的人表示同情。对于研究塔吉克族谚语有参考价值。1985 年穆尼·塔布力迪塔吉克语演唱，西仁·库尔班塔吉克文笔录并译成维吾尔文。16 开纸 1 页，1 行。译文收入《中国民间文学集成·新疆卷·塔吉克族民间文学集》，新疆大学出版社 2005 年版。

（艾比百·吐尔逊尼牙孜编，斯拉吉丁译）

肚子不能打补丁

قچير پيساون ود نه ساود

qečir pisawn wed nä sawd

塔吉克族谚语。流传于新疆维吾尔自治区喀什地区塔什库尔干塔吉克自治县。“肚子不能打补丁。”告诉人们要按时吃饭，补充营养。对于研究塔吉克族生活观念有参考价值。1985 年艾布里·艾山汗塔吉克语演唱，西仁·库尔班塔吉克文笔录并译成维吾尔文。16 开纸 1 页，1 行。译文收入《中国民间文学集成·新疆卷·塔吉克族民间文学集》，新疆大学出版社 2005 年版。

（艾比百·吐尔逊尼牙孜编，斯拉吉丁译）

看被子的长度伸腿

خو خَوٌنگ چاس پد رور

xu xäwong čas ped rur

塔吉克族谚语。流传于新疆维吾尔自治区喀什地区塔什库尔干塔吉克自治县。“看被子的长度伸腿，看场地大小再跳舞。”告诫人们要量力而行，不要逞能。对于研究塔吉克族生活观念有参考价值。1985 年尼嘎尔塔吉克语演唱，哈里丹·夏热合曼塔吉克文笔录并译成维吾尔文。16 开纸 1 页，1 行。译文收入《中国民间文学集成·新疆卷·塔吉克族民间文学集》，新疆大学出版社 2005 年版。

（玛丽亚木·艾合买提编，
米娜娃·哈木里拉提译）

有时遇到危险

يَگان ختَر پس دَيد

yägan hätär pes däyd

塔吉克族谚语。流传于新疆维吾尔自治区喀什地区塔什库尔干塔吉克自治县。“有时遇到危险，有时则会摆脱困境。”告诉人们人生中成功与失败并存，重要的是能否正确对待。对于研究塔吉克族生活观念有参考价值。1985 年卡地尔塔吉克语演唱，哈里丹·夏热合曼塔吉克文笔录并译成维吾尔文。16 开纸 1 页，1 行。译文收入《中国民间文学集成·新疆卷·塔吉克族民间文学集》，新疆大学出版社 2005 年版。

（玛丽亚木·艾合买提编，周玉玲译）

有利必有弊

فُیدا اَردَرون زیان یاست

foyda ärdärun ziyan yast

塔吉克族谚语。流传于新疆维吾尔自治区喀什地区塔什库尔干塔吉克自治县。“有利必有弊。”告诉人们遇事应沉着冷静，要考虑周全。对于研究塔吉克族社会生活观念有参考价值。1985 年尼嘎尔塔吉克语演唱，哈里丹·夏热合曼塔吉克文笔录并译成维吾尔文。16 开纸 1 页，1 行。译文收入《中国民间文学集成·新疆卷·塔吉克族民间文学集》，新疆大学出版社 2005 年版。

（玛丽亚木·艾合买提编，周玉玲译）

一只山羊成不了畜群

یَک وَز مول نَساود

yäk wäz mul näsawd

塔吉克族谚语。流传于新疆维吾尔自治区喀什地区塔什库尔干塔吉克自治县。“一只山羊成不了畜群，空想变不了钱。”告诉人们凡事要实事求是，劝导人们要讲求实际。对于研究塔吉克族哲理思想有参考价值。1985 年土尔迪·阿洪塔吉克语演唱，西仁·库尔班塔吉克文笔录并译成维吾尔文。16 开纸 1 页，1 行。译文收入《中国民间文学集成·新疆卷·塔吉克族民间文学集》，新疆大学出版社 2005 年版。

（玛丽亚木·艾合买提编，海燕萍译）

瘸驴走不到目的地

لانگ خَر تید نَچیککت

lang xär tiyd näčikäkt

塔吉克族谚语。流传于新疆维吾尔自治区喀什地区塔什库尔干塔吉克自治县。“瘸驴走不到目的地，不完整的馕填不饱肚子。”说明凡事在事先不做好充分的准备，就注定要失败的道理。对于研究塔吉克族人生观有参考价值。1985 年尼嘎尔塔吉克语演唱，西仁·库尔班塔吉克文笔录并译成维吾尔文。16 开纸 1 页，1 行。译文收入《中国民间文学集成·新疆卷·塔吉克族民间文学集》，新疆大学出版社 2005 年版。

（玛丽亚木·艾合买提编，海燕萍译）

羊死在山羊带领的路上

وَز تُیجنج چیپاند ماول ماگج

wäz toyjenj čipand mawl magj

塔吉克族谚语。流传于新疆维吾尔自治区喀什地区塔什库尔干塔吉克自治县。“羊死在山羊带领的路上。”告诉人们凡事要结合自己的情况，否则注定要失败。对于研究塔吉克族谚语有参考价值。1985 年嘎瓦尔·阿拉木塔吉克语演唱，西仁·库尔班塔吉克文笔录并译成维吾尔文。16 开纸 1 页，1 行。译文收入《中国民间文学集成·新疆卷·塔吉克族民间文学集》，新疆大学出版社 2005 年版。

（玛丽亚木·艾合买提编，海燕萍译）

猴子虽然很丑陋

مَیمون خُبَت داوخر

mäymun xobät dawxer

塔吉克族谚语。流传于新疆维吾尔自治区喀什地区塔什库尔干塔吉克自治县。“猴子虽然很丑陋，但能做出许多优美的动作。”说明了其貌不扬的人也能做出大事。告诉人们不能以外表去评价一个人。对于研究塔吉克族谚语有参考价值。1985年霍加艾山·皮纳齐塔吉克语演唱，西仁·库尔班塔吉克文笔录并译成维吾尔文。16开纸1页，1行。译文收入《中国民间文学集成·新疆卷·塔吉克族民间文学集》，新疆大学出版社2005年版。

（艾比百·吐尔逊尼牙孜编，安尼瓦尔·加帕尔译）

靠自己的汗水得到的一个金币

خو اَمگک قَتی وُگجنج پول

xu ämgäk qäti wogjenj pul

塔吉克族谚语。流传于新疆维吾尔自治区喀什地区塔什库尔干塔吉克自治县。“靠自己的汗水得到的一个金币，比他人送与的一千个金币珍贵。”说明靠自己的辛勤劳动和智慧获得的钱物，要比别人赠送的更珍贵。倡导人们在任何时候都要靠自己的双手来创造幸福生活。对于研究塔吉克族人生价值观念有参考价值。1985年塔瓦尼·卡地尔塔吉克语演唱，西仁·库尔班塔吉克文笔录并译成维吾尔文。16开纸1页，1行。译文收入《中国民间文学集成·新疆卷·塔吉克族民间文学集》，新疆大学出版社2005年版。

（艾比百·吐尔逊尼牙孜编，安尼瓦尔·加帕尔译）

山羊虽在水中流

وَز اَر غَت ویدُم سق

wäz är ɣät widom seq

塔吉克族谚语。流传于新疆维吾尔自治区喀什地区塔什库尔干塔吉克自治县。“山羊虽在水中流，但其尾巴仍会直立。”告诫人们要谦虚，有错误就要承认和改正。对于研究塔吉克族社会道德观念有参考价值。1985年马达力汗·巴伦塔吉克语演唱，西仁·库尔班塔吉克文笔录并译成维吾尔文。16开纸1页，1行。译文收入《中国民间文学集成·新疆卷·塔吉克族民间文学集》，新疆大学出版社2005年版。

（艾比百·吐尔逊尼牙孜编，安尼瓦尔·加帕尔译）

吃过骗子屎的狗

فَندچی غَت خُگجنج سَگ

fänči ɣät xugjenj säg

塔吉克族谚语。流传于新疆维吾尔自治区喀什地区塔什库尔干塔吉克自治县。“吃过骗子屎的狗，也会假装叫四十天。”告诉人们那些经常骗人的人会对社会以及人际关系带来极大的危害。对于研究塔吉克族社会道德观念有参考价值。1985年尼嘎尔塔吉克语演唱，西仁·库尔班塔吉克文笔录并译成维吾尔文。16开纸1页，1行。译文收入《中国民间文学集成·新疆卷·塔吉克族民间文学集》，新疆大学出版社2005年版。

（玛丽亚木·艾合买提编，米娜娃·哈木里拉提译）

腿脚利落

تَر پد تیرَنگ اَز وید

tär ped tiräng äz wed

塔吉克族谚语。流传于新疆维吾尔自治区喀什地区塔什库尔干塔吉克自治县。“腿脚利落，不如口齿伶俐。”告诉人们头脑灵活的人早晚会超过身体强壮但笨拙的人。对于研究塔吉克族社会道德观念有参考价值。1985年吾秀尔塔吉克语演唱，西仁·库尔班塔吉克文笔录并译成维吾尔文。16开纸1页，1行。译文收入《中国民间文学集成·新疆卷·塔吉克族民间文学集》，新疆大学出版社2005年版。

（玛丽亚木·艾合买提编，周玉玲译）

见多识广

پور وَنجنج پور وَزاند

pur wänjenj pur wäzand

塔吉克族谚语。流传于新疆维吾尔自治区喀什地区塔什库尔干塔吉克自治县。“见多识广，见少只知己。”说明经历多的人知道的事情也多，没有经历过酸甜苦辣的人，则目光短浅、知识面窄。对于研究塔吉克族谚语有参考价值。1985 年尼嘎尔塔吉克语演唱，西仁·库尔班塔吉克文笔录并译成维吾尔文。16 开纸 1 页，1 行。译文收入《中国民间文学集成·新疆卷·塔吉克族民间文学集》，新疆大学出版社 2005 年版。

（玛丽亚木·艾合买提编，米娜娃·哈木里拉提译）

孔雀再美丽也不能像雄鹰一样翱翔

پَرتاوُس هَرسُند خُشروی

pärtawos härsond hošruy

塔吉克族谚语。流传于新疆维吾尔自治区喀什地区塔什库尔干塔吉克自治县。“孔雀再美丽也不能像雄鹰一样翱翔。”阐述了美貌、智慧和坚强意志之间的关系，批评了只有注重外表美的人。对于研究塔吉克族社会道德观念有参考价值。1985 年卡地尔塔吉克语演唱，西仁·库尔班塔吉克文笔录并译成维吾尔文。16 开纸 1 页，1 行。译文收入《中国民间文学集成·新疆卷·塔吉克族民间文学集》，新疆大学出版社 2005 年版。

（玛丽亚木·艾合买提编，周玉玲译）

给傻子支一把梯子

دَیویر شَته سَلَکه

däywir šätä säläkä

塔吉克族谚语。流传于新疆维吾尔自治区喀什地区塔什库尔干塔吉克自治县。“给傻子支一把梯子，他就会闹着要登天。”批驳了那些不懂礼数、不愿面对现实、喜欢凭空想象的愚蠢的行为。对于研究塔吉克族社会道德观念有参考价值。1985 年嘎瓦尔·阿拉木塔吉克语演唱，西仁·库尔班塔吉克文笔录并译成维吾尔文。16 开纸 1 页，1 行。译文收入《中国民间文学集成·新疆卷·塔吉克族民间文学集》，新疆大学出版社 2005 年版。

（玛丽亚木·艾合买提编，米娜娃·哈木里拉提译）

路走熟了就不会迷失方向

پاند قَتی بَلَد ودجنج خَتا نَدَید

pand qäti bäläd wedjenj häta nädäyd

塔吉克族谚语。流传于新疆维吾尔自治区喀什地区塔什库尔干塔吉克自治县。“路走熟了就不会迷失方向。”说明熟能生巧的道理，告诉人们应不断完善自我。对于研究塔吉克族社会生活观念有参考价值。1985 年吾秀尔塔吉克语演唱，西仁·库尔班塔吉克文笔录并译成维吾尔文。16 开纸 1 页，1 行。译文收入《中国民间文学集成·新疆卷·塔吉克族民间文学集》，新疆大学出版社 2005 年版。（玛丽亚木·艾合买提编，周玉玲译）

肉吃到肚子里

گوشت اَر داور تیزد

gušt är dawr tizd

塔吉克族谚语。流传于新疆维吾尔自治区喀什地区塔什库尔干塔吉克自治县。“肉吃到肚子里，汤渗进关节里。”告诉人们饮食要讲究营养。对于研究塔吉克族谚语有参考价值。1985 年尼嘎尔塔吉克语演唱，西仁·库尔班塔吉克文笔录并译成维吾尔文。16 开纸 1 页，1 行。译文收入《中国民间文学集成·新疆卷·塔吉克族民间文学集》，新疆大学出版社 2005 年版。

（玛丽亚木·艾合买提编，周玉玲译）

刀子不会割坏刀鞘

چوقی خُود نه کیچگد

čoqi xowed nä kičegd

塔吉克族谚语。流传于新疆维吾尔自治区喀什地区塔什库尔干塔吉克自治县。“刀子不会割坏刀鞘，斧头不会砍坏斧柄。”说明兄弟姐妹之间应该和睦相处。对于研究塔吉克族家庭道德观念有参考价值。1985 年尼嘎尔塔吉克语演唱，西仁・库尔班塔吉克文笔录并译成维吾尔文。16 开纸 1 页，1 行。译文收入《中国民间文学集成・新疆卷・塔吉克族民间文学集》，新疆大学出版社 2005 年版。

（玛丽亚木・艾合买提编，周玉玲译）

罪人中小偷的罪孽是最深重的

گُناه کار اَر دَرون ژد دَمبَخو

gonahkar är därun ʤed dämbäxu

塔吉克族谚语。流传于新疆维吾尔自治区喀什地区塔什库尔干塔吉克自治县。“罪人中小偷的罪孽是最深重的。”告诉人们行窃在一切罪行中是最低贱、最严重的。对于研究塔吉克族社会道德观念有参考价值。1985 年库尔班塔吉克语演唱，西仁・库尔班塔吉克文笔录并译成维吾尔文。16 开纸 1 页，1 行。译文收入《中国民间文学集成・新疆卷・塔吉克族民间文学集》，新疆大学出版社 2005 年版。

（玛丽亚木・艾合买提编，
米娜娃・哈木里拉提译）

高兴得早伤心得快

جَلد یتچنج خوشیَن خَفَگی یاست

jäld yitčenj xušiyän xäfägi yast

塔吉克族谚语。流传于新疆维吾尔自治区喀什地区塔什库尔干塔吉克自治县。“高兴得早伤心得快。”告诉人们凡事不能高兴得太早，不劳而获的喜悦不会带来真正的幸福。对于研究塔吉克族谚语有参考价值。1985 年卡地尔塔吉克语演唱，西仁・库尔班塔吉克文笔录并译成维吾尔文。16 开纸 1 页，1 行。译文收入《中国民间文学集成・新疆卷・塔吉克族民间文学集》，新疆大学出版社 2005 年版。（玛丽亚木・艾合买提编，周玉玲译）

管不住自己的人

اَخو ایداره نه چاگجنج

äxu idarä nä čagjenj

塔吉克族谚语。流传于新疆维吾尔自治区喀什地区塔什库尔干塔吉克自治县。“管不住自己的人，更管不好别人。”告诉人们要学会管住自己。对于研究塔吉克族谚语有参考价值。1985 年吾秀尔塔吉克语演唱，西仁・库尔班塔吉克文笔录并译成维吾尔文。16 开纸 1 页，1 行。译文收入《中国民间文学集成・新疆卷・塔吉克族民间文学集》，新疆大学出版社 2005 年版。

（玛丽亚木・艾合买提编，周玉玲译）

郎中医好了别人，却医不了自己

طَبیب کَسَلیر دَوا وُگج

täbib käsälir däwa wogj

塔吉克族谚语。流传于新疆维吾尔自治区喀什地区塔什库尔干塔吉克自治县。“郎中医好了别人，却医不了自己。”告诉人们辛勤耕耘的人们为祖国、为人民负出了一生的心血，当他们有困难时我们应该关心、帮助他们。对于研究塔吉克族谚语有参考价值。1985 年库尔班塔吉克语演唱，西仁・库尔班塔吉克文笔录并译成维吾尔文。16 开纸 1 页，1 行。译文收入《中国民间文学集成・新疆卷・塔吉克族民间文学集》，新疆大学出版社 2005 年版。

（玛丽亚木・艾合买提编，
米娜娃・哈木里拉提译）

穷人的干粮被风吹走了

کَمبَغَل پَکت پَشَمال

kämbäɤäl päkt päšämal

塔吉克族谚语。流传于新疆维吾尔自治区喀什地区塔什库尔干塔吉克自治县。“穷人的干粮被风吹走了。”说明贫穷的人经常遇到灾难，表达了对他们的同情和怜惜。对于研究塔吉克谚语有参考价值。1985 年尼嘎尔塔吉克语演唱，西仁·库尔班塔吉克文笔录并译成维吾尔文。16 开纸 1 页，1 行。译文收入《中国民间文学集成·新疆卷·塔吉克族民间文学集》，新疆大学出版社 2005 年版。（玛丽亚木·艾合买提编，周玉玲译）

贪污受贿的人手会发抖

ژدن وی دَست لَرزا کَکت

ʤedän wi däst lärza käkt

塔吉克族谚语。流传于新疆维吾尔自治区喀什地区塔什库尔干塔吉克自治县。“贪污受贿的人手会发抖。”告诉人们那些非法占有别人东西的人无法安心地生活，他们的所作所为早晚会公之于众。对于研究塔吉克族社会道德观念有参考价值。1985 年塔布力迪·吾秀尔塔吉克语演唱，穆尼·塔布力迪塔吉克文笔录并译成维吾尔文。16 开纸 1 页，1 行。译文收入《中国民间文学集成·新疆卷·塔吉克族民间文学集》，新疆大学出版社 2005 年版。

（玛丽亚木·艾合买提编，米娜娃·哈木里拉提译）

苍天给大地生机

آسمان زَمينير بَرَکَت ديد

asman zäminir bäräkät did

塔吉克族谚语。流传于新疆维吾尔自治区喀什地区塔什库尔干塔吉克自治县。“苍天给大地生机，大地给苍天还以尘土。”说明了好心不得好报的不公平现象。对于研究塔吉克族社会道德观念有参考价值。1985 年卡地尔塔吉克语演唱，西仁·库尔班塔吉克文笔录并译成维吾尔文。16 开纸 1 页，1 行。译文收入《中国民间文学集成·新疆卷·塔吉克族民间文学集》，新疆大学出版社 2005 年版。

（玛丽亚木·艾合买提编，米娜娃·哈木里拉提译）

赶集要赶早

بُزور چَقونَن

bozur čäqunän

塔吉克族谚语。流传于新疆维吾尔自治区喀什地区塔什库尔干塔吉克自治县。“赶集要赶早，赴宴要嘴巧。”告诉人们机不可失，时不再来。对于研究塔吉克族人生观有参考价值。1985 年尼嘎尔塔吉克语演唱，西仁·库尔班塔吉克文笔录并译成维吾尔文。16 开纸 1 页，1 行。译文收入《中国民间文学集成·新疆卷·塔吉克族民间文学集》，新疆大学出版社 2005 年版。

（玛丽亚木·艾合买提编，周玉玲译）

机遇最珍贵

پُرسَت اَز جَم قيمَت

porsät äz jän qimät

塔吉克族谚语。流传于新疆什地区塔什库尔干塔吉克自治县。“这珍贵，那珍贵，机遇最珍贵。”倡导人们珍惜生命，不要错过机遇。对于研究塔吉克族谚语有参考价值。1985 年穆巴热克夏塔吉克语演唱，霍加艾山·皮纳齐塔吉克文笔录并译成维吾尔文。16 开纸 1 页，1 行。译文收入《中国民间文学集成·新疆卷·塔吉克族民间文学集》，新疆大学出版社 2005 年版。

（玛丽亚木·艾合买提编，海燕萍译）

卡地尔塔吉克语演唱，西仁·库尔班塔吉克文笔录并译成维吾尔文。16 开纸 1 页，1 行。译文收入《中国民间文学集成·新疆卷·塔吉克族民间文学集》，新疆大学出版社 2005 年版。

（玛丽亚木·艾合买提编，周玉玲译）

过分的老实是愚蠢

اوچ شُو گاول ساود

uč šow gawl sawd

塔吉克族谚语。流传于新疆维吾尔自治区喀什地区塔什库尔干塔吉克自治县。“过分的老实是愚蠢。”劝导人们应大胆、自信。对于研究塔吉克族谚语有参考价值。1985 年库尔班塔吉克语演唱，西仁·库尔班塔吉克文笔录并译成维吾尔文。16 开纸 1 页，1 行。译文收入《中国民间文学集成·新疆卷·塔吉克族民间文学集》，新疆大学出版社 2005 年版。

（玛丽亚木·艾合买提编，米娜娃·哈木里拉提译）

上山别忘带拐杖

په كوه نَكتزسه اَسو زاز

pä kuh näktezsä äsu zaz

塔吉克族谚语。流传于新疆维吾尔自治区喀什地区塔什库尔干塔吉克自治县。“上山别忘带拐杖，放羊别忘带刀子。”告诉人们无论做什么事都要事先做好相应的准备工作。对于研究塔吉克族生活观念有参考价值。1985 年霍加艾山·皮纳齐塔吉克语演唱，西仁·库尔班塔吉克文笔录并译成维吾尔文。16 开纸 1 页，1 行。译文收入《中国民间文学集成·新疆卷·塔吉克族民间文学集》，新疆大学出版社 2005 年版。

（玛丽亚木·艾合买提编，米娜娃·哈木里拉提译）

禀性差的人行为也不端

خوى بَدَنَن هَركَتمَس بَد

xuy bädän härkätmäs bäd

塔吉克族谚语。流传于新疆维吾尔自治区喀什地区塔什库尔干塔吉克自治县。“禀性差的人行为也不端。”告诫人们要从那些行为不端的人身上吸取教训。对于研究塔吉克族社会道德观念有参考价值。1985 年吾普尔塔吉克语演唱，西仁·库尔班塔吉克文笔录并译成维吾尔文。16 开纸 1 页，1 行。译文收入《中国民间文学集成·新疆卷·塔吉克族民间文学集》，新疆大学出版社 2005 年版。

（玛丽亚木·艾合买提编，米娜娃·哈木里拉提译）

如果每个人都多才多艺就不会有妒忌的人

جَم كارگر ويدسه بُزُقى نيست ساود

jäm kargär widsä bozoqi nist sawd

塔吉克族谚语。流传于新疆维吾尔自治区喀什地区塔什库尔干塔吉克自治县。“如果每个人都多才多艺就不会有妒忌的人。”劝导人们要充分利用自己的聪明才智，自食其力。对于研究塔吉克族社会道德观念有参考价值。1985 年库尔班塔吉克语演唱，西仁·库尔班塔吉克文笔录并译成维吾尔文。16 开纸 1 页，1 行。译文收入《中国民间文学集成·新疆卷·塔吉克族民间文学集》，新疆大学出版社 2005 年版。

（玛丽亚木·艾合买提编，周玉玲译）

乃孜尔吃胖了毛拉

نَزير قَتى موللا فَربى سدج

näzir qäti mulla färbe sedj

塔吉克族谚语。流传于新疆维吾尔自治区喀什地区塔什库尔干塔吉克自治县。“草养肥了牲畜，乃孜尔吃胖了毛拉。”通过羊吃草会长膘来比喻那些毛拉（富人）挨家挨户蹭饭的不良行为，批驳了贪婪、懒惰的人。对于研究塔吉克族社会道德观念有参考价值。1985 年玉素普塔吉克语演唱，西仁·库尔班塔吉克文笔录并译成维吾尔文。16 开纸 1 页，1 行。译文收入《中国民间文学集成·新疆卷·塔吉克族民间文学集》，新疆大学出版社 2005 年版。

（玛丽亚木·艾合买提编，米娜娃·哈木里拉提译）

一根木头盖不了房

یَک کُنگ قَتی خانه تَیور نَساود

yäk kong qäti hanä täyur näsawd

塔吉克族谚语。流传于新疆维吾尔自治区喀什地区塔什库尔干塔吉克自治县。“一个人成不了大事，一根木头盖不了房。”告诉人们人多力量大、点子多，劝导人们要同心协力。对于研究塔吉克族人生哲理有参考价值。1985 年艾山汗塔吉克语演唱，西仁·库尔班塔吉克文笔录并译成维吾尔文。16 开纸 1 页，1 行。译文收入《中国民间文学集成·新疆卷·塔吉克族民间文学集》，新疆大学出版社 2005 年版。

（玛丽亚木·艾合买提编，米娜娃·哈木里拉提译）

小偷喜欢夜晚

ژدیر شَب خوش، هورنُیر بَلَک

ʤedir šäb xuš，huronir bäläk

塔吉克族谚语。流传于新疆维吾尔自治区喀什地区塔什库尔干塔吉克自治县。“小偷喜欢夜晚，懒汉喜欢枕头。”劝导人们要勤奋劳动，不要游手好闲。对于研究塔吉克族人生哲理有参考价值。1985 年穆热迪克塔吉克语演唱，西仁·库尔班塔吉克文笔录并译成维吾尔文。16 开纸 1 页，1 行。译文收入《中国民间文学集成·新疆卷·塔吉克族民间文学集》，新疆大学出版社 2005 年版。

（玛丽亚木·艾合买提编，米娜娃·哈木里拉提译）

想吃牙疼

خیگیر دَندان دیزد

xigir dändan dizd

塔吉克族谚语。流传于新疆维吾尔自治区喀什地区塔什库尔干塔吉克自治县。“想吃牙疼，想给心疼。”通过描述那些吝啬的人，劝导人们要互助互爱。对于研究塔吉克族人生哲理有参考价值。1985 年玉素普塔吉克语演唱，西仁·库尔班塔吉克文笔录并译成维吾尔文。16 开纸 1 页，1 行。译文收入《中国民间文学集成·新疆卷·塔吉克族民间文学集》，新疆大学出版社 2005 年版。

（玛丽亚木·艾合买提编，周玉玲译）

好马无须鞭打

چَرج اَسبیر قَمچی نه تیزد

čärj äsbir qämči nä tizd

塔吉克族谚语。流传于新疆维吾尔自治区喀什地区塔什库尔干塔吉克自治县。“好马无须鞭打。”赞扬了那些觉悟高、自控能力强的人，告诫人们要养成好的习惯。对于研究塔吉克族人生哲理有参考价值。1985 年穆热迪克塔吉克语演唱，西仁·库尔班塔吉克文笔录并译成维吾尔文。16 开纸 1 页，1 行。译文收入《中国民间文学集成·新疆卷·塔吉克族民间文学集》，新疆大学出版社 2005 年版。

（玛丽亚木·艾合买提编，米娜娃·哈木里拉提译）

马的葬礼是狗的节日

اَسبیر مَرگ کُدیر عید

äsbir märg kodir eyd

塔吉克族谚语。流传于新疆维吾尔自治

区喀什地区塔什库尔干塔吉克自治县。“马的葬礼是狗的节日。”说明好人的失败或离世，对那些坏心肠的来说是高兴的事。对于研究塔吉克族社会道德观念有参考价值。1985年玉素普塔吉克语演唱，西仁·库尔班塔吉克文笔录并译成维吾尔文。16开纸1页，1行。译文收入《中国民间文学集成·新疆卷·塔吉克族民间文学集》，新疆大学出版社2005年版。

（玛丽亚木·艾合买提编，周玉玲译）

（六）知识、智慧和勇敢

知识是才智的明灯

علم عقلینَن ویوُین

elm äqilän wiwoyn

塔吉克族谚语。流传于新疆维吾尔自治区喀什地区塔什库尔干塔吉克自治县。“知识是才智的明灯，智慧是力量的支柱。”说明了知识愈多智慧愈多的道理。对于研究塔吉克族崇尚知识观念有参考价值。1985年多来提别克塔吉克语演唱，代尔亚巴依塔吉克文笔录并译成维吾尔文。16开纸1页，1行。译文收入《中国民间文学集成·新疆卷·塔吉克族民间文学集》，新疆大学出版社2005年版。

（玛丽亚木·艾合买提编，海燕萍译）

没有知识的人

علم نه ودج خَلی پارک

elm nä wedj xäli park

塔吉克族谚语。流传于新疆维吾尔自治区喀什地区塔什库尔干塔吉克自治县。“没有知识的人，犹如无用的落叶，无根的花草。”告诫人们没有知识的人无益于他人，也无益于人民。对于研究塔吉克族崇尚知识观念有参考价值。1985年土尔迪·阿洪塔吉克语演唱，达力·买提胡夏勒塔吉克文笔录并译成维吾尔文。16开纸1页，1行。译文收入《中国民间文学集成·新疆卷·塔吉克族民间文学集》，新疆大学出版社2005年版。 （玛丽亚木·艾合买提编，海燕萍译）

没有不下苦功的知识

بی اَجر علم نیست

bi äjr elm nist

塔吉克族谚语。流传于新疆维吾尔自治区喀什地区塔什库尔干塔吉克自治县。“没有无刺的花，没有不下苦功的知识。”说明如同没有不带刺的花儿一样，在学习的道路上也是困难重重。对于研究塔吉克族崇尚知识观念有参考价值。1985年多来提别克塔吉克语演唱，代尔亚巴依塔吉克文笔录并译成维吾尔文。16开纸1页，1行。译文收入《中国民间文学集成·新疆卷·塔吉克族民间文学集》，新疆大学出版社2005年版。

（玛丽亚木·艾合买提编，海燕萍译）

劳动是知识的源泉

اَمگک علم بُلاق

ämgäk elm bolaq

塔吉克族谚语。流传于新疆维吾尔自治区喀什地区塔什库尔干塔吉克自治县。“劳动是知识的源泉，知识是生命的明灯。”说明只有劳动和刻苦努力才能获得知识，获得幸福。对于研究塔吉克族崇尚劳动和知识的观念有参考价值。1985年土尔迪·阿洪塔吉克语演唱，代尔亚巴依塔吉克文笔录并译成维吾尔文。16开纸1页，1行。译文收入《中国民间文学集成·新疆卷·塔吉克族民间文学集》，新疆大学出版社2005年版。

（玛丽亚木·艾合买提编，海燕萍译）

头脑需要知识

قچير اوش بَكور

qečir uš bäkur

塔吉克族谚语。流传于新疆维吾尔自治区喀什地区塔什库尔干塔吉克自治县。“肚子需要饭食，头脑需要知识。”说明吃饭是为了维持体力，在生活的道路上前进需要有智慧和知识。对于研究塔吉克族崇尚知识观念有参考价值。1985 年多来提别克塔吉克语演唱，代尔亚巴依塔吉克文笔录并译成维吾尔文。16 开纸 1 页，1 行。译文收入《中国民间文学集成·新疆卷·塔吉克族民间文学集》，新疆大学出版社 2005 年版。

（玛丽亚木·艾合买提编，海燕萍译）

智慧靠知识

عقل علم قَتى

äql elm qäti

塔吉克族谚语。流传于新疆维吾尔自治区喀什地区塔什库尔干塔吉克自治县。“身体靠衣装，智慧靠知识。”说明犹如人靠衣着修饰一样，头脑需要知识来武装。对于研究塔吉克族崇尚知识观念有参考价值。1985 年买头地亚尔塔吉克语演唱，代尔亚巴依塔吉克文笔录并译成维吾尔文。16 开纸 1 页，1 行。译文收入《中国民间文学集成·新疆卷·塔吉克族民间文学集》，新疆大学出版社 2005 年版。（玛丽亚木·艾合买提编，海燕萍译）

雪水丰腴土地

زيمُن قَتى زَمين چَرج ساود

zimon qäti zämin čärj sawd

塔吉克族谚语。流传于新疆维吾尔自治区喀什地区塔什库尔干塔吉克自治县。“雪水丰腴土地，知识教化民众。”说明就像冬季的雪水有益于土地一样，知识能够教化人民大众。对于研究塔吉克族崇尚知识观念有参考价值。1985 年尼嘎尔塔吉克语演唱，代尔亚巴依塔吉克文笔录并译成维吾尔文。16 开纸 1 页，1 行。译文收入《中国民间文学集成·新疆卷·塔吉克族民间文学集》，新疆大学出版社 2005 年版。

（玛丽亚木·艾合买提编，海燕萍译）

知识不会损耗

علم اَدو نه ساود

elm ädu nä sawd

塔吉克族谚语。流传于新疆维吾尔自治区喀什地区塔什库尔干塔吉克自治县。“知识不会损耗，智慧不会枯竭。”告诉人们知识和智慧是用不竭、学不完的，反而是愈学、愈用，愈丰富。对于研究塔吉克族崇尚知识观念有参考价值。1985 年买买地亚尔塔吉克语演唱，代尔亚巴依塔吉克文笔录并译成维吾尔文。16 开纸 1 页，1 行。译文收入《中国民间文学集成·新疆卷·塔吉克族民间文学集》，新疆大学出版社 2005 年版。

（玛丽亚木·艾合买提编，海燕萍译）

知识渊博的头颅高扬

عقلينَن وى سَر بَلَند

äqlinän wi sär bäländ

塔吉克族谚语。流传于新疆维吾尔自治区喀什地区塔什库尔干塔吉克自治县。“果实累累的枝头下垂，知识渊博的头颅高扬。”说明犹如结满的果实压弯了树枝一样，有知识的人理直气壮，赢得别人的尊敬。对于研究塔吉克族崇尚知识观念有参考价值。1985 年吾秀尔塔吉克语演唱，代尔亚巴依塔吉克文笔录并译成维吾尔文。16 开纸 1 页，1 行。译文收入《中国民间文学集成·新疆卷·塔吉克族民间文学集》，新疆大学出版社 2005 年版。

（玛丽亚木·艾合买提编，海燕萍译）

空口袋立不起来

خلى غاون تیک نه وَریفست

xäli ɣäwan tik nä wärifst

塔吉克族谚语。流传于新疆维吾尔自治区喀什地区塔什库尔干塔吉克自治县。“空口袋立不起来，无知识的民众振兴不起来。”说明犹如不装东西的口袋立不起来一样，文化素质低下的民族难以长足发展。对于研究塔吉克族崇尚知识观念有参考价值。1985 年买买地亚尔塔吉克语演唱，代尔亚巴依塔吉克文笔录并译成维吾尔文。16 开纸 1 页，1 行。译文收入《中国民间文学集成·新疆卷·塔吉克族民间文学集》，新疆大学出版社 2005 年版。（玛丽亚木·艾合买提编，海燕萍译）

愚昧的人活着犹如早在十年前就死了

بی عقل ده سال پیرود مرد

bi äql däh sal pirud merd

塔吉克族谚语。流传于新疆维吾尔自治区喀什地区塔什库尔干塔吉克自治县。“愚昧的人活着犹如早在十年前就死了。”说明愚昧的人荒废光阴，虚度年华，行同死亡。对于研究塔吉克族谚语有参考价值。1985 年尼嘎尔塔吉克语演唱，达力·买提胡夏勒塔吉克文笔录并译成维吾尔文。16 开纸 1 页，1 行。译文收入《中国民间文学集成·新疆卷·塔吉克族民间文学集》，新疆大学出版社 2005 年版。

（玛丽亚木·艾合买提编，海燕萍译）

学者越探索，知识会越多

علم کاید قَتی تر ساود

elm kayd qäti ter sawd

塔吉克族谚语。流传于新疆维吾尔自治区喀什地区塔什库尔干塔吉克自治县。“学者越探索，知识会越多。”劝导人们为了丰富知识，扩大视野，要不断学习探索。对于研究塔吉克族崇尚知识观念有参考价值。1985 年塔瓦尼·卡地尔塔吉克语演唱，西仁·库尔班塔吉克文笔录并译成维吾尔文。16 开纸 1 页，2 行。译文收入《中国民间文学集成·新疆卷·塔吉克族民间文学集》，新疆大学出版社 2005 年版。

（艾比百·吐尔逊尼牙孜编，贾玛力丁译）

树的果实越多越会下垂

موا پور ودجنج دَرَخت رَویندَک

mewa pur wedjenj däräxt räwindäk

塔吉克族谚语。流传于新疆维吾尔自治区喀什地区塔什库尔干塔吉克自治县。“树的果实越多越会下垂，人的学问越多越会谦虚。”说明知识会教人谦虚、智慧，劝导人们多学知识。对于研究塔吉克族谚语有参考价值。1985 年代尔亚巴依·艾斯马力塔吉克语演唱，西仁·库尔班塔吉克文笔录并译成维吾尔文。16 开纸 1 页，2 行。译文收入《中国民间文学集成·新疆卷·塔吉克族民间文学集》，新疆大学出版社 2005 年版。

（艾比百·吐尔逊尼牙孜编，贾玛力丁译）

土地乐在耕耘

زمز دت قَتی توب ساود

zemz det qäti tub sawd

塔吉克族谚语。流传于新疆维吾尔自治区喀什地区塔什库尔干塔吉克自治县。“学者陶醉于知识，土地乐在耕耘。”喻示人们求知犹如耕耘土地，一份耕耘，一份收获。愈是知识渊博的人，愈渴望学习新知识，愈会享受知识带来的快乐。对于研究塔吉克族崇尚知识观念有参考价值。1985 年玉素甫塔吉克语演唱，达力·买提胡夏勒塔吉克文笔录并译成维吾尔文。16 开纸 1 页，1 行。译文收入《中国民间文学集成·新疆卷·塔

吉克族民间文学集》，新疆大学出版社 2005 年版。（玛丽亚木·艾合买提编，海燕萍译）

自己的过失

اَز مُنَرژد اَز دَست تُید

äz monärʤed äz däst toyd

塔吉克族谚语。流传于新疆维吾尔自治区喀什地区塔什库尔干塔吉克自治县。“自己的过失，失去了一切”。告诉人们不珍惜学习机会、浪费时间，最终会后悔的。对于研究塔吉克族崇尚知识观念有参考价值。1985 年代热亚巴依塔吉克语演唱，代尔亚巴依塔吉克文笔录并译成维吾尔文。16 开纸 1 页，1 行。译文收入《中国民间文学集成·新疆卷·塔吉克族民间文学集》，新疆大学出版社 2005 年版。

（玛丽亚木·艾合买提编，海燕萍译）

无知比一无所有更可怕

نوَزاند اَز نیستی قیلا

näwäzand äz nisti qila

塔吉克族谚语。流传于新疆维吾尔自治区喀什地区塔什库尔干塔吉克自治县。“无知比一无所有更可怕。”倡导人们学习知识，依靠知识提高自我。对于研究塔吉克族崇尚知识观念有参考价值。1985 年穆热迪克塔吉克语演唱，代尔亚巴依塔吉克文笔录并译成维吾尔文。16 开纸 1 页，1 行。译文收入《中国民间文学集成·新疆卷·塔吉克族民间文学集》，新疆大学出版社 2005 年版。

（玛丽亚木·艾合买提编，海燕萍译）

灯是光明，书是知识

چَراغ نور است، کتاب علم

čäraɤ nur äst, kitab elm

塔吉克族谚语。流传于新疆维吾尔自治区喀什地区塔什库尔干塔吉克自治县。“灯是光明，书是知识。”告诉人们只有读书，才能充分地享受精神食粮带给人们的光明，生命才有意义。对于研究塔吉克族崇尚知识观念有参考价值。1985 年穆巴热克夏塔吉克语演唱，霍加艾山·皮纳齐塔吉克文笔录并译成维吾尔文。16 开纸 1 页，1 行。译文收入《中国民间文学集成·新疆卷·塔吉克族民间文学集》，新疆大学出版社 2005 年版。　（玛丽亚木·艾合买提编，海燕萍译）

勤奋的人懂了还要问

زَحمَتکَش خُمَند ساود

zähmätkäš xomänd sawd

塔吉克族谚语。流传于新疆维吾尔自治区喀什地区塔什库尔干塔吉克自治县。“勤奋的人懂了还要问，懒惰的人不懂也不问。”说明勤奋学习的人和懒惰、对学习不感兴趣的人在求知上截然不同的态度，倡导人们树立良好的学习习惯。对于研究塔吉克族崇尚知识观念有参考价值。1985 年代热亚巴依塔吉克语演唱，霍加艾山·皮纳齐塔吉克文笔录并译成维吾尔文。16 开纸 1 页，1 行。译文收入《中国民间文学集成·新疆卷·塔吉克族民间文学集》，新疆大学出版社 2005 年版。

（玛丽亚木·艾合买提编，海燕萍译）

脑子越用越敏锐

ماغز رَفانسه چَرج

maɤz räfansä čärj

塔吉克族谚语。流传于新疆维吾尔自治区喀什地区塔什库尔干塔吉克自治县。“脑子越用越敏锐，镜子越擦越明亮。”告诉人们就像镜子越擦越亮一样，经常温习、应用学到的知识，知识也会越来越丰富。对于研究塔吉克族崇尚知识观念有参考价值。1985 年穆巴热克夏塔吉克语演唱，霍加艾山·皮纳齐塔吉克文笔录并译成维吾尔文。16开纸1页，1行。译文收入《中国民间文学集成·新疆卷·塔吉克族民间文学集》，新疆大学出版社2005年版。

（玛丽亚木·艾合买提编，海燕萍译）

年轻时所学的犹如刻在石头上

چى ياشى خُمَند سدجنج اَر ديل رَست

či yaši xomänd sedjenj är dil räst

塔吉克族谚语。流传于新疆维吾尔自治区喀什地区塔什库尔干塔吉克自治县。“年轻时所学的犹如刻在石头上，年老时所学的好像写在胶泥上。”说明人年轻的时候思维敏捷，所学知识印在脑海里，不易忘却。劝导人们学习知识则要从小开始。对于研究塔吉克族教育观念有参考价值。1985年穆巴热克夏塔吉克语演唱，霍加艾山·皮纳齐塔吉克文笔录并译成维吾尔文。16开纸1页，1行。译文收入《中国民间文学集成·新疆卷·塔吉克族民间文学集》，新疆大学出版社2005年版。

（玛丽亚木·艾合买提编，海燕萍译）

刀锋靠磨石更锋利

چُقى پسان تَيد كَكت

čoqi pisan täyd käkt

塔吉克族谚语。流传于新疆维吾尔自治区喀什地区塔什库尔干塔吉克自治县。“刀锋靠磨石更锋利，人靠知识更睿智。”说明就像刀子在磨刀石上越磨越锋利一样，人的知识越丰富就越强大。对于研究塔吉克族谚语有参考价值。1985年穆尼·塔布力迪塔吉克语演唱，霍加艾山·皮纳齐塔吉克文笔录并译成维吾尔文。16开纸1页，1行。译文收入《中国民间文学集成·新疆卷·塔吉克族民间文学集》，新疆大学出版社2005年版。（玛丽亚木·艾合买提编，海燕萍译）

有经验的猎人仅凭拐杖击毙了豹子

قُبيل مرگن هَسو قَتى پيس دوج

qobil mergän häsu qäti pis duj

塔吉克族谚语。流传于新疆维吾尔自治区喀什地区塔什库尔干塔吉克自治县。“有经验的猎人仅凭拐杖击毙了豹子。”说明有知识和经验丰富的人，不畏惧任何困难，轻而易举地就把事情做好。对于研究塔吉克族崇尚知识观念有参考价值。1985年塔布力迪·吾秀尔塔吉克语演唱，霍加艾山·皮纳齐塔吉克文笔录并译成维吾尔文。16开纸1页，1行。译文收入《中国民间文学集成·新疆卷·塔吉克族民间文学集》，新疆大学出版社2005年版。

（玛丽亚木·艾合买提编，海燕萍译）

知识使大众俊美

ديور علم قَتى زيبا

diyur elm qäti ziba

塔吉克族谚语。流传于新疆维吾尔自治区喀什地区塔什库尔干塔吉克自治县。“羽毛使鸟儿漂亮，知识使大众俊美。”倡导人们不断学习知识，提高自己的素质。对于研究塔吉克族崇尚知识观念有参考价值。1985年穆巴热克夏塔吉克语演唱，霍加艾山·皮纳齐塔吉克文笔录并译成维吾尔文。16开纸1页，1行。译文收入《中国民间文学集成·新疆卷·塔吉克族民间文学集》，新疆大学出版社2005年版。

（玛丽亚木·艾合买提编，海燕萍译）

丰富的经验来自于风霜经历

تَجرُبه اَز جَفو ياد

täjrobä äz jäfu yad

塔吉克族谚语。流传于新疆维吾尔自治区喀什地区塔什库尔干塔吉克自治县。“丰富的经验来自于风霜经历。”说明只有艰苦奋斗地学习，才能取得成就。对于研究塔吉克族崇尚知识观念有参考价值。1985年穆尼·塔布力迪塔吉克语演唱，霍加艾山·皮纳齐塔吉克文笔录并译成维吾尔文。16开纸1页，1行。译文收入《中国民间文学集成·新疆卷·塔吉克族民间文学集》，新疆大学出版社2005年版。

（玛丽亚木·艾合买提编，海燕萍译）

珍宝飘不到天上

گوهَر په آسمان نه نَكتيزد

gäwhär pä asman nä näktizd

塔吉克族谚语。流传于新疆维吾尔自治区喀什地区塔什库尔干塔吉克自治县。“珍宝飘不到天上，但她比漫天飘扬的尘埃珍贵。”告诉人们珍宝虽然隐藏在石头、泥土之中，但她比尘土更有价值。倡导人们学习掌握知识，体现自身的价值。对于研究塔吉克族崇尚知识观念有参考价值。1985年塔布力迪·吾秀尔塔吉克语演唱，霍加艾山·皮纳齐塔吉克文笔录并译成维吾尔文。16开纸1页，1行。译文收入《中国民间文学集成·新疆卷·塔吉克族民间文学集》，新疆大学出版社2005年版。

（玛丽亚木·艾合买提编，海燕萍译）

读书容易，消化难

كتاب كايد آسان

kitab kayd asan

塔吉克族谚语。流传于新疆维吾尔自治区喀什地区塔什库尔干塔吉克自治县。“读书容易，消化难。”告诉人们理论联系实际困难，只有坚持不懈地努力才能做到。对于研究塔吉克族崇尚知识观念有参考价值。1985年代热亚巴依塔吉克语演唱，霍加艾山·皮纳齐塔吉克文笔录并译成维吾尔文。16开纸1页，1行。译文收入《中国民间文学集成·新疆卷·塔吉克族民间文学集》，新疆大学出版社2005年版。

（玛丽亚木·艾合买提编，海燕萍译）

知识是白天，愚昧是黑夜

علم روز نادانی شَب

elm ruz，nadani šäb

塔吉克族谚语。流传于新疆维吾尔自治区喀什地区塔什库尔干塔吉克自治县。“知识是白天，愚昧是黑夜。”通过把知识和愚昧比喻为白天和黑夜，强调了求知的重要性。对于研究塔吉克族崇尚知识观念有参考价值。1985年布里布力塔吉克语演唱，霍加艾山·皮纳齐塔吉克文笔录并译成维吾尔文。16开纸1页，1行。译文收入《中国民间文学集成·新疆卷·塔吉克族民间文学集》，新疆大学出版社2005年版。

（玛丽亚木·艾合买提编，海燕萍译）

助手得力的话，工作不用愁

خو آز چر غَم ماکه

xu äz čer ɣäm makä

塔吉克族谚语。流传于新疆维吾尔自治区喀什地区塔什库尔干塔吉克自治县。“助手得力的话，工作不用愁。”说明事业或工作上的伙伴如果有知识、能力强、肯钻研，做任何工作都能成功。对于研究塔吉克族崇尚知识观念有参考价值。1985年穆萨塔吉克语演唱，霍加艾山·皮纳齐塔吉克文笔录并译成维吾尔文。16开纸1页，1行。译文收入《中国民间文学集成·新疆卷·塔吉克族民间文学集》，新疆大学出版社2005年版。（玛丽亚木·艾合买提编，海燕萍译）

无粒的麦穗高扬

بدونا زاو تیک وَرفست

beduna zaw tik wärifst

塔吉克族谚语。流传于新疆维吾尔自治区

区喀什地区塔什库尔干塔吉克自治县。“无粒的麦穗高扬，有粒的麦穗下垂。”喻示有知识的人谦虚，无知识的人傲慢。对于研究塔吉克族社会道德观念有参考价值。1985年法克尔夏塔吉克语演唱，霍加艾山·皮纳齐塔吉克文笔录并译成维吾尔文。16开纸1页，1行。译文收入《中国民间文学集成·新疆卷·塔吉克族民间文学集》，新疆大学出版社2005年版。

（玛丽亚木·艾合买提编，海燕萍译）

生命有限，知识无界

حَيات كُتا علم بى پايان

häyat kota elm bipayan

塔吉克族谚语。流传于新疆维吾尔自治区喀什地区塔什库尔干塔吉克自治县。“生命有限，知识无界。”告诫人们在有限的生命中要努力求知，为祖国、为人民作贡献，使自己的生命有意义。对于研究塔吉克族崇尚知识观念有参考价值。1985年穆巴热克夏塔吉克语演唱，霍加艾山·皮纳齐塔吉克文笔录并译成维吾尔文。16开纸1页，1行。译文收入《中国民间文学集成·新疆卷·塔吉克族民间文学集》，新疆大学出版社2005年版。

（玛丽亚木·艾合买提编，海燕萍译）

探索愈多，才智越高

پُر خُمَند سدجنج پُر وَزاند

por xomänd sedjenj por wäzand

塔吉克族谚语。流传于新疆维吾尔自治区喀什地区塔什库尔干塔吉克自治县。“探索愈多，才智愈高。”告诉人们只有刻苦努力、持之以恒地学习，才能博学。对于研究塔吉克族崇尚知识观念有参考价值。1985年尼嘎尔塔吉克语演唱，达力·买提胡夏勒塔吉克文笔录并译成维吾尔文。16开纸1页，1行。译文收入《中国民间文学集成·新疆卷·塔吉克族民间文学集》，新疆大学出版社2005年版。

（玛丽亚木·艾合买提编，海燕萍译）

手艺人不受穷

هُنَرمَند خار نه ساود

honärmänd xar nä sawd

塔吉克族谚语。流传于新疆维吾尔自治区喀什地区塔什库尔干塔吉克自治县。“手艺人不受穷。”告诉人们有知识的手艺人不会受穷，倡导人们学习知识、掌握技能。对于研究塔吉克族人生哲理有参考价值。1985年穆热迪克塔吉克语演唱，达力·买提胡夏勒塔吉克文笔录并译成维吾尔文。16开纸1页，1行。译文收入《中国民间文学集成·新疆卷·塔吉克族民间文学集》，新疆大学出版社2005年版。

（玛丽亚木·艾合买提编，海燕萍译）

懂得多不如用得多

پُر اَز وَزاند پور رَفان

por äz wäzand por räfan

塔吉克族谚语。流传于新疆维吾尔自治区喀什地区塔什库尔干塔吉克自治县。“懂得多不如用得多。”喻示人们学习知识而不加以应用，不传授于他人，就没有意义。对于研究塔吉克族人生哲理有参考价值。1985年玉素甫塔吉克语演唱，达力·买提胡夏勒塔吉克文笔录并译成维吾尔文。16开纸1页，1行。译文收入《中国民间文学集成·新疆卷·塔吉克族民间文学集》，新疆大学出版社2005年版。

（玛丽亚木·艾合买提编，海燕萍译）

问得多，懂得多

پُر پَرسه پُر وَزان

por pärsä por wäzan

塔吉克族谚语。流传于新疆维吾尔自

治区喀什地区塔什库尔干塔吉克自治县。“问的多，懂的多。”告诉人们虚心学习的人能够学到更多的知识。对于研究塔吉克族崇尚知识观念有参考价值。1985 年穆热迪克塔吉克语演唱，达力·买提胡夏勒塔吉克文笔录并译成维吾尔文。16 开纸 1 页，1 行。译文收入《中国民间文学集成·新疆卷·塔吉克族民间文学集》，新疆大学出版社 2005 年版。

（玛丽亚木·艾合买提编，海燕萍译）

父亲留下的遗产是暂时的

پَدَر مرُس ايلونج

pädär meros ilunj

塔吉克族谚语。流传于新疆维吾尔自治区喀什地区塔什库尔干塔吉克自治县。“父亲留下的遗产是暂时的，一技之长才是永久的。”告诉人们再多的钱财终究会花光，只有技能才能享用一生。对于研究塔吉克族崇尚知识观念有参考价值。1985 年嘎瓦尔·阿拉木塔吉克语演唱，达力·买提胡夏勒塔吉克文笔录并译成维吾尔文。16 开纸 1 页，1 行。译文收入《中国民间文学集成·新疆卷·塔吉克族民间文学集》，新疆大学出版社 2005 年版。

（玛丽亚木·艾合买提编，海燕萍译）

好人是情义的仆人

چَرج بَندا ويجدان قُل

čärj bända wijdan qol

塔吉克族谚语。流传于新疆维吾尔自治区喀什地区塔什库尔干塔吉克自治县。“好人是情义的仆人，坏人是钱的奴仆。”告诉人们有道德、有知识的人生活中保持人的尊严，薄情寡义的人为了财富不惜践踏知识和尊严。对于研究塔吉克族社会道德观念有参考价值。1985 年穆巴热克夏塔吉克语演唱，霍加艾山·皮纳齐塔吉克文笔录并译成维吾尔文。16 开纸 1 页，1 行。译文收入《中国民间文学集成·新疆卷·塔吉克族民间文学集》，新疆大学出版社 2005 年版。

（玛丽亚木·艾合买提编，海燕萍译）

不懂不要紧，不学才惭愧

اَز نه وَزاند خَجَل ماسا

äz nä wäzand xäjäl masa

塔吉克族谚语。流传于新疆维吾尔自治区喀什地区塔什库尔干塔吉克自治县。“不懂不要紧，不学才惭愧。”告诉人们不懂没有学过的知识无可非议，具备条件而不学习才是耻辱，劝导人们树立良好的学习习惯。对于研究塔吉克族崇尚知识观念有参考价值。1985 年穆热迪克夏塔吉克语演唱，霍加艾山·皮纳齐塔吉克文笔录并译成维吾尔文。16 开纸 1 页，1 行。译文收入《中国民间文学集成·新疆卷·塔吉克族民间文学集》，新疆大学出版社 2005 年版。（玛丽亚木·艾合买提编，海燕萍译）

见得多懂得多，活得多懂什么

پُر وَنجنج پُر وَزاند

por wänjenj por wäzand

塔吉克族谚语。流传于新疆维吾尔自治区喀什地区塔什库尔干塔吉克自治县。“见得多懂得多，活得多懂什么。”说明如果虚度年华，即使寿命很长，生命也没有意义。对于研究塔吉克族崇尚知识观念有参考价值。1985 年土尔迪·阿洪塔吉克语演唱，霍加艾山·皮纳齐塔吉克文笔录并译成维吾尔文。16 开纸 1 页，1 行。译文收入《中国民间文学集成·新疆卷·塔吉克族民间文学集》，新疆大学出版社 2005 年版。

（玛丽亚木·艾合买提编，海燕萍译）

人与人模样一样，但聪明才智不一样

آدَم تَر ایخیل

adäm tär ixil

塔吉克族谚语。流传于新疆维吾尔自治区喀什地区塔什库尔干塔吉克自治县。“人与人模样一样，但聪明才智不一样。”说明人们生活在同一片蓝天下，但是聪明才智不一。倡导人们要发挥聪明才智。对于研究塔吉克族谚语有参考价值。1985年尼嘎尔塔吉克语演唱，达力·买提胡夏勒塔吉克文笔录并译成维吾尔文。16开纸1页，1行。译文收入《中国民间文学集成·新疆卷·塔吉克族民间文学集》，新疆大学出版社2005年版。（玛丽亚木·艾合买提编，海燕萍译）

智者凭实干

عقلین اَمگک قَتی

äqlin ämgäk qäti

塔吉克族谚语。流传于新疆维吾尔自治区喀什地区塔什库尔干塔吉克自治县。“智者凭实干，蠢才靠空想。”说明智慧的人发挥自己的聪明才智破浪前进，而愚蠢的人则整天苦思空想。对于研究塔吉克族人生价值观念有参考价值。1985年卡地尔塔吉克语演唱，达力·买提胡夏勒塔吉克文笔录并译成维吾尔文。16开纸1页，1行。译文收入《中国民间文学集成·新疆卷·塔吉克族民间文学集》，新疆大学出版社2005年版。

（玛丽亚木·艾合买提编，海燕萍译）

不上学的后悔百年

نه کایج سَد سال پُشَیمان خُگج

nä käyj säd sal pošäyman xogj

塔吉克族谚语。流传于新疆维吾尔自治区喀什地区塔什库尔干塔吉克自治县。“不种地的后悔一年，不上学的后悔百年。”告诫人们不上学的人会后悔一辈子。对于研究塔吉克族教育观念有参考价值。1985年库尔班塔吉克语演唱，达力·买提胡夏勒塔吉克文笔录并译成维吾尔文。16开纸1页，1行。译文收入《中国民间文学集成·新疆卷·塔吉克族民间文学集》，新疆大学出版社2005年版。

（玛丽亚木·艾合买提编，海燕萍译）

智者即便在地狱，也不会受罪

علمدار اَر دوزَخمَس ایوُل نه ساود

elmdar är duzäxmäs iwol nä sawd

塔吉克族谚语。流传于新疆维吾尔自治区喀什地区塔什库尔干塔吉克自治县。“智者即便在地狱，也不会受罪。”告诉人们有知识的人在地狱一样的恶劣环境中也不会受罪，表达了知识对每一个人的重要性。对于研究塔吉克族崇尚知识观念有参考价值。1985年土尔迪·阿洪塔吉克语演唱，达力·买提胡夏勒塔吉克文笔录并译成维吾尔文。16开纸1页，1行。译文收入《中国民间文学集成·新疆卷·塔吉克族民间文学集》，新疆大学出版社2005年版。

（玛丽亚木·艾合买提编，海燕萍译）

骑着骆驼捉兔子

شُتُر قَتی کُتُم وَدارد

šotor qäti kotom wädard

塔吉克族谚语。流传于新疆维吾尔自治区喀什地区塔什库尔干塔吉克自治县。“骑着骆驼捉兔子。”告诉人们凡事若不动脑子，就会做出一些徒劳无益、愚蠢的事情。对于研究塔吉克族谚语有参考价值。1985年尼嘎尔塔吉克语演唱，达力·买提胡夏勒塔吉克文笔录并译成维吾尔文。16开纸1页，1行。译文收入《中国民间文学集成·新疆卷·塔吉克族民间文学集》，新疆大学出版社2005年版。

（玛丽亚木·艾合买提编，海燕萍译）

驴子脊背痒痒

شر دام دیجاخچ

šer dam dijaxč

塔吉克族谚语。流传于新疆维吾尔自治区喀什地区塔什库尔干塔吉克自治县。“驴子脊背痒痒，就去找磨房。”说明了愚昧的人给自己找麻烦。对于研究塔吉克族谚语有参考价值。1985 年嘎瓦尔·阿拉木塔吉克语演唱，达力·买提胡夏勒塔吉克文笔录并译成维吾尔文。16 开纸 1 页，1 行。译文收入《中国民间文学集成·新疆卷·塔吉克族民间文学集》，新疆大学出版社 2005 年版。

（玛丽亚木·艾合买提编，海燕萍译）

先备马鞍，再去买马

اول بیدان زاز تام اَسب

äwäl bidan zaz tam äsb

塔吉克族谚语。流传于新疆维吾尔自治区喀什地区塔什库尔干塔吉克自治县。“先备马鞍，再去买马。”告诉人们毫无准备就去行事，是无知、愚蠢的做法。对于研究塔吉克族谚语有参考价值。1985 年尼嘎尔塔吉克语演唱，达力·买提胡夏勒塔吉克文笔录并译成维吾尔文。16 开纸 1 页，1 行。译文收入《中国民间文学集成·新疆卷·塔吉克族民间文学集》，新疆大学出版社 2005 年版。（玛丽亚木·艾合买提编，海燕萍译）

不知趣的扰乱了学堂

بی عقل مَدریس وَیرون چاگج

bi äql mädris wäyrun čagj

塔吉克族谚语。流传于新疆维吾尔自治区喀什地区塔什库尔干塔吉克自治县。“脚大的踩坏了路，不知趣的扰乱了学堂。”告诉人们要自觉遵守行为规则。对于研究塔吉克族社会道德观念有参考价值。1985 年玉素甫塔吉克语演唱，达力·买提胡夏勒塔吉克文笔录并译成维吾尔文。16 开纸 1 页，1 行。译文收入《中国民间文学集成·新疆卷·塔吉克族民间文学集》，新疆大学出版社 2005 年版。

（玛丽亚木·艾合买提编，海燕萍译）

恶人如同蠢驴

ژیت کَس خَر قَتی بَرابَر

ʤit käs xär qäti bärabär

塔吉克族谚语。流传于新疆维吾尔自治区喀什地区塔什库尔干塔吉克自治县。“恶人如同蠢驴，没有热气的火盆如同木柴。”喻示人们远离恶劣、低下的品行，倡导人们培养良好品德。对于研究塔吉克族社会道德观念有参考价值。1985 年玉素甫塔吉克语演唱，达力·买提胡夏勒塔吉克文笔录并译成维吾尔文。16 开纸 1 页，1 行。译文收入《中国民间文学集成·新疆卷·塔吉克族民间文学集》，新疆大学出版社 2005 年版。

（玛丽亚木·艾合买提编，海燕萍译）

坐在园里，牧山上的羊群

اَر باغ قیرنج کَلا پاید

är baɣ qirenj käla payd

塔吉克族谚语。流传于新疆维吾尔自治区喀什地区塔什库尔干塔吉克自治县。“坐在园里，牧山上的羊群。”劝告人们要有智谋、讲实际。批驳了沉浸在幻想里、不实事求是的人。对于研究塔吉克族生活观念有参考价值。1985 年古力买买德塔吉克语演唱，达力·买提胡夏勒塔吉克文笔录并译成维吾尔文。16 开纸 1 页，1 行。译文收入《中国民间文学集成·新疆卷·塔吉克族民间文学集》，新疆大学出版社 2005 年版。

（玛丽亚木·艾合买提编，海燕萍译）

罐子里有水，却在四处寻水

آب پقَچا وادَف آب کیکاگج

ab päqäča wadaf ab kikagj

塔吉克族谚语。流传于新疆维吾尔自治区喀什地区塔什库尔干塔吉克自治县。“罐子里有水，却在四处寻水。”讽刺“骑着毛驴找毛驴”的愚昧无知行为。对于研究塔吉克族生活观念有参考价值。1985 年土尔迪·阿洪塔吉克语演唱，达力·买提胡夏勒塔吉克文笔录并译成维吾尔文。16 开纸 1 页，1 行。译文收入《中国民间文学集成·新疆卷·塔吉克族民间文学集》，新疆大学出版社 2005 年版。

（玛丽亚木·艾合买提编，海燕萍译）

没有智慧，命运多桀

عقل نَباشَد جان دَر آزاب

äql näbašäd jan där äzab

塔吉克族谚语。流传于新疆维吾尔自治区喀什地区塔什库尔干塔吉克自治县。“没有智慧，命运多桀。”喻示愚昧的人经受的苦头也多。对于研究塔吉克族人生哲理有参考价值。1985 年玉素甫塔吉克语演唱，达力·买提胡夏勒塔吉克文笔录并译成维吾尔文。16 开纸 1 页，1 行。译文收入《中国民间文学集成·新疆卷·塔吉克族民间文学集》，新疆大学出版社 2005 年版。（玛丽亚木·艾合买提编，海燕萍译）

智谋是一回事儿

عقل دیگر چَشم دیگر

äql digär čäšm digär

塔吉克族谚语。流传于新疆维吾尔自治区喀什地区塔什库尔干塔吉克自治县。“智谋是一回事儿，眼睛是一回事儿。”喻示人们凡事仅凭表面现象和感情用事，最终不会有好结果。对于研究塔吉克族人生哲理有参考价值。1985 年穆热迪克塔吉克语演唱，达力·买提胡夏勒塔吉克文笔录并译成维吾尔文。16 开纸 1 页，1 行。译文收入《中国民间文学集成·新疆卷·塔吉克族民间文学集》，新疆大学出版社 2005 年版。

（玛丽亚木·艾合买提编，海燕萍译）

兔子在河边渴死了

کُتُم کاول چیلَب زُدُک دوج

kotom kawl čiläb zodok duj

塔吉克族谚语。流传于新疆维吾尔自治区喀什地区塔什库尔干塔吉克自治县。“兔子在河边渴死了。”讽刺了愚昧、无知的人。对于研究塔吉克族人生哲理有参考价值。1985 年玉素甫塔吉克语演唱，达力·买提胡夏勒塔吉克文笔录并译成维吾尔文。16 开纸 1 页，1 行。译文收入《中国民间文学集成·新疆卷·塔吉克族民间文学集》，新疆大学出版社 2005 年版。

（玛丽亚木·艾合买提编，海燕萍译）

莫看身高

په قَد ماچاس

pä qäd mačas

塔吉克族谚语。流传于新疆维吾尔自治区喀什地区塔什库尔干塔吉克自治县。“莫看身高，要论智慧”。说明不要以外表评价一个人的文化水平和道德修养。对于研究塔吉克族哲理思想有参考价值。1985 年尼嘎尔塔吉克语演唱，达力·买提胡夏勒塔吉克文笔录并译成维吾尔文。16 开纸 1 页，1 行。译文收入《中国民间文学集成·新疆卷·塔吉克族民间文学集》，新疆大学出版社 2005 年版。

（玛丽亚木·艾合买提编，海燕萍译）

世上无难事

دَر دُنیا آسان کار نیست

där donya asan kar nist

塔吉克族谚语。流传于新疆维吾尔自治区喀什地区塔什库尔干塔吉克自治县。“世上无难事，只怕有心人，难事也变易。”说明做事只要有智慧、有谋划，就一定能够成功。对于研究塔吉克族人生哲理有参考价值。1985 年尼嘎尔塔吉克语演唱，达力·买提胡夏勒塔吉克文笔录并译成维吾尔文。16 开纸 1 页，1 行。译文收入《中国民间文学集成·新疆卷·塔吉克族民间文学集》，新疆大学出版社 2005 年版。

（玛丽亚木·艾合买提编，海燕萍译）

技能与时代是朋友

هُنَرَت زَمان دوست

honarät zäman dust

塔吉克族谚语。流传于新疆维吾尔自治区喀什地区塔什库尔干塔吉克自治县。“技能与时代是朋友。”说明如果技能不适应时代，就体现不出自身的价值。对于研究塔吉克族崇尚知识观念有参考价值。1985 年玉素甫塔吉克语演唱，达力·买提胡夏勒塔吉克文笔录并译成维吾尔文。16 开纸 1 页，1 行。译文收入《中国民间文学集成·新疆卷·塔吉克族民间文学集》，新疆大学出版社 2005 年版。

（玛丽亚木·艾合买提编，海燕萍译）

追捕太阳的影子

آفتاب زَترَن ود

aftab zäträn wed

塔吉克族谚语。流传于新疆维吾尔自治区喀什地区塔什库尔干塔吉克自治县。“追捕太阳的影子。”告诉人们不量力而行是愚蠢的表现，倡导人们放弃空想、学习知识。对于研究塔吉克族崇尚知识观念有参考价值。1985 年卡地尔塔吉克语演唱，达力·买提胡夏勒塔吉克文笔录并译成维吾尔文。16 开纸 1 页，1 行。译文收入《中国民间文学集成·新疆卷·塔吉克族民间文学集》，新疆大学出版社 2005 年版。

（玛丽亚木·艾合买提编，海燕萍译）

智慧是愤怒的克星

عقل اَز قار اَخو چَپ دُج

äql äz qar äxu čäp doj

塔吉克族谚语。流传于新疆维吾尔自治区喀什地区塔什库尔干塔吉克自治县。“智慧是愤怒的克星。”倡导人们为人处事要沉着冷静，足智多谋。对于研究塔吉克族人生哲理有参考价值。1985 年布荣塔吉克语演唱，达力·买提胡夏勒塔吉克文笔录并译成维吾尔文。16 开纸 1 页，1 行。译文收入《中国民间文学集成·新疆卷·塔吉克族民间文学集》，新疆大学出版社 2005 年版。

（玛丽亚木·艾合买提编，海燕萍译）

智慧天天有益

عقل هَر روز لازیم

äql här roz lazim

塔吉克族谚语。流传于新疆维吾尔自治区喀什地区塔什库尔干塔吉克自治县。“月光在夜晚有用，智慧天天有益。”喻示人们漂亮的容颜不能长久，丰厚的财富也有枯竭的时候，只有知识和聪明才智是终生享用不尽的财富。对于研究塔吉克族人生哲理有参考价值。1985 年玉素甫塔吉克语演唱，达力·买提胡夏勒塔吉克文笔录并译成维吾尔文。16 开纸 1 页，1 行。译文收入《中国民间文学集成·新疆卷·塔吉克族民间文学集》，新疆大学出版社 2005 年版。

（玛丽亚木·艾合买提编，海燕萍译）

智者的特性——少说多听

عقلين گپ کَم کَکت

äqlin gäp käm käkt

塔吉克族谚语。流传于新疆维吾尔自治区喀什地区塔什库尔干塔吉克自治县。“智者的特性——少说多听。”强调了少说多听是聪明人的特性，倡导人们培养良好的学习习惯。对于研究塔吉克族人生哲理有参考价值。1985 年穆热迪克塔吉克语演唱，达力·买提胡夏勒塔吉克文笔录并译成维吾尔文。16 开纸 1 页，1 行。译文收入《中国民间文学集成·新疆卷·塔吉克族民间文学集》，新疆大学出版社 2005 年版。

（玛丽亚木·艾合买提编，海燕萍译）

不要使唤小孩干活

بَچه چرير مارَمَی

băčä čerir marämäy

塔吉克族谚语。流传于新疆维吾尔自治区喀什地区塔什库尔干塔吉克自治县。“不要使唤小孩干活，搞砸了莫要埋怨。”喻示人们不要强求别人做干不了的事情，倡导人们要谦虚，做力所能及的事情。对于研究塔吉克族人生哲理有参考价值。1985 年玉素甫塔吉克语演唱，达力·买提胡夏勒塔吉克文笔录并译成维吾尔文。16 开纸 1 页，1 行。译文收入《中国民间文学集成·新疆卷·塔吉克族民间文学集》，新疆大学出版社 2005 年版。

（玛丽亚木·艾合买提编，海燕萍译）

不假思索干的事

چَرج فيكر نَچاگج چرَن هَلوكَت پور

čärj fikr näčagj čerän hälukät pur

塔吉克族谚语。流传于新疆维吾尔自治区喀什地区塔什库尔干塔吉克自治县。“不假思索干的事，麻烦整天在脑门儿。”告诉人们不加考虑就行事，会遇到许多麻烦。对于研究塔吉克族人生哲理有参考价值。1985 年库尔班塔吉克语演唱，达力·买提胡夏勒塔吉克文笔录并译成维吾尔文。16 开纸 1 页，1 行。译文收入《中国民间文学集成·新疆卷·塔吉克族民间文学集》，新疆大学出版社 2005 年版。

（玛丽亚木·艾合买提编，海燕萍译）

智者想前进

عقلين تَرپُرُد تيزد

äqlin tärporod tizd

塔吉克族谚语。流传于新疆维吾尔自治区喀什地区塔什库尔干塔吉克自治县。“智者想前进，懒惰混日子。”谴责了对世事漠不关心的人，赞美了有远大目标的人。对于研究塔吉克族生活观念有参考价值。1985 年土尔迪·阿洪塔吉克语演唱，代尔亚巴依塔吉克文笔录。西仁·库尔班译成维吾尔文。16 开纸 1 页，1 行。译文收入《中国民间文学集成·新疆卷·塔吉克族民间文学集》，新疆大学出版社 2005 年版。

（艾比百·吐尔逊尼牙孜编，
安尼瓦尔·加帕尔译）

挣钱容易花钱难

بايلق ويگ آسان رَفاند قيلا

bayleq weg asan räfand qila

塔吉克族谚语。流传于新疆维吾尔自治区喀什地区塔什库尔干塔吉克自治县。“挣钱容易花钱难。”说明人能够积累一定的财富，但是把钱花费在有意义的事情上比积累财富更重要。对于研究塔吉克族人生观念有参考价值。1985 年穆巴热克夏塔吉克语演唱，马达力汗·巴伦塔吉克文笔录并译成维吾尔文。16 开纸 1 页，1 行。译文收入《中国民间文学集成·新疆卷·塔吉克族民间文学集》，新疆大学出版社 2005 年版。

（玛丽亚木·艾合买提编，海燕萍译）

愚笨的人缺乏巧劲

بی عقلَن فَم نیست

bi äqlän fäm nist

塔吉克族谚语。流传于新疆维吾尔自治区喀什地区塔什库尔干塔吉克自治县。“愚笨的人缺乏巧劲，无忧无虑的人没有远虑。”说明愚昧无知的人没有忧虑、漫不经心，倡导人们要睿智、精明。对于研究塔吉克族谚语有参考价值。1985 年多来提别克塔吉克语演唱，代尔亚巴依塔吉克文笔录并译成维吾尔文。16 开纸 1 页，1 行。译文收入《中国民间文学集成·新疆卷·塔吉克族民间文学集》，新疆大学出版社 2005 年版。

（玛丽亚木·艾合买提编，海燕萍译）

容貌之美则罢

ته عقلمَس تَرَنگ خُشروی سَوید

tä äqlmäs täräng xošruy säwid

塔吉克族谚语。流传于新疆维吾尔自治区喀什地区塔什库尔干塔吉克自治县。“容貌之美则罢，智慧之美更佳。”说明容颜的美丽比不过智慧之美。对于研究塔吉克族谚语有参考价值。1985 年吾秀尔塔吉克语演唱，代尔亚巴依塔吉克文笔录并译成维吾尔文。16 开纸 1 页，1 行。译文收入《中国民间文学集成·新疆卷·塔吉克族民间文学集》，新疆大学出版社 2005 年版。

（玛丽亚木·艾合买提编，海燕萍译）

勤劳之魂是双手

چرچی جون ویدَست

čerči jon widäst

塔吉克族谚语。流传于新疆维吾尔自治区喀什地区塔什库尔干塔吉克自治县。“机敏之魂是智慧，勤劳之魂是双手。”说明智慧的人凭借聪明才智，勤劳的人依靠自己的双手。对于研究塔吉克族崇尚知识和劳动的观念有参考价值。1985 年库尔班塔吉克语演唱，代尔亚巴依塔吉克文笔录并译成维吾尔文。16 开纸 1 页，1 行。译文收入《中国民间文学集成·新疆卷·塔吉克族民间文学集》，新疆大学出版社 2005 年版。

（玛丽亚木·艾合买提编，海燕萍译）

愚夫只赢一次

بَفَم یَک بور

befäm yäk bor

塔吉克族谚语。流传于新疆维吾尔自治区喀什地区塔什库尔干塔吉克自治县。“愚夫只赢一次，智者赢千年。”说明愚昧的人偶然的好运是暂时的，而智慧的人总是依靠其聪明才智赢得荣誉。对于研究塔吉克族谚语有参考价值。1985 年多来提别克塔吉克语演唱，代尔亚巴依塔吉克文笔录并译成维吾尔文。16 开纸 1 页，1 行。译文收入《中国民间文学集成·新疆卷·塔吉克族民间文学集》，新疆大学出版社 2005 年版。

（玛丽亚木·艾合买提编，海燕萍译）

做事需要巧劲

چریر فَم بَکور

čäerir fäm bäkur

塔吉克族谚语。流传于新疆维吾尔自治区喀什地区塔什库尔干塔吉克自治县。“男人需要老婆，做事需要巧劲。”说明做任何事都需要开动脑筋，要富有智慧和巧劲。对于研究塔吉克族谚语有参考价值。1985 年多来提别克塔吉克语演唱，代尔亚巴依塔吉克文笔录并译成维吾尔文。16 开纸 1 页，1 行。译文收入《中国民间文学集成·新疆卷·塔吉克族民间文学集》，新疆大学出版社 2005 年版。

（玛丽亚木·艾合买提编，海燕萍译）

智者察言观色

عقلين فيكر ككت

äqlin fikr käkt

塔吉克族谚语。流传于新疆维吾尔自治区喀什地区塔什库尔干塔吉克自治县。“智者察言观色，愚夫难耐轻薄。”说明聪明的人沉着冷静，富有智慧，说话切合实际，有的放矢；而愚昧的人则不管讲的对与错、是否符合实际，总是自以为是。对于研究塔吉克族谚语有参考价值。1985 年嘎瓦尔·阿拉木塔吉克语演唱，代尔亚巴依塔吉克文笔录并译成维吾尔文。16 开纸 1 页，1 行。译文收入《中国民间文学集成·新疆卷·塔吉克族民间文学集》，新疆大学出版社 2005 年版。（玛丽亚木·艾合买提编，海燕萍译）

身体不顶用的智慧顶用

عقل رَفان قَدما

äql räfan qädma

塔吉克族谚语。流传于新疆维吾尔自治区喀什地区塔什库尔干塔吉克自治县。“身体不顶用的智慧顶用。”说明智力强于体力，倡导人们勤奋学习、掌握知识、提高本领。对于研究塔吉克族崇尚知识观念有参考价值。1985 年多来提别克塔吉克语演唱，代尔亚巴依塔吉克文笔录并译成维吾尔文。16 开纸 1 页，1 行。译文收入《中国民间文学集成·新疆卷·塔吉克族民间文学集》，新疆大学出版社 2005 年版。

（玛丽亚木·艾合买提编，海燕萍译）

开动脑筋可以掘到金子

عقل رَفانسه تيلو ويرى

äql räfansä tilu wiräy

塔吉克族谚语。流传于新疆维吾尔自治区喀什地区塔什库尔干塔吉克自治县。“开动脑筋可以掘到金子，但金子买不来智慧。”说明开动脑筋、发挥智力，可以获得财富，但不下苦功，再多的财富也换不到智慧。对于研究塔吉克族谚语有参考价值。1985 年买买地亚尔塔吉克语演唱，代尔亚巴依塔吉克文笔录并译成维吾尔文。16 开纸 1 页，1 行。译文收入《中国民间文学集成·新疆卷·塔吉克族民间文学集》，新疆大学出版社 2005 年版。

（玛丽亚木·艾合买提编，海燕萍译）

智者赞誉花种

عقلين گُل آتغم سيتاود

äqlin gul äteɣm sitawj

塔吉克族谚语。流传于新疆维吾尔自治区喀什地区塔什库尔干塔吉克自治县。“愚夫夸耀花香，智者赞誉花种。”说明愚昧无知的人只论事物的表面现象，而不了解其本质。对于研究塔吉克族哲理思想有参考价值。1985 年买买地亚尔塔吉克语演唱，代尔亚巴依塔吉克文笔录并译成维吾尔文。16 开纸 1 页，1 行。译文收入《中国民间文学集成·新疆卷·塔吉克族民间文学集》，新疆大学出版社 2005 年版。

（玛丽亚木·艾合买提编，海燕萍译）

众人聚在一起出智慧

ديور ويكچ سَساود اَقل پَيدو ساود

diyur wikč säsawd äql päydu sawd

塔吉克族谚语。流传于新疆维吾尔自治区喀什地区塔什库尔干塔吉克自治县。“众人聚在一起出智慧，云彩聚在一起降雪。”说明众人的智慧高于一个人的智慧。对于研究塔吉克族哲理思想有参考价值。1985 年土尔迪·阿洪塔吉克语演唱，代尔亚巴依塔吉克文笔录并译成维吾尔文。16 开纸 1 页，1 行。译文收入《中国民间文学集成·新疆卷·塔吉克族民间文学集》，新疆大学出版社 2005 年版。

（玛丽亚木·艾合买提编，海燕萍译）

善问者不迷路

پاند پَرسچنج خَتو نه دوج

pand pärsčenj xätu nä duj

塔吉克族谚语。流传于新疆维吾尔自治区喀什地区塔什库尔干塔吉克自治县。“善问者不迷路。”说明不知道路的人，问知道的人，才不会迷路，倡导人们要谦虚。对于研究塔吉克族哲理思想有参考价值。1985 年穆巴热克夏塔吉克语演唱，霍加艾山·皮纳齐塔吉克文笔录并译成维吾尔文。16 开纸 1 页，1 行。译文收入《中国民间文学集成·新疆卷·塔吉克族民间文学集》，新疆大学出版社 2005 年版。

（玛丽亚木·艾合买提编，海燕萍译）

智者冥想，愚夫空想

عقلين خُكال رَفاند

äqlin xokal räfand

塔吉克族谚语。流传于新疆维吾尔自治区喀什地区塔什库尔干塔吉克自治县。“智者冥想，愚夫空想。”告诉人们有知识的人凡事开动脑筋、凭经验办事，愚昧、无知的人则不动脑筋，只会空想。对于研究塔吉克族崇尚知识观念有参考价值。1985 年穆巴热克夏塔吉克语演唱，霍加艾山·皮纳齐塔吉克文笔录并译成维吾尔文。16 开纸 1 页，1 行。译文收入《中国民间文学集成·新疆卷·塔吉克族民间文学集》，新疆大学出版社 2005 年版。（玛丽亚木·艾合买提编，海燕萍译）

荣誉来自于智慧和知识

آبروی آز علم یاد

abruy äz elm yad

塔吉克族谚语。流传于新疆维吾尔自治区喀什地区塔什库尔干塔吉克自治县。“荣誉来自智慧和知识。”告诉人们聪明才智和知识使人获得荣誉，赢得他人的敬意，使人的生命有意义。对于研究塔吉克族崇尚知识观念有参考价值。1985 年穆巴热克夏塔吉克语演唱，霍加艾山·皮纳齐塔吉克文笔录并译成维吾尔文。16 开纸 1 页，1 行。译文收入《中国民间文学集成·新疆卷·塔吉克族民间文学集》，新疆大学出版社 2005 年版。

（玛丽亚木·艾合买提编，海燕萍译）

参加愚夫的会谈

نادان قَتی نادان سا

nadan qäti nadan sa

塔吉克族谚语。流传于新疆维吾尔自治区喀什地区塔什库尔干塔吉克自治县。“参加愚夫的会谈，学到愚昧。”告诉人们与愚昧无知的人在一起会削弱人的智力，劝导人们多和有智慧、有知识的人在一起，才能学到知识、技能。对于研究塔吉克族崇尚知识观念有参考价值。1985 年穆巴热克夏塔吉克语演唱，霍加艾山·皮纳齐塔吉克文笔录并译成维吾尔文。16 开纸 1 页，1 行。译文收入《中国民间文学集成·新疆卷·塔吉克族民间文学集》，新疆大学出版社 2005 年版。（玛丽亚木·艾合买提编，海燕萍译）

伟大不在于年龄，而在于头脑

اولُغی په سال نیست، په سَر

uloɣi pä sal nist，pä sär

塔吉克族谚语。流传于新疆维吾尔自治区喀什地区塔什库尔干塔吉克自治县。“伟大不在于年龄，而在于头脑。”告诉人们名誉都是通过知识和智慧得来的。对于研究塔吉克族谚语有参考价值。1985 年穆尼·塔布力迪塔吉克语演唱，霍加艾山·皮纳齐塔吉克文笔录并译成维吾尔文。16 开纸 1 页，1 行。译文收入《中国民间文学集成·新疆卷·塔吉克族民间文学集》，新疆大学出版社 2005 年版。

（玛丽亚木·艾合买提编，海燕萍译）

智慧在哪里

عقل کُجا

äql koja

塔吉克族谚语。流传于新疆维吾尔自治区喀什地区塔什库尔干塔吉克自治县。“智慧在哪里？在愚昧的人那里。”告诉人们智慧的人总是从愚昧人的失败中吸取教训，避免犯错。对于研究塔吉克族谚语有参考价值。1985 年穆巴热克夏塔吉克语演唱，霍加艾山·皮纳齐塔吉克文笔录并译成维吾尔文。16 开纸 1 页，1 行。译文收入《中国民间文学集成·新疆卷·塔吉克族民间文学集》，新疆大学出版社 2005 年版。

（玛丽亚木·艾合买提编，海燕萍译）

争吵出现时

عقلین اَز غاش دَر تُیج

äqlin äz ɣaš där toyj

塔吉克族谚语。流传于新疆维吾尔自治区喀什地区塔什库尔干塔吉克自治县。“争吵出现时：愚夫凑上去，智者躲得远。”说明智者和愚夫对待纠纷的不同态度。告诉人们不要掺合他人之间的纠纷。对于研究塔吉克族社会观念有参考价值。1985 年玉素甫塔吉克语演唱，霍加艾山·皮纳齐塔吉克文笔录并译成维吾尔文。16 开纸 1 页，1 行。译文收入《中国民间文学集成·新疆卷·塔吉克族民间文学集》，新疆大学出版社 2005 年版。

（玛丽亚木·艾合买提编，海燕萍译）

智慧属于你，应用在于我

علم اَز ته، رَفاند اَز مَن

elm äz tä, räfand äz man

塔吉克族谚语。流传于新疆维吾尔自治区喀什地区塔什库尔干塔吉克自治县。“智慧属于你，应用在于我。”告诉人们智慧来自于知识，智慧使知识恰如其分地发挥作用。对于研究塔吉克族崇尚知识观念有参考价值。1985 年穆巴热克夏塔吉克语演唱，霍加艾山·皮纳齐塔吉克文笔录并译成维吾尔文。16 开纸 1 页，1 行。译文收入《中国民间文学集成·新疆卷·塔吉克族民间文学集》，新疆大学出版社 2005 年版。

（玛丽亚木·艾合买提编，海燕萍译）

有知者会谦虚

علمدار کَمتَر یاد

elmdar kämtär yad

塔吉克族谚语。流传于新疆维吾尔自治区喀什地区塔什库尔干塔吉克自治县。“有知者，会谦虚。”说明谦虚是有知识的人的美德，倡导人们培养谦虚谨慎的良好品德。对于研究塔吉克族谚语有参考价值。1985 年穆巴热克夏塔吉克语演唱，霍加艾山·皮纳齐塔吉克文笔录并译成维吾尔文。16 开纸 1 页，1 行。译文收入《中国民间文学集成·新疆卷·塔吉克族民间文学集》，新疆大学出版社 2005 年版。

（玛丽亚木·艾合买提编，海燕萍译）

智者在苦难日子里也不露声色

عقلین جَفوری پوی دارد

äqlin jäfuri puy dard

塔吉克族谚语。流传于新疆维吾尔自治区喀什地区塔什库尔干塔吉克自治县。“智者在苦难日子里也不露声色。”告诉人们有知识的人凭借自己的智慧和能力，战胜难关，取得成功。对于研究塔吉克族崇尚知识观念有参考价值。1985 年穆巴热克夏塔吉克语演唱，霍加艾山·皮纳齐塔吉克文笔录并译成维吾尔文。16 开纸 1 页，1 行。译文收入《中国民间文学集成·新疆卷·塔吉克族民间文学集》，新疆大学出版社 2005 年版。

（玛丽亚木·艾合买提编，海燕萍译）

聪明的旱獭不吃身边的草

عقلين وَكچف خو يات پرود

äqlin wäkčef xu yat pirud

塔吉克族谚语。流传于新疆维吾尔自治区喀什地区塔什库尔干塔吉克自治县。“聪明的旱獭不吃身边的草。”告诉人们智慧的人从不损害周围的人和朋友的利益，强调了人际交往中的理性行为准则。对于研究塔吉克族社会道德观念有参考价值。1985 年穆热迪克夏塔吉克语演唱，霍加艾山·皮纳齐塔吉克文笔录并译成维吾尔文。16 开纸 1 页，1 行。译文收入《中国民间文学集成·新疆卷·塔吉克族民间文学集》，新疆大学出版社 2005 年版。

（玛丽亚木·艾合买提编，海燕萍译）

人们将留下自己的传统

اَز خَلق آدَت رَست

äz xälq adät räst

塔吉克族谚语。流传于新疆维吾尔自治区喀什地区塔什库尔干塔吉克自治县。“人们将留下自己的传统，勇士会留下传奇故事。”赞美了人民的聪明才智和对英雄人物的崇敬之情。对于研究塔吉克族人生观有参考价值。1985 年哈里丹·夏热合曼塔吉克语演唱，西仁·库尔班塔吉克文笔录并译成维吾尔文。16 开纸 1 页，1 行。译文收入《中国民间文学集成·新疆卷·塔吉克族民间文学集》，新疆大学出版社 2005 年版。

（艾比百·吐尔逊尼牙孜编，安尼瓦尔·加帕尔译）

个子如杨树高，智慧如针头小

قَد تَرَک دود، اَقل سيظ دود

qäd däräxt dud，äql siz dud

塔吉克族谚语。流传于新疆维吾尔自治区喀什地区塔什库尔干塔吉克自治县。“个子如杨树高，智慧如针头小。”说明人长相俊俏、人高马大不一定有超人的智慧。对于研究塔吉克族谚语有参考价值。1985 年穆尼·塔布力迪塔吉克语演唱，西仁·库尔班塔吉克文笔录并译成维吾尔文。16 开纸 1 页，1 行。译文收入《中国民间文学集成·新疆卷·塔吉克族民间文学集》，新疆大学出版社 2005 年版。

（艾比百·吐尔逊尼牙孜编，贾马力丁译）

无知的人只会干打雷而不下雨

نادانَن قار ياست، اَقل نيست

nadanän qar yast，äql nist

塔吉克族谚语。流传于新疆维吾尔自治区喀什地区塔什库尔干塔吉克自治县。“无知的人只会干打雷而不下雨。”告诫人们不要吹牛、虚张声势，要摒弃愚昧，做事多动脑筋。对于研究塔吉克族社会道德观念有参考价值。1985 年穆巴热克夏塔吉克语演唱，西仁·库尔班塔吉克文笔录并译成维吾尔文。16 开纸 1 页，1 行。译文收入《中国民间文学集成·新疆卷·塔吉克族民间文学集》，新疆大学出版社 2005 年版。

（艾比百·吐尔逊尼亚孜编，斯拉吉丁译）

呆子把钱给了卖肉的

وَک اَپول قَصابیر دوج

wäk äpul qäsabir duj

塔吉克族谚语。流传于新疆维吾尔自治区喀什地区塔什库尔干塔吉克自治县。“呆子把钱给了卖肉的，却向打馕的人要馕。”倡导做事要集中精力，机智灵敏。对于研究塔吉克族生活观念有参考价值。1985 年穆热地克塔吉克语演唱，西仁·库尔班塔吉克文笔录并译成维吾尔文。16 开纸 1 页，1 行。译文收入《中国民间文学集成·新疆卷·塔吉克族民间文学集》，新疆大学出版社 2005 年版。

（艾比百·吐尔逊尼牙孜编，斯拉吉丁译）

语言感动不了无知的人

نادانیر گَپ کور نه کَکت

nadanir gäp kur nä käkt

塔吉克族谚语。流传于新疆维吾尔自治区喀什地区塔什库尔干塔吉克自治县。“雨水奈何不了石头，语言感动不了无知的人。”说明对那些无知愚蠢的人，好言相劝是徒劳无益的。告诫人们要接受别人的劝告。对于研究塔吉克族生活观念有参考价值。1985 年霍加艾山·皮纳齐塔吉克语演唱，西仁·库尔班塔吉克文笔录并译成维吾尔文。16 开纸 1 页，1 行。译文收入《中国民间文学集成·新疆卷·塔吉克族民间文学集》，新疆大学出版社 2005 年版。

（艾比百·吐尔逊尼牙孜编，斯拉吉丁译）

不卖一百元，要卖五十元

سَدر نه رَندم، پَنجایر

säder nä rändem, pänjayer

塔吉克族谚语。流传于新疆维吾尔自治区喀什地区塔什库尔干塔吉克自治县。“不卖一百元，要卖五十元。”讽刺了无智、愚蠢的行为，教育人们做生意要动脑筋，不要做赔钱的买卖。对于研究塔吉克族谚语有参考价值。1985 年塔瓦尼·卡地尔塔吉克语演唱，西仁·库尔班塔吉克文笔录并译成维吾尔文。16 开纸 1 页，1 行。译文收入《中国民间文学集·新疆卷·塔吉克族民间文学集》，新疆大学出版社 2005 年版。

（艾比百·吐尔逊尼牙孜编，阿力木译）

烂帽子里也有聪明的脑瓜

کنا تُماغ پَدَرون عقلین کال یاست

kena tumaɣ pädarun äqlin kal yast

塔吉克族谚语。流传于新疆维吾尔自治区喀什地区塔什库尔干塔吉克自治县。“烂帽子里也有聪明的脑瓜。”喻示人们评价一个人时，不能以貌取人。对于研究塔吉克族人生观有参考价值。1985 年古力买买德塔吉克语演唱，哈里丹·夏热合曼塔吉克文笔录并译成维吾尔文。16 开纸 1 页，1 行。译文收入《中国民间文学集成·新疆卷·塔吉克族民间文学集》，新疆大学出版社 2005 年版。（玛丽亚木·艾合买提编，周玉玲译）

愚夫不懂，也不同

نادان نَوَزاند

nadan näwäzand

塔吉克族谚语。流传于新疆维吾尔自治区喀什地区塔什库尔干塔吉克自治县。“愚夫不懂，也不问。”告诫人们一定要不懂就问，批驳了愚昧、不渴求知识的人。对于研究塔吉克族崇尚知识观念有参考价值。1985 年古力买买德塔吉克语演唱，艾布力·艾山汗塔吉克文笔录并译成维吾尔文。16 开纸 1 页，1 行。译文收入《中国民间文学集成·新疆卷·塔吉克族民间文学集》，新疆大学出版社 2005 年版。

（玛丽亚木·艾合买提编，海燕萍译）

对智者来说一句话就足够了

عقلينير يَک غاو گَپ باس

äqlinir yäk ɤaw gäp bas

塔吉克族谚语。流传于新疆维吾尔自治区喀什地区塔什库尔干塔吉克自治县。“对智者来说一句话就够了。”说明对聪明机智的人没有必要说多余的话，他们会用自己的智慧来领会意图办好每一件事。对于研究塔吉克族谚语有参考价值。1985年布里布力塔吉克语演唱，西仁·库尔班塔吉克文笔录并译成维吾尔文。16开纸1页，1行。译文收入《中国民间文学集成·新疆卷·塔吉克族民间文学集》，新疆大学出版社2005年版。

（艾比百·吐尔逊尼牙孜编，安尼瓦尔·加帕尔译）

诅咒能让人死的话，哈孜早就死了

قَرغيش قَتى قوزى نه مرد

qärɤiš qäti quzi nä merd

塔吉克族谚语。流传于新疆维吾尔自治区喀什地区塔什库尔干塔吉克自治县。“诅咒能让人死的话，哈孜早就死了。”告诉人们做事要靠自己的智慧，不要听信别人的流言飞语。对于研究塔吉克族谚语有参考价值。1985年多来提别克塔吉克语演唱，穆尼·塔布力迪塔吉克文笔录并译成维吾尔文。16开纸1页，1行。译文收入《中国民间文学集成·新疆卷·塔吉克族民间文学集》，新疆大学出版社2005年版。

（玛丽亚木·艾合买提编，海燕萍译）

优等的士兵胜于低劣的将军

قوبيل نَوكَر چَرج

qubil näwkär čärj

塔吉克族谚语。流传于新疆维吾尔自治区喀什地区塔什库尔干塔吉克自治县。“优等的士兵胜于低劣的将军。”告诉人们群龙之首必须要具备足够的智慧和谋略。只有这样，生活才能兴旺，国家才能强盛。对于研究塔吉克族谚语有参考价值。1985年尼嘎尔塔吉克语演唱，穆尼·塔布力迪塔吉克文笔录并译成维吾尔文。16开纸1页，1行。译文收入《中国民间文学集成·新疆卷·塔吉克族民间文学集》，新疆大学出版社2005年版。（玛丽亚木·艾合买提编，海燕萍译）

一点一点成长

هَر روز لاور سا

här ruz lawr sa

塔吉克族谚语。流传于新疆维吾尔自治区喀什地区塔什库尔干塔吉克自治县。“一点一点成长，一天一天成熟。”说明智慧的头脑和勇敢的心是在坚持不懈的努力中得来的，倡导人们在求学的道路上要有耐心。对于研究塔吉克族人生观有参考价值。1985年汉·赛地尔丁塔吉克语演唱，穆尼·塔布力迪塔吉克文笔录并译成维吾尔文。16开纸1页，1行。译文收入《中国民间文学集成·新疆卷·塔吉克族民间文学集》，新疆大学出版社2005年版。

（玛丽亚木·艾合买提编，海燕萍译）

一箭双雕

يَک پوت قَتى دو گيوَيج داد

yäk pot qäti du giwäyj dad

塔吉克族谚语。流传于新疆维吾尔自治区喀什地区塔什库尔干塔吉克自治县。“一箭双雕。”告诉人们身心健全和智谋深广的人同时可以做几件事情。对于研究塔吉克族谚语有参考价值。1985年布里布力塔吉克语演唱，穆尼·塔布力迪塔吉克文笔录并译成维吾尔文。16开纸1页，1行。译文收入《中国民间文学集成·新疆卷·塔吉克族民间文学集》，新疆大学出版社 2005 年版。

（玛丽亚木·艾合买提编，海燕萍译）

智者谋略，愚人盲目

بی عقل قَرام یاد

bi äql qäram yad

塔吉克族谚语。流传于新疆维吾尔自治区喀什地区塔什库尔干塔吉克自治县。“智者谋略，愚人盲目。”说明学识经验俱佳的人凡事都有耐心，事先做好计划与准备，讽刺了盲目冒进的人。对于研究塔吉克族谚语有参考价值。1985 年汉·赛地尔丁塔吉克语演唱，穆尼·塔布力迪塔吉克文笔录并译成维吾尔文。16 开纸 1 页，1 行。译文收入《中国民间文学集成·新疆卷·塔吉克族民间文学集》，新疆大学出版社 2005 年版。

（玛丽亚木·艾合买提编，海燕萍译）

打交道时要头脑清醒

لخ سَدار کوج مادار

lex sädar kuj madar

塔吉克族谚语。流传于新疆维吾尔自治区喀什地区塔什库尔干塔吉克自治县。“不要与坏人打交道，打交道时要头脑清醒。”告诉人们与人交往要谨慎，遇到困难要沉着冷静。对于研究塔吉克族谚语有参考价值。1985 年汉·赛地尔丁塔吉克语演唱，穆尼·塔布力迪塔吉克文笔录并译成维吾尔文。16 开纸 1 页，1 行。译文收入《中国民间文学集成·新疆卷·塔吉克族民间文学集》，新疆大学出版社 2005 年版。

（玛丽亚木·艾合买提编，海燕萍译）

赌气的没有了福分

قار سدجنج خو اَز رُسق ردج

qar sedjenj xu äz rosq redj

塔吉克族谚语。流传于新疆维吾尔自治区喀什地区塔什库尔干塔吉克自治县。“赌气的没有了福分，盗贼失去了名声。”说明为一些莫名其妙的事情赌气、找借口不是勇敢智慧的表现。对于研究塔吉克族谚语有参考价值。1985 年塔布力迪·吾秀尔塔吉克语演唱，穆尼·塔布力迪塔吉克文笔录并译成维吾尔文。16 开纸 1 页，1 行。译文收入《中国民间文学集成·新疆卷·塔吉克族民间文学集》，新疆大学出版社 2005 年版。

（玛丽亚木·艾合买提编，海燕萍译）

我没有的，世上也没有

مُيَن نیست دَر اولَم نیست

moyän nist där uläm nist

塔吉克族谚语。流传于新疆维吾尔自治区喀什地区塔什库尔干塔吉克自治县。“我没有的，世上也没有。”说明凡事要自力更生、自食其力的道理。对于研究塔吉克族生活观念有参考价值。1985 年布荣塔吉克语演唱，穆尼·塔布力迪塔吉克文笔录并译成维吾尔文。16 开纸 1 页，1 行。译文收入《中国民间文学集成·新疆卷·塔吉克族民间文学集》，新疆大学出版社 2005 年版。

（玛丽亚木·艾合买提编，海燕萍译）

给泼妇的忠言

ژیت زَنیر گَپ چَیگ

ʤit zänir gäp čäyg

塔吉克族谚语。流传于新疆维吾尔自治区喀什地区塔什库尔干塔吉克自治县。“给泼妇的忠言，如同投向秽物的石头。”鞭挞了一些妇女笨拙、粗鲁、知难而退的行为，倡导妇女们要保持温和的秉性。对于研究塔吉克族生活观念有参考价值。1985 年嘎瓦尔·阿拉木塔吉克语演唱，穆尼·塔布力迪塔吉克文笔录并译成维吾尔文。16 开纸 1 页，1 行。

译文收入《中国民间文学集成·新疆卷·塔吉克族民间文学集》，新疆大学出版社 2005 年版。

（玛丽亚木·艾合买提编，海燕萍译）

制服不了驴子

پَر خَر قودرَت نَفیرپچ

pär xär qudrät näfiripč

塔吉克族谚语。流传于新疆维吾尔自治区喀什地区塔什库尔干塔吉克自治县。“制服不了驴子，就打驴笼头。”批评了愚昧无知的人失败后不从自身找原因，反而埋怨他人的不良品行。对于研究塔吉克族社会道德观念有参考价值。1985 年土尔迪·阿洪塔吉克语演唱，穆尼·塔布力迪塔吉克文笔录并译成维吾尔文。16 开纸 1 页，1 行。译文收入《中国民间文学集成·新疆卷·塔吉克族民间文学集》，新疆大学出版社 2005 年版。

（玛丽亚木·艾合买提编，海燕萍译）

要勤奋，也要智慧

چرچی سَواو چر پاند وَزان

čerči säwaw čer pand wäzan

塔吉克族谚语。流传于新疆维吾尔自治区喀什地区塔什库尔干塔吉克自治县。“要勤奋，也要智慧。”告诉人们做任何事都需要勤奋和智谋，才能取得圆满成功。强调只有把勤奋和智慧结合起来，才能事事顺利。对于研究塔吉克族生活观念有参考价值。1985 年土尔迪·阿洪塔吉克语演唱，穆尼·塔布力迪塔吉克文笔录并译成维吾尔文。16 开纸 1 页，1 行。译文收入《中国民间文学集成·新疆卷·塔吉克族民间文学集》，新疆大学出版社 2005 年版。

（玛丽亚木·艾合买提编，海燕萍译）

想抓太阳却扑向了影子

آفتاب وَدارَم لوج سُیا وَدارج

aftab wädaräm lewj soya wädarj

塔吉克族谚语。流传于新疆维吾尔自治区喀什地区塔什库尔干塔吉克自治县。“想抓太阳却扑向了影子。”批判了那些无知的空想主义者，赞扬了聪明、智慧的人们。对于研究塔吉克族社会道德观念有参考价值。1985 年塔布力迪·吾秀尔塔吉克语演唱，西仁·库尔班塔吉克文笔录并译成维吾尔文。16 开纸 1 页，1 行。译文收入《中国民间文学集成·新疆卷·塔吉克族民间文学集》，新疆大学出版社 2005 年版。

（玛丽亚木·艾合买提编，周玉玲译）

勇敢就是成功

دَلیر موَفَقیَت اَست

dälir muwäfäqiyät äst

塔吉克族谚语。流传于新疆维吾尔自治区喀什地区塔什库尔干塔吉克自治县。“勇敢就是成功。”劝导人们不怕困难，勇往直前。对于研究塔吉克族生活观念有参考价值。1985 年玉素甫塔吉克语演唱，西仁·库尔班塔吉克文笔录并译成维吾尔文。16 开纸 1 页，1 行。译文收入《中国民间文学集成·新疆卷·塔吉克族民间文学集》，新疆大学出版社 2005 年版。

（艾比百·吐尔逊尼牙孜编，斯拉吉丁译）

躺着等死不如干活累死

اَلید اَز مَرگ، چرکه میر

älid äz märg，čerkä mir

塔吉克族谚语。流传于新疆维吾尔自治区喀什地区塔什库尔干塔吉克自治县。“躺着等死不如干活累死。”告诫人们要坚强勇敢地活着，用自己辛勤的劳动来为人民、为家乡作贡献，批判了那些懒惰、吃闲饭的人。对于研究塔吉克族生活观念有参考价值。1985 年布里布力塔吉克语演唱，穆尼·塔布力迪塔吉克文笔录并译成维吾尔文。16 开纸 1 页，1 行。译文收入《中国民间文学集成·新疆卷·塔吉克族民间文学集》，新疆大学出版社 2005 年版。

（玛丽亚木·艾合买提编，周玉玲译）

勇士从不挑战场

مَرد مَیدون نه سیراود

märd mäydun nä sirawd

塔吉克族谚语。流传于新疆维吾尔自治区喀什地区塔什库尔干塔吉克自治县。“勇士从不挑战场。”说明勇敢的人在任何时候任何条件下，都经得住考验。对于研究塔吉克族人生价值观念有参考价值。1985 年穆拉迪克塔吉克语演唱，西仁·库尔班塔吉克文笔录并译成维吾尔文。16 开纸 1 页，1 行。译文收入《中国民间文学集·新疆卷·塔吉克族民间文学集》，新疆大学出版社 2005 年版。

（艾比百·吐尔逊尼牙孜编，阿力木译）

要么强夺，要么智取

یو عقل رَفان، یو کوچ

yu äql räfan，yu kuč

塔吉克族谚语。流传于新疆维吾尔自治区喀什地区塔什库尔干塔吉克自治县。“要么强夺，要么智取。”从反面告诉人们凡事意志坚定、勇敢顽强非常重要，批评了意志薄弱的人。对于研究塔吉克族生活观念有参考价值。1985 年尼嘎尔塔吉克语演唱，西仁·库尔班塔吉克文笔录并译成维吾尔文。16 开纸 1 页，1 行。译文收入《中国民间文学集成·新疆卷·塔吉克族民间文学集》，新疆大学出版社 2005 年版。

（玛丽亚木·艾合买提编，海燕萍译）

赖狗一见到狼就蹿回了家

لالم سَگ دَر نَپوید

lalm säg där näpuyd

塔吉克族谚语。流传于新疆维吾尔自治区喀什地区塔什库尔干塔吉克自治县。“赖狗一见到狼就蹿回了家。”批评了无能、懦弱的行为，倡导人们要勇敢坚强。对于研究塔吉克族谚语有参考价值。1985 年古力买买德塔吉克语演唱，艾布力·艾山汗塔吉克文笔录。穆尼·塔比力迪译成维吾尔文。16 开纸 1 页，1 行。译文收入《中国民间文学集成·新疆卷·塔吉克族民间文学集》，新疆大学出版社 2005 年版。

（玛丽亚木·艾合买提编，海燕萍译）

蜘蛛虽小

رَغزیبُف زیلیک سَوید

räɣzibof zilik säwed

塔吉克族谚语。流传于新疆维吾尔自治区喀什地区塔什库尔干塔吉克自治县。“蜘蛛虽小，却能远行千里。”劝导人们要勇敢向前。对于研究塔吉克族生活观念有参考价值。1985 年土尔迪·阿洪塔吉克语演唱，艾布力·艾山汗塔吉克文笔录。穆尼·塔布力迪译成维吾尔文。16 开纸 1 页，1 行。译文收入《中国民间文学集成·新疆卷·塔吉克族民间文学集》，新疆大学出版社 2005 年版。（玛丽亚木·艾合买提编，海燕萍译）

生当战士，死做英豪

میرسه شَهید سا

mirsä šähid sa

塔吉克族谚语。流传于新疆维吾尔自治区喀什地区塔什库尔干塔吉克自治县。“生当战士，死做英豪。”劝导人们报效祖国。对于研究塔吉克族谚语有参考价值。1985 年卡地尔塔吉克语演唱，哈里丹·夏热合曼塔吉克文笔录。穆尼·塔布力迪译成维吾尔文。16开纸1页，1行。译文收入《中国民间文学集成·新疆卷·塔吉克族民间文学集》，新疆大学出版社2005年版。

（玛丽亚木·艾合买提编，海燕萍译）

口舌难免说错话

خَتو نَدادیچُز غاو نیست

xätu nädadičoz ɣaw nist

塔吉克族谚语。流传于新疆维吾尔自治区喀什地区塔什库尔干塔吉克自治县。“口舌难免说错话，骏马难免走错路。”告诉人们再聪明的人也有犯错误的时候，重要的是勇敢地承认错误、改正错误。对于研究塔吉克族哲理思想有参考价值。1985年买买地亚尔塔吉克语演唱，代尔亚巴依塔吉克文笔录并译成维吾尔文。16开纸1页，1行。译文收入《中国民间文学集成·新疆卷·塔吉克族民间文学集》，新疆大学出版社2005年版。（玛丽亚木·艾合买提编，海燕萍译）

牵驴子上房顶的人

خَر چیتام زیوُشچنج

xär čitam ziwoščenj

塔吉克族谚语。流传于新疆维吾尔自治区喀什地区塔什库尔干塔吉克自治县。“牵驴子上房顶的人，也能把驴子牵下来。”告诉人们任何艰难困苦都阻挡不了一颗勇敢的心、一双勤劳的手，强调了勇敢的品质和知识一样重要。对于研究塔吉克族谚语有参考价值。1985年布荣塔吉克语演唱，穆尼·塔布力迪塔吉克文笔录并译成维吾尔文。16开纸1页，1行。译文收入《中国民间文学集成·新疆卷·塔吉克族民间文学集》，新疆大学出版社2005年版。

（玛丽亚木·艾合买提编，海燕萍译）

人们尊敬勇士不是因为他的衣服

مَردَن وی عزَت وی عقل

märdän wi ezät wi äql

塔吉克族谚语。流传于新疆维吾尔自治区喀什地区塔什库尔干塔吉克自治县。“人们尊敬勇士不是因为他的衣服，而是因为他的智慧。”告诉人们受人尊敬不是因为物质财富和高档的衣着，而是他拥有的知识。对于研究塔吉克族崇尚知识观念有参考价值。1985年尼嘎尔塔吉克语演唱，代尔亚巴依塔吉克文笔录并译成维吾尔文。16开纸1页，1行。译文收入《中国民间文学集成·新疆卷·塔吉克族民间文学集》，新疆大学出版社2005年版。

（玛丽亚木·艾合买提编，海燕萍译）

威风凛凛的骆驼也畏惧荒漠

شُتُر اَز چاول کوج دارد

šutur äz čawl kuj dard

塔吉克族谚语。流传于新疆维吾尔自治区喀什地区塔什库尔干塔吉克自治县。“威风凛凛的骆驼也畏惧荒漠。”倡导人们要不畏艰辛，迎难而上。对于研究塔吉克族谚语有参考价值。1985年艾山汗塔吉克语演唱，穆尼·塔布力迪塔吉克文笔录并译成维吾尔文。16开纸1页，1行。译文收入《中国民间文学集成·新疆卷·塔吉克族民间文学集》，新疆大学出版社2005年版。

（玛丽亚木·艾合买提编，海燕萍译）

手够不到的桃子是酸的

دَست نَفیریپچ کَفتولی سک

däst näfiripč käftuli sek

塔吉克族谚语。流传于新疆维吾尔自治区喀什地区塔什库尔干塔吉克自治县。“手够不到的桃子是酸的。”劝导人们不能因为力所不及就打退堂鼓，要努力争取、勇于面对困难。对于研究塔吉克族谚语有参考价值。1985 年艾布力塔吉克语演唱，穆尼·塔布力迪塔吉克文笔录并译成维吾尔文。16 开纸 1 页，1 行。译文收入《中国民间文学集成·新疆卷·塔吉克族民间文学集》，新疆大学出版社 2005 年版。

（玛丽亚木·艾合买提编，海燕萍译）

光脚的不怕水

پَدویویج اَز آب کوج نَدارد

pädwiyuyj äz ab kuj nädard

塔吉克族谚语。流传于新疆维吾尔自治区喀什地区塔什库尔干塔吉克自治县。“光脚的不怕水。”劝导人们凡事都要开动脑筋，考虑周全，不要盲目地去干。对于研究塔吉克族谚语有参考价值。1985 年艾布力塔吉克语演唱，穆尼·塔布力迪塔吉克文笔录并译成维吾尔文。16 开纸 1 页，1 行。译文收入《中国民间文学集成·新疆卷·塔吉克族民间文学集》，新疆大学出版社 2005 年版。

（玛丽亚木·艾合买提编，海燕萍译）

勤奋者分秒必争

چرچیری روز قیمَت

čerčiri ruz qimät

塔吉克族谚语。流传于新疆维吾尔自治区喀什地区塔什库尔干塔吉克自治县。“勤奋者分秒必争，懒惰者度日如年。”颂扬了博学、勤奋和勇敢的人，批评了懒惰的人。对于研究塔吉克族谚语有参考价值。1985 年汉·赛地尔丁塔吉克语演唱，穆尼·塔布力迪塔吉克文笔录并译成维吾尔文。16 开纸 1 页，1 行。译文收入《中国民间文学集成·新疆卷·塔吉克族民间文学集》，新疆大学出版社 2005 年版。

（玛丽亚木·艾合买提编，海燕萍译）

盛世英雄备受尊崇

چَرج زَمان مَرد قَدر کَکت

čärj zäman märd qädr käkt

塔吉克族谚语。流传于新疆维吾尔自治区喀什地区塔什库尔干塔吉克自治县。“盛世英雄备受尊崇，乱世英雄多受迫害。”告诫人们要尊崇那些为国鞠躬尽瘁的人，倡导人们要勇猛顽强。对于研究塔吉克族谚语有参考价值。1985 年法克尔夏塔吉克语演唱，穆尼·塔布力迪塔吉克文笔录并译成维吾尔文。16 开纸 1 页，1 行。译文收入《中国民间文学集成·新疆卷·塔吉克族民间文学集》，新疆大学出版社 2005 年版。

（玛丽亚木·艾合买提编，海燕萍译）

想当英雄就要像鲁斯塔木一样

روستَمرَنگ پَهلَوان سا

rustämräng pählävan sa

塔吉克族谚语。流传于新疆维吾尔自治区喀什地区塔什库尔干塔吉克自治县。“想当英雄就要像鲁斯塔木一样，想当国王就要像发力敦。”告诉人们一国之君、一方之主应该具备公正、勇敢的品质，批判了意志薄弱、昏庸无能的人。对于研究塔吉克族谚语有参考价值。1985 年艾山汗塔吉克语演唱，穆尼·塔布力迪塔吉克文笔录并译成维吾尔文。16 开纸 1 页，1 行。译文收入《中国民间文学集成·新疆卷·塔吉克族民间文学集》，新疆大学出版社 2005 年版。

（玛丽亚木·艾合买提编，海燕萍译）

像兔子一样活百年

کُتُمرَنگ سَد سال عمر

kotomräng säd sal omr

塔吉克族谚语。流传于新疆维吾尔自治区喀什地区塔什库尔干塔吉克自治县。“像兔子一样活百年，不如像英雄一般活一天。”

劝导人们要像英雄一样活着，不要做碌碌无为的人。对于研究塔吉克族人生价值观念有参考价值。1985 年布荣塔吉克语演唱，穆尼·塔布力迪塔吉克文笔录并译成维吾尔文。16 开纸 1 页，1 行。译文收入《中国民间文学集成·新疆卷·塔吉克族民间文学集》，新疆大学出版社 2005 年版。

（玛丽亚木·艾合买提编，海燕萍译）

勤奋的人埋头苦干

چرچی چریر تاجد

čäerči čerir tajd

塔吉克族谚语。流传于新疆维吾尔自治区喀什地区塔什库尔干塔吉克自治县。“勤奋的人埋头苦干，懒惰的人夸夸其谈。”揭示了勤奋的人和懒惰的人的本质区别。对于研究塔吉克族谚语有参考价值。1985 年尼嘎尔塔吉克语演唱，穆尼·塔布力迪塔吉克文笔录并译成维吾尔文。16 开纸 1 页，1 行。译文收入《中国民间文学集成·新疆卷·塔吉克族民间文学集》，新疆大学出版社 2005 年版。

（玛丽亚木·艾合买提编，海燕萍译）

不经历磨炼的骑士，难当大任

چَوَنداز قُبیل نَویدسه

čäwändaz qobil näwidsä

塔吉克族谚语。流传于新疆维吾尔自治区喀什地区塔什库尔干塔吉克自治县。“不经历磨炼的骑士，难当大任。”告诉人们只有不断地提升自己的能力、增强信心，才能在决胜的时刻处变不惊。对于研究塔吉克族哲理思想有参考价值。1985 年塔布力迪·吾秀尔塔吉克语演唱，穆尼·塔布力迪塔吉克文笔录并译成维吾尔文。16 开纸 1 页，1 行。译文收入《中国民间文学集成·新疆卷·塔吉克族民间文学集》，新疆大学出版社 2005 年版。

（玛丽亚木·艾合买提编，海燕萍译）

勇士不畏挫折

مَرد اَز جَفو کوج نَدارد

märd äz jäfu kuj nädard

塔吉克族谚语。流传于新疆维吾尔自治区喀什地区塔什库尔干塔吉克自治县。“勇士不畏挫折，蚂蚁不惧高墙。”说明只有勇敢的人才能战胜一切困难，劝导人们遇到困难要勇猛顽强。对于研究塔吉克族谚语有参考价值。1985 年塔布力迪·吾秀尔塔吉克语演唱，穆尼·塔布力迪塔吉克文笔录并译成维吾尔文。16 开纸 1 页，1 行。译文收入《中国民间文学集成·新疆卷·塔吉克族民间文学集》，新疆大学出版社 2005 年版。

（玛丽亚木·艾合买提编，海燕萍译）

胆小鬼害怕自己的影子

کوجمَنَیگ خو اَز سُیامَس کوج دارد

kujmänäyg xu äz soyamäs kuj dard

塔吉克族谚语。流传于新疆维吾尔自治区喀什地区塔什库尔干塔吉克自治县。“胆小鬼害怕自己的影子。”劝导人们要做敢想敢干的人。对于研究塔吉克族谚语有参考价值。1985 年汉·赛地尔丁塔吉克语演唱，穆尼·塔布力迪塔吉克文笔录并译成维吾尔文。16 开纸 1 页，1 行。译文收入《中国民间文学集成·新疆卷·塔吉克族民间文学集》，新疆大学出版社 2005 年版。

（玛丽亚木·艾合买提编，海燕萍译）

雄鹰之所以伟大是因为他不坐享其成

کوسُود تَیارتاپ نیست

kusowd täyartäp nist

塔吉克族谚语。流传于新疆维吾尔自治区喀什地区塔什库尔干塔吉克自治县。“雄鹰之所以伟大是因为他不坐享其成。”颂扬了雄鹰搏击千里、不畏艰难的精神，倡导人们勇敢坚强、自食其力。对于研究塔吉克族哲理思想有参考价值。1985 年卡地尔塔吉克语演唱，穆尼·塔布力迪塔吉克文笔录并译成维吾尔文。16 开纸 1 页，1 行。译文收入《中国民间文学集成·新疆卷·塔吉克族民间文学集》，新疆大学出版社 2005 年版。

（玛丽亚木·艾合买提编，海燕萍译）

路遥知马力

اَسب اَر پُيگا وَين

äsb är poyga wäyn

塔吉克族谚语。流传于新疆维吾尔自治区喀什地区塔什库尔干塔吉克自治县。“路遥知马力，战时显英雄。”说明就像良马在路途上接受检验一样，人总要面对勇气的考验。劝导人们培养坚定的意志和谦虚、勇敢的品质。对于研究塔吉克族哲理思想有参考价值。1985 年汉·赛地尔丁塔吉克语演唱，穆尼·塔布力迪塔吉克文笔录并译成维吾尔文。16 开纸 1 页，1 行。译文收入《中国民间文学集成·新疆卷·塔吉克族民间文学集》，新疆大学出版社 2005 年版。

（玛丽亚木·艾合买提编，海燕萍译）

（七）是　非

上树摇桑葚的人留在了树上

په دَرَختنج زيون وَنج

pä däräxtenj ziyun wänj

塔吉克族谚语。流传于新疆维吾尔自治区喀什地区塔什库尔干塔吉克自治县。“上树摇桑葚的人留在了树上，站在下面的人却捡了便宜。”反映了人际关系中的不公平现象。对于研究塔吉克族社会道德观念有参考价值。1985 年买买地亚尔塔吉克语演唱，穆尼·塔布力迪塔吉克文笔录并译成维吾尔文。16 开纸 1 页，1 行。译文收入《中国民间文学集成·新疆卷·塔吉克族民间文学集》，新疆大学出版社 2005 年版。

（玛丽亚木·艾合买提编，米娜娃·哈木里拉提译）

狼吃猎物时，乌鸦也会借机美餐一顿

كيتپ پاغ دوج

kitp paɣ duj

塔吉克族谚语。流传于新疆维吾尔自治区喀什地区塔什库尔干塔吉克自治县。“狼吃猎物时，乌鸦也会借机美餐一顿。”告诉人们无偿占有别人的劳动果实是不道德的，凡事要付出心血、下苦功夫，不能不劳而获。对于研究塔吉克族谚语有参考价值。1985 年买买地亚尔塔吉克语演唱，西仁·库尔班塔吉克文笔录并译成维吾尔文。16 开纸 1 页，1 行。译文收入《中国民间文学集成·新疆卷·塔吉克族民间文学集》，新疆大学出版社 2005 年版。

（玛丽亚木·艾合买提编，周玉玲译）

有计谋的人脱救

مَكرين خَلوس سدج

mäkrin xälus sedj

塔吉克族谚语。流传于新疆维吾尔自治区喀什地区塔什库尔干塔吉克自治县。“有计谋的人脱救，无计谋的人被关押。”告诉人们遇到坏事时哪怕耍花招也要想办法解脱，而对待好人要坦诚。对于研究塔吉克族谚语有参考价值。1985 年法克尔夏塔吉克语演唱，西仁·库尔班塔吉克文笔录并译成维吾尔文。16 开纸 1 页，1 行。译文收入《中国民间文学集成·新疆卷·塔吉克族民间文学集》，新疆大学出版社 2005 年版。

（艾比百·吐尔逊尼牙孜编，贾马力丁译）

好事是花，坏事是刺

چرج چَر گُل، ژیت چر شُد

čärj čer gol，ʤit čer šod

塔吉克族谚语。流传于新疆维吾尔自治区喀什地区塔什库尔干塔吉克自治县。“好事是花，坏事是刺。”劝告人们要明辨是非，多做好事。对于研究塔吉克族谚语有参考价值。1985年玉素甫塔吉克语演唱，西仁·库尔班塔吉克文笔录并译成维吾尔文。16开纸1页，1行。译文收入《中国民间文学集成·新疆卷·塔吉克族民间文学集》，新疆大学出版社2005年版。

（艾比百·吐尔逊尼牙孜编，贾马力丁译）

手往里拐

دَست اَر دَرون خَم خيرد

däst ärdärun xäm xird

塔吉克族谚语。流传于新疆维吾尔自治区喀什地区塔什库尔干塔吉克自治县。“手往里拐。”揭露了袒护亲人的自私自利行为，劝告人们要公平公正。对于研究塔吉克族社会道德观念有参考价值。1985年吾甫尔塔吉克语演唱，西仁·库尔班塔吉克文笔录并译成维吾尔文。16开纸1页，1行。译文收入《中国民间文学集成·新疆卷·塔吉克族民间文学集》，新疆大学出版社2005年版。

（艾比百·吐尔逊尼牙孜编，贾马力丁译）

饱汉不去求

په سير مابيزيس

pä sir mabizis

塔吉克族谚语。流传于新疆维吾尔自治区喀什地区塔什库尔干塔吉克自治县。“饱汉不去求，饿汉不去用。”告诫人们无论穷富都要公正对待。对于研究塔吉克族社会道德观念有参考价值。1985年多来提别克塔吉克语演唱，西仁·库尔班塔吉克文笔录并译成维吾尔文。16开纸1页，1行。译文收入《中国民间文学集成·新疆卷·塔吉克族民间文学集》，新疆大学出版社2005年版。

（艾比百·吐尔逊尼牙孜编，斯拉吉丁译）

乌鸦说其他的鸟都是黑的

زاغ دیگر قُشف تار لوج

zaɤ digär qošef tar lewj

塔吉克族谚语。流传于新疆维吾尔自治区喀什地区塔什库尔干塔吉克自治县。“乌鸦说其他的鸟都是黑的。”说明生活中有些人看不到自己的毛病，只会挑剔和批评别人的缺点。告诫人们要克服这种不良习惯。对于研究塔吉克族社会道德观念有参考价值。1985年嘎瓦尔·阿拉木塔吉克语演唱，西仁·库尔班塔吉克文笔录并译成维吾尔文。16开纸1页，1行。译文收入《中国民间文学集成·新疆卷·塔吉克族民间文学集》，新疆大学出版社2005年版。

（艾比百·吐尔逊尼亚孜编，斯拉吉丁译）

好汉惩治暴力的人

زورير زَبَردَست

zurir zäbärdäst

塔吉克族谚语。流传于新疆维吾尔自治区喀什地区塔什库尔干塔吉克自治县。“好汉惩治暴力的人。”告诫人们要公正谦虚地生活。对于研究塔吉克族社会道德观念有参考价值。1985年穆巴热克夏塔吉克语演唱，西仁·库尔班塔吉克文笔录并译成维吾尔文。16开纸1页，1行。译文收入《中国民间文学集成·新疆卷·塔吉克族民间文学集》，新疆大学出版社2005年版。

（艾比百·吐尔逊尼牙孜编，斯拉吉丁译）

原告若不硬棒，哈孜会胡搅蛮缠

دَواگَر شُو سَويد قوزی تَر تر دَيد

däwagär šow säwid quzi tär ter däyd

塔吉克族谚语。流传于新疆维吾尔自治区喀什地区塔什库尔干塔吉克自治县。“原告若不硬棒，哈孜会胡搅蛮缠。”告诫人们做任何事情必须做好充分准备，为正义英勇奋斗。对于研究塔吉克族生活观念有参考价值。1985 年买买地亚尔塔吉克语演唱，西仁·库尔班塔吉克文笔录并译成维吾尔文。16 开纸 1 页，1 行。译文收入《中国民间文学集成·新疆卷·塔吉克族民间文学集》，新疆大学出版社 2005 年版。

（艾比百·吐尔逊尼牙孜编，斯拉吉丁译）

蛇不看自己

توفسک اَخو نَوَنج

tufusk äxu näwänj

塔吉克族谚语。流传于新疆维吾尔自治区喀什地区塔什库尔干塔吉克自治县。“蛇不看自己，就说骆驼的脊背长得歪歪扭扭的。”喻示一个人只有先改正了自己的错误，才有资格去评价别人。对于研究塔吉克族社会道德观念有参考价值。1985 年尼嘎尔塔吉克语演唱，西仁·库尔班塔吉克文笔录并译成维吾尔文。16 开纸 1 页，1 行。译文收入《中国民间文学集成·新疆卷·塔吉克族民间文学集》，新疆大学出版社 2005 年版。

（玛丽亚木·艾合买提编，周玉玲译）

来时如雷鸣，去时似旋风

اَز يت تيد جَلد

äz yet tiyd jäld

塔吉克族谚语。流传于新疆维吾尔自治区喀什地区塔什库尔干塔吉克自治县。“来时如雷鸣，去时似旋风。”劝导人们要虚心，做任何事情都从实际出发。对于研究塔吉克族社会道德观念有参考价值。1985 年穆尼·塔布力迪塔吉克语演唱，西仁·库尔班塔吉克文笔录并译成维吾尔文。16 开纸 1 页，1 行。译文收入《中国民间文学集成·新疆卷·塔吉克族民间文学集》，新疆大学出版社 2005 年版。

（玛丽亚木·艾合买提编，
米娜娃·哈木里拉提译）

爱自夸的人终究会成为别人的笑料

سيتاوی اَر مَسخَرا ردج

sitawi är mäsxära redj

塔吉克族谚语。流传于新疆维吾尔自治区喀什地区塔什库尔干塔吉克自治县。“爱自夸的人终究会成为别人的笑料。”告诉人们一味地自吹自擂的人最终会被人耻笑、蔑视，劝导人们要谦虚、诚实。对于研究塔吉克族社会道德观念有参考价值。1985 年尼嘎尔塔吉克语演唱，西仁·库尔班塔吉克文笔录并译成维吾尔文。16 开纸 1 页，1 行。译文收入《中国民间文学集成·新疆卷·塔吉克族民间文学集》，新疆大学出版社 2005 年版。

（玛丽亚木·艾合买提编，
米娜娃·哈木里拉提译）

好客的人宾客满堂

مهماندوستير مهمان خوش

mehmandustir mehman xuš

塔吉克族谚语。流传于新疆维吾尔自治区喀什地区塔什库尔干塔吉克自治县。“好客的人宾客满堂，吝啬鬼只能独守空房。”劝导人们应该慷慨大方，不要做自私自利、贪得无厌的人。对于研究塔吉克族社会道德观念有参考价值。1985 年玉素普塔吉克语演唱，西仁·库尔班塔吉克文笔录并译成维吾尔文。16 开纸 1 页，1 行。

译文收入《中国民间文学集成·新疆卷·塔吉克族民间文学集》，新疆大学出版社2005年版。

（玛丽亚木·艾合买提编，米娜娃·哈木里拉提译）

烧伤疼到伤好时

تدجنج دَرد تیدیس

tedjenj därd tidis

塔吉克族谚语。流传于新疆维吾尔自治区喀什地区塔什库尔干塔吉克自治县。“烧伤疼到伤好时，冻伤疼到死为止。”通过描述人体创伤的特点，说明做事、与人交往若不慎重考虑，会对自己带来麻烦。对于研究塔吉克族生活观念有参考价值。1985年库尔班塔吉克语演唱，西仁·库尔班塔吉克文笔录并译成维吾尔文。16开纸1页，1行。译文收入《中国民间文学集成·新疆卷·塔吉克族民间文学集》，新疆大学出版社2005年版。

（玛丽亚木·艾合买提编，周玉玲译）

扔掉的东西狗都不吃

پَتاوجنج سَگمَس نه خیرد

pätawjenj sägmäs nä xird

塔吉克族谚语。流传于新疆维吾尔自治区喀什地区塔什库尔干塔吉克自治县。“扔掉的东西狗都不吃。”喻示失去民众信任的人连牲畜都不理他。对于研究塔吉克族社会道德观念有参考价值。1985年尼嘎尔塔吉克语演唱，西仁·库尔班塔吉克文笔录并译成维吾尔文。16开纸1页，1行。译文收入《中国民间文学集成·新疆卷·塔吉克族民间文学集》，新疆大学出版社2005年版。

（玛丽亚木·艾合买提编，米娜娃·哈木里拉提译）

能拥有今天是难能可贵的

نُرننج مُتطر شُکر

nornenj mätir šokr

塔吉克族谚语。流传于新疆维吾尔自治区喀什地区塔什库尔干塔吉克自治县。“能拥有今天是难能可贵的，能否拥有明天还是个未知数。”喻示人们眼前的机会是非常宝贵的，应该珍惜。对于研究塔吉克族生活观念有参考价值。1985年多来提拜克塔吉克语演唱，西仁·库尔班塔吉克文笔录并译成维吾尔文。16开纸1页，1行。译文收入《中国民间文学集成·新疆卷·塔吉克族民间文学集》，新疆大学出版社2005年版。

（玛丽亚木·艾合买提编，周玉玲译）

碱会损害土壤

زَمین شور وَیرون کَکت

zämin šur wäyrun käkt

塔吉克族谚语。流传于新疆维吾尔自治区喀什地区塔什库尔干塔吉克自治县。“碱会损害土壤，愚蠢的人会把事情搞砸。”告诉我们愚昧无知、不懂事的人做事经常出差错，赞扬了智慧的人们。对于研究塔吉克族人生哲理有参考价值。1985年穆尼·塔布力迪塔吉克语演唱，西仁·库尔班塔吉克文笔录并译成维吾尔文。16开纸1页，1行。译文收入《中国民间文学集成·新疆卷·塔吉克族民间文学集》，新疆大学出版社2005年版。（玛丽亚木·艾合买提编，周玉玲译）

片刻的气愤会造成二十倍的伤害

قار ایلو وی زیون پور

qar ilu wi ziyun pur

塔吉克族谚语。流传于新疆维吾尔自治区喀什地区塔什库尔干塔吉克自治县。“片刻的气愤会造成二十倍的伤害。”告诉人们生气不仅解决不了问题，而且伤身又伤神，告诫人们要学会忍耐。对于研究塔吉克族生活观念有参考价值。1985 年穆尼·塔布力迪塔吉克语演唱，西仁·库尔班塔吉克文笔录并译成维吾尔文。16 开纸 1 页，1 行。译文收入《中国民间文学集成·新疆卷·塔吉克族民间文学集》，新疆大学出版社 2005 年版。（玛丽亚木·艾合买提编，周玉玲译）

拳头会伤体，狠话会伤心

مُت تان زَر کَکت

mot tan zär käkt

塔吉克族谚语。流传于新疆维吾尔自治区喀什地区塔什库尔干塔吉克自治县。“拳头会伤体，狠话会伤心。”告诉人们跟别人说话时应委婉，不文明的话语会伤害别人的心灵。对于研究塔吉克族社会道德观念有参考价值。1985 年塔布力迪·吾秀尔塔吉克语演唱，西仁·库尔班塔吉克文笔录并译成维吾尔文。16 开纸 1 页，1 行。译文收入《中国民间文学集成·新疆卷·塔吉克族民间文学集》，新疆大学出版社 2005 年版。

（玛丽亚木·艾合买提编，米娜娃·哈木里拉提译）

老实人吃尾巴，狡猾的人吃心肺

شُو دُمبا خُگج

šow domba xogj

塔吉克族谚语。流传于新疆维吾尔自治区喀什地区塔什库尔干塔吉克自治县。“老实人吃尾巴，狡猾的人吃心肺。”批判了那些诡计多端、经常占有别人劳动果实的人。对于研究塔吉克族社会道德观念有参考价值。1985 年布荣塔吉克语演唱，西仁·库尔班塔吉克文笔录并译成维吾尔文。16 开纸 1 页，1 行。译文收入《中国民间文学集成·新疆卷·塔吉克族民间文学集》，新疆大学出版社 2005 年版。

（玛丽亚木·艾合买提编，周玉玲译）

老鼠不看自己洞穴的大小

پُرگ خُپه یات نَوج

porg xopä yat näwej

塔吉克族谚语。流传于新疆维吾尔自治区喀什地区塔什库尔干塔吉克自治县。“老鼠不看自己洞穴的大小，硬把筛子往洞里拉。”劝导人们要根据自己的实际情况行事，批判了那些自以为是、自高自大的人。对于研究塔吉克族生活观念有参考价值。1985 年塔布力迪·吾秀尔塔吉克语演唱，西仁·库尔班塔吉克文笔录并译成维吾尔文。16 开纸 1 页，1 行。译文收入《中国民间文学集成·新疆卷·塔吉克族民间文学集》，新疆大学出版社 2005 年版。

（玛丽亚木·艾合买提编，米娜娃·哈木里拉提译）

油碗不融水

راونین قَچا آب یُق نَکَکت

rawnin qäča ab yoq näkäkt

塔吉克族谚语。流传于新疆维吾尔自治区喀什地区塔什库尔干塔吉克自治县。“油碗不融水。”通过描述油与水不相融，说明不承认自己所犯的错误是不道德的，批判了那些将自己的罪责推卸给别人的人。对于研究塔吉克族社会道德观念有参考价值。1985 年布荣塔吉克语演唱，西仁·库尔班塔吉克文笔录并译成维吾尔文。16 开纸 1 页，1 行。译文收入《中国民间文学集成·新疆卷·塔吉克族民间文学集》，新疆大学出版社 2005 年版。

（玛丽亚木·艾合买提编，米娜娃·哈木里拉提译）

驴跑了，缰绳也被带走了

خَر تُیج وُکمَس تُیج

xär toyj wokmäs toyj

塔吉克族谚语。流传于新疆维吾尔自治

区喀什地区塔什库尔干塔吉克自治县。“驴跑了，缰绳也被带走了。”告诉人们不抓紧机会、做事不踏实就会失去一切。对于研究塔吉克族生活观念有参考价值。1985 年多来提拜克塔吉克语演唱，西仁·库尔班塔吉克文笔录并译成维吾尔文。16 开纸 1 页，1 行。译文收入《中国民间文学集成·新疆卷·塔吉克族民间文学集》，新疆大学出版社 2005 年版。

（玛丽亚木·艾合买提编，米娜娃·哈木里拉提译）

（八）爱 憎

猫因为喜爱咬了自己的幼崽

پیش اَز خُشی خُبَلا خُگج

piš äz hoši xobäla xogj

塔吉克族谚语。流传于新疆维吾尔自治区喀什地区塔什库尔干塔吉克自治县。“猫因为喜爱咬了自己的幼崽。”指责父母过分溺爱子女的现象。对于研究塔吉克族家庭教育观念有参考价值。1985 年嘎瓦尔·阿拉木塔吉克语演唱，艾布力·艾山汗塔吉克文笔录。穆尼·塔布力迪译成维吾尔文。16 开纸 1 页，1 行。译文收入《中国民间文学集成·新疆卷·塔吉克族民间文学集》，新疆大学出版社 2005 年版。

（玛丽亚木·艾合买提编，海燕萍译）

吃坏人的美食不如喝自己的毒药

ژیت اَز دَست شَکَر اَز براکت، زَهَر براز

ʤit äz däst šäkär äz birakt，zähär biraz

塔吉克族谚语。流传于新疆维吾尔自治区喀什地区塔什库尔干塔吉克自治县。“吃坏人的美食不如喝自己的毒药。”告诫人们任何时候都要活得有尊严。对于研究塔吉克族生活观念有参考价值。1985 年吾甫尔塔吉克语演唱，西仁·库尔班塔吉克文笔录并译成维文。16 开纸 1 页，1 行。译文收入《中国民间文学集成·新疆卷·塔吉克族民间文学集》，新疆大学出版社 2005 年版。

（艾比百·吐尔逊尼牙孜编，斯拉吉丁译）

好人带来福分

اَز چَرج فُیدا یاد

äz čärj foyda yad

塔吉克族谚语。流传于新疆维吾尔自治区喀什地区塔什库尔干塔吉克自治县。“好人带来福分，坏人留下碎语。”说明品行良好的人总是给别人带来美好的东西，居心不良的人没有好作为。对于研究塔吉克族社会道德观念有参考价值。1985 年法克尔夏塔吉克语演唱，西仁·库尔班塔吉克文笔录并译成维吾尔文。16 开纸 1 页，1 行。译文收入《中国民间文学集成·新疆卷·塔吉克族民间文学集》，新疆大学出版社 2005 年版。

（玛丽亚木·艾合买提编，海燕萍译）

诽谤者被人诽谤

نُمَرد قَسَم خوگج

nomärd qäsäm xugj

塔吉克族谚语。流传于新疆维吾尔自治区喀什地区塔什库尔干塔吉克自治县。“诽谤者被人诽谤，吝啬鬼信誓旦旦。”说明爱说闲话、心胸狭窄的人总是嫉妒别人的成功，吝啬的人一毛不拔、信誓旦旦。对于研究塔吉克族社会道德观念有参考价值。1985 年古力买买德塔吉克语演唱，西仁·库尔班塔吉克文笔录并译成维吾尔文。16 开纸 1 页，1 行。译文收入《中国民间文学集成·新疆卷·塔吉克族民间文学集》，新疆大学出版社 2005 年版。

（玛丽亚木·艾合买提编，海燕萍译）

到时候好事和坏事都得清算

چَرجييَت ژيتييَن هيسوب ياست

čärjiyät ʤitiyän hisub yast

塔吉克族谚语。流传于新疆维吾尔自治区喀什地区塔什库尔干塔吉克自治县。“到时候好事和坏事都得清算。”说明好有好报、恶有恶报，劝告人们为社会多做善事。对于研究塔吉克族善恶观念有参考价值。1985 年多买提别克塔吉克语演唱，西仁·库尔班塔吉克文笔录并译成维吾尔文。16 开纸 1 页，1 行。译文收入《中国民间文学集成·新疆卷·塔吉克族民间文学集》，新疆大学出版社 2005 年版。

（艾比百·吐尔逊尼牙孜编，贾玛力丁译）

小狗养得太好，会咬你自己

چوخ چَرج چاسسه آته وَدارد

čux ăčrj čassä ätä wädard

塔吉克族谚语。流传于新疆维吾尔自治区喀什地区塔什库尔干塔吉克自治县。“小狗养得太好，会咬你自己。”说明对忘恩负义的人做好事、发善心，他反而会做出无情无义的事。对于研究塔吉克族谚语有参考价值。1985 年布荣塔吉克语演唱，西仁·库尔班塔吉克文笔录并译成维吾尔文。16 开纸 1 页，1 行。译文收入《中国民间文学集成·新疆卷·塔吉克族民间文学集》，新疆大学出版社 2005 年版。

（艾比百·吐尔逊尼牙孜编，贾马力丁译）

谁不爱惜自己，别人就不会对他客气

هيچ كَس تورى پس نَككَت

hičäs ruri pes näkäkt

塔吉克族谚语。流传于新疆维吾尔自治区喀什地区塔什库尔干塔吉克自治县。“谁不爱惜自己，别人就不会对他客气。”说明不尊重自己，别人就不会尊重他。对于研究塔吉克族社会道德观念有参考价值。1985 年尼嘎尔塔吉克语演唱，西仁·库尔班塔吉克文笔录并译成维吾尔文。16 开纸 1 页，1 行。译文收入《中国民间文学集成·新疆卷·塔吉克族民间文学集》，新疆大学出版社 2005 年版。

（艾比百·吐尔逊尼牙孜编，贾马力丁译）

没有爱心的人，心如冬天

بى مهر آدَمَن وى زارد شيتُرَنگ

be mehr adämän wizard šitoräng

塔吉克族谚语。流传于新疆维吾尔自治区喀什地区塔什库尔干塔吉克自治县。“没有爱心的人，心如冬天。”劝告人们要有爱心，为他人送温暖。对于研究塔吉克族人生观有参考价值。塔吉克文。1985 年布里布力塔吉克语演唱，西仁·库尔班塔吉克文笔录并译成维吾尔文。16 开纸 1 页，1 行。译文收入《中国民间文学集成·新疆卷·塔吉克族民间文学集》，新疆大学出版社 2005 年版。

（艾比百·吐尔逊尼牙孜编，贾马力丁译）

爱情是咕嘟咕嘟冒出水的泉

موهَبَت سَف جاوک چاگجنج بُلاق

muhäbbät suf jawk jagjenj bulaq

塔吉克族谚语。流传于新疆维吾尔自治区喀什地区塔什库尔干塔吉克自治县。“爱情是咕嘟咕嘟冒出水的泉。”表述了爱情会给人类带来欢乐、热情。对于研究塔吉克族人生观有参考价值。1985 年吾甫尔塔吉克语演唱，西仁·库尔班塔吉克文笔录并译成维吾尔文。16 开纸 1 页，1 行。译文收入《中国民间文学集成·新疆卷·塔吉克族民

间文学集》，新疆大学出版社 2005 年版。

（艾比百·吐尔逊尼牙孜编，贾马力丁译）

给饭吃的人被收入到颂歌中

اوش دوجنجَف لَس دُج

uš dujenjäf läs doj

塔吉克族谚语。流传于新疆维吾尔自治区喀什地区塔什库尔干塔吉克自治县。“给饭吃的人被收入到颂歌中，爱打扮的人被收入到故事中。”说明慈善家会受到他人的赞扬，利己主义者只顾打扮自己，只会遭到他人的讥笑。对于研究塔吉克族人生观念有参考价值。1985 年古力买买德塔吉克语演唱，西仁·库尔班塔吉克文笔录并译成维吾尔文。16 开纸 1 页，1 行。译文收入《中国民间文学集成·新疆卷·塔吉克族民间文学集》，新疆大学出版社 2005 年版。

（艾比百·吐尔逊尼牙孜编，贾马力丁译）

长耳朵人寻话，饥汉找馕

دَراز غاول گَپ کیکاگج

däraz ɤawl gäp kikagj

塔吉克族谚语。流传于新疆维吾尔自治区喀什地区塔什库尔干塔吉克自治县。“长耳朵人寻话，饥汉找馕。”嘲讽那些喜欢传闲话、懒惰、游手好闲的人。对于研究塔吉克族谚语有参考价值。1985 年尼嘎尔塔吉克语演唱，西仁·库尔班塔吉克文笔录并译成维吾尔文。16 开纸 1 页，1 行。译文收入《中国民间文学集成·新疆卷·塔吉克族民间文学集》，新疆大学出版社 2005 年版。

（艾比百·吐尔逊尼牙孜编，贾马力丁译）

贪嘴的人能把石头吃下

اَز بیلَس سَنگ مَس بَک نَدَید

äz biläs säng mäs bäk nädäyd

塔吉克族谚语。流传于新疆维吾尔自治区喀什地区塔什库尔干塔吉克自治县。“贪嘴的人能把石头吃下。”讽刺了那些贪婪、自私的人。对于研究塔吉克族社会道德观念有参考价值。1985 年穆巴热克夏塔吉克语演唱，西仁·库尔班塔吉克文笔录并译成维吾尔文。16 开纸 1 页，1 行。译文收入《中国民间文学集成·新疆卷·塔吉克族民间文学集》，新疆大学出版社 2005 年版。

（艾比百·吐尔逊尼牙孜编，斯拉吉丁译）

没有情感的人如同毛驴

بی هیسیوت آدَم سوف خَر

be hisiyut adäm suf xär

塔吉克族谚语。流传于新疆维吾尔自治区喀什地区塔什库尔干塔吉克自治县。“没有情感的人如同毛驴。”劝导人们要对生活充满希望和热情。对于研究塔吉克族生活观念有参考价值。1985 年汗·赛地尔丁塔吉克语演唱，西仁·库尔班塔吉克文笔录并译成维吾尔文。16 开纸 1 页，1 行。译文收入《中国民间文学集成·新疆卷·塔吉克族民间文学集》，新疆大学出版社 2005 年版。

（艾比百·吐尔逊尼牙孜编，斯拉吉丁译）

英雄死了哭声震天

پَهلَوان مردسه نیود

pählävan merdsä niwd

塔吉克族谚语。流传于新疆维吾尔自治区喀什地区塔什库尔干塔吉克自治县。“英雄死了哭声震天，懒汉死了寂静无声。”揭示了舍己为公的英雄豪杰和懒汉懦夫在人们心目中的不同位置。对于研究塔吉克族人生价值观念有参考价值。1985 年布荣塔吉克语演唱，穆尼·塔布力迪塔吉克文笔录并译成维吾尔文。16 开纸 1 页，1 行。译文收入《中国民间文学集成·新疆卷·塔吉克族民间文学集》，新疆大学出版社 2005 年版。

（玛丽亚木·艾合买提编，海燕萍译）

轮到了你也会轮到我

توری یتجنج نوبَت موریمَس یاد

turi yitjenj nuwbät murimäs yad

塔吉克族谚语。流传于新疆维吾尔自治区喀什地区塔什库尔干塔吉克自治县。“轮到了你也会轮到我。”说明对别人作恶，总有一天会遭报应。告诫人们任何时候都不要做有损于他人的事情。对于研究塔吉克族社会道德观念有参考价值。1985 年玉素甫塔吉克语演唱，西仁·库尔班塔吉克文笔录并译成维吾尔文。16 开纸 1 页，1 行。译文收入《中国民间文学集成·新疆卷·塔吉克族民间文学集》，新疆大学出版社 2005 年版。

（艾比百·吐尔逊尼牙孜编，斯拉吉丁译）

我让你管水，你用水淹我

تاوَت اَمو پَکَس چاوگ

tawät ämu päkäs čawg

塔吉克族谚语。流传于新疆维吾尔自治区喀什地区塔什库尔干塔吉克自治县。“我让你管水，你用水淹我。”鞭挞了忘恩负义的行为。告诫人们要有情有义、信守诺言。对于研究塔吉克族社会道德观念有参考价值。1985 年嘎瓦尔·阿拉木塔吉克语演唱，西仁·库尔班塔吉克文笔录并译成维吾尔文。16 开纸 1 页，1 行。译文收入《中国民间文学集成·新疆卷·塔吉克族民间文学集》，新疆大学出版社 2005 年版。

（艾比百·吐尔逊尼牙孜编，斯拉吉丁译）

宁可吃朋友的糊糊

دُشمَن کَلا خیگیس، دوستَن وی ایموچ فُر

došmän käla xigis dustän wi imuč for

塔吉克族谚语。流传于新疆维吾尔自治区喀什地区塔什库尔干塔吉克自治县。“宁可吃朋友的糊糊，也不吃敌人的羊肉。”告诫人们要时刻不忘对敌人的仇恨，与朋友和睦相处。对于研究塔吉克族人生哲理有参考价值。1985 年玉素甫塔吉克语演唱，西仁·库尔班塔吉克文笔录并译成维吾尔文。16 开纸 1 页，1 行。译文收入《中国民间文学集成·新疆卷·塔吉克族民间文学集》，新疆大学出版社 2005 年版。

（艾比百·吐尔逊尼牙孜编，斯拉吉丁译）

居心不良者家里的锅都会漏底

بَدنیَتَن وی دَیگ دارز

bädniyätän wi däyg darz

塔吉克族谚语。流传于新疆维吾尔自治区喀什地区塔什库尔干塔吉克自治县。“居心不良者家里的锅都会漏底。”说明恶有恶报的道理。对于研究塔吉克族善恶观念有参考价值。1985 年多来提拜克塔吉克语演唱，西仁·库尔班塔吉克文笔录并译成维吾尔文。16 开纸 1 页，1 行。译文收入《中国民间文学集成·新疆卷·塔吉克族民间文学集》，新疆大学出版社 2005 年版。

（玛丽亚木·艾合买提编，
米娜娃·哈木里拉提译）

恶狗不会改恶习

ژیت سَگ خوی نه بَست

ʤit säg xuy nä bäst

塔吉克族谚语。流传于新疆维吾尔自治区喀什地区塔什库尔干塔吉克自治县。“恶狗不会改恶习。”告诉人们品行不端的人经常会做坏事，劝导人们要改邪归正。对于研究塔吉克族社会道德观念有参考价值。1985 年穆尼·塔布力迪塔吉克语演唱，西仁·库尔班塔吉克文笔录并译成维吾尔文。16 开纸 1 页，1 行。译文收入《中国民间文学集成·新疆卷·塔吉克族民间文学集》，新疆大学出版社 2005 年版。

（玛丽亚木·艾合买提编，周玉玲译）

谁也不会珍惜自家门前流淌的水

خانه پرودنج آبَن قَدر نیست

xanä pirudenj abän qädr nist

塔吉克族谚语。流传于新疆维吾尔自治区喀什地区塔什库尔干塔吉克自治县。“谁也不会珍惜自家门前流淌的水。”告诉人们对于容易得到的东西要懂得珍惜。对于研究塔吉克族生活观念有参考价值。1985 年多来提拜克塔吉克语演唱，西仁・库尔班塔吉克文笔录并译成维吾尔文。16 开纸 1 页，1 行。译文收入《中国民间文学集成・新疆卷・塔吉克族民间文学集》，新疆大学出版社 2005 年版。

（玛丽亚木・艾合买提编，米娜娃・哈木里拉提译）

一边是岔气的疼痛

اَز ایسَر سَنجق دَرد

äz isär sänjeq därd

塔吉克族谚语。流传于新疆维吾尔自治区喀什地区塔什库尔干塔吉克自治县。“一边是岔气的疼痛，一边是母狗的折磨。”描述了人们遇到难题时，左右为难的状态。对于研究塔吉克族谚语有参考价值。1985 年玉素普塔吉克语演唱，穆尼・塔布力迪塔吉克文笔录并译成维吾尔文。16 开纸 1 页，1 行。译文收入《中国民间文学集成・新疆卷・塔吉克族民间文学集》，新疆大学出版社 2005 年版。（玛丽亚木・艾合买提编，周玉玲译）

如果花朵不能散发芬芳

گُلَن باو نَویدسه

golän baw näwidsä

塔吉克族谚语。流传于新疆维吾尔自治区喀什地区塔什库尔干塔吉克自治县。“如果花朵不能散发芬芳，要它何用。”劝导人们要发挥自己的作用，为社会多作贡献，为人民谋利益。对于研究塔吉克族社会道德观念有参考价值。1985 年多来提拜克塔吉克语演唱，西仁・库尔班塔吉克文笔录并译成维吾尔文。16 开纸 1 页，1 行。译文收入《中国民间文学集成・新疆卷・塔吉克族民间文学集》，新疆大学出版社 2005 年版。

（玛丽亚木・艾合买提编，米娜娃・哈木里拉提译）

无知者的气势，像魔鬼的笑声一样可怕

نادانَن هَیوه، شَیطانَن شیند

nadanän häywä，šäytanän šind

塔吉克族谚语。流传于新疆维吾尔自治区喀什地区塔什库尔干塔吉克自治县。“无知者的气势，像魔鬼的笑声一样可怕。”批判了那些愚昧无知、自以为是的人，赞扬了谦虚、有知识、有能力的人。对于研究塔吉克族社会道德观念有参考价值。1985 年库尔班塔吉克语演唱，西仁・库尔班塔吉克文笔录并译成维吾尔文。16 开纸 1 页，1 行。译文收入《中国民间文学集成・新疆卷・塔吉克族民间文学集》，新疆大学出版社 2005 年版。（玛丽亚木・艾合买提编，周玉玲译）

学者以思维征服世界

آلیم خو تَپکور قَتی

alim xu täpäkur qäti

塔吉克族谚语。流传于新疆维吾尔自治区喀什地区塔什库尔干塔吉克自治县。“诗人以诗句来打动人心，学者以思维征服世界。”教导人们要尊重、爱戴博学多才的人。对于研究塔吉克族崇尚知识观念有参考价值。1985 年穆尼・塔比力迪塔吉克语演唱，西仁・库尔班塔吉克文笔录并译成维吾尔文。16 开纸 1 页，1 行。译文收入《中国民间文学集成・新疆卷・塔吉克族民间文学集》，新疆大学出版社 2005 年版。

（玛丽亚木・艾合买提编，米娜娃・哈木里拉提译）

有爱好没劲头

هَوَس ياست دَرمُن ديست

häwäs yast därmon nist

塔吉克族谚语。流传于新疆维吾尔自治区喀什地区塔什库尔干塔吉克自治县。“有才气没运气，有爱好没劲头。”鼓励那些被埋没的多才多艺的人热爱生活，对未来要有信心，施展才华的机会早晚会到来。对于研究塔吉克族谚语有参考价值。1985 年多来提拜克塔吉克语演唱，西仁·库尔班塔吉克文笔录并译成维吾尔文。16 开纸 1 页，1 行。译文收入《中国民间文学集成·新疆卷·塔吉克族民间文学集》，新疆大学出版社 2005 年版。

（玛丽亚木·艾合买提编，周玉玲译）

连瞎子也会丢一次拐杖

كاورمَس خو اَسو يَک بار بيناست

kawrmäs xu äsu yäk bar binast

塔吉克族谚语。流传于新疆维吾尔自治区喀什地区塔什库尔干塔吉克自治县。“连瞎子也会丢一次拐杖。”告诉人们因一时的大意而失败时千万不能绝望，对生活要充满信心，继续努力。对于研究塔吉克族生活观念有参考价值。1985 年古力买买德塔吉克语演唱，西仁·库尔班塔吉克文笔录并译成维吾尔文。16 开纸 1 页，1 行。译文收入《中国民间文学集成·新疆卷·塔吉克族民间文学集》，新疆大学出版社 2005 年版。

（玛丽亚木·艾合买提编，米娜娃·哈木里拉提译）

嘴巴不愿闲着

غاو غاوير شُونه نَت

ɣaw ɣawir šow nä nät

塔吉克族谚语。流传于新疆维吾尔自治区喀什地区塔什库尔干塔吉克自治县。“嘴巴不愿闲着。”告诉人们应该互相帮助、共渡难关，表达了对分裂分子的愤恨。对于研究塔吉克族善恶观念有参考价值。1985 年玉素普塔吉克语演唱，穆尼·塔布力迪塔吉克文笔录并译成维吾尔文。16 开纸 1 页，1 行。译文收入《中国民间文学集成·新疆卷·塔吉克族民间文学集》，新疆大学出版社 2005 年版。

（玛丽亚木·艾合买提编，周玉玲译）

男人有难时穿着皮窝子去蹚水

مَرد پَر كال مَت سَياد

märd pär kal mät säyad

塔吉克族谚语。流传于新疆维吾尔自治区喀什地区塔什库尔干塔吉克自治县。“马有难时套着辔头去喝水，男人有难时穿着皮窝子去蹚水。”告诉人们身处困境时应该勇敢坚强，劝导人们要自信、热爱生活。对于研究塔吉克族生活观念有参考价值。1985 年多来提拜克塔吉克语演唱，西仁·库尔班塔吉克文笔录并译成维吾尔文。16 开纸 1 页，1 行。译文收入《中国民间文学集成·新疆卷·塔吉克族民间文学集》，新疆大学出版社 2005 年版。

（玛丽亚木·艾合买提编，米娜娃·哈木里拉提译）

有恩必报是君子之举

چَرجيرى چَرجى مَردَن وى چر

čärjiri čärji märdän wi čer

塔吉克族谚语。流传于新疆维吾尔自治区喀什地区塔什库尔干塔吉克自治县。“有恩必报是君子之举，恩将仇报是不义之举。”赞扬了慷慨大方、知恩图报的美德，批判了那些无情无义的卑鄙小人。对于研究塔吉克族善恶观念有参考价值。1985 年穆尼·塔布力迪塔吉克语演唱，西仁·库尔班塔吉克文笔录并译成维吾尔文。16 开纸 1 页，1 行。译文收入《中国民间文学集成·新疆卷·塔吉克族民间文学集》，新疆大学出版社 2005 年版。

（玛丽亚木·艾合买提编，周玉玲译）

世界都被水淹没了

دُنیا آب وزَندسه

donya ab wizänsä

塔吉克族谚语。流传于新疆维吾尔自治区喀什地区塔什库尔干塔吉克自治县。“世界都被水淹没了，懒汉照旧在打盹。”批评了那些懒惰者，赞扬了勤劳勇敢的人。对于研究塔吉克族崇尚劳动观念有参考价值。1985 年塔布力迪·吾秀尔塔吉克语演唱，西仁·库尔班塔吉克文笔录并译成维吾尔文。16 开纸 1 页，1 行。译文收入《中国民间文学集成·新疆卷·塔吉克族民间文学集》，新疆大学出版社 2005 年版。

（玛丽亚木·艾合买提编，
米娜娃·哈木里拉提译）

短暂的这个世界是不会对任何人讲信义的

دو مَتُنج یَد دُنیا

du mätonj yäd donya

塔吉克族谚语。流传于新疆维吾尔自治区喀什地区塔什库尔干塔吉克自治县。“短暂的这个世界是不会对任何人讲信义的。”告诉人们人生是短暂的，应该活得有意义，要热爱生活。对于研究塔吉克族生活观念有参考价值。1985 年多来提拜克塔吉克语演唱，西仁·库尔班塔吉克文笔录并译成维吾尔文。16 开纸 1 页，1 行。译文收入《中国民间文学集成·新疆卷·塔吉克族民间文学集》，新疆大学出版社 2005 年版。

（玛丽亚木·艾合买提编，周玉玲译）

对山上有黄羊一说，信以为真

عمید ودجنج په قیر

umiyd wedjenj pä qir

塔吉克族谚语。流传于新疆维吾尔自治区喀什地区塔什库尔干塔吉克自治县。“对山上有黄羊一说，信以为真。”说明太轻信别人的话容易上当受骗，告诉人们什么事情都要眼见为实。对于研究塔吉克族人生哲理有参考价值。1985 年塔布力迪·吾秀尔塔吉克语演唱，西仁·库尔班塔吉克文笔录并译成维吾尔文。16 开纸 1 页，1 行。译文收入《中国民间文学集成·新疆卷·塔吉克族民间文学集》，新疆大学出版社 2005 年版。

（玛丽亚木·艾合买提编，
米娜娃·哈木里拉提译）

山羊挖洞给自己挖了把刀

وَز زیماد کاوج چُقی وُگج

wäz zimad kawj čoqi wogj

塔吉克族谚语。流传于新疆维吾尔自治区喀什地区塔什库尔干塔吉克自治县。“山羊挖洞给自己挖了把刀。”告诉人们愚昧无知的人将给自己带来厄运。对于研究塔吉克族生活观念有参考价值。1985 年塔布力迪·吾秀尔塔吉克语演唱，西仁·库尔班塔吉克文笔录并译成维吾尔文。16 开纸 1 页，1 行。译文收入《中国民间文学集成·新疆卷·塔吉克族民间文学集》，新疆大学出版社 2005 年版。

（玛丽亚木·艾合买提编，
米娜娃·哈木里拉提译）

牛奶也会溢一次

شیر یَک بار تر دَید

šir yäk bar ter deyd

塔吉克族谚语。流传于新疆维吾尔自治区喀什地区塔什库尔干塔吉克自治县。“牛奶也会溢一次。”告诉人们因一时的大意而失败时，千万不能沮丧，要用微笑面对生活。对于研究塔吉克族生活观念有参考价值。1985年多来提拜克塔吉克语演唱，西仁·库尔班塔吉克文笔录并译成维吾尔文。16开纸1页，1行。译文收入《中国民间文学集成·新疆卷·塔吉克族民间文学集》，新疆大学出版社2005年版。

（玛丽亚木·艾合买提编，周玉玲译）

不是发自内心的，鼻子就不会酸

زارد نَتَوانسه

zard nätäwandsä

塔吉克族谚语。流传于新疆维吾尔自治区喀什地区塔什库尔干塔吉克自治县。“不是发自内心的，鼻子就不会酸。”告诉人们做任何事都应有自己的理由，强调人们应该爱憎分明。对于研究塔吉克族善恶观念有参考价值。1985年法克尔夏塔吉克语演唱，西仁·库尔班塔吉克文笔录并译成维吾尔文。16开纸1页，1行。译文收入《中国民间文学集成·新疆卷·塔吉克族民间文学集》，新疆大学出版社2005年版。

（玛丽亚木·艾合买提编，
米娜娃·哈木里拉提译）

做事不狡猾

چرير رَپسى ماكه

čerir räpsi makä

塔吉克族谚语。流传于新疆维吾尔自治区喀什地区塔什库尔干塔吉克自治县。“狐狸说：做事不狡猾，尾巴怎能翘起来呢？”通过描述狐狸的狡猾，说明做任何事情都要有智谋。对于研究塔吉克族生活观念有参考价值。1985年多来提拜克塔吉克语演唱，西仁·库尔班塔吉克文笔录并译成维吾尔文。16开纸1页，1行。译文收入《中国民间文学集成·新疆卷·塔吉克族民间文学集》，新疆大学出版社2005年版。

（玛丽亚木·艾合买提编，周玉玲译）

骏马老了也还想赛跑

كُلُك پيرمَس سَساود

kolok pirmäs säsawd

塔吉克族谚语。流传于新疆维吾尔自治区喀什地区塔什库尔干塔吉克自治县。“骏马老了也还想赛跑。”说明当一个人全身心地投入并热爱一项事业时，终究会取得成功。对于研究塔吉克族生活观念有参考价值。1985年塔布力迪·吾秀尔塔吉克语演唱，西仁·库尔班塔吉克文笔录并译成维吾尔文。16开纸1页，1行。译文收入《中国民间文学集成·新疆卷·塔吉克族民间文学集》，新疆大学出版社2005年版。

（玛丽亚木·艾合买提编，
米娜娃·哈木里拉提译）

每个人都在为自己的事而忧虑

جَم خو فيكر قَتى

jäm xu fikr qäti

塔吉克族谚语。流传于新疆维吾尔自治区喀什地区塔什库尔干塔吉克自治县。“每个人都在为自己的事而忧虑，瞎子却在为自己的眼睛而苦恼。”说明人们最缺什么就会考虑什么，强调应热爱自己正在从事的事业。对于研究塔吉克族社会道德观念有参考价值。1985年玉素普塔吉克语演唱，穆尼·塔布力迪塔吉克文笔录并译成维吾尔文。16开纸1页，1行。译文收入《中国民间文学集成·新疆卷·塔吉克族民间文学集》，新疆大学出版社2005年版。

（玛丽亚木·艾合买提编，周玉玲译）

心有余但力不足

آرمان یاست دَرمان نیست

ärman yast därman nist

塔吉克族谚语。流传于新疆维吾尔自治区喀什地区塔什库尔干塔吉克自治县。“心有余但力不足。”告诉人们不自量力是没有好结果的。对于研究塔吉克族生活观念有参考价值。1985 年法克尔夏塔吉克语演唱，西仁·库尔班塔吉克文笔录并译成维吾尔文。16 开纸 1 页，1 行。译文收入《中国民间文学集成·新疆卷·塔吉克族民间文学集》，新疆大学出版社 2005 年版。

（玛丽亚木·艾合买提编，
米娜娃·哈木里拉提译）

骆驼说世界上它的背最笔直

شُتُر آخو آزجَم خَیز لوج

šotor äxu äzjäm xäyz lewj

塔吉克族谚语。流传于新疆维吾尔自治区喀什地区塔什库尔干塔吉克自治县。“骆驼说世界上它的背最笔直。”讽刺了那些看不到自身缺点而一味地夸耀自己的虚荣的人。对于研究塔吉克族善恶观念有参考价值。1985 年多来提拜克塔吉克语演唱，西仁·库尔班塔吉克文笔录并译成维吾尔文。16 开纸 1 页，1 行。译文收入《中国民间文学集成·新疆卷·塔吉克族民间文学集》，新疆大学出版社 2005 年版。

（玛丽亚木·艾合买提编，周玉玲译）

骗子的房子会着火

فَنچی په چد یوس تُیج

fänči pä čed yus toyj

塔吉克族谚语。流传于新疆维吾尔自治区喀什地区塔什库尔干塔吉克自治县。“骗子的房子会着火。”批判了那些居心叵测的人。对于研究塔吉克族善恶观念有参考价值。1985 年法克尔夏塔吉克语演唱，西仁·库尔班塔吉克文笔录并译成维吾尔文。16 开纸 1 页，1 行。译文收入《中国民间文学集成·新疆卷·塔吉克族民间文学集》，新疆大学出版社 2005 年版。

（玛丽亚木·艾合买提编，
米娜娃·哈木里拉提译）

巫师整日以做法来度日

بَخشی سوف قَتی مَت یُست

bäxši suf qäti mät yost

塔吉克族谚语。流传于新疆维吾尔自治区喀什地区塔什库尔干塔吉克自治县。“巫师整日以做法来度日。”批判了那些以不正当手段过活的懒惰行为，劝导人们要培养良好的品质，堂堂正正地做人。对于研究塔吉克族善恶观念有参考价值。1985 年尼嘎尔塔吉克语演唱，西仁·库尔班塔吉克文笔录并译成维吾尔文。16 开纸 1 页，1 行。译文收入《中国民间文学集成·新疆卷·塔吉克族民间文学集》，新疆大学出版社 2005 年版。（玛丽亚木·艾合买提编，周玉玲译）

贪心的人连做梦都在占便宜

تَمَخور خو خُگجنج خُدم وَنج

tämäxur xu xogjenj xodm wänj

塔吉克族谚语。流传于新疆维吾尔自治区喀什地区塔什库尔干塔吉克自治县。“贪心的人连做梦都在占便宜。”批判了那些贪得无厌的人，劝导人们要培养良好的品质。对于研究塔吉克族善恶观念有参考价值。1985 年尼嘎尔塔吉克语演唱，西仁·库尔班塔吉克文笔录并译成维吾尔文。16 开纸 1 页，1 行。译文收入《中国民间文学集成·新疆卷·塔吉克族民间文学集》，新疆大学出版社 2005 年版。

（玛丽亚木·艾合买提编，
米娜娃·哈木里拉提译）

褡裢有两个口

خرجینَن دو سم یاست

xirjinän du sem yast

塔吉克族谚语。流传于新疆维吾尔自治区喀什地区塔什库尔干塔吉克自治县。“褡裢有两个口，看到一个就看不到另一个。”形象地描述了那些一意孤行喜欢冒险的人，劝导人们做任何事情前都要先权衡利弊，谨慎行事。对于研究塔吉克族生活观念有参考价值。1985 年塔布力迪·吾秀尔塔吉克语演唱，西仁·库尔班塔吉克文笔录并译成维吾尔文。16 开纸 1 页，1 行。译文收入《中国民间文学集成·新疆卷·塔吉克族民间文学集》，新疆大学出版社 2005 年版。

（玛丽亚木·艾合买提编，周玉玲译）

诽谤者会嚼自己的裹尸布

تمَتخور خو گفان خیرد

temätxur xu gäfan xird

塔吉克族谚语。流传于新疆维吾尔自治区喀什地区塔什库尔干塔吉克自治县。“诽谤者会嚼自己的裹尸布。”批判了那些居心叵测的人。对于研究塔吉克族社会道德观念有参考价值。1985 年多来提拜克塔吉克语演唱，西仁·库尔班塔吉克文笔录并译成维吾尔文。16 开纸 1 页，1 行。译文收入《中国民间文学集成·新疆卷·塔吉克族民间文学集》，新疆大学出版社 2005 年版。

（玛丽亚木·艾合买提编，米娜娃·哈木里拉提译）

人有愿望才会更有活力

آدَم اُمید قَتی

adäm omid qäti

塔吉克族谚语。流传于新疆维吾尔自治区喀什地区塔什库尔干塔吉克自治县。“人有愿望才会更有活力。”告诉人们对人生要保持乐观态度，对生活要充满信心。对于研究塔吉克族人生观有参考价值。1985 年尼嘎尔塔吉克语演唱，西仁·库尔班塔吉克文笔录并译成维吾尔文。16 开纸 1 页，1 行。译文收入《中国民间文学集成·新疆卷·塔吉克族民间文学集》，新疆大学出版社 2005 年版。

（玛丽亚木·艾合买提编，米娜娃·哈木里拉提译）

有牙的吃肉

دَندان ودجنج گوشت خیرد

dändan wedjenj gušt xird

塔吉克族谚语。流传于新疆维吾尔自治区喀什地区塔什库尔干塔吉克自治县。“有牙的吃肉，没牙的干瞪着。”告诉人们只有拥有好的生活和工作环境，才会有好成绩。强调做任何事都要努力。对于研究塔吉克族谚语有参考价值。1985 年塔布力迪·吾秀尔塔吉克语演唱，西仁·库尔班塔吉克文笔录并译成维吾尔文。16 开纸 1 页，1 行。译文收入《中国民间文学集成·新疆卷·塔吉克族民间文学集》，新疆大学出版社 2005 年版。

（玛丽亚木·艾合买提编，米娜娃·哈木里拉提译）

河水不能倒流

دَریا تَرزَبو نه تیزد

därya tärzäbu nä tizd

塔吉克族谚语。流传于新疆维吾尔自治区喀什地区塔什库尔干塔吉克自治县。“河水不能倒流，岁月不会复返。”告诉人们不要为过去的事情而后悔，应抓住眼前的机会。赞扬了那些智慧的、有远见的人。对于研究塔吉克族生活观念有参考价值。1985 年嘎瓦尔·阿拉木塔吉克语演唱，西仁·库尔班塔吉克文笔录并译成维吾尔文。16 开纸 1 页，1 行。译文收入《中国民间文学集成·新疆卷·塔吉克族民间文学集》，新疆大学出版社 2005 年版。

（玛丽亚木·艾合买提编，周玉玲译）

没有愿望的人如同枯叶

بی اُمید آدَم خَزانرَنگ

bi omid adäm xäzanräng

塔吉克族谚语。流传于新疆维吾尔自治区喀什地区塔什库尔干塔吉克自治县。“没有愿望的人如同枯叶。”批评了那些没有志向、没有毅力的人。对于研究塔吉克族人生观有参考价值。1985 年嘎瓦尔·阿拉木塔吉克语演唱，西仁·库尔班塔吉克文笔录并译成维吾尔文。16 开纸 1 页，1 行。译文收入《中国民间文学集成·新疆卷·塔吉克族民间文学集》，新疆大学出版社 2005 年版。

（玛丽亚木·艾合买提编，米娜娃·哈木里拉提译）

无志向的人只考虑今天

نا اُمید نُر اَفیکر کَکت

na omid nor äfikr käkt

塔吉克族谚语。流传于新疆维吾尔自治区喀什地区塔什库尔干塔吉克自治县。“无志向的人只考虑今天，有志向的人考虑长远。”教导人们做事应从长远考虑，不能只看眼前。对于研究塔吉克族谚语有参考价值。1985 年多来提拜克塔吉克语演唱，西仁·库尔班塔吉克文笔录并译成维吾尔文。16 开纸 1 页，1 行。译文收入《中国民间文学集成·新疆卷·塔吉克族民间文学集》，新疆大学出版社 2005 年版。

（玛丽亚木·艾合买提编，米娜娃·哈木里拉提译）

一人种地，众人受益

ایوَن ویچَرمی جَمیر فویدا

iwän wičärmi jämir fuyda

塔吉克族谚语。流传于新疆维吾尔自治区喀什地区塔什库尔干塔吉克自治县。“一人种地，众人受益。”劝告人们通过爱惜土地，夺取丰收，为他人做好事。对于研究塔吉克族谚语有参考价值。1985 年穆巴拉克夏塔吉克语演唱，西仁·库尔班塔吉克文笔录并译成维吾尔文。16 开纸 1 页，1 行。译文收入《中国民间文学集成·新疆卷·塔吉克族民间文学集》，新疆大学出版社 2005 年版。

（艾比百·吐尔逊尼牙孜编，贾马力丁译）

（九）理想、意志

人没有理想与驴有什么区别

اوی نَودج آدَم شرَنگ

uy näwedj adäm šeräng

塔吉克族谚语。流传于新疆维吾尔自治区喀什地区塔什库尔干塔吉克自治县。“人没有理想与驴有什么区别。”告诉人们理想是人不断进步的动力，批评了那些没有志向、没有毅力的人。对于研究塔吉克族人生观有参考价值。1985 年塔布力迪·吾秀尔塔吉克语演唱，西仁·库尔班塔吉克文笔录并译成维吾尔文。16 开纸 1 页，1 行。译文收入《中国民间文学集成·新疆卷·塔吉克族民间文学集》，新疆大学出版社 2005 年版。

（玛丽亚木·艾合买提编，周玉玲译）

有了理想信念

أُمید ودجنج کوچ ویرَید

omid wedjenj kuč wiräyd

塔吉克族谚语。流传于新疆维吾尔自治区喀什地区塔什库尔干塔吉克自治县。“有了理想信念，就有无穷动力。”喻示人们生活中只要有理想，就会有努力奋斗的劲头，倡导人们要树立理想，乐观生活。对于研究塔吉克族生活观念有参考价值。1985年玉素甫塔吉克语演唱，西仁·库尔班塔吉克文笔录并译成维吾尔文。16开纸1页，1行。译文收入《中国民间文学集成·新疆卷·塔吉克族民间文学集》，新疆大学出版社2005年版。

（玛丽亚木·艾合买提编，海燕萍译）

不切实际的理想是白日梦

خَلی خیول مَتاننج خاب

xäli hiyul mätanenj xab

塔吉克族谚语。流传于新疆维吾尔自治区喀什地区塔什库尔干塔吉克自治县。“不切实际的理想是白日梦。”告诫人们要丢弃无法实现、不切实际的幻想，要讲求实际。对于研究塔吉克族谚语有参考价值。1985年汉·塞地尔丁塔吉克语演唱，西仁·库尔班塔吉克文笔录并译成维吾尔文。16开纸1页，1行。译文收入《中国民间文学集成·新疆卷·塔吉克族民间文学集》，新疆大学出版社2005年版。

（玛丽亚木·艾合买提编，海燕萍译）

棍子有两头

کَلتَکَن دو ناول یاست

kältäkän du nawl yast

塔吉克族谚语。流传于新疆维吾尔自治区喀什地区塔什库尔干塔吉克自治县。“棍子有两头，一头打别人，一头则打自己。”劝导人们为人多做好事，为社会多做贡献。对于研究塔吉克族人生价值观念有参考价值。1985年嘎瓦尔·阿拉木塔吉克语演唱，西仁·库尔班塔吉克文笔录并译成维吾尔文。16开纸1页，1行。译文收入《中国民间文学集成·新疆卷·塔吉克族民间文学集》，新疆大学出版社2005年版。

（艾比百·吐尔逊尼牙孜编，贾马力丁译）

真主明知，却没有给蚂蚁翅膀

خدای وَظانج مُرچَری قَنات نَدوج

xuday wäzanj morčäri qänat näduj

塔吉克族谚语。流传于新疆维吾尔自治区喀什地区塔什库尔干塔吉克自治县。“真主明知，却没有给蚂蚁翅膀。”劝告人们按自己的情况行事，养成务实的性格。对于研究塔吉克族生活观念有参考价值。1985年买买地亚尔塔吉克语演唱，西仁·库尔班塔吉克文笔录并译成维吾尔文。16开纸1页，1行。译文收入《中国民间文学集成·新疆卷·塔吉克族民间文学集》，新疆大学出版社2005年版。

（艾比百·吐尔逊尼牙孜编，贾马力丁译）

医生从印度到来之前

تَبیب اَز هیندیستون یتیس

täbib äz hindistun yetis

塔吉克族谚语。流传于新疆维吾尔自治区喀什地区塔什库尔干塔吉克自治县。“医生从印度到来之前，病人已在色勒库尔断气。”劝告人们要珍惜时间，为自己身边的人多做好事。对于研究塔吉克族谚语有参考价值。1985年穆尼·塔布力迪塔吉克语演唱，西仁·库尔班塔吉克文笔录并译成维吾尔文。16开纸1页，1行。译文收入《中国民间文学集成·新疆卷·塔吉克族民间文学集》，新疆大学出版社2005年版。

（艾比百·吐尔逊尼牙孜编，贾马力丁译）

人的心在一层皮底下

آدَم ظارد ای قات پَست بَبر

adäm zard iqat päst bäber

塔吉克族谚语。流传于新疆维吾尔自治区喀什地区塔什库尔干塔吉克自治县。“人的心在一层皮底下，难知其如何。”劝告人们在与人交往时要保持谨慎、机警。对于研究塔吉克族生活观念有参考价值。1985 年达力·买提胡夏勒塔吉克语演唱，西仁·库尔班塔吉克文笔录并译成维吾尔文。16 开纸 1 页，1 行。译文收入《中国民间文学集成·新疆卷·塔吉克族民间文学集》，新疆大学出版社 2005 年版。

（艾比百·吐尔逊尼牙孜编，贾马力丁译）

灾难会降临所有门

بَلو قَزو جَم پَديور تيزد

bälu qäzu jäm pä diwer tizd

塔吉克族谚语。流传于新疆维吾尔自治区喀什地区塔什库尔干塔吉克自治县。“灾难会降临所有门。”劝告人们在任何时候都要保持警惕，灾难临头时不要慌张，要稳重。对于研究塔吉克族谚语有参考价值。1985 年代尔亚巴依·艾斯马力塔吉克语演唱，西仁·库尔班塔吉克文笔录并译成维吾尔文。16 开纸 1 页，1 行。译文收入《中国民间文学集成·新疆卷·塔吉克族民间文学集》，新疆大学出版社 2005 年版。

（艾比百·吐尔逊尼牙孜编，贾马力丁译）

麻痹大意的人，脑袋会被抛弃

بخود خوكال خيرد

bexud xukal xird

塔吉克族谚语。流传于新疆维吾尔自治区喀什地区塔什库尔干塔吉克自治县。“麻痹大意的人，脑袋会被抛弃。”劝告人们要施展智谋，为实现目标而积极作出努力。对于研究塔吉克族谚语有参考价值。1985 年穆拉迪克塔吉克语演唱，西仁·库尔班塔吉克文笔录并译成维吾尔文。16 开纸 1 页，1 行。译文收入《中国民间文学集成·新疆卷·塔吉克族民间文学集》，新疆大学出版社 2005 年版。

（艾比百·吐尔逊尼牙孜编，贾马力丁译）

人在快马上

اَسب دَوانسه

äsb däwandsä

塔吉克族谚语。流传于新疆维吾尔自治区喀什地区塔什库尔干塔吉克自治县。“人在快马上，眼神在前方。”告诉人们凡事要聚精会神、全神贯注，鞭挞了意志薄弱、软弱无能的人。对于研究塔吉克族生活观念有参考价值。1985 年塔布力迪·吾秀尔塔吉克语演唱，穆尼·塔布力迪塔吉克文笔录并译成维吾尔文。16 开纸 1 页，1 行。译文收入《中国民间文学集成·新疆卷·塔吉克族民间文学集》，新疆大学出版社 2005 年版。

（玛丽亚木·艾合买提编，海燕萍译）

用心就可以达到目标

نيَت سَكه پَميرود فيراپس

niyät säkä pä mirud firaps

塔吉克族谚语。流传于新疆维吾尔自治区喀什地区塔什库尔干塔吉克自治县。“用心就可以达到目标。”告诉人们只有坚强的意志才能达到目的。对于研究塔吉克族人生观念有参考价值。1985 年塔布力迪·吾秀尔塔吉克语演唱，西仁·库尔班塔吉克文笔录并译成维吾尔文。16 开纸 1 页，1 行。译文收入《中国民间文学集成·新疆卷·塔吉克族民间文学集》，新疆大学出版社 2005 年版。

（玛丽亚木·艾合买提编，周玉玲译）

驮队依然向前走

كَروان نَرجَست

kärwan närjäst

塔吉克族谚语。流传于新疆维吾尔自治区喀什地区塔什库尔干塔吉克自治县。“狗在叫，驮队依然向前走。”告诉人们要坚持自己选择的正确道路，毫不妥协，坚定信心，独立思考，勇往直前。对于研究塔吉克族谚语有参考价值。1985 年汉·塞地尔丁塔吉克语演唱，西仁·库尔班塔吉克文笔录并译成维吾尔文。16 开纸 1 页，1 行。译文收入《中国民间文学集成·新疆卷·塔吉克族民间文学集》，新疆大学出版社 2005 年版。（玛丽亚木·艾合买提编，海燕萍译）

天高地硬，无论在哪里生命都是珍贵的

آسمان بلَند ، زَمين تنگ

asman bäländ, zämin teng

塔吉克族谚语。流传于新疆维吾尔自治区喀什地区塔什库尔干塔吉克自治县。“天高地硬，无论在哪里生命都是珍贵的。”说明了怕苦怕难的人是没有出路的，劝导人们要坚强、有意志。对于研究塔吉克族谚语有参考价值。1985 年古力买买德塔吉克语演唱，西仁·库尔班塔吉克文笔录并译成维吾尔文。16 开纸 1 页，1 行。译文收入《中国民间文学集成·新疆卷·塔吉克族民间文学集》，新疆大学出版社 2005 年版。

（艾比百·吐尔逊尼牙孜编，安尼瓦尔·加帕尔译）

要么像国王那样头戴皇冠，要么如乞丐那样肩搭乞幡

يو پادشاهرَنگ سا

yu padšahräng sa

塔吉克族谚语。流传于新疆维吾尔自治区喀什地区塔什库尔干塔吉克自治县。“要么像国王那样头戴皇冠，要么如乞丐那样肩搭乞幡。”倡导人们要努力地去做一件事情，并取得成就，批评了胸无大志和懒惰的人。对于研究塔吉克族人生价值观念有参考价值。1985 年买买地亚尔塔吉克语演唱，艾布力·艾山汗塔吉克文笔录并译成维吾尔文。16 开纸 1 页，1 行。译文收入《中国民间文学集成·新疆卷·塔吉克族民间文学集》，新疆大学出版社 2005 年版。

（玛丽亚木·艾合买提编，海燕萍译）

蚂蚁虽小

مُرچه زيليک

morčä zilik

塔吉克族谚语。流传于新疆维吾尔自治区喀什地区塔什库尔干塔吉克自治县。“蚂蚁虽小，却能搬动比自身大的铅块。”说明了只要有坚强的意志，就没有做不了的事情。对于研究塔吉克族生活观念有参考价值。1985 年尼嘎尔塔吉克语演唱，艾布力·艾山汗塔吉克文笔录。穆尼·塔比力迪译成维吾尔文。16 开纸 1 页，1 行。译文收入《中国民间文学集成·新疆卷·塔吉克族民间文学集》，新疆大学出版社 2005 年版。

（玛丽亚木·艾合买提编，海燕萍译）

世上没有过不了的桥

دَر دُنيا قيلا کپرک نيست

där donya qila keprek nist

塔吉克族谚语。流传于新疆维吾尔自治区喀什地区塔什库尔干塔吉克自治县。“世上没有过不了的桥。”告诉人们要相信自己，只要有决心，再难的事也能做成。对于研究塔吉克族生活观念有参考价值。1985 年达力·买提胡夏勒塔吉克语演唱，西仁·库尔班塔吉克文笔录并译成维吾尔文。16 开纸 1 页，1 行。译文收入《中国民间文学集成·

新疆卷·塔吉克族民间文学集》，新疆大学出版社 2005 年版。

（艾比百·吐尔逊尼牙孜编，贾玛力丁译）

有意志能移山

ايرادَين قيرمَس جيمباند

iradäyin qirmäs jumband

塔吉克族谚语。流传于新疆维吾尔自治区喀什地区塔什库尔干塔吉克自治县。“有意志能移山。”说明有意志的人能做成大事，意志的力量是无穷的。对于研究塔吉克族谚语有参考价值。1985 年嘎瓦尔·阿拉木塔吉克语演唱，西仁·库尔班塔吉克文笔录并译成维吾尔文。16 开纸 1 页，1 行。译文收入《中国民间文学集成·新疆卷·塔吉克族民间文学集》，新疆大学出版社 2005 年版。

（艾比百·吐尔逊尼牙孜编，贾玛力丁译）

不弄湿嗓门，哪能喝到水

اَلقوم نام نَچاگج

älqum nam näčagj

塔吉克族谚语。流传于新疆维吾尔自治区喀什地区塔什库尔干塔吉克自治县。“不弄湿嗓门，哪能喝到水。”告诉人们不经历风雨难以实现理想、达到目的，强调做事要有坚强的毅力。对于研究塔吉克族谚语有参考价值。1985 年艾山汗塔吉克语演唱，穆尼·塔布力迪塔吉克文笔录并译成维吾尔文。16 开纸 1 页，1 行。译文收入《中国民间文学集成·新疆卷·塔吉克族民间文学集》，新疆大学出版社 2005 年版。

（玛丽亚木·艾合买提编，海燕萍译）

历经磨难的人不畏挫折

قُبيل كوج نَدارد

qobil kuj nädard

塔吉克族谚语。流传于新疆维吾尔自治区喀什地区塔什库尔干塔吉克自治县。“历经风雨的小草不怕霜冻，历经磨难的人不畏挫折。”告诉人们不经历挫折难以达到目的，强调坚强意志的重要性。对于研究塔吉克族谚语有参考价值。1985 年嘎瓦尔·阿拉木塔吉克语演唱，穆尼·塔布力迪塔吉克文笔录并译成维吾尔文。16 开纸 1 页，1 行。译文收入《中国民间文学集成·新疆卷·塔吉克族民间文学集》，新疆大学出版社 2005 年版。

（玛丽亚木·艾合买提编，海燕萍译）

眼睛没有看见

نَوَنديس زارد نَنَت

näwändis zard nänät

塔吉克族谚语。流传于新疆维吾尔自治区喀什地区塔什库尔干塔吉克自治县。“眼睛没有看见，心灵难以平静。”强调凡事要眼见为实、独立实践的重要性。对于研究塔吉克族谚语有参考价值。1985 年布里布力塔吉克语演唱，穆尼·塔布力迪塔吉克文笔录并译成维吾尔文。16 开纸 1 页，1 行。译文收入《中国民间文学集成·新疆卷·塔吉克族民间文学集》，新疆大学出版社 2005 年版。

（玛丽亚木·艾合买提编，海燕萍译）

忘记苦日子，不会有好日子过

جَفو تيژجنج مَتف مارناس

jäfu ti ʤjenj mätef märnas

塔吉克族谚语。流传于新疆维吾尔自治区喀什地区塔什库尔干塔吉克自治县。“忘记苦日子，不会有好日子过，有了好日子也不会珍惜。”告诉人们勿忘艰难困苦的日子，好日子来之不易，要加以珍惜。对于研究塔吉克族生活观念有参考价值。1985 年法克尔夏塔吉克语演唱，西仁·库尔班塔吉克文笔录并译成维吾尔文。16 开纸 1 页，1 行。译文收入《中国民间文学集成·新疆卷·塔吉克族民间文学集》，新疆大学出版社 2005 年版。

（艾比百·吐尔逊尼牙孜编，贾马力丁译）

明天的事今天就开始做

نُرننج چر نُر که

nornenj čer nor kä

塔吉克族谚语。流传于新疆维吾尔自治区喀什地区塔什库尔干塔吉克自治县。“明天的事今天就开始做，今天的事不要留到明天。”劝告人们要有计划地完成自己做的事情，不要拖拖拉拉。对于研究塔吉克族生活观念有参考价值。1985 年古力买买德塔吉克语演唱，西仁·库尔班塔吉克文笔录并译成维吾尔文。16 开纸 1 页，1 行。译文收入《中国民间文学集成·新疆卷·塔吉克族民间文学集》，新疆大学出版社 2005 年版。

（艾比百·吐尔逊尼牙孜编，贾马力丁译）

国王也没有盐吃

پادشاهمَس بنَمادج ردج

padšahmäs benämadj räst

塔吉克族谚语。流传于新疆维吾尔自治区喀什地区塔什库尔干塔吉克自治县。“国王也没有盐吃。”劝告人们生活中总会遇到各种困难，这时要保持乐观，终能度过难关。对于研究塔吉克族生活观念有参考价值。1985 年法克尔夏塔吉克语演唱，西仁·库尔班塔吉克文笔录并译成维吾尔文。16 开纸 1 页，1 行。译文收入《中国民间文学集成·新疆卷·塔吉克族民间文学集》，新疆大学出版社 2005 年版。

（艾比百·吐尔逊尼牙孜编，贾马力丁译）

脑子不灵有什么用

تَنگ کال اَر گاورمَس یاست

teng kal är gawrmäs yast

塔吉克族谚语。流传于新疆维吾尔自治区喀什地区塔什库尔干塔吉克自治县。“脑子不灵有什么用，空脑袋在坟墓里不是还有吗?”倡导人们在生活、工作中要善于动脑筋，施展才能。对于研究塔吉克族生活观念有参考价值。1985 年马达力汗·巴伦塔吉克语演唱，西仁·库尔班塔吉克文笔录并译成维吾尔文。16 开纸 1 页，1 行。译文收入《中国民间文学集成·新疆卷·塔吉克族民间文学集》，新疆大学出版社 2005 年版。

（艾比百·吐尔逊尼牙孜编，贾马力丁译）

空话填不饱肚子

خَلی گَپ قَتی قچ سَیر نه ساود

xäli gäp qäti qeč säyr nä sawd

塔吉克族谚语。流传于新疆维吾尔自治区喀什地区塔什库尔干塔吉克自治县。“空话填不饱肚子。”告诉人们与其说无益的话，还不如做实际的事情。对于研究塔吉克族谚语有参考价值。1985 年西仁·库尔班塔吉克语演唱，西仁·库尔班塔吉克文笔录并译成维吾尔文。16 开纸 1 页，1 行。译文收入《中国民间文学集成·新疆卷·塔吉克族民间文学集》，新疆大学出版社 2005 年版。

（艾比百·吐尔逊尼牙孜编，贾马力丁译）

想和大象和好，先取悦于大象

پیل قَتی چَرج نَرجس

pil qäti čärj närjes

塔吉克族谚语。流传于新疆维吾尔自治区喀什地区塔什库尔干塔吉克自治县。“想和大象和好，先取悦于大象。”劝告人们在处理社会关系时要有聪明才智。对于研究塔吉克族谚语有参考价值。1985 年布荣塔吉克语演唱，西仁·库尔班塔吉克文笔录并译成维吾尔文。16开纸1页，1行。译文收入《中国民间文学集成·新疆卷·塔吉克族民间文学集》，新疆大学出版社2005年版。

（艾比百·吐尔逊尼牙孜编，贾马力丁译）

有福气时鸡蛋可以砸碎石头

داو سَياد تُخُم اَسَنگ كاند كَكت

daw säyad toxom äsang kand käkt

塔吉克族谚语。流传于新疆维吾尔自治区喀什地区塔什库尔干塔吉克自治县。“有福气时鸡蛋可以砸碎石头，没有福气时吃糖糊糊牙齿也会碎。”劝告人们不要因运气好而骄傲自大，不要因没有福气而悲观丧气，要勇敢地生活。对于研究塔吉克族生活观念有参考价值。1985年吾甫尔塔吉克语演唱，西仁·库尔班塔吉克文笔录并译成维吾尔文。16开纸1页，2行。译文收入《中国民间文学集成·新疆卷·塔吉克族民间文学集》，新疆大学出版社2005年版。

（艾比百·吐尔逊尼牙孜编，贾马力丁译）

抱有希望能盖圆顶屋

اوميد سَكه گومبَز ايندَزد

omid säkä gumbäz inezd

塔吉克族谚语。流传于新疆维吾尔自治区喀什地区塔什库尔干塔吉克自治县。“抱有希望能盖圆顶屋，有气无力寸步难行。”告诉人们在任何时候都要乐观、勇敢地去生活，才能给自己带来好运。对于研究塔吉克族生活观念有参考价值。1985年塔瓦尼·卡地尔塔吉克语演唱，西仁·库尔班塔吉克文笔录并译成维吾尔文。16开纸1页，1行。译文收入《中国民间文学集成·新疆卷·塔吉克族民间文学集》，新疆大学出版社2005年版。

（艾比百·吐尔逊尼牙孜编，贾马力丁译）

牛往草堆跑

چَت پَر وُک جاکچ

čät pär wok jakč

塔吉克族谚语。流传于新疆维吾尔自治区喀什地区塔什库尔干塔吉克自治县。“牛往草堆跑，老鼠往粮仓跑。”喻示在生活中每一个人都为自己的理想和需求而努力，每一个人都想着满足自己的需求。对于研究塔吉克族生活观念有参考价值。1985年汉·塞地尔丁塔吉克语演唱，西仁·库尔班塔吉克文笔录并译成维吾尔文。16开纸1页，1行。译文收入《中国民间文学集成·新疆卷·塔吉克族民间文学集》，新疆大学出版社2005年版。

（艾比百·吐尔逊尼牙孜编，贾马力丁译）

欠他人的债

خَلگ هَق اَته تَواند

xälg häq ätä täwand

塔吉克族谚语。流传于新疆维吾尔自治区喀什地区塔什库尔干塔吉克自治县。“欠他人的债，会烧掉你自己。”劝告人们要自食其力。对于研究塔吉克族生活观念有参考价值。1985年哈里丹·夏热合曼塔吉克语演唱，西仁·库尔班塔吉克文笔录并译成维吾尔文。16开纸1页，1行。译文收入《中国民间文学集成·新疆卷·塔吉克族民间文学集》，新疆大学出版社2005年版。

（艾比百·吐尔逊尼牙孜编，贾马力丁译）

贼在半路被强盗打劫

ژد پَقرَقچى ديچور خُگج

ʤed päqäräqči diäur hogj

塔吉克族谚语。流传于新疆维吾尔自治区喀什地区塔什库尔干塔吉克自治县。“贼在半路被强盗打劫。”说明偷窃别人的钱财不是自己的，终会失去。对于研究塔吉克族谚语有参考价值。1985年嘎瓦尔·阿拉木塔吉克语演唱，西仁·库尔班塔吉克文笔录并译成维吾尔文。16开纸1页，1行。译文收入《中国民间文学集成·新疆卷·塔吉克族民间文学集》，新疆大学出版社2005年版。

（艾比百·吐尔逊尼牙孜编，贾马力丁译）

别掀起衣襟，毛病会露出

خو پَیک ترماکه، ته ایب نیموید

xupäyk termakä, tä äyb nimuyd

塔吉克族谚语。流传于新疆维吾尔自治区喀什地区塔什库尔干塔吉克自治县。"别掀起衣襟，毛病会露出。"说明炫耀自己不会给人带来好运。对于研究塔吉克族社会道德观念有参考价值。1985年玉素甫塔吉克语演唱，西仁·库尔班塔吉克文笔录并译成维吾尔文。16开纸1页，1行译文收入《中国民间文学集成·新疆卷·塔吉克族民间文学集》，新疆大学出版社2005年版。

（艾比百·吐尔逊尼牙孜编，贾马力丁译）

勇气就是希望

غَیرَت لوجنج اُمید

ɤäyrät lewjenj omid

塔吉克族谚语。流传于新疆维吾尔自治区喀什地区塔什库尔干塔吉克自治县。"勇气就是希望。"说明意志坚强和有毅力的人可以战胜一切困难。对于研究塔吉克族谚语有参考价值。1985年布里布力塔吉克语演唱，西仁·库尔班塔吉克文笔录并译成维吾尔文。16开纸1页，1行。译文收入《中国民间文学集成·新疆卷·塔吉克族民间文学集》，新疆大学出版社2005年版。

（艾比百·吐尔逊尼牙孜编，斯拉吉丁译）

惊恐的人会尿裤

کُجمَنَیگ ار خو مَکچ

kojmänäyg är xud mäkč

塔吉克族谚语。流传于新疆维吾尔自治区喀什地区塔什库尔干塔吉克自治县。"惊恐的人会尿裤。"说明胆战心惊的人什么不体面的事都能做出来，告诫人们要勇敢、顽强，做任何事都要头脑清醒。对于研究塔吉克族谚语有参考价值。1985年达力·买提胡夏勒塔吉克语演唱，西仁·库尔班塔吉克文笔录并译成维吾尔文。16开纸1页，1行。译文收入《中国民间文学集成·新疆卷·塔吉克族民间文学集》，新疆大学出版社2005年版。

（艾比百·吐尔逊尼牙孜编，斯拉吉丁译）

人各有志

هَر کَس خود خییول قَتی

här käs xod xiyul qäti

塔吉克族谚语。流传于新疆维吾尔自治区喀什地区塔什库尔干塔吉克自治县。"人各有志。"告诫人们在生活中不要只为自己着想，也要为他人考虑。对于研究塔吉克族社会道德观念有参考价值。1985年塔布力迪·吾秀尔塔吉克语演唱，西仁·库尔班塔吉克文笔录并译成维吾尔文。16开纸1页，1行。译文收入《中国民间文学集成·新疆卷·塔吉克族民间文学集》，新疆大学出版社2005年版。

（艾比百·吐尔逊尼牙孜编，斯拉吉丁译）

即使有人看护，也要把马拴住

خو اَسب چَرج مَخ دا

xu äsb čärj mäx da

塔吉克族谚语。流传于新疆维吾尔自治区喀什地区塔什库尔干塔吉克自治县。"即使有人看护，也要把马拴住。"喻示人们做任何事都要谨慎，不能麻痹大意，以防发生意外。对于研究塔吉克族生活观念有参考价值。1985 年布荣塔吉克语演唱，西仁·库尔班塔吉克文笔录并译成维吾尔文。16 开纸 1 页，1 行。译文收入《中国民间文学集成·新疆卷·塔吉克族民间文学集》，新疆大学出版社 2005 年版。

（艾比百·吐尔逊尼牙孜编，斯拉吉丁译）

与其到别人家吃糖面糊

خَل چدنج اَز هَلوا

häl čedenj äz hälwa

塔吉克族谚语。流传于新疆维吾尔自治区喀什地区塔什库尔干塔吉克自治县。“与其到别人家吃糖面糊，不如在自己家喝玉米粥。”告诫人们要自力更生，靠诚实劳动谋生。对于研究塔吉克族人生价值观念有参考价值。1985 年古力买买德塔吉克语演唱，西仁·库尔班塔吉克文笔录并译成维吾尔文。16 开纸 1 页，1 行。译文收入《中国民间文学集成·新疆卷·塔吉克族民间文学集》，新疆大学出版社 2005 年版。

（艾比百·吐尔逊尼牙孜编，斯拉吉丁译）

受凌辱不如死去

خور اَز ست مَرگ بدر

xur äz set märg beder

塔吉克族谚语。流传于新疆维吾尔自治区喀什地区塔什库尔干塔吉克自治县。“受凌辱不如死去。”告诫人们要有尊严。对于研究塔吉克族人生哲理有参考价值。1985 年穆热地克塔吉克语演唱，西仁·库尔班塔吉克文笔录并译成维吾尔文。16 开纸 1 页，1 行。译文收入《中国民间文学集成·新疆卷·塔吉克族民间文学集》，新疆大学出版社 2005 年版。

（艾比百·吐尔逊尼牙孜编，斯拉吉丁译）

潜水员若害怕鲨鱼

كيناوَر لَهَنگ اَز كوج حيچ چيز نه زوكچ

kinuwär lähäng äz kuj hič čiz nä zukč

塔吉克族谚语。流传于新疆维吾尔自治区喀什地区塔什库尔干塔吉克自治县。“潜水员若害怕鲨鱼，则无法在大海中有所收获。”喻示胆小怕事和没有决心的人会一事无成。对于研究塔吉克族谚语有参考价值。1985 年穆尼·塔布里迪塔吉克语演唱，西仁·库尔班塔吉克文笔录并译成维吾尔文。16 开纸 1 页，1 行。译文收入《中国民间文学集成·新疆卷·塔吉克族民间文学集》，新疆大学出版社 2005 年版。

（艾比百·吐尔逊尼牙孜编，斯拉吉丁译）

一边是饥寒交迫，另一边是富人的压迫

اَز اى سَر نيستى دَرد ، اَز اى سَر بايَن

äz i sär nisti därd, äz i sär bayän

塔吉克族谚语。流传于新疆维吾尔自治区喀什地区塔什库尔干塔吉克自治县。“一边是饥寒交迫，另一边是富人的压迫。”告诫人们要关心穷人和弱者，发扬人道主义精神。对于研究塔吉克族谚语有参考价值。1985 年霍加艾山·皮纳齐塔吉克语演唱，西仁·库尔班塔吉克文笔录并译成维吾尔文。16 开纸 1 页，1 行。译文收入《中国民间文学集成·新疆卷·塔吉克族民间文学集》，新疆大学出版社 2005 年版。

（艾比百·吐尔逊尼牙孜编，斯拉吉丁译）

鞋匠没有新皮窝子

موزَدُز نَو پخ نَوُگج

mozädoz näw pex näwogj

塔吉克族谚语。流传于新疆维吾尔自治区喀什地区塔什库尔干塔吉克自治县。“鞋匠没有新皮窝子。”告诫人们过日子要简朴。对于研究塔吉克族生活观念有参考价值。

1985年尼嘎尔塔吉克语演唱，西仁·库尔班塔吉克文笔录并译成维吾尔文。16开纸1页，1行。译文收入《中国民间文学集成·新疆卷·塔吉克族民间文学集》，新疆大学出版社2005年版。

（艾比百·吐尔逊尼牙孜编，斯拉吉丁译）

急躁是灾祸

جتی چَیگ بَلو پَیدو کَکت

jati čäyg bälu päydu käkt

塔吉克族谚语。流传于新疆维吾尔自治区喀什地区塔什库尔干塔吉克自治县。“急躁是灾祸。”说明急躁会带来不良后果，告诫人们做事要沉着、机智。对于研究塔吉克族谚语有参考价值。1985年马达力汗·巴伦塔吉克语演唱，西仁·库尔班塔吉克文笔录并译成维吾尔文。16开纸1页，1行。译文收入《中国民间文学集成·新疆卷·塔吉克族民间文学集》，新疆大学出版社2005年版。

（艾比百·吐尔逊尼牙孜编，斯拉吉丁译）

来得快的财富，消失得也快

جَلد وُگجنج مولَن وی عمر کوتاه

jäld wogjenj mulän wi omr kutah

塔吉克族谚语。流传于新疆维吾尔自治区喀什地区塔什库尔干塔吉克自治县。“来得快的财富，消失得也快。”提醒人们不要为突然来到的福气而趾高气扬，要靠自己的诚实劳动谋生。对于研究塔吉克族社会道德观念有参考价值。1985年哈里丹·夏热合曼塔吉克语演唱，西仁·库尔班塔吉克文笔录并译成维吾尔文。16开纸1页，1行。译文收入《中国民间文学集成·新疆卷·塔吉克族民间文学集》，新疆大学出版社2005年版。

（艾比百·吐尔逊尼牙孜编，斯拉吉丁译）

马靠主人，鸟依翅

اَسب خو ساییب قَتی

äsb xu sayib qäti

塔吉克族谚语。流传于新疆维吾尔自治区喀什地区塔什库尔干塔吉克自治县。“马靠主人，鸟依翅。”说明世上万物都有自己的依靠和陪衬。对于研究塔吉克族人生观有参考价值。1985年塔布力迪·吾秀尔塔吉克语演唱，西仁·库尔班塔吉克文笔录并译成维吾尔文。16开纸1页，1行。译文收入《中国民间文学集成·新疆卷·塔吉克族民间文学集》，新疆大学出版社2005年版。

（艾比百·吐尔逊尼牙孜编，斯拉吉丁译）

不要为过去的事生气

نَرجدجنج چریر خَفا ماسا

närjedjenj čerir xäfa masa

塔吉克族谚语。流传于新疆维吾尔自治区喀什地区塔什库尔干塔吉克自治县。“不要为过去的事生气。”告诫人们要向前看，不要纠结于过去。对于研究塔吉克族社会道德观念有参考价值。1985年玉素甫塔吉克语演唱，西仁·库尔班塔吉克文笔录并译成维吾尔文。16开纸1页，1行。译文收入《中国民间文学集成·新疆卷·塔吉克族民间文学集》，新疆大学出版社2005年版。

（艾比百·吐尔逊尼牙孜编，斯拉吉丁译）

满把手塞不到嘴里

پَنج اَنگُشت پَیو اَر غاو داد نه ساود

pänj ängošt paiw är ɣaw dad nä sawd

塔吉克族谚语。流传于新疆维吾尔自治区喀什地区塔什库尔干塔吉克自治县。“满把手塞不到嘴里。”说明一个人不可能同时做好几件事情，要一样一样去做。告诫人们要按程序办事。对于研究塔吉克族生活观念有参考价值。1985年穆尼·塔布力迪塔吉克语演唱，西仁·库尔班塔吉克文笔录并译成维吾尔文。16开纸1页，1行。译文收入《中国民间文学集成·新疆卷·塔吉克族民间文学集》，新疆大学出版社2005年版。

（艾比百·吐尔逊尼牙孜编，斯拉吉丁译）

爱幻想的人迷恋自己的幻想

خييولكَش خو خييول قَتى مَست

xiyulkäš xu xiyul qäti mäst

塔吉克族谚语。流传于新疆维吾尔自治区喀什地区塔什库尔干塔吉克自治县。“爱幻想的人迷恋自己的幻想，顽固的人沿着自己的固执。”告诫人们要从实际出发，不要固执。对于研究塔吉克族谚语有参考价值。1985年达力·马提胡夏勒塔吉克语演唱，西仁·库尔班塔吉克文笔录并译成维吾尔文。16开纸1页，1行。译文收入《中国民间文学集成·新疆卷·塔吉克族民间文学集》，新疆大学出版社2005年版。

（艾比百·吐尔逊尼牙孜编，斯拉吉丁译）

急躁者事不成

جَت چگجنج پَظَبو ردج

jät čegjenj päzäbu redj

塔吉克族谚语。流传于新疆维吾尔自治区喀什地区塔什库尔干塔吉克自治县。“急躁者事不成。”告诫人们遇事要沉着冷静。对于研究塔吉克族谚语有参考价值。1985年代尔亚巴依·艾斯马力塔吉克语演唱，西仁·库尔班塔吉克文笔录并译成维吾尔文。16开纸1页，1行。译文收入《中国民间文学集成·新疆卷·塔吉克族民间文学集》，新疆大学出版社2005年版。

（艾比百·吐尔逊尼牙孜编，斯拉吉丁译）

禀性难改

شير قَتى ددجنج خوى جون قَتى نَكتيزد

šir qäti dedjenj xuy jun qäti näktizd

塔吉克族谚语。流传于新疆维吾尔自治区喀什地区塔什库尔干塔吉克自治县。“禀性难改。”说明人的天性到死也不会改变，告诉人们要理解他人的脾气、性格，不要强求其改变。对于研究塔吉克族社会道德观念有参考价值。1985年吾甫尔塔吉克语演唱，西仁·库尔班塔吉克文笔录并译成维吾尔文。16开纸1页，1行。译文收入《中国民间文学集成·新疆卷·塔吉克族民间文学集》，新疆大学出版社2005年版。

（艾比百·吐尔逊尼牙孜编，斯拉吉丁译）

胆小了易也难

كوج سَدار آسان قيلا ساود

kuj sädar asan qila sawd

塔吉克族谚语。流传于新疆维吾尔自治区喀什地区塔什库尔干塔吉克自治县。“胆小了易也难，胆大了难也易。”劝导人们要敢作敢为，克服困难，勇往直前。对于研究塔吉克族生活观念有参考价值。1985年尼嘎尔塔吉克语演唱，西仁·库尔班塔吉克文笔录并译成维吾尔文。16开纸1页，1行。译文收入《中国民间文学集成·新疆卷·塔吉克族民间文学集》，新疆大学出版社2005年版。

（艾比百·吐尔逊尼牙孜编，斯拉吉丁译）

意志薄弱的人易得病

بى جيلق آسان بيمار ساود

bi jilq asan bimar sawd

塔吉克族谚语。流传于新疆维吾尔自治区喀什地区塔什库尔干塔吉克自治县。“意志薄弱的人易得病。”劝导人们培养意志坚定、勇敢顽强的好品质。对于研究塔吉克族生活观念有参考价值。1985年古力买买德塔吉克语演唱，西仁·库尔班塔吉克文笔录并译成维吾尔文。16开纸1页，1行。译文收入《中国民间文学集成·新疆卷·塔吉克族民间文学集》，新疆大学出版社2005年版。

（艾比百·吐尔逊尼牙孜编，斯拉吉丁译）

花钱买柴禾是为了火

جزَن وی پول یوس

jezän wi pul yus

塔吉克族谚语。流传于新疆维吾尔自治区喀什地区塔什库尔干塔吉克自治县。“花钱买柴禾是为了火。”喻示做任何事都要做好相应的准备。对于研究塔吉克族生活观念有参考价值。1985年玉素甫塔吉克语演唱，西仁·库尔班塔吉克文笔录并译成维吾尔文。16开纸1页，1行。译文收入《中国民间文学集成·新疆卷·塔吉克族民间文学集》，新疆大学出版社2005年版。

（艾比百·吐尔逊尼牙孜编，斯拉吉丁译）

如果光凭喊叫能盖屋

واغ- واغیر خانه تَیور سَساود

waɤ-waɤir xanä täyur säsawd

塔吉克族谚语。流传于新疆维吾尔自治区喀什地区塔什库尔干塔吉克自治县。“如果光凭喊叫能盖屋，驴盖的房子最多。”说明光说空话是一种愚昧无知的行为，告诫人们活着就要学会本领。对于研究塔吉克生活观念有参考价值。1985年穆尼·塔布力迪塔吉克语演唱，西仁·库尔班塔吉克文笔录并译成维吾尔文。16开纸1页，1行。译文收入《中国民间文学集成·新疆卷·塔吉克族民间文学集》，新疆大学出版社2005年版。

（艾比百·吐尔逊尼牙孜编，斯拉吉丁译）

我曾是学徒现在当了师傅

شاگیرت بودَم، اُستاز شُدَم

šagirt budäm，ostaz šodäm

塔吉克族谚语。流传于新疆维吾尔自治区喀什地区塔什库尔干塔吉克自治县。“我曾坐过牢现在当了新人，我曾是学徒现在当了师傅。”说明犯过错的人只要悔过自新就能成重新做人，当学徒的人经过千锤百炼也能成为师傅。对于研究塔吉克族生活观念有参考价值。1985年达力·买提胡夏勒塔吉克语演唱，西仁·库尔班塔吉克文笔录并译成维吾尔文。16开纸1页，2行。译文收入《中国民间文学集成·新疆卷·塔吉克族民间文学集》，新疆大学出版社2005年版。

（艾比百·吐尔逊尼牙孜编，斯拉吉丁译）

战场上无用的剑应该扔进屎坑

جَنگیر یَرار نَسدج میدج ار غَت پَتاو

jängir yärar näsedj midj är ɤät pätaw

塔吉克族谚语。流传于新疆维吾尔自治区喀什地区塔什库尔干塔吉克自治县。“战场上无用的剑应该扔进屎坑。”说明在关键时刻没有派上用场和发挥作用的人，即使有能力也会威信扫地。对于研究塔吉克族谚语有参考价值。1985年艾布力·艾山汗塔吉克语演唱，西仁·库尔班塔吉克文笔录并译成维吾尔文。16开纸1页，1行。译文收入《中国民间文学集成·新疆卷·塔吉克族民间文学集》，新疆大学出版社2005年版。

（艾比百·吐尔逊尼牙孜编，斯拉吉丁译）

我在受煎熬

وَز دَرد قَتی

wäz därd qäti

塔吉克族谚语。流传于新疆维吾尔自治区喀什地区塔什库尔干塔吉克自治县。“我在受煎熬，他却不在乎。”说明爱情要经受许多考验，劝告人们要学会忍耐。对于研究塔吉克族谚语有参考价值。1985 年塔瓦尼·卡地尔塔吉克语演唱，西仁·库尔班塔吉克文笔录并译成维吾尔文。16 开纸 1 页，1 行。译文收入《中国民间文学集成·新疆卷·塔吉克族民间文学集》，新疆大学出版社 2005 年版。

（艾比百·吐尔逊尼牙孜编，斯拉吉丁译）

忍耐是难受的

سَبر چَیگ سک

säbr čäyg sek

塔吉克族谚语。流传于新疆维吾尔自治区喀什地区塔什库尔干塔吉克自治县。“忍耐是难受的，但其果实是甜蜜的。”劝勉人们培养忍耐、冷静、沉着的好品质。对于研究塔吉克族生活观念有参考价值。1985 年嘎瓦尔·阿拉木塔吉克语演唱，西仁·库尔班塔吉克文笔录并译成维吾尔文。16 开纸 1 页，1 行。译文收入《中国民间文学集成·新疆卷·塔吉克族民间文学集》，新疆大学出版社 2005 年版。

（艾比百·吐尔逊尼牙孜编，斯拉吉丁译）

沉着的人总会赢

گرون آدَم فُیدا زازد

garun adäm foyda zazd

塔吉克族谚语。流传于新疆维吾尔自治区喀什地区塔什库尔干塔吉克自治县。“沉着的人总会赢。”说明遇事能沉着、冷静的人总会实现自己的愿望。对于研究塔吉克族生活观念有参考价值。1985 年塔布力迪·吾秀尔塔吉克语演唱，西仁·库尔班塔吉克文笔录并译成维吾尔文。16 开纸 1 页，1 行。译文收入《中国民间文学集成·新疆卷·塔吉克族民间文学集》，新疆大学出版社 2005 年版。

（艾比百·吐尔逊尼牙孜编，斯拉吉丁译）

越害怕，越受欺

سُند کوج سَدار، کیدوند بوزَک سا

sond kuj sädar, kidund buzäk sa

塔吉克族谚语。流传于新疆维吾尔自治区喀什地区塔什库尔干塔吉克自治县。“越害怕，越受欺。”说明终日惶惶不安的人总会受人欺负。对于研究塔吉克族生活观念有参考价值。1985 年古力买买德塔吉克语演唱，西仁·库尔班塔吉克文笔录并译成维吾尔文。16 开纸 1 页，1 行。译文收入《中国民间文学集成·新疆卷·塔吉克族民间文学集》，新疆大学出版社 2005 年版。

（艾比百·吐尔逊尼牙孜编，斯拉吉丁译）

看起来难，做起来就不难

چَشم کوج دارد

čäšm kuj dard

塔吉克族谚语。流传于新疆维吾尔自治区喀什地区塔什库尔干塔吉克自治县。“看起来难，做起来就不难。”说明做事开头难，告诉人们做事要有信心。对于研究塔吉克族生活观念有参考价值。1985 年多来提别克塔吉克语演唱，西仁·库尔班塔吉克文笔录并译成维吾尔文。16 开纸 1 页，1 行。译文收入《中国民间文学集成·新疆卷·塔吉克族民间文学集》，新疆大学出版社 2005 年版。

（艾比百·吐尔逊尼牙孜编，斯拉吉丁译）

懒人爱找借口

هورُنَن بَنا پور، بیپسَن غَوغو

huronän bäna pur, bepesän ɣäwɣu

塔吉克族谚语。流传于新疆维吾尔自治区喀什地区塔什库尔干塔吉克自治县。“懒人爱找借口，无懒爱闹事。”批评懒惰的行为，劝勉人们要勤奋。对于研究塔吉克族社会道德观念有参考价值。1985 年穆热地克塔吉克语演唱，西仁·库尔班塔吉克文笔录并译成维吾尔文。16开纸1页，1行。译文收入《中国民间文学集成·新疆卷·塔吉克族民间文学集》，新疆大学出版社2005年版。

（艾比百·吐尔逊尼牙孜编，斯拉吉丁译）

软弱无毅力的人容易歇气

أجيز آسان مد لَكَكت

ojiz asan med läkäkt

塔吉克族谚语。流传于新疆维吾尔自治区喀什地区塔什库尔干塔吉克自治县。“软弱无毅力的人容易歇气。”说明缺乏毅力和勇气会导致失败，劝告人们要培养英勇顽强的品质。对于研究塔吉克族生活观念有参考价值。1985年法克尔夏塔吉克语演唱，西仁·库尔班塔吉克文笔录并译成维吾尔文。16开纸1页，1行。译文收入《中国民间文学集成·新疆卷·塔吉克族民间文学集》，新疆大学出版社2005年版。

（艾比百·吐尔逊尼牙孜编，斯拉吉丁译）

不遇到灾难，不懂得做人

بَلو نَوَنديس، آدَم ست نَساود

bälu näwändis, adäm set näsawd

塔吉克族谚语。流传于新疆维吾尔自治区喀什地区塔什库尔干塔吉克自治县。“不遇到灾难，不懂得做人。”说明人平时不珍惜短暂的生命、好的机遇，只有遇到灾难或苦难时才能懂得生命的珍贵、做人的道理。劝导人们把握机会，珍惜生命。对于研究塔吉克族生活观念有参考价值。1985年塔布力迪·吾秀尔塔吉克语演唱，西仁·库尔班塔吉克文笔录并译成维吾尔文。16开纸1页，1行。译文收入《中国民间文学集成·新疆卷·塔吉克族民间文学集》，新疆大学出版社2005年版。

（艾比百·吐尔逊尼牙孜编，斯拉吉丁译）

做事小心

خوكارير مُواظب واو

xu karir mowazeb waw

塔吉克族谚语。流传于新疆维吾尔自治区喀什地区塔什库尔干塔吉克自治县。“做事小心，别让人取笑。”告诫人们做事要机敏、谨慎，留神自己所做的事。对于研究塔吉克族生活观念有参考价值。1985年古力买买德塔吉克语演唱，西仁·库尔班塔吉克文笔录并译成维吾尔文。16开纸1页，1行。译文收入《中国民间文学集成·新疆卷·塔吉克族民间文学集》，新疆大学出版社2005年版。

（艾比百·吐尔逊尼牙孜编，斯拉吉丁译）

水要从源头引

آب اَز كال چَرج وَدار

ab äz kal čärj wädar

塔吉克族谚语。流传于新疆维吾尔自治区喀什地区塔什库尔干塔吉克自治县。“水要从源头引。”告诫人们要抓住机遇，善于估测事情的前因后果。对于研究塔吉克族生活观念有参考价值。1985年多来提别克塔吉克语演唱，西仁·库尔班塔吉克文笔录并译成维吾尔文。16开纸1页，1行。译文收入《中国民间文学集成·新疆卷·塔吉克族民间文学集》，新疆大学出版社2005年版。

（艾比百·吐尔逊尼牙孜编，斯拉吉丁译）

自己的缺陷自己最了解

خو اَيب خَل خوبَت وَزاند

xu äyb xäl xubät wäzand

塔吉克族谚语。流传于新疆维吾尔自治区喀什地区塔什库尔干塔吉克自治县。“自己的缺陷自己最了解。”告诫人们要努力改正自己的缺点，做善良、有用的人。对于研究塔吉克族社会道德观念有参考价值。1985年法克尔夏塔吉克语演唱，西仁·库尔班塔吉克文笔录并译成维吾尔文。16 开纸 1 页，1 行。译文收入《中国民间文学集成·新疆卷·塔吉克族民间文学集》，新疆大学出版社 2005 年版。

（艾比百·吐尔逊尼牙孜编，斯拉吉丁译）

热得快，冷得也快

چریر یوسرَنگ دَرتوب

čerir yusräng därtub

塔吉克族谚语。流传于新疆维吾尔自治区喀什地区塔什库尔干塔吉克自治县。“热得快，冷得也快。”劝导人们做事要有坚定的意志和信心，坚持把事情做到底。对于研究塔吉克族谚语有参考价值。1985 年达力·马提胡夏勒塔吉克语演唱，西仁·库尔班塔吉克文笔录并译成维吾尔文。16 开纸 1 页，1 行。译文收入《中国民间文学集成·新疆卷·塔吉克族民间文学集》，新疆大学出版社 2005 年版。

（艾比百·吐尔逊尼牙孜编，斯拉吉丁译）

沉着冷静让人欣喜

گرونی تَزارد خُش کَکت

gäruni täzard xoš käkt

塔吉克族谚语。流传于新疆维吾尔自治区喀什地区塔什库尔干塔吉克自治县。“沉着冷静让人欣喜，草率急躁让人生气。”告诫人们遇事不要急躁，而要沉着冷静。对于研究塔吉克族生活观念有参考价值。1985 年艾布力·艾山汗塔吉克语演唱，西仁·库尔班塔吉克文笔录并译成维吾尔文。16 开纸 1 页，1 行。译文收入《中国民间文学集成·新疆卷·塔吉克族民间文学集》，新疆大学出版社 2005 年版。

（艾比百·吐尔逊尼牙孜编，斯拉吉丁译）

与其低头活，不如站着活

سَر اَز خَمباند مَرگ بهتَر

sär äz xämband märg behtär

塔吉克族谚语。流传于新疆维吾尔自治区喀什地区塔什库尔干塔吉克自治县。“与其低头活，不如站着活。”反映了塔吉克族人看重人格和尊严的性格特点。对于研究塔吉克人生观有参考价值。1985 年玉素甫塔吉克语演唱，西仁·库尔班塔吉克文笔录并译成维吾尔文。16 开纸 1 页，1 行。译文收入《中国民间文学集成·新疆卷·塔吉克族民间文学集》，新疆大学出版社 2005 年版。

（艾比百·吐尔逊尼牙孜编，斯拉吉丁译）

与其在火边遭煎烤

آتَش تَر وَچ اَز تید

ataš tär wäč äz tid

塔吉克族谚语。流传于新疆维吾尔自治区喀什地区塔什库尔干塔吉克自治县。“与其在火边遭煎烤，不如在火中受炼熬。”反映了塔吉克族人英勇顽强的性格。对于研究塔吉克族生活观念有参考价值。1985 年塔瓦尼·卡地尔塔吉克语演唱，西仁·库尔班塔吉克文笔录并译成维吾尔文。16 开纸 1 页，1 行。译文收入《中国民间文学集成·新疆卷·塔吉克族民间文学集》，新疆大学出版社 2005 年版。

（艾比百·吐尔逊尼牙孜编，斯拉吉丁译）

真话可打动石头

راست گَپ سَنگ دارز کَکت

rast gäp säng darz käkt

塔吉克族谚语。流传于新疆维吾尔自治区喀什地区塔什库尔干塔吉克自治县。“真话可打动石头，谎言可砸破脑袋。”劝勉人们要培养诚实、真诚和善良的品质。对于研究塔吉克族谚语有参考价值。1985 年哈里丹·夏热合曼塔吉克语演唱，西仁·库尔班塔吉克文笔录并译成维吾尔文。16 开纸 1 页，1 行。译文收入《中国民间文学集成·新疆卷·塔吉克族民间文学集》，新疆大学出版社 2005 年版。

（艾比百·吐尔逊尼牙孜编，斯拉吉丁译）

兔子皮也能蹦跶一年

كُتُم پَستمَس يَک سال پوی دارد

kotom pästmäs yäk sal puy dard

塔吉克族谚语。流传于新疆维吾尔自治区喀什地区塔什库尔干塔吉克自治县。“兔子皮也能蹦跶一年。”说明遇到困难时要忍耐，一旦脱离就会成功。劝勉人们要成为顽强、意志坚定的人。对于研究塔吉克族谚语有参考价值。1985 年汗·赛地尔丁塔吉克语演唱，西仁·库尔班塔吉克文笔录并译成维吾尔文。16 开纸 1 页，1 行。译文收入《中国民间文学集成·新疆卷·塔吉克族民间文学集》，新疆大学出版社 2005 年版。

（艾比百·吐尔逊尼牙孜编，斯拉吉丁译）

狮子决不会吃狗吃剩的东西

شير اَز سَگ بَكدوج نه خيرد

šeyr äz säg bäkduj nä xird

塔吉克族谚语。流传于新疆维吾尔自治区喀什地区塔什库尔干塔吉克自治县。“狮子决不会吃狗吃剩的东西。”赞颂那些有理想、有才干、勇敢顽强的人，告诫人们要自食其力。对于研究塔吉克族生活观念有参考价值。1985 年穆热地克塔吉克语演唱，西仁·库尔班塔吉克文笔录并译成维吾尔文。16 开纸 1 页，1 行。译文收入《中国民间文学集成·新疆卷·塔吉克族民间文学集》，新疆大学出版社 2005 年版。

（艾比百·吐尔逊尼牙孜编，斯拉吉丁译）

勤人嫌日短，懒人想夜长

چرچيری يَک روز يَک ساعت

čerqiri yäk roz yäk saät

塔吉克族谚语。流传于新疆维吾尔自治区喀什地区塔什库尔干塔吉克自治县。“勤人嫌日短，懒人想夜长。”倡导人们要勤劳，珍惜时间，创造财富。对于研究塔吉克族谚语有参考价值。1985 年塔瓦尼·卡德尔塔吉克语演唱，西仁·库尔班塔吉克文笔录并译成维吾尔文。16 开纸 1 页，1 行。译文收入《中国民间文学集·新疆卷·塔吉克族民间文学集》，新疆大学出版社 2005 年版。

（艾比百·吐尔逊尼牙孜编，阿力木译）

面对挫折，懦夫流泪，强者设法

جَفو پيرود قُبيل پاند ويرَيد

jäfu pirud qobil pand wiräyd

塔吉克族谚语。流传于新疆维吾尔自治区喀什地区塔什库尔干塔吉克自治县。“面对挫折，懦夫流泪，强者设法。”描述了强者和懦夫面对挫折时的不同表现，颂扬了机智勇敢的人，讽刺了无智无勇的人。对于研究塔吉克族谚语有参考价值。1985 年汉·赛地尔丁塔吉克语演唱，穆尼·塔布力迪塔吉克文笔录并译成维吾尔文。16 开纸 1 页，1 行。译文收入《中国民间文学集成·新疆卷·塔吉克族民间文学集》，新疆大学出版社 2005 年版。（玛丽亚木·艾合买提编，海燕萍译）

经受过大雨的花卉

پور باران وَنجنج گيو

pur barab wäkjenj giyu

塔吉克族谚语。流传于新疆维吾尔自治区喀什地区塔什库尔干塔吉克自治县。“经受过大雨的花卉，不会被露水吓倒。”反映了塔吉克族人民勇敢和坚强的意志品质。对于研究塔吉克族生活观念有参考价值。1985 年西仁·库尔班塔吉克语演唱，西仁·库尔班塔吉克文笔录并译成维吾尔文。16 开纸 1 页，1 行。译文收入《中国民间文学集·新疆卷·塔吉克族民间文学集》，新疆大学出版社 2005 年版。

（艾比百·吐尔逊尼牙孜编，阿力木译）

做事要么带头，要么最后

يو كارَن وى سَر سا، يو وى آخير

yu karän wi sär sa，yu wi axir

塔吉克族谚语。流传于新疆维吾尔自治区喀什地区塔什库尔干塔吉克自治县。“做事要么带头，要么最后。”告诉人们在任何时候、不管做大事还是小事，都要努力的去完成。对于研究塔吉克族生活观念有参考价值。1985年哈里丹·夏热合曼塔吉克语演唱，西仁·库尔班塔吉克文笔录并译成维吾尔文。16开纸1页，1行。译文收入《中国民间文学集·新疆卷·塔吉克族民间文学集》，新疆大学出版社2005年版。

（艾比百·吐尔逊尼牙孜编，阿力木译）

闲者饮狗

آز بکورى سَگ كَس داد

äz bekuri säg käs dad

塔吉克族谚语。流传于新疆维吾尔自治区喀什地区塔什库尔干塔吉克自治县。“闲者饮狗。”说明懒惰、没有理想和目标的人会做出无聊的事。对于研究塔吉克族生活观念有参考价值。1985年塔布力迪·吾秀尔塔吉克语演唱，西仁·库尔班塔吉克文笔录并译成维吾尔文。16开纸1页，1行。译文收入《中国民间文学集·新疆卷·塔吉克族民间文学集》，新疆大学出版社2005年版。

（艾比百·吐尔逊尼牙孜编，阿力木译）

抱着葫芦不开瓢

چرچى آما خَرسَک قَتى

čerči äma xärsäk qäti

塔吉克族谚语。流传于新疆维吾尔自治区喀什地区塔什库尔干塔吉克自治县。“抱着葫芦不开瓢。”劝导人们要发挥自己的才能，努力去为社会做点有意义的事。对于研究塔吉克族谚语有参考价值。1985年布荣塔吉克语演唱，西仁·库尔班塔吉克文笔录并译成维吾尔文。16开纸1页，1行。译文收入《中国民间文学集·新疆卷·塔吉克族民间文学集》，新疆大学出版社2005年版。

（艾比百·吐尔逊尼牙孜编，阿力木译）

神枪手，能使一箭双雕

قُبيل مرگَن يَک پُت قَتى دو گيوَيج ديد

qobil mergän yäk pot qäti du giwäyj did

塔吉克族谚语。流传于新疆维吾尔自治区喀什地区塔什库尔干塔吉克自治县。“神枪手，能使一箭双雕。”告诫人们要学知识、学技术，掌握本领。反映了塔吉克族崇尚知识的观念。对于研究塔吉克族谚语有参考价值。1985年古力买买德塔吉克语演唱，西仁·库尔班塔吉克文笔录并译成维吾尔文。16开纸1页，1行。译文收入《中国民间文学集·新疆卷·塔吉克族民间文学集》，新疆大学出版社2005年版。

（艾比百·吐尔逊尼牙孜编，阿力木译）

才智之士，足智多谋

عقلين جَم چرير قُبيل ياد

äqlin jäm čerir qobil yad

塔吉克族谚语。流传于新疆维吾尔自治区喀什地区塔什库尔干塔吉克自治县。“才智之士，足智多谋。”告诉人们掌握专业知识和技能，充分发挥自己的聪明才智，才能达到自己的理想。对于研究塔吉克族谚语有参考价值。1985年由多来提别克塔吉克语演唱，西仁·库尔班塔吉克文笔录并译成维吾尔文。16开纸1页，1行。译文收入《中国民间文学集·新疆卷·塔吉克族民间文学集》，新疆大学出版社2005年版。

（艾比百·吐尔逊尼牙孜编，阿力木译）

千里马需要辽阔的草原

آسبیر کیکود مَیدون لوزیم

äsbir kikud mäydun luzim

塔吉克族谚语。流传于新疆维吾尔自治区喀什地区塔什库尔干塔吉克自治县。“千里马需要辽阔的草原，吹笛子者需要好笛。”教育人们要选择适合自己的职业。对于研究塔吉克族谚语有参考价值。1985年穆巴拉克夏塔吉克语演唱，西仁·库尔班塔吉克文笔录并译成维吾尔文。16开纸1页，2行。译文收入《中国民间文学集·新疆卷·塔吉克族民间文学集》，新疆大学出版社2005年版。（艾比百·吐尔逊尼牙孜编，阿力木译）

时代锻炼勇士

زَمان اَپلوُن قُبیل کَکت

zämun äpälwon qobil käkt

塔吉克族谚语。流传于新疆维吾尔自治区喀什地区塔什库尔干塔吉克自治县。“时代锻炼勇士。”说明时代和环境对杰出人物的成长极为重要，教育人们要敢于发挥自己的作用。对于研究塔吉克族人生价值观念有参考价值。1985年玉素甫塔吉克语演唱，西仁·库尔班塔吉克文笔录并译成维吾尔文。16开纸1页，1行。译文收入《中国民间文学集·新疆卷·塔吉克族民间文学集》，新疆大学出版社2005年版。

（艾比百·吐尔逊尼牙孜编，阿力木译）

狐狸再狡猾也斗不过好猎手

روباه قُبیل مرگن اَز دَست کَلت نه سَدج

ruba qobil mergän äz däst kält nä sedj

塔吉克族谚语。流传于新疆维吾尔自治区喀什地区塔什库尔干塔吉克自治县。“狐狸再狡猾也斗不过好猎手。”教育人们做诚实的人，树立正确的人生观和价值观。对于研究塔吉克族谚语有参考价值。1985年代尔亚巴依·艾斯马力塔吉克语演唱，西仁·库尔班塔吉克文笔录并译成维吾尔文。16开纸1页，2行。译文收入《中国民间文学集·新疆卷·塔吉克族民间文学集》，新疆大学出版社2005年版。

（艾比百·吐尔逊尼牙孜编，阿力木译）

说大话归好汉

مَرد لاور گَپ چاگج

märd lawr gäp čagj

塔吉克族谚语。流传于新疆维吾尔自治区喀什地区塔什库尔干塔吉克自治县。“说大话归好汉，做细工归器材。”倡导人们学知识、摒弃愚昧，在挫折和困难面前不要屈服。对于研究塔吉克族人生价值观念有参考价值。1985年西仁·库尔班塔吉克语演唱，西仁·库尔班塔吉克文笔录并译成维吾尔文。16开纸1页，1行。译文收入《中国民间文学集·新疆卷·塔吉克族民间文学集》，新疆大学出版社2005年版。

（艾比百·吐尔逊尼牙孜编，阿力木译）

好汉到处有房住

مَردَن جَم جوی خانه یاست

märdän jäm juy xänä yast

塔吉克族谚语。流传于新疆维吾尔自治区喀什地区塔什库尔干塔吉克自治县。“好汉到处有房住。”教育人们争当宽大仁慈和慷慨大方的人。对于研究塔吉克族谚语有参考价值。1985年哈里丹·夏热合曼塔吉克语演唱，西仁·库尔班塔吉克文笔录并译成维吾尔文。16开纸1页，1行。译文收入《中国民间文学集·新疆卷·塔吉克族民间文学集》，新疆大学出版社2005年版。

（艾比百·吐尔逊尼牙孜编，阿力木译）

降伏怒火的人才是英雄

قار مَغلوب چاگجنج

qar mäɣlub čagjenj

塔吉克族谚语。流传于新疆维吾尔自治区喀什地区塔什库尔干塔吉克自治县。“战胜老虎的人不是英雄，降伏怒火的人才是英雄。”喻示经验学识俱佳的人凡事都很有耐心。批评了盲目冒进的人。对于研究塔吉克族谚语有参考价值。1985 年汉・赛地尔丁塔吉克语演唱，穆尼・塔布力迪塔吉克文笔录并译成维吾尔文。16 开纸1 页，1 行。译文收入《中国民间文学集成・新疆卷・塔吉克族民间文学集》，新疆大学出版社 2005 年版。 （玛丽亚木・艾合买提编，海燕萍译）

勤劳招人干活儿

چرچی چر قَتی

čerči čer qäti

塔吉克族谚语。流传于新疆维吾尔自治区喀什地区塔什库尔干塔吉克自治县。“勤劳招人干活儿，懒汉招人闲话。”教育人们要做勤劳、诚实的人，反对好吃懒惰、欺骗他人的行为。对于研究塔吉克族人生价值观念有参考价值。1985 年古力买买德塔吉克语演唱，西仁・库尔班塔吉克文笔录并译成维吾尔文。16 开纸 1 页，1 行。译文收入《中国民间文学集・新疆卷・塔吉克族民间文学集》，新疆大学出版社 2005 年版。

（艾比百・吐尔逊尼牙孜编，阿力木译）

平时不锻炼的骑手，关键时无能

چوَنذُز اَر پويگا مَغلُب سدج

čwändoz är puyga mäɣlob sedj

塔吉克族谚语。流传于新疆维吾尔自治区喀什地区塔什库尔干塔吉克自治县。“平时不锻炼的骑手，关键时无能。”说明平时不学知识，关键时刻就不能发挥作用。告诫人们要经常学习锻炼，提高文化知识和自身修养。对于研究塔吉克族谚语有参考价值。1985 年穆拉迪克塔吉克语演唱，西仁・库尔班塔吉克文笔录并译成维吾尔文。16 开纸 1 页，2 行。译文收入《中国民间文学集・新疆卷・塔吉克族民间文学集》，新疆大学出版社 2005 年版。

（艾比百・吐尔逊尼牙孜编，阿力木译）

只要有勇气，世上无难事

شيجاعتين آدَمير قيلا چر آسان ساود

šijaätin adämir qila čer asan sawd

塔吉克族谚语。流传于新疆维吾尔自治区喀什地区塔什库尔干塔吉克自治县。“只要有勇气，世上无难事。”说明在人生的道路上，只要不断努力、勤奋劳动，就能取得最后的胜利。对于研究塔吉克族谚语有参考价值。1985 年法克尔夏塔吉克语演唱，西仁・库尔班塔吉克文笔录并译成维吾尔文。16 开纸 1 页，1 行。译文收入《中国民间文学集・新疆卷・塔吉克族民间文学集》，新疆大学出版社 2005 年版。

（艾比百・吐尔逊尼牙孜编，阿力木译）

意志薄弱的人

بمد سوف دَرَخت پارک

bemed suf däräxt pärk

塔吉克族谚语。流传于新疆维吾尔自治区喀什地区塔什库尔干塔吉克自治县。“意志薄弱的人，犹如树叶随风而动。”批评了懦弱、胆怯的人，颂扬了坚定、勇敢的人。对于研究塔吉克族哲理思想有参考价值。1985 年塔布力迪・吾秀尔塔吉克语演唱，穆尼・塔布力迪塔吉克文笔录并译成维吾尔文。16 开纸 1 页，1 行。译文收入《中国民间文学集成・新疆卷・塔吉克族民间文学集》，新疆大学出版社 2005 年版。

（玛丽亚木・艾合买提编，海燕萍译）

猎鹰在大风大浪中成长

كُسود جَفو اَر دَرون لاور سدجنج

kosuwd jäfu är därun lawr sedjenj

塔吉克族谚语。流传于新疆维吾尔自治区喀什地区塔什库尔干塔吉克自治县。“猎鹰在大风大浪中成长。”倡导人们要勤劳勇敢，做有志气的人。对于研究塔吉克族谚语有参考价值。1985 年达力·买提胡夏勒塔吉克语演唱，西仁·库尔班塔吉克文笔录并译成维吾尔文。16 开纸 1 页，2 行。译文收入《中国民间文学集·新疆卷·塔吉克族民间文学集》，新疆大学出版社 2005 年版。

（艾比百·吐尔逊尼牙孜编，阿力木译）

好逸恶劳的牛躺着吃草

هُرون چَت اَلوجنج وُک خيرد

horun čät älujenj wok xird

塔吉克族谚语。流传于新疆维吾尔自治区喀什地区塔什库尔干塔吉克自治县。“好逸恶劳的牛躺着吃草。”讽刺了好吃懒惰、一无所能的人，赞颂了勤劳勇敢、勤奋好学的人。对于研究塔吉克族人生价值观念有参考价值。1985 年艾布力·艾山汗塔吉克语演唱，西仁·库尔班塔吉克文笔录并译成维吾尔文。16 开纸 1 页，1 行。译文收入《中国民间文学集·新疆卷·塔吉克族民间文学集》，新疆大学出版社 2005 年版。

（艾比百·吐尔逊尼牙孜编，阿力木译）

未到河边，就脱鞋

پاوگ دُر پخ وَيد

pawg dor pex wäyd

塔吉克族谚语。流传于新疆维吾尔自治区喀什地区塔什库尔干塔吉克自治县。“未到河边，就脱鞋。”说明了急躁、盲目的人在没有计划的情况下，做出的事都不成功。对于研究塔吉克族人生价值观念谚语有参考价值。1985 年吾普尔塔吉克语演唱，西仁·库尔班塔吉克文笔录并译成维吾尔文。16 开纸 1 页，1 行。译文收入《中国民间文学集·新疆卷·塔吉克族民间文学集》，新疆大学出版社 2005 年版。

（艾比百·吐尔逊尼牙孜编，阿力木译）

事前深思

اَز كال اَچر چَرج فيكر كه

äz kal äčer čärj fikr kä

塔吉克族谚语。流传于新疆维吾尔自治区喀什地区塔什库尔干塔吉克自治县。“事前深思，预防后悔。”说明做好充分准备，才能把事情做得完美，不然就会留下很多遗憾。对于研究塔吉克族谚语有参考价值。1985 年嘎瓦尔·阿拉木塔吉克语演唱，西仁·库尔班塔吉克文笔录并译成维吾尔文。16 开纸 1 页，1 行。译文收入《中国民间文学集·新疆卷·塔吉克族民间文学集》，新疆大学出版社 2005 年版。

（艾比百·吐尔逊尼牙孜编，阿力木译）

要当时代的儿子

خو دييورَن وى بَچا سا

xu diyurän wi bäča sa

塔吉克族谚语。流传于新疆维吾尔自治区喀什地区塔什库尔干塔吉克自治县。“不仅当爸爸的儿子，又要当时代的儿子。”告诉人们要孝顺父母，同时也要为国家忠诚奉献。对于研究塔吉克族人生价值观念有参考价值。1985 年古力买买德塔吉克语演唱，西仁·库尔班塔吉克文笔录并译成维吾尔文。16 开纸 1 页，1 行。译文收入《中国民间文学集·新疆卷·塔吉克族民间文学集》，新疆大学出版社 2005 年版。

（艾比百·吐尔逊尼牙孜编，阿力木译）

赌气的人没有饭吃

قار سدجنج خو أز رُسق ردج

qar sedjenj xu äz rosq redj

塔吉克族谚语。流传于新疆维吾尔自治区喀什地区塔什库尔干塔吉克自治县。“赌气的人没有饭吃。”告诫人们要认真面对现实，培养良好的品格。对于研究塔吉克族生活观念有参考价值。1985 年穆巴热克夏塔吉克语演唱，西仁・库尔班塔吉克文笔录并译成维吾尔文。16 开纸 1 页，1 行。译文收入《中国民间文学集成・新疆卷・塔吉克族民间文学集》，新疆大学出版社 2005 年版。

（艾比百・吐尔逊尼牙孜编，斯拉吉丁译）

眼不见心不实

نه وَنديس زارد قَرُر نه وُگج

na wändis zard qäror na wugj

塔吉克族谚语。流传于新疆维吾尔自治区喀什地区塔什库尔干塔吉克自治县。“眼不见心不实。”告诫人们做事不要急躁，要善于观察，了解本质。对于研究塔吉克族生活观念有参考价值。1985 年土尔迪・阿洪塔吉克语演唱，西仁・库尔班塔吉克文笔录并译成维吾尔文。16 开纸 1 页，1 行。译文收入《中国民间文学集成・新疆卷・塔吉克族民间文学集》，新疆大学出版社 2005 年版。

（艾比百・吐尔逊尼牙孜编，斯拉吉丁译）

对现实要知足

ودجنجير شوكر كه

wedjenjir šukr kä

塔吉克族谚语。流传于新疆维吾尔自治区喀什地区塔什库尔干塔吉克自治县。“对现实要知足，没有不必担忧。”告诉人们要善于充分利用自己现有的条件，对没有的东西不要抱怨。对于研究塔吉克族生活观念有参考价值。1985 年塔瓦尼・卡地尔塔吉克语演唱，西仁・库尔班塔吉克文笔录并译成维吾尔文。16 开纸 1 页，1 行。译文收入《中国民间文学集成・新疆卷・塔吉克族民间文学集》，新疆大学出版社 2005 年版。

（艾比百・吐尔逊尼牙孜编，斯拉吉丁译）

愤怒未息还打自己的脸

أز قار آخو داد

äz qar äxu dad

塔吉克族谚语。流传于新疆维吾尔自治区喀什地区塔什库尔干塔吉克自治县。“愤怒未息还打自己的脸。”告诉人们不愉快的事情接踵而来时，要沉着、顽强和乐观应对，不能因为挫折和灾祸而灰心丧气。对于研究塔吉克族谚语有参考价值。1985 年马达力汗・巴伦塔吉克语演唱，西仁・库尔班塔吉克文笔录并译成维吾尔文。16 开纸 1 页，1 行。译文收入《中国民间文学集成・新疆卷・塔吉克族民间文学集》，新疆大学出版社 2005 年版。

（艾比百・吐尔逊尼牙孜编，斯拉吉丁译）

别人的衣服会使身上发痒

خَلگ لق قَتى تان ديجاخست

xälg leq qäti tan dijaxst

塔吉克族谚语。流传于新疆维吾尔自治区喀什地区塔什库尔干塔吉克自治县。“别人的衣服会使身上发痒。”告诉人们依靠别人的帮助和施舍得到的财产和名誉不会让人真正安心和得到快乐。反映了塔吉克族人依靠自己的良知和尊严谋生的高尚品德。对于研究塔吉克族人生价值观念有参考价值。1985 年汗・赛地尔丁塔吉克语演唱，西仁・库尔班塔吉克文笔录并译成维吾尔文。16 开纸 1 页，1 行。译文收入《中国民间文学集成・新疆卷・塔吉克族民间文学集》，新疆大学出版社 2005 年版。

（艾比百·吐尔逊尼牙孜编，斯拉吉丁译）

不要往粪便上扔石头

چيغَت ژر ماوَيد

čiɣät ʤ er mawäyd

塔吉克族谚语。流传于新疆维吾尔自治区喀什地区塔什库尔干塔吉克自治县。“不要往粪便上扔石头，不要和泼妇争辩。”告诫人们与无知、卑劣的人打交道时要谨慎、警觉。对于研究塔吉克族社会道德观念有参考价值。1985 年尼嘎尔塔吉克语演唱，西仁·库尔班塔吉克文笔录并译成维吾尔文。16 开纸 1 页，1 行。译文收入《中国民间文学集成·新疆卷·塔吉克族民间文学集》，新疆大学出版社 2005 年版。

（艾比百·吐尔逊尼牙孜编，斯拉吉丁译）

有苦才有福

بَخت اَز جَفو ياد

bäxt äz jäfu yad

塔吉克族谚语。流传于新疆维吾尔自治区喀什地区塔什库尔干塔吉克自治县。“有苦才有福。”告诉人们要想获得安乐、富裕的生活，必须进行诚实和艰苦的劳动。对于研究塔吉克族社会道德观念有参考价值。1985 年穆热地克塔吉克语演唱，西仁·库尔班塔吉克文笔录并译成维吾尔文。16 开纸 1 页，1 行。译文收入《中国民间文学集成·新疆卷·塔吉克族民间文学集》，新疆大学出版社 2005 年版。

（艾比百·吐尔逊尼牙孜编，斯拉吉丁译）

细线捻紧了可以绑狮子

بَريک پيتيگ چَرج تُو سَکه

bärik pitig čärj tow säkä

塔吉克族谚语。流传于新疆维吾尔自治区喀什地区塔什库尔干塔吉克自治县。“细线捻紧了可以绑狮子。”告诫人们要培养顽强的意志和扎实的作风，事前做好周密的计划和充分的准备。对于研究塔吉克族社会生活观念有参考价值。1985 年达力·买提胡夏勒塔吉克语演唱，西仁·库尔班塔吉克文笔录并译成维吾尔文。16 开纸 1 页，1 行。译文收入《中国民间文学集成·新疆卷·塔吉克族民间文学集》，新疆大学出版社 2005 年版。

（艾比百·吐尔逊尼牙孜编，斯拉吉丁译）

苦干还要巧干

کارگر کار پاند وَزاند

kargär kar pand wäzand

塔吉克族谚语。流传于新疆维吾尔自治区喀什地区塔什库尔干塔吉克自治县。“苦干还要巧干。”告诫人们做事要多动脑筋，依靠智慧去做。对于研究塔吉克族生活观念有参考价值。1985 年艾布力·艾山汗塔吉克语演唱，西仁·库尔班塔吉克文笔录并译成维吾尔文。16 开纸 1 页，1 行。译文收入《中国民间文学集成·新疆卷·塔吉克族民间文学集》，新疆大学出版社 2005 年版。

（艾比百·吐尔逊尼牙孜编，斯拉吉丁译）

歪鼻子不能割下来扔掉

چرد ناز کيچَکت نه ساود

čerd naz kičäkt nä sawd

塔吉克族谚语。流传于新疆维吾尔自治区喀什地区塔什库尔干塔吉克自治县。“歪鼻子不能割下来扔掉。”告诫人们不要为生活中不可能改变或者无法实现的事情白费力气。对于研究塔吉克族生活观念有参考价值。1985 年马达力汗·巴伦塔吉克语演唱，西仁·库尔班塔吉克文笔录并译成维吾尔文。16 开纸 1 页，1 行。译文收入《中国民间文学集成·新疆卷·塔吉克族民间文学集》，新疆大学出版社 2005 年版。

（艾比百·吐尔逊尼牙孜编，斯拉吉丁译）

对游手好闲的人群众讨厌

أز بكار كَس جَم بزور

äz bekar käs jäm bezur

塔吉克族谚语。流传于新疆维吾尔自治区喀什地区塔什库尔干塔吉克自治县。“对游手好闲的人群众讨厌，真主也嫌弃。”告诫人们培养勤劳的品德，过有意义的生活。对于研究塔吉克族生活观念有参考价值。1985 年西仁·库尔班塔吉克语演唱，西仁·库尔班塔吉克文笔录并译成维吾尔文。16 开纸 1 页，1 行。译文收入《中国民间文学集成·新疆卷·塔吉克族民间文学集》，新疆大学出版社 2005 年版。

（艾比百·吐尔逊尼牙孜编，斯拉吉丁译）

聪明的人看火

تادان أر كَسور چُكچ

tadan är käsur čokč

塔吉克族谚语。流传于新疆维吾尔自治区喀什地区塔什库尔干塔吉克自治县。“聪明的人看火，愚蠢的人看锅。”说明会过日子的人会经常考虑怎样实现自己的目的，而那些头脑简单、无知的人则会一事无成。对于研究塔吉克族生活观念有参考价值。1985 年哈里丹·夏热合曼塔吉克语演唱，西仁·库尔班塔吉克文笔录并译成维吾尔文。16 开纸 1 页，1 行。译文收入《中国民间文学集成·新疆卷·塔吉克族民间文学集》，新疆大学出版社 2005 年版。

（艾比百·吐尔逊尼牙孜编，斯拉吉丁译）

兴旺来自活动

حَرَكَت - بَرَكَت

häräkät-bäräkät

塔吉克族谚语。流传于新疆维吾尔自治区喀什地区塔什库尔干塔吉克自治县。“兴旺来自活动。”劝导人们通过勤奋、努力去获得幸福生活。对于研究塔吉克族崇尚劳动观念有参考价值。1985 年嘎瓦尔·阿拉木塔吉克语演唱，西仁·库尔班塔吉克文笔录并译成维吾尔文。16 开纸 1 页，1 行。译文收入《中国民间文学集成·新疆卷·塔吉克族民间文学集》，新疆大学出版版社 2005 年版。

（艾比百·吐尔逊尼牙孜编，斯拉吉丁译）

付出劳动多收获也多

أجر سَكه موا زاز

äjr säkä mewa zaz

塔吉克族谚语。流传于新疆维吾尔自治区喀什地区塔什库尔干塔吉克自治县。“付出劳动多收获也多。”劝导人们培养勤劳的品德。对于研究塔吉克族崇尚劳动观念有参考价值。1985 年古力买买德塔吉克语演唱，西仁·库尔班塔吉克文笔录并译成维吾尔文。16 开纸 1 页，1 行。译文收入《中国民间文学集成·新疆卷·塔吉克族民间文学集》，新疆大学出版社 2005 年版。

（艾比百·吐尔逊尼牙孜编，斯拉吉丁译）

（十）道德、品质

流浪狗到处跑

لالم سَگ دَر به دَر غَرست

lalm säg där bä där ɣärst

塔吉克族谚语。流传于新疆维吾尔自治区喀什地区塔什库尔干塔吉克自治县。“流浪狗到处跑。”讽刺了无所事事、懒惰和进谗言的人，劝导人们要做有理想、正直勤劳的人。对于研究塔吉克族社会道德观有参考价值。1985 年艾布力·艾山汗塔吉克语演唱，西仁·库尔班塔吉克文笔录并译成维吾尔文。16开纸1页，1行。译文收入《中国民间文学集成·新疆卷·塔吉克族民间文学集》，新疆大学出版社2005年版。

（艾比百·吐尔逊尼牙孜编，
安尼瓦尔·加帕尔译）

肮脏的地方苍蝇多

غَژد جوی مرز پور

ɣäʤd juy merz pur

塔吉克族谚语。流传于新疆维吾尔自治区喀什地区塔什库尔干塔吉克自治县。“肮脏的地方苍蝇多。”说明无知、糊涂、不懂事理的人，经常制造一些麻烦和倒霉的事。对于研究塔吉克族社会道德观念有参考价值。1985年嘎瓦尔·阿拉木塔吉克语演唱，西仁·库尔班塔吉克文笔录并译成维吾尔文。16开纸1页，1行。译文收入《中国民间文学集成·新疆卷·塔吉克族民间文学集》，新疆大学出版社2005年版。

（艾比百·吐尔逊尼牙孜编，
安尼瓦尔·加帕尔译）

把石头抛得太高是会砸到自己的

په آسمان سَنگ پَتاوسه تَچیکال وُکت

pä asmun säng pätawsä täčikal wokt

塔吉克族谚语。流传于新疆维吾尔自治区喀什地区塔什库尔干塔吉克自治县。“把石头抛得太高是会砸到自己的。”批评了自以为是、骄傲自大的人，倡导人们做事要从实际出发。对于研究塔吉克族谚语有参考价值。1985年穆尼·塔布力迪塔吉克语演唱，西仁·库尔班塔吉克文笔录并译成维吾尔文。16开纸1页，1行。译文收入《中国民间文学集成·新疆卷·塔吉克族民间文学集》，新疆大学出版社2005年版。

（艾比百·吐尔逊尼牙孜编，
安尼瓦尔·加帕尔译）

对自己严格要求

خوری چینگ واو

xuri čing waw

塔吉克族谚语。流传于新疆维吾尔自治区喀什地区塔什库尔干塔吉克自治县。“对自己严格要求，就不需要别人的管束。”倡导人们要诚恳、知荣辱、讲道德，做谦虚和严于律己的人。对于研究塔吉克族社会道德观念有参考价值。1985年穆热迪克塔吉克语演唱，西仁·库尔班塔吉克文笔录并译成维吾尔文。16开纸1页，1行。译文收入《中国民间文学集成·新疆卷·塔吉克族民间文学集》，新疆大学出版社2005年版。

（艾比百·吐尔逊尼牙孜编，
安尼瓦尔·加帕尔译）

饿狗饱了要咬主人

سَیر سَگ خوسایب وَدارج

säyr säg xusayib wädard

塔吉克族谚语。流传于新疆维吾尔自治区喀什地区塔什库尔干塔吉克自治县。“饿狗饱了要咬主人。”谴责了忘恩负义、不讲义气的不良品行，倡导人们要知恩图报。对于研究塔吉克族社会道德观念有参考价值。1985年塔布力迪·吾秀尔塔吉克语演唱，西仁·库尔班塔吉克文笔录并译成维吾尔文。16开纸1页，1行。译文收入《中国民间文学集成·新疆卷·塔吉克族民间文学集》，新疆大学出版社2005年版。

（艾比百·吐尔逊尼牙孜编，
安尼瓦尔·加帕尔译）

父母满意了

پَدَرو مادَر راضی

pädäru madär razi

塔吉克族谚语。流传于新疆维吾尔自治区喀什地区塔什库尔干塔吉克自治县。“父母满意了，主也满意。”说明世界上最值得尊重和珍爱的人莫过于父母，倡导人们要尊重、关爱、孝顺自己的父母。对于研究塔吉克族谚语有参考价值。1985 年汗·赛地尔丁塔吉克语演唱，西仁·库尔班塔吉克文笔录并译成维吾尔文。16 开纸 1 页，1 行。译文收入《中国民间文学集成·新疆卷·塔吉克族民间文学集》，新疆大学出版社 2005 年版。

（艾比百·吐尔逊尼牙孜编，
安尼瓦尔·加帕尔译）

好人能给你关照

چَرج أز كَس چَرجى

čärj äz kasčärji

塔吉克族谚语。流传于新疆维吾尔自治区喀什地区塔什库尔干塔吉克自治县。“好人能给你关照，坏人只能火上浇油。”告诫人们要与善良的人交往，与坏人来往只会给自己带来麻烦。对于研究塔吉克族社会道德观念有参考价值。1985 年多来提别克塔吉克语演唱，西仁·库尔班塔吉克文笔录并译成维吾尔文。16 开纸 1 页，1 行。译文收入《中国民间文学集成·新疆卷·塔吉克族民间文学集》，新疆大学出版社 2005 年版。

（艾比百·吐尔逊尼牙孜编，
安尼瓦尔·加帕尔译）

后背上的污垢，自己看不到

خو دامنج خَيد نه وين

xu damenj xäyd nä weyn

塔吉克族谚语。流传于新疆维吾尔自治区喀什地区塔什库尔干塔吉克自治县。“后背上的污垢，自己看不到。”说明人们对自己的缺点和错误是不容易看到的，要想改正自己的缺点和错误，需要他人的帮助。对于研究塔吉克族社会道德观念有参考价值。1985 年多来提别克塔吉克语演唱，西仁·库尔班塔吉克文笔录并译成维吾尔文。16 开纸 1 页，1 行。译文收入《中国民间文学集成·新疆卷·塔吉克族民间文学集》，新疆大学出版社 2005 年版。

（艾比百·吐尔逊尼牙孜编，
安尼瓦尔·加帕尔译）

如果没有鼻梁在中间隔开

دو چَشم اَيمى خيرد

du čäm ä-imi xird

塔吉克族谚语。流传于新疆维吾尔自治区喀什地区塔什库尔干塔吉克自治县。“如果没有鼻梁在中间隔开，两只眼睛要互相吞噬。”告诉人们在社会交往中要保持一定的距离，做任何事情都要把握好分寸，否则会带来不好的后果。对于研究塔吉克族社会道德观念有参考价值。1985 年买买德亚尔塔吉克语演唱，西仁·库尔班塔吉克文笔录并译成维吾尔文。16 开纸 1 页，1 行。译文收入《中国民间文学集成·新疆卷·塔吉克族民间文学集》，新疆大学出版社 2005 年版。

（艾比百·吐尔逊尼牙孜编，
安尼瓦尔·加帕尔译）

所做的好事不会被忘记

ايچَرجى ايژيتى رَنيكت نه ساود

ičärji idʒiti ränikt nä sawd

塔吉克族谚语。流传于新疆维吾尔自治区喀什地区塔什库尔干塔吉克自治县。“所做的好事不会被忘记，所做的坏事也不会被忘记。”说明任何人对他人做的好事或坏事都将被记住，劝导人们多做好事，不要做坏事。对于研究塔吉克族谚语有参考价值。1985 年买买地亚尔塔吉克语演唱，西仁·库尔班塔吉克文笔录并译成维吾尔文。16 开纸 1 页，1 行。译文收入《中国民间文学集成·新疆卷·塔吉克族民间文学集》，新疆大学出版社 2005 年版。

（艾比百·吐尔逊尼牙孜编，
安尼瓦尔·加帕尔译）

贪婪的人贪心不足

لاور قِچ بی اینسُف یاد

lawr qeč bi insof yad

塔吉克族谚语。流传于新疆维吾尔自治区喀什地区塔什库尔干塔吉克自治县。“贪婪的人贪心不足，溜须拍马的人良心不足。”批判了贪婪和溜须拍马的人，倡导人们做善良、真诚、大方的人。对于研究塔吉克族社会道德观念有参考价值。1985 年穆尼·塔布力迪塔吉克语演唱，西仁·库尔班塔吉克文笔录并译成维吾尔文。16 开纸 1 页，1 行。译文收入《中国民间文学集成·新疆卷·塔吉克族民间文学集》，新疆大学出版社 2005 年版。

（艾比百·吐尔逊尼牙孜编，
安尼瓦尔·加帕尔译）

向吝啬的人借物

اَز جَیود مول تَلیپت

äz jäyud mul tälipt

塔吉克族谚语。流传于新疆维吾尔自治区喀什地区塔什库尔干塔吉克自治县。“向吝啬的人借物，如同向狗要骨头。”讽刺了吝啬、心胸狭窄的人，倡导人们做心胸宽广、乐于助人的人。对于研究塔吉克族谚语有参考价值。1985 年艾布力·艾山汗塔吉克语演唱，西仁·库尔班塔吉克文笔录并译成维吾尔文。16 开纸 1 页，1 行。译文收入《中国民间文学集成·新疆卷·塔吉克族民间文学集》，新疆大学出版社 2005 年版。

（艾比百·吐尔逊尼牙孜编，
安尼瓦尔·加帕尔译）

遗产继承的伙伴是要命的伙伴

مراسخور شَریک- جان شَریک

merasxur šärik-jan šärik

塔吉克族谚语。流传于新疆维吾尔自治区喀什地区塔什库尔干塔吉克自治县。“遗产继承的伙伴是要命的伙伴。”指出了视钱物高于一切和一心追求钱物的不良后果，倡导人们要培养高尚的品德，不要片面追求物质享受。对于研究塔吉克族社会道德观念有参考价值。1985 年代尔亚巴依·艾斯马力塔吉克语演唱，西仁·库尔班塔吉克文笔录并译成维吾尔文。16 开纸 1 页，1 行。译文收入《中国民间文学集成·新疆卷·塔吉克族民间文学集》，新疆大学出版社 2005 年版。

（艾比百·吐尔逊尼牙孜编，
安尼瓦尔·加帕尔译）

有了裂痕的事情难以弥补

پَیوَند کَردَن مُشکل اَست

päywänd kärdän moškel äst

塔吉克族谚语。流传于新疆维吾尔自治区喀什地区塔什库尔干塔吉克自治县。“有了裂痕的事情难以弥补，被伤了的心难以抚平。”劝导人们在社会交往中要讲道德，要和蔼、谦虚地对待他人。对于研究塔吉克族谚语有参考价值。1985 年艾布力·艾山汗塔吉克语演唱，西仁·库尔班塔吉克文笔录并译成维吾尔文。16 开纸 1 页，1 行。译文收入《中国民间文学集成·新疆卷·塔吉克族民间文学集》，新疆大学出版社 2005 年版。

（艾比百·吐尔逊尼牙孜编，
安尼瓦尔·加帕尔译）

自己挖的陷阱，自己又掉进去

خُبَت کاوجنج کَرسی خُبَت واکچ

xobät kawjenj kärsi xobät wakč

塔吉克族谚语。流传于新疆维吾尔自治区

区喀什地区塔什库尔干塔吉克自治县。“自己挖的陷阱，自己又掉进去。”说明害人的人终究会害自己的道理。对于研究塔吉克族社会道德观念有参考价值。1985年尼嘎尔塔吉克语演唱，达力·买提胡夏勒塔吉克文笔录并译成维吾尔文。16开纸1页，1行。译文收入《中国民间文学集成·新疆卷·塔吉克族民间文学集》，新疆大学出版社2005年版。

（玛丽亚木·艾合买提编，海燕萍译）

严以律己的人赢得尊敬

اَخو پَرسچنج قَدرين

äxu pärsčenj qädrin

塔吉克族谚语。流传于新疆维吾尔自治区喀什地区塔什库尔干塔吉克自治县。“严以律己的人赢得尊敬，放任自流的人受到诅咒。”说明遵守社会公德、严以律己，就会受到别人的尊敬，否则，就会声名狼藉。对于研究塔吉克族社会道德观念有参考价值。1985年穆热迪克塔吉克语演唱，代尔亚巴依塔吉克文笔录并译成维吾尔文。16开纸1页，1行。译文收入《中国民间文学集成·新疆卷·塔吉克族民间文学集》，新疆大学出版社2005年版。

（玛丽亚木·艾合买提编，海燕萍译）

好妻子成就男人

چَرج زَن تُری آمَد ويرد

črj zän tori amäd wird

塔吉克族谚语。流传于新疆维吾尔自治区喀什地区塔什库尔干塔吉克自治县。“好妻子成就男人，坏女人使男人遭殃。”形象地对比了好女人与坏女人给家庭带来的后果。对于研究塔吉克族家庭道德观念有参考价值。1985年玉素甫塔吉克语演唱，西仁·库尔班塔吉克文笔录并译成维吾尔文。16开纸1页，1行。译文收入《中国民间文学集成·新疆卷·塔吉克族民间文学集》，新疆大学出版社2005年版。

（玛丽亚木·艾合买提编，米娜娃·哈木里拉提译）

刀给钢吹牛

چُقی پيلُدير لاور گپ چاگج

čoqi pilodir lawr gäpčagj

塔吉克族谚语。流传于新疆维吾尔自治区喀什地区塔什库尔干塔吉克自治县。“刀给钢吹牛，棍向树夸口。”喻示人要有情有义，要谦虚，谴责了忘本、忘恩负义的人。对于研究塔吉克族社会道德观念有参考价值。1985年代热亚巴依塔吉克语演唱，霍加艾山·皮纳齐塔吉克文笔录并译成维吾尔文。16开纸1页，1行。译文收入《中国民间文学集成·新疆卷·塔吉克族民间文学集》，新疆大学出版社2005年版。

（玛丽亚木·艾合买提编，海燕萍译）

谎言的寿命短

فَند گپَن وی عمر کوتاه

fänd gäpän wi omr kutah

塔吉克族谚语。流传于新疆维吾尔自治区喀什地区塔什库尔干塔吉克自治县。“说谎者的嘴短，谎言的寿命短。”告诉人们谎言最终会被揭穿，劝导人们要说实话。对于研究塔吉克族社会道德观念有参考价值。1985年吾秀尔塔吉克语演唱，霍加艾山·皮纳齐塔吉克文笔录并译成维吾尔文。16开纸1页，1行。译文收入《中国民间文学集成·新疆卷·塔吉克族民间文学集》，新疆大学出版社2005年版。

（玛丽亚木·艾合买提编，海燕萍译）

说话不合时宜，给自己找麻烦

بجوی گپ تُری جَفو ويرد

bejuy gäp turi jäfu wird

塔吉克族谚语。流传于新疆维吾尔自治

区喀什地区塔什库尔干塔吉克自治县。“说话不合时宜，给自己找麻烦。”告诉人们说话不切实际容易伤害他人，给自己增添烦恼。对于研究塔吉克族人生哲理有参考价值。1985年嘎瓦尔·阿拉木塔吉克语演唱，霍加艾山·皮纳齐塔吉克文笔录并译成维吾尔文。16开纸1页，1行。译文收入《中国民间文学集成·新疆卷·塔吉克族民间文学集》，新疆大学出版社2005年版。

（玛丽亚木·艾合买提编，海燕萍译）

丑陋的人行为也丑陋

بَدتَرَن وی قیلغمَس بَد

bädtärän wi qileɣmäs bäd

塔吉克族谚语。流传于新疆维吾尔自治区喀什地区塔什库尔干塔吉克自治县。“丑陋的人行为也丑陋。”劝导人们要培养良好的道德品行。对于研究塔吉克族社会道德观念有参考价值。1985年多来提别克塔吉克语演唱，穆尼·塔布力迪塔吉克文笔录并译成维吾尔文。16开纸1页，1行。译文收入《中国民间文学集成·新疆卷·塔吉克族民间文学集》，新疆大学出版社2005年版。

（玛丽亚木·艾合买提编，海燕萍译）

骂秃头的秃子想死

آتاز تاز سَلو مَرگمَیج ساود

ätaz taz sälew märgmäyj sawd

塔吉克族谚语。流传于新疆维吾尔自治区喀什地区塔什库尔干塔吉克自治县。“骂秃头的秃子想死，骂有头发的秃子可笑。”喻示人们不要相信别人的谎言。对于研究塔吉克族社会道德观念有参考价值。1985年多来提别克塔吉克语演唱，穆尼·塔布力迪塔吉克文笔录并译成维吾尔文。16开纸1页，1行。译文收入《中国民间文学集成·新疆卷·塔吉克族民间文学集》，新疆大学出版社2005年版。（玛丽亚木·艾合买提编，海燕萍译）

乏味的话不合耳

بمَزا گپ اَر غاول نه دَید

bemäza gäp är ɣawl nädäyd

塔吉克族谚语。流传于新疆维吾尔自治区喀什地区塔什库尔干塔吉克自治县。“无盐的饭不合口，乏味的话不合耳。”告诉人们不合时宜的话就像没有放盐的饭一样乏味，听了不舒服。劝导人们要注意自己的言谈举止。对于研究塔吉克族社会道德观念有参考价值。1985年多来提别克塔吉克语演唱，穆尼·塔布力迪塔吉克文笔录并译成维吾尔文。16开纸1页，1行。译文收入《中国民间文学集成·新疆卷·塔吉克族民间文学集》，新疆大学出版社2005年版。

（玛丽亚木·艾合买提编，海燕萍译）

丑野狗冻死在荒野里

لالم سَگن وی مُردا په داکت ردج

lalm sägän wi morda pä dakt redj

塔吉克族谚语。流传于新疆维吾尔自治区喀什地区塔什库尔干塔吉克自治县。“丑野狗冻死在荒野里。”告诉人们秉性不好、道德败坏的人总有一天会受辱，劝导人们要增强道德修养。对于研究塔吉克族社会道德观念有参考价值。1985年代热亚巴依塔吉克语演唱，穆尼·塔布力迪塔吉克文笔录并译成维吾尔文。16开纸1页，1行。译文收入《中国民间文学集成·新疆卷·塔吉克族民间文学集》，新疆大学出版社2005年版。

（玛丽亚木·艾合买提编，海燕萍译）

不要残害弱小的生命

کودَک جانیر زیان ماوَید

kudäk janir ziyan mawäyd

塔吉克族谚语。流传于新疆维吾尔自治区

塔吉克族冬季牧场

塔吉克族夏季牧场

帕米尔山脉

塔吉克族古坟墓——克里木别克马克巴拉

塔吉克族古坟墓——官巴子

塔吉克族古坟墓

塔吉克族墓葬壁画

塔吉克族最古老的蓝尕尔房

塔吉克族现代蓝尕尔房

塔吉克族男式冬季帽——吐马克

塔吉克族女式冬季花帽——库力塔帽

塔吉克族女式夏季花帽——夏衣达衣帽

塔吉克族传统手工艺品——背包

塔吉克族传统手工制作的家庭用品

塔吉克族传统手包

塔吉克族传统手工艺品——库拉克枕头

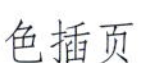

塔吉克族传统手工艺品——刺绣

塔吉克族传统长袜

塔吉克族头饰——卡德普里克

塔吉克族男式手工领带

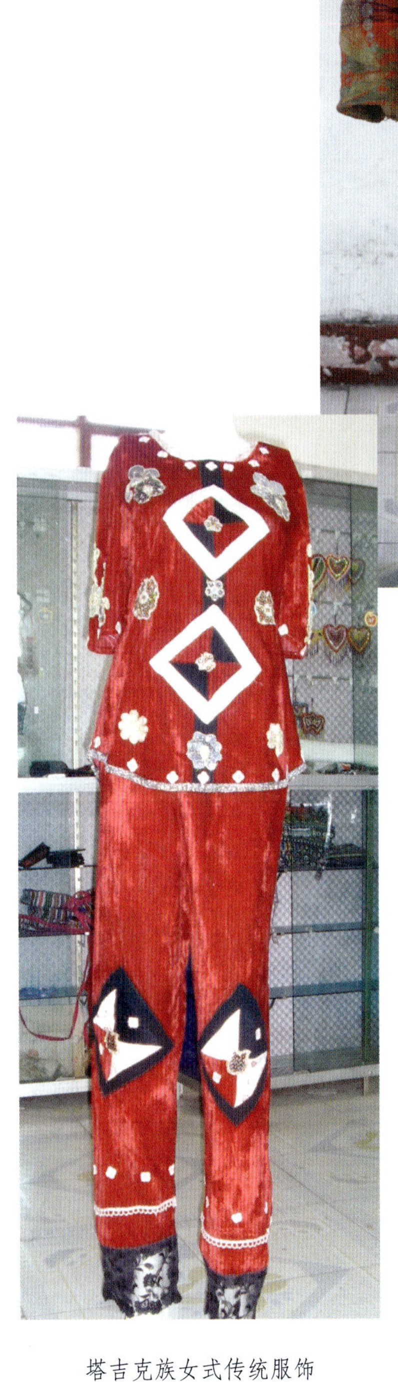

塔吉克族男式传统服饰

塔吉克族女式传统服饰

身穿民族服装的塔吉克族少女

身穿民族服装的塔吉克族青年

绣花的塔吉克族妇女

塔吉克族老人在做皮合鞋

绣花的塔吉克族姑娘

学习刺绣的塔吉克族妇女

放牦牛的塔吉克族姑娘

婚礼前打扮新娘

塔吉克族新娘

婚礼前打扮新郎

塔吉克族新郎

塔吉克族婚礼中的念尼卡仪式

塔吉克族婚礼中的祈祷仪式

塔吉克族丧葬习俗——丧家男性哭泣礼仪

塔吉克族丧葬习俗——做殓衣

塔吉克族传统体育活动——布里维德

塔吉克族传统体育活动——齐卡里塔克

塔吉克族传统体育活动——骑牦牛刁羊

塔吉克族传统体育活动——骑牦牛长跑

塔吉克族传统体育活动——马球

塔吉克族传统体育活动——骑马捡银元

塔吉克族传统体育活动——背式拔河

塔吉克族传统体育活动——陪德克勒西

区喀什地区塔什库尔干塔吉克自治县。“不要残害弱小的生命，即便你是一个罪人。”劝导人们不要以强欺弱，要关爱弱者。对于研究塔吉克族社会道德观念有参考价值。1985年卡地尔塔吉克语演唱，穆尼·塔布力迪塔吉克文笔录并译成维吾尔文。16开纸1页，1行。译文收入《中国民间文学集成·新疆卷·塔吉克族民间文学集》，新疆大学出版社2005年版。

（玛丽亚木·艾合买提编，海燕萍译）

话语能使人美名远扬

زيو هَم ته نام زيواد

ziw häm tä nam ziwad

塔吉克族谚语。流传于新疆维吾尔自治区喀什地区塔什库尔干塔吉克自治县。“话语能使人美名远扬，也能使人遗臭万年。”说明言谈对人的形象、声誉的巨大影响，良言使人增色，坏话使人臭名远扬。对于研究塔吉克族社会道德观念有参考价值。1985年汗·赛地尔丁塔吉克语演唱，穆尼·塔布力迪塔吉克文笔录并译成维吾尔文。16开纸1页，1行。译文收入《中国民间文学集成·新疆卷·塔吉克族民间文学集》，新疆大学出版社2005年版。

（玛丽亚木·艾合买提编，海燕萍译）

愤怒是人的敌人

قار آدَم دوشمَن

qar adäm dušmän

塔吉克族谚语。流传于新疆维吾尔自治区喀什地区塔什库尔干塔吉克自治县。“愤怒是人的敌人。”劝告人们不要因生气而做出轻率的举动，应培养稳重、冷静的性格。对于研究塔吉克族谚语有参考价值。1985年塔布力迪·吾秀尔塔吉克语演唱，西仁·库尔班塔吉克文笔录并译成维吾尔文。16开纸1页，1行。译文收入《中国民间文学集成·新疆卷·塔吉克族民间文学集》，新疆大学出版社2005年版。

（艾比百·吐尔逊尼牙孜编，贾马力丁译）

用甜言蜜语抚摸娇宠

شيرين گپ قَتى اَپيلمَس كيتَل چَيگ ساود

širin gäp qäti äpilmäs kitäl ǎyg sawd

塔吉克族谚语。流传于新疆维吾尔自治区喀什地区塔什库尔干塔吉克自治县。“用甜言蜜语抚摸娇宠，用一根细刚毛牵引大象。”倡导人们做有礼貌、文雅的人。对于研究塔吉克族谚语有参考价值。1985年穆巴拉克夏塔吉克语演唱，西仁·库尔班塔吉克文笔录并译成维吾尔文。16开纸1页，1行。译文收入《中国民间文学集成·新疆卷·塔吉克族民间文学集》，新疆大学出版社2005年版。

（艾比百·吐尔逊尼牙孜编，贾马力丁译）

每句话有该说的时间

هَر گَپَن وى وَقت ياست

här gäpän wiwäqt yast

塔吉克族谚语。流传于新疆维吾尔自治区喀什地区塔什库尔干塔吉克自治县。“每句话有该说的时间，每一个标点符号有该用的地方。”劝告人们要善于抓住生活中各种合适的机会。对于研究塔吉克族谚语有参考价值。1985年艾布力·艾山汗塔吉克语演唱，西仁·库尔班塔吉克文笔录并译成维吾尔文。16开纸1页，1行。译文收入《中国民间文学集成·新疆卷·塔吉克族民间文学集》，新疆大学出版社2005年版。

（艾比百·吐尔逊尼牙孜编，贾马力丁译）

聪明的兔子不吃窝边草

عقلين كُتُم خُيات پيرودنج

äqlim kotom xoyat pirudenj

塔吉克族谚语。流传于新疆维吾尔自治

区喀什地区塔什库尔干塔吉克自治县。“聪明的兔子不吃窝边草。”批判了那些为了个人利益不惜伤害亲人的势利小人。对于研究塔吉克族社会道德观念有参考价值。1985年穆尼·塔布力迪塔吉克语演唱，西仁·库尔班塔吉克文笔录并译成维吾尔文。16开纸1页，1行。译文收入《中国民间文学集成·新疆卷·塔吉克族民间文学集》，新疆大学出版社2005年版。

（玛丽亚木·艾合买提编，米娜娃·哈木里拉提译）

揭开锅盖，锅内可见

دَیگ غاو آت سَکه دَرونَنج وَین

däyg ɣaw ätsäkä därunenj wäyn

塔吉克族谚语。流传于新疆维吾尔自治区喀什地区塔什库尔干塔吉克自治县。“揭开锅盖，锅内可见。”说明狡诈、耍花招的行为，总会被人揭穿。对于研究塔吉克族社会道德观念有参考价值。1985年土尔迪·阿洪塔吉克语演唱，西仁·库尔班塔吉克文笔录并译成维吾尔文。16开纸1页，1行。译文收入《中国民间文学集成·新疆卷·塔吉克族民间文学集》，新疆大学出版社2005年版。

（艾比百·吐尔逊尼牙孜编，贾马力丁译）

裂缝的碗不复原

پاغ چینی پَیوَند نَساود

paɣ čini pewänd näsawd

塔吉克族谚语。流传于新疆维吾尔自治区喀什地区塔什库尔干塔吉克自治县。“裂缝的碗不复原。”喻示受到伤害的心不容易恢复，劝告人们不要伤害别人的心。对于研究塔吉克族社会道德观有参考价值。1985年霍加艾山·皮纳齐塔吉克语演唱，西仁·库尔班塔吉克文笔录并译成维吾尔文。16开纸1页，1行。译文收入《中国民间文学集成·新疆卷·塔吉克族民间文学集》，新疆大学出版社2005年版。

（艾比百·吐尔逊尼牙孜编，贾马力丁译）

饭来眼花

اوش یتواقت چَشم تُریک

uš yetwaqt čäšm torik

塔吉克族谚语。流传于新疆维吾尔自治区喀什地区塔什库尔干塔吉克自治县。“饭来眼花。”劝告人们要培养有良知、慷慨大方的道德品质。对于研究塔吉克族社会道德观念有参考价值。1985年布里布力塔吉克语演唱，西仁·库尔班塔吉克文笔录并译成维吾尔文。16开纸1页，1行。译文收入《中国民间文学集成·新疆卷·塔吉克族民间文学集》，新疆大学出版社2005年版。

（艾比百·吐尔逊尼牙孜编，贾马力丁译）

语多讨人嫌

پور گَپ شریر وز

pur gäp šerir wez

塔吉克族谚语。流传于新疆维吾尔自治区喀什地区塔什库尔干塔吉克自治县。“语多讨人嫌。”告诉人们要少说话，说话要言之有理，防止说些逆耳、索然寡味的话。对于研究塔吉克族谚语有参考价值。1985年哈里丹·夏热合曼塔吉克语演唱，西仁·库尔班塔吉克文笔录并译成维吾尔文。16开纸1页，1行。译文收入《中国民间文学集成·新疆卷·塔吉克族民间文学集》，新疆大学出版社2005年版。

（艾比百·吐尔逊尼牙孜编，贾马力丁译）

狼总要躲着偷看

کیتپ هَر وَقت آز دَلدا سورد

kitp här wäqt äz dälda surd

塔吉克族谚语。流传于新疆维吾尔自治区

区喀什地区塔什库尔干塔吉克自治县。“狼总要躲着偷看。”劝告人们要善良、坦诚，光明磊落。对于研究塔吉克族社会道德观念有参考价值。1985 年汗·赛地尔丁塔吉克语演唱，西仁·库尔班塔吉克文笔录并译成维吾尔文。16 开纸 1 页，1 行。译文收入《中国民间文学集成·新疆卷·塔吉克族民间文学集》，新疆大学出版社 2005 年版。

（艾比百·吐尔逊尼牙孜编，贾马力丁译）

自吹自擂的人折了腰

سیتاویَن وی مد ویرَکچ

sitawiyän wi med wiräkč

塔吉克族谚语。流传于新疆维吾尔自治区喀什地区塔什库尔干塔吉克自治县。“自吹自擂的人折了腰。”劝告人们不要自高自大，要谦虚，求真务实。对于研究塔吉克族社会道德观念有参考价值。1985 年嘎瓦尔·阿拉木塔吉克语演唱，西仁·库尔班塔吉克文笔录并译成维吾尔文。16 开纸 1 页，1 行。译文收入《中国民间文学集成·新疆卷·塔吉克族民间文学集》，新疆大学出版社 2005 年版。

（艾比百·吐尔逊尼牙孜编，贾马力丁译）

甜美的人，口出甜言蜜语

چَرج گَپ اَز چَرج آدَم نَکتیزد

čärj gäp äz čärj adäm näktizd

塔吉克族谚语。流传于新疆维吾尔自治区喀什地区塔什库尔干塔吉克自治县。“甜美的人，口出甜言蜜语，庸俗的人，口出粗言俗语。”劝告人们做一个讲礼貌，讲文明的人。对于研究塔吉克族社会道德观念有参考价值。1985 年买买地亚尔塔吉克语演唱，西仁·库尔班塔吉克文笔录并译成维吾尔文。16 开纸 1 页，1 行。译文收入《中国民间文学集成·新疆卷·塔吉克族民间文学集》，新疆大学出版社 2005 年版。

（艾比百·吐尔逊尼牙孜编，贾马力丁译）

没有意义的真话不如有益的假话好

بفویدا اَز روست گپ

befuyda äz rust gäp

塔吉克族谚语。流传于新疆维吾尔自治区喀什地区塔什库尔干塔吉克自治县。“造谣的真话不如有益的假话好。”劝告人们和睦相处。对于研究塔吉克族社会道德观念有参考价值。1985 年土尔迪·阿洪塔吉克语演唱，西仁·库尔班塔吉克文笔录并译成维吾尔文。16 开纸 1 页，1 行。译文收入《中国民间文学集成·新疆卷·塔吉克族民间文学集》，新疆大学出版社 2005 年版。

（艾比百·吐尔逊尼牙孜编，贾马力丁译）

筛子留不住水

اَر پَرویَز آب نَوَریفست

är pärweyz ab näwärifst

塔吉克族谚语。流传于新疆维吾尔自治区喀什地区塔什库尔干塔吉克自治县。“筛子留不住水，无忧的人存不住货。”劝导人们做事情要扎实，有智谋，要机灵。对于研究塔吉克族生活道德观念有参考价值。1985 年代尔亚巴依·艾斯马力塔吉克语演唱，西仁·库尔班塔吉克文笔录并译成维吾尔文。16 开纸 1 页，1 行。译文收入《中国民间文学集成·新疆卷·塔吉克族民间文学集》，新疆大学出版社 2005 年版。

（艾比百·吐尔逊尼牙孜编，贾马力丁译）

进了肚子后会说话

شَرُب ار داوریک دَید چیگپ ساود

ärdawrik däyd čigäp sawd

塔吉克族谚语。流传于新疆维吾尔自治

区喀什地区塔什库尔干塔吉克自治县。“不会说话的酒，进了肚子后会说话。”劝告人们要适当饮酒，不要过量。对于研究塔吉克族社会道德观念有参考价值。1985年西仁·库尔班塔吉克语演唱，西仁·库尔班塔吉克文笔录并译成维吾尔文。16开纸1页，1行。译文收入《中国民间文学集成·新疆卷·塔吉克族民间文学集》，新疆大学出版社2005年版。

（艾比百·吐尔逊尼牙孜编，贾马力丁译）

贪婪的人的眼睛进了坟墓才能饱

سم كابَن اَر گاور وى سم سَير ساود

sem kabän är gawr wi sem säyr sawd

塔吉克族谚语。流传于新疆维吾尔自治区喀什地区塔什库尔干塔吉克自治县。“贪婪的人的眼睛进了坟墓才能饱。”劝告人们要知足、有良知。对于研究塔吉克族社会道德观念有参考价值。1985年汉·塞地尔丁塔吉克语演唱，西仁·库尔班塔吉克文笔录并译成维吾尔文。16开纸1页，1行。译文收入《中国民间文学集成·新疆卷·塔吉克族民间文学集》，新疆大学出版社2005年版。

（艾比百·吐尔逊尼牙孜编，贾马力丁译）

种了大麦别想收小麦

اَز چُشچ جَندَم زاكت خييول ماكه

äz čošč jändäm zakt xiyul makä

塔吉克族谚语。流传于新疆维吾尔自治区喀什地区塔什库尔干塔吉克自治县。“种了大麦别想收小麦。”说明一心追求更多利益、少劳多获的人的计谋不会得逞，内心邪恶的人将一事无成。对于研究塔吉克族劳动观念有参考价值。1985年塔布力迪·吾秀尔塔吉克语演唱，西仁·库尔班塔吉克文笔录并译成维吾尔文。16开纸1页，1行。译文收入《中国民间文学集成·新疆卷·塔吉克族民间文学集》，新疆大学出版社2005年版。

（艾比百·吐尔逊尼牙孜编，贾马力丁译）

自吹自擂是鬼神的征兆

كَمتَرى مَردفَن وى چر

kämtäri märdefän wi čer

塔吉克族谚语。流传于新疆维吾尔自治区喀什地区塔什库尔干塔吉克自治县。“自吹自擂是鬼神的征兆，谦虚是勇敢的象征。”劝告人们不要自吹自擂，培养谦虚、诚实的品质。对于研究塔吉克族社会道德观念有参考价值。1985年多来提别克塔吉克语演唱，西仁·库尔班塔吉克文笔录并译成维吾尔文。16开纸1页，1行。译文收入《中国民间文学集成·新疆卷·塔吉克族民间文学集》，新疆大学出版社2005年版。

（艾比百·吐尔逊尼牙孜编，贾马力丁译）

我好还是钱好

وَز چَرجا پول؟

wäz čärja pol

塔吉克族谚语。流传于新疆维吾尔自治区喀什地区塔什库尔干塔吉克自治县。“我好还是钱好？”劝告人们不要过分追求钱财，更不要自私自利。对于研究塔吉克族人生观有参考价值。1985年吾甫尔塔吉克语演唱，西仁·库尔班塔吉克文笔录并译成维吾尔文。16开纸1页，1行。译文收入《中国民间文学集成·新疆卷·塔吉克族民间文学集》，新疆大学出版社2005年版。

（艾比百·吐尔逊尼牙孜编，贾马力丁译）

烟鬼不要脸

بَنگى بيپس

bängi bepes

塔吉克族谚语。流传于新疆维吾尔自

治区喀什地区塔什库尔干塔吉克自治县。“烟鬼不要脸，烟鬼是乞丐。”倡导人们远离毒品，做一名有道德的人。对于研究塔吉克族社会道德观念有参考价值。1985年汗·赛地尔丁塔吉克语演唱，西仁·库尔班塔吉克文笔录并译成维吾尔文。16开纸1页，1行。译文收入《中国民间文学集成·新疆卷·塔吉克族民间文学集》，新疆大学出版社2005年版。

（艾比百·吐尔逊尼牙孜编，贾马力丁译）

欠人家的志短

قَرظدورَن ويزيو كوتاه

qärzdurän wiziw kutah

塔吉克族谚语。流传于新疆维吾尔自治区喀什地区塔什库尔干塔吉克自治县。“欠人家的志短，吃人家的嘴软。”劝告人们要想尽办法按时还债。对于研究塔吉克族生活观念有参考价值。1985年嘎瓦尔·阿拉木塔吉克语演唱，西仁·库尔班塔吉克文笔录并译成维吾尔文。16开纸1页，1行。译文收入《中国民间文学集成·新疆卷·塔吉克族民间文学集》，新疆大学出版社2005年版。

（艾比百·吐尔逊尼牙孜编，贾马力丁译）

远亲不如近邻

دَرنج اَز خَيک تَبونَنج هَمسايه بدر

därenj äz xäyk täbunenj hämsayä beder

塔吉克族谚语。流传于新疆维吾尔自治区喀什地区塔什库尔干塔吉克自治县。“远亲不如近邻。”倡导人们与邻里和睦相处，相互珍惜。对于研究塔吉克族社会道德观念有参考价值。1985年多来提别克塔吉克语演唱，西仁·库尔班塔吉克文笔录并译成维吾尔文。16开纸1页，1行。译文收入《中国民间文学集成·新疆卷·塔吉克族民间文学集》，新疆大学出版社2005年版。

（艾比百·吐尔逊尼牙孜编，贾马力丁译）

对我是丧事，对你是娱乐

مُرى مَرگى، ويرى تَماشا

mori märgi，wiri tämaša

塔吉克族谚语。流传于新疆维吾尔自治区喀什地区塔什库尔干塔吉克自治县。“对我是丧事，对你是娱乐。”告诉人们当别人遭遇不幸时，要加以关心，不要满不在乎地做自己的事情。对于研究塔吉克族社会道德观念有参考价值。1985年玉素甫塔吉克语演唱，西仁·库尔班塔吉克文笔录并译成维吾尔文。16开纸1页，1行。译文收入《中国民间文学集成·新疆卷·塔吉克族民间文学集》，新疆大学出版社2005年版。

（艾比百·吐尔逊尼牙孜编，贾马力丁译）

男人死于耻辱

اَچَرَين نومُس زيند

äčäreyn numos zind

塔吉克族谚语。流传于新疆维吾尔自治区喀什地区塔什库尔干塔吉克自治县。“男人死于耻辱，兔子死于芦苇。”说明男人的尊严、荣誉表现在他的道德修养上。对于研究塔吉克族社会道德观念有参考价值。1985年布里布力塔吉克语演唱，西仁·库尔班塔吉克文笔录并译成维吾尔文。16开纸1页，1行。译文收入《中国民间文学集成·新疆卷·塔吉克族民间文学集》，新疆大学出版社2005年版。

（艾比百·吐尔逊尼牙孜编，贾马力丁译）

两屋间跑的狗会饿死

دو چد مَدانج سَگ اَز مَرزونجى ماگج

du čed mädanenj säg äz märzunji magj

塔吉克族谚语。流传于新疆维吾尔自治区喀什地区塔什库尔干塔吉克自治县。“两屋间跑的狗会饿死。”劝导人们培养对人坦诚、忠恳的品质。对于研究塔吉克族社会道德观念有参考价值。1985年汗·赛地尔丁塔吉克语演唱，西仁·库尔班塔吉克文笔录并译成维吾尔文。16 开纸 1 页，1 行。译文收入《中国民间文学集成·新疆卷·塔吉克族民间文学集》，新疆大学出版社 2005 年版。

（艾比百·吐尔逊尼牙孜编，贾马力丁译）

请来的客人添麻烦

قيو چگجنج مَيمون هلوكَت

qiw čegjenj mäymun hälukät

塔吉克族谚语。流传于新疆维吾尔自治区喀什地区塔什库尔干塔吉克自治县。”请来的客人添麻烦，自来的客人顺其便。”告诫做客的人要尽量避免给主人添麻烦，要礼貌文雅。对于研究塔吉克族社会道德观念有参考价值。1985 年嘎瓦尔·阿拉木塔吉克语演唱，西仁·库尔班塔吉克文笔录并译成维吾尔文。16 开纸 1 页，1 行。译文收入《中国民间文学集成·新疆卷·塔吉克族民间文学集》，新疆大学出版社 2005 年版。

（艾比百·吐尔逊尼牙孜编，斯拉吉丁译）

贼没有好日子过

ژد چَرج مَت نه وَند

ʤed čärj mät näwänd

塔吉克族谚语。流传于新疆维吾尔自治区喀什地区塔什库尔干塔吉克自治县。“贼没有好日子过。”劝告人们远离歪门邪道、遵纪守法，安稳地过日子。对于研究塔吉克族社会道德观念有参考价值。1985 年塔布力迪·吾秀尔塔吉克语演唱，西仁·库尔班塔吉克文笔录并译成维吾尔文。16 开纸 1 页，1 行。译文收入《中国民间文学集成·新疆卷·塔吉克族民间文学集》，新疆大学出版社 2005 年版。

（艾比百·吐尔逊尼牙孜编，贾马力丁译）

对傻瓜进行告诫的人自己也傻

اَخماقير نَصيحَت چاگجنج خوبَت اَخماق

äxmaqir näsihät čagjenj xubät äxmaq

塔吉克族谚语。流传于新疆维吾尔自治区喀什地区塔什库尔干塔吉克自治县。“对傻瓜进行告诫的人自己也傻。”说明对不懂得道理的人进行劝喻是毫无用处的。对于研究塔吉克族生活观念有参考价值。1985 年艾布力·艾山汗塔吉克语演唱，西仁·库尔班塔吉克文笔录并译成维吾尔文。16 开纸 1 页，1 行。译文收入《中国民间文学集成·新疆卷·塔吉克族民间文学集》，新疆大学出版社 2005 年版。

（艾比百·吐尔逊尼牙孜编，斯拉吉丁译）

说出去的话收不回

اَز غاو نَكتوگجنج گپ وَجَپت نه ساود

äz ɣaw näktugjenj gäp wäjäpt nä sawd

塔吉克族谚语。流传于新疆维吾尔自治区喀什地区塔什库尔干塔吉克自治县。“打出去的子弹回不来，说出去的话收不回。”告诉人们说话要谨慎、清醒。对于研究塔吉克族社会道德观念有参考价值。1985 年古力买买德塔吉克语演唱，西仁·库尔班塔吉克文笔录并译成维吾尔文。16 开纸 1 页，1 行。译文收入《中国民间文学集成·新疆卷·塔吉克族民间文学集》，新疆大学出版社 2005 年版。

（艾比百·吐尔逊尼牙孜编，斯拉吉丁译）

饶舌者嘴中狗生仔

زَبان دَراز ار غاو سَگ ماگج

zäban däraz är ɣaw säg magj

塔吉克族谚语。流传于新疆维吾尔自治区喀什地区塔什库尔干塔吉克自治县。“饶舌者嘴中狗生仔。”告诫人们要少说话、说真话。对于研究塔吉克族社会道德观念有参考价值。1985 年多来提别克塔吉克语演唱，西仁·库尔班塔吉克文笔录并译成维吾尔文。16 开纸 1 页，1 行。译文收入《中国民间文学集成·新疆卷·塔吉克族民间文学集》，新疆大学出版社 2005 年版。

（艾比百·吐尔逊尼牙孜编，斯拉吉丁译）

贫嘴的人两夜没合眼

لاور قچ دو شَب نه کُوج

lawr qeč nä kowj

塔吉克族谚语。流传于新疆维吾尔自治区喀什地区塔什库尔干塔吉克自治县。“贫嘴的人两夜没合眼，其中一夜吃得肚子胀，另一夜因肚子饿而悲伤。”告诫人们不要贪吃，要知足感恩。对于研究塔吉克族生活观念有参考价值。1985 年穆热地克塔吉克语演唱，西仁·库尔班塔吉克文笔录并译成维吾尔文。16 开纸 1 页，2 行。译文收入《中国民间文学集成·新疆卷·塔吉克族民间文学集》，新疆大学出版社 2005 年版。

（艾比百·吐尔逊尼牙孜编，斯拉吉丁译）

问题提得不恰当，不会得到好回答

چَرج سئوالیر چَرج جَواپ

čärj sual čärj jäwap

塔吉克族谚语。流传于新疆维吾尔自治区喀什地区塔什库尔干塔吉克自治县。“问题提得不恰当，不会得到好回答。”告诫人们在与人交流时要平易近人、诚实，端正心态。对于研究塔吉克族社会道德观念有参考价值。1985 年法克尔夏塔吉克语演唱，西仁·库尔班塔吉克文笔录并译成维吾尔文。16 开纸 1 页，1 行。译文收入《中国民间文学集成·新疆卷·塔吉克族民间文学集》，新疆大学出版社 2005 年版。

（艾比百·吐尔逊尼牙孜编，斯拉吉丁译）

说惯慌话的人，即使说了真话，也不会有人相信

فَندچیری هیچ کَس باوَر نه کَکت

fändčiri hič käs bawär nä käkt

塔吉克族谚语。流传于新疆维吾尔自治区喀什地区塔什库尔干塔吉克自治县。“说惯谎话的人，即使说了真话，也不会有人相信。”说明一贯说谎话、骗人的人会失去大家的信任。告诫人们要诚实。对于研究塔吉克族社会道德观念有参考价值。1985 年买买地亚尔塔吉克语演唱，西仁·库尔班塔吉克文笔录并译成维吾尔文。16 开纸 1 页，1 行。译文收入《中国民间文学集成·新疆卷·塔吉克族民间文学集》，新疆大学出版社 2005 年版。

（艾比百·吐尔逊尼牙孜编，斯拉吉丁译）

两个说谎的人碰在一起无话可说

دو فَندچی ایجوی سَیاد وف ظیو وَدارد

du fändči ičijuy säyad wef ziw wädard

塔吉克族谚语。流传于新疆维吾尔自治区喀什地区塔什库尔干塔吉克自治县。“两个说谎的人碰在一起无话可说。”告诫人们要忠实、诚恳和心术端正。对于研究塔吉克族社会道德观念有参考价值。1985 年土尔迪·阿洪塔吉克语演唱，西仁·库尔班塔吉克文笔录并译成维吾尔文。16 开纸 1 页，1 行。译文收入《中国民间文学集成·新疆卷·塔吉克族民间文学集》，新疆大学出版社 2005 年版。

（艾比百·吐尔逊尼牙孜编，斯拉吉丁译）

出言优雅的人会有甜蜜回应

شَکَر زَبان چَرج گپ کَکت

šäkär zäban čärj gäp käkt

塔吉克族谚语。流传于新疆维吾尔自治区喀什地区塔什库尔干塔吉克自治县。“出言优雅的人会有甜蜜回应，出言粗鲁的人会

遭恶语相报。”告诫人们说话要文雅、掌握分寸，不要粗鲁。对于研究塔吉克族社会道德观念有参考价值。1985 年艾布力·艾山汗塔吉克语演唱，西仁·库尔班塔吉克文笔录并译成维吾尔文。16 开纸 1 页，2 行。译文收入《中国民间文学集成·新疆卷·塔吉克族民间文学集》，新疆大学出版社 2005 年版。

（艾比百·吐尔逊尼牙孜编，斯拉吉丁译）

话不要重复

گپ دوباره ماکه

gäp dubarä makä

塔吉克族谚语。流传于新疆维吾尔自治区喀什地区塔什库尔干塔吉克自治县。“糖面糊不要多吃，话不要重复。”说明说话重复、唠叨的人会让人讨厌，说话明白、准确人人爱听。对于研究塔吉克族社会道德观念有参考价值。1985 年布里布力塔吉克语演唱，西仁·库尔班塔吉克文笔录并译成维吾尔文。16 开纸1 页，1 行。译文收入《中国民间文学集成·新疆卷·塔吉克族民间文学集》，新疆大学出版社 2005 年版。

（艾比百·吐尔逊尼牙孜编，斯拉吉丁译）

对脸皮厚的人说的话

diwez pesir gäp säkä

塔吉克族谚语。流传于新疆维吾尔自治区喀什地区塔什库尔干塔吉克自治县。“对脸皮厚的人说的话，引起脸皮薄的人的介意。”告诉人们在生活中既不能脸皮太厚，又不能感情太脆弱，要保持正常自然的心态。对于研究塔吉克族社会道德观念有参考价值。1985 年西仁·库尔班塔吉克语演唱，西仁·库尔班塔吉克文笔录并译成维吾尔文。16 开纸 1 页，1 行。译文收入《中国民间文学集成·新疆卷·塔吉克族民间文学集》，新疆大学出版社 2005 年版。

（艾比百·吐尔逊尼牙孜编，斯拉吉丁译）

无知既表现于行为，又表现于语言

نادان هَم چرير هَم گَپير نُبُپ

nadan häm čerir häm gäpir nobop

塔吉克族谚语。流传于新疆维吾尔自治区喀什地区塔什库尔干塔吉克自治县。“无知既表现于行为，又表现于语言。”说明不懂得道理的人在行为和语言上都会表现出来。告诫人们做事要认真扎实，说话要掌握分寸。对于研究塔吉克族社会道德观念有参考价值。1985 年多来提别克塔吉克语演唱，西仁·库尔班塔吉克文笔录并译成维吾尔文。16 开纸 1 页，1 行。译文收入《中国民间文学集成·新疆卷·塔吉克族民间文学集》，新疆大学出版社 2005 年版。

（艾比百·吐尔逊尼牙孜编，斯拉吉丁译）

背后说人

كَس پَزَبو گَپ چَيگ

käs päzäbu gäp čäyg

塔吉克族谚语。流传于新疆维吾尔自治区喀什地区塔什库尔干塔吉克自治县。“背后说人，好比吃泥巴。”说明背后说别人闲话是一种不良行为，告诫人们要做光明磊落的人。对于研究塔吉克族社会道德观念有参考价值。1985 年尼嘎尔塔吉克语演唱，西仁·库尔班塔吉克文笔录并译成维吾尔文。16 开纸 1 页，1 行。译文收入《中国民间文学集成·新疆卷·塔吉克族民间文学集》，新疆大学出版社 2005 年版。

（艾比百·吐尔逊尼牙孜编，斯拉吉丁译）

拍马屁者

تَخسيكَش پادشاه زَمينج اَشُد گُل لوج

täxsikäš padšah zäminej äšod gol lewj

塔吉克族谚语。流传于新疆维吾尔自治

区喀什地区塔什库尔干塔吉克自治县。“拍马屁者，会把国王地里的刺也说成花。”说明了喜欢拍马屁、虚伪的人为了讨好当权者不惜说假话的丑陋特性。告诫人们任何时候都要公平公正，说真话。对于研究塔吉克族社会道德观念有参考价值。1985 年尼嘎尔塔吉克语演唱，西仁·库尔班塔吉克文笔录并译成维吾尔文。16 开纸 1 页，1 行。译文收入《中国民间文学集成·新疆卷·塔吉克族民间文学集》，新疆大学出版社 2005 年版。

（艾比百·吐尔逊尼牙孜编，斯拉吉丁译）

胆小的狗叫得更厉害

كوجمَنَيگ سَگ بَكتر واقت

kujmänäyg säg bäkter waqt

塔吉克族谚语。流传于新疆维吾尔自治区喀什地区塔什库尔干塔吉克自治县。“胆小的狗叫得更厉害。”喻示小人喜欢在背后说坏话，劝勉人们保持良知，与他人和睦相处。对于研究塔吉克族社会道德观念有参考价值。1985 年吐尔逊阿洪塔吉克语演唱，西仁·库尔班塔吉克文笔录并译成维吾尔文。16 开纸 1 页，1 行。译文收入《中国民间文学集成·新疆卷·塔吉克族民间文学集》，新疆大学出版社 2005 年版。

（艾比百·吐尔逊尼牙孜编，斯拉吉丁译）

恩将仇报

چَرجيرى جَواب ژيتى

čärjiri jäwab ʤiti

塔吉克族谚语。流传于新疆维吾尔自治区喀什地区塔什库尔干塔吉克自治县。“恩将仇报。”告诫人们要以恩报恩、知恩图报。对于研究塔吉克族社会道德观念有参考价值。1985 年嘎瓦尔·阿拉木塔吉克语演唱，西仁·库尔班塔吉克文笔录并译成维吾尔文。16 开纸 1 页，1 行。译文收入《中国民间文学集成·新疆卷·塔吉克族民间文学集》，新疆大学出版社 2005 年版。

（艾比百·吐尔逊尼牙孜编，斯拉吉丁译）

家庭的好坏取决于妻子

آورَت چدَن وى فَريكتا

awrät čedän wi färikta

塔吉克族谚语。流传于新疆维吾尔自治区喀什地区塔什库尔干塔吉克自治县。“家庭的好坏取决于妻子。”劝勉妇女要有知识、有道德、懂廉耻，创建一个很好的家庭。对于研究塔吉克族家庭道德观念有参考价值。1985 年布荣塔吉克语演唱，西仁·库尔班塔吉克文笔录并译成维吾尔文。16 开纸 1 页，1 行。译文收入《中国民间文学集成·新疆卷·塔吉克族民间文学集》，新疆大学出版社 2005 年版。

（艾比百·吐尔逊尼牙孜编，斯拉吉丁译）

招待客人要笑脸相迎

مهمانير خوش چيراى واو

mehmanir xuš čiray waw

塔吉克族谚语。流传于新疆维吾尔自治区喀什地区塔什库尔干塔吉克自治县。“招待客人要笑脸相迎。”倡导人们要热情招待客人。对于研究塔吉克族社会道德观念有参考价值。1985 年尼嘎尔塔吉克语演唱，西仁·库尔班塔吉克文笔录并译成维吾尔文。16 开纸 1 页，1 行。译文收入《中国民间文学集成·新疆卷·塔吉克族民间文学集》，新疆大学出版社 2005 年版。

（艾比百·吐尔逊尼牙孜编，斯拉吉丁译）

馋嘴的人眼睛不离锅

بيلَسَن وى چَشم اَر دَيگ

biläsän wi čäšm är däyg

塔吉克族谚语。流传于新疆维吾尔自

治区喀什地区塔什库尔干塔吉克自治县。“馋嘴的人眼睛不离锅。”告诫人们不要为物质利益迷了心窍。对于研究塔吉克族社会道德观念有参考价值。1985年西仁·库尔班塔吉克语演唱，西仁·库尔班塔吉克文笔录并译成维吾尔文。16开纸1页，1行。译文收入《中国民间文学集成·新疆卷·塔吉克族民间文学集》，新疆大学出版社2005年版。

（艾比百·吐尔逊尼牙孜编，斯拉吉丁译）

血不能用血洗

خون قَتی خون زیناد نه ساود

xun qäti xun zinad nä sawd

塔吉克族谚语。流传于新疆维吾尔自治区喀什地区塔什库尔干塔吉克自治县。“血不能用血洗。”劝导人们要培养宽宏大量的品质。对于研究塔吉克族社会道德观念有参考价值。1985年汗·赛地尔丁塔吉克语演唱，西仁·库尔班塔吉克文笔录并译成维吾尔文。16开纸1页，1行。译文收入《中国民间文学集成·新疆卷·塔吉克族民间文学集》，新疆大学出版社2005年版。

（艾比百·吐尔逊尼牙孜编，斯拉吉丁译）

勇士去世留芳千古

پَلوُن مردسه وی نام رَست

palwon merdsä wi nam räst

塔吉克族谚语。流传于新疆维吾尔自治区喀什地区塔什库尔干塔吉克自治县。“勇士去世留芳千古，懒汉死了无人送葬。”说明为人民而牺牲的人，为人民所爱戴，留芳千古；好吃懒做的人，成为人民和社会的负担。对于研究塔吉克族人生价值观念有参考价值。1985年法克尔夏塔吉克语演唱，西仁·库尔班塔吉克文笔录并译成维吾尔文。16开纸1页，1行。译文收入《中国民间文学集·新疆卷·塔吉克族民间文学集》，新疆大学出版社2005年版。

（艾比百·吐尔逊尼牙孜编，阿力木译）

心软的人爱帮助

نَرم دل چَرجی قَتی

närme dilčärji qäti

塔吉克族谚语。流传于新疆维吾尔自治区喀什地区塔什库尔干塔吉克自治县。“心软的人爱帮助，懒惰的人爱睡觉。”赞扬乐于助人的好心人，谴责好吃懒惰的行为。对于研究塔吉克族崇尚劳动观念有参考价值。1985年吾甫尔塔吉克语演唱，西仁·库尔班塔吉克文笔录并译成维吾尔文。16开纸1页，1行。译文收入《中国民间文学集·新疆卷·塔吉克族民间文学集》，新疆大学出版社2005年版。

（艾比百·吐尔逊尼牙孜编，阿力木译）

瘦毛驴的嗓门高

نالایق شرَن وی اَوج بَلَند

nalayeq šerän wi äwuj bäländ

塔吉克族谚语。流传于新疆维吾尔自治区喀什地区塔什库尔干塔吉克自治县。“瘦毛驴的嗓门高。”喻示一无所能的人废话、大话连篇。对于研究塔吉克族谚语有参考价值。1985年代尔亚巴依·艾斯马力塔吉克语演唱，西仁·库尔班塔吉克文笔录并译成维吾尔文。16开纸1页，1行。译文收入《中国民间文学集·新疆卷·塔吉克族民间文学集》，新疆大学出版社2005年版。

（艾比百·吐尔逊尼牙孜编，阿力木译）

红舌头毁灭了黑头

رُشت ظیو چی تار کال نَکتُگج

rošt ziwči tar kal näktogj

塔吉克族谚语。流传于新疆维吾尔自治

区喀什地区塔什库尔干塔吉克自治县。“红舌头毁灭了黑头。”喻示人们在任何时候都要注意自己的言论，否则会招致灭顶之灾。对于研究塔吉克族道德观念有参考价值。1985 年塔布力迪·吾秀尔塔吉克语演唱，西仁·库尔班塔吉克文笔录并译成维吾尔文。16 开纸 1 页，2 行。译文收入《中国民间文学集·新疆卷·塔吉克族民间文学集》，新疆大学出版社 2005 年版。

（艾比百·吐尔逊尼牙孜编，阿力木译）

心术不正要惹祸

بَد نیَت قَزای سَر

bäd niyät qäzaye sär

塔吉克族谚语。流传于新疆维吾尔自治区喀什地区塔什库尔干塔吉克自治县。“心术不正要惹祸。”告诫人们要做心地善良和正派的人。对于研究塔吉克族社会道德观念有参考价值。1985 年穆热地克塔吉克语演唱，西仁·库尔班塔吉克文笔录并译成维吾尔文。16 开纸1 页，1 行。译文收入《中国民间文学集成·新疆卷·塔吉克族民间文学集》，新疆人民出版社 2005 年版。

（艾比百·吐尔逊尼牙孜编，斯拉吉丁译）

说衣服的话，皮袄生气了

چَپانیر گپ سَکه وَربود رق سدج

čäpanir gäp säkä wärbun req sedj

塔吉克族谚语。流传于新疆维吾尔自治区喀什地区塔什库尔干塔吉克自治县。“说衣服的话，皮袄生气了。”告诫人们要管好自己的事，不要管他人的私事。对于研究塔吉克族社会道德观念有参考价值。1985 年达力·买提胡夏勒塔吉克语演唱，西仁·库尔班塔吉克文笔录并译成维吾尔文。16 开纸 1 页，1 行。译文收入《中国民间文学集成·新疆卷·塔吉克族民间文学集》，新疆大学出版社 2005 年版。

（艾比百·吐尔逊尼牙孜编，斯拉吉丁译）

玩火者烧自己的手

چای آتَش وَداردسه وی دَست تاود

čay ataš wädardsä wi däst tawd

塔吉克族谚语。流传于新疆维吾尔自治区喀什地区塔什库尔干塔吉克自治县。“玩火者烧自己的手。”告诫人们做损害他人的事终会害己。对于研究塔吉克族社会道德观念有参考价值。1985 年古力买买德塔吉克语演唱，西仁·库尔班塔吉克文笔录并译成维吾尔文。16 开纸 1 页，1 行。译文收入《中国民间文学集成·新疆卷·塔吉克族民间文学集》，新疆大学出版社 2005 年版。

（艾比百·吐尔逊尼牙孜编，斯拉吉丁译）

来客人是家庭的福气

مهمان بَرَکَت خانه اَست

mehman bäräkäte xanä äst

塔吉克族谚语。流传于新疆维吾尔自治区喀什地区塔什库尔干塔吉克自治县。“来客人是家庭的福气。”倡导人们要真诚地款待客人，培养好客的性格。对于研究塔吉克族社会道德观念有参考价值。1985 年穆巴热克夏塔吉克语演唱，西仁·库尔班塔吉克文笔录并译成维吾尔文。16 开纸 1 页，1 行。译文收入《中国民间文学集成·新疆卷·塔吉克族民间文学集》，新疆大学出版社 2005 年版。

（艾比百·吐尔逊尼牙孜编，斯拉吉丁译）

说话要环视四方

گپ چَیگ وَقت خوپَبُن چاس

gäp čäyg wäqt xupäbon čas

塔吉克族谚语。流传于新疆维吾尔自治区喀什地区塔什库尔干塔吉克自治县。“骑马要正视前方，说话要环视四方。”告诉人们说话要注意周围，不能信口开河，更不能说不合时宜的话。对于研究塔吉克族社会道德观念有参考价值。1985 年布里布力塔吉克语演唱，西仁·库尔班塔吉克文笔录并译成维吾尔文。16 开纸 1 页，1 行。译文收入《中国民间文学集成·新疆卷·塔吉克族民间文学集》，新疆大学出版社 2005 年版。

（艾比百·吐尔逊尼牙孜编，斯拉吉丁译）

说谎的人房子会起火

فَندچی خانه یوس تُیج

fändči xanä yus toyj

塔吉克族谚语。流传于新疆维吾尔自治区喀什地区塔什库尔干塔吉克自治县。“说谎的人房子会起火。”告诫人们要做诚实的人。对于研究塔吉克族社会道德观念有参考价值。1985 年汗·赛地尔丁塔吉克语演唱，西仁·库尔班塔吉克文笔录并译成维吾尔文。16 开纸 1 页，1 行。译文收入《中国民间文学集成·新疆卷·塔吉克族民间文学集》，新疆大学出版社 2005 年版。

（艾比百·吐尔逊尼牙孜编，斯拉吉丁译）

好话能把石头熔化

چَرج گپ سَنگمَس اُب کَکت

čärj gäp sängmäs ob käkt

塔吉克族谚语。流传于新疆维吾尔自治区喀什地区塔什库尔干塔吉克自治县。“好话能把石头熔化。”告诫人们与人交往时要和蔼可亲，帮助他人解决困难。对于研究塔吉克族道德观有参考价值。1985 年塔布力迪·吾秀尔塔吉克语演唱，西仁·库尔班塔吉克文笔录并译成维吾尔文。16 开纸 1 页，1 行。译文收入《中国民间文学集成·新疆卷·塔吉克族民间文学集》，新疆大学出版社 2005 年版。

（艾比百·吐尔逊尼牙孜编，斯拉吉丁译）

金钱可以买到任何东西

پولیر جَم چیز خَرید چَیگ سلود

polir jäm čiz xärid čäyg sawd

塔吉克族谚语。流传于新疆维吾尔自治区喀什地区塔什库尔干塔吉克自治县。“金钱可以买到任何东西，但买不到父母。”说明失去父母是多少财富也无法挽回的，倡导人们爱护、孝敬父母。对于研究塔吉克族家庭道德观念有参考价值。1985 年卡地尔塔吉克语演唱，达力·买提胡夏勒塔吉克文笔录并译成维吾尔文。16 开纸 1 页，1 行。译文收入《中国民间文学集成·新疆卷·塔吉克族民间文学集》，新疆大学出版社 2005 年版。

（玛丽亚木·艾合买提编，海燕萍译）

参加婚礼吃饱了去

اَر تَی سَیر سا

är täy säyr sa

塔吉克族谚语。流传于新疆维吾尔自治区喀什地区塔什库尔干塔吉克自治县。“参加婚礼吃饱了去，撂下五个孩子去。”批评了在公共场合只管照顾孩子而影响他人的现象。对于研究塔吉克族社会道德观念有参考价值。1985 年汉·赛地尔丁塔吉克语演唱，达力·买提胡夏勒塔吉克文笔录并译成维吾尔文。16 开纸 1 页，1 行。译文收入《中国民间文学集成·新疆卷·塔吉克族民间文学集》，新疆大学出版社 2005 年版。

（玛丽亚木·艾合买提编，海燕萍译）

当家的两个女人

دو آورَت سُیب سدجنج

du awrät soyib sedjenj

塔吉克族谚语。流传于新疆维吾尔自治区喀什地区塔什库尔干塔吉克自治县。“当家的两个女人，能让家里地朝天。”喻示了妇女道德品行的重要性，指责了一些人互相攀比的不良行为。对于研究塔吉克族社会道德观念有参考价值。1985 年法克尔夏塔吉克语演唱，达力·买提胡夏勒塔吉克文笔录并译成维吾尔文。16 开纸 1 页，1 行。译文收入《中国民间文学集成·新疆卷·塔吉克族民间文学集》，新疆大学出版社 2005 年版。

（玛丽亚木·艾合买提编，海燕萍译）

偷鸡蛋的最终偷骆驼

تُخم سَفچنج أخير شتُر سَفت

toxm säfčenj oxir šotor säft

塔吉克族谚语。流传于新疆维吾尔自治区喀什地区塔什库尔干塔吉克自治县。“偷鸡蛋的最终偷骆驼。”告诉人们要及时纠正小错误，否则就会犯更大的错误。对于研究塔吉克族哲理思想有参考价值。1985 年土尔迪·阿洪塔吉克语演唱，达力·买提胡夏勒塔吉克文笔录并译成维吾尔文。16 开纸 1 页，1 行。译文收入《中国民间文学集成·新疆卷·塔吉克族民间文学集》，新疆大学出版社 2005 年版。

（玛丽亚木·艾合买提编，海燕萍译）

后妈给孩子吃的是冷饭焦馕

مادَراندَر تدجنج نان دید

madärandär tedjenj nan did

塔吉克族谚语。流传于新疆维吾尔自治区喀什地区塔什库尔干塔吉克自治县。“后妈给孩子吃的是冷饭焦馕。”指责了一些后妈残害孩子的不良品行，劝导她们争取做个好母亲。对于研究塔吉克族家庭道德观念有参考价值。1985 年吾秀尔塔吉克语演唱，达力·买提胡夏勒塔吉克文笔录并译成维吾尔文。16 开纸 1 页，1 行。译文收入《中国民间文学集成·新疆卷·塔吉克族民间文学集》，新疆大学出版社 2005 年版。

（玛丽亚木·艾合买提编，海燕萍译）

妻子的亲戚吃炖肉

گین خیش گوشت خُگج

gin xiš gušt xogj

塔吉克族谚语。流传于新疆维吾尔自治区喀什地区塔什库尔干塔吉克自治县。“妻子的亲戚吃炖肉，丈夫的亲戚涮碗碟。”批评了生活中一些妇女不能正确对待丈夫亲戚的错误行为，倡导人们培养良好品德。对于研究塔吉克族社会道德观念有参考价值。1985 年布里布力塔吉克语演唱，西仁·库尔班塔吉克文笔录并译成维吾尔文。16 开纸 1 页，1 行。译文收入《中国民间文学集成·新疆卷·塔吉克族民间文学集》，新疆大学出版社 2005 年版。

（玛丽亚木·艾合买提编，海燕萍译）

好人排解困难

چَرج تَپَهول فراپست

čärj täpähul firapst

塔吉克族谚语。流传于新疆维吾尔自治区喀什地区塔什库尔干塔吉克自治县。“好人排解困难，坏人放火添乱。”告诉人们久经考验的亲密朋友，在需要的时候会伸出援助之手，谴责了那些幸灾乐祸、道德低下的人。对于研究塔吉克族社会道德观念有参考价值。1985 年代尔亚巴依·艾斯马力塔吉克语演唱，西仁·库尔班塔吉克文笔录并译成维吾尔文。16 开纸 1 页，1 行。译文收入《中国民间文学集成·新疆卷·塔吉克族民间文学集》，新疆大学出版社 2005 年版。

（玛丽亚木·艾合买提编，海燕萍译）

法庭上，盗贼看地，淫乱者望天

ژد اَر زَمین چُکچ

ʤed ärzämin čokč

塔吉克族谚语。流传于新疆维吾尔自治区喀什地区塔什库尔干塔吉克自治县。“法庭上，盗贼看地，淫乱者望天。”批判了盗窃和淫乱的恶劣行径，鞭挞了败坏社会公德、危害社会安宁的人。对于研究塔吉克族社会道德观念有参考价值。1985 年塔布力迪·吾秀尔塔吉克语演唱，穆尼·塔布力迪塔吉克文笔录并译成维吾尔文。16 开纸 1 页，1 行。译文收入《中国民间文学集成·新疆卷·塔吉克族民间文学集》，新疆大学出版社 2005 年版。

（玛丽亚木·艾合买提编，海燕萍译）

对好人忠言相劝

چَرجیر نَصهَت

čärjir näsihät

塔吉克族谚语。流传于新疆维吾尔自治区喀什地区塔什库尔干塔吉克自治县。“对好人忠言相劝，对坏人缄默不语。”说明受过教育、有知识的人善于接受别人的忠告，而对愚昧、软弱的人则要忠言逆耳。对于研究塔吉克族社会道德观念有参考价值。1985 年多来提别克塔吉克语演唱，西仁·库尔班塔吉克文笔录并译成维吾尔文。16 开纸 1 页，1 行。译文收入《中国民间文学集成·新疆卷·塔吉克族民间文学集》，新疆大学出版社 2005 年版。

（玛丽亚木·艾合买提编，海燕萍译）

鹌鹑说：明天起床就盖房

پگَن چد ویدَم

pigän čed wäydäm

塔吉克族谚语。流传于新疆维吾尔自治区喀什地区塔什库尔干塔吉克自治县。“鹌鹑说：明天起床就盖房。”谴责无志向、懒惰等不良品行，告诫人们要践行诺言。对于研究塔吉克族社会道德观念有参考价值。1985 年买买提亚尔塔吉克语演唱，艾布力·艾山汗塔吉克文笔录。穆尼·塔布力迪译成维吾尔文。16 开纸 1 页，1 行。译文收入《中国民间文学集成·新疆卷·塔吉克族民间文学集》，新疆大学出版社 2005 年版。

（玛丽亚木·艾合买提编，海燕萍译）

狗的低劣成就了狐狸坐到上席

سَگز ژیتی روبا تَرتر

sägäz ʤiti ruba tärter

塔吉克族谚语。流传于新疆维吾尔自治区喀什地区塔什库尔干塔吉克自治县。“狗的低劣成就了狐狸坐到上席。”谴责了一些人的恶劣品行。对于研究塔吉克族社会道德观念有参考价值。1985 年古力买买德塔吉克语演唱，艾布力·艾山汗塔吉克文笔录。穆尼·塔布力迪译成维吾尔文。16 开纸 1 页，1 行。译文收入《中国民间文学集成·新疆卷·塔吉克族民间文学集》，新疆大学出版社 2005 年版。

（玛丽亚木·艾合买提编，海燕萍译）

等着馅饼嘴里掉

تَیریر بَکَوُل

täyorir bäkäwol

塔吉克族谚语。流传于新疆维吾尔自治区喀什地区塔什库尔干塔吉克自治县。“乌鸦张嘴嘎嘎叫，等着馅饼嘴里掉。”指责了不劳而获、损人利己的人，倡导人们以仁爱之心面对生活。对于研究塔吉克族生活观念有参考价值。1985 年布里布力塔吉克语演唱，艾布力·艾山汗塔吉克文笔录。穆尼·塔布力迪译成维吾尔文。16 开纸 1 页，1 行。译文收入《中国民间文学集成·新疆卷·塔吉克族民间文学集》，新疆大学出版社 2005 年版。

（玛丽亚木·艾合买提编，海燕萍译）

马使坏套到笼头上了

اَسب لُچ دوج

äsb loč duj

塔吉克族谚语。流传于新疆维吾尔自治区喀什地区塔什库尔干塔吉克自治县。“马使坏套到笼头上了。”批评了我行我素、不遵守公共道德的不良行为。对于研究塔吉克族社会道德观念有参考价值。1985 年买买地亚尔塔吉克语演唱，艾布力·艾山汗塔吉克文笔录。穆尼·塔布力迪译成维吾尔文。16 开纸 1 页，1 行。译文收入《中国民间文学集成·新疆卷·塔吉克族民间文学集》，新疆大学出版社 2005 年版。

（玛丽亚木·艾合买提编，海燕萍译）

狼说：我吃得不多，但我需要声名远扬

مُخیگ کَم، نُم زیوادَم

moxig käm，nom ziwadäm

塔吉克族谚语。流传于新疆维吾尔自治区喀什地区塔什库尔干塔吉克自治县。“狼说：我吃得不多，但我需要声名远扬。”批判了贪图虚荣和沽名钓誉的人，倡导人们谦虚、实干。对于研究塔吉克族社会道德观念有参考价值。1985 年买买地亚尔塔吉克语演唱，艾布力·艾山汗塔吉克文笔录。穆尼·塔布力迪译成维吾尔文。16 开纸 1 页，1 行。译文收入《中国民间文学集成·新疆卷·塔吉克族民间文学集》，新疆大学出版社 2005 年版。

（玛丽亚木·艾合买提编，海燕萍译）

愚蠢的公鸡

ژیت خُروس نُوَقت قیوج

ʤ it xorus nowäqt qiwj

塔吉克族谚语。流传于新疆维吾尔自治区喀什地区塔什库尔干塔吉克自治县。“愚蠢的公鸡，叫鸣不择时。”批评了不长心眼、不自觉的行为，倡导人们要遵守公共道德。对于研究塔吉克族社会道德观念有参考价值。1985 年穆热地克塔吉克语演唱，艾布力·艾山汗塔吉克文笔录。穆尼·塔布力迪译成维吾尔文。16 开纸 1 页，1 行。译文收入《中国民间文学集成·新疆卷·塔吉克族民间文学集》，新疆大学出版社 2005 年版。

（玛丽亚木·艾合买提编，海燕萍译）

赖母鸡吃得多

ژیت مَکیان خُتُخم پَوانج

ʤit mäkyan xotoxm päwanj

塔吉克族谚语。流传于新疆维吾尔自治区喀什地区塔什库尔干塔吉克自治县。“赖母鸡吃得多，结果弄臭了鸡蛋。”批评了吝啬、贪婪等不良品行。对于研究塔吉克族社会道德观念有参考价值。1985 年艾布力·艾山汗塔吉克语演唱，艾布力·艾山汗塔吉克文笔录。穆尼·塔布力迪译成维吾尔文。16 开纸 1 页，1 行。译文收入《中国民间文学集成·新疆卷·塔吉克族民间文学集》，新疆大学出版社 2005 年版。

（玛丽亚木·艾合买提编，海燕萍译）

鹰隼不吃腐烂的肉

کُسُود غَجد گوشت نَخیرد

kosowd ɣäjd gušt näxird

塔吉克族谚语。流传于新疆维吾尔自治区喀什地区塔什库尔干塔吉克自治县。“鹰隼不吃腐烂的肉。”倡导人们要培养良好的道德品质。对于研究塔吉克族社会道德观念有参考价值。1985 年古力买买德塔吉克语演唱，艾布力·艾山汗塔吉克文笔录。穆尼·塔布力迪译成维吾尔文。16 开纸 1 页，1 行。译文收入《中国民间文学集成·新疆卷·塔吉克族民间文学集》，新疆大学出版社 2005 年版。

（玛丽亚木·艾合买提编，海燕萍译）

盗贼在黑暗中寻找盗贼

ژد اَت ژد شَب جَم ساين

ʤed ät ʤed wäqte šäb jäm sayin

塔吉克族谚语。流传于新疆维吾尔自治区喀什地区塔什库尔干塔吉克自治县。“盗贼在黑暗中寻找盗贼。”抨击了偷盗行为，告诫人们要自食其力。对于研究塔吉克族社会道德观念有参考价值。1985年尼嘎尔塔吉克语演唱，哈里丹·夏热合曼塔吉克文笔录。穆尼·塔布力迪译成维吾尔文。16开纸1页，1行。译文收入《中国民间文学集成·新疆卷·塔吉克族民间文学集》，新疆大学出版社2005年版。

（玛丽亚木·艾合买提编，海燕萍译）

纵容坏人等同于压制好人

ژيتير پس چَيگ، چَرجير قَست

ʤ itir pes čäyg, čärjir qäst

塔吉克族谚语。流传于新疆维吾尔自治区喀什地区塔什库尔干塔吉克自治县。“纵容坏人等同于压制好人。”倡导人们要抑恶扬善，任何时候都要公平公正，做善良正直的人。对于研究塔吉克族社会道德观念有参考价值。1985年嘎瓦尔·阿拉木塔吉克语演唱，西仁·库尔班塔吉克文笔录并译成维吾尔文。16开纸1页，1行。译文收入《中国民间文学集成·新疆卷·塔吉克族民间文学集》，新疆大学出版社2005年版。

（艾比百·吐尔逊尼牙孜编，安尼瓦尔·加帕尔译）

吃得少睡得香

كَم خُردَن راهَت تَن

käm xordan rahäte tän

塔吉克族谚语。流传于新疆维吾尔自治区喀什地区塔什库尔干塔吉克自治县。“吃得少睡得香，吃得多会受罪。”劝导人们不要贪心，懂得知足。对于研究塔吉克族社会道德观念有参考价值。1985年塔布力迪·吾秀尔塔吉克语演唱，西仁·库尔班塔吉克文笔录并译成维吾尔文。16开纸1页，1行。译文收入《中国民间文学集成·新疆卷·塔吉克族民间文学集》，新疆大学出版社2005年版。

（艾比百·吐尔逊尼牙孜编，贾玛力丁译）

眼馋肚子饱

قچ سَير، چَشم نيست

qeč säyr，čäšm nist

塔吉克族谚语。流传于新疆维吾尔自治区喀什地区塔什库尔干塔吉克自治县。“眼馋肚子饱。”讽刺和鞭挞了自私自利，贪得无厌的行为，劝导人们要有知足的心态。对于研究塔吉克族人生价值观念有参考价值。1985年马达力汗·巴伦塔吉克语演唱，西仁·库尔班塔吉克文笔录并译成维吾尔文。16开纸1页，1行。译文收入《中国民间文学集成·新疆卷·塔吉克族民间文学集》，新疆大学出版社2005年版。

（艾比百·吐尔逊尼牙孜编，贾玛力丁译）

芨芨草最白，但狗还来尿屎

سگ اَر چَغ مَكچ

säg är čäɣ mäkč

塔吉克族谚语。流传于新疆维吾尔自治区喀什地区塔什库尔干塔吉克自治县。“芨芨草最白，但狗还来尿屎。”说明善良的人有时也会受到坏人的迫害。劝导人们要谨慎，不要与卑鄙小人交往。对于研究塔吉克族善恶观念有参考价值。1985年穆尼·塔布力迪塔吉克语演唱，西仁·库尔班塔吉克文笔录并译成维吾尔文。16开纸1页，1行。译文收入《中国民间文学集成·新疆卷·塔吉克族民间文学集》，新疆大学出版社2005年版。

（艾比百·吐尔逊尼牙孜编，贾马力丁译）

不呆在家里的女人是灾祸

پَچد نه نَليستيچوز آورَت اوفَت

päčed nä nälističuz awrät ufät

塔吉克族谚语。流传于新疆维吾尔自治区喀什地区塔什库尔干塔吉克自治县。“不呆在家里的女人是灾祸。”劝导人们要热爱家庭，培养勤劳、高尚的道德品质。对于研究塔吉克族家庭道德观念有参考价值。1985年艾布力·艾山汗塔吉克语演唱，西仁·库尔班塔吉克文笔录并译成维吾尔文。16开纸1页，1行。译文收入《中国民间文学集成·新疆卷·塔吉克族民间文学集》，新疆大学出版社2005年版。

（艾比百·吐尔逊尼牙孜编，贾马力丁译）

坏女人的眼睛朝外看

ژيت آورتَن ويسم تَروَچ

ʤit awrätän wisem tärwäč

塔吉克族谚语。流传于新疆维吾尔自治区喀什地区塔什库尔干塔吉克自治县。“坏女人的眼睛朝外看。”喻示品行不好的女人对家庭不忠诚，挥霍家庭财富。倡导妇女要培养良好的道德品行。对于研究塔吉克族家庭道德观念有参考价值。1985年古力买买德塔吉克语演唱，达力·买提胡夏勒塔吉克文笔录并译成维吾尔文。16开纸1页，1行。译文收入《中国民间文学集成·新疆卷·塔吉克族民间文学集》，新疆大学出版社2005年版。

（玛丽亚木·艾合买提编，海燕萍译）

吃少了的急着钻被窝

کَم خُگجنج اَر خوُنگ جاکچ

käm xogjenj är xäwong jakč

塔吉克族谚语。流传于新疆维吾尔自治区喀什地区塔什库尔干塔吉克自治县。“吃少了的急着钻被窝，吃多了的急着往外跑。”批判了贪得无厌等不良品行，赞扬了良好的饮食习惯。对于研究塔吉克族生活观念有参考价值。1985年古力买买德塔吉克语演唱，哈里丹·夏热合曼塔吉克文笔录并译成维吾尔文。16开纸1页，1行。译文收入《中国民间文学集成·新疆卷·塔吉克族民间文学集》，新疆大学出版社2005年版。

（玛丽亚木·艾合买提编，周玉玲译）

没钱就用自己的才智

پول نَويدسه خو عقل رَفان

pulnäwidsä xu äql räfan

塔吉克族谚语。流传于新疆维吾尔自治区喀什地区塔什库尔干塔吉克自治县。“没钱就用自己的才智。”强调了智慧在人生中的重要性，提醒人们在生活中应注意自己的道德品行。对于研究塔吉克族人生观念有参考价值。1985年尼嘎尔塔吉克语演唱，哈里丹·夏热合曼塔吉克文笔录并译成维吾尔文。16开纸1页，1行。译文收入《中国民间文学集成·新疆卷·塔吉克族民间文学集》，新疆大学出版社2005年版。

（玛丽亚木·艾合买提编，米娜娃·哈木里拉提译）

过分的玩笑会伤人

ژيت چَقچَق اَخَل خَفا کَکت

ʤit čäqčäq äxäl xäfa käkt

塔吉克族谚语。流传于新疆维吾尔自治区喀什地区塔什库尔干塔吉克自治县。“过分的玩笑会伤人。”告诫人们说笑玩乐也要注意分寸，不能伤害他人的自尊。对于研究塔吉克族社会道德观念有参考价值。1985年尼嘎尔塔吉克语演唱，哈里丹·夏热合曼塔吉克文笔录并译成维吾尔文。16

开纸1页，1行。译文收入《中国民间文学集成·新疆卷·塔吉克族民间文学集》，新疆大学出版社2005年版。

（玛丽亚木·艾合买提编，米娜娃·哈木里拉提译）

集市一乱

بازار بِتَرتيپ سَويد ژِد خوش

bazar betärtip säwid ʤej xuš

塔吉克族谚语。流传于新疆维吾尔自治区喀什地区塔什库尔干塔吉克自治县。“集市一乱，小偷就乐。”指责趁火打劫的不良行为，劝导人们要辛勤劳动，不要偷窃。对于研究塔吉克族社会道德观念有参考价值。1985年古力买买德塔吉克语演唱，哈里丹·夏热合曼塔吉克文笔录并译成维吾尔文。16开纸1页，1行。译文收入《中国民间文学集成·新疆卷·塔吉克族民间文学集》，新疆大学出版社2005年版。

（玛丽亚木·艾合买提编，周玉玲译）

骄傲是人的敌人

لاوجونى آدَم دُشمَن

lawrjuni adäm došmän

塔吉克族谚语。流传于新疆维吾尔自治区喀什地区塔什库尔干塔吉克自治县。“骄傲是人的敌人。”劝导人们做什么事都应该谦虚、谨慎。对于研究塔吉克族社会道德观念有参考价值。1985年尼嘎尔塔吉克语演唱，哈里丹·夏热合曼塔吉克文笔录并译成维吾尔文。16开纸1页，1行。译文收入《中国民间文学集成·新疆卷·塔吉克族民间文学集》，新疆大学出版社2005年版。

（玛丽亚木·艾合买提编，米娜娃·哈木里拉提译）

红花配绿叶

گُلَت پارک ايميرى زَيب

golät park imiri zäyb

塔吉克族谚语。流传于新疆维吾尔自治区喀什地区塔什库尔干塔吉克自治县。“红花配绿叶，锦上添花。”告诉人们人的美貌只有在美德的衬托下才会显得更美，强调了道德品质的重要性。教导人们要树立良好的道德观。对于研究塔吉克族社会道德观念有参考价值。1985年尼嘎尔塔吉克语演唱，哈里丹·夏热合曼塔吉克文笔录并译成维吾尔文。16开纸1页，1行。译文收入《中国民间文学集成·新疆卷·塔吉克族民间文学集》，新疆大学出版社2005年版。

（玛丽亚木·艾合买提编，周玉玲译）

烂茄子虫子也不吃

اَز غَجد چرممَس رَسَت

äz ɣäjd čermmäs räsät

塔吉克族谚语。流传于新疆维吾尔自治区喀什地区塔什库尔干塔吉克自治县。“烂茄子虫子也不吃。”批判了各种不道德的行为。对于研究塔吉克族社会道德观念有参考价值。1985年穆热地克塔吉克语演唱，哈里丹·夏热合曼塔吉克文笔录并译成维吾尔文。16开纸1页，1行。译文收入《中国民间文学集成·新疆卷·塔吉克族民间文学集》，新疆大学出版社2005年版。

（玛丽亚木·艾合买提编，米娜娃·哈木里拉提译）

肉汤还没送到嘴里

كيروُ پَغاو نَفيريپچ

kirwo päɣaw näfiripč

塔吉克族谚语。流传于新疆维吾尔自治区喀什地区塔什库尔干塔吉克自治县。“肉汤还没送到嘴里，已把嘴烫伤。”喻示人们急于求成不会有好结果，遇事要沉着冷静。对于研究塔吉克族社会道德观念有参考价值。1985年穆热地克塔吉克语演唱，哈里丹·夏热合曼塔吉克文笔录并译成维吾尔文。16开纸1页，1行。译文收入《中国民间文学集成·新疆卷·塔吉克族民间文学集》，新疆大学出版社2005年版。

（玛丽亚木·艾合买提编，周玉玲译）

心胸豁达就出手大方

زارد آتَن دَستمَس اَت

zard ätän dästmäs ät

塔吉克族谚语。流传于新疆维吾尔自治区喀什地区塔什库尔干塔吉克自治县。“心胸豁达就出手大方。”说明心有所思就有所为，劝导人们要心胸豁达、善良、诚实。对于研究塔吉克族社会道德观念有参考价值。1985年古力买买德塔吉克语演唱，哈里丹·夏热合曼塔吉克文笔录并译成维吾尔文。16开纸1页，1行。译文收入《中国民间文学集成·新疆卷·塔吉克族民间文学集》，新疆大学出版社2005年版。

（玛丽亚木·艾合买提编，米娜娃·哈木里拉提译）

恶人有恶习

بَدخويَن وى چرمَس بَد

bädxuyän wi čermäs bäd

塔吉克族谚语。流传于新疆维吾尔自治区喀什地区塔什库尔干塔吉克自治县。“恶人有恶习。”告诉人们在成长过程中如果养成恶习，会对以后的人际关系造成负面的影响。对于研究塔吉克族社会道德观念有参考价值。1985年古力买买德塔吉克语演唱，哈里丹·夏热合曼塔吉克文笔录并译成维吾尔文。16开纸1页，1行。译文收入《中国民间文学集成·新疆卷·塔吉克族民间文学集》，新疆大学出版社2005年版。

（玛丽亚木·艾合买提编，周玉玲译）

吐出去的唾沫

تو خُپَغاو زاكت نَساود

tu xopäɣaw zakt näsawd

塔吉克族谚语。流传于新疆维吾尔自治区喀什地区塔什库尔干塔吉克自治县。“吐出去的唾沫，泼出去的水。”告诉人们对于过去的事情或别人的过失不能反复埋怨，使别人尴尬。对于研究塔吉克族社会道德观念有参考价值。1985年穆巴热克夏塔吉克语演唱，哈里丹·夏热合曼塔吉克文笔录并译成维吾尔文。16开纸1页，1行。译文收入《中国民间文学集成·新疆卷·塔吉克族民间文学集》，新疆大学出版社2005年版。

（玛丽亚木·艾合买提编，米娜娃·哈木里拉提译）

忧愁能把人熬干

غَم آدَم خَراب كَكت

ɣäm adäm xärab käkt

塔吉克族谚语。流传于新疆维吾尔自治区喀什地区塔什库尔干塔吉克自治县。“忧愁能把人熬干。”告诉人们不应该为那些已发生或未发生的事而过分发愁，应该学会沉着冷静。对于研究塔吉克族社会道德观念有参考价值。1985年吾秀尔塔吉克语演唱，哈里丹·夏热合曼塔吉克文笔录并译成维吾尔文。16开纸1页，1行。译文收入《中国民间文学集成·新疆卷·塔吉克族民间文学集》，新疆大学出版社2005年版。

（玛丽亚木·艾合买提编，周玉玲译）

懒婆娘的头上生虱子

هورُن زَنَن وی کال سپَل دوج

huron zänän wi käl sipäl duj

塔吉克族谚语。流传于新疆维吾尔自治区喀什地区塔什库尔干塔吉克自治县。“懒婆娘的头上生虱子。”指责一些妇女的懒惰品性，劝导妇女要勤劳、贤惠。对于研究塔吉克族社会道德观念有参考价值。1985 年玉素普塔吉克语演唱，西仁·库尔班塔吉克文笔录并译成维吾尔文。16 开纸 1 页，1 行。译文收入《中国民间文学集成·新疆卷·塔吉克族民间文学集》，新疆大学出版社 2005 年版。

（玛丽亚木·艾合买提编，周玉玲译）

懒汉和瞌睡是朋友

هورُنَت خاب دوست

huronät xab dust

塔吉克族谚语。流传于新疆维吾尔自治区喀什地区塔什库尔干塔吉克自治县。“懒汉和瞌睡是朋友，小偷和夜晚是朋友。”劝导人们不管在何时何地、无论从事什么工作，都要付出自己的辛劳。批评了懒惰的不良品行。对于研究塔吉克族社会道德观念有参考价值。1985 年古力买买德塔吉克语演唱，哈里丹·夏热合曼塔吉克文笔录并译成维吾尔文。16 开纸 1 页，1 行。译文收入《中国民间文学集成·新疆卷·塔吉克族民间文学集》，新疆大学出版社 2005 年版。

（玛丽亚木·艾合买提编，周玉玲译）

两只耳朵一个见不得一个

دو غاول عیمی نَوَند

du ɣawl äyimi näwänd

塔吉克族谚语。流传于新疆维吾尔自治区喀什地区塔什库尔干塔吉克自治县。“两只耳朵一个见不得一个。”指责了人们彼此不容忍的不良品行，劝导人们要培养优良品德。对于研究塔吉克族社会道德观念有参考价值。1985 年布里布力塔吉克语演唱，西仁·库尔班塔吉克文笔录并译成维吾尔文。16 开纸 1 页，1 行。译文收入《中国民间文学集成·新疆卷·塔吉克族民间文学集》，新疆大学出版社 2005 年版。

（玛丽亚木·艾合买提编，周玉玲译）

暴雨再强

نَکَوَر هَرسوند کوچین

näkäwär härsun kučin

塔吉克族谚语。流传于新疆维吾尔自治区喀什地区塔什库尔干塔吉克自治县。“暴雨再强，终归要流入地沟。”告诉人们无论何时都不能狂妄自大，应该谦虚随和。对于研究塔吉克族社会道德观念有参考价值。1985 年布里布力塔吉克语演唱，西仁·库尔班塔吉克文笔录并译成维吾尔文。16 开纸 1 页，1 行。译文收入《中国民间文学集成·新疆卷·塔吉克族民间文学集》，新疆大学出版社 2005 年版。

（玛丽亚木·艾合买提编，周玉玲译）

天再黑，小偷也能找到自己的同伴

ژد په شَب خو هَمرا ویرَید

ʤed pä šäb xu hämra wiräyd

塔吉克族谚语。流传于新疆维吾尔自治区喀什地区塔什库尔干塔吉克自治县。“天再黑，小偷也能找到自己的同伴。”批评了那些见缝插针的势利小人，教导人们辛勤工作，不要懒惰。对于研究塔吉克族社会道德观念有参考价值。1985 年布里布力塔吉克语演唱，西仁·库尔班塔吉克文笔录并译成维吾尔文。16 开纸 1 页，1 行。译文收入《中国民间文学集成·新疆卷·

塔吉克族民间文学集》，新疆大学出版社 2005 年版。

（玛丽亚木・艾合买提编，米娜娃・哈木里拉提译）

舌头软的牛犊吃所有的奶

شیلت زیو ویشک اَجَم ریوج

šilet ziw wišk äjäm riwj

塔吉克族谚语。流传于新疆维吾尔自治区喀什地区塔什库尔干塔吉克自治县。“舌头软的牛犊吃所有的奶，舌头硬的牛犊一个也没有吃上。”告诉人们品行端正、能够体贴他人的孩子可以赢得所有人的喜爱。对于研究塔吉克族社会道德观念有参考价值。1985 年穆热地克塔吉克语演唱，西仁・库尔班塔吉克文笔录并译成维吾尔文。16 开纸 1 页，2 行。译文收入《中国民间文学集成・新疆卷・塔吉克族民间文学集》，新疆大学出版社 2005 年版。

（玛丽亚木・艾合买提编，海燕萍译）

一旦娶了媳妇

گینین اَت سُت، چِدین اَت سُت

ginin ät sot，čedin ät sot

塔吉克族谚语。流传于新疆维吾尔自治区喀什地区塔什库尔干塔吉克自治县。“一旦娶了媳妇，就要备柴禾。”说明男人一旦成家，就要承担起养家的责任。强调了在家庭生活中男人勇于承担责任、能干的重要性。对于研究塔吉克族家庭道德观念有参考价值。1985 年法克尔夏塔吉克语演唱，西仁・库尔班塔吉克文笔录并译成维吾尔文。16 开纸 1 页，1 行。译文收入《中国民间文学集成・新疆卷・塔吉克族民间文学集》，新疆大学出版社 2005 年版。

（玛丽亚木・艾合买提编，海燕萍译）

乌鸦吃所有的死尸

جَم اگوشت خرن خیرد

jäm äguŝt xern xird

塔吉克族谚语。流传于新疆维吾尔自治区喀什地区塔什库尔干塔吉克自治县。“乌鸦吃所有的死尸，但谁也不吃乌鸦的死尸。”说明了经常帮助和支持他人的人，自己需要帮助或支持时却无人理他，倡导人们互相帮助、互相尊重。对于研究塔吉克族社会道德观念有参考价值。1985 年艾布力塔吉克语演唱，西仁・库尔班塔吉克文笔录并译成维吾尔文。16 开纸 1 页，1 行。译文收入《中国民间文学集成・新疆卷・塔吉克族民间文学集》，新疆大学出版社 2005 年版。

（玛丽亚木・艾合买提编，海燕萍译）

狗叫得狂的地方是家门口

سَگ خُپه دَر واقت

säg xopä där waqt

塔吉克族谚语。流传于新疆维吾尔自治区喀什地区塔什库尔干塔吉克自治县。“狗叫得狂的地方是家门口，死的地方是荒原。”说明道德败坏、损人利己和背信弃义的人不会有好下场，倡导人们要友好、和睦相处。对于研究塔吉克族社会道德观念有参考价值。1985 年布里布力塔吉克语演唱，西仁・库尔班塔吉克文笔录并译成维吾尔文。16 开纸 1 页，1 行。译文收入《中国民间文学集成・新疆卷・塔吉克族民间文学集》，新疆大学出版社 2005 年版。

（玛丽亚木・艾合买编，海燕萍译）

钠斯是魔鬼

نیسو اوچ عفلوس

niswu uč iflus

塔吉克族谚语。流传于新疆维吾尔自治区喀什地区塔什库尔干塔吉克自治县。

“钠斯是魔鬼，损害的是地毯和线毯。”告诉人们吸食有害于健康的毒品，会白白葬送自己的家庭，甚至是生命，劝导人们要远离毒品。对于研究塔吉克族社会道德观念有参考价值。1985 年塔布力迪·吾秀尔塔吉克语演唱，西仁·库尔班塔吉克文笔录并译成维吾尔文。16 开纸 1 页，1 行。译文收入《中国民间文学集成·新疆卷·塔吉克族民间文学集》，新疆大学出版社 2005 年版。

（玛丽亚木·艾合买提编，海燕萍译）

胡大知道驴子的秉性就没有使它长角

خُدا وَزانج شرير كاو نَدوج

hoda wäzanj šerir käw näduj

塔吉克族谚语。流传于新疆维吾尔自治区喀什地区塔什库尔干塔吉克自治县。“胡大知道驴子的秉性就没有使它长角。”批驳了过河拆桥、背信弃义、看不起别人、品质不良的人。对于研究塔吉克族社会道德观念有参考价值。1985 年塔布力迪·吾秀尔塔吉克语演唱，西仁·库尔班塔吉克文笔录并译成维吾尔文。16 开纸 1 页，1 行。译文收入《中国民间文学集成·新疆卷·塔吉克族民间文学集》，新疆大学出版社 2005 年版。

（玛丽亚木·艾合买提编，海燕萍译）

一驴尿，百驴尿

يَک خَر مَكچ

yäk xär mäkčsä

塔吉克族谚语。流传于新疆维吾尔自治区喀什地区塔什库尔干塔吉克自治县。“一驴尿，百驴尿。”批评了凡事依靠别人、缺乏自立能力的人，倡导人们坚定信念，独立思考。对于研究塔吉克族思想观念有参考价值。1985 年马达力汗·巴伦塔吉克语演唱，西仁·库尔班塔吉克文笔录并译成维吾尔文。16 开纸 1 页，1 行。译文收入《中国民间文学集成·新疆卷·塔吉克族民间文学集》，新疆大学出版社 2005 年版。

（玛丽亚木·艾合买提编，海燕萍译）

外表不能知人，内心方可知人

آدَم اَز دَرون وَظاند ساود

adäm äz därun wäzand sawd

塔吉克族谚语。流传于新疆维吾尔自治区喀什地区塔什库尔干塔吉克自治县。“外表不能知人，内心方可知人。”说明人的美不在外表，心灵美才是真正的美。对于研究塔吉克族谚语有参考价值。1985 年古力买买德塔吉克语演唱，西仁·库尔班塔吉克文笔录并译成维吾尔文。16 开纸 1 页，1 行。译文收入《中国民间文学集成·新疆卷·塔吉克族民间文学集》，新疆大学出版社 2005 年版。

（艾比百·吐尔逊尼牙孜编，贾马力丁译）

手艺人没有幸福陪伴

هونَروَن ياد اَر دييور بَدبَخت ساود

hunärwšn yad šr diyur bädbäxt sawd

塔吉克族谚语。流传于新疆维吾尔自治区喀什地区塔什库尔干塔吉克自治县。“手艺人没有幸福陪伴，会流落他乡。”说明有手艺的人会热爱自己的家乡，善于在任何地方施展自己的技术和知识。对于研究塔吉克族人生价值观念有参考价值。1985 年塔瓦尼·卡地尔塔吉克语演唱，西仁·库尔班塔吉克文笔录并译成维吾尔文。16 开纸 1 页，1 行。译文收入《中国民间文学集成·新疆卷·塔吉克族民间文学集》，新疆大学出版社 2005 年版。

（艾比百·吐尔逊尼牙孜编，贾马力丁译）

做他人的事，暑天也会感到手凉

خَل چرير تُموسمَس دَست ايش كَكت

xäl čerir tomusmäs däst iš käkt

塔吉克族谚语。流传于新疆维吾尔自治区喀什地区塔什库尔干塔吉克自治县。“做他人的事，暑天也会感到手凉。”揭示了自私自利者的特性，劝勉人们培养真诚、善良的品德。对于研究塔吉克族谚语有参考价值。1985 年买买地亚尔塔吉克语演唱，西仁·库尔班塔吉克文笔录并译成维吾尔文。16 开纸 1 页，1 行。译文收入《中国民间文学集成·新疆卷·塔吉克族民间文学集》，新疆大学出版社 2005 年版。

（艾比百·吐尔逊尼牙孜编，斯拉吉丁译）

醉汉的朋友——破棉絮和阉人

اَمَست پَختايَت اَختا تر كَكت

ämäst päxtayät äxta ter käkt

塔吉克族谚语。流传于新疆维吾尔自治区喀什地区塔什库尔干塔吉克自治县。“醉汉的朋友——破棉絮和阉人。”告诫人们要凭良知和自尊生活，培养高尚品德。对于研究塔吉克族生活观念有参考价值。1985 年霍加艾山·皮纳齐塔吉克语演唱，西仁·库尔班塔吉克文笔录并译成维吾尔文。16 开纸 1 页，1 行。译文收入《中国民间文学集成·新疆卷·塔吉克族民间文学集》，新疆大学出版社 2005 年版。

（艾比百·吐尔逊尼牙孜编，斯拉吉丁译）

奈何不了毛驴就打它的鞍垫

شرير كُچ نه فيريپچ، اَلق دوج

xärir koč nä firipč，äleq duj

塔吉克族谚语。流传于新疆维吾尔自治区喀什地区塔什库尔干塔吉克自治县。“奈何不了毛驴就打它的鞍垫。”遣责了一些人奈何不了强者就找弱者出气的不良品行。对于研究塔吉克族谚语有参考价值。1985 年哈里丹·夏热合曼塔吉克语演唱，西仁·库尔班塔吉克文笔录并译成维吾尔文。16 开纸 1 页，1 行。译文收入《中国民间文学集成·新疆卷·塔吉克族民间文学集》，新疆大学出版社 2005 年版。

（艾比百·吐尔逊尼牙孜编，斯拉吉丁译）

不要因夏季的欢快忘记冬季的严寒

تابستان اَز خوشى زمستان ما رَناس

tabistan äz xuši zimistan maränas

塔吉克族谚语。流传于新疆维吾尔自治区喀什地区塔什库尔干塔吉克自治县。“不要因夏季的欢快，忘记冬季的严寒。”喻示人们生活富裕的时候不要忘记曾经遭受的苦难，告诫人们要培养艰苦朴素的品德。对于研究塔吉克族生活观念有参考价值。1985 年多来提别克塔吉克语演唱，西仁·库尔班塔吉克文笔录并译成维吾尔文。16 开纸 1 页，1 行。译文收入《中国民间文学集成·新疆卷·塔吉克族民间文学集》，新疆大学出版社 2005 年版。

（艾比百·吐尔逊尼牙孜编，斯拉吉丁译）

让狗坐上席

سَگ چيناخ سَزيواد

säg činax säziwad

塔吉克族谚语。流传于新疆维吾尔自治区喀什地区塔什库尔干塔吉克自治县。“让狗坐上席，它却跑到下首。”告诉人们即使尊重品行不好、愚昧无知的人，他们还是恶性难改。劝导人们培养良好的品德。对于研究塔吉克族社会道德观念有参考价值。1985 年买买地亚尔塔吉克语演唱，艾布力·艾山汗塔吉克文笔录。穆尼·塔布力迪译成维吾尔文。16 开纸 1 页，1 行。译文收入《中国民间文学集成·新疆卷·

慷慨属于人民

مَرد زَمان قَتی مَرد

märd zäman qäti märd

塔吉克族谚语。流传于新疆维吾尔自治区喀什地区塔什库尔干塔吉克自治县。“慷慨属于人民，没有人民拥护的慷慨就无法生存。”劝导人们要时刻牢记人民，为人民、为社会多做善事。对于研究塔吉克族人生价值观念有参考价值。1985 年尼嘎尔塔吉克语演唱，西仁・库尔班塔吉克文笔录并译成维吾尔文。16 开纸 1 页，2 行。译文收入《中国民间文学集・新疆卷・塔吉克族民间文学集》，新疆大学出版社 2005 年版。

（艾比百・吐尔逊尼牙孜编，阿力木译）

离开了羊群的羊只

أز توپ سیردجنج ماول کیتپ باک

äz tup siredjenj mawl kitp bak

塔吉克族谚语。流传于新疆维吾尔自治区喀什地区塔什库尔干塔吉克自治县。“离开了羊群的羊只，只能成为狼的美餐。”批评了自行其事、脱离集体的行为，倡导人们要团结合作。对于研究塔吉克族社会道德观念有参考价值。1985 年穆热地克塔吉克语演唱，西仁・库尔班塔吉克文笔录并译成维吾尔文。16 开纸 1 页，1 行。译文收入《中国民间文学集成・新疆卷・塔吉克族民间文学集》，新疆大学出版社 2005 年版。

（艾比百・吐尔逊尼牙孜编，
安尼瓦尔・加帕尔译）

成堆的蚊子可咬破毛驴的皮

پور پیشا خَر اَپست چوک دید

pur piša xär päst čuk did

塔吉克族谚语。流传于新疆维吾尔自治区喀什地区塔什库尔干塔吉克自治县。“成堆的蚊子可咬破毛驴的皮。”喻示团结一致就能达成目标。对于研究塔吉克族谚语有参考价值。1985 年多来提别克塔吉克语演唱，西仁・库尔班塔吉克文笔录并译成维吾尔文。16 开纸 1 页，2 行。译文收入《中国民间文学集成・新疆卷・塔吉克族民间文学集》，新疆大学出版社 2005 年版。

（艾比百・吐尔逊尼牙孜编，斯拉吉丁译）

山不连山，而人可连人

قیر پَقیر نَفیراپست

qir pä qir näfirafst

塔吉克族谚语。流传于新疆维吾尔自治区喀什地区塔什库尔干塔吉克自治县。“山不连山，而人可连人。”劝告人们要友善、团结，要相互信任地生活。对于研究塔吉克族谚语有参考价值。1985 年吾甫尔塔吉克语演唱，西仁・库尔班塔吉克文笔录并译成维吾尔文。16 开纸 1 页，1 行。译文收入《中国民间文学集成・新疆卷・塔吉克族民间文学集》，新疆大学出版社 2005 年版。

（艾比百・吐尔逊尼牙孜编，贾马力丁译）

蚂蚁们紧密团结消灭了毒蛇

پور مورچه توفُسکمَس زانین

pur murčä tufosmäs zanin

塔吉克族谚语。流传于新疆维吾尔自治区喀什地区塔什库尔干塔吉克自治县。“蚂蚁们紧密团结消灭了毒蛇。”说明团结就是力量，倡导人们无论何时都要团结、友好、相互合作。对于研究塔吉克族社会道德观念有参考价值。1985 年古力买买德塔吉克语演唱，西仁・库尔班塔吉克文笔录并译成维吾尔文。16 开纸 1 页，1 行。译文收入《中国民间文学集成・新疆卷・塔吉克族民间文学集》，新疆大学出版社 2005 年版。

（艾比百・吐尔逊尼牙孜编，
安尼瓦尔・加帕尔译）

蚊子聚在一起虫子必死

مرز ویکچ سَساود چرم مرد

merz wikč säsawd čerm merd

塔吉克族谚语。流传于新疆维吾尔自治区喀什地区塔什库尔干塔吉克自治县。“蚊子聚在一起虫子必死，街坊聚在一起事情必能解决。”告诉人们群众的力量与智慧是无穷无尽的，劝导人们不要搞分裂，要和睦相处，为家乡作贡献。对于研究塔吉克族社会道德观念有参考价值。1985 年多来提拜克塔吉克语演唱，西仁·库尔班塔吉克文笔录并译成维吾尔文。16 开纸1 页，1 行。译文收入《中国民间文学集成·新疆卷·塔吉克族民间文学集》，新疆大学出版社 2005 年版。

（玛丽亚木·艾合买提编，周玉玲译）

一人慈爱，百人享受

یَک کَس چَرجی سَد کَسیرفُیدا

yäk käs čärji säd käsir foyda

塔吉克族谚语。流传于新疆维吾尔自治区喀什地区塔什库尔干塔吉克自治县。“一人慈爱，百人享受。”倡导人与人之间要相互友爱。对于研究塔吉克族社会道德观念有参考价值。1985 年买买地亚尔塔吉克语演唱，达力·买提胡夏勒塔吉克文笔录并译成维吾尔文。16 开纸 1 页，1 行。译文收入《中国民间文学集成·新疆卷·塔吉克族民间文学集》，新疆大学出版社 2005 年版。

（玛丽亚木·艾合买提编，海燕萍译）

两个巴掌不相击

دو دَست اَوُج زیواد

du däst äwoj ziwad

塔吉克族谚语。流传于新疆维吾尔自治区喀什地区塔什库尔干塔吉克自治县。“两个巴掌不相击，一个巴掌拍不响。”劝导人们要加强团结。对于研究塔吉克族社会道德观念有参考价值。1985 年卡地尔塔吉克语演唱，西仁·库尔班塔吉克文笔录并译成维吾尔文。16 开纸 1 页，1 行。译文收入《中国民间文学集成·新疆卷·塔吉克族民间文学集》，新疆大学出版社 2005 年版。

（玛丽亚木·艾合买提编，海燕萍译）

爬行的蜘蛛吓住了大象

رَغزیبوف پیل کوج چاگج

räɣzibuf pil kuj čagj

塔吉克族谚语。流传于新疆维吾尔自治区喀什地区塔什库尔干塔吉克自治县。“爬行的蜘蛛吓住了大象。”说明团结一心才能战胜困难，劝导人们要爱集体、爱祖国。对于研究塔吉克族集体主义观念有参考价值。1985 年吾秀尔塔吉克语演唱，西仁·库尔班塔吉克文笔录并译成维吾尔文。16 开纸 1 页，1 行。译文收入《中国民间文学集成·新疆卷·塔吉克族民间文学集》，新疆大学出版社 2005 年版。

（玛丽亚木·艾合买提编，海燕萍译）

蜘蛛要是联合起来

رَغزیبوف اَگَر جَم سَساین

räɣzibuf ägär jäm säsayin

塔吉克族谚语。流传于新疆维吾尔自治区喀什地区塔什库尔干塔吉克自治县。“蜘蛛要是联合起来，可以杀死毒蟒。”说明团结就是力量，劝导人们加强团结、战胜困难。对于研究塔吉克族谚语有参考价值。1985 年吾秀尔塔吉克语演唱，西仁·库尔班塔吉克文笔录并译成维吾尔文。16 开纸 1 页，1 行。译文收入《中国民间文学集成·新疆卷·塔吉克族民间文学集》，新疆大学出版社 2005 年版。

（玛丽亚木·艾合买提编，海燕萍译）

母马不会狠踢幼驹

بايتال خُتاى لُچ نَديد

baytal xotay loč nädid

塔吉克族谚语。流传于新疆维吾尔自治区喀什地区塔什库尔干塔吉克自治县。“母马不会狠踢幼驹。”告诫乡里乡亲要和睦相处，批驳了不团结的行为。对于研究塔吉克族社会道德观念有参考价值。1985 年嘎瓦尔·阿拉木塔吉克语演唱，艾布力·艾山汗塔吉克文笔录。穆尼·塔布力迪译成维吾尔文。16 开纸 1 页，1 行。译文收入《中国民间文学集成·新疆卷·塔吉克族民间文学集》，新疆大学出版社 2005 年版。

（玛丽亚木·艾合买提编，海燕萍译）

近亲犹如血与肉

نيزد خَيک گوشت اَت وَخينرَنگ

nizd xäyk gušt ät wäxinräng

塔吉克族谚语。流传于新疆维吾尔自治区喀什地区塔什库尔干塔吉克自治县。“近亲犹如血与肉。”说明亲人、同胞之间血肉相连不能分离，劝告亲人、同胞之间任何时候都要和睦相处。对于研究塔吉克族生活观念有参考价值。1985 年土尔迪·阿洪塔吉克语演唱，西仁·库尔班塔吉克文笔录并译成维吾尔文。16 开纸 1 页，1 行。译文收入《中国民间文学集成·新疆卷·塔吉克族民间文学集》，新疆大学出版社 2005 年版。

（艾比百·吐尔逊尼牙孜编，
安尼瓦尔·加帕尔译）

嘴巴能说的战胜了腿脚能跑的

جَلدَزيو چَقون تَرپيرُد

jäldäziw čäqun tärpirod

塔吉克族谚语。流传于新疆维吾尔自治区喀什地区塔什库尔干塔吉克自治县。“嘴巴能说的战胜了腿脚能跑的。”谴责了搬弄是非的人影响大众和睦的行为，倡导人们友好相处。对于研究塔吉克族社会道德观念有参考价值。1985 年古力买买德塔吉克语演唱，达力·买提胡夏勒塔吉克文笔录并译成维吾尔文。16 开纸 1 页，1 行。译文收入《中国民间文学集成·新疆卷·塔吉克族民间文学集》，新疆大学出版社 2005 年版。

（玛丽亚木·艾合买提编，海燕萍译）

肉和指甲不能分割

نَشاول اَز گوشت نَسيراود

näšawl äz gušt näsirawd

塔吉克族谚语。流传于新疆维吾尔自治区喀什地区塔什库尔干塔吉克自治县。“肉和指甲不能分割，骨头与皮不能分割。”说明了亲人、同胞之间相互不能割舍的道理，倡导人们要加强团结。对于研究塔吉克族谚语有参考价值。1985 年古力买买德塔吉克语演唱，达力·买提胡夏勒塔吉克文笔录并译成维吾尔文。16 开纸 1 页，1 行。译文收入《中国民间文学集成·新疆卷·塔吉克族民间文学集》，新疆大学出版社 2005 年版。

（玛丽亚木·艾合买提编，海燕萍译）

杀害父亲的凶手

خاتا زدجنجير خانا دا

xata zedjenjir xanada

塔吉克族谚语。流传于新疆维吾尔自治区喀什地区塔什库尔干塔吉克自治县。“杀害父亲的凶手，母亲也能嫁。”倡导人们宽容、团结。对于研究塔吉克族社会道德观念有参考价值。1985 年古力买买德塔吉克语演唱，塔瓦尼·卡地尔塔吉克文笔录，西仁·库尔班译成维吾尔文。16 开纸 1 页，1 行。译文收入《中国民间文学集成·新疆卷·塔吉克族民间文学集》，新疆大学出版社 2005 年版。

（玛丽亚木·艾合买提编，安尼瓦尔·加帕尔译）

父亲去世者在睡觉

آتا ماگج كُوج

äta megj kowj

塔吉克族谚语。流传于新疆维吾尔自治区喀什地区塔什库尔干塔吉克自治县。“父亲去世者在睡觉，饿着肚子者在数星星。”指责了空想、无知和懒惰的行为，倡导人们勤奋劳动、团结奋斗。对于研究塔吉克族社会道德观念有参考价值。1985 年达力·买提胡夏勒塔吉克语演唱，西仁·库尔班塔吉克文笔录并译成维吾尔文。16 开纸 1 页，1 行。译文收入《中国民间文学集成·新疆卷·塔吉克族民间文学集》，新疆大学出版社 2005 年版。

（艾比百·吐尔逊尼牙孜编，安尼瓦尔·加帕尔译）

（十二）个人和人际关系

逆境中真朋友伸出援助之手

جَفو وَقت ته چَرج دوست

jäfu wäqt tä čärj dust

塔吉克族谚语。流传于新疆维吾尔自治区喀什地区塔什库尔干塔吉克自治县。“顺境中所有人都当你是朋友，逆境中真朋友伸出援助之手，酒肉之徒则袖手旁观。”揭示了真正的朋友和伪善的朋友之间的本质区别。劝导人们对朋友要忠诚。对于研究塔吉克族社会道德观念有参考价值。1985 年古力买买德塔吉克语演唱，达力·买提胡夏勒塔吉克文笔录并译成维吾尔文。16 开纸 1 页，1 行。译文收入《中国民间文学集成·新疆卷·塔吉克族民间文学集》，新疆大学出版社 2005 年版。

（玛丽亚木·艾合买提编，海燕萍译）

妻子坏的，运气也不好

زَن بَدَن تُلَی بَد

zan bädän tuläy bäd

塔吉克族谚语。流传于新疆维吾尔自治区喀什地区塔什库尔干塔吉克自治县。“妻子坏的，运气也不好。”说明妻子的道德品行、脾气秉性不好，就会影响家庭生活的和谐。对于研究塔吉克族家庭道德观念有参考价值。1985 年古力买买德塔吉克语演唱，达力·买提胡夏勒塔吉克文笔录并译成维吾尔文。16 开纸 1 页，1 行。译文收入《中国民间文学集成·新疆卷·塔吉克族民间文学集》，新疆大学出版社 2005 年版。

（玛丽亚木·艾合买提编，海燕萍译）

伤害朋友的人

خو دوستیرژیتی سَکه

xu dustir ʤiti säkä

塔吉克族谚语。流传于新疆维吾尔自治区喀什地区塔什库尔干塔吉克自治县。“伤害朋友的人，逆境中无援手。”劝导人们要相互尊重、礼让，珍惜友情，和睦相处。对于研究塔吉克族社会道德观念有参考价值。1985 年法克尔夏塔吉克语演唱，达力·买提胡夏勒塔吉克文笔录并译成维吾尔文。16 开纸 1 页，1 行。译文收入《中国民间文学集成·新疆卷·塔吉克族民间文学集》，新疆大学出版社 2005 年版。

（玛丽亚木·艾合买提编，海燕萍译）

靠自己的人不需要靠山

قوبیل اَن مَدَتکار نیست

qubil än mädätkar nist

塔吉克族谚语。流传于新疆维吾尔自治区喀什地区塔什库尔干塔吉克自治县。“靠自己的人不需要靠山。”喻示了凡事要自力更生的重要性。对于研究塔吉克族生活观念有参考价值。1985 年尼嘎尔塔吉克语演唱，达力·买提胡夏勒塔吉克文笔录并译成维吾尔文。16 开纸 1 页，1 行。译文收入《中国民间文学集成·新疆卷·塔吉克族民间文学集》，新疆大学出版社 2005 年版。

（玛丽亚木·艾合买提编，海燕萍译）

胡子长了要及时剃

بون فراپستسه کل که

bun firapstsä kel kä

塔吉克族谚语。流传于新疆维吾尔自治区喀什地区塔什库尔干塔吉克自治县。“胡子长了要及时剃。”喻示有错要及时改正，不要漫不经心。对于研究塔吉克族谚语有参考价值。1985 年古力买买德塔吉克语演唱，达力·买提胡夏勒塔吉克文笔录并译成维吾尔文。16 开纸 1 页，1 行。译文收入《中国民间文学集成·新疆卷·塔吉克族民间文学集》，新疆大学出版社 2005 年版。

（玛丽亚木·艾合买提编，海燕萍译）

胡拽上狗尾巴的人

سَگ دُم وَدارجنج

säg dom wädarjnj

塔吉克族谚语。流传于新疆维吾尔自治区喀什地区塔什库尔干塔吉克自治县。“胡拽上狗尾巴的人，最终被水冲走。”说明了跟坏人交友不会有好结果的道理。对于研究塔吉克族社会道德观念有参考价值。1985 年法克尔夏塔吉克语演唱，达力·买提胡夏勒塔吉克文笔录并译成维吾尔文。16 开纸 1 页，1 行。译文收入《中国民间文学集成·新疆卷·塔吉克族民间文学集》，新疆大学出版社 2005 年版。

（玛丽亚木·艾合买提编，海燕萍译）

家庭不可能没有炊烟

بدود خانه نیست

bedud xanä nist

塔吉克族谚语。流传于新疆维吾尔自治区喀什地区塔什库尔干塔吉克自治县。“家庭不可能没有炊烟，夫妻不可能没有争吵。”说明在日常生活中夫妻之间难免会有矛盾纠纷，相互之间要容忍。对于研究塔吉克族社会道德观念有参考价值。1985 年古力买买德塔吉克语演唱，达力·买提胡夏勒塔吉克文笔录并译成维吾尔文。16 开纸 1 页，1 行。译文收入《中国民间文学集成·新疆卷·塔吉克族民间文学集》，新疆大学出版社 2005 年版。

（玛丽亚木·艾合买提编，海燕萍译）

连一只狗都能够养活自己

تُقا جون سَگمَس چاست

toqa jun sägmäsčast

塔吉克族谚语。流传于新疆维吾尔自治区喀什地区塔什库尔干塔吉克自治县。“连一只狗都能够养活自己。”倡导人与人之间要相互慈爱、珍惜友谊。对于研究塔吉克族社会道德观念有参考价值。1985 年尼嘎尔塔吉克语演唱，达力·买提胡夏勒塔吉克文笔录并译成维吾尔文。16 开纸 1 页，1 行。译文收入《中国民间文学集成·新疆卷·塔吉克族民间文学集》，新疆大学出版社 2005 年版。

（玛丽亚木·艾合买提编，海燕萍译）

秋日的暖阳好于背信弃义的孩子

بی وَفا اَز بَچه پیظ خر چَرج

bi wäfa äz bäčä piz her čärj

塔吉克族谚语。流传于新疆维吾尔自治区喀什地区塔什库尔干塔吉克自治县。“秋日的暖阳好于背信弃义的孩子。”倡导人们要在父母健在的时候孝敬他们、满足他们的愿望，做孝敬父母的人。对于研究塔吉克族尊老爱幼观念有参考价值。1985年卡地尔塔吉克语演唱，达力·买提胡夏勒塔吉克文笔录并译成维吾尔文。16开纸1页，1行。译文收入《中国民间文学集成·新疆卷·塔吉克族民间文学集》，新疆大学出版社2005年版。

（玛丽亚木·艾合买提编，海燕萍译）

孤苦伶仃的时候无人问津

غَریبَم وُد پولدُرَم سُت

ɣäribäm wod puldoräm sot

塔吉克族谚语。流传于新疆维吾尔自治区喀什地区塔什库尔干塔吉克自治县。“孤苦伶仃的时候无人问津，腰缠万贯的时候趋之若鹜。”告诉人们在生命中朋友比钱财更重要。对于研究塔吉克族社会道德观念有参考价值。1985年古力买买德塔吉克语演唱，达力·买提胡夏勒塔吉克文笔录并译成维吾尔文。16开纸1页，1行。译文收入《中国民间文学集成·新疆卷·塔吉克族民间文学集》，新疆大学出版社2005年版。

（玛丽亚木·艾合买提编，海燕萍译）

丈夫的桂冠是妻子

چُرَن ویتاج زَن

čorän witaj zän

塔吉克族谚语。流传于新疆维吾尔自治区喀什地区塔什库尔干塔吉克自治县。“笼头的桂冠是笼扣，丈夫的桂冠是妻子。”告诉人们作为终身的伴侣，妻子一定要品行端正、聪慧能干、忠诚可靠。颂扬了一心为家的妻子。对于研究塔吉克族家庭道德观念有参考价值。1985年吾秀尔塔吉克语演唱，达力·买提胡夏勒塔吉克文笔录并译成维吾尔文。16开纸1页，1行。译文收入《中国民间文学集成·新疆卷·塔吉克族民间文学集》，新疆大学出版社2005年版。

（玛丽亚木·艾合买提编，海燕萍译）

饥饿的人知道饥饿的滋味

مَرزُنج دَرد مَرزُنج وَزاند

märzonj därd märzonj wäzand

塔吉克族谚语。流传于新疆维吾尔自治区喀什地区塔什库尔干塔吉克自治县。“痛苦的人知道痛苦的折磨，饥饿的人知道饥饿的滋味。”说明经历了艰难困苦的人才知道幸福来之不易，才能更加珍惜生活。对于研究塔吉克族哲理思想有参考价值。1985年土尔迪·阿洪塔吉克语演唱，达力·买提胡夏勒塔吉克文笔录并译成维吾尔文。16开纸1页，1行。译文收入《中国民间文学集成·新疆卷·塔吉克族民间文学集》，新疆大学出版社2005年版。

（玛丽亚木·艾合买提编，海燕萍译）

昨天反目成仇的遗产继承者，今天又同桌共餐

غاش ودجنج میراسخور

ɣaš wedjenj merasxur

塔吉克族谚语。流传于新疆维吾尔自治区喀什地区塔什库尔干塔吉克自治县。“昨天反目成仇的遗产继承者，今天又同桌共餐。”告诉人们亲朋好友之间即使有过再大的伤害，也应妥善处理、和睦相处。对于研究塔吉克族社会道德观念有参考价值。1985年法克尔夏塔吉克语演唱，达力·买

提胡夏勒塔吉克文笔录并译成维吾尔文。16开纸1页，1行。译文收入《中国民间文学集成·新疆卷·塔吉克族民间文学集》，新疆大学出版社2005年版。

（玛丽亚木·艾合买提编，海燕萍译）

无依无靠的人做事，最终会失败

بسويب چرَن آخير نيست

besuyib čerän axir nist

塔吉克族谚语。流传于新疆维吾尔自治区喀什地区塔什库尔干塔吉克自治县。“无依无靠的人做事，最终会失败。”告诉人们只有把自己融入到集体中去，做事才会成功。对于研究塔吉克族社会道德观念有参考价值。1985年法克尔夏塔吉克语演唱，达力·买提胡夏勒塔吉克文笔录并译成维吾尔文。16开纸1页，1行。译文收入《中国民间文学集成·新疆卷·塔吉克族民间文学集》，新疆大学出版社2005年版。

（玛丽亚木·艾合买提编，海燕萍译）

为大众谋福利的人

ديورير چَرجى كه

diyurir čärji kä

塔吉克族谚语。流传于新疆维吾尔自治区喀什地区塔什库尔干塔吉克自治县。“为大众谋福利的人，犹如在蓝天翱翔。”说明只有那些为大众利益作出贡献的人，才会受到人民的尊敬。对于研究塔吉克族社会道德观念有参考价值。1985年法克里夏塔吉克语演唱，达力·买提胡夏勒塔吉克文笔录并译成维吾尔文。16开纸1页，1行。译文收入《中国民间文学集成·新疆卷·塔吉克族民间文学集》，新疆大学出版社2005年版。

（玛丽亚木·艾合买提编，海燕萍译）

与其跟坏人借钱，不如向智者讨教

اَز ژيت پول تَليپتيس

äz ʤit pul täliptis

塔吉克族谚语。流传于新疆维吾尔自治区喀什地区塔什库尔干塔吉克自治县。“与其跟坏人借钱，不如向智者讨教。”告诉人们要依靠自己的聪明才智解决问题。对于研究塔吉克族社会道德观念有参考价值。1985年布里布力塔吉克语演唱，达力·买提胡夏勒塔吉克文笔录并译成维吾尔文。16开纸1页，1行。译文收入《中国民间文学集成·新疆卷·塔吉克族民间文学集》，新疆大学出版社2005年版。

（玛丽亚木·艾合买提编，海燕萍译）

亲人始终亲，外人只在吃前亲

خودى مَرگيس، ياد خيگيس

xudi mägis, yad xigis

塔吉克族谚语。流传于新疆维吾尔自治区喀什地区塔什库尔干塔吉克自治县。“亲人始终亲，外人只在吃前亲。”劝告人们要珍惜亲情和友情，不要与陌生人建立经济关系，防止上当受骗。对于研究塔吉克族社会道德观念有参考价值。1985年玉素甫塔吉克语演唱，西仁·库尔班塔吉克文笔录并译成维吾尔文。16开纸1页，1行。译文收入《中国民间文学集成·新疆卷·塔吉克族民间文学集》，新疆大学出版社2005年版。

（艾比百·吐尔逊尼牙孜编，贾马力丁译）

疯子不能卖掉

دَيو پَرَداد نه ساود

däyw pärädad nä sawd

塔吉克族谚语。流传于新疆维吾尔自治区喀什地区塔什库尔干塔吉克自治县。“疯子不能卖掉。”劝告人们不要和疯子一般见识。对于研究塔吉克族生活观念有参考价值。1985年达力·买提胡力夏勒塔吉克语演唱，西仁·库尔班塔吉克文笔录并译成维吾尔文。16开纸1页，1行。译文收入《中国民间文学集成·新疆卷·塔吉克族民间文学集》，新疆大学出版社2005年版。

（艾比百·吐尔逊尼牙孜编，贾马力丁译）

没有给是坏事，给了也是坏事

داد ژيت، نَدادمَس ژيت

dad ʤit，nädadmäs ʤit

塔吉克族谚语。流传于新疆维吾尔自治区喀什地区塔什库尔干塔吉克自治县。“没有给是坏事，给了也是坏事。”劝导人们不要和脸皮厚的人有经济来往。对于研究塔吉克族生活观念有参考价值。1985年霍加艾山·皮纳齐塔吉克语演唱，西仁·库尔班塔吉克文笔录并译成维吾尔文。16开纸1页，1行。译文收入《中国民间文学集成·新疆卷·塔吉克族民间文学集》，新疆大学出版社2005年版。

（艾比百·吐尔逊尼牙孜编，贾马力丁译）

照出你容貌的镜子，却照不出你的内心

پَس ويسانجنج اوينَک

pes wisanjenj uynäk

塔吉克族谚语。流传于新疆维吾尔自治区喀什地区塔什库尔干塔吉克自治县。“照出你容貌的镜子，却照不出你的内心。”倡导人们在处理社会关系时保持稳重、谨慎、机警。对于研究塔吉克族谚语有参考价值。1985年西仁·库尔班塔吉克语演唱，西仁·库尔班塔吉克文笔录并译成维吾尔文。16开纸1页，1行。译文收入《中国民间文学集成·新疆卷·塔吉克族民间文学集》，新疆大学出版社2005年版。

（艾比百·吐尔逊尼牙孜编，贾马力丁译）

火越捅越旺

يوس كورسه جوركت

yus kursä jurkt

塔吉克族谚语。流传于新疆维吾尔自治区喀什地区塔什库尔干塔吉克自治县。“火越捅越旺。”告诫人们在生活中不要过多参与和自己无关的事。对于研究塔吉克族谚语有参考价值。1985年嘎瓦尔·阿拉木塔吉克语演唱，西仁·库尔班塔吉克文笔录并译成维吾尔文。16开纸1页，1行。译文收入《中国民间文学集成·新疆卷·塔吉克族民间文学集》，新疆大学出版社2005年版。

（艾比百·吐尔逊尼牙孜编，斯拉吉丁译）

一是离去的人可贵，二是死去的人可贵

اى تُيجنج چَرج، اى ماگجنج

i toyjenj čärj，i magjenj

塔吉克族谚语。流传于新疆维吾尔自治区喀什地区塔什库尔干塔吉克自治县。“一是离去的人可贵，二是死去的人可贵。”告诫人们要珍惜生命，相互敬重。对于研究塔吉克族社会道德观念有参考价值。1985年布里布力塔吉克语演唱，西仁·库尔班塔吉克文笔录并译成维吾尔文。16开纸1页，1行。译文收入《中国民间文学集成·新疆卷·塔吉克族民间文学集》，新疆大学出版社2005年版。

（艾比百·吐尔逊尼牙孜编，斯拉吉丁译）

见得少，心疏远

اَز چَشم دَر، اَز ديل دَر

äz čäšm där，äz dil där

塔吉克族谚语。流传于新疆维吾尔自治区喀什地区塔什库尔干塔吉克自治县。“见得少，心疏远。”说明不经常往来，会使朋友和亲戚之间感情逐渐淡漠，劝告人们要与自己亲近的人保持往来。对于研究

塔吉克族社会道德观念有参考价值。1985年马达力汗·巴伦塔吉克语演唱，西仁·库尔班塔吉克文笔录并译成维吾尔文。16开纸1页，1行。译文收入《中国民间文学集成·新疆卷·塔吉克族民间文学集》，新疆大学出版社2005年版。

（艾比百·吐尔逊尼牙孜编，斯拉吉丁译）

不要与爱吵架的人做邻居

غاشچی قَتی هَمسایه ماسا

ɣašči qäti hämsayä masa

塔吉克族谚语。流传于新疆维吾尔自治区喀什地区塔什库尔干塔吉克自治县。“不要与爱吵架的人做邻居，不要穿挤脚的鞋。”告诉人们挤脚的小鞋会让人行走困难，爱吵架的邻居会给人带来麻烦甚至灾难。告诫人们在社会交往中要诚实、公正。对于研究塔吉克族社会道德观念有参考价值。1985年哈里丹·夏热合曼塔吉克语演唱，西仁·库尔班塔吉克文笔录并译成维吾尔文。16开纸1页，1行。译文收入《中国民间文学集成·新疆卷·塔吉克族民间文学集》，新疆大学出版社2005年版。

（艾比百·吐尔逊尼牙孜编，斯拉吉丁译）

我在忙什么，你在想什么

مَن دَر چه فکرو، تو دَر چه خَیال

män där če fikru，tu där če xäyal

塔吉克族谚语。流传于新疆维吾尔自治区喀什地区塔什库尔干塔吉克自治县。“我在忙什么，你在想什么。”说明两个人因相互不理解而引起抱怨。倡导人们在生活中要互相理解与合作。对于研究塔吉克族社会道德观念有参考价值。1985年吾甫尔塔吉克语演唱，西仁·库尔班塔吉克文笔录并译成维吾尔文。16开纸1页，1行。译文收入《中国民间文学集成·新疆卷·塔吉克族民间文学集》，新疆大学出版社2005年版。

（艾比百·吐尔逊尼牙孜编，斯拉吉丁译）

甜言蜜语是狡猾者最好的花招

رَپس خَلَن وی زیو شیرین یاد

räps xälän wi ziw xirin yad

塔吉克族谚语。流传于新疆维吾尔自治区喀什地区塔什库尔干塔吉克自治县。“甜言蜜语是狡猾者最好的花招。”说明虚伪的人善于编造甜言蜜语的谎言，从而获得别人的信任。告诫人们在社会交往中要谨慎、机敏。对于研究塔吉克族谚语有参考价值。1985年穆拉热克夏塔吉克语演唱，西仁·库尔班塔吉克文笔录并译成维吾尔文。16开纸1页，1行。译文收入《中国民间文学集成·新疆卷·塔吉克族民间文学集》，新疆大学出版社2005年版。

（艾比百·吐尔逊尼牙孜编，斯拉吉丁译）

乌鸦不要打，坏人不要交

چی زاغ پُت ما وَید، ژیتیر گَپ

či zaɣ pot mawäyd，ʤitir gäp

塔吉克族谚语。流传于新疆维吾尔自治区喀什地区塔什库尔干塔吉克自治县。“乌鸦不要打，坏人不要交。”告诉人们不要与那些本质低劣、不讲情义、行为荒诞的人交往。劝勉人们做诚实、可靠和有道德的人。对于研究塔吉克族谚语有参考价值。1985年玉素甫塔吉克语演唱，西仁·库尔班塔吉克文笔录并译成维吾尔文。16开纸1页，1行。译文收入《中国民间文学集成·新疆卷·塔吉克族民间文学集》，新疆大学出版社2005年版。

（艾比百·吐尔逊尼牙孜编，斯拉吉丁译）

心灵相通的人，有共同的语言

دیل یَکَن زَبانمَس یَک

dil yäkän zäbanmäs yäk

塔吉克族谚语。流传于新疆维吾尔

自治区喀什地区塔什库尔干塔吉克自治县。“心灵相通的人，有共同的语言。”劝勉人们在生活中要互相照应、忠诚、守信并相互合作。对于研究塔吉克族生活观念有参考价值。1985年布里布力塔吉克语演唱，西仁·库尔班塔吉克文笔录并译成维吾尔文。16开纸1页，1行。译文收入《中国民间文学集成·新疆卷·塔吉克族民间文学集》，新疆大学出版社2005年版。

（艾比百·吐尔逊尼牙孜编，斯拉吉丁译）

雄鹰不跟狐狸较量

عقلین کوسُود ظر روبا قَتی آخو نه ود

äqlin kusowd zer roba qäti äxu nä wed

塔吉克族谚语。流传于新疆维吾尔自治区喀什地区塔什库尔干塔吉克自治县。“雄鹰不跟狐狸较量。”说明英明、有远见的人不与无知的人计较。对于研究塔吉克族谚语有参考价值。1985年艾布力·艾山汗塔吉克语演唱，西仁·库尔班塔吉克文笔录并译成维吾尔文。16开纸1页，1行。译文收入《中国民间文学集·新疆卷·塔吉克族民间文学集》，新疆大学出版社2005年版。

（艾比百·吐尔逊尼牙孜编，阿力木译）

不要跟脸上不长毛的人打交道

بپس قَتی چر ماکه

bepes qäti čer makä

塔吉克族谚语。流传于新疆维吾尔自治区喀什地区塔什库尔干塔吉克自治县。“不要跟脸上不长毛的人打交道。”劝导人们不要和不讲理的人打交道。对于研究塔吉克族生活观念有参考价值。1985年吾秀尔塔吉克语演唱，哈里丹·夏热合曼塔吉克文笔录并译成维吾尔文。16开纸1页，1行。译文收入《中国民间文学集成·新疆卷·塔吉克族民间文学集》，新疆大学出版社2005年版。

（玛丽亚木·艾合买提编，米娜娃·哈木里拉提译）

三思而后行

دَراز لَکه کُت کیچَیگ

däraz läkä kot kičäyg

塔吉克族谚语。流传于新疆维吾尔自治区喀什地区塔什库尔干塔吉克自治县。“三思而后行。”告诉人们做任何事情都应先考虑好再采取行动，强调在人际关系中注意细节也很重要。对于研究塔吉克族谚语有参考价值。1985年布里布力塔吉克语演唱，西仁·库尔班塔吉克文笔录并译成维吾尔文。16开纸1页，1行。译文收入《中国民间文学集成·新疆卷·塔吉克族民间文学集》，新疆大学出版社2005年版。

（玛丽亚木·艾合买提编，米娜娃·哈木里拉提译）

向狗索要骨头

اَز سَگ ایستخُن تَلیپت

äz säg isxon tälipt

塔吉克族谚语。流传于新疆维吾尔自治区喀什地区塔什库尔干塔吉克自治县。“向狗索要骨头。”喻示人们不要与秉性不好的人交往。对于研究塔吉克族谚语有参考价值。1985年古力买买德塔吉克语演唱，达力·买提胡夏勒塔吉克文笔录并译成维吾尔文。16开纸1页，1行。译文收入《中国民间文学集成·新疆卷·塔吉克族民间文学集》，新疆大学出版社2005年版。

（玛丽亚木·艾合买提编，海燕萍译）

不要向乞丐行善

گدایر چَرجی ماکه

gädayir čärji makä

塔吉克族谚语。流传于新疆维吾尔自治区喀什地区塔什库尔干塔吉克自治县。“不要向乞丐行善，时机来临时上你的头。”指责那些忘恩负义的不道德行为。对于研究塔吉克族社会道德观念有参考价值。1985年布里布力塔吉克语演唱，塔瓦尼·卡地尔塔吉克文笔录并译成维吾尔文。16开纸1页，1行。译文收入《中国民间文学集成·新疆卷·塔吉克族民间文学集》，新疆大学出版社2005年版。

（玛丽亚木·艾合买提编，海燕萍译）

做客要礼尚往来

مهمان چَرج چاس

mehman čärj čas

塔吉克族谚语。流传于新疆维吾尔自治区喀什地区塔什库尔干塔吉克自治县。“做客要礼尚往来。”告诫人们在人际交往中要互相尊重。对于研究塔吉克族社会道德观念有参考价值。1985年多来提别克塔吉克语演唱，西仁·库尔班塔吉克文笔录并译成维吾尔文。16开纸1页，1行。译文收入《中国民间文学集成·新疆卷·塔吉克族民间文学集》，新疆大学出版社2005年版。

（玛丽亚木·艾合买提编，海燕萍译）

抓住狗尾巴，问其主人是谁

سَگَن وی زوت پَرس

sägän wi zut pärs

塔吉克族谚语。流传于新疆维吾尔自治区喀什地区塔什库尔干塔吉克自治县。“抓住狗尾巴，问其主人是谁。”强调了解人的家族的重要性，告诫不要亲近那些吝啬和没有良知的人。对于研究塔吉克族生活观念有参考价值。1985年艾布力·艾山汗塔吉克语演唱，西仁·库尔班塔吉克文笔录并译成维吾尔文。16开纸1页，1行。译文收入《中国民间文学集成·新疆卷·塔吉克族民间文学集》，新疆大学出版社2005年版。

（艾比百·吐尔逊尼牙孜编，斯拉吉丁译）

愚昧的人找无知的人交友

نادانَن وی دوستمَس نادان

nadanän wi dustmäs nadan

塔吉克族谚语。流传于新疆维吾尔自治区喀什地区塔什库尔干塔吉克自治县。“愚昧的人找无知的人交友。”说明物以类聚、人以群分的道理。对于研究塔吉克族社会道德观念有参考价值。1985年塔瓦尼·卡地尔塔吉克语演唱，西仁·库尔班塔吉克文笔录并译成维吾尔文。16开纸1页，1行。译文收入《中国民间文学集成·新疆卷·塔吉克族民间文学集》，新疆大学出版社2005年版。

（艾比百·吐尔逊尼牙孜编，斯拉吉丁译）

（十三）劝　谏

考虑千遍才说话

چَرج فیکر که تام گَپ که

čärj fikr kä tam gäp kä

塔吉克族谚语。流传于新疆维吾尔自治区喀什地区塔什库尔干塔吉克自治县。“考虑千遍才说话。”告诫人们说话不要欠考虑。对于研究塔吉克族生活观念有参考价值。1985年尼嘎尔塔吉克语演唱，西仁·库尔班塔吉克文笔录并译成维吾尔文。16开纸1

页，1行。译文收入《中国民间文学集成·新疆卷·塔吉克族民间文学集》，新疆大学出版社2005年版。

（艾比百·吐尔逊尼牙孜编，斯拉吉丁译）

借来的好长袍，不如自己的破衣服

خَلگ اَز لباس مُخو كنا لق بهتَر

hälg äz lebas moxu kena leq behtär

塔吉克族谚语。流传于新疆维吾尔自治区喀什地区塔什库尔干塔吉克自治县。“借来的好长袍，不如自己的破衣服。”说明别人的施舍不会让人心安，告诫人们要珍惜自己的财产。对于研究塔吉克族生活观念有参考价值。1985年塔布力迪·吾秀尔塔吉克语演唱，西仁·库尔班塔吉克文笔录并译成维吾尔文。16开纸1页，1行。译文收入《中国民间文学集成·新疆卷·塔吉克族民间文学集》，新疆大学出版社2005年版。

（艾比百·吐尔逊尼牙孜编，斯拉吉丁译）

再远也要走熟悉的路

دُرمَس سَويد خو وَزانجنج چی پاند تظ

dormäs säwid xu wäzanjenj či pand tez

塔吉克族谚语。流传于新疆维吾尔自治区喀什地区塔什库尔干塔吉克自治县。“再远也要走熟悉的路。”告诫人们再苦再累也要做自己喜欢和熟悉的工作，这样才能在事业上有所成就。对于研究塔吉克族生活观念有参考价值。1985年马达力汗·巴伦塔吉克语演唱，西仁·库尔班塔吉克文笔录并译成维吾尔文。16开纸1页，1行。译文收入《中国民间文学集成·新疆卷·塔吉克族民间文学集》，新疆大学出版社2005年版。

（艾比百·吐尔逊尼牙孜编，斯拉吉丁译）

对天堂的承诺也不要轻信

جَنَت وَده چاگچنجير گاول ماسا

jänät wädä čagjenjir gawl masa

塔吉克族谚语。流传于新疆维吾尔自治区喀什地区塔什库尔干塔吉克自治县。“对天堂的承诺也不要轻信。”告诉人们不要轻信别人的甜言蜜语，要清醒理智地生活。对于研究塔吉克族社会生活观念有参考价值。1985年法克尔夏塔吉克语演唱，西仁·库尔班塔吉克文笔录并译成维吾尔文。16开纸1页，1行。译文收入《中国民间文学集成·新疆卷·塔吉克族民间文学集》，新疆大学出版社2005年版。

（艾比百·吐逊尼牙孜编，斯拉吉丁译）

不要碰别人的枪

كَس په ميلتق مابيزيس

käs pä milteq mabizis

塔吉克族谚语。流传于新疆维吾尔自治区喀什地区塔什库尔干塔吉克自治县。“不要碰别人的枪。”劝导人们要明白处世之道。对于研究塔吉克族道生活观念有参考价值。1985年古力买买德塔吉克语演唱，哈里丹·夏热合曼塔吉克文笔录并译成维吾尔文。16开纸1页，1行。译文收入《中国民间文学集成·新疆卷·塔吉克族民间文学集》，新疆大学出版社2005年版。

（玛丽亚木·艾合买提编，周玉玲译）

不要信老婆

زَن گپير باوَر ماكه

zän gäpir bawär makä

塔吉克族谚语。流传于新疆维吾尔自治区喀什地区塔什库尔干塔吉克自治县。“不要信老婆，不要履薄冰。”说明虽然老婆是男人生活中最亲密的伙伴，但还是要有所防备。对于研究塔吉克族生活观念有参考价值。

1985年玉素甫塔吉克语演唱，西仁·库尔班塔吉克文笔录并译成维吾尔文。16开纸1页，1行。译文收入《中国民间文学集成·新疆卷·塔吉克族民间文学集》，新疆大学出版社2005年版。

（玛丽亚木·艾合买提编，海燕萍译）

狐狸一朝掉陷阱

روبا اَز قَپقان

ruba är qäpqan

塔吉克族谚语。流传于新疆维吾尔自治区喀什地区塔什库尔干塔吉克自治县。“狐狸一朝掉陷阱。”批评了明知故犯的现象，告诫人们凡事要动脑筋。对于研究塔吉克族社会道德观念有参考价值。1985年多来提别克塔吉克语演唱，艾布力·艾山汗塔吉克文笔录。穆尼·塔布力迪译成维吾尔文。16开纸1页，1行。译文收入《中国民间文学集成·新疆卷·塔吉克族民间文学集》，新疆大学出版社2005年版。

（玛丽亚木·艾合买提编，海燕萍译）

住所狭窄无妨，胸怀要宽广

خانه تَنگ وید، زارد کود

xanä täng wed zard kud

塔吉克族谚语。流传于新疆维吾尔自治区喀什地区塔什库尔干塔吉克自治县。“住所狭窄无妨，胸怀要宽广。”倡导人们要胸怀宽广，忠厚老实，热情好客。对于研究塔吉克族社会道德观念有参考价值。1985年尼嘎尔塔吉克语演唱，哈里丹·夏热合曼塔吉克文笔录。穆尼·塔布力迪译成维吾尔文。16开纸1页，1行。译文收入《中国民间文学集成·新疆卷·塔吉克族民间文学集》，新疆大学出版社2005年版。

（玛丽亚木·艾合买提编，海燕萍译）

冰期短，不能常踩

قوزی موتَهَم، ایمام رَپس

šitu omr kuta，här wäqt näkpig näsawd

塔吉克族谚语。流传于新疆维吾尔自治区喀什地区塔什库尔干塔吉克自治县。“冰期短，不能常踩。”说明机会难得，劝告人们要抓住合适的时机。对于研究塔吉克族社会生活观念有参考价值。1985年土尔迪·阿洪塔吉克语演唱，西仁·库尔班塔吉克文笔录并译成维吾尔文。16开纸1页，1行。译文收入《中国民间文学集成·新疆卷·塔吉克族民间文学集》，新疆大学出版社2005年版。

（艾比百·吐尔逊尼牙孜编，贾马力丁译）

棍棒胜于恶言

ژیت اَز گپ کَلتَک چَرج

ʤit äz gäp kältäkčärj

塔吉克族谚语。流传于新疆维吾尔自治区喀什地区塔什库尔干塔吉克自治县。“棍棒胜于恶言，光棍优于恶妇。”说明妇女的品行、秉性不好，将会影响家庭生活，批评了一些妇女的不轨行为。对于研究塔吉克族家庭道德观念有参考价值。1985年多来提别克塔吉克语演唱，西仁·库尔班塔吉克文笔录并译成维吾尔文。16开纸1页，1行。译文收入《中国民间文学集成·新疆卷·塔吉克族民间文学集》，新疆大学出版社2005年版。

（玛丽亚木·艾合买提编，海燕萍译）

不要翻越大坂娶妻

وَیاون غیرس گین مائِس

wäyawnɣirs gin mayos

塔吉克族谚语。流传于新疆维吾尔自治区喀什地区塔什库尔干塔吉克自治县。“不要翻越大坂娶妻，不要过河种地。”说明与习惯、性情不同的人结婚，不会有好的结果。对于研究塔吉克婚姻观念有参考价值。1985 年法克尔夏塔吉克语演唱，西仁·库尔班塔吉克文笔录并译成维吾尔文。16 开纸 1 页，1 行。译文收入《中国民间文学集成·新疆卷·塔吉克族民间文学集》，新疆大学出版社 2005 年版。

（玛丽亚木·艾合买提编，海燕萍译）

女人一旦去世

آورَت مردسه خانه چاول

awrät merdsä xanä čawl

塔吉克族谚语。流传于新疆维吾尔自治区喀什地区塔什库尔干塔吉克自治县。“女人一旦去世，家庭也就坍塌。”告诉人们妇女在家庭生活中的重要地位。对于研究塔吉克族妇女地位问题有参考价值。1985 年法克尔夏塔吉克语演唱，西仁·库尔班塔吉克文笔录并译成维吾尔文。16 开纸 1 页，1 行。译文收入《中国民间文学集成·新疆卷·塔吉克族民间文学集》，新疆大学出版社 2005 年版。

（玛丽亚木·艾合买提编，海燕萍译）

谁都不会论自家孩子的是非

خو أز بَچه تَركا گيلا

xu äz bäčä tärka gila

塔吉克族谚语。流传于新疆维吾尔自治区喀什地区塔什库尔干塔吉克自治县。“谁都不会论自家孩子的是非。”说明了亲朋好友和睦相处需要遵循的原则。对于研究塔吉克族社会道德观念有参考价值。1985 年吾秀尔塔吉克语演唱，西仁·库尔班塔吉克文笔录并译成维吾尔文。16 开纸 1 页，1 行。译文收入《中国民间文学集成·新疆卷·塔吉克族民间文学集》，新疆大学出版社 2005 年版。

（玛丽亚木·艾合买提编，海燕萍译）

协商裁衣衣不短

مَسلَت قَتى سدجنج چر

mäslät qäti sedjenj čer

塔吉克族谚语。流传于新疆维吾尔自治区喀什地区塔什库尔干塔吉克自治县。“协商裁衣衣不短。”强调了凡事事先都与大家协商的必要性。说明众人的智慧高。对于研究塔吉克族谚语有参考价值。1985 年库尔班塔吉克语演唱，西仁·库尔班塔吉克文笔录并译成维吾尔文。16 开纸 1 页，1 行。译文收入《中国民间文学集成·新疆卷·塔吉克族民间文学集》，新疆大学出版社 2005 年版。

（玛丽亚木·艾合买提编，海燕萍译）

夫妻之间的纠葛，犹如小狗之间的嬉闹

گينَت چور غاش سَگ غاش

ginät čur ɣaš säg ɣaš

塔吉克族谚语。流传于新疆维吾尔自治区喀什地区塔什库尔干塔吉克自治县。“夫妻之间的纠葛，犹如小狗之间的嬉闹。”说明夫妻之间只要相互容忍，就没有解决不了的矛盾。对于研究塔吉克族家庭观念有参考价值。1985 年法克尔夏塔吉克语演唱，西仁·库尔班塔吉克文笔录并译成维吾尔文。16 开纸 1 页，1 行。译文收入《中国民间文学集成·新疆卷·塔吉克族民间文学集》，新疆大学出版社 2005 年版。

（玛丽亚木·艾合买提编，海燕萍译）

身在异乡无故人，比瞎子还糟糕

ديگر اَرديور بَلَد سَنَويد

dägär är diyur bäläd sänäwid

塔吉克族谚语。流传于新疆维吾尔自治区喀什地区塔什库尔干塔吉克自治县。“身在异乡无故人，比瞎子还糟糕。”喻示人们在一个陌生的地方若没有一两个朋友，就会遇到很多困难。对于研究塔吉克族谚语有参

考价值。1985年库尔班塔吉克语演唱，西仁·库尔班塔吉克文笔录并译成维吾尔文。16开纸1页，1行。译文收入《中国民间文学集成·新疆卷·塔吉克族民间文学集》，新疆大学出版社2005年版。

（玛丽亚木·艾合买提编，海燕萍译）

能够自我约束的人不需要法官

اَخو پَرسچنج قوزی خَیزنَتیزد

äxu pärsčenj quzi xäyz nätizd

塔吉克族谚语。流传于新疆维吾尔自治区喀什地区塔什库尔干塔吉克自治县。“能够自我约束的人不需要法官。”劝导人们要遵守公共守则，自觉维护社会秩序。对于研究塔吉克族谚语有参考价值。1985年代尔亚巴依·艾斯马力塔吉克语演唱，西仁·库尔班塔吉克文笔录并译成维吾尔文。16开纸1页，1行。译文收入《中国民间文学集成·新疆卷·塔吉克族民间文学集》，新疆大学出版社2005年版。

（玛丽亚木·艾合买提编，海燕萍译）

无父亲的孩子不懂得父亲的尊贵

بپَدَر اَتا قَدر نَوَزاند

bepädär äta qädr näwäzad

塔吉克族谚语。流传于新疆维吾尔自治区喀什地区塔什库尔干塔吉克自治县。“无父亲的孩子不懂得父亲的尊贵，没母亲的孩子不懂得母亲的尊贵。”告诫人们要孝敬父母，懂得父母为子女付出的艰辛。对于研究塔吉克尊老观念有参考价值。塔吉克文。1985年法克尔夏塔吉克语演唱，西仁·库尔班塔吉克文笔录并译成维吾尔文。16开纸1页，1行。译文收入《中国民间文学集成·新疆卷·塔吉克族民间文学集》，新疆大学出版社2005年版。

（玛丽亚木·艾合买提编，海燕萍译）

行一善功永远铭记

چَرجی رَنُکچ نَساود

čärji ränokč näsawd

塔吉克族谚语。流传于新疆维吾尔自治区喀什地区塔什库尔干塔吉克自治县。“行一善功永远铭记，做一恶事终生不忘。”告诫人们不要忘记别人对自己的帮助，要知恩图报。指责了居心不良的人。对于研究塔吉克族社会道德观念有参考价值。1985年尼嘎尔塔吉克语演唱，西仁·库尔班塔吉克文笔录并译成维吾尔文。16开纸1页，1行。译文收入《中国民间文学集成·新疆卷·塔吉克族民间文学集》，新疆大学出版社2005年版。

（玛丽亚木·艾合买提编，海燕萍译）

贪得无厌的人没有良心

سمکاب بی اینساب یاد

semkab bi insab yad

塔吉克族谚语。流传于新疆维吾尔自治区喀什地区塔什库尔干塔吉克自治县。“贪得无厌的人没有良心，阿谀奉承的人没有信念。”告诉人们贪得无厌的人为了满足私欲不惜丧失良心，阿谀奉承的人不惜失去尊严。劝导人们讲良知，培养良好的品德。对于研究塔吉克族社会道德观念有参考价值。1985年布荣塔吉克语演唱，西仁·库尔班塔吉克文笔录并译成维吾尔文。16开纸1页，1行。译文收入《中国民间文学集成·新疆卷·塔吉克族民间文学集》，新疆大学出版社2005年版。

（玛丽亚木·艾合买提编，海燕萍译）

好朋友千里挑一

چَرج دوست یَگان یاست

čärj dust yägan yast

塔吉克族谚语。流传于新疆维吾尔自治区

区喀什地区塔什库尔干塔吉克自治县。“好朋友千里挑一，歹朋友每天一遇。”告诉人们真诚、亲密的朋友难求，告诫人们要提防品行不良、虚伪的朋友。对于研究塔吉克族社会道德观念有参考价值。1985 年法克尔夏塔吉克语演唱，西仁·库尔班塔吉克文笔录并译成维吾尔文。16 开纸1 页，1 行。译文收入《中国民间文学集成·新疆卷·塔吉克族民间文学集》，新疆大学出版社 2005 年版。　（玛丽亚木·艾合买提编，海燕萍译）

趁父母健在多交朋友

پَدَر وید اَلا دوست وَدار

pädär wid äla dust wädar

塔吉克族谚语。流传于新疆维吾尔自治区喀什地区塔什库尔干塔吉克自治县。“趁父母健在多交朋友，趁骑着马多探路子。”告诫人们要接受父母的劝告，在精力充沛时多学知识。对于研究塔吉克族社会道德观念有参考价值。1985 年尼嘎尔塔吉克语演唱，西仁·库尔班塔吉克文笔录并译成维吾尔文。16 开纸 1 页，1 行。译文收入《中国民间文学集成·新疆卷·塔吉克族民间文学集》，新疆大学出版社 2005 年版。

（玛丽亚木·艾合买提编，海燕萍译）

不听忠告的结果就是埋怨

نَصَهَت غاول سَنَوَید

näsähät ɣawl sänäwäyd

塔吉克族谚语。流传于新疆维吾尔自治区喀什地区塔什库尔干塔吉克自治县。“不听忠告的结果就是埋怨。”告诉人们如果听从老人的忠告，事后懊悔的事情就少。对于研究塔吉克族谚语有参考价值。1985 年夏古拉木塔吉克语演唱，西仁·库尔班塔吉克文笔录并译成维吾尔文。16 开纸 1 页，1 行。译文收入《中国民间文学集成·新疆卷·塔吉克族民间文学集》，新疆大学出版社 2005 年版。

（玛丽亚木·艾合买提编，海燕萍译）

真朋友背后赞扬

چَرج دوست پَزَبو سَتاود

čärj dust päzäbu sitawd

塔吉克族谚语。流传于新疆维吾尔自治区喀什地区塔什库尔干塔吉克自治县。“真朋友背后赞扬，伪朋友人前夸耀。”说明真诚的朋友会当面指正，而虚伪的朋友当面夸耀，背后害人。对于研究塔吉克族谚语有参考价值。1985 年夏古拉木塔吉克语演唱，西仁·库尔班塔吉克文笔录并译成维吾尔文。16 开纸 1 页，1 行。译文收入《中国民间文学集成·新疆卷·塔吉克族民间文学集》，新疆大学出版社 2005 年版。

（玛丽亚木·艾合买提编，海燕萍译）

靠近朋友，博取其欢心

خو دوستیر قَریب سا

xu dustir qärib sä

塔吉克族谚语。流传于新疆维吾尔自治区喀什地区塔什库尔干塔吉克自治县。“靠近朋友，博取其欢心；远离敌人，结果其性命。”劝导人们朋友之间要互相帮助、和睦共处，远离那些居心不良的人。对于研究塔吉克族思想观念有参考价值。1985 年尼嘎尔塔吉克语演唱，西仁·库尔班塔吉克文笔录并译成维吾尔文。16 开纸 1 页，1 行。译文收入《中国民间文学集成·新疆卷·塔吉克族民间文学集》，新疆大学出版社 2005 年版。

（玛丽亚木·艾合买提编，海燕萍译）

纯洁的友谊是人生的福气

سُف دوستی تَتولَی

sof dusti tätuläy

塔吉克族谚语。流传于新疆维吾尔自治

区喀什地区塔什库尔干塔吉克自治县。“纯洁的友谊是人生的福气。”说明了友谊的重要性，劝导人们要珍惜友情。对于研究塔吉克族谚语有参考价值。1985 年吾秀尔塔吉克语演唱，西仁·库尔班塔吉克文笔录并译成维吾尔文。16 开纸 1 页，1 行。译文收入《中国民间文学集成·新疆卷·塔吉克族民间文学集》，新疆大学出版社 2005 年版。

（玛丽亚木·艾合买提编，海燕萍译）

真朋友愿为你付出生命

چَرج دوست خُجون دید

čärj dust xojun did

塔吉克族谚语。流传于新疆维吾尔自治区喀什地区塔什库尔干塔吉克自治县。“真朋友愿为你付出生命，伪朋友为你难舍钱财。”揭示了真伪朋友的本质区别，劝导人们要慎重交友，互敬互爱。对于研究塔吉克族社会道德观念有参考价值。1985 年吾秀尔塔吉克语演唱，西仁·库尔班塔吉克文笔录并译成维吾尔文。16 开纸 1 页，1 行。译文收入《中国民间文学集成·新疆卷·塔吉克族民间文学集》，新疆大学出版社 2005 年版。

（马丽亚木·艾合买提编，海燕萍译）

有钱时朋友千万

پولدار الا دوست پور

puldar äla dust pur

塔吉克族谚语。流传于新疆维吾尔自治区喀什地区塔什库尔干塔吉克自治县。“有钱时朋友千万，无钱时孑然一身。”说明了真伪朋友的本质区别，强调要慎重交友。对于研究塔吉克族谚语有参考价值。1985 年艾山汗塔吉克语演唱，西仁·库尔班塔吉克文笔录并译成维吾尔文。16 开纸 1 页，1 行。译文收入《中国民间文学集成·新疆卷·塔吉克族民间文学集》，新疆大学出版社 2005 年版。

（玛丽亚木·艾合买提编，海燕萍译）

欺骗了一个朋友

يَک دوست فَند سَدا

yäk dust fänd säda

塔吉克族谚语。流传于新疆维吾尔自治区喀什地区塔什库尔干塔吉克自治县。“欺骗了一个朋友，失去了十个朋友。”说明对朋友不诚实和虚伪将带来不良的后果，倡导人们对待朋友要诚恳。对于研究塔吉克族社会道德观念有参考价值。1985 年霍加艾山·皮纳齐塔吉克语演唱，西仁·库尔班塔吉克文笔录并译成维吾尔文。16 开纸 1 页，1 行。译文收入《中国民间文学集成·新疆卷·塔吉克族民间文学集》，新疆大学出版社 2005 年版。

（艾比百·吐尔逊尼牙孜编，
安尼瓦尔·加帕尔译）

肚子疼管好嘴巴

داور سَدیزد خُنَفس تاج

dawr sädizd xonäfs taj

塔吉克族谚语。流传于新疆维吾尔自治区喀什地区塔什库尔干塔吉克自治县。“牙疼管住舌头，肚子疼管好嘴巴。”告诉人们饮食过量有损健康，要养成良好的饮食习惯。对于研究塔吉克族饮食观念有参考价值。1985 年沙力塔吉克语演唱，西仁·库尔班塔吉克文笔录并译成维吾尔文。16 开纸 1 页，1 行。译文收入《中国民间文学集成·新疆卷·塔吉克族民间文学集》，新疆大学出版社 2005 年版。（玛丽亚木·艾合买提编，海燕萍译）

母亲的乳汁永远难忘

مادَر کود رَنیکت نَساود

madär kewd ränikt näsawd

塔吉克族谚语。流传于新疆维吾尔自治区

区喀什地区塔什库尔干塔吉克自治县。“母亲的乳汁永远难忘。”告诫人们不要忘记母亲为生儿育女所付出的艰辛劳动，不要辜负母亲的期望。对于研究塔吉克族尊老观念有参考价值。1985 年土尔迪·阿洪塔吉克语演唱、塔吉克文笔录并译成维吾尔文。16 开纸 1 页，1 行。译文收入《中国民间文学集成·新疆卷·塔吉克族民间文学集》，新疆大学出版社 2005 年版。

（玛丽亚木·吐尔逊尼牙孜编，海燕萍译）

深得父母欢喜的孩子不会遭到虐待

آتا آنا بَرَکَت زُکچنج بَچه خُر نَساود

äta äna bäräkät zokčenj bäčä xor näsawd

塔吉克族谚语。流传于新疆维吾尔自治区喀什地区塔什库尔干塔吉克自治县。“深得父母欢喜的孩子不会遭到虐待。”说明那些尊重父母、接受父母管教、听取父母劝告的孩子，不会遭到虐待。对于研究塔吉克族尊老爱幼观念有参考价值。1985 年法克尔夏塔吉克语演唱，西仁·库尔班塔吉克文笔录并译成维吾尔文。16 开纸 1 页，1 行。译文收入《中国民间文学集成·新疆卷·塔吉克族民间文学集》，新疆大学出版社 2005 年版。

（玛丽亚木·艾合买提编，海燕萍译）

吃敌人的饭菜，防敌人的阴谋

دُشمَن قَتی غیزو ماخار

došmän qäti ɤizu maxar

塔吉克族谚语。流传于新疆维吾尔自治区喀什地区塔什库尔干塔吉克自治县。“吃敌人的饭菜，防敌人的阴谋。”说明防人之心不可无，劝导人们慎重交友。对于研究塔吉克族人际观念有参考价值。1985 年法克尔夏塔吉克语演唱，西仁·库尔班塔吉克文笔录并译成维吾尔文。16 开纸 1 页，1 行。译文收入《中国民间文学集成·新疆卷·塔吉克族民间文学集》，新疆大学出版社 2005 年版。（玛丽亚木·艾合买提编，海燕萍译）

无知者爱搀和别人的话

بی علم بی اَدَب

bi elm bi ädäb

塔吉克族谚语。流传于新疆维吾尔自治区喀什地区塔什库尔干塔吉克自治县。“无知者爱搀和别人的话。”倡导人们要独立思考，不要依赖他人。对于研究塔吉克族社会道德观念有参考价值。1985 年汗·赛地尔丁塔吉克语演唱，西仁·库尔班塔吉克文笔录并译成维吾尔文。16 开纸 1 页，1 行。译文收入《中国民间文学集成·新疆卷·塔吉克族民间文学集》，新疆大学出版社 2005 年版。

（玛丽亚木·艾合买提编，海燕萍译）

胜败是暂时的

توپ چَیگ ایلوئِج

tup čäyg iluyonj

塔吉克族谚语。流传于新疆维吾尔自治区喀什地区塔什库尔干塔吉克自治县。“胜败是暂时的，友谊是永久的。”说明真正的朋友之间即使发生不愉快的事情，但友谊的基础坚不可摧。对于研究塔吉克族思想观念有参考价值。1985 年玉素甫塔吉克语演唱，西仁·库尔班塔吉克文笔录并译成维吾尔文。16 开纸 1 页，1 行。译文收入《中国民间文学集成·新疆卷·塔吉克族民间文学集》，新疆大学出版社 2005 年版。

（玛丽亚木·艾合买提编，海燕萍译）

父亲是山，母亲是园

پَدَر کوه، مادَر باغ

pädär kuh，madär baɤ

塔吉克族谚语。流传于新疆维吾尔自治

区喀什地区塔什库尔干塔吉克自治县。“父亲是山，母亲是园。”告诫人们要尊重父母、孝敬父母，不要忘记他们的养育之恩。对于研究塔吉克族尊老观念有参考价值。1985年汗·赛地尔丁塔吉克语演唱，西仁·库尔班塔吉克文笔录并译成维吾尔文。16开纸1页，1行。译文收入《中国民间文学集成·新疆卷·塔吉克族民间文学集》，新疆大学出版社2005年版。

（玛丽亚木·艾合买提编，海燕萍译）

没有人不为父亲的伟大潸然泪下

جَم خاتا اَوان ناود

jäm xata äwan nawd

塔吉克族谚语。流传于新疆维吾尔自治区喀什地区塔什库尔干塔吉克自治县。“没有人不为父亲的伟大黯然泪下。”说明父亲、祖国最伟大，倡导人们要爱自己的祖国。对于研究塔吉克族爱国主义观念有参考价值。1985年土尔迪·阿洪塔吉克语演唱，西仁·库尔班塔吉克文笔录并译成维吾尔文。16开纸1页，1行。译文收入《中国民间文学集成·新疆卷·塔吉克族民间文学集》，新疆大学出版社2005年版。

（玛丽亚木·艾合买提编，海燕萍译）

近亲不如诤友

چَرج دوست اَز نیزد خیش بتَر

čärj dust äz nizd xiš bitär

塔吉克族谚语。流传于新疆维吾尔自治区喀什地区塔什库尔干塔吉克自治县。“近亲不如诤友。”说明坦诚、真心的朋友强于一些无情无义的近亲。对于研究塔吉克族思想观念有参考价值。1985年艾山汗塔吉克语演唱，西仁·库尔班塔吉克文笔录并译成维吾尔文。16开纸1页，1行。译文收入《中国民间文学集成·新疆卷·塔吉克族民间文学集》，新疆大学出版社2005年版。

（玛丽亚木·艾合买提编，海燕萍译）

诤友难求，友情难忘

چَرج دوست وُگج نَساود

čärj dust wogj näsawd

塔吉克族谚语。流传于新疆维吾尔自治区喀什地区塔什库尔干塔吉克自治县。“诤友难求，友情难忘。”告诉人们真正的朋友才会直言相谏，要珍惜真正的友情。对于研究塔吉克族人际观念有参考价值。1985年玉素甫塔吉克语演唱，西仁·库尔班塔吉克文笔录并译成维吾尔文。16开纸1页，1行。译文收入《中国民间文学集成·新疆卷·塔吉克族民间文学集》，新疆大学出版社2005年版。

（玛丽亚木·艾合买提编，海燕萍译）

狐狸何以在巢穴里长鸣

رَپس خُپَجوی

räps xopäjuy

塔吉克族谚语。流传于新疆维吾尔自治区喀什地区塔什库尔干塔吉克自治县。“如果不是遇到倒霉事，狐狸何以在巢穴里长鸣。”说明不听取长者的意见建议行事，注定要受损。对于研究塔吉克族谚语有参考价值。1985年汗·赛地尔丁塔吉克语演唱，西仁·库尔班塔吉克文笔录并译成维吾尔文。16开纸1页，1行。译文收入《中国民间文学集成·新疆卷·塔吉克族民间文学集》，新疆大学出版社2005年版。

（玛丽亚木·艾合买提编，海燕萍译）

结交好朋友受惠

چَرج قَتی دوست سَسا فُیدا ویری

čärj qäti dust säsa foyda wiräy

塔吉克族谚语。流传于新疆维吾尔自

治区喀什地区塔什库尔干塔吉克自治县。“结交好朋友受惠，结交歹朋友受损。”告诉人们“近朱者赤，近墨者黑”的道理。劝导人们不要和居心不良的人打交道，而要与品行端正、走正道的人交友。对于研究塔吉克族人际观念有参考价值。1985 年玉素甫塔吉克语演唱，西仁·库尔班塔吉克文笔录并译成维吾尔文。16 开纸 1 页，1 行。译文收入《中国民间文学集成·新疆卷·塔吉克族民间文学集》，新疆大学出版社 2005 年版。

（玛丽亚木·艾合买提编，海燕萍译）

（十四）信仰和教化

不当旅行人，难做穆斯林

ميسُفير نَستيس

misofir näsetis

塔吉克族谚语。流传于新疆维吾尔自治区喀什地区塔什库尔干塔吉克自治县。“不当旅行人，难做穆斯林。”说明历经生活磨难的人，才是一个真正成熟的人。对于研究塔吉克族人生观有参考价值。1985 年多来提别克塔吉克语演唱，塔瓦尼·卡地尔塔吉克文笔录并译成维吾尔文。16 开纸 1 页，1 行。译文收入《中国民间文学集成·新疆卷·塔吉克族民间文学集》，新疆大学出版社 2005 年版。

（玛丽亚木·艾合买提编，海燕萍译）

国王给的

پادشاه دُجنِج، خُدا دُجنِج

pädišah dojenj，hoda dojenj

塔吉克族谚语。流传于新疆维吾尔自治区喀什地区塔什库尔干塔吉克自治县。“国王给的，就是真主恩赐的。”反映了塔吉克族劳动人民尊崇国王的观点。对于研究塔吉克族谚语有参考价值。1985 年艾布力塔吉克语演唱，塔瓦尼·卡地尔塔吉克文笔录并译成维吾尔文。16 开纸 1 页，1 行。译文收入《中国民间文学集成·新疆卷·塔吉克族民间文学集》，新疆大学出版社 2005 年版。

（玛丽亚木·艾合买提编，海燕萍译）

骑骆驼的人受真主喜悦

شتُر ويايجنج خُدايير نيزد

šotor wiyayjenj xodayir nizd

塔吉克族谚语。流传于新疆维吾尔自治区喀什地区塔什库尔干塔吉克自治县。“骑骆驼的人受真主喜悦。”反映了塔吉克族人崇尚骆驼的观点，劝导人们爱护动物。对于研究塔吉克族动物崇拜观念有参考价值。1985 年多来提别克塔吉克语演唱，塔瓦尼·卡地尔塔吉克文笔录并译成维吾尔文。16 开纸 1 页，1 行。译文收入《中国民间文学集成·新疆卷·塔吉克族民间文学集》，新疆大学出版社 2005 年版。

（玛丽亚木·艾合买提编，海燕萍译）

恩准的人得到了

رَمُدجنج زُكچ

rämodjenj zokč

塔吉克族谚语。流传于新疆维吾尔自治区喀什地区塔什库尔干塔吉克自治县。“恩准的人得到了，奔波的人枉然。”反映了过去塔吉克族劳动人民听天由命的生活状况。对于研究塔吉克族谚语有参考价值。1985 年库尔班塔吉克语演唱，塔瓦尼·卡地尔塔吉克文笔录并译成维吾尔文。16 开纸 1 页，1 行。译文收入《中国民间文学集成·新疆卷·塔吉克族民间文学集》，新疆大学出版社 2005 年版。

（玛丽亚木·艾合买提编，海燕萍译）

真主说：你干，我赐你吉祥如意

وَز تُری بَرَکَت دام

wäz tori bäräkät dam

塔吉克族谚语。流传于新疆维吾尔自治区喀什地区塔什库尔干塔吉克自治县。“真主说：你干，我赐你吉祥如意。”反映了过去塔吉克族劳动人民“真主会恩赐勤劳的人福分”的观点，劝导人们勇敢、乐观、勤奋。对于研究塔吉克族劳动观念有参考价值。1985年多来提别克塔吉克语演唱，塔瓦尼·卡地尔塔吉克文笔录并译成维吾尔文。16开纸1页，1行。译文收入《中国民间文学集成·新疆卷·塔吉克族民间文学集》，新疆大学出版社2005年版。

（玛丽亚木·艾合买提编，海燕萍译）

人的右额头上有天仙

آدَم خَیز چیپَیشانه فَریشته یاست

adäm xäyz čipäyšanä färištä yast

塔吉克族谚语。流传于新疆维吾尔自治区喀什地区塔什库尔干塔吉克自治县。“人的右额头上有天仙，左额头上有魔鬼。”反映了过去塔吉克族劳动人民“褒右贬左”的信仰习俗。对于研究塔吉克族信仰习俗有参考价值。1985年多来提别克塔吉克语演唱，塔瓦尼·卡地尔塔吉克文笔录并译成维吾尔文。16开纸1页，1行。译文收入《中国民间文学集成·新疆卷·塔吉克族民间文学集》，新疆大学出版社2005年版。

（玛丽亚木·艾合买提编，海燕萍译）

驱走你的魔鬼吧

خُشَتون دَردی

xošäytun därde

塔吉克族谚语。流传于新疆维吾尔自治区喀什地区塔什库尔干塔吉克自治县。“驱走你的魔鬼吧！”告诉人们做事要全身心地投入，批评了意志薄弱的人。对于研究塔吉克族谚语有参考价值。1985年尼嘎尔塔吉克语演唱，塔瓦尼·卡地尔塔吉克文笔录并译成维吾尔文。16开纸1页，1行。译文收入《中国民间文学集成·新疆卷·塔吉克族民间文学集》，新疆大学出版社2005年版。

（玛丽亚木·艾合买提编，海燕萍译）

真主保佑遭到恶意中伤的人

ناهَق اَز تُهمَت خُدا خَیر کَکت

nahäq äz tohmät xoda xäyr käkt

塔吉克族谚语。流传于新疆维吾尔自治区喀什地区塔什库尔干塔吉克自治县。“真主保佑遭到恶意中伤的人。”告诉人们诽谤中伤他人是非常恶劣的品行，倡导人们和睦相处、与人为善。对于研究塔吉克族社会道德观念有参考价值。1985年土尔迪·阿洪塔吉克语演唱，塔瓦尼·卡地尔塔吉克文笔录并译成维吾尔文。16开纸1页，1行。译文收入《中国民间文学集成·新疆卷·塔吉克族民间文学集》，新疆大学出版社2005年版。

（玛丽亚木·艾合买提编，海燕萍译）

真主面前所有仆人都平等

خُدا پیرود جَم بَرابَر

xoda pirud jäm bärabär

塔吉克族谚语。流传于新疆维吾尔自治区喀什地区塔什库尔干塔吉克自治县。“真主面前所有仆人都平等。”批评了轻视他人的现象，倡导人人平等。对于研究塔吉克族社会道德观念有参考价值。1985年布里布力塔吉克语演唱，塔瓦尼·卡地尔塔吉克文笔录并译成维吾尔文。16开纸1页，1行。译文收入《中国民间文学集成·新疆卷·塔吉克族民间文学集》，新疆大学出版社2005年版。

（玛丽亚木·艾合买提编，海燕萍译）

大众的愤慨，就是真主的愤慨

ديور قَرغيش، خُدا قَرغيش

diyur qärɣiš，xoda qärɣiš

塔吉克族谚语。流传于新疆维吾尔自治区喀什地区塔什库尔干塔吉克自治县。“大众的愤慨，就是真主的愤慨。”倡导人们要与人民大众休戚与共，遵守公德。对于研究塔吉克族社会道德观念有参考价值。1985年多来提别克塔吉克语演唱，塔瓦尼·卡地尔塔吉克文笔录并译成维吾尔文。16 开纸 1 页，1 行。译文收入《中国民间文学集成·新疆卷·塔吉克族民间文学集》，新疆大学出版社 2005 年版。

（玛丽亚木·艾合买提编，海燕萍译）

额头上刻着什么，你的结局就是什么

چی پَیشانه وِدجنج وَین

či päyšanä wedjenj wäyn

塔吉克族谚语。流传于新疆维吾尔自治区喀什地区塔什库尔干塔吉克自治县。“额头上刻着什么，你的结局就是什么。”反映了过去塔吉克族劳动人民听天由命的生活状况。对于研究塔吉克族谚语有参考价值。1985 年玉素甫塔吉克语演唱，塔瓦尼·卡地尔塔吉克文笔录并译成维吾尔文。16 开纸 1 页，1 行。译文收入《中国民间文学集成·新疆卷·塔吉克族民间文学集》，新疆大学出版社 2005 年版。

（玛丽亚木·艾合买提编，海燕萍译）

有罪的人下地狱

گناهکار اَر دوزَخ دد

gonahkar är duzax ded

塔吉克族谚语。流传于新疆维吾尔自治区喀什地区塔什库尔干塔吉克自治县。“有罪的人下地狱，无罪的人上天堂。”告诉人们品德败坏、损人利益的人最终要受到惩罚，而品德高尚、与人为善的人会受到赞誉。对于研究塔吉克族社会道德观念有参考价值。1985 年多来提别克塔吉克语演唱，塔瓦尼·卡地尔塔吉克文笔录并译成维吾尔文。16 开纸 1 页，1 行。译文收入《中国民间文学集成·新疆卷·塔吉克族民间文学集》，新疆大学出版社 2005 年版。

（玛丽亚木·艾合买提编，海燕萍译）

苦难是一回事儿，寿限是一回事儿

دَرد دیگر، عجَل دیگر

därd digär，äjäl digär

塔吉克族谚语。流传于新疆维吾尔自治区喀什地区塔什库尔干塔吉克自治县。“苦难是一回事儿，寿限是一回事儿。”告诉人们活着就应该乐观地面对生活，勇往直前的人可以战胜任何艰难险阻。对于研究塔吉克族生活观念有参考价值。1985 年多来提别克塔吉克语演唱，西仁·库尔班塔吉克文笔录并译成维吾尔文。16 开纸 1 页，1 行。译文收入《中国民间文学集成·新疆卷·塔吉克族民间文学集》，新疆大学出版社 2005 年版。

（玛丽亚木·艾合买提编，海燕萍译）

有了就吃

ویدسه خارَم

widsä xaräm

塔吉克族谚语。流传于新疆维吾尔自治区喀什地区塔什库尔干塔吉克自治县。“有了就吃，没了封斋。”批判了悲观失望、意志薄弱、坐享其成、懒惰等恶劣品行。对于研究塔吉克族生活观念有参考价值。1985 年库尔班塔吉克语演唱，西仁·库尔班塔吉克文笔录并译成维吾尔文。16 开纸 1 页，1 行。译文收入《中国民间文学集成·新疆卷·塔吉克族民间文学集》新疆

大学出版社 2005 年版。

（玛丽亚木·艾合买提编，海燕萍译）

淫乱和狩猎是魔鬼道路

شَيتان ويسانجنج پاند

šäytan wisanjenj pand

塔吉克族谚语。流传于新疆维吾尔自治区喀什地区塔什库尔干塔吉克自治县。“淫乱和狩猎是魔鬼道路。”批判了败坏家庭道德、社会公德的恶劣品行。对于研究塔吉克族社会道德观念有参考价值。1985 年土尔迪·阿洪塔吉克语演唱，西仁·库尔班塔吉克文笔录并译成维吾尔文。16 开纸 1 页，1 行。译文收入《中国民间文学集成·新疆卷·塔吉克族民间文学集》，新疆大学出版社 2005 年版。

（玛丽亚木·艾合买提编，海燕萍译）

寿限没有次序

عجَل بنوبَت

äjäl benubät

塔吉克族谚语。流传于新疆维吾尔自治区喀什地区塔什库尔干塔吉克自治县。“寿限没有次序。”反映了塔吉克族先民对死亡现象的探索和形成的观点。倡导人们乐观地生活。对于研究塔吉克族生活观念有参考价值。1985 年嘎瓦尔·阿拉木塔吉克语演唱，西仁·库尔班塔吉克文笔录并译成维吾尔文。16 开纸 1 页，1 行。译文收入《中国民间文学集成·新疆卷·塔吉克族民间文学集》，新疆大学出版社 2005 年版。

（玛丽亚木·艾合买提编，海燕萍译）

秃子也是真主的仆人

تازمَس خُدا بَندا

tazmäs xodayän wibända

塔吉克族谚语。流传于新疆维吾尔自治区喀什地区塔什库尔干塔吉克自治县。“秃子也是真主的仆人。”批评了轻视他人的现象，倡导人人平等、和睦相处。对于研究塔吉克族社会道德观念有参考价值。1985 年卡地尔塔吉克语演唱，塔瓦尼·卡地尔塔吉克文笔录并译成维吾尔文。16 开纸 1 页，1 行。译文收入《中国民间文学集成·新疆卷·塔吉克族民间文学集》，新疆大学出版社 2005 年版。

（玛丽亚木·艾合买提编，海燕萍译）

富裕和贫穷都是真主的前定

بای كَمبَغلى خُدا قُدرَت

bay kämbäɤ äli xoda qodrät

塔吉克族谚语。流传于新疆维吾尔自治区喀什地区塔什库尔干塔吉克自治县。“富裕和贫穷都是真主的前定。”反映了塔吉克族人知足的意识。对于研究塔吉克族宗教信仰有参考价值。1985 年卡地尔塔吉克语演唱，塔瓦尼·卡地尔塔吉克文笔录并译成维吾尔文。16 开纸 1 页，1 行。译文收入《中国民间文学集成·新疆卷·塔吉克族民间文学集》，新疆大学出版社 2005 年版。

（玛丽亚木·艾合买提编，海燕萍译）

寿限不到，生命长在

عجَل نَيادسه نَمير

äjäl näyadsä nämir

塔吉克族谚语。流传于新疆维吾尔自治区喀什地区塔什库尔干塔吉克自治县。“寿限不到，生命长在。”倡导人们珍惜有限的生命，过有意义的人生，远离软弱、愚昧。对于研究塔吉克族人生观有参考价值。1985 年多来提别克塔吉克语演唱，塔瓦尼·卡德尔塔吉克文笔录并译成维吾尔文。16 开纸 1 页，1 行。译文收入《中国民间文学集成·新疆卷·塔吉克族民间文学集》，新疆大学出版社 2005 年版。

（玛丽亚木·艾合买提编，海燕萍译）

死神降临，没有商量

عزرایل یادسه نَپَرست

äzräyil yadsä näpärst

塔吉克族谚语。流传于新疆维吾尔自治区喀什地区塔什库尔干塔吉克自治县。“死神降临，没的商量。”反映了塔吉克族先民对死亡现象的探索和形成的观点，倡导人们正确对待死亡、乐观地生活。对于研究塔吉克族人生观有参考价值。1985 年多来提别克塔吉克语演唱，塔瓦尼·卡地尔塔吉克文笔录并译成维吾尔文。16 开纸 1 页，1 行。译文收入《中国民间文学集成·新疆卷·塔吉克族民间文学集》，新疆大学出版社 2005 年版。

（玛丽亚木·艾合买提编，海燕萍译）

慕士塔格山是“冰山之父”，水是神水

مُزتاغ آب آبی حَیات

moztaɤ ab abihäyat

塔吉克族谚语。流传于新疆维吾尔自治区喀什地区塔什库尔干塔吉克自治县。“慕士塔格山是‘冰山之父’，水是神水。”表达了塔吉克族族人民对慕士塔格山水的崇拜之情。对于研究塔吉克族谚语有参考价值。1985 年嘎瓦尔·阿拉木塔吉克语演唱，塔瓦尼·卡地尔塔吉克文笔录并译成维吾尔文。16 开纸 1 页，1 行。译文收入《中国民间文学集成·新疆卷·塔吉克族民间文学集》，新疆大学出版社 2005 年版。

（玛丽亚木·艾合买提，海燕萍译）

好也是真主说的

چَرجمَس خُدا لیوج

čärjmäs hoda lewj

塔吉克族谚语。流传于新疆维吾尔自治区喀什地区塔什库尔干塔吉克自治县。“好也是真主说的，坏也是真主说的。”告诉人们乐观是最重要的，批评了意志薄弱、畏缩不前的人。对于研究塔吉克族生活观念有参考价值。1985 年法克尔夏塔吉克语演唱，塔瓦尼·卡地尔塔吉克文笔录并译成维吾尔文。16 开纸 1 页，1 行。译文收入《中国民间文学集成·新疆卷·塔吉克族民间文学集》，新疆大学出版社 2005 年版。

（玛丽亚木·艾合买提编，海燕萍译）

迷失者连魔鬼也不会指引

خَتو دُجنج شَیتان

xätu dojenj šäytan

塔吉克族谚语。流传于新疆维吾尔自治区喀什地区塔什库尔干塔吉克自治县。“迷失者连魔鬼也不会指引。”说明导致错误的最根本原因在于自己，批评了推卸责任、畏缩不前的行径。对于研究塔吉克族社会道德观念有参考价值。1985 年布荣塔吉克语演唱，西仁·库尔班塔吉克文笔录并译成维吾尔文。16 开纸 1 页，1 行。译文收入《中国民间文学集成·新疆卷·塔吉克族民间文学集》，新疆大学出版社 2005 年版。

（玛丽亚木·艾合买提编，海燕萍译）

生前一事无成

حَیات اَلا چر نَچاگج

häyan äla čer näčagj

塔吉克族谚语。流传于新疆维吾尔自治区喀什地区塔什库尔干塔吉克自治县。“生前一事无成，死后遭人非议。”指责无所事事的行为。对于研究塔吉克族生活观念有参考价值。1985 年土尔迪·阿洪塔吉克语演唱，西仁·库尔班塔吉克文笔录并译成维吾尔文。16 开纸 1 页，1 行。译文收入《中国民间文学集成·新疆卷·塔吉克族民间文学

集》，新疆大学出版社 2005 年版。

（玛丽亚木·艾合买提编，海燕萍译）

寿限到的黄羊来到了神枪手面前

عجَل یتچنج گیوَیج مرگن پَپیرُد تُیج

äjäl yitčenj giwäyj mergän päpirod toyj

塔吉克族谚语。流传于新疆维吾尔自治区喀什地区塔什库尔干塔吉克自治县。“寿限到的黄羊来到了神枪手面前。”说明凡事条件成熟了自然会解决的道理。倡导人们正确对待生活，要有耐心。对于研究塔吉克族人生观有参考价值。1985 年多来提别克塔吉克语演唱，西仁·库尔班塔吉克文笔录并译成维吾尔文。16 开纸 1 页，1 行。译文收入《中国民间文学集成·新疆卷·塔吉克族民间文学集》，新疆大学出版社 2005 年版。

（玛丽亚木·艾合买提编，海燕萍译）

额头宽的福分大

پَیشانه کودَن ورُسق کود

päyšanä kudän rosq kud

塔吉克族谚语。流传于新疆维吾尔自治区喀什地区塔什库尔干塔吉克自治县。“额头宽的福分大，额头窄的福分小。”反映了塔吉克族先民们朴素的生活观和听天由命的生活意识。对于研究塔吉克族谚语有参考价值。1985 年布荣塔吉克语演唱，西仁·库尔班塔吉克文笔录并译成维吾尔文。16 开纸 1 页，1 行。译文收入《中国民间文学集成·新疆卷·塔吉克族民间文学集》，新疆大学出版社 2005 年版。

（玛丽亚木·艾合买提编，海燕萍译）

地是真主的

زَمین خُدایَن

zämin xodayän

塔吉克族谚语。流传于新疆维吾尔自治区喀什地区塔什库尔干塔吉克自治县。“地是真主的，水是苏丹的。”反映了过去塔吉克族王权贵族抢夺土地、老百姓生活在水深火热之中的状况。对于研究塔吉克族封建社会生活状况有参考价值。1985 年多来提别克塔吉克语演唱，塔瓦尼·卡地尔塔吉克文笔录并译成维吾尔文。16 开纸 1 页，1 行。译文收入《中国民间文学集成·新疆卷·塔吉克族民间文学集》，新疆大学出版社 2005 年版。

（玛丽亚木·艾合买提编，海燕萍译）

人从土中来

آدَم اَز خاک یاد

adäm äz xak yad

塔吉克族谚语。流传于新疆维吾尔自治区喀什地区塔什库尔干塔吉克自治县。“人从土中来，还要回到土中。”反映了塔吉克族先民对人类起源的看法和对生命现象的丰富想象。对于研究塔吉克族谚语有参考价值。1985 年多来提别克塔吉克语演唱，塔瓦尼·卡地尔塔吉克文笔录并译成维吾尔文。16 开纸 1 页，1 行。译文收入《中国民间文学集成·新疆卷·塔吉克族民间文学集》，新疆大学出版社 2005 年版。

（玛丽亚木·艾合买提编，海燕萍译）

夜晚属于忧愁者

شَب غَریبَن

šäb ɣäribän

塔吉克族谚语。流传于新疆维吾尔自治区喀什地区塔什库尔干塔吉克自治县。“夜晚属于忧愁者。”反映了塔吉克族穷人或多愁善感的人为了生存彻夜难眠的心理状况。倡导人们要乐观、勇敢地面对生活，凭自己的汗水创造良好的生活环境。对于研究塔吉克族生活观念有参考价值。1985

年布里布力塔吉克语演唱，塔瓦尼·卡地尔塔吉克文笔录并译成维吾尔文。16 开纸 1 页，1 行。译文收入《中国民间文学集成·新疆卷·塔吉克族民间文学集》，新疆大学出版社 2005 年版。

（玛丽亚木·艾合买提编，海燕萍译）

五个指头不一样齐

پَنج اَنگوشت بَرابَر نیست

pänj ängušt bärabär nist

塔吉克族谚语。流传于新疆维吾尔自治区喀什地区塔什库尔干塔吉克自治县。“五个指头不一样齐，富裕和贫穷也一样。”反映了过去塔吉克族人民因背负生活的重担而寻求自我安慰的精神状态。对于研究塔吉克族旧时生活状况有参考价值。1985 年多来提别克塔吉克语演唱，塔瓦尼·卡地尔塔吉克文笔录并译成维吾尔文。16 开纸 1 页，1 行。译文收入《中国民间文学集成·新疆卷·塔吉克族民间文学集》，新疆大学出版社 2005 年版。

（玛丽亚木·艾合买提编，海燕萍译）

愚昧的伊善是民众的敌人

نادان سَيِد دییور دُشمَن

nadan säyid diyur došmän

塔吉克族谚语。流传于新疆维吾尔自治区喀什地区塔什库尔干塔吉克自治县。“愚昧的伊善是民众的敌人。”鞭挞了作为王权贵族爪牙的伊善（宗教人士）。对于研究塔吉克族谚语有参考价值。1985 年库尔班塔吉克语演唱，塔瓦尼·卡地尔塔吉克文笔录并译成维吾尔文。16 开纸 1 页，1 行。译文收入《中国民间文学集成·新疆卷·塔吉克族民间文学集》，新疆大学出版社 2005 年版。（玛丽亚木·艾合买提编，海燕萍译）

寿限不到的鱼

عجَل نَیتچ ماه

äjäl näyitč mahi

塔吉克族谚语。流传于新疆维吾尔自治区喀什地区塔什库尔干塔吉克自治县。“寿限不到的鱼，放在陆地上也不会死。”倡导人们勇敢、乐观地生活，批评了意志薄弱、软弱无能的人。对于研究塔吉克族生活观念有参考价值。1985 年库尔班塔吉克语演唱，塔瓦尼·卡地尔塔吉克文笔录并译成维吾尔文。16 开纸 1 页，1 行。译文收入《中国民间文学集成·新疆卷·塔吉克族民间文学集》，新疆大学出版社 2005 年版。

（玛丽亚木·艾合买提编，海燕萍译）

仆人做了皇帝，毕竟还是仆人

گدای پادشاه سَساود

gäday padšah säsawd

塔吉克族谚语。流传于新疆维吾尔自治区喀什地区塔什库尔干塔吉克自治县。“仆人做了皇帝，毕竟还是仆人。”说明人们无论获得什么样的荣誉地位，其本性是无法改变的。对于研究塔吉克族生活观念有参考价值。1985 年多来提别克塔吉克语演唱，塔瓦尼·卡地尔塔吉克文笔录，西仁·库尔班译成维吾尔文。16 开纸 1 页，1 行。译文收入《中国民间文学集成·新疆卷·塔吉克族民间文学集》，新疆大学出版社 2005 年版。

（玛丽亚木·艾合买提编，
安尼瓦尔·加帕尔译）

折翅了就难以飞翔

بی قَنات پَرواز نَچیککت

bi qänat pärwaz näčikäkt

塔吉克族谚语。流传于新疆维吾尔自治区喀什地区塔什库尔干塔吉克自治县。“骏马是男人的翅膀，折翅了就难以飞翔。”反映了马在塔吉克族人生活中的重要作用。对于研究塔吉克族生活习惯有参考价值。1985年代热亚巴依塔吉克语演唱，霍加艾山·皮纳齐塔吉克文笔录并译成维吾尔文。16开纸1页，1行。译文收入《中国民间文学集成·新疆卷·塔吉克族民间文学集》，新疆大学出版社2005年版。

（玛丽亚木·艾合买提编，海燕萍译）

踩盐，眼睛会瞎

نَمادج نَكپارسه چَشم كاور ساود

nämadj näkparsä čäšm kawr sawd

塔吉克族谚语。流传于新疆维吾尔自治区喀什地区塔什库尔干塔吉克自治县。“踩盐，眼睛会瞎。”劝导人们要珍惜粮食，不要浪费食物。对于研究塔吉克族生活观念有参考价值。1985年玉素甫塔吉克语演唱，西仁·库尔班塔吉克文笔录并译成维吾尔文。16开纸1页，1行。译文收入《中国民间文学集成·新疆卷·塔吉克族民间文学集》，新疆大学出版社2005年版。

（艾比百·吐尔逊尼牙孜编，贾马力丁译）

说谎的人要嘴歪

فَندچی غاو چرد سدج

fänďči ɣaw čerd sedj

塔吉克族谚语。流传于新疆维吾尔自治区喀什地区塔什库尔干塔吉克自治县。“说谎的人要嘴歪。”说明阴险狡猾的人没有好下场，告诫人们要摒弃恶念。对于研究塔吉克族社会道德观念有参考价值。1985年尼嘎尔塔吉克语演唱，西仁·库尔班塔吉克文笔录并译成维吾尔文。16开纸1页，1行。译文收入《中国民间文学集成·新疆卷·塔吉克族民间文学集》，新疆大学出版社2005年版。

（艾比百·吐尔逊尼牙孜编，斯拉吉丁译）

给姑娘说媒不是过错

دُختَر طَلَبیدَن نَنگ نیست

doxtär täläbidän näng nist

塔吉克族谚语。流传于新疆维吾尔自治区喀什地区塔什库尔干塔吉克自治县。“给姑娘说媒不是过错，因误会制造纠纷才是过错。”告诫人们在婚姻问题上要遵循相关规则和礼节。对于研究塔吉克族婚姻观念有参考价值。1985年穆巴热克夏塔吉克语演唱，西仁·库尔班塔吉克文笔录并译成维吾尔文。16开纸1页，1行。译文收入《中国民间文学集成·新疆卷·塔吉克族民间文学集》，新疆大学出版社2005年版。

（艾比百·吐尔逊尼牙孜编，斯拉吉丁译）

年轻时有子老了会感到快活

یاش وَقت بَچَین سَسا تَر پیری تُری ساود

yax wäqt bäčäyin säsa tär piri turi sawd

塔吉克族谚语。流传于新疆维吾尔自治区喀什地区塔什库尔干塔吉克自治县。“清晨赶路晚上会感到喜悦，年轻时有子老了会感到快活。”说明年轻时有了子女，把他们培养成人，老了就可以享子女的福。对于研究塔吉克族生活观念有参考价值。1985年代尔亚巴依·艾斯马力塔吉克语演唱，西仁·库尔班塔吉克文笔录并译成维吾尔文。16开纸1页，1行。译文收入《中国民间文学集成·新疆卷·塔吉克族民间文学集》，新疆大学出版社2005年版。

（艾比百·吐尔逊尼牙孜编，斯拉吉丁译）

胡大的锅开得慢

خُدا دَیگ اَستا پَست

xoda däyg ästa päst

塔吉克族谚语。流传于新疆维吾尔自治区喀什地区塔什库尔干塔吉克自治县。“胡大的锅开得慢。”告诫人们要对生活有耐心，批评了急躁、愚昧的人。对于研究塔吉克族生活观念有参考价值。1985 年穆尼·塔布力迪塔吉克语演唱，西仁·库尔班塔吉克文笔录并译成维吾尔文。16 开纸 1 页，1 行。译文收入《中国民间文学集成·新疆卷·塔吉克族民间文学集》，新疆大学出版社 2005 年版。

（玛丽亚木·艾合买提编，米娜娃·哈木里拉提译）

有了就要知足

ودجنجير شُكر

wedjenjir šokr

塔吉克族谚语。流传于新疆维吾尔自治区喀什地区塔什库尔干塔吉克自治县。“有了就要知足，没有的要等待。”劝导人们应学会知足，以辛勤的劳动来换取美好的生活。对于研究塔吉克族崇尚劳动观念有参考价值。1985 年尼嘎尔塔吉克语演唱，西仁·库尔班塔吉克文笔录并译成维吾尔文。16 开纸 1 页，1 行。译文收入《中国民间文学集成·新疆卷·塔吉克族民间文学集》，新疆大学出版社 2005 年版。

（玛丽亚木·艾合买提编，周玉玲译）

马是男人的翅膀

اَسب مَردَن وی قَنات

äsp märdän wi qänat

塔吉克族谚语。流传于新疆维吾尔自治区喀什地区塔什库尔干塔吉克自治县。“马是男人的翅膀，刀是男人的随身物。”说明马和刀从很久以前就在塔吉克族男人的日常生活、生产中占有重要地位。反映塔吉克族人爱护生活、生产器具的习惯。对于研究塔吉克族生活习俗有参考价值。1985 年古力买买德塔吉克语演唱，西仁·库尔班塔吉克文笔录并译成维吾尔文。16 开纸 1 页，1 行。译文收入《中国民间文学集成·新疆卷·塔吉克族民间文学集》，新疆大学出版社 2005 年版。

（玛丽亚木·艾合买提编，海燕萍译）

父母满意

پَدَر راضی مادَر راضی

pädär razi madär razi

塔吉克族谚语。流传于新疆维吾尔自治区喀什地区塔什库尔干塔吉克自治县。“父母满意，造物主胡大就满意。”说明首先要使自己的父母亲满意，才能赢得真主的喜爱。告诫不孝敬父母的人，也得不到民众的尊敬。对于研究塔吉克族尊老观念有参考价值。1985 年多来提别克塔吉克语演唱，达力·买提胡夏勒塔吉克文笔录并译成维吾尔文。16 开纸 1 页，1 行。译文收入《中国民间文学集成·新疆卷·塔吉克族民间文学集》，新疆大学出版社 2005 年版。

（玛丽亚木·艾合买提编，海燕萍译）

牧羊人的伴侣是笛子和歌声

گيبون هَمراه نایَت بَیت

gibun hämrah nayät bäyt

塔吉克族谚语。流传于新疆维吾尔自治区喀什地区塔什库尔干塔吉克自治县。“牧羊人的伴侣是笛子和歌声。”说明塔吉克族牧羊人在放牧中以笛子等乐器为伴，劝导人们要学会自我调解的本领。对于研究塔吉克族文化习俗有参考价值。1985 年尼嘎尔塔吉克语演唱，西仁·库尔班塔吉克文笔录并译成维吾尔文。16 开纸 1 页，1 行。译文收入《中国民间文学集成·新疆卷·塔吉克族民间文学集》，新疆大学出版社 2005 年版。

（玛丽亚木·艾合买提编，海燕萍译）

女人头发长

آورَت کَد کوتاه

awrät käd kutah

塔吉克族谚语。流传于新疆维吾尔自治区自治区喀什地区塔什库尔干塔吉克自治县。“女人头发长，见识短。”揭示了女人往往凭主观判断的特性。对于研究塔吉克族谚语有参考价值。1985年尼嘎尔塔吉克语演唱，西仁·库尔班塔吉克文笔录并译成维吾尔文。16开纸1页，1行。译文收入《中国民间文学集成·新疆卷·塔吉克族民间文学集》，新疆大学出版社2005年版。

（玛丽亚木·艾合买提编，海燕萍译）

盗贼最早准备好去礼拜

ژد آزجَم پیرود

ʤed äzjäm pirud

塔吉克族谚语。流传于新疆维吾尔自治区喀什地区塔什库尔干塔吉克自治县。“盗贼最早准备好去礼拜。”说明就连盗贼都知道自己行为的错误，知道请求真主饶恕。告诫人们要及时发现自己的错误，勇敢地认识错误。对于研究塔吉克族社会道德观念有参考价值。1985年嘎瓦尔·阿拉木塔吉克语演唱，艾布力·艾山汗塔吉克文笔录并译成维吾尔文。16开纸1页，1行。译文收入《中国民间文学集成·新疆卷·塔吉克族民间文学集》，新疆大学出版社2005年版。

（玛丽亚木·艾合买提编，海燕萍译）

寿限到了，祈祷辞和药方有何用

عجَل پیرود دوا بکور

äjäl pirud duwa bekur

塔吉克族谚语。流传于新疆维吾尔自治区喀什地区塔什库尔干塔吉克自治县。“寿限到了，祈祷辞和药方有何用。”反映了过去塔吉克族先民听天由命的观点，启迪人们要乐观地生活。对于研究塔吉克族生活观念有参考价值。1985年多来提别克塔吉克语演唱，西仁·库尔班塔吉克文笔录并译成维吾尔文。16开纸1页，1行。译文收入《中国民间文学集成·新疆卷·塔吉克族民间文学集》，新疆大学出版社2005年版。

（玛丽亚木·艾合买提编，海燕萍译）

所有的山都一样的话，就没有人称慕士塔格山为“冰山之父”了

مُزتاغیر آتا نَلوج

moztaɤir äta nälewj

塔吉克族谚语。流传于新疆维吾尔自治区喀什地区塔什库尔干塔吉克自治县。“所有的山都一样的话，就没有人称慕士塔格山为‘冰山之父’了。”反映了塔吉克族人民对慕士塔格山的尊崇。对于研究塔吉克族自然崇拜习俗有参考价值。1985年库尔班塔吉克语演唱，西仁·库尔班塔吉克文笔录并译成维吾尔文。16开纸1页，1行。译文收入《中国民间文学集成·新疆卷·塔吉克族民间文学集》，新疆大学出版社2005年版。

（玛丽亚木·艾合买提编，海燕萍译）

羊死了是人的口福

ماول مردسه آدَم رُسق

mawl merdsä adäm rosq

塔吉克族谚语。流传于新疆维吾尔自治区喀什地区塔什库尔干塔吉克自治县。“羊死了是人的口福，马死了是狗的。”反映了塔吉克族不食马肉的习俗。对于研究塔吉克族风俗习惯有参考价值。1985年买买提亚尔塔吉克语演唱，艾布力·艾山汗塔吉克文笔录。穆尼·塔布力迪译成维吾尔文。16开纸1页，1行。译文收入《中国民间文学集成·新疆卷·塔吉克族民间文学集》，新疆大学出版社2005年版。

（玛丽亚木·艾合买提编，海燕萍译）

没有奶牛难以熬过夏天

بسَغَنیرمنج نیست

besäɣänir menj nist

塔吉克族谚语。流传于新疆维吾尔自治区喀什地区塔什库尔干塔吉克自治县。“没有奶牛难以熬过夏天，没有收成难以熬过秋天。”倡导人们应该为生计从事一种行当，指责懒惰和坐享其成。对于研究塔吉克族生活观念有参考价值。1985年布里布力塔吉克语演唱，艾布力·艾山汗塔吉克文笔录。穆尼·塔布力迪译成维吾尔文。16开纸1页，1行。译文收入《中国民间文学集成·新疆卷·塔吉克族民间文学集》，新疆大学出版社2005年版。

（玛丽亚木·艾合买提编，海燕萍译）

就算驴子去了麦加

شر حَجیرمَس سَتیزد وُز شر

šer häjirmäs sätizd woz šer

塔吉克族谚语。流传于新疆维吾尔自治区喀什地区塔什库尔干塔吉克自治县。“就算驴子去了麦加，还是驴子。”批评了愚昧的人。对于研究塔吉克族生活观念有参考价值。1985年买买地亚尔塔吉克语演唱，艾布力·艾山汗塔吉克文笔录。穆尼·塔布力迪译成维吾尔文。16开纸1页，1行。译文收入《中国民间文学集成·新疆卷·塔吉克族民间文学集》，新疆大学出版社2005年版。（玛丽亚木·艾合买提编，海燕萍译）

雄鹰是人类的恩人

کوسُود جونَمُنی

kusowd junämuni

塔吉克族谚语。流传于新疆维吾尔自治区喀什地区塔什库尔干塔吉克自治县。“雄鹰是人类的恩人。”倡导人们要培养不怕牺牲、乐于助人的高尚品德。对于研究塔吉克族社会道德观念及崇尚雄鹰的习俗有参考价值。1985年布荣塔吉克语演唱，艾布力·艾山汗塔吉克文笔录。穆尼·塔布力迪译成维吾尔文。16开纸1页，1行。译文收入《中国民间文学集成·新疆卷·塔吉克族民间文学集》，新疆大学出版社2005年版。

（玛丽亚木·艾合买提编，海燕萍译）

没有信仰的人

بی ایمان بی فَرز اَست

bi iman bi färz äst

塔吉克族谚语。流传于新疆维吾尔自治区喀什地区塔什库尔干塔吉克自治县。“没有信仰的人，也没有禁忌。”批判了背信弃义的行为，倡导人们要培养高尚品德。对于研究塔吉克族社会道德观念有参考价值。1985年嘎瓦尔·阿拉木塔吉克语演唱，艾布力·艾山汗塔吉克文笔录。穆尼·塔布力迪译成维吾尔文。16开纸1页，1行。译文收入《中国民间文学集成·新疆卷·塔吉克族民间文学集》，新疆大学出版社2005年版。

（玛丽亚木·艾合买提编，海燕萍译）

践踏花草的人

اُوُک خور چگجنج

äwok xur čegjenj

塔吉克族谚语。流传于新疆维吾尔自治区喀什地区塔什库尔干塔吉克自治县。“践踏花草的人，被花草刺伤了眼睛。”告诉人们如果不爱惜大自然里的树木花草，最终会受到报复。对于研究塔吉克族环保观念有参考价值。1985年布荣塔吉克语演唱，西仁·库尔班塔吉克文笔录。穆尼·塔布力迪译成维吾尔文。16开纸1页，1行。译文收入《中国民间文学集成·新疆卷·塔吉克族民间文学集》，新疆大学出版社2005年版。

（玛丽亚木·艾合买提编，海燕萍译）

羊多了就是天堂

مول پورَن ویروز جَنَت

mul purän wiruz jänät

塔吉克族谚语。流传于新疆维吾尔自治区喀什地区塔什库尔干塔吉克自治县。“羊多了就是天堂。”说明财富需要积累，积累多了就能过上富裕的生活，劝导人们为了自己幸福的生活要勤奋努力。对于研究塔吉克族风俗习惯有参考价值。1985年穆巴拉克夏塔吉克语演唱，西仁·库尔班塔吉克文笔录并译成维吾尔文。16开纸1页，1行。译文收入《中国民间文学集成·新疆卷·塔吉克族民间文学集》，新疆大学出版社2005年版。

（艾比百·吐尔逊尼牙孜编，贾玛力丁译）

人的诺言清真，其肉不清真

آدَم لَوز حَلال ، گوشت حَرام

adäm läwz hälal , gušt häram

塔吉克族谚语。流传于新疆维吾尔自治区喀什地区塔什库尔干塔吉克自治县。“人的诺言清真，其肉不清真。”说明履行诺言的重要性，告诫人们在人际交往中保持良知、忠诚。对于研究塔吉克族谚语有参考价值。1985年西仁·库尔班塔吉克语演唱、塔吉克文笔录并译成维吾尔文。16开纸1页，1行。译文收入《中国民间文学集成·新疆卷·塔吉克族民间文学集》，新疆大学出版社2005年版。

（艾比百·吐尔逊尼牙孜编，贾玛力丁译）

男孩的福分在脚掌下

چَرَینَن ویرُسق ویپه تَپان

čäreynän wirosq wipä täpan

塔吉克族谚语。流传于新疆维吾尔自治区喀什地区塔什库尔干塔吉克自治县。“男孩的福分在脚掌下。”说明富裕、幸福的生活只能靠自己努力争取，告诫人们要自力更生。对于研究塔吉克族人生价值观念有参考价值。1985年古力买买德塔吉克语演唱，西仁·库尔班塔吉克文笔录并译成维吾尔文。16开纸1页，1行。译文收入《中国民间文学集成·新疆卷》。新疆大学出版社2005年版。

（艾比百·吐尔逊尼牙孜编，贾玛力丁译）

先食物，再信仰

اوَل نان، بَد ایمان

äwäl nan, bäd iman

塔吉克族谚语。流传于新疆维吾尔自治区喀什地区塔什库尔干塔吉克自治县。“先食物，再信仰。”说明人要生存，吃饭为第一，其他事情均为第二。对于研究塔吉克族生活观念有参考价值。1985年汗·赛地尔丁塔吉克语演唱，西仁·库尔班塔吉克文笔录并译成维吾尔文。16开纸1页，1行。译文收入《中国民间文学集成·新疆卷·塔吉克族民间文学集》，新疆大学出版社2005年版。

（艾比百·吐尔逊尼牙孜编，贾玛力丁译）

哈孜无赖，伊玛目狡诈

قوزی موتَهَم ایمام رَپس

quzi mutähäm imam räps

塔吉克族谚语。流传于新疆维吾尔自治区喀什地区塔什库尔干塔吉克自治县。“哈孜（伊斯兰教法官）无赖，伊玛目（礼拜领头人）狡诈。”揭示了赢得别人尊敬和信赖后却欺骗他人的不道德行为，劝导人们远离狡猾的人。对于研究塔吉克族善恶观念有参考价值。1985年尼嘎尔塔吉克语演唱，西仁·库尔班塔吉克文笔录并译成维吾尔文。16开纸1页，1行。译文收入《中国民间文学集成·新疆卷·塔吉克族民间文学集》，新疆大学出版社 2005 年版。

（艾比百·吐尔逊尼牙孜编，贾马力丁译）

与客人难得见面

مهمانَن وی دیدور غَنیمَت

mehmanän wi didur ɣänimät

塔吉克族谚语。流传于新疆维吾尔自治区喀什地区塔什库尔干塔吉克自治县。“与客人难得见面。”倡导人们热情好客、真诚待人。对于研究塔吉克族谚语有参考价值。1985 年霍加艾山·皮纳齐塔吉克语演唱，西仁·库尔班塔吉克文笔录并译成维吾尔文。16 开纸 1 页，1 行。译文收入《中国民间文学集成·新疆卷·塔吉克族民间文学集》，新疆大学出版社 2005 年版。

（艾比百·吐尔逊尼牙孜编，贾马力丁译）

女儿在外肆意妄为

رَزن په کوه تَر سیکیت

räzen pä koh tär sikit

塔吉克族谚语。流传于新疆维吾尔自治区喀什地区塔什库尔干塔吉克自治县。“女儿在外肆意妄为，母亲在家赞不绝口。”告诫做母亲的人为了家庭的声誉和尊严必须对女儿提出严格的要求，使她们养成良好的品德。对于研究塔吉克族家庭教育观念有参考价值。1985 年代尔亚巴依·艾斯马力塔吉克语演唱，西仁·库尔班塔吉克文笔录并译成维吾尔文。16 开纸 1 页，1 行。译文收入《中国民间文学集成·新疆卷·塔吉克族民间文学集》，新疆大学出版社 2005 年版。

（艾比百·吐尔逊尼牙孜编，斯拉吉丁译）

勇士遗留崇高声望

اَز پَلوݣن نام رَست

äz pälwun nam räst

塔吉克族谚语。流传于新疆维吾尔自治区喀什地区塔什库尔干塔吉克自治县。“官员遗留口头传闻，勇士遗留崇高声望。”倡导和教育人们与人为善、多干好事，做到人死留名、豹死留皮。对于研究塔吉克族谚语有参考价值。1985 年达力·买提胡夏勒塔吉克语演唱，西仁·库尔班塔吉克文笔录并译成维吾尔文。16 开纸 1 页，1 行。译文收入《中国民间文学集·新疆卷·塔吉克族民间文学集》，新疆大学出版社 2005 年版。

（艾比百·吐尔逊尼牙孜编，阿力木译）

事情已发生，抱怨有何用？

نَرجِدجِنج چِریر خَفا ماسا

när jedjenj čerir xäfa masa

塔吉克族谚语。流传于新疆维吾尔自治区喀什地区塔什库尔干塔吉克自治县。“事情已发生，抱怨有何用？”告诫人们从挫折和不幸中吸取教训，积累经验，培养乐观、冷静、勤于思考的性格。对于研究塔吉克族谚语有参考价值。1985 年尼嘎尔塔吉克语演唱，西仁·库尔班塔吉克文笔录并译成维吾尔文。16 开纸 1 页，1 行。译文收入《中国民间文学集成·新疆卷·塔吉克族民间文学集》，新疆人民出版社 2005 年版。

（艾比百·吐尔逊尼牙孜编，斯拉吉丁译）

知道会摔跤，孩子就不会跑

بَچه خوژاکت وَزاند واکت نَی

bäqä xuʤakt wäzand wakt näy

塔吉克族谚语。流传于新疆维吾尔自治区喀什地区塔什库尔干塔吉克自治县。“知道会摔跤，孩子就不会跑。”告诫人们克服急躁情绪，冷静、清醒地去做事。对于研究塔吉克族生活观念有参考价值。1985 年吾甫尔塔吉克语演唱，西仁·库尔班塔吉克文笔录并译成维吾尔文。16 开纸 1 页，1 行。译文收入《中国民间文学集成·新疆卷·塔吉克族民间文学集》，新疆大学出版社 2005 年版。

（艾比百·吐逊尼牙孜编，斯拉吉丁译）

好孩子满足你的愿望

چَرج بَچه آته بَختین کَکت

čärj bäčä ätä bäxtin käkt

塔吉克族谚语。流传于新疆维吾尔自治区喀什地区塔什库尔干塔吉克自治县。“好孩子满足你的愿望，坏孩子损耗你的生命。”告诫人们要重视对子女的教育，使他们成为孝顺、有良知、有道德的人。对于研究塔吉克族家庭教育观念有参考价值。1985 年布荣塔吉克语演唱，西仁·库尔班塔吉克文笔录并译成维吾尔文。16 开纸 1 页，2 行。译文收入《中国民间文学集成·新疆卷·塔吉克族民间文学集》，新疆大学出版社 2005 年版。

（艾比百·吐逊尼牙孜编，斯拉吉丁译）

人靠语言感化

انسانیر گپ، حیوانیر کَلتَک

insanir gäp häywanir kältäk

塔吉克族谚语。流传于新疆维吾尔自治区喀什地区塔什库尔干塔吉克自治县。“人靠语言感化，牲畜靠棍棒管理。”说明人有觉悟，能够接受教育，不像牲畜必须通过棍棒才能管理。对于研究塔吉克族教育观念有参考价值。1985 年尼嘎尔塔吉克语演唱，西仁·库尔班塔吉克文笔录并译成维吾尔文。16 开纸 1 页，1 行。译文收入《中国民间文学集成·新疆卷·塔吉克族民间文学集》，新疆大学出版社 2005 年版。

（艾比百·吐逊尼牙孜编，斯拉吉丁译）

蔓菁长得再大也超不过种子

کام خو تغم دود ساود

kam xu teɣm dud sawd

塔吉克族谚语。流传于新疆维吾尔自治区喀什地区塔什库尔干塔吉克自治县。“蔓菁长得再大也超不过种子。”说明了有父必有其子，强调家庭教育的重要性。对于研究塔吉克族家庭教育观念有参考价值。1985 年汗·赛地尔丁塔吉克语演唱，西仁·库尔班塔吉克文笔录并译成维吾尔文。16 开纸 1 页，1 行。译文收入《中国民间文学集成·新疆卷·塔吉克族民间文学集》，新疆大学出版社 2005 年版。

（玛丽亚木·艾合买提编，海燕萍译）

没有父亲的孩子无情无义

بی پَدَر بیوَفا اَست

bi pädär bi wäfa äst

塔吉克族谚语。流传于新疆维吾尔自治区喀什地区塔什库尔干塔吉克自治县。“没有父亲的孩子无情无义。”喻示在孩子的成长过程中父爱和父亲的教育很重要。对于研究塔吉克族谚语有参考价值。1985 年古力买买德塔吉克语演唱，达力·买提胡夏勒塔吉克文笔录并译成维吾尔文。16 开纸 1 页，1 行。译文收入《中国民间文学集成·新疆卷·塔吉克族民间文学集》，新疆大学出版社 2005 年版。

（玛丽亚木·艾合买提编，海燕萍译）

抚养的孩子打得你鼻青脸肿

آدَم بَچه ته غاو خون کَکت

adäm bäčä tä ɣaw xun käkt

塔吉克族谚语。流传于新疆维吾尔自治区喀什地区塔什库尔干塔吉克自治县。“抚养的孩子打得你鼻青脸肿，豢养的狗舔得你满脸是油。”说明秉性不好、不受教养的子女带给父母很多忧愁和烦恼。对于研究塔吉克家庭教育观念有参考价值。1985 年古力买买德塔吉克语演唱，达力·买提胡夏勒塔吉克文笔录并译成维吾尔文。16

开纸 1 页，1 行。译文收入《中国民间文学集成·新疆卷·塔吉克族民间文学集》，新疆大学出版社 2005 年版。

（玛丽亚木·艾合买提编，海燕萍译）

乌鸦对孩子说：你是最白的

قَرغا خوبَچا سيپَيد لوج

qärɣa xubäča sipäyd lewj

塔吉克族谚语。流传于新疆维吾尔自治区喀什地区塔什库尔干塔吉克自治县。“乌鸦对孩子说：你是最白的。”批评了父母放任孩子缺点的错误倾向。对于研究塔吉克族家庭教育观念有参考价值。1985 年塔布力迪·吾秀尔塔吉克语演唱，艾布力·艾山汗塔吉克文笔录。穆尼·塔布力迪译成维吾尔文。16 开纸 1 页，1 行。译文收入《中国民间文学集成·新疆卷·塔吉克族民间文学集》，新疆大学出版社 2005 年版。

（玛丽亚木·艾合买提编，海燕萍译）

前为妻子后为妻子

چورير گين چَرج

čurir gin čärj

塔吉克族谚语。流传于新疆维吾尔自治区喀什地区塔什库尔干塔吉克自治县。“前为妻子后为妻子，毕竟是丈夫的妻子。”告诉人们要热爱家庭，对家庭负责任。对于研究塔吉克族家庭道德观念有参考价值。1985 年土尔迪·阿洪塔吉克语演唱，代尔亚巴依塔吉克文笔录。西仁·库尔班译成维吾尔文。16 开纸 1 页，1 行。译文收入《中国民间文学集成·新疆卷·塔吉克族民间文学集》，新疆大学出版社 2005 年版。

（玛丽亚木·艾合买提编，
安尼瓦尔·加帕尔译）

秋天的阳光要比不孝的孩子好

اَز بى وَفا بَچه پيظ آفتاب بەتَر

äz bi wäfa bäčä piz aftab behtär

塔吉克族谚语。流传于新疆维吾尔自治区喀什地区塔什库尔干塔吉克自治县。“秋天的阳光要比不孝的孩子好。”说明不孝的孩子对父母、对社会是毫无用处的，批评了不孝和薄情。倡导人们要善待父母。对于研究塔吉克族谚语有参考价值。1985 年吾甫尔塔吉克语演唱，西仁·库尔班塔吉克文笔录并译成维吾尔文。16 开纸 1 页，1 行。译文收入《中国民间文学集成·新疆卷·塔吉克族民间文学集》，新疆大学出版社 2005 年版。

（艾比百·吐尔逊尼牙孜编，
安尼瓦尔·加帕尔译）

好孩子如同眼珠

چَرج بَچه نور چَشم

čärj bäčä nure čäšme

塔吉克族谚语。流传于新疆维吾尔自治区喀什地区塔什库尔干塔吉克自治县。“好孩子如同眼珠，坏孩子如同祸水。”说明好孩子对于父母来说是难得的财富，而走上邪路的孩子对于父母来说是一种灾难。倡导父母要重视对子女的教育。对于研究塔吉克族家庭教育观念有参考价值。1985 年法克尔夏塔吉克语演唱，西仁·库尔班塔吉克文笔录并译成维吾尔文。16 开纸 1 页，1 行。译文收入《中国民间文学集成·新疆卷·塔吉克族民间文学集》，新疆大学出版社 2005 年版。

（艾比百·吐尔逊尼牙孜编，
安尼瓦尔·加帕尔译）

没有成家的人是流浪汉

بچد آدَم سَرگَردون

bečed adäm särgärdun

塔吉克族谚语。流传于新疆维吾尔自治

区喀什地区塔什库尔干塔吉克自治县。“没有成家的人是流浪汉。”说明对每个人而言，温暖的家庭可以成为他的庇护所。对于研究塔吉克族家庭观念有参考价值。1985 年塔瓦尼·卡地尔塔吉克语演唱，西仁·库尔班塔吉克文笔录并译成维吾尔文。16 开纸 1 页，1 行。译文收入《中国民间文学集成·新疆卷·塔吉克族民间文学集》，新疆大学出版社 2005 年版。

（艾比百·吐尔逊尼牙孜编，贾玛力丁译）

家庭由主妇撑

آچِد آورَت وَدارد

äčed äwrät wädard

塔吉克族谚语。流传于新疆维吾尔自治区喀什地区塔什库尔干塔吉克自治县。“顶棚由柱子顶，家庭由主妇撑。”说明妇女在家庭的地位和作用，告诫人们要尊重妇女。对于研究塔吉克族家庭道德观念有参考价值。1985 年艾布力·艾山汗塔吉克语演唱，西仁·库尔班塔吉克文笔录并译成维吾尔文。16 开纸 1 页，1 行。译文收入《中国民间文学集成·新疆卷·塔吉克族民间文学集》，新疆大学出版社 2005 年版。

（艾比百·吐尔逊尼牙孜编，贾马力丁译）

从小没有教育好的孩子

بَچه آز کوچکی

bäče äz kučeki

塔吉克族谚语。流传于新疆维吾尔自治区喀什地区塔什库尔干塔吉克自治县。“从小没有教育好的孩子，就像长歪的树。”告诉人们孩子小的时候没有教育好，长大了也就是一个无用之材。劝导人们要重视子女的教育。对于研究塔吉克族家庭教育观念有参考价值。1985 年穆巴热克夏塔吉克语演唱，霍加艾山·皮纳齐塔吉克文笔录并译成维吾尔文。16 开纸 1 页，1 行。译文收入《中国民间文学集成·新疆卷·塔吉克族民间文学集》，新疆大学出版社 2005 年版。

（玛丽亚木·艾合买提编，海燕萍译）

为了孩子，把生活的苦水当糖水喝

بَچه آوان زَهَر بیراکتیر ریزو

bäčä äwan zähär biraktir rizu

塔吉克族谚语。流传于新疆维吾尔自治区喀什地区塔什库尔干塔吉克自治县。“为了孩子，把生活的苦水当糖水喝。”描述父母为养育孩子所付出的心血与艰辛，告诉人们要报答父母的养育之恩。对于研究塔吉克族家庭观念有参考价值。1985 年穆尼·塔布力迪塔吉克语演唱，西仁·库尔班塔吉克文笔录并译成维吾尔文。16 开纸 1 页，1 行。译文收入《中国民间文学集成·新疆卷·塔吉克族民间文学集》，新疆大学出版社 2005 年版。

（玛丽亚木·艾合买提编，周玉玲译）

一旦有了孩子

بَچَین آت سُت

bäčäyin ät sot

塔吉克族谚语。流传于新疆维吾尔自治区喀什地区塔什库尔干塔吉克自治县。“一旦有了孩子，负担就加重。”告诉人们父母一旦有了小孩，就应该共同承担生活的重担，相互体贴。对于研究塔吉克族家庭观念有参考价值。1985 年嘎瓦尔·阿拉木塔吉克语演唱，西仁·库尔班塔吉克文笔录并译成维吾尔文。16 开纸 1 页，1 行。译文收入《中国民间文学集成·新疆卷·塔吉克族民间文学集》，新疆大学出版社 2005 年版。

（玛丽亚木·艾合买提编，海燕萍译）

没有器具难说是家

بی آَسواب خانه

bi äswap xanä

塔吉克族谚语。流传于新疆维吾尔自治区喀什地区塔什库尔干塔吉克自治县。“没有器具难说是家，没有女人难成为家。”说明了生产、生活器具和妇女在家庭生活中的重要性。对于研究塔吉克族家庭观念有参考价值。1985年玉素甫塔吉克语演唱，西仁·库尔班塔吉克文笔录并译成维吾尔文。16开纸1页，1行。译文收入《中国民间文学集成·新疆卷·塔吉克族民间文学集》，新疆大学出版社2005年版。

（玛丽亚木·艾合买提编，海燕萍译）

有妈的孩子安然无恙，没妈的孩子吃尽苦头

سَغیر مادَر قَتی چَرج مَت یُست

särir madär qäti čärj mät yost

塔吉克族谚语。流传于新疆维吾尔自治区喀什地区塔什库尔干塔吉克自治县。“有妈的孩子安然无恙，没妈的孩子吃尽苦头。”表达了母亲在教育子女方面的重要性，颂扬了她们含辛茹苦的品质。对于研究塔吉克族妇女地位问题有参考价值。1985年法克尔夏塔吉克语演唱，达力·买提胡夏勒塔吉克文笔录并译成维吾尔文。16开纸1页，1行。译文收入《中国民间文学集成·新疆卷·塔吉克族民间文学集》，新疆大学出版社2005年版。

（玛丽亚木·艾合买提编，海燕萍译）

（十五）其 他

当毛拉容易

میلو ست آسان

milu set asan

塔吉克族谚语。流传于新疆维吾尔自治区喀什地区塔什库尔干塔吉克自治县。“当毛拉容易，做人难。”说明做人难，做好人更难。对于研究塔吉克族谚语有参考价值。塔吉克文。1985年买买地亚尔塔吉克语演唱，艾布力·艾山汗塔吉克文笔录并译成维吾尔文。16开纸1页，1行。译文收入《中国民间文学集成·新疆卷·塔吉克族民间文学集》，新疆大学出版社2005年版。

（玛丽亚木·艾合买提编，海燕萍译）

坏消息传得快

بَد خَبَر تیز یاد

bäd xäbär tiz yad

塔吉克族谚语。流传于新疆维吾尔自治区喀什地区塔什库尔干塔吉克自治县。“坏消息传得快。”倡导人们多做善事，保持和维护好自己的名誉。对于研究塔吉克族社会道德观念有参考价值。1985年买买地亚尔塔吉克语演唱，艾布力·艾山汗塔吉克文笔录并译成维吾尔文。16开纸1页，1行。译文收入《中国民间文学集成·新疆卷·塔吉克族民间文学集》，新疆大学出版社2005年版。

（玛丽亚木·艾合买提编，海燕萍译）

没有森林树木的地方是灾害之源

دَرَخت نه ودج جوی اوفَت غاو

däräxt nä wedj juy ufät ɣaw

塔吉克族谚语。流传于新疆维吾尔自治区喀什地区塔什库尔干塔吉克自治县。“没有森林树木的地方是灾害之源。”劝导人们要植树造林，保护自然，爱护环境。对于研究塔吉克族环保观念有参考价值。1985年吾甫尔

塔吉克语演唱，西仁・库尔班塔吉克文笔录并译成维吾尔文。16开纸1页，1行。译文收入《中国民间文学集成・新疆卷・塔吉克族民间文学集》，新疆大学出版社2005年版。

（艾比百・吐尔逊尼牙孜编，安尼瓦尔・加帕尔译）

要摆脱风沙就要植树

آز شوش خَلوس ست آوان دَرَخت تیک دا

äz šuš xälus set äwan däräxt tik da

塔吉克族谚语。流传于新疆维吾尔自治区喀什地区塔什库尔干塔吉克自治县。"要摆脱风沙就要植树。"说明植树造林是抗击和预防自然灾害的有力武器，教育人们爱护环境。对于研究塔吉克族谚语有参考价值。1985年布里布力塔吉克语演唱，西仁・库尔班塔吉克文笔录并译成维吾尔文。16开纸1页，1行。译文收入《中国民间文学集成・新疆卷・塔吉克族民间文学集》，新疆大学出版社2005年版。

（艾比百・吐尔逊尼牙孜编，安尼瓦尔・加帕尔译）

穷人是情义的拥有者

كَمبَغَل ويجدان سايب

kämbäɣäl wijdan sayib

塔吉克族谚语。流传于新疆维吾尔自治区喀什地区塔什库尔干塔吉克自治县。"巴依是财富的主人，穷人是情义的拥有者。"告诉人们把全部的时间和精力耗费在争取物质财富上的人没有情义和尊严。对于研究塔吉克族谚语有参考价值。1985年法克尔夏塔吉克语演唱，艾布力・艾山汗塔吉克文笔录并译成维吾尔文。16开纸1页，1行。译文收入《中国民间文学集成・新疆卷・塔吉克族民间文学集》，新疆大学出版社2005年版。

（玛丽亚木・艾合买提编，海燕萍译）

梦是愁，愁是梦

خُدم غَم، غَم خُدم

xodm ɣäm, ɣäm hodm

塔吉克族谚语。流传于新疆维吾尔自治区喀什地区塔什库尔干塔吉克自治县。"梦是愁，愁是梦。"说明人在现实中陷入沉思而担忧的事，往往在梦中显现，使人不得安歇。劝告人们远离忧虑，乐观坚强地生活。对于研究塔吉克族谚语有参考价值。1985年土尔迪・阿洪塔吉克语演唱，西仁・库尔班塔吉克文笔录并译成维吾尔文。16开纸1页，1行。译文收入《中国民间文学集成・新疆卷・塔吉克族民间文学集》，新疆大学出版社2005年版。

（艾比百・吐尔逊尼牙孜编，贾玛力丁译）

世界之美是因为没有门

دنيا بدَروازا

donya bidärwaza

塔吉克族谚语。流传于新疆维吾尔自治区喀什地区塔什库尔干塔吉克自治县。"世界之美是因为没有门，穷人之美因为没有钱。"批判了因只重视金钱和财富逐渐削弱人与人之间感情的不正之风。对于研究塔吉克族谚语有参考价值。1985年代热亚巴依塔吉克语演唱，穆尼・塔布力迪塔吉克文笔录并译成维吾尔文。16开纸1页，1行。译文收入《中国民间文学集成・新疆卷・塔吉克族民间文学集》，新疆大学出版社2005年版。

（玛丽亚木・艾合买提编，海燕萍译）

圣人也迷路

دانشمَندمَس خَتو ديد

danešmändmäs xätu did

塔吉克族谚语。流传于新疆维吾尔自治区喀什地区塔什库尔干塔吉克自治县。"圣人也迷路。"说明尽善尽美的圣人也有迷路或出错的时候，劝导人们要正确对待自己和他人的过错。对于研究塔吉克族人生哲理有参考价值。1985 年穆巴热克夏塔吉克语演唱，霍加艾山·皮纳齐塔吉克文笔录并译成维吾尔文。16 开纸 1 页，1 行。译文收入《中国民间文学集成·新疆卷·塔吉克族民间文学集》，新疆大学出版社 2005 年版。

（玛丽亚木·艾合买提编，海燕萍译）

小孩不哭，母亲不喂奶

بَچاییک نیود تام رَواند

bäčayik niwd tam räwand

塔吉克族谚语。流传于新疆维吾尔自治区喀什地区塔什库尔干塔吉克自治县。“小孩不哭，母亲不喂奶。”劝告人们要相互帮助，相互支持。对于研究塔吉克族生活观念有参考价值。1985 年穆拉迪克塔吉克语演唱，西仁·库尔班塔吉克文笔录并译成维吾尔文。16 开纸 1 页，1 行。译文收入《中国民间文学集成·新疆卷·塔吉克族民间文学集》，新疆大学出版社 2005 年版。

（艾比百·吐尔逊尼牙孜编，贾马力丁译）

找到马时没有平原

اَسبَم وُگ پُیگا نیست

äsbäm wog puyga nist

塔吉克族谚语。流传于新疆维吾尔自治区喀什地区塔什库尔干塔吉克自治县。“找到马时没有平原，找到平原时没有马。”告诉人们不自量力是没有好结果的。对于研究塔吉克族善恶观念有参考价值。1985 年塔布力迪·吾秀尔塔吉克语演唱，西仁·库尔班塔吉克文笔录并译成维吾尔文。16 开纸 1 页，1 行。译文收入《中国民间文学集成·新疆卷·塔吉克族民间文学集》，新疆大学出版社 2005 年版。

（玛丽亚木·艾合买提编，米娜娃·哈木里拉提译）

元宝不如馕

اَز یامبو مَک کیپیک بهتَر

äz yambu mäk kipik behtär

塔吉克族谚语。流传于新疆维吾尔自治区喀什地区塔什库尔干塔吉克自治县。“在大漠旅程时，元宝不如馕。”说明任何事物都有自己的优点和价值。对于研究塔吉克族谚语有参考价值。1985 年马达力汗·巴伦塔吉克语演唱，西仁·库尔班塔吉克文笔录并译成维吾尔文。16 开纸 1 页，1 行。译文收入《中国民间文学集成·新疆卷·塔吉克族民间文学集》，新疆大学出版社 2005 年版。

（艾比百·吐尔逊尼牙孜编，贾马力丁译）

喜庆的事不要拖延

خُشی چر تَرظَبو ماتاژ

xoši čer tärzäbu matadʒ

塔吉克族谚语。流传于新疆维吾尔自治区喀什地区塔什库尔干塔吉克自治县。“喜庆的事不要拖延。”说明做任何事都有合适的时机和机会。对于研究塔吉克族谚语有参考价值。1985 年嘎瓦尔·阿拉木塔吉克语演唱，西仁·库尔班塔吉克文笔录并译成维吾尔文。16 开纸1 页，1 行。译文收入《中国民间文学集成·新疆卷·塔吉克族民间文学集》，新疆大学出版社 2005 年版。

（艾比百·吐尔逊尼牙孜编，贾马力丁译）

容貌在哪里都会受到尊敬

خُشووی چیرای جَم جوی ایزَت ویرَید

xošruy čiray jäm juy izät wiräyd

塔吉克族谚语。流传于新疆维吾尔自治区喀什地区塔什库尔干塔吉克自治县。“容貌在哪里都会受到尊敬。”说明聪明有才略的人，在任何地方都会受到尊敬。对于研究塔吉克族人生观有参考价值。1985

年土尔迪·阿洪塔吉克语演唱，西仁·库尔班塔吉克文笔录并译成维吾尔文。16开纸1页，1行。译文收入《中国民间文学集成·新疆卷·塔吉克族民间文学集》，新疆大学出版社2005年版。

（艾比百·吐尔逊尼牙孜编，贾马力丁译）

炎热是秃头的敌人

تومُس تازَن وی دُشمَن

tumos tazän wi došmän

塔吉克族谚语。流传于新疆维吾尔自治区喀什地区塔什库尔干塔吉克自治县。“炎热是秃头的敌人，凉爽是秃头的朋友。”劝告人们爱惜自身的健康，克服各种肢体缺陷。对于研究塔吉克族健康观念有参考价值。1985年穆尼·塔布力迪塔吉克语演唱，西仁·库尔班塔吉克文笔录并译成维吾尔文。16开纸1页，1行。译文收入《中国民间文学集成·新疆卷·塔吉克族民间文学集》，新疆大学出版社2005年版。

（艾比百·吐尔逊尼牙孜编，贾马力丁译）

住房可以不多，可粮食要多

خانه پورماوید

xanä pur mawid

塔吉克族谚语。流传于新疆维吾尔自治区喀什地区塔什库尔干塔吉克自治县。“住房可以不多，可粮食要多。”说明居住的房屋可以少一些，但粮食不能缺少，劝告人们要珍惜粮食。对于研究塔吉克族生活观念有参考价值。1985年布里布力塔吉克语演唱，西仁·库尔班塔吉克文笔录并译成维吾尔文。16开纸1页，1行。译文收入《中国民间文学集成·新疆卷·塔吉克族民间文学集》，新疆大学出版社2005年版。

（艾比百·吐尔逊尼牙孜编，贾马力丁译）

没有谚语的语言好比没有放盐的饭

بی مَقال زَبان – بی نَمَک آش

bi mäqal zäban-bi nämäk aš

塔吉克族谚语。流传于新疆维吾尔自治区喀什地区塔什库尔干塔吉克自治县。“没有谚语的语言好比没有放盐的饭。”说明谚语是语言不可缺少的重要组成部分。对于研究塔吉克族谚语有参考价值。1985年霍加艾山·皮纳齐塔吉克语演唱，西仁·库尔班塔吉克文笔录并译成维吾尔文。16开纸1页，1行。译文收入《中国民间文学集成·新疆卷·塔吉克族民间文学集》，新疆大学出版社2005年版。

（艾比百·吐尔逊尼牙孜编，斯拉吉丁译）

惧怕的人扯着嗓子吼歌

کوجمَنیگ اَزکوج بَیت لوج

kujmänäyg äz kuj bäyt lewj

塔吉克族谚语。流传于新疆维吾尔自治区喀什地区塔什库尔干塔吉克自治县。“惧怕的人扯着嗓子吼歌。”说明经常担惊受怕而焦虑不安的人经常做出一些莫名其妙的事。对于研究塔吉克族谚语有参考价值。1985年布荣塔吉克语演唱，西仁·库尔班塔吉克文笔录并译成维吾尔文。16开纸1页，1行。译文收入《中国民间文学集成·新疆卷·塔吉克族民间文学集》，新疆大学出版社2005年版。

（艾比百·吐尔逊尼牙孜编，斯拉吉丁译）

胆小鬼叫熊猫叔叔

اَز کوج یُرکیر دود لود

äz kuj yorkir dud lewd

塔吉克族谚语。流传于新疆维吾尔自治区喀什地区塔什库尔干塔吉克自治县。“胆小鬼叫熊猫叔叔。”说明在生活中有一些人遇到比自己强的人，就害怕得失去理智。劝导人们任何时候要保持稳定的心态。对于研究塔吉克族谚语有参考价值。1985年嘎瓦尔·阿拉木塔吉克语演唱，西仁·库尔班塔吉克文笔录并译成维吾尔文。16开纸1页，1行。译文收入《中国民间文学集·新疆卷·塔吉克族民间文学集》，新疆大学出版社2005年版。

（艾比百·吐尔逊尼牙孜编，阿力木译）

浇灌地要及时播种

اَزمز وَقت قَتی چار

äzemz wäqt qäti čar

塔吉克族谚语。流传于新疆维吾尔自治区喀什地区塔什库尔干塔吉克自治县。“浇灌地要及时播种，过季不要种。”告诫人们不要耽误农作物的最佳播种时间，否则会影响收成。对于研究塔吉克族谚语有参考价值。1985年多来提别克塔吉克语演唱，西仁·库尔班塔吉克文笔录并译成维吾尔文。16开纸1页，1行。译文收入《中国民间文学集·新疆卷·塔吉克族民间文学集》，新疆大学出版社2005年版。

（艾比百·吐尔逊尼牙孜编，阿力木译）

五岁的儿童旅途平安归来

پَنج ساله اَز سَفَر آمَد

pänj salä äz säfär amäd

塔吉克族谚语。流传于新疆维吾尔自治区喀什地区塔什库尔干塔吉克自治县。“五岁儿童旅途平安归来，百岁老人都前往迎接。”说明了旅途的艰难辛苦，不管是谁旅途平安归来都能受到父老乡亲的热情迎接。劝导人们对长途跋涉平安归来的人要热情迎接和款待。对于研究塔吉克族生活习俗有参考价值。1985年霍加艾山·皮纳齐塔吉克语演唱，西仁·库尔班塔吉克文笔录并译成维吾尔文。16开纸1页，1行。译文收入《中国民间文学集成·新疆卷·塔吉克族民间文学集》，新疆大学出版社2005年版。

（艾比百·吐尔逊尼牙孜编，
安尼瓦尔·加帕尔译）

一个人做善事

یَک کَس چَرجی سَدیر فُیدا

yäk käs čärji sädir fuyda

塔吉克族谚语。流传于新疆维吾尔自治区喀什地区塔什库尔干塔吉克自治县。“一个人做善事，一百个人受益。”劝导人们多做好事、善事。对于研究塔吉克族谚语有参考价值。1985年土尔迪·阿洪塔吉克语演唱，西仁·库尔班塔吉克文笔录并译成维吾尔文。16开纸1页，1行。译文收入《中国民间文学集成·新疆卷·塔吉克族民间文学集》，新疆大学出版社2005年版。

（艾比百·吐尔逊尼牙孜编，
安尼瓦尔·加帕尔译）

孤儿的母亲多

سَغیرَن مادَر پور

säɣirän madär pur

塔吉克族谚语。流传于新疆维吾尔自治区喀什地区塔什库尔干塔吉克自治县。“孤儿的母亲多。”说明对于孤苦伶仃的人，周围的人们都给予关心照顾。倡导人们要有关爱之心。对于研究塔吉克族社会道德观念有参考价值。1985年玉素甫塔吉克语演唱，西仁·库尔班塔吉克文笔录并译成维吾尔文。16开纸1页，1行。译文收入《中国民间文学集成·新疆卷·塔吉克族民间文学集》，新疆大学出版社2005年版。

（艾比百·吐尔逊尼牙孜编，
安尼瓦尔·加帕尔译）

水是父亲，土地是母亲，草木是孩子

آب آتا ، زَمين آنا ، گييا بَچه

ab äta，zämin äna，giya bäčä

塔吉克族谚语。流传于新疆维吾尔自治区喀什地区塔什库尔干塔吉克自治县。“水是父亲，土地是母亲，草木是孩子。”告诉人们要保护和珍惜水、土地、草木等自然资源。对于研究塔吉克族环保观念有参考价值。1985 年多来提别克塔吉克语演唱，西仁·库尔班塔吉克文笔录并译成维吾尔文。16 开纸 1 页，1 行。译文收入《中国民间文学集成·新疆卷·塔吉克族民间文学集》，新疆大学出版社 2005 年版。

（艾比百·吐尔逊尼牙孜编，贾玛力丁译）

积累，再积累，死了，全当存

ويكتى، نَخُگ، ماوگى، جَم رَيد

wikti，näxog，mawgi，jäm räyd

塔吉克族谚语。流传于新疆维吾尔自治区喀什地区塔什库尔干塔吉克自治县。“积累，再积累，死了，全当存。”嘲讽了吝啬行为，劝告人们要享受生活的乐趣。对于研究塔吉克族生活观念有参考价值。1985 年穆巴拉克夏塔吉克语演唱，西仁·库尔班塔吉克文笔录并译成维吾尔文。16 开纸 1 页，1 行。译文收入《中国民间文学集成·新疆卷·塔吉克族民间文学集》，新疆大学出版社 2005 年版。

（艾比百·吐尔逊尼牙孜编，贾马力丁译）

恭顺老实的人连苍蝇都不愿踩死

شُو پَر پد مرزمَس نه مرد

šow pär ped merzmäs nä merd

塔吉克族谚语。流传于新疆维吾尔自治区喀什地区塔什库尔干塔吉克自治县。“恭顺老实的人连苍蝇都不愿踩死。”说明心地善良、恭顺老实的人在任何时候都不愿伤害别人。对于研究塔吉克族谚语有参考价值。1985 年嘎瓦尔·阿拉木塔吉克语演唱，西仁·库尔班塔吉克文笔录并译成维吾尔文。16 开纸 1 页，1 行。译文收入《中国民间文学集成·新疆卷·塔吉克族民间文学集》，新疆大学出版社 2005 年版。

（艾比百·吐尔逊尼牙孜编，安尼瓦尔·加帕尔译）

若去盲人城

كاور شَهر سَسا

kawr šähr säsa

塔吉克族谚语。流传于新疆维吾尔自治区喀什地区塔什库尔干塔吉克自治县。“若去盲人城，首先要眯上一只眼。”告诉人们在陌生的环境里，要尊重那里的人的秉性和风俗习惯。对于研究塔吉克族谚语有参考价值。1985 年古力买买德塔吉克语演唱，达力·买提胡夏勒塔吉克文笔录并译成维吾尔文。16 开纸 1 页，1 行。译文收入《中国民间文学集成·新疆卷·塔吉克族民间文学集》，新疆大学出版社 2005 年版。

（玛丽亚木·艾合买提编，海燕萍译）

狗在其穴窝前强大

سَگ خُپه دَر قُبيل

säg xopä där qobil

塔吉克族谚语。流传于新疆维吾尔自治区喀什地区塔什库尔干塔吉克自治县。“狗在其穴窝前强大。”喻示人们在自己熟悉的环境里能够充分发挥自己的能力。对于研究塔吉克族谚语有参考价值。1985 年买买地亚尔塔吉克语演唱，艾布力·艾山汗塔吉克文笔录。穆尼·塔布力迪译成维吾尔文。16 开纸1 页，1 行。译文收入《中国民间文学集成·新疆卷·塔吉克族民间文学集》，新疆大学出版社 2005 年版。

（玛丽亚木·艾合买提编，海燕萍译）

刀砍不到刀柄上

چُقی خُود نَکیچگد

čoqi xowed näkičegd

塔吉克族谚语。流传于新疆维吾尔自治区喀什地区塔什库尔干塔吉克自治县。“刀砍不到刀柄上。”喻示任何贤哲、有神通的人总有求于他人的时候。告诫人们要谦虚。对于研究塔吉克族社会道德观念有参考价值。1985年布荣塔吉克语演唱，艾布力·艾山汗塔吉克文笔录。穆尼·塔布力迪译成维吾尔文。16开纸1页，1行。译文收入《中国民间文学集成·新疆卷·塔吉克族民间文学集》，新疆大学出版社2005年版。

（玛丽亚木·艾合买提编，海燕萍译）

乌鸦以嘎嘎叫取乐

کلاغ خُش سدج

kilaɣ xoš sedj

塔吉克族谚语。流传于新疆维吾尔自治区喀什地区塔什库尔干塔吉克自治县。“乌鸦以嘎嘎叫取乐。”告诫人们要脚踏实地地生活和工作。对于研究塔吉克族社会道德观念有参考价值。1985年嘎瓦尔·阿拉木塔吉克语演唱，艾布力·艾山汗塔吉克文笔录。穆尼·塔布力迪译成维吾尔文。16开纸1页，1行。译文收入《中国民间文学集成·新疆卷·塔吉克族民间文学集》，新疆大学出版社2005年版。

（玛丽亚木·艾合买提编，海燕萍译）

驴子驮不动骆驼的驮物

شُتُر وز خَر تر نَچکَکت

šotor wez xär ter näčikäkt

塔吉克族谚语。流传于新疆维吾尔自治区喀什地区塔什库尔干塔吉克自治县。“驴子驮不动骆驼的驮物，骆驼走不了驴子走过的路。”说明人的能力有大小，用人要得当。对于研究塔吉克族谚语有参考价值。1985年买买地亚尔塔吉克语演唱，艾布力·艾山汗塔吉克文笔录。穆尼·塔布力迪译成维吾尔文。16开纸1页，1行。译文收入《中国民间文学集成·新疆卷·塔吉克族民间文学集》，新疆大学出版社2005年版。

（玛丽亚木·艾合买提编，海燕萍译）

苍蝇嗡嗡叫着飞走

پیشا فغج

piša feɣ j

塔吉克族谚语。流传于新疆维吾尔自治区喀什地区塔什库尔干塔吉克自治县。“苍蝇嗡嗡叫着飞走。”指责对他人的意见和观点置若罔闻的人。对于研究塔吉克族社会道德观念有参考价值。1985年玉素甫塔吉克语演唱，艾布力·艾山汗塔吉克文笔录。穆尼·塔布力迪译成维吾尔文。16开纸1页，1行。译文收入《中国民间文学集成·新疆卷·塔吉克族民间文学集》，新疆大学出版社2005年版。

（玛丽亚木·艾合买提编，海燕萍译）

从驴背上掉下来如掉到石头上

اَزخَر سَوُک چیسَنگ بیزیس

äzxär säwok čisäng bizis

塔吉克族谚语。流传于新疆维吾尔自治区喀什地区塔什库尔干塔吉克自治县。“从骆驼背上掉下来如掉到棉团上，从驴背上掉下来如掉到石头上。”说明了骆驼和驴子行走时的自然特性。总结了塔吉克族人民关于动物认知方面的经验。对于研究塔吉克族谚语有参考价值。1985年玉素甫塔吉克语演唱，艾布力·艾山汗塔吉克文笔录。穆尼·塔布力迪译成维吾尔文。16开纸1页，1行。译文收入《中国民间文学集成·新疆卷·塔吉克族民间文学集》，新疆大学出版社2005年版。

（玛丽亚木·艾合买提编，海燕萍译）

驴驹多了

تَیخَر پور سَوید

täyxär pur säwid

塔吉克族谚语。流传于新疆维吾尔自治区喀什地区塔什库尔干塔吉克自治县。“驴驹多了，母驴的负担重。”倡导人们少生优育。对于研究塔吉克族生活观念有参考价值。1985 年穆热地克塔吉克语演唱，艾布力·艾山汗塔吉克文笔录。穆尼·塔布力迪译成维吾尔文。16 开纸 1 页，1 行。译文收入《中国民间文学集成·新疆卷·塔吉克族民间文学集》，新疆大学出版社 2005 年版。

（玛丽亚木·艾合买提编，海燕萍译）

小孩嫌麦子少，就挑拣了麦草

بَچه زاو کَم لیوج

bäčä zaw käm lewj

塔吉克族谚语。流传于新疆维吾尔自治区喀什地区塔什库尔干塔吉克自治县。“小孩嫌麦子少，就挑拣了麦草。”批评了对他人的善意劝勉置若罔闻的人。对于研究塔吉克族社会道德观念有参考价值。1985 年嘎瓦尔·阿拉木塔吉克语演唱，艾布力·艾山汗塔吉克文笔录。穆尼·塔布力迪译成维吾尔文。16 开纸 1 页，1 行。译文收入《中国民间文学集成·新疆卷·塔吉克族民间文学集》，新疆大学出版社 2005 年版。

（玛丽亚木·艾合买提编，海燕萍译）

不吠的狗咬人最痛

نَواقچنج سَگ وَدَرین یاد

näwaqčenj säg wädärin yad

塔吉克族谚语。流传于新疆维吾尔自治区喀什地区塔什库尔干塔吉克自治县。“不吠的狗咬人最痛。”喻示性格内向的人在生活和人际交往中的特点。对于研究塔吉克族谚语有参考价值。1985 年土尔迪·阿洪塔吉克语演唱，艾布力·艾山汗塔吉克文笔录。穆尼·塔布力迪译成维吾尔文。16 开纸 1 页，1 行。译文收入《中国民间文学集成·新疆卷·塔吉克族民间文学集》，新疆大学出版社 2005 年版。

（玛丽亚木·艾合买提编，海燕萍译）

等到小牛犊长大

ویشک لاور ستیس

wišk lawr setis

塔吉克族谚语。流传于新疆维吾尔自治区喀什地区塔什库尔干塔吉克自治县。“等到小牛犊长大，母牛的寿限也已过半。”喻示了父母的艰辛。对于研究塔吉克族尊老观念有参考价值。1985 年土尔迪·阿洪塔吉克语演唱，艾布力·艾山汗塔吉克文笔录。穆尼·塔布力迪译成维吾尔文。16 开纸1 页，1 行。译文收入《中国民间文学集成·新疆卷·塔吉克族民间文学集》，新疆大学出版社 2005 年版。

（玛丽亚木·艾合买提编，海燕萍译）

聪慧的马不踩人

عقلین اسب لوچ نَدَد

äqlin äsb luč nädid

塔吉克族谚语。流传于新疆维吾尔自治区喀什地区塔什库尔干塔吉克自治县。“聪慧的马不踩人。”喻示人与人之间应该相互容忍，不要损害他人的利益。对于研究塔吉克族社会道德观念有参考价值。1985 年买买地亚尔塔吉克语演唱，艾布力·艾山汗塔吉克文笔录。穆尼·塔布力迪译成维吾尔文。16 开纸 1 页，1 行。译文收入《中国民间文学集成·新疆卷·塔吉克族民间文学集》，新疆大学出版社 2005 年版。

（玛丽亚木·艾合买提编，海燕萍译）

好狗过了十年也认得主人

چَرج سَگ سَد سال زَبوخو سايب وَزاند

čärj säg säd sal zäbu xu sayib wäzand

塔吉克族谚语。流传于新疆维吾尔自治区喀什地区塔什库尔干塔吉克自治县。“好狗过了十年也认得主人。”颂扬了知恩图报的高尚品德。对于研究塔吉克族社会道德观念有参考价值。1985 年买买地亚尔塔吉克语演唱，艾布力·艾山汗塔吉克文笔录。穆尼·塔布力迪译成维吾尔文。16 开纸 1 页，1 行。译文收入《中国民间文学集成·新疆卷·塔吉克族民间文学集》，新疆大学出版社 2005 年版。

（玛丽亚木·艾合买提编，海燕萍译）

猫戏耍老鼠是为了吃掉它

پيش پُرگ خيگ آوان

piš porg hig äwan

塔吉克族谚语。流传于新疆维吾尔自治区喀什地区塔什库尔干塔吉克自治县。“猫戏耍老鼠是为了吃掉它。”警示人们要提防小人的阴谋诡计，避免造成损失。对于研究塔吉克族谚语有参考价值。1985 年买买地亚尔塔吉克语演唱，艾布力·艾山汗塔吉克文笔录。穆尼·塔布力迪译成维吾尔文。16 开纸 1 页，1 行。译文收入《中国民间文学集成·新疆卷·塔吉克族民间文学集》，新疆大学出版社 2005 年版。

（玛丽亚木·艾合买提编，海燕萍译）

若要知奶茶味，就要先尝一尝

چاى مَزا وَزاند آوان اوَل بيراز

čay mäza wädzand äwäl biraz

塔吉克族谚语。流传于新疆维吾尔自治区喀什地区塔什库尔干塔吉克自治县。“若要知奶茶味，就要先尝一尝。”暗示人们若想做成一件事，首先必须去尝试。对于研究塔吉克族生活观念有参考价值。1985 年库尔班塔吉克语演唱，艾布力·艾山汗塔吉克文笔录。穆尼·塔布力迪译成维吾尔文。16 开纸 1 页，1 行。译文收入《中国民间文学集成·新疆卷·塔吉克族民间文学集》，新疆大学出版社 2005 年版。

（玛丽亚木·艾合买提编，海燕萍译）

偌大眼睛的奶牛

لاور سَم جاو خو ويشک نَوَند

lawr sem jaw xu wišk näwänd

塔吉克族谚语。流传于新疆维吾尔自治区喀什地区塔什库尔干塔吉克自治县。“偌大的眼睛，却看不见小牛犊。”告诉人们不要忽略了眼前的好人好事。对于研究塔吉克族谚语有参考价值。1985 年玉素甫塔吉克语演唱，艾布力·艾山汗塔吉克文笔录。穆尼·塔布力迪译成维吾尔文。16 开纸 1 页，1 行。译文收入《中国民间文学集成·新疆卷·塔吉克族民间文学集》，新疆大学出版社 2005 年版。

（玛丽亚木·艾合买提编，海燕萍译）

骆驼放眼远方

شتُر دور چاست

šotor dur čast

塔吉克族谚语。流传于新疆维吾尔自治区喀什地区塔什库尔干塔吉克自治县。“驴子只看脚底，骆驼放眼远方。”告诫人们做事不要只顾眼前的利益。对于研究塔吉克族生活观念有参考价值。1985 年买买提亚尔塔吉克语演唱，艾布力·艾山汗塔吉克文笔录。穆尼·塔布力迪译成维吾尔文。16 开纸 1 页，1 行。译文收入《中国民间文学集成·新疆卷·塔吉克族民间文学集》，新疆大学出版社 2005 年版。

（玛丽亚木·艾合买提编，海燕萍译）

一狗吠，百狗吠

یَک سَگ واقت

yäk säg waqt

塔吉克族谚语。流传于新疆维吾尔自治区喀什地区塔什库尔干塔吉克自治县。“一狗吠，百狗吠。”批评了随波逐流的不良倾向。倡导人们做任何事情要有自己的主张。对于研究塔吉克族社会道德观念有参考价值。1985 年吾普尔塔吉克语演唱，艾布力·艾山汗塔吉克文笔录。穆尼·塔布力迪译成维吾尔文。16 开纸 1 页，1 行。译文收入《中国民间文学集成·新疆卷·塔吉克族民间文学集》，新疆大学出版社 2005 年版。

（玛丽亚木·艾合买提编，海燕萍译）

善跑的马尚在路上，瘸腿小驴子已到站

کُلُک پَزَبو ردج

kolok päzäbu redj

塔吉克族谚语。流传于新疆维吾尔自治区喀什地区塔什库尔干塔吉克自治县。“善跑的马尚在路上，瘸腿的驴子已到站。”喻示人们除了天赋，勤奋和持之以恒是成就一番事业最重要的品质。对于研究塔吉克族谚语有参考价值。1985 年买买地亚尔塔吉克语演唱，艾布力·艾山汗塔吉克文笔录。穆尼·塔布力迪译成维吾尔文。16 开纸 1 页，1 行。译文收入《中国民间文学集成·新疆卷·塔吉克族民间文学集》，新疆大学出版社 2005 年版。

（玛丽亚木·艾合买提编，海燕萍译）

蓝眼睛的马只值驴的价

کین سم اَسب ارزون

keyn sem äsb ärzun

塔吉克族谚语。流传于新疆维吾尔自治区喀什地区塔什库尔干塔吉克自治县。“蓝眼睛的马只值驴的价，蓝眼睛的狗则是天价。”喻示只有在同类中精良的东西，才是珍稀的。对于研究塔吉克族谚语有参考价值。1985 年多来提别克塔吉克语演唱，艾布力·艾山汗塔吉克文笔录。穆尼·塔布力迪译成维吾尔文。16 开纸 1 页，1 行。译文收入《中国民间文学集成·新疆卷·塔吉克族民间文学集》，新疆大学出版社 2005 年版。

（玛丽亚木·艾合买提编，海燕萍译）

猎狗多了捕不到野山羊

پور سَگ گیوَیج وَدارد نَچیککت

pur säg giwäyj wädard näčikäkt

塔吉克族谚语。流传于新疆维吾尔自治区喀什地区塔什库尔干塔吉克自治县。“猎狗多了捕不到野山羊。”批评一些人争相自我表现，结果一事无成。对于研究塔吉克族社会道德观念有参考价值。1985 年土尔迪·阿洪塔吉克语演唱，艾布力·艾山汗塔吉克文笔录。穆尼·塔布力迪译成维吾尔文。16 开纸 1 页，1 行。译文收入《中国民间文学集成·新疆卷·塔吉克族民间文学集》，新疆大学出版社 2005 年版。

（玛丽亚木·艾合买提编，海燕萍译）

拴养的狗难当打猎之差

وُشچنج سَگ نُقُبیل

woščenj säg noqobil

塔吉克族谚语。流传于新疆维吾尔自治区喀什地区塔什库尔干塔吉克自治县。“拴养的狗难当打猎之差。”喻示缺乏经验的人难当大任。对于研究塔吉克族生活观念有参考价值。1985 年买买地亚尔塔吉克语演唱，艾布力·艾山汗塔吉克文笔录。穆尼·塔布力迪译成维吾尔文。16 开纸 1 页，1 行。译文收入《中国民间文学集成·新疆卷·塔吉克族民间文学集》，新疆大学出版社 2005 年版。

（玛丽亚木·艾合买提编，海燕萍译）

骆驼有多大

شُتُر لاور

šotor lawr

塔吉克族谚语。流传于新疆维吾尔自治区喀什地区塔什库尔干塔吉克自治县。“骆驼有多大，鞍疮就有多大。”告诉人们要成就宏伟的事业，遇到的艰难也大，坎坷也多。对于研究塔吉克族哲理思想有参考价值。1985 年买买地亚尔塔吉克语演唱，艾布力·艾山汗塔吉克文笔录。穆尼·塔布力迪译成维吾尔文。16 开纸 1 页，1 行。译文收入《中国民间文学集成·新疆卷·塔吉克族民间文学集》，新疆大学出版社 2005 年版。（玛丽亚木·艾合买提编，海燕萍译）

商人没有裹尸布

ساوداگر بى كَفَن

sawdagär bi käfän

塔吉克族谚语。流传于新疆维吾尔自治区喀什地区塔什库尔干塔吉克自治县。“商人没有裹尸布，猎人没有皮窝子。”说明了生活当中偶尔会出现缺少生活用品的情况，告诫人们要随时做好准备，否则最平常的东西也可能会缺少。对于研究塔吉克族生活观念有参考价值。1985 年尼嘎尔塔吉克语演唱，穆尼·塔布力迪塔吉克文笔录并译成维吾尔文。16 开纸 1 页，1 行。译文收入《中国民间文学集成·新疆卷·塔吉克族民间文学集》，新疆大学出版社 2005 年版。

（玛丽亚木·艾合买提编，海燕萍译）

树木是家园的容颜

دَرَخت ديىور زَيب

däräxt diyur zäyb

塔吉克族谚语。流传于新疆维吾尔自治区喀什地区塔什库尔干塔吉克自治县。“树木是家园的容颜。”告诉人们要通过植树造林美化家园。对于研究塔吉克族谚语有参考价值。1985 年买买地亚尔塔吉克语演唱，西仁·库尔班塔吉克文笔录。穆尼·塔布力迪译成维吾尔文。16 开纸 1 页，1 行。译文收入《中国民间文学集成·新疆卷·塔吉克族民间文学集》，新疆大学出版社 2005 年版。（玛丽亚木·艾合买提编，海燕萍译）

羊总有一死，树则不然

كَلا مرد دَرَخت رَست

käla merd däräxt räst

塔吉克族谚语。流传于新疆维吾尔自治区喀什地区塔什库尔干塔吉克自治县。“羊总有一死，树则不然。”告诉人们要植树造林，保护环境，造福子孙后代。对于研究塔吉克族谚语有参考价值。1985 年买买地亚尔塔吉克语演唱，西仁·库尔班塔吉克文笔录。穆尼·塔布力迪译成维吾尔文。16 开纸 1 页，1 行。译文收入《中国民间文学集成·新疆卷·塔吉克族民间文学集》，新疆大学出版社 2005 年版。

（玛丽亚木·艾合买提编，海燕萍译）

森林是取之不竭的宝藏

دَرَخت بيهيسوب مُلدينيو

däräxt bihisub moldinyu

塔吉克族谚语。流传于新疆维吾尔自治区喀什地区塔什库尔干塔吉克自治县。“森林是取之不竭的宝藏。”说明只有爱护大自然，她才能回馈人类无尽的财富。对于研究塔吉克族谚语有参考价值。1985 年多来提别克塔吉克语演唱，西仁·库尔班塔吉克文笔录。穆尼·塔布力迪译成维吾尔文。16 开纸 1 页，1 行。译文收入《中国民间文学集成·新疆卷·塔吉克族民间文学集》，新疆大学出版社 2005 年版。

（玛丽亚木·艾合买提编，海燕萍译）

中午的睡眠

وَدُبنج خُدم پَرَنده خُدم

wädobenj xodm pärändä xodm

塔吉克族谚语。流传于新疆维吾尔自治区喀什地区塔什库尔干塔吉克自治县。“中午的睡眠，犹如鸟禽打盹。”告诉人们合理安排工作与休息时间及劳逸结合的重要性。对于研究塔吉克族谚语有参考价值。1985 年多来提别克塔吉克语演唱，西仁·库尔班塔吉克文笔录。穆尼·塔布力迪译成维吾尔文。16 开纸 1 页，1 行。译文收入《中国民间文学集成·新疆卷·塔吉克族民间文学集》，新疆大学出版社 2005 年版。（玛丽亚木·艾合买提编，海燕萍译）

有钱汉吃烤肉

پولدُر کَبُب خُگج

puldor käbob xogj

塔吉克族谚语。流传于新疆维吾尔自治区喀什地区塔什库尔干塔吉克自治县。“有钱汉吃烤肉，穷光蛋舔嘴唇。”说明了富人与穷人在物质生活方面的差异。对于研究塔吉克族谚语有参考价值。1985 年多来提别克塔吉克语演唱，西仁·库尔班塔吉克文笔录。穆尼·塔布力迪译成维吾尔文。16 开纸 1 页，1 行。译文收入《中国民间文学集成·新疆卷·塔吉克族民间文学集》，新疆大学出版社 2005 年版。

（玛丽亚木·艾合买提编，海燕萍译）

一天的婚事

يَک مَتونج تَير

yäk mätunj täyir

塔吉克族谚语。流传于新疆维吾尔自治区喀什地区塔什库尔干塔吉克自治县。“一天的婚事，一年的主意。”告诉人们凡事要有充分的准备，不要盲目行事。对于研究塔吉克族生活观念有参考价值。1985 年尼嘎尔塔吉克语演唱，哈里丹·夏热合曼塔吉克文笔录。穆尼·塔布力迪译成维吾尔文。16 开纸 1 页，1 行。译文收入《中国民间文学集成·新疆卷·塔吉克族民间文学集》，新疆大学出版社 2005 年版。

（玛丽亚木·艾合买提编，海燕萍译）

希望伴随着信徒

بَنده به اُميد

bändä bä umid

塔吉克族谚语。流传于新疆维吾尔自治区喀什地区塔什库尔干塔吉克自治县。“希望伴随着信徒。”倡导人们乐观地面对生活。对于研究塔吉克族谚语有参考价值。1985 年布荣塔吉克语演唱，西仁·库尔班塔吉克文笔录并译成维吾尔文。16 开纸 1 页，1 行。译文收入《中国民间文学集成·新疆卷·塔吉克族民间文学集》，新疆大学出版社 2005 年版。

（玛丽亚木·艾合买提编，海燕萍译）

病人的良药是心存希望

بمارَن ويدوری اُميد

bemarän widuri umid

塔吉克族谚语。流传于新疆维吾尔自治区喀什地区塔什库尔干塔吉克自治县。“病人的良药是心存希望。”喻示人们只要心存希望，做任何事情都能成功。对于研究塔吉克族生活观念有参考价值。1985 年买买地亚尔塔吉克语演唱，西仁·库尔班塔吉克文笔录并译成维吾尔文。16 开纸 1 页，1 行。译文收入《中国民间文学集成·新疆卷·塔吉克族民间文学集》，新疆大学出版社 2005 年版。

（玛丽亚木·艾合买提编，海燕萍译）

希望是生命的支柱

اُمید حَیات سِتَن

umid häyat sitän

塔吉克族谚语。流传于新疆维吾尔自治区喀什地区塔什库尔干塔吉克自治县。“希望是生命的支柱。”告诉人们只要心存希望，做任何事情都能成功。对于研究塔吉克族生活观念有参考价值。1985 年法克尔夏塔吉克语演唱，西仁·库尔班塔吉克文笔录并译成维吾尔文。16 开纸 1 页，1 行。译文收入《中国民间文学集成·新疆卷·塔吉克族民间文学集》，新疆大学出版社 2005 年版。

（玛丽亚木·艾合买提编，海燕萍译）

水是生命之源

آب حَیاتَن وی سَر چَشمه

ab häyatän wi sär čäšmä

塔吉克族谚语。流传于新疆维吾尔自治区喀什地区塔什库尔干塔吉克自治县。“水是生命之源。”说明水对人的重要性，倡导人们珍惜水资源。对于研究塔吉克族谚语有参考价值。1985 年土尔迪·阿洪塔吉克语演唱，代尔亚巴依塔吉克文笔录并译成维吾尔文。16 开纸 1 页，1 行。译文收入《中国民间文学集成·新疆卷·塔吉克族民间文学集》，新疆大学出版社 2005 年版。（玛丽亚木·艾合买提编，海燕萍译）

悲观失望的人如同飘落的枯叶

نا اُمید خَزانرَنگ

na umid häzanräng

塔吉克族谚语。流传于新疆维吾尔自治区喀什地区塔什库尔干塔吉克自治县。“悲观失望的人如同飘落的枯叶。”说明悲观失望、消沉的人，就如同从枝头飘落的黄叶，没有生活的目标。对于研究塔吉克族人生观有参考价值。1985 年玉素甫塔吉克语演唱，西仁·库尔班塔吉克文笔录并译成维吾尔文。16 开纸 1 页，1 行。译文收入《中国民间文学集成·新疆卷·塔吉克族民间文学集》，新疆大学出版社 2005 年版。

（玛丽亚木·艾合买提编，海燕萍译）

做得不错，比驴狡猾

اَز خَر بهتَر

äz xär behtär

塔吉克族谚语。流传于新疆维吾尔自治区喀什地区塔什库尔干塔吉克自治县。“做得不错，比驴狡猾。”说明明知道自己的错误，却听不进别人诚恳的意见是不良的品行。对于研究塔吉克族社会道德观念有参考价值。1985 年古力买买德塔吉克语演唱，达力·买提胡夏勒塔吉克文笔录。西仁·库尔班译成维吾尔文。16 开纸 1 页，1 行。译文收入《中国民间文学集成·新疆卷·塔吉克族民间文学集》，新疆大学出版社 2005 年版。

（玛丽亚木·艾合买提编，
安尼瓦尔·加帕尔译）

骏马要经过赛场的比试

کُلُک اَر پویگا وَین

kolok är puyga wäyn

塔吉克族谚语。流传于新疆维吾尔自治区喀什地区塔什库尔干塔吉克自治县。“骏马要经过赛场的比试，好驴需要征途的考验。”告诉人们无论干什么职业都要钻研业务、精于业务，一生中会遇到很多的考验，要经得起考验。对于研究塔吉克族谚语有参考价值。1985 年土尔迪·阿洪塔吉克语演唱，代尔亚巴依塔吉克文笔录。西仁·库尔班译成维吾尔文。16 开纸 1 页，1 行。译文收入《中国民间文学集成·新疆卷·塔吉克族民间文学集》，新疆大学出版社 2005 年版。

（玛丽亚木·艾合买提编，
安尼瓦尔·加帕尔译）

十、格　言

旅途中太急躁的人不是好伙伴

تَر سَفَر جَت چاگجنج

tä säfär jät čagjenj

塔吉克族格言。流传于新疆维吾尔自治区喀什地区塔什库尔干塔吉克自治县。“旅途中太急躁的人不是好伙伴。”说明遇到危难时能够关照你的人才是真正的同伴。告诫人们在危难的时候要相互帮助。对于研究塔吉克族生活观念有参考价值。1985 年代尔亚巴依·艾斯马力塔吉克语演唱，西仁·库尔班塔吉克文笔录并译成维吾尔文。16 开纸 1 页，1 行。译文收入《中国民间文学集成·新疆卷·塔吉克族民间文学集》，新疆大学出版社 2005 年版。

（艾比百·吐尔逊尼牙孜编，
安尼瓦尔·加帕尔译）

祖国、民族及父母亲

وَتَن، ملَت، مادَر مَش انگشتَر

wätän，milät，mädar mäš ängutär

塔吉克族格言。流传于新疆维吾尔自治区喀什地区塔什库尔干塔吉克自治县。“祖国、民族及父母亲，是世界上三大珍宝。”告诫人们要热爱自己的祖国和民族，爱护和孝敬父母。对于研究塔吉克族人生观有参考价值。1985 年汗·赛地尔丁塔吉克语演唱，西仁·库尔班塔吉克文笔录并译成维吾尔文。16 开纸 1 页，1 行。译文收入《中国民间文学集成·新疆卷·塔吉克族民间文学集》，新疆大学出版社 2005 年版。

（艾比百·吐尔逊尼牙孜编，
安尼瓦尔·加帕尔译）

弱小的敌人，要视它如大象般强大

کوچِک دُشمَن پیلرَنگ وَزان

kuček došmän pilräng wäzan

塔吉克族格言。流传于新疆维吾尔自治区喀什地区塔什库尔干塔吉克自治县。“弱小的敌人，要视它如大象般强大。”说明敌人不管有多么弱小，都要谨慎地去对付。对于研究塔吉克族生活观念有参考价值。1985 年布荣塔吉克语演唱，西仁·库尔班塔吉克文笔录并译成维吾尔文。16 开纸 1 页，1 行。译文收入《中国民间文学集成·新疆卷·塔吉克族民间文学集》，新疆大学出版社 2005 年版。

（艾比百·吐尔逊尼牙孜编，
安尼瓦尔·加帕尔译）

不要信任皇帝的友情

پادشاهری دوست مالو

pädišahri dust malew

塔吉克族格言。流传于新疆维吾尔自治区喀什地区塔什库尔干塔吉克自治县。“不要信任皇帝的友情，一点疑心他就能背弃友情。”倡导人们干什么事情都要谨慎，周全考虑，采取好的办法。对于研究塔吉克族人生观有参考价值。1985 年嘎瓦尔·阿拉木塔吉克语演唱，西仁·库尔班塔吉克文笔录并译成维吾尔文。16 开纸 1 页，1 行。译文收入《中国民间文学集成·新疆卷·塔吉克族民间文学集》，新疆大学出版社 2005 年版。

（艾比百·吐尔逊尼牙孜编，
安尼瓦尔·加帕尔译）

没有兄弟姐妹的支持什么事也做不成

بی بورادَر کارَن آخیر نیست

bi buradär kärän axir nist

塔吉克族格言。流传于新疆维吾尔自治区喀什地区塔什库尔干塔吉克自治县。“没有兄弟姐妹的支持什么事也做不成。”说明了家庭成员团结合作的重要性，倡导人们培养团结精神。对于研究塔吉克族家庭道德观念有参考价值。1985 年塔瓦尼·卡地尔塔吉克语演唱，西仁·库尔班塔吉克文笔录并译成维吾尔文。16 开纸 1 页，1 行。译文收入《中国民间文学集成·新疆卷·塔吉克族民间文学集》，新疆大学出版社 2005 年版。

（艾比百·吐尔逊尼牙孜编，
安尼瓦尔·加帕尔译）

要想安稳

اَسویک ویرَیَم سَلو

äsuyik wiräyäm sälew

塔吉克族格言。流传于新疆维吾尔自治区喀什地区塔什库尔干塔吉克自治县。“要想安稳，就要和朋友和睦相处，与敌人进行周旋。”指出了与朋友相处要和睦团结，对待敌人要讲策略。对于研究塔吉克族生活观念有参考价值。1985 年塔布力迪·吾秀尔塔吉克语演唱，西仁·库尔班塔吉克文笔录并译成维吾尔文。16 开纸 1 页，1 行。译文收入《中国民间文学集成·新疆卷·塔吉克族民间文学集》，新疆大学出版社 2005 年版。

（艾比百·吐尔逊尼牙孜编，
安尼瓦尔·加帕尔译）

时时刻刻要提防敌人的迫害

خو اَز دُشمَن اَبای که

hu äz došmän äbay kä

塔吉克族格言。流传于新疆维吾尔自治区喀什地区塔什库尔干塔吉克自治县。“时时刻刻要提防敌人的迫害。”说明与敌人交往时要小心谨慎和警觉，不能麻痹大意而上当受骗。对于研究塔吉克族格言有参考价值。1985 年嘎瓦尔·阿拉木塔吉克语演唱，西仁·库尔班塔吉克文笔录并译成维吾尔文。16 开纸 1 页，1 行。译文收入《中国民间文学集成·新疆卷·塔吉克族民间文学集》，新疆大学出版社 2005 年版。

（艾比百·吐尔逊尼牙孜编，
安尼瓦尔·加帕尔译）

人世间有两个贪得无厌者

دَر دنیا دو سم کاب یاست

där donya du sem kab yast

塔吉克族格言。流传于新疆维吾尔自治区喀什地区塔什库尔干塔吉克自治县。“人世间有两个贪得无厌者，一个是皇帝，一个是土地。”劝导人们要克制对物质利益的过分追求，做高尚勇敢的人。对于研究塔吉克族生活观念有参考价值。1985 年玉素甫塔吉克语演唱，西仁·库尔班塔吉克文笔录并译成维吾尔文。16 开纸 1 页，1 行。译文收入《中国民间文学集成·新疆卷·塔吉克族民间文学集》，新疆大学出版社 2005 年版。

（艾比百·吐尔逊尼牙孜编，
安尼瓦尔·加帕尔译）

在父亲的遗产面前

آتا مرُس پیرود جَم بَچه بَربَر

äta meros pirud jäm bäče bärobär

塔吉克族格言。流传于新疆维吾尔自治区喀什地区塔什库尔干塔吉克自治县。“在父亲的遗产面前，子女没有好坏之分。”说明父母的遗产应所有孩子共同所有，父母对所有孩子要公正对待。对于研究塔吉克族风俗习惯有参考价值。1985年玉素甫塔吉克语演唱，西仁·库尔班塔吉克文笔录并译成维吾尔文。16开纸1页，1行。译文收入《中国民间文学集成·新疆卷·塔吉克族民间文学集》，新疆大学出版社2005年版。

（艾比百·吐尔逊尼牙孜编，贾玛力丁译）

山路要问猎人

قیر آپاند آز مرگن پَرس

qir äpand äzmergän pärs

塔吉克族格言。流传于新疆维吾尔自治区喀什地区塔什库尔干塔吉克自治县。“山路要问猎人，渡河要问水手。”告诉人们做任何事经验极为重要。对于研究塔吉克族社会生活观念有参考价值。1985年霍加艾山·皮纳齐塔吉克语演唱，西仁·库尔班塔吉克文笔录并译成维吾尔文。16开纸1页，1行。译文收入《中国民间文学集成·新疆卷·塔吉克族民间文学集》，新疆大学出版社2005年版。

（艾比百·吐尔逊尼牙孜编，贾玛力丁译）

多听众人建议，但要按自己的想法去做

جَماعت اَمَسلَهَت غاول وَید

jämaät ämäslähät ɣawl wäyd

塔吉克族格言。流传于新疆维吾尔自治区喀什地区塔什库尔干塔吉克自治县。“多听众人建议，但要按自己的想法去做事。”说明做任何事情，多请教别人才能把事情做好，但最后还是要按自己的想法去做。对于研究塔吉克族生活观念有参考价值。1985年尼嘎尔塔吉克语演唱，西仁·库尔班塔吉克文笔录并译成维吾尔文。16开纸1页，1行。译文收入《中国民间文学集成·新疆卷·塔吉克族民间文学集》，新疆大学出版社2005年版。

（艾比百·吐尔逊尼牙孜编，贾玛力丁译）

世界好比是有两扇大门的驿站

دُنیایَن دو دَروازه یاست

donyayän du därwäzä yast

塔吉克族格言。流传于新疆维吾尔自治区喀什地区塔什库尔干塔吉克自治县。“世界好比是有两扇大门的驿站，其热闹就是从那扇门进来，从这扇门出去。”劝告人们要珍惜短暂的生命，不要虚度年华，要有意义地生活。对于研究塔吉克族格言有参考价值。1985年霍加艾山·皮纳齐塔吉克语演唱，西仁·库尔班塔吉克文笔录并译成维吾尔文。16开纸1页，1行。译文收入《中国民间文学集成·新疆卷·塔吉克族民间文学集》，新疆大学出版社2005年版。

（艾比百·吐尔逊尼牙孜编，贾玛力丁译）

智慧是最伟大的

اَقل آز جَم اولُغ

äql äz jäm uloɣ

塔吉克族格言。流传于新疆维吾尔自治区喀什地区塔什库尔干塔吉克自治县。“智慧是最伟大的，但不是所有的人都一样拥有。”告诫人们远离愚昧，做聪明智慧的人。对于研究塔吉克族人生观有参考价值。1985年法克尔夏塔吉克语演唱，西仁·库尔班塔吉克文笔录并译成维吾尔文。16开纸1页，1行。译文收入《中国民间文学集成·新疆卷·塔吉克族民间文学集》，新疆大学出版社2005年版。

（艾比百·吐尔逊尼牙孜编，贾玛力丁译）

人间好比鸽笼

دُنیا بَمسال کَبوتَر خانه

donya bämisale käbotär xanä

塔吉克族格言。流传于新疆维吾尔自治区喀什地区塔什库尔干塔吉克自治县。“人间好比鸽笼，飞走一只鸽子还会飞来一只鸽子。”说明人间对于人们来说是暂时的居所，人类对于这个世界来说是过客。倡导人们要正确认识客观规律，珍惜生命。对于研究塔吉克族人生观有参考价值。1985 年吾甫尔塔吉克语演唱，西仁·库尔班塔吉克文笔录并译成维吾尔文。16 开纸 1 页，1 行。译文收入《中国民间文学集成·新疆卷·塔吉克族民间文学集》，新疆大学出版社 2005 年版。

（艾比百·吐尔逊尼牙孜编，安尼瓦尔·加帕尔译）

如果卑鄙的小人在上席就坐，不要见怪

اگر ناکَس تَر تر سَدَید خَفا ماسا

ägär nakäs tär ter sädäyd xäfa masa

塔吉克族格言。流传于新疆维吾尔自治区喀什地区塔什库尔干塔吉克自治县。“如果卑鄙的小人在上席就坐，不要见怪，因为落叶会漂浮，珍宝会下沉。”劝告人们在生活中要有良知和尊严。对于研究塔吉克族社会道德观念有参考价值。1985 年代尔亚巴依·艾斯马力塔吉克语演唱，西仁·库尔班塔吉克文笔录并译成维吾尔文。16 开纸 1 页，2 行。译文收入《中国民间文学集成·新疆卷·塔吉克族民间文学集》，新疆大学出版社 2005 年版。

（艾比百·吐尔逊尼牙孜编，贾玛力丁译）

无礼的客人要走，请立刻送行

بی اَدَب مَیمون اَز وَقت تَرپاند وَید

bi ädäb mäymun äz wäqt tärpand wäyd

塔吉克族格言。流传于新疆维吾尔自治区喀什地区塔什库尔干塔吉克自治县。“无礼的客人要走，请立刻送行。”告诫人们要遵守做客的礼节。对于研究塔吉克族风俗习惯有参考价值。1985 年穆拉迪克塔吉克语演唱，西仁·库尔班塔吉克文笔录并译成维吾尔文。16 开纸 1 页，1 行。译文收入《中国民间文学集成·新疆卷·塔吉克族民间文学集》，新疆大学出版社 2005 年版。

（艾比百·吐尔逊尼牙孜编，贾玛力丁译）

对愚蠢的人最好保持沉默

گاولیر گَپ ماکه

gawlir gäp makä

塔吉克族格言。流传于新疆维吾尔自治区喀什地区塔什库尔干塔吉克自治县。“对愚蠢的人最好保持沉默。”告诉人们对那些愚昧无知的人，应采取什么样的态度。对于研究塔吉克族人生哲理有参考价值。1985 年尼嘎尔塔吉克语演唱，西仁·库尔班塔吉克文笔录并译成维吾尔文。16 开纸 1 页，1 行。译文收入《中国民间文学集成·新疆卷·塔吉克族民间文学集》，新疆大学出版社 2005 年版。

（玛丽亚木·艾合买提编，米娜娃·哈木里拉提译）

遇到挫折时不要轻易流泪

پش جَفا گیریه مه کُن

peše jäfa giryä mäkon

塔吉克族格言。流传于新疆维吾尔自治区喀什地区塔什库尔干塔吉克自治县。“遇到挫折时不要轻易流泪，应该想办法。”告诉人们遇到困境时应如何面对。对于研究塔吉克族生活观念有参考价值。1985 年塔布力迪·吾秀尔塔吉克语演唱，穆尼·塔布力迪塔吉克文笔录并译成维吾尔文。16 开纸 1

页，1行。译文收入《中国民间文学集成·新疆卷·塔吉克族民间文学集》，新疆大学出版社2005年版。

（玛丽亚木·艾合买提编，米娜娃·哈木里拉提译）

如果社会对你不公

فَلَک تُری تَرَبک سَیاد پوی دار

fäläk tori täräbek säyad puy dar

塔吉克族格言。流传于新疆维吾尔自治区喀什地区塔什库尔干塔吉克自治县。“如果社会对你不公，不要悲哀，要忍耐。”劝导人们在困难面前不应失落，应该坚强、乐观。对于研究塔吉克族生活观念有参考价值。1985年尼嘎尔塔吉克语演唱，西仁·库尔班塔吉克文笔录并译成维吾尔文。16开纸1页，1行。译文收入《中国民间文学集成·新疆卷·塔吉克族民间文学集》，新疆大学出版社2005年版。

（玛丽亚木·艾合买提编，周玉玲译）

与你无关的事情

په دیگران کُر ماکه

pä digäran kor makä

塔吉克族格言。流传于新疆维吾尔自治区喀什地区塔什库尔干塔吉克自治县。“与你无关的事情，你没有必要掺合。”说明掺合与自己没有直接关系的事情是不会有好结果的。对于研究塔吉克族生活观念有参考价值。1985年玉素普塔吉克语演唱，西仁·库尔班塔吉克文笔录并译成维吾尔文。16开纸1页，1行。译文收入《中国民间文学集成·新疆卷·塔吉克族民间文学集》，新疆大学出版社2005年版。

（玛丽亚木·艾合买提编，米娜娃·哈木里拉提译）

莫看身高，要论智慧

آدَم پَقَد ماچاس عقل چاس

adäm päqäd mačas äql čas

塔吉克族格言。流传于新疆维吾尔自治区喀什地区塔什库尔干塔吉克自治县。“莫看身高，要论智慧。”喻示人们评价一个人要看他的文化水平和道德修养。对于研究塔吉克族人生哲理有参考价值。1985年尼嘎尔塔吉克语演唱，达力·买提胡夏勒塔吉克文笔录并译成维吾尔文。16开纸1页，1行。译文收入《中国民间文学集成·新疆卷·塔吉克族民间文学集》，新疆大学出版社2005年版。

（玛丽亚木·艾合买提编，海燕萍译）

不懂莫做

نَوَزانج چر ماکه

näwäzanj čer makä

塔吉克族格言。流传于新疆维吾尔自治区喀什地区塔什库尔干塔吉克自治县。“不懂莫做，要做先问。”告诫人们不要做自己不了解底细的事情，要做就应该问懂的人。对于研究塔吉克族生活观念有参考价值。1985年穆热地克塔吉克语演唱，达力·买提胡夏勒塔吉克文笔录并译成维吾尔文。16开纸1页，1行。译文收入《中国民间文学集成·新疆卷·塔吉克族民间间文学集》，新疆大学出版社2005年版。

（玛丽亚木·艾合买提编，海燕萍译）

不要向愚夫讨教

اَز بی عقل گَپ ما پَرس

äz bi äql gäp ma pärs

塔吉克族格言。流传于新疆维吾尔自治区喀什地区塔什库尔干塔吉克自治县。“不要向愚夫讨教，也不要向他要钱。”告诉人们向愚昧的人请教是徒劳无益的事情。对于研究塔吉克族格言有参考价值。1985 年玉素甫塔吉克语演唱，达力·买提胡夏勒塔吉克文笔录并译成维吾尔文。16 开纸 1 页，1 行。译文收入《中国民间文学集成·新疆卷·塔吉克族民间文学集》，新疆大学出版社 2005 年版。

（玛丽亚木·艾合买提编，海燕萍译）

十思而后言

فيكر قَتى گَپ كه

fikr qäti gäp kä

塔吉克族格言。流传于新疆维吾尔自治区喀什地区塔什库尔干塔吉克自治县。“十思而后言，言毕莫后悔。”告诉人们应该事先想清楚再说话，否则就会伤害他人。对于研究塔吉克族人生哲理有参考价值。1985 年布荣塔吉克语演唱，达力·买提胡夏勒塔吉克文笔录并译成维吾尔文。16 开纸 1 页，1 行。译文收入《中国民间文学集成·新疆卷·塔吉克族民间文学集》，新疆大学出版社 2005 年版。

（玛丽亚木·艾合买提编，海燕萍译）

出发前就考虑返回

تيد چيپُرُد يت فيكر كه

tiyd čiporod yet fikr kä

塔吉克族格言。流传于新疆维吾尔自治区喀什地区塔什库尔干塔吉克自治县。“出发前就考虑返回。”告诉人们做事前就应该想好前因后果。对于研究塔吉克族人生哲理有参考价值。1985 年库尔班塔吉克语演唱，达力·买提胡夏勒塔吉克文笔录并译成维吾尔文。16 开纸 1 页，1 行。译文收入《中国民间文学集成·新疆卷·塔吉克族民间文学集》，新疆大学出版社 2005 年版。

（玛丽亚木·艾合买提编，海燕萍译）

莫要隐瞒你的过错

خو اَيب مانَگمز

xu äyb manägmez

塔吉克族格言。流传于新疆维吾尔自治区喀什地区塔什库尔干塔吉克自治县。“莫要隐瞒你的过错，总有一天会败露。”告诫人们有错不要隐瞒，要及时改正。对于研究塔吉克族社会道德观念有参考价值。1985 年多来提别克塔吉克语演唱，代尔亚巴依塔吉克文笔录并译成维吾尔文。16 开纸 1 页，1 行。译文收入《中国民间文学集成·新疆卷·塔吉克族民间文学集》，新疆大学出版社 2005 年版。

（玛丽亚木·艾合买提编，海燕萍译）

宁听朋友逆耳忠言

خو دوستَن سک گَپ كين

xu dustän sek gäp kin

塔吉克族格言。流传于新疆维吾尔自治区喀什地区塔什库尔干塔吉克自治县。“宁听朋友逆耳忠言，不听敌人甜言蜜语。”说明真正的朋友说实话，敌人则是人前甜言蜜语，背后害人。对于研究塔吉克族人生哲理有参考价值。1985 年穆巴热克夏塔吉克语演唱，霍加艾山·皮纳齐塔吉克文笔录并译成维吾尔文。16 开纸 1 页，1 行。译文收入《中国民间文学集成·新疆卷·塔吉克族民间文学集》，新疆大学出版社 2005 年版。

（玛丽亚木·艾合买提编，海燕萍译）

不识水性，不要下河

كناوَرى نه وَزانسه اَر آب ماديد

kinawäri nä wäzansä är ab madid

塔吉克族格言。流传于新疆维吾尔自治区喀什地区塔什库尔干塔吉克自治县。“不识水性，不要下河。”告诫人们谨慎从事，不要盲目做事。对于研究塔吉克族生活观念有参考价值。1985年穆巴热克夏塔吉克语演唱，霍加艾山·皮纳齐塔吉克文笔录并译成维吾尔文。16开纸1页，1行。译文收入《中国民间文学集成·新疆卷·塔吉克族民间文学集》，新疆大学出版社2005年版。

（玛丽亚木·艾合买提编，海燕萍译）

别把狮子当驴骑

آشیر ما ویوی

äšäyr ma wiyuy

塔吉克族格言。流传于新疆维吾尔自治区喀什地区塔什库尔干塔吉克自治县。“别把狮子当驴骑。”告诫人们要量力而行，不要去做那些能力达不到的事情。对于研究塔吉克族哲理思想有参考价值。1985年穆巴热克夏塔吉克语演唱，霍加艾山·皮纳齐塔吉克文笔录并译成维吾尔文。16开纸1页，1行。译文收入《中国民间文学集成·新疆卷·塔吉克族民间文学集》，新疆大学出版社2005年版。

（玛丽亚木·艾合买提编，海燕萍译）

不要在有人的场合，劝谏他人

کَسیر خَل پیرود نَصیحَت ماکه

käsir xäl pirud näsehät makä

塔吉克族格言。流传于新疆维吾尔自治区喀什地区塔什库尔干塔吉克自治县。“不要在有人的场合，劝谏他人。”告诫人们在众人面前不要揭他人的短。对于研究塔吉克族社会道德观念有参考价值。1985年布荣塔吉克语演唱，霍加艾山·皮纳齐塔吉克文笔录并译成维吾尔文。16开纸1页，1行。译文收入《中国民间文学集成·新疆卷·塔吉克族民间文学集》，新疆大学出版社2005年版。

（玛丽亚木·艾合买提编，海燕萍译）

自己的罪行，要问那些无罪的人

خو گوناه اَز بی گوناه پَرس

xu gunah äz biguna pärs

塔吉克族格言。流传于新疆维吾尔自治区喀什地区塔什库尔干塔吉克自治县。“自己的罪行，要问那些无罪的人。”告诉人们自我评价时应该参考别人对自己的看法。对于研究塔吉克族生活观念有参考价值。1985年穆尼·塔布力迪塔吉克语演唱，西仁·库尔班塔吉克文笔录并译成维吾尔文。16开纸1页，1行。译文收入《中国民间文学集成·新疆卷·塔吉克族民间文学集》，新疆大学出版社2005年版。

（玛丽亚木·艾合买提编，
米娜娃·哈木里拉提译）

做客最好做一天

خَلیر یَک مَت مهمان سا

xälir yäk mät mehman sa

塔吉克族格言。流传于新疆维吾尔自治区喀什地区塔什库尔干塔吉克自治县。“做客最好做一天。”告诉人们去哪儿做客最好不要时间太长，应该自尊自爱。对于研究塔吉克族生活观念有参考价值。1985年尼嘎尔塔吉克语演唱，西仁·库尔班塔吉克文笔录并译成维吾尔文。16开纸1页，1行。译文收入《中国民间文学集成·新疆卷·塔吉克族民间文学集》，新疆大学出版社2005年版。

（玛丽亚木·艾合买提编，周玉玲译）

话要说到点子上

گپ چیجوی که

gäp čijuy kä

塔吉克族格言。流传于新疆维吾尔自治区喀什地区塔什库尔干塔吉克自治县。“话要说到点子上，不然就别说。”告诉人们与别人交谈时一定要注意方式方法，批驳了那些愚昧无知的人。对于研究塔吉克族社会道德观念有参考价值。1985 年多来提别克塔吉克语演唱，西仁・库尔班塔吉克文笔录并译成维吾尔文。16 开纸 1 页，1 行。译文收入《中国民间文学集成・新疆卷・塔吉克族民间文学集》，新疆大学出版社 2005 年版。

（玛丽亚木・艾合买提编，周玉玲译）

去做客时别饿着肚子去

مهمان سَسا سَیر سا

mehman säsa säyr sa

塔吉克族格言。流传于新疆维吾尔自治区喀什地区塔什库尔干塔吉克自治县。“去做客时别饿着肚子去。”告诉人们饿着肚子去做客是不明智的。对于研究塔吉克族生活观念有参考价值。1985 年多来提别克塔吉克语演唱，西仁・库尔班塔吉克文笔录并译成维吾尔文。16 开纸 1 页，1 行。译文收入《中国民间文学集成・新疆卷・塔吉克族民间文学集》，新疆大学出版社 2005 年版。

（玛丽亚木・艾合买提编，米娜娃・哈木里拉提译）

没有树木的地方容易遭受灾害

بی دَرَخت دییور آفَت غاو

bi däräxt diyor afät ɤaw

塔吉克族格言。流传于新疆维吾尔自治区喀什地区塔什库尔干塔吉克自治县。“没有树木的地方容易遭受灾害。”告诉人们树木是家园的“守护神”，劝导人们要保护环境，珍爱大自然。对于研究塔吉克族生活观念有参考价值。1985 年多来提别克塔吉克语演唱，西仁・库尔班塔吉克文笔录。穆尼・塔布力迪译成维吾尔文。16 开纸 1 页，1 行。译文收入《中国民间文学集成・新疆卷・塔吉克族民间文学集》，新疆大学出版社 2005 年版。

（玛丽亚木・艾合买提编，海燕萍译）

不做没希望的事情

اُمید نَودج چر ماکه

omid näwedj čer makä

塔吉克族格言。流传于新疆维吾尔自治区喀什地区塔什库尔干塔吉克自治县。“不干无准备的工作，不做没希望的事情。”劝导人们要谨慎从事。对于研究塔吉克族生活观念有参考价值。1985 年卡地尔塔吉克语演唱，哈里丹・夏热合曼塔吉克文笔录。穆尼・塔布力迪译成维吾尔文。16 开纸 1 页，1 行。译文收入《中国民间文学集成・新疆卷・塔吉克族民间文学集》，新疆大学出版社 2005 年版。

（玛丽亚木・艾合买提编，海燕萍译）

不要与是非人为友

جَدَلکَش قَتی دوست ماسا

jädälkäš qäti dust masa

塔吉克族格言。流传于新疆维吾尔自治区喀什地区塔什库尔干塔吉克自治县。“不要与是非人为友。”告诉人们要与品行端正的人为友。对于研究塔吉克族交友观有参考价值。1985 年嘎瓦尔・阿拉木塔吉克语演唱，哈里丹・夏热合曼塔吉克文笔录。穆尼・塔布力迪译成维吾尔文。16 开纸 1 页，1 行。译文收入《中国民间文学集成・新疆卷・塔吉克族民间文学集》，新疆大学出版社 2005 年版。

（玛丽亚木・艾合买提编，海燕萍译）

别受骗

شَیتون گپیر باوَر ماکه

šäytun gäpir buwär makä

塔吉克族格言。流传于新疆维吾尔自治区喀什地区塔什库尔干塔吉克自治县。“别受骗，鬼话迷人。”劝告人们要远离那些没有道德、举止轻率的人。对于研究塔吉克族生活观念有参考价值。1985 年布荣塔吉克语演唱，西仁·库尔班塔吉克文笔录并译成维吾尔文。16 开纸 1 页，1 行。译文收入《中国民间文学集成·新疆卷·塔吉克族民间文学集》，新疆大学出版社 2005 年版。

（艾比百·吐尔逊尼牙孜编，贯马力丁译）

调整好情绪

آخو وَدادر وَزان

äxu wädard wäzan

塔吉克族格言。流传于新疆维吾尔自治区喀什地区塔什库尔干塔吉克自治县。“调整好情绪，是健康之路的良药。”劝告人们要培养良好的性格。对于研究塔吉克族格言有参考价值。1985 年多来提别克塔吉克语演唱，西仁·库尔班塔吉克文笔录并译成维吾尔文。16 开纸 1 页，1 行。译文收入《中国民间文学集成·新疆卷·塔吉克族民间文学集》，新疆大学出版社 2005 年版。

（艾比百·吐尔逊尼牙孜编，贯马力丁译）

要听两种人的话

لاورَن وى گپ غاول وَيد

lawrän wi gäp ɣawl wäyd

塔吉克族格言。流传于新疆维吾尔自治区喀什地区塔什库尔干塔吉克自治县。“要听两种人的话，一种是大人，一种是小孩。”劝告人们做事要谦虚、坦诚，多听取各方面的意见和建议。对于研究塔吉克族生活观念有参考价值。1985 年尼嘎尔塔吉克语演唱，西仁·库尔班塔吉克文笔录并译成维吾尔文。16 开纸 1 页，1 行。译文收入《中国民间文学集成·新疆卷·塔吉克族民间文学集》，新疆大学出版社 2005 年版。

（艾比百·吐尔逊尼牙孜编，贯马力丁译）

出行前要钉好马掌

سَفَر چيپيرود خو آسب بيدان كه

säfär čipirud hu äsb bidan kä

塔吉克族格言。流传于新疆维吾尔自治区喀什地区塔什库尔干塔吉克自治县。“出行前要钉好马掌。”劝告人们事前要做好充分的准备。对于研究塔吉克族生活观念有参考价值。1985 年法克尔夏塔吉克语演唱，西仁·库尔班塔吉克文笔录并译成维吾尔文。16 开纸 1 页，1 行。译文收入《中国民间文学集成·新疆卷·塔吉克族民间文学集》，新疆大学出版社 2005 年版。

（艾比百·吐尔逊尼牙孜编，贯马力丁译）

先说请请，后说再见

اَوَل بيسميللا، بَد خُدا حافيز

äwäl bismilla，bäd xoda hafiz

塔吉克族格言。流传于新疆维吾尔自治区喀什地区塔什库尔干塔吉克自治县。“先说请请，后说再见。”谴责了有求于人时好话说尽，达到目的后不想回报的行为。劝告人们在经济往来、人际关系上要有礼貌。对于研究塔吉克族社会观念有参考价值。1985 年塔瓦尼·卡地尔塔吉克语演唱，西仁·库尔班塔吉克文笔录并译成维吾尔文。16 开纸 1 页，1 行。译文收入《中国民间文学集成·新疆卷·塔吉克族民间文学集》，新疆大学出版社 2005 年版。

（艾比百·吐尔逊尼牙孜编，贯马力丁译）

两个东西要大

ته گاورَت ته چد لاور ويد

tä gawrät tä čed lawr wid

塔吉克族格言。流传于新疆维吾尔自治区喀什地区塔什库尔干塔吉克自治县。“两个东西要大，一个是房子，一个是坟墓。”告诉人们在今世为了舒适的生活，必须盖好大房子，为了来世安逸，坟墓要宽敞一点。对于研究塔吉克族生活观念有参考价值。1985 年西仁·库尔班塔吉克语演唱，西仁·库尔班塔吉克文笔录并译成维吾尔文。16 开纸 1 页，1 行。译文收入《中国民间文学集成·新疆卷·塔吉克族民间文学集》，新疆大学出版社 2005 年版。

（艾比百·吐尔逊尼牙孜编，贾马力丁译）

过河要斜着过

تَر دَريا تارس نَرجس

tär däryu tars närjes

塔吉克族格言。流传于新疆维吾尔自治区喀什地区塔什库尔干塔吉克自治县。“过河要斜着过，上山要绕着上。”劝告人们做事不只要靠体力，还要足智多谋。对于研究塔吉克族格言有参考价值。1985 年塔布力迪·吾秀尔塔吉克语演唱，西仁·库尔班塔吉克文笔录并译成维吾尔文。16 开纸 1 页，1 行。译文收入《中国民间文学集成·新疆卷·塔吉克族民间文学集》，新疆大学出版社 2005 年版。

（艾比百·吐尔逊尼牙孜编，贾马力丁译）

所有的人不会太饱，也不会太饿

جَم آدَم مَرزونج مَس نيست

jäm adäm märzunj mäs nist

塔吉克族格言。流传于新疆维吾尔自治区喀什地区塔什库尔干塔吉克自治县。“没有见过城市的一个人问：这么多的人吃什么？答：相互欺骗。所以，所有的人不会太饱，也不会太饿。”劝告人们要相互坦诚、光明磊落。对于研究塔吉克族社会道德观念有参考价值。1985 年多来提别克塔吉克语演唱，西仁·库尔班塔吉克文笔录并译成维吾尔文。16 开纸 1 页，2 行 。译文收入《中国民间文学集成·新疆卷·塔吉克族民间文学集》，新疆大学出版社 2005 年版。

（艾比百·吐尔逊尼牙孜编，贾马力丁译）

两件事不能忘，一件是宗祖，一件是昔日

ايو خو پُكت مارَناس، ايو خو مَت مارَناس

iw hu pokt maränas, iw hu mät maränas

塔吉克族格言。流传于新疆维吾尔自治区喀什地区塔什库尔干塔吉克自治县。“两件事不能忘，一件是宗祖，一件是昔日。”告诉人们在任何时候不能忘记自己的祖先，不能忘记自己经历过的艰难困苦的日子，要总结经验教训，珍惜美好的日子。对于研究塔吉克族社会道德观念有参考价值。1985 年艾布力·艾山汗塔吉克语演唱，西仁·库尔班塔吉克文笔录并译成维吾尔文。16 开纸 1 页，1 行。译文收入《中国民间文学集成·新疆卷·塔吉克族民间文学集》，新疆大学出版社 2005 年版。

（艾比百·吐尔逊尼牙孜编，贾马力丁译）

头可以给，秘密不能泄露

كال دا، خو سير مادا

käl da, hu sir mada

塔吉克族格言。流传于新疆维吾尔自治区喀什地区塔什库尔干塔吉克自治县。“头可以给，秘密不能泄露。”告诉人们在任何情况下不能泄露秘密，要忠诚守信。对于研究塔吉克族社会道德观念有参考价值。1985 年塔瓦尼·卡地尔塔吉克语演唱，西仁·库尔班塔吉克文笔录并译成维吾尔文。16 开纸 1 页，1 行。译文收入《中国民间文学集成·新疆卷·塔吉克族民间文学集》，新疆大学出版社 2005 年版。

（艾比百·吐尔逊尼牙孜编，贾马力丁译）

姑娘有缘

غاس رُسقيک نَكتوگ وی تَی كه

ɣas rosqik näktug wi täy kä

塔吉克族格言。流传于新疆维吾尔自治区喀什地区塔什库尔干塔吉克自治县。“姑娘

有缘，就嫁出去。”劝告人们不要忽视女儿的婚姻，要严肃对待，多加关心。对于研究塔吉克族婚姻观念有参考价值。1985 年布荣塔吉克语演唱，西仁·库尔班塔吉克文笔录并译成维吾尔文。16 开纸 1 页，1 行。译文收入《中国民间文学集成·新疆卷·塔吉克族民间文学集》，新疆大学出版社 2005 年版。

（艾比百·吐尔逊尼牙孜编，贾马力丁译）

有两样东西让人遭殃

آدَم وی غاو آت نَفیس آربَلو ود

adäm wi ɣaw ät näfs ärbälu wed

塔吉克族格言。流传于新疆维吾尔自治区喀什地区塔什库尔干塔吉克自治县。“有两样东西让人遭殃，一是嘴，一是欲望。”说明喋喋不休的人和贪婪的人都没有好下场。劝告人们做安分守己的人。对于研究塔吉克族社会道德观念有参考价值。1985 年穆拉迪克塔吉克语演唱，西仁·库尔班塔吉克文笔录并译成维吾尔文。16 开纸 1 页，1 行。译文收入《中国民间文学集成·新疆卷·塔吉克族民间文学集》，新疆大学出版社 2005 年版。

（艾比百·吐尔逊尼牙孜编，贾马力丁译）

别给赛德—和卓们东西

سَید خاجَیفیر ژیت مالو

säyid hajäyefir ʤ it malew

塔吉克族格言。流传于新疆维吾尔自治区喀什地区塔什库尔干塔吉克自治县。“别给赛德—和卓们东西，也别说他们坏。”劝告人们与比自己高阶层的人交往时，要保持谨慎、机警的态度。对于研究塔吉克族社会道德观念有参考价值。塔吉克文。1985 年哈里丹·夏热合曼塔吉克语演唱，西仁·库尔班塔吉克文笔录并译成维吾尔文。16 开纸 1 页，1 行。译文收入《中国民间文学集成·新疆卷·塔吉克族民间文学集》，新疆大学出版社 2005 年版。

（艾比百·吐尔逊尼牙孜编，贾马力丁译）

既不要有诡计，又不要无诡计

رَپس خَلگ ماسا

räps xälg masa

塔吉克族格言。流传于新疆维吾尔自治区喀什地区塔什库尔干塔吉克自治县。“既不要有诡计，又不要无诡计。”告诉人们要提高随机应变的能力，要防止过分地耍花招、搞阴谋。对于研究塔吉克族社会道德观念有参考价值。1985 年买买地亚尔塔吉克语演唱，西仁·库尔班塔吉克文笔录并译成维吾尔文。16 开纸 1 页，1 行。译文收入《中国民间文学集成·新疆卷·塔吉克族民间文学集》，新疆大学出版社 2005 年版。

（艾比百·吐尔逊尼牙孜编，贾马力丁译）

对粗暴忍让，吵架之门将会关闭

دَغلینیر سَبرسَکه، غاش دیور بَوین ساود

däɣälinir säbrsäkä, ɣaš diwer bäweyn sawd

塔吉克族格言。流传于新疆维吾尔自治区喀什地区塔什库尔干塔吉克自治县。“对粗暴忍让，吵架之门将会关闭。”告诉人们在生活中和蔼可亲、善待他人，可以避免纠纷和不愉快事情的发生。对于研究塔吉克族社会道德观念有参考价值。1985 年艾布力·艾山汗塔吉克语演唱，西仁·库尔班塔吉克文笔录并译成维吾尔文。16 开纸 1 页，1 行。译文收入《中国民间文学集成·新疆卷·塔吉克族民间文学集》，新疆大学出版社 2005 年版。

（艾比百·吐尔逊尼牙孜编，贾马力丁译）

先管好自己

اوَل آخو پَرس، بَد دیگر

äwäl äxu pärs, bäd digär

塔吉克族格言。流传于新疆维吾尔自治

区喀什地区塔什库尔干塔吉克自治县。“先管好自己，然后再管别人。”劝告人们要公正、坦诚、有修养。对于研究塔吉克族社会道德观念有参考价值。1985 年哈里丹·夏热合曼塔吉克语演唱，西仁·库尔班塔吉克文笔录并译成维吾尔文。16 开纸 1 页，1 行。译文收入《中国民间文学集成·新疆卷·塔吉克族民间文学集》，新疆大学出版社 2005 年版。

（艾比百·吐尔逊尼牙孜编，贾马力丁译）

胆小的人

كُجمَنَيگ هيچ كَسير نَساود

kojmänäyg hič käsir näsawd

塔吉克族格言。流传于新疆维吾尔自治区喀什地区塔什库尔干塔吉克自治县。“胆小的人，既不利己又不利人。”告诫人们要勇敢，既为自己又为他人谋利益。对于研究塔吉克族格言有参考价值。1985 年吾甫尔塔吉克语演唱，西仁·库尔班塔吉克文笔录并译成维吾尔文。16 开纸 1 页，1 行。译文收入《中国民间文学集成·新疆卷·塔吉克族民间文学集》，新疆大学出版社 2005 年版。

（艾比百·吐尔逊尼牙孜编，斯拉吉丁译）

过冰提前过

اَز شيتو جَلد نَرجس

äx šitu jäld närjes

塔吉克族格言。流传于新疆维吾尔自治区喀什地区塔什库尔干塔吉克自治县。“过冰提前过，可在解冻前过去，过水后面过，可观察前面的情形。”说明生活中要仿效那些有智谋、有经验的人，以他们为榜样、向他们学习就可以获得成功。对于研究塔吉克族生活观念有参考价值。1985 年尼嘎尔塔吉克语演唱，西仁·库尔班塔吉克文笔录并译成维吾尔文。16 开纸 1 页，2 行。译文收入《中国民间文学集成·新疆卷·塔吉克族民间文学集》，新疆大学出版社 2005 年版。

（艾比百·吐尔逊尼牙孜编，斯拉吉丁译）

不要因火小而不防

زيليک يوسير بپَرو ماسا

zilik yusir bepäwu masa

塔吉克族格言。流传于新疆维吾尔自治区喀什地区塔什库尔干塔吉克自治县。“不要因火小而不防。”喻示人们不能忽视小事，要及时处理，否则会带来大麻烦。对于研究塔吉克族生活观念有参考价值。1985 年买买地亚尔塔吉克语演唱，西仁·库尔班塔吉克文笔录并译成维吾尔文。16 开纸 1 页，1 行。译文收入《中国民间文学集成·新疆卷·塔吉克族民间文学集》，新疆大学出版社 2005 年版。

（艾比百·吐尔逊尼牙孜编，斯拉吉丁译）

对两个敌对者要保持公道

دو رَقيب تَرمَدان خوليس واو

du räqib tärmädan xulis waw

塔吉克族格言。流传于新疆维吾尔自治区喀什地区塔什库尔干塔吉克自治县。“对两个敌对者要保持公道，以免在他们和好时抬不起头。”告诉人们在人际交往中不得煽风点火，要公正、诚恳。告诫人们要主持公道。对于研究塔吉克族社会道德观念有参考价值。1985 年土尔迪·阿洪塔吉克语演唱，西仁·库尔班塔吉克文笔录并译成维吾尔文。16 开纸 1 页，2 行。译文收入《中国民间文学集成·新疆卷·塔吉克族民间文学集》，新疆大学出版社 2005 年版。

（艾比百·吐尔逊尼牙孜编，斯拉吉丁译）

夜间说话也要提防他人听到

شَب وَقت گَپ سَکه دقَت که خَلگ ماکَند

šäb wäqt gäp säkä deqät kä xälg makänd

塔吉克族格言。流传于新疆维吾尔自治区喀什地区塔什库尔干塔吉克自治县。“夜间说话也要提防他人听到。”告诉人们在任何时候说话都要谨慎、提防，不能信口开河。对于研究塔吉克族社会道德观念有参考价值。1985 年玉素甫塔吉克语演唱，西仁·库尔班塔吉克文笔录并译成维吾尔文。16 开纸 1 页，1 行。译文收入《中国民间文学集成·新疆卷·塔吉克族民间文学集》，新疆大学出版社 2005 年版。

（艾比百·吐尔逊尼牙孜编，斯拉吉丁译）

敌对者即使很弱，也不要对他仁慈

خود دُشمَنیر رَحم ماکه

xod dušmänir rähm makä

塔吉克族格言。流传于新疆维吾尔自治区喀什地区塔什库尔干塔吉克自治县。“敌对者即使很弱，也不要对他仁慈。因为强大起来后，他不会对你宽厚。”告诉人们对敌人不能仁慈，要时刻提防。对于研究塔吉克族社会道德观念有参考价值。1985 年达力·买提胡夏勒塔吉克语演唱，西仁·库尔班塔吉克文笔录并译成维吾尔文。16 开纸 1 页，2 行。译文收入《中国民间文学集成·新疆卷·塔吉克族民间文学集》，新疆大学出版社 2005 年版。

（艾比百·吐尔逊尼牙孜编，斯拉吉丁译）

无永恒的敌人

دُشمَن نَصیحَت غاول ماوَید

došmän näsihät ɤawl mawäyd

塔吉克族格言。流传于新疆维吾尔自治区喀什地区塔什库尔干塔吉克自治县。“无永恒的敌人，同时无永恒的朋友。”告诫人们对敌人和朋友都要谨慎、提防。对于研究塔吉克族格言有参考价值。1985 年代尔亚巴依·艾斯马力塔吉克语演唱，西仁·库尔班塔吉克文笔录并译成维吾尔文。16 开纸 1 页，1 行。译文收入《中国民间文学集成·新疆卷·塔吉克族民间文学集》，新疆大学出版社 2005 年版。

（艾比百·吐尔逊尼牙孜编，斯拉吉丁译）

对长者的话

لاورخَیل گَپ چَیگَلا چَرج غاول وَید

lawrxäyl gäp čäygäla čärj ɤawl wäyd

塔吉克族格言。流传于新疆维吾尔自治区喀什地区塔什库尔干塔吉克自治县。“对长者的话，即使不顺耳，也要冷静地听，不能反对。”告诫人们对长者要尊重，要培养良好的礼仪。对于研究塔吉克族传统家庭道德观念有参考价值。1985 年西仁·库尔班塔吉克语演唱，西仁·库尔班塔吉克文笔录并译成维吾尔文。16 开纸 1 页，1 行。译文收入《中国民间文学集成·新疆卷·塔吉克族民间文学集》，新疆大学出版社 2005 年版。

（艾比百·吐尔逊尼牙孜编，斯拉吉丁译）

你揭别人的疤，别人会揭你的疮

تاو خَلَن وی اَیب سَلو

taw xälän wi äyb sälew

塔吉克族格言。流传于新疆维吾尔自治区喀什地区塔什库尔干塔吉克自治县。“你揭别人的疤，别人会揭你的疮。”告诫人们揭别人的短处不会有好结果，是一种不道德的行为。对于研究塔吉克族社会道德观念有参考价值。1985 年汗·赛地尔丁塔吉克语演唱，西仁·库尔班塔吉克文笔录并译成维吾尔文。16 开纸 1 页，1 行。译文收入《中国民间文学集成·新疆卷·塔吉克族民间文学集》，新疆大学出版社 2005 年版。

（艾比百·吐尔逊尼牙孜编，斯拉吉丁译）

孩子要从小教育

بَچاری اَز کودَکی تَربییه دا

bäčari äz kudäki tärbiya da

塔吉克族格言。流传于新疆维吾尔自治区喀什地区塔什库尔干塔吉克自治县。“孩子要从小教育。”告诫人们要重视对子女的教育。对于研究塔吉克族家庭教育观念有参考价值。1985 年塔瓦尼·卡地尔塔吉克语演唱，西仁·库尔班塔吉克文笔录并译成维吾尔文。16 开纸 1 页，1 行。译文收入《中国民间文学集成·新疆卷·塔吉克族民间文学集》，新疆大学出版社 2005 年版。

（艾比百·吐尔逊尼牙孜编，斯拉吉丁译）

人最大的缺点是自高自大

اَجَماعت تَر سم نَزاکت گینو

äjämaät tär sem näzakt ginu

塔吉克族格言。流传于新疆维吾尔自治区喀什地区塔什库尔干塔吉克自治县。“人最大的缺点是自高自大，脱离公众。”告诫人们要谦虚、诚恳、平易近人，与公众和睦相处。对于研究塔吉克族社会道德观念有参考价值。1985 年布荣塔吉克语演唱，西仁·库尔班塔吉克文笔录并译成维吾尔文。16 开纸 1 页，1 行。译文收入《中国民间文学集成·新疆卷·塔吉克族民间文学集》，新疆大学出版社 2005 年版。

（艾比百·吐尔逊尼牙孜编，斯拉吉丁译）

要说人前人后都能说的话

خَل پَزَبو اَر پس لودیچوز گپ که

xäl päzäbu är pes lewdičuz gäp kä

塔吉克族格言。流传于新疆维吾尔自治区喀什地区塔什库尔干塔吉克自治县。“要说人前人后都能说的话。”告诉人们不要背后说别人的坏话，不要口是心非，而要表里如一。对于研究塔吉克族社会道德观念有参考价值。1985 年古力买买德塔吉克语演唱，西仁·库尔班塔吉克文笔录并译成维吾尔文。16 开纸 1 页，1 行。译文收入《中国民间文学集成·新疆卷·塔吉克族民间文学集》，新疆大学出版社 2005 年版。

（艾比百·吐尔逊尼牙孜编，斯拉吉丁译）

懂得再多也不要多说

گپ کَم که، چَرج که

gäp käm kä, čärj kä

塔吉克族格言。流传于新疆维吾尔自治区喀什地区塔什库尔干塔吉克自治县。“懂得再多也不要多说，要把十句说成一句，不把一句说成十句。”说明说话少而精是一种良好品质，告诫人们不要信口开河。对于研究塔吉克族社会道德观念有参考价值。1985 年穆热地克塔吉克语演唱，西仁·库尔班塔吉克文笔录并译成维吾尔文。16 开纸 1 页，2 行。译文收入《中国民间文学集成·新疆卷·塔吉克族民间文学集》，新疆大学出版社 2005 年版。

（艾比百·吐尔逊尼牙孜编，斯拉吉丁译）

我有两件事情必须要做

دو چریر اَفسوس تاجَم

du čerir äfsus tajäm

塔吉克族格言。流传于新疆维吾尔自治区喀什地区塔什库尔干塔吉克自治县。“我有两件事情必须要做：一是找个情人，二是找一个理解我的心的人。”表达了渴望爱情的人的真实感情，告诫人们理解和同情真正的爱情。对于研究塔吉克族爱情观念有参考价值。1985 年布里布力塔吉克语演唱，西仁·库尔班塔吉克文笔录并译成维吾尔文。16开纸1页，2行。译文收入《中国民间文学集成·新疆卷·塔吉克族民间文学集》，新疆大学出版社2005年版。

（艾比百·吐尔逊尼牙孜编，斯拉吉丁译）

不要受强者欺负

لاورير بوزک ماسا، آکوچک بوزک ماکه

lawrir buzäk masa，äkuček buzäk makä

塔吉克族格言。流传于新疆维吾尔自治区喀什地区塔什库尔干塔吉克自治县。“不要受强者欺负，也不要欺负弱者。”告诫人们不要欺软怕硬。反映了塔吉克族人的高尚品德。对于研究塔吉克族社会道德观念有参考价值。1985年汗·赛地尔丁塔吉克语演唱，西仁·库尔班塔吉克文笔录并译成维吾尔文。16开纸1页，1行。译文收入《中国民间文学集成·新疆卷·塔吉克族民间文学集》，新疆大学出版社2005年版。

（艾比百·吐尔逊尼牙孜编，斯拉吉丁译）

要想过得平安

تينج غيرسَم سه لو، کَسير ژيتی ماکه

tinj ɣirsäm sälew，käsir ʤiti makä

塔吉克族格言。流传于新疆维吾尔自治区喀什地区塔什库尔干塔吉克自治县。“要想过得平安，不要对他人作恶。”告诫人们要努力培养真诚、善良的良好品质。对于研究塔吉克族社会道德观念有参考价值。1985年穆尼·塔布力迪塔吉克语演唱，西仁·库尔班塔吉克文笔录并译成维吾尔文。16开纸1页，1行。译文收入《中国民间文学集成·新疆卷·塔吉克族民间文学集》，新疆大学出版社2005年版。

（艾比百·吐尔逊尼牙孜编，斯拉吉丁译）

要想当俊杰

يو مَرد سا، يو مَردَن وی شاگرد

yu märd sa，yu märdän wi šagrd

塔吉克族格言。流传于新疆维吾尔自治区喀什地区塔什库尔干塔吉克自治县。“要想当俊杰，先给俊杰当徒弟。”说明谦虚好学的人才能事业有成，倡导人们争做谦虚谨慎的人。对于研究塔吉克族人生价值观念有参考价值。1985年买买地亚尔塔吉克语演唱，西仁·库尔班塔吉克文笔录并译成维吾尔文。16开纸1页，1行。译文收入《中国民间文学集·新疆卷·塔吉克族民间文学集》，新疆大学出版社2005年版。

（艾比百·吐尔逊尼牙孜编，阿力木译）

两个东西不能欺骗

خو خَلق گاول چيگ نه ساود

xu xälq gawl čäyg nä sawd

塔吉克族格言。流传于新疆维吾尔自治区喀什地区塔什库尔干塔吉克自治县。“两个东西不能欺骗，一是群众，二是肚子。”教育人们珍惜生命，要忠于人民、忠于祖国。对于研究塔吉克族价值观念有参考价值。1985年塔瓦尼·卡地尔塔吉克语演唱，西仁·库尔班塔吉克文笔录并译成维吾尔文。16开纸1页，1行。译文收入《中国民间文学集·新疆卷·塔吉克族民间文学集》，新疆大学出版社2005年版。

（艾比百·吐尔逊尼牙孜编，阿力木译）

老婆不贤惠

ته گين ژيت سَويد مهمان ماوار

tägin ʤit säwid mehman mawar

塔吉克族格言。流传于新疆维吾尔自治区喀什地区塔什库尔干塔吉克自治县。“老婆不贤惠，不要请客人到家里。”劝导妇女要和蔼、诚恳、热情，招待好到家里来的客人。反映了塔吉克族人的高尚品德。对于研究塔吉克族家庭道德观念有参考价值。1985年土尔迪·阿洪塔吉克语演唱，西仁·库尔班塔吉克文笔录并译成维吾尔文。16开纸1页，1行。译文收入《中国民间文学集成·新疆卷·塔吉克族民间文学集》，新疆大学出版社2005年版。

（艾比百·吐逊尼牙孜编，斯拉吉丁译）

当着客人的面

مهمان پیرود خو بَچه مادا

mehman pirud xu bäčä mada

塔吉克族格言。流传于新疆维吾尔自治区喀什地区塔什库尔干塔吉克自治县。“当着客人的面，不要打骂孩子。”告诫人们对客人要热情有礼貌，反映了塔吉克族人敬重客人的品德。对于研究塔吉克族社交观念有参考价值。1985年布荣塔吉克语演唱，西仁·库尔班塔吉克文笔录并译成维吾尔文。16开纸1页，1行。译文收入《中国民间文学集成·新疆卷·塔吉克族民间文学集》，新疆大学出版社2005年版。

（艾比百·吐逊尼牙孜编，斯拉吉丁翻译）

不要太无礼人们会嫌你

اوچ شُو ماسا

uč šow masa

塔吉克族格言。流传于新疆维吾尔自治区喀什地区塔什库尔干塔吉克自治县。“不要太无礼人们会嫌你，不要太老实人们会欺你。”说明了在人际关系中应注意的处世之道。对于研究塔吉克族社会道德观念有参考价值。1985年古力买买德塔吉克语演唱，哈里丹·夏热合曼塔吉克文笔录并译成维吾尔文。16开纸1页，1行。译文收入《中国民间文学集成·新疆卷·塔吉克族民间文学集》，新疆大学出版社2005年版。

（玛丽亚木·艾合买提编，周玉玲译）

不要看别人的穿着打扮

كَس پَلق ماچاس

käs päleq mačas

塔吉克族格言。流传于新疆维吾尔自治区喀什地区塔什库尔干塔吉克自治县。“不要看别人的穿着打扮，要注重他的内心世界。”告诉人们评价一个人时，不要光看他的外表及钱财，应注重他的才智和品质。对于研究塔吉克族社会道德观念有参考价值。1985年古力买买德塔吉克语演唱，哈里丹·夏热合曼塔吉克文笔录并译成维吾尔文。16开纸1页，1行。译文收入《中国民间文学集成·新疆卷·塔吉克族民间文学集》，新疆大学出版社2005年版。

（玛丽亚木·艾合买提编，周玉玲译）

勿与奸人为伍

تُهمَتخور قَتی دوست ماسا

tohmätxur qäti dust masa

塔吉克族格言。流传于新疆维吾尔自治区喀什地区塔什库尔干塔吉克自治县。“勿与奸人为伍。”告诉人们不要跟道德败坏的人交往，强调与人交往要看道德品质。对于研究塔吉克族社会道德观念有参考价值。1985年尼嘎尔塔吉克语演唱，哈里丹·夏热合曼塔吉克文笔录并译成维吾尔文。16开纸1页，1行。译文收入《中国民间文学集成·新疆卷·塔吉克族民间文学集》，新疆大学出版社2005年版。

（玛丽亚木·艾合买提编，
米娜娃·哈木里拉提译）

管不住自己的人还能管住别人吗

اَخو عداره نَچاگج

äxu edära näčagj

塔吉克族格言。流传于新疆维吾尔自治区喀什地区塔什库尔干塔吉克自治县。“管不住自己的人还能管住别人吗?”告诉人们只有先管住自己，才能管好别人，批评了那些自以为是的人。对于研究塔吉克族社会道德观念有参考价值。塔吉克文。1985 年古力买买德塔吉克语演唱，哈里丹·夏热合曼塔吉克文笔录并译成维吾尔文。16 开纸 1 页，1 行。译文收入《中国民间文学集成·新疆卷·塔吉克族民间文学集》，新疆大学出版社 2005 年版。

（玛丽亚木·艾合买提编，周玉玲译）

不要为廉价的东西而伤了你高贵的心

نیست چریر خُزارد خَفا ماکه

nist čerir xozard xäfa makä

塔吉克族格言。流传于新疆维吾尔自治区喀什地区塔什库尔干塔吉克自治县。“不要为廉价的东西而伤了你高贵的心。”总结了人际关系中应注意的事项，强调了为琐事而烦恼是不值得的。对于研究塔吉克族社会道德观念有参考价值。1985 年布里布力塔吉克语演唱，西仁·库尔班塔吉克文笔录并译成维吾尔文。16 开纸 1 页，1 行。译文收入《中国民间文学集成·新疆卷·塔吉克族民间文学集》，新疆大学出版社 2005 年版。

（玛丽亚木·艾合买提编，米娜娃·哈木里拉提译）

不要为过去的事情怨声载道

نَرجدجنج اوی ماکه

närjedjenj uy makä

塔吉克族格言。流传于新疆维吾尔自治区喀什地区塔什库尔干塔吉克自治县。“不要为过去的事情怨声载道。”说明为过去的事情怨声载道、浪费时间是愚蠢的行为。倡导人们面对现实，坚强勇敢地往前走。对于研究塔吉克族生活观念有参考价值。1985 年尼嘎尔塔吉克语演唱，穆尼·塔布力迪塔吉克文笔录并译成维吾尔文。16 开纸 1 页，1 行。译文收入《中国民间文学集成·新疆卷·塔吉克族民间文学集》，新疆大学出版社 2005 年版。

（玛丽亚木·艾合买提编，海燕萍译）

若要人尊重你

کَس دیگر قَدر که

käse digär qädr kä

塔吉克族格言。流传于新疆维吾尔自治区喀什地区塔什库尔干塔吉克自治县。“若要人尊重你，首先要尊重他人。”告诉人们要想使别人尊重自己，首先要尊重他人。对于研究塔吉克族社会道德观念有参考价值。1985 年古力买买德塔吉克语演唱，达力·买提胡夏勒塔吉克文笔录并译成维吾尔文。16 开纸 1 页，1 行。译文收入《中国民间文学集成·新疆卷·塔吉克族民间文学集》，新疆大学出版社 2005 年版。

（玛丽亚木·艾合买提编，海燕萍译）

你的敌人会高兴

ته دُشمَن خُش ساود

tä došmän xoš sawd

塔吉克族格言。流传于新疆维吾尔自治区喀什地区塔什库尔干塔吉克自治县。“若对朋友隐瞒自己的痛苦，你的敌人会高兴。”劝导人们朋友之间要和睦相处，相互诉说衷肠，保守秘密。对于研究塔吉克族社会道德观念有参考价值。1985 年汗·赛地尔丁塔吉克语演唱，达力·买提胡夏勒塔吉克文笔录并译成维吾尔文。16 开纸 1 页，1 行。译文收入《中国民间文学集成·新疆卷·塔吉克族民间文学集》，新疆大学出版社 2005 年版。

（玛丽亚木·艾合买提编，海燕萍译）

不要张口承诺

لَوز ماكه

läwz makä

塔吉克族格言。流传于新疆维吾尔自治区喀什地区塔什库尔干塔吉克自治县。“不要张口承诺，承诺就不要反悔。”告诫人们不要承诺自己能力做不到的事情，若向别人承诺，就一定要兑现。对于研究塔吉克族社会道德观念有参考价值。1985 年古力买买德塔吉克语演唱，达力·买提胡夏勒塔吉克文笔录并译成维吾尔文。16 开纸 1 页，1 行。译文收入《中国民间文学集成·新疆卷·塔吉克族民间文学集》，新疆大学出版社 2005 年版。

（玛丽亚木·艾合买提编，海燕萍译）

父母健在时多行孝敬之事

پَدَرو مادَر حَيات آلا چَرجيكه

pädäru madär häyut äla čärjikä

塔吉克族格言。流传于新疆维吾尔自治区喀什地区塔什库尔干塔吉克自治县。“父母健在时多行孝敬之事，去世后号啕大哭又有何用。”告诫人们应该在父母活着的时候孝敬他们，满足他们的愿望。对于研究塔吉克族家庭道德观念有参考价值。1985 年艾布力塔吉克语演唱，达力·买提胡夏勒塔吉克文笔录并译成维吾尔文。16 开纸 1 页，1 行。译文收入《中国民间文学集成·新疆卷·塔吉克族民间文学集》，新疆大学出版社 2005 年版。

（玛丽亚木·艾合买提编，海燕萍译）

苦难日子里能够依靠的朋友，才是真正的朋友

جَفو آلا سَدجنج چَرج دوست

jäfu äla sedjenj čärj dust

塔吉克族格言。流传于新疆维吾尔自治区喀什地区塔什库尔干塔吉克自治县。“苦难日子里能够依靠的朋友，才是真正的朋友。”告诉人们在遇到困难时拔刀相助的人，才是真正的朋友。对于研究塔吉克族社会道德观念有参考价值。1985 年布荣塔吉克语演唱，达力·买提胡夏勒塔吉克文笔录并译成维吾尔文。16 开纸 1 页，1 行。译文收入《中国民间文学集成·新疆卷·塔吉克族民间文学集》，新疆大学出版社 2005 年版。

（玛丽亚木·艾合买提编，海燕萍译）

不要把秘密全部吐露给朋友

زاردنج خُدوستير مالو

zardenj xodustir malew

塔吉克族格言。流传于新疆维吾尔自治区喀什地区塔什库尔干塔吉克自治县。“不要把秘密全部吐露给朋友，收拾你的时候不要叫苦。”说明对再亲密的朋友也不能说出自己所有的秘密，强调了交友需要谨慎。对于研究塔吉克族哲理思想有参考价值。1985 年法克尔夏塔吉克语演唱，达力·买提胡夏勒塔吉克文笔录并译成维吾尔文。16 开纸 1 页，1 行。译文收入《中国民间文学集成·新疆卷·塔吉克族民间文学集》，新疆大学出版社 2005 年版。

（玛丽亚木·艾合买提编，海燕萍译）

今生后世若要舒心

اَردى دُنيا آسويك سَسا

ärdi donya äsuyik säsa

塔吉克族格言。流传于新疆维吾尔自治区喀什地区塔什库尔干塔吉克自治县。“今生后世若要舒心，那么就与朋友和睦相处，与敌人调和矛盾。”劝导人们要与朋友和睦相处，宽容与自己意见、观点不一的人。对于研究塔吉克族社会道德观念有参考价值。1985 年布荣塔吉克语演唱，西仁·库尔班

塔吉克文笔录并译成维吾尔文。16 开纸 1 页，1 行。译文收入《中国民间文学集成·新疆卷·塔吉克族民间文学集》，新疆大学出版社 2005 年版。

（玛丽亚木·艾合买提编，海燕萍译）

祈求上苍赐给好朋友平安

خُدوستير بَخت تَلاب

xodustir bäxt tälab

塔吉克族格言。流传于新疆维吾尔自治区喀什地区塔什库尔干塔吉克自治县。“祈求上苍赐给好朋友平安，带给敌人不幸。”告诫人们要珍爱朋友，谨防品行不良的人。颂扬了真诚的友谊。对于研究塔吉克族社会道德观念有参考价值。1985 年法克尔夏塔吉克语演唱，西仁·库尔班塔吉克文笔录并译成维吾尔文。16 开纸 1 页，1 行。译文收入《中国民间文学集成·新疆卷·塔吉克族民间文学集》，新疆大学出版社 2005 年版。

（玛丽亚木·艾合买提编，海燕萍译）

朋友落难时，付出生命也再所不惜

خُجون بَخشيش كَكت

xojun bäxšiš käkt

塔吉克族格言。流传于新疆维吾尔自治区喀什地区塔什库尔干塔吉克自治县。“朋友落难时，付出生命也再所不惜。”告诉人们亲密的朋友凡事都会伸出援助之手，朋友之间要互相帮助，和睦共处。对于研究塔吉克族格言有参考价值。1985 年布荣塔吉克语演唱，西仁·库尔班塔吉克文笔录并译成维吾尔文。16 开纸 1 页，1 行。译文收入《中国民间文学集成·新疆卷·塔吉克族民间文学集》，新疆大学出版社 2005 年版。

（玛丽亚木·艾合买提编，海燕萍译）

即便一个朋友都没有，也不要与坏人为友

دوست تَيَن سَنَويد

dust täyän nämäswed

塔吉克族格言。流传于新疆维吾尔自治区喀什地区塔什库尔干塔吉克自治县。“即便一个朋友都没有，也不要与坏人为友。”告诉人们与其同品行不良、不走正道的人为友，不如一个人孤单地生活。劝导人们要慎重交友。对于研究塔吉克族格言有参考价值。1985 年艾布力·艾山汗塔吉克语演唱，西仁·库尔班塔吉克文笔录并译成维吾尔文。16 开纸 1 页，1 行。译文收入《中国民间文学集成·新疆卷·塔吉克族民间文学集》，新疆大学出版社 2005 年版。

（玛丽亚木·艾合买提编，海燕萍译）

再苦难的日子，也不要失去希望

اوچ اَرجَفومَس سَريس اُميدوار سا

uč ärjäfumäs säris omidwar sa

塔吉克族格言。流传于新疆维吾尔自治区喀什地区塔什库尔干塔吉克自治县。“再苦难的日子，也不要失去希望。”告诉人们再苦再累，只要心存希望，做任何事情都能成功。对于研究塔吉克族格言有参考价值。1985 年库尔班塔吉克语演唱，西仁·库尔班塔吉克文笔录并译成维吾尔文。16 开纸 1 页，1 行。译文收入《中国民间文学集成·新疆卷·塔吉克族民间文学集》，新疆大学出版社 2005 年版。

（玛丽亚木·艾合买提编，海燕萍译）

不要做没有希望的事情

اُميد نَودج چر ماكه

omid näwedj čer makä

塔吉克族格言。流传于新疆维吾尔自治区喀什地区塔什库尔干塔吉克自治县。“不要做没有希望的事情。”告诫人们不要做无

法实现的事情。对于研究塔吉克族格言有参考价值。1985 年汗·赛地尔丁塔吉克语演唱，西仁·库尔班塔吉克文笔录并译成维吾尔文。16 开纸 1 页，1 行。译文收入《中国民间文学集成·新疆卷·塔吉克族民间文学集》，新疆大学出版社 2005 年版。

（玛丽亚木·艾合买提编，海燕萍译）

三件事上当保守秘密

هَراى چر مالو

häray čer malew

塔吉克族格言。流传于新疆维吾尔自治区喀什地区塔什库尔干塔吉克自治县。“三件事上当保守秘密：个人隐私、钱财和信仰。”说明暴露隐私将会导致名誉扫地，露富会招致危险，告诫人们要保守自己的秘密。对于研究塔吉克族生活观念有参考价值。1985 年塔布力迪·吾秀尔塔吉克语演唱，穆尼·塔布力迪塔吉克文笔录并译成维吾尔文。16 开纸 1 页，1 行。译文收入《中国民间文学集成·新疆卷·塔吉克族民间文学集》，新疆大学出版社 2005 年版。

（玛丽亚木·艾合买提编，海燕萍译）

不要泄密给女人

خو سير زَنير مالو

xu sir zänir malew

塔吉克族格言。流传于新疆维吾尔自治区喀什地区塔什库尔干塔吉克自治县。“不要泄密给女人。”喻示人们女人往往感情用事，因此有些事情可以善意地向她们保密。对于研究塔吉克族生活观念有参考价值。1985 年多来提别克塔吉克语演唱，西仁·库尔班塔吉克文笔录并译成维吾尔文。16 开纸 1 页，1 行。译文收入《中国民间文学集成·新疆卷·塔吉克族民间文学集》，新疆大学出版社 2005 年版。

（玛丽亚木·艾合买提编，海燕萍译）

时机来临时都上你的头

تَچيكال نَكتيزد

täčikal näktizd

塔吉克族格言。流传于新疆维吾尔自治区喀什地区塔什库尔干塔吉克自治县。“老婆是钢刀，骏马是生命，但时机来临时都上你的头。”说明尽管老婆和马是男人生活中最亲密的伙伴，但还是要对他们有所防备。对于研究塔吉克族生活观念有参考价值。1985 年尼嘎尔塔吉克语演唱，西仁·库尔班塔吉克文笔录并译成维吾尔文。16 开纸 1 页，1 行。译文收入《中国民间文学集成·新疆卷·塔吉克族民间文学集》，新疆大学出版社 2005 年版。

（玛丽亚木·艾合买提编，海燕萍译）

年轻时多做忏悔

ياشى وَقت تاوبه كه

yaši wäqt tawbä kä

塔吉克族格言。流传于新疆维吾尔自治区喀什地区塔什库尔干塔吉克自治县。“年轻时多做忏悔，是圣人的教诲。”劝导年轻人及时认识并改正自己的错误，要谦虚、谨慎。对于研究塔吉克族格言有参考价值。1985 年嘎瓦尔·阿拉木塔吉克语演唱，艾布力·艾山汗塔吉克文笔录并译成维吾尔文。16 开纸 1 页，1 行。译文收入《中国民间文学集成·新疆卷·塔吉克族民间文学集》，新疆大学出版社 2005 年版。

（玛丽亚木·艾合买提编，海燕萍译）

下流的人坐在了上席你不要吃惊

ناكَس ناخ اَز كال نَتسه حَيرون ماريس

nakäs nax äz kal nätsä häyrun maris

塔吉克族格言。流传于新疆维吾尔自治区喀什地区塔什库尔干塔吉克自治县。“下流的人坐在了上席你不要吃惊，因为垃圾掺杂会浮在水面，宝石会留在水底。”说明心术不正的人为了自己的脸面和利益会溜须拍马屁、阿谀奉承，有才能、大度的人稳重，能把握自己。对于研究塔吉克族社会道德观念有参考价值。1985 年穆巴拉克夏塔吉克语演唱，西仁·库尔班塔吉克文笔录并译成维吾尔文。16 开纸 1 页，1 行。译文收入《中国民间文学集成·新疆卷·塔吉克族民间文学集》，新疆大学出版社 2005 年版。

（艾比百·吐尔逊尼牙孜编，安尼瓦尔·加帕尔译）

头人永远不会文雅

اَملداری مَنگو نیست

ämäldari mängu nist

塔吉克族格言。流传于新疆维吾尔自治区喀什地区塔什库尔干塔吉克自治县。“宇宙会不停地运转，头人永远不会文雅。”说明了地位权力对人来说不是永久的，告诫人们不要乱用权力、乱要威风。对于研究塔吉克族社会道德观念有参考价值。1985 年法克尔夏塔吉克语演唱，西仁·库尔班塔吉克文笔录并译成维吾尔文。16 开纸 1 页，1 行。译文收入《中国民间文学集成·新疆卷·塔吉克族民间文学集》，新疆大学出版社 2005 年版。

（艾比百·吐尔逊尼牙孜编，安尼瓦尔·加帕尔译）

不要和坏人同桌就餐、做邻居

ژیت قَتی هَمسایه ماسا

ʤit qäti hämsayä masa

塔吉克族格言。流行于新疆维吾尔自治区喀什地区塔什库尔干塔吉克自治县。“不要和坏人同桌就餐、做邻居。”说明不能与心怀恶意、心术不正的人一起吃饭、做邻居或交友，否则他会给你带来祸害。对于研究塔吉克族生活观念有参考价值。1985 年霍加艾山·皮纳齐塔吉克语演唱，西仁·库尔班塔吉克文笔录并译成维吾尔文。16 开纸 1 页，1 行。译文收入《中国民间文学集成·新疆卷·塔吉克族民间文学集》，新疆大学出版社 2005 年版。

（艾比百·吐尔逊尼牙孜编，斯拉吉丁译）

条目汉语音序索引

A

bēi

bèi

bǐ

biàn

bié

bīng

bǐng

bìng

bō

bù

C

D

G

H

hā

hái

hán

hǎn

hǎo

hào

hé

hēi

hóng

hóu

hòu

hú

J

K

N

O

P

R

shào

shé

shè

shēn

shén

shēng

shèng

shī

shí

shì

shǒu

T

wēi

wéi

wěi

wèi

wén

wèn

wǒ

wū

wú

X

Y

后　　记

《中国少数民族古籍总目提要》是经国家民族事务委员会正式立项并在其直接领导下，由全国少数民族古籍整理研究室组织实施的一个大型民族文化建设项目。在新疆，这项工作是在自治区党委、自治区人民政府的亲切关怀下，在自治区少数民族古籍搜集整理出版规划领导小组及自治区民族事务委员会（宗教事务管理局）党组的直接领导下，在自治区财政厅的大力支持下，由自治区民族事务委员会（宗教事务管理局）少数民族古籍办公室具体实施。其中《中国少数民族古籍总目提要·塔吉克族卷》（以下简称《塔吉克族卷》）的编纂历时5年，终于付梓出版。

《塔吉克族卷》是在本卷编辑委员会的指导下分工编写的，具体编写者如下：参加书籍类条目编写的有古丽佳罕·胡西地力；参加讲唱类条目编写的有古丽佳罕·胡西地力、买买提明·阿塔吾拉、玛丽亚木·艾合买提、艾比百·吐尔逊尼牙孜；都力坤·米那瓦尔提供图片资料。

参加初稿评审工作的有：《塔吉克族卷》编辑委员会名誉主任贺忠德，主编扎米尔·赛都拉·扎德，副主编西仁·库尔班、古丽佳罕·胡西地力。

全国少数民族古籍整理研究室主任李冬生、副主任李晓东对《塔吉克族卷》的编写工作提供了很多帮助，提出了不少建议。原自治区民族事务委员会（宗教事务管理局）副主任（副局长）、《塔吉克族卷》编辑委员会名誉主任贺忠德同志进行统稿和审定工作。本卷主编扎米尔·赛都拉·扎德、副主编西仁·库尔班等同志对先用民族文字撰写、后译成汉文的条目进行了审定。在书稿的组织编写、翻译、录入等工作中，自治区民族事务委员会（宗教事务管理局）少数民族古籍领导小组办公室主任伊斯拉木·伊萨合等同志付出了很大精力，自治区民族事务委员会（宗教事务管理局）少数民族古籍领导小组办公室编辑郭德兴同志对书稿的汉译文进行了补充修改。自治区民族事务委员会（宗教事务管理局）少数民族古籍领导小组办公室编辑古丽佳罕·胡西地力同志不仅编写了大量条目，而且完成了本卷的编校以及录入排版工作。参加汉文翻译工作的有木合塔尔·艾山、海燕萍、周玉玲、米娜娃·哈木里拉提、斯拉吉丁、贾马力丁、阿里木、安尼瓦尔等同志。特在此说明。

《中国少数民族古籍总目提要·塔吉克族卷》编辑委员会

2010年11月18日